Berufliches Selbstverständnis, Beanspruchung und Bewältigung in der Schulleitung

Julia Warwas

Berufliches Selbstverständnis, Beanspruchung und Bewältigung in der Schulleitung

Julia Warwas
Bamberg, Deutschland

Dissertation Otto-Friedrich-Universität Bamberg, 2011

ISBN 978-3-531-19299-4 ISBN 978-3-531-19300-7 (eBook)
DOI 10.1007/978-3-531-19300-7

Die Deutsche Nationalbibliothek verzeichnet diese Publikation in der Deutschen Nationalbibliografie; detaillierte bibliografische Daten sind im Internet über http://dnb.d-nb.de abrufbar.

Springer VS
© VS Verlag für Sozialwissenschaften | Springer Fachmedien Wiesbaden 2012
Das Werk einschließlich aller seiner Teile ist urheberrechtlich geschützt. Jede Verwertung, die nicht ausdrücklich vom Urheberrechtsgesetz zugelassen ist, bedarf der vorherigen Zustimmung des Verlags. Das gilt insbesondere für Vervielfältigungen, Bearbeitungen, Übersetzungen, Mikroverfilmungen und die Einspeicherung und Verarbeitung in elektronischen Systemen.

Die Wiedergabe von Gebrauchsnamen, Handelsnamen, Warenbezeichnungen usw. in diesem Werk berechtigt auch ohne besondere Kennzeichnung nicht zu der Annahme, dass solche Namen im Sinne der Warenzeichen- und Markenschutz-Gesetzgebung als frei zu betrachten wären und daher von jedermann benutzt werden dürften.

Einbandentwurf: KünkelLopka GmbH, Heidelberg

Gedruckt auf säurefreiem und chlorfrei gebleichtem Papier

Springer VS ist eine Marke von Springer DE. Springer DE ist Teil der Fachverlagsgruppe Springer Science+Business Media
www.springer-vs.de

Danksagung

Die vorliegende Studie ergründet das berufliche Selbstverständnis schulischer Leitungspersonen im Sinne ihrer subjektiven Interpretation und Bewältigung kontextgebundener Handlungsaufgaben, aber auch die hieran geknüpften Beanspruchungsreaktionen und -folgen. Mein Interesse für diese Thematik hat Professor Dr. Heinz Rosenbusch nachhaltig geprägt. Er hat frühzeitig aus einer organisationspädagogischen Perspektive heraus den gestalterischen und erfolgswirksamen Einfluss des Leitungshandelns auf die Schule tief durchdrungen und durch die Etablierung der Bamberger Schulleitungssymposien der Professionalisierung des Leitungspersonals wesentliche Impulse verliehen. Bei der Organisation dieser Veranstaltungsreihe, an der ich seit 2007 mitwirken konnte, ergaben sich viele Gelegenheiten zu intensiven Gesprächen mit wertvollen Anregungen, für die ich zu tiefem Dank verpflichtet bin.

Von unschätzbarem Wert war das Mentorat meines Doktorvaters Professor Dr. Detlef Sembill, der nicht nur mit seiner konsequent systemischen Betrachtung schulischer Lern- und Arbeitsprozesse den Nährboden für die in dieser Arbeit vorgenommenen Modellierungen lieferte, sondern mich auch in mannigfaltigen Bewährungsfeldern der universitären Forschung und Lehre förderte, forderte und unterstützte. Mein tiefer Dank gilt weiterhin Professor Dr. Johann Engelhard und Professor Dr. Dr. h.c. Hans-Peter Blossfeld für ein von konstruktiver Kritik und Zutrauen geprägtes Betreuungsverhältnis im Rahmen der Promotionskommission.

Auch sämtlichen Kolleginnen und Kollegen am Lehrstuhl für Wirtschaftspädagogik in Bamberg – allen voran Kristina Kögler, Andreas Rausch und Marc Egloffstein – möchte ich herzlich danken. Sie haben meine Arbeit stets mit produktivem Feedback ebenso wie mit freundschaftlicher Ermunterung begleitet und mich in den "heißen Phasen" organisatorisch entlastet. Insbesondere für die Konzeption der Studie erhielt ich zudem von Professor Dr. Jürgen Seifried während unserer gemeinsamen Zeit am Lehrstuhl viele wertvolle Anregungen.

Zum erfolgreichen Abschluss der Arbeit haben weiterhin viele engagierte Studierende beigetragen, die mich bei der Datenpflege, Literaturverwaltung und bei Formatierungsaufgaben tatkräftig und mit großer Sorgfalt unterstützt haben. Stellvertretend für diese fleißigen Helferinnen und Helfer seien an dieser Stelle Eva-Maria Brehm, Marlene Kraus, Nina Schmidt und Eva Strätz genannt sowie Klaudia Golyszny und Thomas Schley, die ich heute zu meinem geschätzten Kollegenkreis zählen darf.

Nicht zuletzt war die Erhebung der empirischen Daten auf kooperative Befragungsteilnehmer(innen) angewiesen. Den zahlreichen schulischen Leitungskräften, die hierzu bereit waren, sei deshalb ebenfalls gedankt.

Allen Mitgliedern meiner wunderbaren Familie gebührt vielfältiger Dank – so etwa meinem Mann und meiner Mutter für klugen Rat, ruhige Verlässlichkeit und liebevolle Wärme; meinem Sohn für seine ansteckende Fröhlichkeit und einen unverstellten Blick auf die großen Wunder, die es im Kleinen zu entdecken gibt. Widmen möchte ich dieses Buch meinem Vater, der meinen Weg zu seinen Lebzeiten mit großen Freiheiten versehen und mit unerschütterlichem Optimismus begleitet hat.

Bamberg, im Januar 2012
Julia Warwas

Inhalt

Danksagung......V

Abbildungsverzeichnis......XII

Tabellenverzeichnis......XIV

1 Entstehungshintergrund, Erkenntnisinteresse und Argumentationsgang der Arbeit......1
1.1 Problemlandkarte der Schulleitungsforschung......3
1.2 Prämissen und Zielsetzungen der Untersuchung......6
1.3 Theoretische Grundlagen und Struktur der Arbeit......9

2 Schulleitung im Spannungsfeld institutionaler, organisationaler und individueller Kräfte......13
2.1 Referenzmodelle aus Bildungstheorie und Bildungsforschung......13
2.1.1 Zentrale Bestimmungsgrößen des Handelns schulischer Akteure bei Fend (2006) und Zlatkin-Troitschanskaia (2006)......13
2.1.2 Systemische Wechselwirkungen multipler Bezugssysteme des pädagogischen Handelns bei Sembill (2006)......16
2.1.3 Notwendigkeit integrativer Ansätze zur Beschreibung und Erklärung schulischen Leitungshandelns......18
2.2 Einflussfaktoren auf der Ebene der Gesellschaft......18
2.2.1 Auswirkungen bildungspolitischer Steuerungsprogramme auf das Anforderungsprofil im Leitungsberuf......19
2.2.2 Wissenschaftliche Konzeptionen der Schulleitung als pädagogische Führung......24
2.2.2.1 Organisationspädagogische Prinzipien der Schulleitung nach Rosenbusch (2005)......25
2.2.2.2 Elemente des Transformational Leadership-Konzepts......26
2.3 Einflussfaktoren auf der Ebene der Einzelschule......31
2.3.1 Kontingenzen des Leitungshandelns......32
2.3.2 Konstellationen schulischer Akteure......35
2.3.3 Berufliche Doppelfunktion der Schulleitung......37
2.4 Einflussfaktoren auf der Ebene des Individuums......38

2.4.1 Bewertungen situativer Anforderungen und verfügbarer Ressourcen..........39
2.4.2 Belastungsregulierende Copingprozesse und Arbeitsmethoden..............44
2.4.3 Motiviertheit und Intentionalität von Bewältigungsversuchen.................51
2.5 Schulleitungstätigkeit als Balanceakt...53

3 Rollenanforderungen, Identitätskonstruktionen und berufliches Selbstverständnis..59
3.1 Struktur-funktionalistische und symbol-interaktionistische Rollenansätze...59
3.1.1 Rollenkonformität als Maxime des struktur-funktionalistischen Ansatzes...60
3.1.2 Rollenspezifikationen der Schulleitung auf den gesellschaftlichen und einzelschulischen Bezugsebenen...64
3.1.3 Rollenverhandeln in symbol-interaktionistischen Ansätzen......................66
3.1.4 Verwendung des Rollenbegriffs in der vorliegenden Arbeit.....................71
3.2 Prozesse und Produkte der Identitätsarbeit...73
3.2.1 Zur Verwobenheit von Rollenanforderungen und Identität......................74
3.2.2 Narrative Kontinuierung in retrospektiven und prospektiven Verknüpfungen...78
3.2.3 Erzeugung von Konsistenz und Kohärenz durch inhaltliche Verknüpfungen...83
3.2.3.1 Kontextgebundene Teilidentitäten...83
3.2.3.2 Identitätskonstruktionen mit hoher Generalität oder Zentralität...............87
3.2.4 Überzeugungsarbeit und Mobilisierung externer Ressourcen im Ringen um die soziale Validierung von Selbstbehauptungen....................96
3.3 Erfassung beruflicher Sichtweisen als indirekter Zugriff auf die berufliche Identität...100
3.3.1 Handlungsaufgaben als Entstehungs- und Bewährungsfeld der Identitätsarbeit..101
3.3.1.1 Identität als Bewältigungsressource und Identitätsarbeit als Bewältigungsstrategie..101
3.3.1.2 Probleme der Operationalisierung und Messung beruflicher Identität......105
3.3.1.3 Berufliches Selbstverständnis und berufliche (Sub-)Kulturen als individuelle und kollektiv geteilte Sichtweisen von Berufsangehörigen.....107
3.3.2 Gegenstandseingrenzung der vorliegenden Arbeit...................................109
3.4 Problematik der Effektivitätsbeurteilung von Bewältigungsprozessen......112

4	**Phänomene, Ursachen und Folgen psychischer Beanspruchung im Beruf**	**117**
4.1	Systematik positiver und negativer Beanspruchungsreaktionen und -folgen	118
4.2	Subjektive Bilanzierungen der Berufspraxis im Fokus der Untersuchung	120
4.2.1	Psychische Beanspruchung, berufliche Leistung und Gesundheit	121
4.2.2	Konzept, Determinanten und Formen der Arbeitszufriedenheit	122
4.2.2.1	Top-down- und Bottom-up-Modelle zur Erklärung von Arbeitszufriedenheit	123
4.2.2.2	Interaktionistische Modelle des Job-Person-Fit	126
4.2.2.3	Exkurs: Zur Unterscheidung von Anspruchsminderung und Zielverschiebung in komplexen Identitätsprojekten	131
4.2.2.4	Emotionales Erleben bei der Arbeit als Zufriedenheitsdeterminante	136
4.3	Prinzipien einer gelungenen Balancierung externer Anforderungen und subjektiver Ansprüche	143
5	**Forschungsstand zu Sichtweisen und Beanspruchungen schulischer Leitungskräfte**	**149**
5.1	Erkenntnisse über Einstellungen, Selbstverständnis und Handlungsstrategien der Amtsinhaber	149
5.2	Erkenntnisse über die Wahrnehmung und Regulation von Belastungsquellen	159
5.3	Schlussfolgerungen für die eigene Untersuchung	163
6	**Ziele, Fragestellungen und Konzeption der Studie**	**167**
6.1	Eingrenzung von Zielkategorien und Analysebereichen der Untersuchung	167
6.2	Präzisierung forschungsleitender Fragestellungen und Hypothesen	168
6.3	Methode	185
6.3.1	Überblick über Datenerhebung und Stichprobe	185
6.3.2	Operationalisierung der theoretischen Konstrukte	191
6.3.2.1	Methodische Vorbemerkungen zur Skalenbildung	191
6.3.2.2	Erfassung des beruflichen Selbstverständnisses	192
6.3.2.3	Erfassung von Belastungserleben und Zufriedenheitsurteilen im Beruf	201
6.3.2.4	Berücksichtigte Merkmale des lokalen Handlungskontexts und des individuellen Leistungs- und Belastungspotenzials	206

7	**Empirische Befunde**	**215**
7.1	Häufige Analysemethoden und Richtwerte für die Ergebnisbeurteilung	215
7.2	Kollektive Sichtweisen auf das Anforderungsprofil des Amtes und die Leitungspraxis	220
7.2.1	Berufstypische Belastungsfaktoren und dominante Handlungsstrategien bei der Führung einer Schule	220
7.2.2	Generelle Beanspruchungsreaktionen und -folgen	222
7.3	Identifikation und Charakterisierung beruflicher Subkulturen	224
7.3.1	Clusteranalytische Bestimmung von Leitungstypen	225
7.3.2	Reliabilität der 5-Clusterlösung	232
7.3.3	Validität der 5-Clusterlösung	236
7.3.3.1	Wertorientierungen der Leitungstypen	236
7.3.3.2	Selbstwirksamkeitserwartungen der Leitungstypen	238
7.3.3.3	Unterschiede in der Akzentuierung konkreter Handlungsfelder	239
7.3.4	Zwischenfazit zu den Differenzierungsmerkmalen beruflicher Subkulturen im schulischen Leitungsamt	243
7.4	Kontingenzen beruflicher Identitätskonstruktionen von Schulleitern	244
7.4.1	Die Bedeutung des lokalen Handlungsumfeldes	245
7.4.2	Die Bedeutung von Geschlecht, Berufserfahrung und internalen Ressourcen	252
7.4.3	Zwischenfazit zur Situations- und Personengebundenheit von Interpretations- und Gestaltungsvarianten des Schulleitungsberufs	256
7.5	Beanspruchungsreaktionen und -folgen im Spiegel arbeitspsychologischer Erklärungsmodelle	257
7.5.1	Kontext- und personenabhängiges Belastungserleben schulischer Leitungskräfte	258
7.5.2	Zwischenfazit zu den Korrelaten und Einflussgrößen negativer Beanspruchungsreaktionen bei der Arbeit	274
7.5.3	Zusammenhänge zwischen Zufriedenheitsurteilen und Merkmalen des Arbeitsplatzes respektive des Amtsinhabers	278
7.5.4	Prognose des generellen Zufriedenheitsniveaus unter simultaner Berücksichtigung von Bottom-up- und Top-down-Effekten	281
7.5.5	Unterschiedliche Zufriedenheitsqualitäten als Ergebnis des Erfüllungsgrades subjektiver Ansprüche und der Überzeugung von der eigenen Wirksamkeit	288
7.5.6	Einflüsse von Belastungsempfindungen bei der Berufsausübung auf Bewertungen der Qualität des Arbeitslebens	296

7.5.7	Zwischenfazit zu den Korrelaten und Determinanten von Zufriedenheitsurteilen im schulischen Leitungsamt	303
7.6	Stellenwert von Identitätskonstruktionen bei Anforderungswahrnehmung und -bewältigung	310
7.6.1	Belastungsempfinden und Zufriedenheitsurteile in Abhängigkeit der Clusterzugehörigkeit	310
7.6.2	Unterschiede zwischen den Leitungstypen hinsichtlich der Wahrnehmung von Problemfeldern, der Arbeitsorganisation und den erlebten Gratifikationskrisen im Beruf	315
7.6.3	Resümee zu Beanspruchungsprofilen, Problemsichten und Copingstrategien in verschiedenen Schulleitungskulturen	321
8	**Zusammenfassung und Diskussion zentraler Befunde**	**325**
8.1	Erkenntnisgewinne für die Schulleitungsforschung	325
8.2	Implikationen für die Gesundheitsförderung schulischer Leitungskräfte	339
8.3	Forschungsdesiderate	345
	Quellenverzeichnis	**349**

Abbildungsverzeichnis

Abbildung 1.1: Überblick über den Aufbau der vorliegenden Arbeit...............11
Abbildung 2.1: Dimensionen transformationaler Führung in der Schule und ihre erwarteten Beiträge zum schulischen Erfolg (in Anlehnung an die Ausführungen bei Seitz & Capaul 2005, 277ff.)....30
Abbildung 2.2: Rahmenmodell zentraler Bestimmungsgrößen schulleitenden Handelns (eigene Darstellung auf Basis der Ausführungen bei Sembill 2006; Fend 2006; Zlatkin-Troitschanskaia 2006)........54
Abbildung 3.1: Die generischen Rollensegmente der Schulleitung im Überblick (eigene Darstellung)........................65
Abbildung 3.2: Retrospektive und prospektive Identitätsarbeit (in Anlehnung an Lührmann 2006, 223)...............81
Abbildung 3.3: Aggregationsniveaus berufsbezogener Sichtweisen (eigene Darstellung)........................108
Abbildung 3.4: Gegenstandseingrenzung der Studie: Berufliches Selbstverständnis als verbalisierbarer Anteil der beruflichen Identität (eigene Darstellung)...............111
Abbildung 4.1: Erweitertes Modell der Arbeitszufriedenheitsformen (Büssing et al. 2006, 139)........................130
Abbildung 4.2: Rahmenmodell zur Analyse der Ursachen und Wirkungen affektiver Erlebnisse bei der Arbeit (Wegge & van Dick 2006, 20 in Anlehnung an Weiss & Cropanzano 1996, 12)..........138
Abbildung 4.3: Kausalgeflecht zwischen antezedenten Arbeits- und Personmerkmalen, psychischer Beanspruchung im Arbeitsprozess und Arbeitszufriedenheit (in Anlehnung an Wieland et al. 2006, 231).............140
Abbildung 7.1: Screeplot zur Bestimmung der Clusterzahl......................227
Abbildung 7.2: Grafische Darstellung der empirisch identifizierten Leitungstypen........................229
Abbildung 7.3: Merkmale der individuellen Arbeitsorganisation als Mediatoren der Einflüsse von (a) Regulationsbehinderungen (b) Problemen im/mit dem Kollegium (c) mangelnder externer Unterstützung (d) Problemen mit Schülern und Eltern auf die globale Belastung bei der Arbeit................270

//Abbildungsverzeichnis

Abbildung 7.4: Merkmale der individuellen Arbeitsorganisation als Mediatoren des Einflusses von (a) beruflichem Engagement (b) positiven Grundstimmungen (c) Widerstandskraft auf die globale Belastung bei der Arbeit...272
Abbildung 7.5: Geschlecht der Leitungskräfte als Moderator des Einflusses der Interessantheit der Tätigkeit sowie der Größe des Leitungsteams auf das Zufriedenheitsniveau..............................286
Abbildung 7.6: Ausmaß der positiven Grundstimmung als Moderator des Einflusses der Einschätzung von sicheren und gesunden Arbeitsbedingungen auf das Zufriedenheitsniveau.......................287
Abbildung 7.7: Belastungsempfindungen bei der Arbeit als Mediatoren des Einflusses der Arbeitsplatzmerkmale sinnvolle Betätigung und selbstständiges Arbeiten (a, b) sowie der individuellen Fähigkeiten zur Selbstregulation, Delegation und Priorisierung (c) auf die globale Zufriedenheit im Leitungsamt. Ausweis der Regressionskoeffizienten für die zuvor z-standardisierten Parameter...299
Abbildung 7.8: Belastungsempfindungen bei der Arbeit als Mediatoren des Einflusses der Größe des Leitungsteams sowie der Interessantheit der Tätigkeitsinhalte auf die globale Zufriedenheit; getrennte Berechnungen in den Gruppen der männlichen und weiblichen Führungskräfte. Ausweis der Regressionskoeffizienten für die zuvor z-standardisierten Parameter..300
Abbildung 7.9: Belastungsempfindungen bei der Arbeit als Mediatoren des Einflusses von sicheren und gesunden Arbeitsbedingungen auf die globale Zufriedenheit; getrennte Berechnung für variierende Affektlagen der Leitungskräfte. Ausweis der Regressionskoeffizienten für die zuvor z-standardisierten Parameter..302
Abbildung 7.10: Belastungsempfindungen bei der Arbeit als Mediatoren des Einflusses von (a) Selbstwirksamkeitsüberzeugungen (b) wahrgenommener Anerkennung und Achtung im Beruf auf die globale Zufriedenheit. Ausweis der Regressionskoeffizienten für die zuvor z-standardisierten Parameter..303

Tabellenverzeichnis

Tabelle 2.1:	Funktionsspektrum und beispielhafte Aufgaben der Schulleitung (eigene Darstellung)	22
Tabelle 2.2:	Klassifikation von Bewältigungsreaktionen (in Anlehnung an Filipp & Klauer 1988, 63)	47
Tabelle 4.1:	Klassifikation von bei Lehrkräften untersuchten Beanspruchungsdimensionen (eigene Darstellung, angelehnt an die Diskussion bei Krause & Dorsemagen 2007)	119
Tabelle 5.1:	Befunde zu Sichtweisen schulischer Leitungskräfte auf berufliche Anforderungen und ihre Bewältigung	150
Tabelle 5.2:	Befunde zur beruflichen Beanspruchung und Belastungsregulation	159
Tabelle 6.1:	Brutto- und Nettostichprobe nach erfassten Schularten	186
Tabelle 6.2:	Überblick über die Datenbasis der empirischen Analysen	188
Tabelle 6.3:	Varimax-rotierte Ladungsmatrix der Hauptkomponentenanalyse zur Bestimmung generischer Rollensegmente der Schulleitung	193
Tabelle 6.4:	Kennwerte (Mittelwerte, Standardabweichungen, Cronbachs Alphas) und Interkorelationen der Skalen zur Erfassung generischer Rollensegmente der Schulleitung	195
Tabelle 6.5:	Varimax-rotierte Ladungsmatrix der Hauptkomponentenanalyse für die dimensionale Bestimmung beruflicher Wertorientierungen	196
Tabelle 6.6:	Kennwerte (Mittelwerte, Standardabweichungen, Cronbachs Alphas) und Interkorrelationen der Skalen zur Erfassung beruflicher Wertorientierungen	197
Tabelle 6.7:	Kennwerte (Mittelwert, Standardabweichung, Cronbachs Alpha) und Items der Skala zur Erfassung der Selbstwirksamkeit	198
Tabelle 6.8:	Kennwerte (Mittelwerte, Standardabweichungen, Cronbachs Alphas) und Beispielitems der Skalen zur Erfassung verschiedener Handlungsdimensionen im Leitungsamt	200
Tabelle 6.9:	Interkorrelationen der Skalen zur Erfassung von Handlungsdimensionen der Schulleitung	201

Tabellenverzeichnis

Tabelle 6.10: Kennwerte (Mittelwerte, Standardabweichungen, Cronbachs Alphas) und Items der Skalen zur Erfassung des subjektiven Belastungserlebens..202
Tabelle 6.11: Interkorrelationen der Subskalen zur Erfassung des subjektiven Belastungserlebens..204
Tabelle 6.12: Kennwerte (Mittelwerte, Standardabweichungen, Cronbachs Alphas) und Items der Skalen zur Erfassung der Arbeitszufriedenheit..205
Tabelle 6.13: Interkorrelationen der Skalen zur Erfassung der Zufriedenheitsformen...206
Tabelle 6.14: Varimax-rotierte Ladungsmatrix der Hauptkomponentenanalyse für die dimensionale Bestimmung von internalen Ressourcen im Sinne der AVEM-Dimensionen (Schaarschmidt & Fischer 1996/2001)....................................207
Tabelle 6.15: Kennwerte (Mittelwerte, Standardabweichungen, Cronbachs Alphas) und Interkorrelationen der Skalen zur Erfassung internaler Ressourcen..208
Tabelle 6.16: Varimax-rotierte Ladungsmatrix der Hauptkomponentenanalyse für die Bestimmung von Dimensionen der individuellen Arbeitsorganisation..210
Tabelle 6.17: Kennwerte (Mittelwerte, Standardabweichungen, Cronbachs Alphas) und Interkorrelationen der Skalen zur Erfassung der individuellen Arbeitsorganisation 211
Tabelle 6.18: Varimax-rotierte Ladungsmatrix der Hauptkomponentenanalyse für die dimensionale Bestimmung subjektiver Belastungsfaktoren bzw. Problemfelder im Beruf....................212
Tabelle 6.19: Kennwerte (Mittelwerte, Standardabweichungen, Cronbachs Alphas) und Interkorrelationen der Skalen zur Erfassung subjektiver Belastungsfaktoren bzw. Problemfelder im Beruf.........213
Tabelle 7.1: Richtwerte für die Beurteilung der verwendeten Effektstärkenmaße..219
Tabelle 7.2: Ergebnisse des Ein-Stichproben-t-Tests für das generelle Niveau des Belastungserlebens (n = 861)..223
Tabelle 7.3: Ergebnisse des Binomialtests für die berufliche Zufriedenheit (Gesamtskala; Trennwert 3.50)...223
Tabelle 7.4: Fehlerstreuungsquadratsummen für zehn Clusterlösungen im Rahmen der teststatistischen Absicherung der 5-Clusterlösung......226
Tabelle 7.5: Verlauf der erklärten Streuung in zehn Clusterlösungen..................226

Tabelle 7.6:	Verlauf des proportional reduction of error-Koeffizienten in zehn Clusterlösungen	227
Tabelle 7.7:	F-MAX-Statistiken für zehn Clusterlösungen	228
Tabelle 7.8:	Mittelwertunterschiede zwischen den Leitungstypen hinsichtlich der Gewichtung generischer Rollensegmente	230
Tabelle 7.9:	Ergebnisse der Doppelkreuzvalidierung der Clusterzuordnungen von Objekten in zwei Teilstichproben (jeweils n = 400) für die Cluster A und A*	233
Tabelle 7.10:	Ergebnisse der Doppelkreuzvalidierung der Clusterzuordnungen von Objekten in zwei Teilstichproben (jeweils n = 400) für die Cluster B und B*	233
Tabelle 7.11:	Überprüfung der Mittelwertdifferenzen korrespondierender Cluster in den Teilstichproben A und B durch Post-hoc-Vergleiche (Scheffé) im Zuge multivariater Varianzanalysen	234
Tabelle 7.12:	Mittelwertunterschiede zwischen den Leitungstypen hinsichtlich beruflicher Wertorientierungen	237
Tabelle 7.13:	Mittelwertunterschiede zwischen den Leitungstypen hinsichtlich der Selbstwirksamkeitserwartung	238
Tabelle 7.14:	Mittelwertunterschiede zwischen den Leitungstypen hinsichtlich der präferierten Handlungsfelder bei der Amtsführung	240
Tabelle 7.15:	Kreuztabellierung der beobachteten und erwarteten Verteilungen von Leitungstypen und Schularten	246
Tabelle 7.16:	Kreuztabellierung der beobachteten und erwarteten Verteilungen von Leitungstypen und Schulgrößenkategorien	247
Tabelle 7.17:	Produkt-Moment- bzw. Rangkorrelationen zwischen Rollensegmenten bzw. Handlungsdimensionen einerseits und der Schulgröße andererseits (n = 845)	248
Tabelle 7.18:	Schulartspezifische Unterschiede hinsichtlich der Gewichtung einzelner Rollensegmente	251
Tabelle 7.19:	Gewichtungsunterschiede von Rollensegmenten an privaten, kommunalen und staatlichen Schulen	252
Tabelle 7.20:	Geschlechtsspezifische Unterschiede in der Gewichtung generischer Rollensegmente	253
Tabelle 7.21:	Geschlechtsspezifische Unterschiede in den beruflichen Wertorientierungen	254
Tabelle 7.22:	Mittelwertunterschiede zwischen den Leitungstypen hinsichtlich der Ausprägung von internalen Ressourcen	255

Tabelle 7.23: Schulartspezifische Unterschiede hinsichtlich des Belastungserlebens des Leitungspersonals..259
Tabelle 7.24: Geschlechtsspezifische Unterschiede in den Facetten des Belastungserlebens 260
Tabelle 7.25: Rangkorrelationen (Spearmans Rho) zwischen Leitungsteamstärke und Facetten des Belastungserlebens (n = 841)............260
Tabelle 7.26: Regression der globalen Belastung auf objektivierbare Person- und Kontextmerkmale (n = 817)...261
Tabelle 7.27: Rangkorrelationen (Spearmans Rho) zwischen subjektiven Belastungsfaktoren und Facetten des Belastungserlebens (n = 861)...262
Tabelle 7.28: Rangkorrelationen (Spearmans Rho) zwischen internalen Ressourcen und Facetten des Belastungserlebens (n = 861)............264
Tabelle 7.29: Rangkorrelationen (Spearmans Rho) zwischen Merkmalen der individuellen Arbeitsorganisation und Facetten des Belastungserlebens (n = 861)...265
Tabelle 7.30: Ergebnisse der hierarchischen Regression des globalen Belastungserlebens auf subjektive Belastungsfaktoren und internale Ressourcen (n = 861)...267
Tabelle 7.31: Regression der psychosomatischen Befindensbeeinträchtigungen auf das Verhältnis von beruflichem Engagement und wahrgenommener externer Unterstützung (n = 861)..............273
Tabelle 7.32: Rangkorrelationen (Spearmans Rho) und Partialkorrelationen zwischen dem generellen Zufriedenheitsniveau einerseits und der Größe des Leitungsteams bzw. der Höhe des Unterrichtsdeputats andererseits..278
Tabelle 7.33: Rangkorrelationen (Spearmans Rho) zwischen den perzipierten Merkmalen des Arbeitsplatzes und dem generellen Zufriedenheitsniveau (n = 861)..279
Tabelle 7.34: Rangkorrelationen (Spearmans Rho) zwischen Alter und generellem Zufriedenheitsniveau sowie verschiedenen Zufriedenheitsformen (n = 853)...280
Tabelle 7.35: Rangkorrelationen (Spearmans Rho) zwischen dem generellen Zufriedenheitsniveau einerseits und Selbstwirksamkeitsüberzeugungen, positiver Gestimmtheit sowie Aspekten der individuellen Arbeitsorganisation andererseits (n = 861) 281

Tabelle 7.36: Ergebnisse der hierarchischen Regression der globalen Zufriedenheit auf ausgewählte situative und personale Einflussgrößen (n = 831) 284

Tabelle 7.37: Durchschnittliche Wichtigkeits- und Realisierungsratings verschiedener Merkmale der beruflichen Betätigung sowie Häufigkeiten derjenigen Personen, die ihr subjektives Anspruchsniveau im Leitungsamt als befriedigt bzw. nicht befriedigt einschätzen (n = 861) 289

Tabelle 7.38: Unterschiede im Erfüllungsgrad subjektiver beruflicher Standards zwischen Leitungspersonen mit hoher und geringer bis mäßiger stabilisierter Zufriedenheit 291

Tabelle 7.39: Signifikante Unterschiede im Ausmaß resignativer Zufriedenheit in Abhängigkeit von Selbstwirksamkeitsüberzeugungen unter der Bedingung unerfüllter Ansprüche an den Beruf 294

Tabelle 7.40: Signifikante Unterschiede im Ausmaß fixierter Unzufriedenheit in Abhängigkeit von Selbstwirksamkeitsüberzeugungen unter der Bedingung unerfüllter Ansprüche an den Beruf 295

Tabelle 7.41: Rangkorrelationen (Spearmans Rho) zwischen Facetten des Belastungserlebens und Formen der Zufriedenheit (n = 861) 297

Tabelle 7.42: Mittelwertunterschiede zwischen den Leitungstypen hinsichtlich ihrer Beanspruchungsreaktionen und -folgen 311

Tabelle 7.43: Varianz- und kovarianzanalytische Mittelwertvergleiche der Leitungstypen bezüglich der Gesamtskalen des Belastungs- und Zufriedenheitserlebens (Kovariaten: Schulart, Schulgröße, Dienstalter, Geschlecht) 313

Tabelle 7.44: Varianz- und kovarianzanalytische Mittelwertvergleiche der Leitungstypen hinsichtlich wahrgenommener Problemfelder (Kovariaten: Schulart, Schulgröße, Dienstalter, Geschlecht) 316

Tabelle 7.45: Varianz- und kovarianzanalytische Mittelwertvergleiche der Leitungstypen hinsichtlich ihrer Arbeitsorganisation (Kovariaten: Schulart, Schulgröße, Dienstalter, Geschlecht) 318

Tabelle 7.46: Varianz- und kovarianzanalytische Mittelwertvergleiche der Leitungstypen hinsichtlich der erlebten Gratifikationskrise (Kovariaten: Schulart, Schulgröße, Dienstalter, Geschlecht) 320

1 Entstehungshintergrund, Erkenntnisinteresse und Argumentationsgang der Arbeit

Bis in die späten 1980er Jahre hinein war das schulische Leitungsamt eine vernachlässigte Randerscheinung der deutschsprachigen Bildungsforschung (Baumert 1989, 52; Rosenbusch 1989, 8; Terhart 1997, 13). Die Forschungsaktivitäten konzentrierten sich auf das Interaktionsgeschehen zwischen Lehrkräften und Schülern[1]. Zudem verstärkte eine dezidiert demokratische Grundhaltung in der Pädagogik historisch bedingte Tendenzen, Themen der Führung oder Steuerung zu tabuisieren und eine „Unvereinbarkeitsthese von Organisation und Erziehung" zu postulieren (zsf. Rosenbusch 1989, 10f.; Terhart 1997, 7ff.; Lohmann 2007, 45). Auch aus bildungspolitischer Perspektive blieb der Schulleitung lange Zeit der Status eines Berufsbildes sui generis verwehrt (Rosenbusch 2002a): In gesetzlichen Regelungen und behördlichen Verlautbarungen war die Leitungsposition als Exekutivposten vorgesehen, dessen Aufgabenprofil verwaltungstechnische Tätigkeiten in Ergänzung zu den regulären Berufspflichten einer Lehrkraft vorsah (Wirries 1983, 17; Vogelsang 1989, 35; Rosenbusch & Warwas 2007, 18ff.). Selbst in der Enzyklopädie Erziehungswissenschaft wurden Leitungsfunktionen vorrangig unter schulverfassungsrechtlichen Gesichtspunkten abgehandelt (Nevermann 1984a; von Blumenthal & Buttlar 1984; von Engelhardt 1984; Nevermann 1984b). Es liegt in der Natur formaljuristisch geschaffener Tatsachen, einen Mangel an problemhaltigen Forschungsanlässen zu suggerieren. Augenscheinlich ist „das Untersuchungsproblem bereits theoretisch gelöst (...), wenn formale Regelungen als Beschreibung empirischer Verhältnisse gelten und man sich in der Folge nur noch mehr oder minder erfolgreich mit dem Widerspruch von Bürokratie und Erziehung abmühen kann" (Baumert 1989, 52).

Im Gefolge eines outputorientierten Steuerungsparadigmas im Bildungswesen erhöhte sich die Anzahl schulleitungsbezogener Publikationen zwar drastisch (Kranz 2007, 80f.; Wissinger 2011, 98f.), dennoch stellen auch in der gegenwärtigen Diskussion Erkenntnisse, die auf Basis sozialwissenschaftlicher Forschungsmethoden gewonnen wurden, eher die Ausnahme als die Regel dar (Wissinger 2007, 123).

---

1 Die in der vorgelegten Arbeit verwendeten Begriffe Schüler, Lehrer und Schulleiter, aber auch Amts- und Positionsinhaber, Lehr- und Leitungskräfte sind grundsätzlich *sowohl auf weibliche als auch auf männliche* Personen bezogen.

Bonsen (2006, 194) konstatiert gar eine Dominanz von „eindeutig programmatischen Schriften oder individuellen Praxisreflexionen tätiger oder ehemaliger Schulleiter/innen". Einen definitorischen Minimalkonsens bildet immerhin die Ablösung des reaktiv-verwaltenden Behördenvorstandes durch eine aktiv-gestaltende Führungspersönlichkeit, welche sich der Ausarbeitung, Umsetzung und Evaluierung strategischer Entwicklungsziele ebenso widmet wie einer anspruchsgruppengerechten Profilierung der Schule und der Motivation, Integration und individuellen Förderung ihrer Mitarbeiter (z.b. Dubs 2005; Rosenbusch 2005; Wagner 2007; Warwas 2009).

Verglichen mit der Vielzahl selektiver Erfahrungsberichte, funktionaler Aufgabenzuweisungen und präskriptiver Rollenprofile in konzeptionellen Arbeiten muss insbesondere das empirisch gesicherte und verallgemeinerungsfähige Wissen um die *Interpretation und Ausgestaltung der Leitungsposition* durch deren Inhaber als defizitär eingestuft werden (König & Rosenbusch 2006, 14). Eine wissenschaftliche Durchdringung eben dieser Sachverhalte ist jedoch dringend geboten, weil zum einen schulische Leitungskräfte an wichtigen *Gelenkstellen der Educational Governance* die konkurrierenden Interessen verschiedener Anspruchsgruppen austarieren müssen (z.b. Wissinger 2003, 294f.; Altrichter & Heinrich 2007, 59ff.) und zum anderen bedeutsame *indirekte Einflüsse des Leitungshandelns* auf Prozesse und Ergebnisse der pädagogischen Arbeit einer Schule nachgewiesen wurden (zsf. Pfeiffer 2002, 24ff.; Bonsen 2006; Leithwood et al. 2006).

Allerdings präsentiert sich die existierende Forschungslandschaft zum beruflichen Selbstverständnis schulischer Leitungspersonen aufgrund divergenter Themeneingrenzungen und Untersuchungsziele sowie mannigfaltiger Theoriebezüge, Operationalisierungen und Analysemethoden als schwer systematisierbar und in ihren Befunden teilweise inkonsistent (vgl. hierzu Kapitel 5): Während einige quantitative Studien dem Leitungspersonal prinzipiell eine Verhaftung im Ausgangsberuf der Lehrkraft und damit einen nicht vollzogenen Rollenwechsel attestieren (z.b. Storath 1994; Wissinger 1996; Werle 2001), verweisen vor allem jüngere Interviewstudien auf eine Koexistenz mehrerer Auslegungsvarianten der Schulleitungsfunktion wie auch unterschiedlicher Schwerpunktsetzungen bei deren Ausübung (z.B. Forberg 1997; Bonsen 2003; Languth 2006). Bedingt durch geringe Fallzahlen ist die Generalisierungsfähigkeit dieser detailreichen qualitativen Untersuchungen jedoch beschränkt. Nur unzureichend rezipiert erscheinen dagegen differenzielle Befunde zum beruflichen Selbstverständnis schulischer Leitungskräfte, wie sie etwa von Baumert und Leschinsky (1986) oder Riedel (1998) mithilfe strukturentdeckender Verfahren in großen Stichproben gewonnen wurden. Stattdessen wird das Leitungspersonal bis dato oftmals als *homogene Berufsgruppe* porträtiert, in der ein „pädagogisch-kindzentriertes Bild von Schulleitung" (Bonsen 2006, 193) vorherrscht. Tief verwurzelt in einer „erziehungs- und unterrichtsbezogene[n] sowie auf Praxisroutine orientierte[n] Berufsidentität" (Arnold & Griese 2004, 1) folgt demnach die Amtsausübung vielerorts dem Leitbild eines „Primus inter Pares" (Schratz 2005, 183; Buhren & Rolff 2006, 526).

1.1 Problemlandkarte der Schulleitungsforschung

In der Gesamtbetrachtung weist die deutschsprachige Schulleitungsforschung eine unterentwickelte Systematik und Kontinuität auf (Pfeiffer 2002, 22ff.; Wissinger & Huber 2002, 9ff., König & Rosenbusch 2006, 3; Kranz 2007, 77; Wissinger 2011, 108). Führt man die in der Literatur erörterten Monita und Desiderate zusammen, entsteht eine Problemlandkarte mit drei eng verwobenen Feldern:

1. *Defizitäre Modellbildung:* In Anlehnung an Bush (2003, 30f.) sowie Richmon und Allison (2003, 32f.) kann von eklektischen Annäherungen an das Leitungshandeln gesprochen werden, die das Phänomen zwar aus unterschiedlichen Blickwinkeln beleuchten und hierbei fruchtbare Anleihen aus verschiedenen Disziplinen nehmen, aber keinen integrierenden Bezugsrahmen besitzen (s. auch Wissinger 1996, 80).
2. *Unzureichende forschungsmethodische Berücksichtigung der Situationsspezifität und Personenabhängigkeit des Leitungshandelns:* Die Annahme einer gleichförmigen Umsetzung bildungspolitischer oder wissenschaftlicher Gestaltungsvorgaben an den Einzelschulen ist empirisch wenig belastbar (z.B. Altrichter & Wiesinger 2005; Zlatkin-Troitschanskaia 2006). Eine Kontrolle kontext- und personengebundener Einflussfaktoren als Antezedenzien und/oder Moderatoren der Amtsführung wird deshalb zwingend erforderlich (Wissinger 1996, 80; Pfeiffer 2002, 23; Bonsen 2006, 223ff.). Untersuchungsdesigns in der Schulleitungsforschung stellen bislang jedoch selten darauf ab, begründete Vermutungen etwa über geschlechtsspezifische, erfahrungsabhängige oder schulartgebundene Variationen der Amtsauslegung und -ausübung im Zuge systematischer Gruppenvergleiche inferenzstatistisch abzusichern. Oftmals sind Schulleitungsstudien *entweder* im allgemeinbildenden *oder* im berufsbildenden Sektor angesiedelt und nehmen ausgewählte Personengruppen – bspw. weib-

liche Führungskräfte, Amtsanwärter, Amtsneulinge oder Teilnehmer von Fortbildungsveranstaltungen und Modellversuchen – ins Visier (s. Kapitel 5).
3. *Erschwerte Auswahl und Überprüfung geeigneter Erfolgskriterien der Leitungstätigkeit*: Während aufgrund der vielfältigen Kontingenzen der Leitungtätigkeit davon auszugehen ist, dass mehrere Formen der Aufgabenerfüllung einen ähnlichen Zielerreichungsgrad aufweisen (Pfeiffer 2002, 24; Dubs 2006, 120ff.), ist in Analogie zur Schulqualitätsdebatte zu berücksichtigen, dass die Zielkriterien per se äußerst facettenreich ausfallen, teilweise untereinander konkurrieren und stets normativ aufgeladen sind (Fend 2001, 128ff.; Holtappels 2003, 34ff.; Seifried et al. 2005; Heid 2007; van Buer 2007). Zur *Äquifinalität* von (zumindest einigen) Interpretations- und Gestaltungsvarianten der Leitungsfunktion gesellt sich damit eine beeindruckende *Pluralität* möglicher Zielstellungen. Hieraus erwächst die Pflicht des Forschers, in einer Untersuchung zum Erfolg von Bewältigungsalternativen des Arbeitsalltags die zugrunde gelegten Bewertungsmaßstäbe offenzulegen und zu begründen (Greve 1997, 21ff.; Weber 1997b, 14).

Wissenschaftliche Bemühungen, das Terrain deskriptiver Bestandsaufnahmen beruflicher Sichtweisen und Handlungsstrategien zu verlassen und deren Beitrag zur Erreichung potenzieller Zielgrößen der beruflichen Betätigung abzuschätzen, können (mindestens) zwei Wege beschreiten: Zum einen kann unter der Leitidee von *Effektivitätsprüfungen* die *Wirksamkeit schulleitenden Handelns auf der Schul-, Kollegiums- und Klassenebene* eruiert werden (z.B. Hallinger & Heck 1996; Marzano et al. 2005; Leithwood et al. 2006; im deutschsprachigen Raum z.B. Bonsen et al. 2002; Harazd et al. 2009). Als Kriteriumsvariablen dienen hierbei zumeist einzelne Merkmale der Schulorganisation, des Schulklimas, der Kooperationsintensität im Kollegium, der pädagogischen Innovationsbemühungen oder spezifische Maßzahlen der Schülerleistungen. Zum zweiten können in der Tradition von *Beanspruchungsstudien* solche Erfolgsgrößen in den Blick genommen werden, die *auf der Ebene der Leitungskräfte* selbst angesiedelt sind (z.B. Zaugg & Blum 2002; Laux et al. 2007). Dieser Zugang rekurriert zumeist auf Selbstauskünfte darüber, ob sich eine Leitungsperson dem wahrgenommenen Anforderungsprofil gewachsen oder hiervon überfordert fühlt *(Belastungserleben)* und in welchem Umfang sie eigene Wünsche und Ansprüche an das Berufsfeld verwirklicht sieht *(Arbeitszufriedenheit)*.

Mit den Kriterien psychischer Beanspruchungsreaktionen und -folgen fokussiert dieser zweite Ansatz also auf *subjektive Qualitätsmerkmale* des Lernens und Ar-

1.1 Problemlandkarte der Schulleitungsforschung

beitens in schulischen Organisationen (z.B. Achtenhagen 1978; Sembill 1984; Ackermann & Wissinger 1998, 8f.; Böhm-Kasper 2004) und damit zugleich auf wesentliche *Voraussetzungen* qualitativ hochwertiger Leistungen der schulischen Akteure (z.B. Sembill 1992; Klusmann et al. 2006; zsf. Paulus & Schumacher 2008, 139ff.). Empirische Evidenzen für das hierbei vermutete Wirkungsgefüge finden sich nicht zuletzt in jüngeren Meta-Analysen aus dem betrieblichen Kontext, welche vor allem in Positionen mit komplexer Anforderungsstruktur einen „beachtlichen Zusammenhang" (Fischer 2006, 3) zwischen Ausprägungen der Arbeitszufriedenheit und diversen Indikatoren des individuellen Arbeitsengagements wie auch der organisationalen Produktivität dokumentieren (zsf. Felfe & Six 2006; Schmidt 2006). Derartige Befunde lassen es gerechtfertigt erscheinen, „günstige" psychische Beanspruchungsmuster etwa im Sinne einer hohen Arbeitszufriedenheit als Grundbedingungen einer erfolgreichen Schulleitungspraxis einzustufen, ohne dabei die Existenz weiterer und ebenso gewichtiger Erfolgsdeterminanten in Abrede zu stellen (s. auch Wegge 2007, 278).

Die *psychische Beanspruchung* im und durch den Beruf bildet auch insofern eine spannende Analysekategorie, als sie in schulleitungsbezogenen Publikationen durchaus kontrovers diskutiert wird: Die bereits vor 30 Jahren beschworene „unheilvolle Union" des Direktorats (Döring 1978, 16; s. auch Krüger 1983, 33ff.), bestehend aus widerstreitenden Handlungserfordernissen und pausenlosen Aufmerksamkeitshöchstleistungen angesichts spontaner Anfragen, kurzfristiger Entscheidungszwänge und vielfältiger Gesprächsthemen im schnellen Wechsel der Interaktionspartner, hat für das Leitungspersonal teilautonomer Schulen sicherlich noch einen wesentlichen Bedeutungszuwachs erhalten (z.B. Terhart 1997, 14ff.; Ackermann & Wissinger 1998, 9f.; Brockmeyer 1998a, 130ff.). Verschärfend kommt hinzu, dass die mannigfaltigen Reforminitiativen, mit deren Umsetzung die Leitungskräfte betraut sind, oftmals ohne Einbindung in ein Gesamtkonzept oder stringente Anpassung von Behördenorganisation und Rechtsvorschriften erfolgen und keine substanzielle Entlastung von Verwaltungs- und Unterrichtstätigkeiten vorsehen (Dubs 2005, 455ff.). Eine solch *hochgradige Massierung potenzieller Stressoren* in Form von Aufgabenfülle, Zielkonflikten, Verantwortungslast und Termindruck legt prima facie die Vermutung nahe, dass es sich bei Leitungs- wie auch bei Lehrkräften um eine Risikopopulation mit hoher Anfälligkeit für Überlastungs- und Erschöpfungszustände handelt (z.B. Miller 1996; Becker & Thomas 1997; Fölsch 1997; Deister 2005, 7ff.). Dem gegenüber steht der scheinbar paradoxe empirische Tatbestand, dass schulische Leitungspersonen generell *höhere Zufriedenheitswerte, geringere*

Belastungseinschätzungen und weniger Burnout-Symptome aufweisen als ihre Lehrerkollegien (z.B. Kanders & Rösner 2006; Harazd et al. 2009). Losgelöst von Durchschnittsbetrachtungen lassen sich jedoch auch *innerhalb* der Schulleitungspopulation Niveau- und Qualitätsunterschiede des Beanspruchungserlebens nachweisen, die auf Einflüsse der jeweiligen Arbeitsumgebung sowie auf gesundheitsrelevante internale Ressourcen zurückgeführt werden können (Behr et al. 2003; Laux et al. 2007; Warwas 2008).

1.2 Prämissen und Zielsetzungen der Untersuchung

Zur Erklärung der Variabilität von Zufriedenheitsurteilen und Belastungsempfindungen schulischer Leitungspersonen greift die vorliegende Arbeit unter anderem auf stress- und arbeitspsychologische Modelle zurück. In der Argumentationslogik des *Belastungs-Beanspruchungs-Konzepts* (Rohmert 1984; Oesterreich 1999, 172ff.) resultieren psychische Beanspruchungen sowohl positiver als auch negativer Tönung aus der individuellen *Verarbeitung* beruflicher Belastungsquellen, so dass sich Art und Intensität jener Beanspruchungen nicht als Linearfunktion katalogisierbarer Arbeitsplatzmerkmale abbilden lassen (Wieland 1999, 201ff.; Zapf 1999, 16ff.). Das *transaktionale Stressmodell* (Lazarus & Launier 1981) schlüsselt die für die Beanspruchungsgenese entscheidenden Verarbeitungsprozesse weiter auf, indem es das Ineinandergreifen subjektiver Situations- und Ressourcenbewertungen und angewandter Bewältigungsstrategien beschreibt. Demzufolge wird Stress immer dann erlitten, wenn in der subjektiven Einschätzung der Anforderungsgehalt von Arbeitsinhalten und -bedingungen die eigenen adaptiven Mittel übersteigt.

Im *Auftrags-Auseinandersetzungs-Konzept* sensu Richter und Hacker (1998) wird schließlich offenkundig, dass selbst die Zielstellungen und Inhalte des beruflichen Auftrags kein exogenes Fixum darstellen, sondern erst im Zuge ihrer reflexiven Durchdringung und Bewertung durch den jeweiligen Stelleninhaber zum konkreten Gegenstand seiner Bewältigungsversuche werden. Deshalb lautet eine Grundprämisse der Studie, dass stets die subjektiv *redefinierte Aufgabe* – vermittelt durch individuelle Bewältigungsversuche wahrgenommener Anforderungen – zu spezifischen Beanspruchungsreaktionen und -folgen führt (Richter & Hacker 1998, 37).

Kompatibel mit dem Konstrukt der redefinierten Handlungsaufgabe thematisieren vor allem Beiträge aus der Sozialpsychologie die *Identität* eines Menschen als spezifische *Bewältigungsressource* angesichts einer heterogenen, veränderlichen und krisenanfälligen Anforderungsstruktur sozialer Interaktionsräume und institutionel-

1.2 Prämissen und Zielsetzungen der Untersuchung

ler Arrangements (z.B. Berzonsky 1992; Marcia 1993a,b; Born 2002; Keupp et al. 2006; Brandtstädter 2007). Des Weiteren loten Beiträge aus der empirischen Berufsbildungsforschung die Bedeutung von Entwicklungsstufen der *beruflichen Identität* für die Aneignung der zur Erfüllung berufstypischer Aufgaben erforderlichen Handlungskompetenzen sowie für das individuelle Arbeitsengagement aus (z.b. Bremer & Haasler 2004; Weber 2005; Heinemann & Rauner 2008). Jene identitätsstiftenden und zugleich kompetenzfördernden Aneignungsprozesse werden als nicht-triviale, subjektive *Elaborierung* thematisiert, welche „die berufliche Arbeitsaufgabe im Horizont kollektiv elaborierter Standards individuell strukturiert" (Bremer 2004, 113) und damit bloße Imitations- und Exekutionsleistungen überflügelt.

Dementsprechend wird die berufliche Identität im theoretischen Teil dieser Untersuchung als ein *individuell konstruiertes und zugleich sozial vermitteltes Phänomen* erörtert (z.b. Hannover 2000; Harböck 2006). Aus dieser Forschungsperspektive lässt sich begründen, dass qualitative Identitätsprädikate, die sich Menschen sowohl als Einzelperson als auch als Mitglied eines sozialen Gefüges zuschreiben, gerade unter den Bedingungen institutioneller Umbrüche als *individuelle Stellungnahmen* gegenüber positionsspezifischen Rollenzuweisungen zwingend an kritische Abgrenzungen und überzeugte Selbstverpflichtungen gebunden sind (z.b. Blasi 1993, 123ff.; Frankfurt 1993, 108ff.; Straub 2000a, 282f.; Nunner-Winkler 2009, 15f.).

Zum Zwecke ihrer Operationalisierung auf dem Wege einer schriftlichen Befragung wird ein indirekter Zugang gewählt, der die bewusstseinsfähigen und verbalisierbaren Anteile der beruflichen Identitätskonstruktion als domänenspezifische, *subjektive Sichtweise auf Art und Inhalt der beruflichen Handlungsaufgaben und deren Bewältigung* erfasst. In der artikulierten Sichtweise auf berufliche Aufgaben und ihre Bewältigung entwirft ein Mensch vielfältige „Situations-, Beziehungs- und Selbstdefinitionen", mit denen er „seine Identität präsentiert und seine Handlungsfähigkeit aufrechterhält" (Arnold 1983, 894; s. auch Judge et al. 1997, 158). Als bewusstseinsfähiges Destillat vergangener Bewältigungsprozesse von domänenspezifischen Handlungsanforderungen strukturiert sie die individuelle Alltagspraxis vor (Sembill & Seifried 2009, 346). Damit liefert sie eine intersubjektiv kommunizierbare und verbindliche Antwort auf alltagstypische und strukturbedingte, aber stets komplexe, mehrdeutige und deshalb interpretationsbedürftige Handlungsprobleme einer sozialen Gruppierung (Oevermann 2001, 5ff.; Ullrich 1999, 1ff.; Unger 2007b, 159ff.). Für jene verbalisierbaren Anteile der beruflichen Identität wird in der vorliegenden Arbeit der Begriff des *beruflichen Selbstverständnisses* reserviert. Zudem wird von gestuften Aggregations- und Konsensualisierungsgraden beruflicher Sichtweisen ausgegangen, welche den analytischen Zugriff auf das Selbstverständnis von Einzelpersonen, auf unterschiedlich akzentuierte Subkulturen innerhalb eines Berufsstandes sowie auf weithin geteilte Kernelemente einer Berufskultur eröffnen (s. auch Terhart 1996, 452ff.; Esslinger 2002, 17ff.).

Vor diesem Hintergrund sollen anhand der Daten aus einer schriftlichen Schulleiter-Befragung (n = 861) an verschiedenen Schulen in Bayern systematische Zusammenhänge zwischen dem *beruflichen Selbstverständnis schulischer Leitungskräfte* einerseits und Indikatoren ihrer *psychischen Beanspruchung* andererseits aufgedeckt werden. Dieses übergeordnete Erkenntnisinteresse umschließt als Teilziele

- die theoriegeleitete Begründung und empirische Identifikation *interindividueller und interorganisationaler Varianzen* sowohl in der Interpretation und Ausgestaltung des Leitungsamtes als auch in den Beanspruchungsprofilen der Amtsinhaber;
- die Erfassung *kognitiver, affektiv-evaluativer und konativer Elemente* des beruflichen Selbstverständnisses als multimodales Konstrukt, in dem inhaltliche Selbstqualifizierungen regelmäßig mit Selbstbewertungen, Kontrollüberzeugungen und spezifischen Handlungspräferenzen assoziiert sind (z.B. Haußer 1995, 62ff.; Staudinger & Greve 1997, 7ff.; Werle 2001, 99ff.; Raeder & Grote 2005, 337ff.);
- eine *differenzierte Erhebung* sowie *multikausale Erklärung* psychischer Beanspruchungsreaktionen und -folgen der Berufsausübung, wobei verschiedene *Facetten des subjektiven Belastungserlebens* sowie unterschiedliche *Formen der Arbeitszufriedenheit* betrachtet werden.

Da angenommen wird, dass eine *typologische Analyse* größeren Aufschluss über unterschiedliche Identitätsentwürfe bietet als die isolierte Betrachtung einzelner Beschreibungsdimensionen, konzentrieren sich die Auswertungen auf divergente *Konfigurationen* beruflicher Sichtweisen auf mittlerem Aggregationsniveau[1]. Weil ferner der Stellenwert beruflicher Identitätskonstruktionen *als spezifische Bewältigungsressource* in einem komplexen Bedingungsgefüge beanspruchungsinduzierender Faktoren verortet werden soll, lässt sich der gewählte forschungsmethodische Zugang dahingehend präzisieren, dass

---

1 Zu den Vorzügen einer typologischen gegenüber einer dimensionalen Analyse in anderen Forschungsfeldern s. bspw. Kluge (1999), Mayer et al. (2004) oder Neuenschwander (2006) sowie die Ausführungen in Abschnitt 6.2.

1.2 Prämissen und Zielsetzungen der Untersuchung

- durch den Einsatz clusteranalytischer Verfahren *berufliche Teilkulturen* bzw. *Leitungstypen* mit ihren je charakteristischen *Kombinationen* identitätskonstituierender Dimensionen aufgedeckt werden sollen, welche sich erwartungsgemäß unter dem Einfluss von Kontextbedingungen sowie von individuellen Leistungs- und Belastungspotenzialen ausbilden;
- auf der Suche nach wesentlichen Ursachen variierender Belastungsempfindungen und Zufriedenheitsurteile nicht nur etablierte *arbeitspsychologische Erklärungsmodelle* überprüft, sondern auch die *Erklärungsbeiträge beruflicher Sichtweisen* unter Kontrolle möglicher konfundierender Merkmale der Arbeitssituation und des Stelleninhabers ermittelt werden sollen.

1.3 Theoretische Grundlagen und Struktur der Arbeit

Die vorliegende Arbeit bemüht sich um eine Integration vielfältiger theoretischer Ansätze. Als Bindeglied fungiert dabei eine *transaktionale Beziehung* zwischen der handelnden Person und den Anforderungen ihrer Umwelt (Lantermann 1980; Lazarus & Launier 1981). Dieses Grundprinzip einer wechselseitigen Beeinflussung findet sich

- im Entwurf eines *Rahmenmodells schulleitenden Handelns* in Kapitel 2, welches im Rückgriff auf soziologische sowie bildungs- und handlungstheoretische Konzepte den Menschen im Allgemeinen als produktiven Realitätsverarbeiter (Hurrelmann 2001) und schulische Akteure im Besonderen als Rollenträger, Organisationsmitglieder und Individuen mit Eigenzielen (z.B. Fend 2006) beleuchtet;
- in den Ausführungen des dritten Kapitels zur *Identitätsarbeit* als einer konfliktgeladenen Auseinandersetzung mit sozialen Erwartungen und kontextgebundenen Handlungsaufgaben, die primär auf soziologischen und sozialpsychologischen Ansätzen basieren (z.B. Krappmann 1969/2005; Keupp et al. 2006);
- in der Betrachtung der psychischen *Beanspruchung* als Resultante des Zusammenspiels von berufsspezifischen Anforderungsmerkmalen und individuellen Bewertungs- und Bewältigungsprozessen, welches ausführlich in Kapitel 4 sowie in Teilbereichen des zweiten und dritten Kapitels anhand von Modellen aus der Arbeitspsychologie wie auch der Stress- und Bewältigungs-

forschung erörtert wird (z.B. Lazarus 1990; Wentura et al. 2002; Wieland et al. 2006).

An die Aufarbeitung des themenrelevanten Forschungsstandes in Kapitel 5 schließt sich die Darstellung des Untersuchungsdesigns samt einer Präzisierung der forschungsleitenden Fragestellungen in Kapitel 6 an. Im siebten Kapitel werden die Befunde der eigenen empirischen Studie detailliert berichtet, bevor im achten Kapitel zentrale Ergebnisse kritisch diskutiert und ihre Implikationen für die Schulleitungsforschung sowie für die Qualifizierung und Gesundheitsförderung pädagogischer Führungskräfte dargestellt werden. Die nachstehende Abbildung enthält den Aufbau der Arbeit im Überblick.

1.3 Theoretische Grundlagen und Struktur der Arbeit

Problemaufriss

Kapitel 1: Entstehungshintergrund, Erkenntnisinteresse und Argumentationsgang der Arbeit

Theoretische Basis und Forschungsstand

Kapitel 2: Schulleitung im Spannungsfeld institutionaler, organisationaler und individueller Kräfte	**Kapitel 3:** Rollenanforderungen, Identitätskonstruktionen und berufliches Selbstverständnis	**Kapitel 4:** Phänomene, Ursachen und Folgen psychischer Beanspruchung im Beruf
2.1 Referenzmodelle aus Bildungstheorie und Bildungsforschung 2.2 Einflussfaktoren auf der Ebene der Gesellschaft 2.3 Einflussfaktoren auf der Ebene der Einzelschule 2.4 Einflussfaktoren auf der Ebene des Individuums 2.5 Schulleitungstätigkeit als Balanceakt	3.1 Struktur-funktionalistische und symbol-interaktionistische Rollenansätze 3.2 Prozesse und Produkte der Identitätsarbeit 3.3 Erfassung beruflicher Sichtweisen als indirekter Zugriff auf die berufliche Identität 3.4 Problematik der Effektivitätsbeurteilung von Bewältigungsprozessen	4.1 Systematik positiver und negativer Beanspruchungsreaktionen und -folgen 4.2 Subjektive Bilanzierungen der Berufspraxis im Fokus der Untersuchung 4.3 Prinzipien einer gelungenen Balancierung externer Anforderungen und subjektiver Ansprüche

Kapitel 5: Forschungsstand zu Sichtweisen und Beanspruchungen schulischer Leitungskräfte

Konzeption und Ergebnisse der empirischen Untersuchung

Kapitel 6: Ziele, Fragestellungen und Konzeption der Studie

Kapitel 7: Empirische Befunde

7.1 Häufige Analysemethoden und Richtwerte für die Ergebnisbeurteilung
7.2 Kollektive Sichtweisen auf das Anforderungsprofil des Amtes und die Leitungspraxis
7.3 Identifikation und Charakterisierung beruflicher Subkulturen
7.4 Kontingenzen beruflicher Identitätskonstruktionen von Schulleitern
7.5 Beanspruchungsreaktionen und -folgen im Spiegel arbeitspsychologischer Erklärungsmodelle
7.6 Stellenwert von Identitätskonstruktionen bei Anforderungswahrnehmung und -bewältigung

Resümee und Ausblick

Kapitel 8: Zusammenfassung und Diskussion zentraler Befunde

8.1 Erkenntnisgewinne für die Schulleitungsforschung
8.2 Implikationen für die Gesundheitsförderung schulischer Leitungskräfte
8.3 Forschungsdesiderate

Abbildung 1.1: Überblick über den Aufbau der vorliegenden Arbeit

2 Schulleitung im Spannungsfeld institutionaler, organisationaler und individueller Kräfte

Infolge der eingangs erläuterten geringen Systematik und Kontinuität der Schulleitungsforschung in Deutschland kann für die empirische Analyse des *subjektiven Berufsverständnisses* schulischer Leitungspersonen und ihrer *beruflichen Beanspruchung* kein generell anerkanntes theoretisches Fundament vorausgesetzt werden. In diesem Kapitel soll deshalb ein Rahmenmodell konstruiert werden, das wesentliche Einflussfaktoren der Leitungstätigkeit systematisierend zusammenführt (s. auch Warwas 2008 und 2009). Dieses analytische Raster nimmt nicht nur die institutionelle Normierung und Reglementierung, sondern auch die Situationsspezifität und Personengebundenheit schulischer Leitungspraxis explizit in den Blick. Es sollte in erster Linie den Zweck erfüllen, *interorganisationale und interindividuelle Varianzen* schulischen Leitungshandelns zu begründen, bevor in den Kapiteln 3 und 4 Prozesse und Produkte beruflicher Identitätskonstruktionen und berufsbedingter Beanspruchungen als *intraindividuelle psychophysische Phänomene* vertieft werden.

2.1 Referenzmodelle aus Bildungstheorie und Bildungsforschung

Um ein Modell zentraler Bestimmungsgrößen des Leitungshandelns zu entwerfen, rekurriert die vorliegende Arbeit auf jüngere Ansätze der Schultheorie sowie auf mehrebenenanalytische Betrachtungen der Steuerung institutionalisierter Bildungsprozesse.

2.1.1 *Zentrale Bestimmungsgrößen des Handelns schulischer Akteure bei Fend (2006) und Zlatkin-Troitschanskaia (2006)*

In seiner „Neuen Theorie der Schule" präpariert Fend (2006, 123ff.) im Rückgriff auf soziologische Forschungsprogramme drei zentrale Einflussfaktoren des Handelns schulischer Akteure heraus. Ihre Tätigkeiten sind erstens *in einen gesellschaftlichen Kontext eingebettet* und blieben ohne Kenntnis historisch gewachsener institutionaler Strukturen unverstanden. Unter den Institutionenbegriff können dabei alle formalisierten wie auch informellen Regulativmuster sozialer Praktiken subsumiert werden, die als zeit- und raumübergreifende Koordinationsmechanismen einen normativ strukturierten Handlungszusammenhang zwischen den Mitgliedern einer sozialen Ordnung herstellen (Giddens 1988, 67ff.; Hasse & Krücken 1999, 5ff.; Miebach 2006, 66ff.). Grundsätzlich konditionieren derartige universelle Regelungsmechanismen, bspw. gesetzliche Vorschriften oder heimliche Lehrpläne, die Akteure auf homogene Verhaltensmuster mit systemintegrierender und systemstabilisierender Wirkung (s. auch Türk 1997, 145f.)[1]. In Kapitel 3 dieser Arbeit wird eine besondere ordnungsstiftende Strukturkategorie, nämlich die positionsgebundene *Rolle,* eingehend betrachtet.

Allerdings relativieren sich die institutionalen Determinierungen individuellen Handelns spätestens dann, wenn zweitens *Merkmale des organisationalen Kontextes* sowie die *kollektiven mentalen Modelle und habitualisierten Arbeitsroutinen* der hier angesiedelten Akteursgruppen berücksichtigt werden, welche den bruchlosen Transfer institutionalisierter Vorgaben in den schulischen Arbeitsalltag konterkarieren (Fend 2006, 157ff.; Preuße & Zlatkin-Troitschanskaia 2008). Um derartige Einflussfaktoren theoretisch zu verankern, führt Fend (2006, 174ff.) das *Konzept der Rekontextualisierung* ein. Demnach werden institutionalisierte Gestaltungsvorgaben auf mehreren hierarchisch gestuften Verantwortungsebenen des Schulsystems jeweils neu interpretiert, an aktuelle Handlungserfordernisse, -probleme und -chancen angepasst und entsprechend der Zwecksetzungen der einzelnen Organisations- bzw. Funktionseinheiten ausgestaltet. Die auf einer Stufe modifizierten Strukturen des arbeitsteiligen Zusammenhandelns werden dabei ihrerseits zu Gelegenheitsstrukturen für die Akteure der hierarchisch untergeordneten Ebene, die wiederum eine an lokalen Bedingungen und Interaktionspartnern orientierte Adjustierung vornehmen. Im Einklang mit dynamischen Handlungsmodellen der Soziologie (z.B. Giddens 1988) gründet der Rekontextualisierungsansatz damit auf der Prämisse, dass individuelles Handeln innerhalb gleichermaßen *beschränkender wie ermöglichender* struktureller Rahmenbedingungen erfolgt: Indem Akteuren bestimmte Zielmarken vorgegeben, Rechte und Pflichten zugewiesen und ihre Zugriffe auf Ressourcen reglementiert werden, werden individuelle Zieldefinitionen, Fähigkeiten und Fertigkeiten struktu-

---

1 In neo-institutionalistischer Lesart lässt sich etwa der flächendeckende Einzug „innovativer" Arbeitsstrukturen und Qualitätsmanagementsysteme an Schulen als Diffusions- und Strukturangleichungsprozess sensu DiMaggio und Powell (1991) interpretieren (Schaefers 2002, 847ff.): Demzufolge setzt die wiederholte Diagnose unterdurchschnittlicher Ergebnisse in internationalen Leistungsvergleichsstudien die Schulen einem massiven Legitimierungszwang aus, den sie mit einer reflexartigen Übernahme gesellschaftlich anerkannter Organisationskonzepte beantworten, um sich reformfähig und modern zu präsentieren.

rell entweder subventioniert oder unterminiert. An die Stelle des „Eisernen Käfigs" gesellschaftlicher Normierung und Kontrolle (DiMaggio & Powell 1991) treten in diesen Modellen aus verschiedenen sozialen Bezugssystemen bestehende Umweltsysteme, die jeweils charakteristische *konditionale Qualitäten als Gelegenheiten für Eigenaktivitäten* (Veith 2004, 366) und mithin Platz für strategische Manöver offerieren. Strukturelle Zwänge weichen einem regulierten Korridor von Handlungschancen und -restriktionen. Das Auftreten der sich hierin bewegenden Subjekte beschränkt sich nicht auf reaktive Automatismen, sondern beinhaltet die bewusste Suche und Instrumentalisierung vorhandener Opportunitäten mittels der eigenen Ressourcen- und Kompetenzausstattung. Damit werden – dem Gedanken einer „Mikrodynamik *individueller* Bewegungen *in* Strukturen" (Berger & Sopp 1995, 11, Herv. i.O.) folgend – subjektive Erfahrungsbezüge, Entscheidungs- und Handlungsalternativen aufgewertet, ohne uneingeschränkte Wahlfreiheiten zu unterstellen (Kussau & Brüsemeister 2007, 30f.).

Wie jener regulierte Handlungskorridor in einer konkreten Schule faktisch genutzt wird, hängt somit maßgeblich von dem hier interagierenden Ensemble von Akteuren mit ihren je spezifischen Wahrnehmungen, Präferenzen und Fähigkeiten ab. Für die verstehende Rekonstruktion des Denkens und Handelns schulischer Akteure liefern nach Fend (2006, 156ff. und 182f.) deshalb an dritter Stelle die *subjektiven epistemischen Überzeugungen der fokalen Person(en)* wichtige Einsichten. Individuelles Handeln entfaltet sich demnach absichtsvoll vor einem Erwartungshorizont aus Erfolgsprognosen und Misserfolgsszenarien und bedient sich dabei aus einem reichhaltigen Fundus an subjektivem Diagnose-, Erklärungs-, Regel- und Strategiewissen im und über das System (s. hierzu auch Scheele & Groeben 1988, 47ff.; Sembill 1999, 153ff.; Schilling 2001, 27ff.; König 2002, 55ff.).

Mit anderen Diagnoseinstrumenten, aber ähnlichem Ergebnis, durchleuchtet Zlatkin-Troitschanskaia (2006, insbes. 121ff.) die Implementationsprozesse bildungspolitischer Reformstrategien im öffentlichen Bildungswesen. Auf Basis eingehender rechts- und verwaltungswissenschaftlicher sowie system- und organisationstheoretischer Analysen attestiert auch sie strukturellen Vorgaben eine nur rudimentäre Steuerungswirkung: Trotz hoher Regulierungsdichte auf der *Makroebene* existiert eine erhebliche Variationsbreite an operativen Realisationsformen von Gesetzen und Verwaltungsvorschriften auf der *Mesoebene* wie auch auf der *Mikroebene,* d.h. sowohl in den dezentralen Steuerungshandlungen von Schulleitungen als auch im unterrichtlichen Handeln der Lehrkräfte. Eine herausragende Bedeutung kommt dabei den individuellen Interpretationen und Situationsdeutungen der an der Umsetzung von Reformprojekten beteiligten Akteure zu. Ihre jeweilige *professionelle Handlungsrationalität* wird im Wesentlichen beeinflusst durch ihre funktionale Stellung, ihre Zugehörigkeit zu einer spezifischen Organisationsform und den dort gültigen Orientierungs- und Handlungsmustern, aber auch durch ihre individuellen kognitiven Stile (Zlatkin-Troitschanskaia 2006, 29f.).

2.1.2 Systemische Wechselwirkungen multipler Bezugssysteme des pädagogischen Handelns bei Sembill (2006)

Im Rückgriff auf anthropologische, zeitsoziologische und neurowissenschaftliche Erkenntnisse sowie auf Ergebnisse der empirischen Lehr-Lern-Forschung expliziert Sembill (2006) die Bedeutung von *natürlichen, gesellschaftlich-kulturellen, einzelschulischen und individuellen Bezugsebenen* für die Gestaltung institutionalisierter Bildungsprozesse. Dabei wählt er die schulische Zeit-Raum-Nutzung als Demonstrationsobjekt.

Anhand der *Betrachtungsebene Natur* als bewahrendes Element zeigt Sembill auf, dass Menschen in all ihren Veränderungs- und Beschleunigungsbemühungen auf grundlegende biologische und physikalische Voraussetzungen wie z.B. Naturgesetze und -kreisläufe verwiesen sind. In der Diskursarena der *Gesellschaft* betätigen sie sich als Teilnehmer eines kollektiv entwickelten Kultursystems, welches bestimmte Regularien, Vorschriften, Usancen und Begründungsmuster des sozialen Miteinanders hervorbringt. Unabhängig von ihrer Erscheinungsform entspringen alle diese Vorgaben basalen Menschenbildannahmen, ökologischen Grundverständnissen sowie ökonomischen, technischen und sozialen Gestaltungsideen. Deshalb transportieren sie stets generelle gesellschaftliche Normen und Zielgrößen, die in eigens hierfür errichteten Institutionen – Letztere in der Konnotation von Anstalten als einer Form institutioneller Materialisierung – umgesetzt werden sollen.

Konfrontiert mit derartigen Verantwortungszuschreibungen und beauftragt mit der Verwirklichung präskriptiver Vorgaben sind aber letztlich die in diesen Organisationen tätigen *Individuen*. Ihr Erlebens-, Leistungs- und Belastungspotenzial speist sich aus dem Zusammenspiel von *Eigenzeiten* (d.h. chronobiologischen Rhythmen, aufgewendeter Zeit und Intensität der Aktivitätsentfaltung über die Zeit) und einem komplexen Agglomerat angelegter wie auch erworbener *Dispositionen*. Hieraus resultieren interindividuell abweichende Ausprägungen von *subjektiver Handlungsrelevanz, Handlungsbereitschaft, Verantwortungsübernahme und Identifikation*.

2.1 Referenzmodelle aus Bildungstheorie und Bildungsforschung

Obwohl alle schulischen Akteure prinzipiell über die gleiche hominide Grundausstattung verfügen, sind sie aufgrund der unterschiedlichen Ausprägungen ihrer Eigenzeiten und Dispositionen und der Divergenz ihrer Ziele gezwungen, interaktive Handlungsvollzüge so zu organisieren, dass daraus eine tragfähige Form der Kooperation zur Realisierung gesellschaftlich angetragener Funktionen wie auch organisationseigener Ziele entsteht. Durch die resultierende *Binnenstruktur des einzelschulischen Sozialgefüges* relativieren sich aber die Zeit- und Handlungsspielräume des einzelnen Akteurs, der sich nicht nur mit exogenen Gestaltungsvorgaben, sondern auch mit den Relevanzsetzungen, Handlungsbereitschaften und Verantwortungsbereichen anderer Organisationsmitglieder, d.h. seiner Kollegen, Vorgesetzten und Schüler, auseinandersetzen muss.

Ebenso wenig wie sich Dispositionen auf kognitive Wissensrepräsentationen reduzieren lassen, weil an der Handlungsregulation vielfältige motivationale und emotionale Komponenten maßgeblich beteiligt sind, lassen sich somit individuelle Handlungen dekontextualisieren oder Interaktionen entpersonalisieren: Während sich individuelle Einstellungen, Werte und Fähigkeiten im Zuge von Sozialisations-, Lern- und Erziehungsprozessen formen, werden der gesellschaftliche und organisationsspezifische Ordnungsmuster erst im Austausch ihrer Mitglieder geschaffen, reproduziert und verändert.

Folglich müssen schulische Akteure nicht nur als Kultur- und Rollenträger begriffen werden, sondern auch als Mitglieder einer organisationalen Gemeinschaft und ebenso als Subjekte, welche bei der Erfüllung der ihnen gestellten Aufgaben mit eigenzeitlichen Wahrnehmungs- und Bewältigungsmustern operieren und zudem eigennützige Zielstellungen zu verwirklichen suchen. Dies impliziert auch, dass die Gestaltungs- und Zielvorgaben organisationaler Einheiten nur dann erreicht werden können, wenn sie von der Akzeptanz, Verantwortungsübernahme und Einsatzbereitschaft sowie von den Fähigkeiten ihrer Mitglieder getragen und in deren Aktivitäten verwirklicht werden. Das bewusste und interaktive Konstruieren gemeinsamer Zeit-Raum-Systeme in der Schule, in denen strategische Alternativen erprobt, Handlungsoptionen ausgelotet und operatives Handlungswissen generiert werden, ist dabei weder notwendiges Übel noch zufälliges Nebenprodukt. Vielmehr handelt es sich um ein zwingendes Erfordernis, um gemeinschaftlich externe Aufgabenzuweisungen bearbeiten, divergierende Handlungsrelevanzen abgleichen und Innovationen schöpferisch hervorbringen zu können (Sembill 2006, 190f.).

2.1.3 Notwendigkeit integrativer Ansätze zur Beschreibung und Erklärung schulischen Leitungshandelns

Losgelöst vom jeweiligen Erkenntnisinteresse und theoretischen Zugang verweisen alle referierten Ansätze darauf, dass die Entscheidungen und Handlungen schulischer Akteure weder strukturdeterminiert noch dekontextualisiert erfolgen und zudem nicht rational-kognitivistisch erklärbar sind. Dementsprechend sind auch bei der Modellierung zentraler Bestimmungsgrößen der schulischen Leitungstätigkeit sowohl *institutionale* als auch *organisationsspezifische* sowie *personenimmanente* Faktorenbündel simultan zu berücksichtigen, die ein spannungsgeladenes Feld konkurrierender Wirkungskräfte erzeugen. In den folgenden Ausführungen soll deshalb aufgeschlüsselt werden

- wie diese Einflussfaktoren im Berufsalltag von Schulleitern phänomenologisch in Erscheinung treten;
- über welche Mechanismen und Einflusskanäle sie als zentrifugale und zentripetale Kräfte entweder eine homogenisierende oder aber diversifizierende Wirkung im Denken, Werten und Handeln der Leitungskräfte entfalten;
- wie sich die Interpretation und Gestaltung der Leitungsfunktion als Balanceakt begründen lässt, bei dem die fokale Person diese widerstreitenden Kräfte in ein schlüssiges Gesamtkonzept von Schulleitung integrieren muss.

2.2 Einflussfaktoren auf der Ebene der Gesellschaft

Die Arbeit schulischer Leitungskräfte vollzieht sich innerhalb eines *normativ-rechtlichen, normativ-wissenschaftlichen und normativ-sozialen Rahmens* (Wissinger 1996, 10). Schulgesetze wie auch Vorschriften der staatlichen Schulaufsicht und kommunalen Schulverwaltung definieren Rechte, Pflichten und Verfahrensrichtlinien der Schulleitung. Darüber hinaus fordern gesellschaftliche Gruppierungen wie Elterninitiativen, Arbeitgeberverbände oder die mediale Öffentlichkeit bestimmte Verhaltensformen ein und messen schulleitendes Agieren an Erfolgskriterien, die sich im Zuge diskursiver Willensbildung oder machtbasierter Durchsetzung als herrschende Meinung etabliert haben (s. auch Sembill 2006, 183ff. und 2008a, 84ff.). Eine weitere, eher subtile Variante institutionalisierter Gestaltungsvorgaben stellen Qualifizierungsprogramme dar. Aus- und Weiterbildungsinstitute dienen als leistungsstarke Vehikel der Definition und Diffusion beruflicher Normen, indem sie bestimmte Konzepte der Organisationsleitung vermitteln (Millonig 2002, 57ff.). All diese institutionellen Regulative transportieren *präskriptive Konzeptionen* schulischer Leitungstätigkeit (Languth 2006, 73f.; Huber & Schneider 2007), die einer konzertierten Erreichung systemimmanenter Ziele des Bildungswesens dienen sollen (Fend 2006, 153ff.; Kussau & Brüsemeister 2007, 17ff.). Soweit entsprechende Regeln befolgt bzw. Normen eingehalten werden – sei es aus Einsicht, Zwang, Alternativenmangel oder aufgrund attraktiver Anreizsysteme, reduziert sich die Wahrscheinlichkeit devianter beruflicher Deutungsmuster und Praktiken drastisch (Scott 1995, 34ff.; Fend 2006, 140ff.; Zlatkin-Troitschanskaia 2006, 33). Innerhalb ihres Adressatenkreises befördern die oft komplementär angelegten „Institutionenkonfigurationen oder -pakete" (Blossfeld 2008, 18) mithin strukturell bedingte Isomorphien der Erfüllung beruflicher Aufgaben (DiMaggio & Powell 1991). Solche homogenisierenden Wirkkräfte müssten im Falle *vollkommener Eindeutigkeit und Deckungsgleichheit* (s. einschränkend Kapitel 3) und *ohne die Existenz weiterer, die Berufsausübung beeinflussender Faktoren* letztlich in eine Uniformität schulischen Leitungshandelns münden (s. auch Millonig 2002, 82ff.). Deshalb soll anhand von Governancestrukturen und Führungskonzepten beispielhaft demonstriert werden, wie das *normative Anforderungsprofil* des Leitungsberufs an bildungspolitisch intendierten und auch wissenschaftlich definierten Standards ausgerichtet wird.

2.2.1 *Auswirkungen bildungspolitischer Steuerungsprogramme auf das Anforderungsprofil im Leitungsberuf*

Das Berufsprofil der Schulleitung entwickelte sich vor dem Hintergrund fundamentaler Modernisierungsschübe in allen deutschsprachigen Bildungssystemen zu verstehen, die je spezifischen normativen Gestaltungsideen verpflichtet waren und nun überblicksartig zusammengestellt werden (s. hierzu ausführlich Brüsemeister & Eubel 2003; Altrichter & Heinrich 2007; Altrichter & Rauscher 2008).

Bis Ende der 1980er Jahre herrschte ein streng gegliedertes *bürokratisches System* vor, das die Einheitlichkeit und Berechenbarkeit der Schulversorgung über zentral angewiesene Inputs und detaillierte Verfahrensvorschriften zu verwirklichen suchte (Timmermann 1998, 212ff.; Rosenbusch & Warwas 2007, 18). Die Schulleitung hatte als nachrangiges Element der Verwaltungskette primär gesetzlich-administrative Vorgaben zu exekutieren (Nevermann 1984b; Margies 2002, 83f.). Folgerichtig lieferten formaljuristische Spezifikationen, wie sie in einschlägigen Verordnungen,

Dienstvorschriften und Gesetzestexten auch heute noch zu finden sind, die zentralen Bezugsnormen des Leitungshandelns (Münch 1999, 69ff.; Hasenbank 2001, 176ff.)[1].

In den frühen 1990er Jahren reagierte die Bildungspolitik auf Leistungsdefizite und Trägheitsmomente der zentralistischen Steuerung mit einer *Erweiterung der arbeitsorganisatorischen und pädagogischen Gestaltungsfreiräume der Einzelschule*, damit sich diese flexibel auf lokale Bedarfe einstellen und eigene Stärken optimal nutzen konnte (zsf. Brockmeyer 1998a; Seitz & Capaul 2005, 66ff.). Korrespondierend mit den Leitmotiven der Flexibilisierung, Dezentralisierung, Variabilität und Subsidiarität zielten die Reformprozesse darauf ab, Eigenaktivität und Engagement in den Basiseinheiten zu stimulieren, weshalb die Lehrer- bzw. Schulkonferenzen den zentralen Ort der inneren Schulentwicklung bildeten (Wirries 1998, 65ff.).

Mikropolitisch bedingte Konflikte und mangelnde Entschlusskraft der innerschulischen, basisdemokratisch geleiteten Gremien (s. hierzu Dubs 1996b, 17ff.; Wirries 1998, 70ff.) läuteten in der zweiten Hälfte der 1990er Jahre die *Suche nach wirksamen Verfahren der innerschulischen und systemweiten Handlungskoordination* ein. Unter dieser Zielstellung experimentierte die Bildungsadministration zum einen mit milden Varianten des Systemmonitorings und beratungsbasierten Formen der Schulaufsicht (z.B. Rosenbusch 2002b). Zum anderen wurden Aktionsradius und Positionsmacht der Schulleitung ausgedehnt (Wissinger & Höher 1998). Ihr wurden formale Konzepte und Instrumente für die Schulentwicklung und interne Evaluation zur Verfügung gestellt, zusätzliche Handlungsfreiheiten im Bereich von Finanzierung, Betriebskostengestaltung und Investitionen eingeräumt und der Abschluss bestimmter Rechtsgeschäfte für die Schule zugestanden (Timmermann 1998, 214ff.; Bayer 2007, 406ff.). Im Zuge einer Dienstrechtsreform wurden zudem

---

1   Seit jeher artikuliert sich diese *Hierarchieverantwortung* in der beamtenrechtlichen Stellung eines *Vorgesetzten*, der gegenüber dem Schulpersonal weisungsbefugt ist, um die Einhaltung von Vorschriften und Anordnungen zu gewährleisten, aber seinerseits den Weisungen der Schulaufsicht und des Schulträgers unterliegt (Bayer 2007, 402ff.; Bott 2007, 422ff.). In dieser Eigenschaft kann er einem unterstellten Beamten für seine dienstlichen Tätigkeiten Anordnungen erteilen, um deren *Rechtmäßigkeit* (z.B. im Sinne der Übereinstimmung des Unterrichts mit Lehrplänen) und *Zweckmäßigkeit* (z.B. durch die Verteilung außerunterrichtlicher Aufgaben) sicherzustellen. Von diesen Weisungsbefugnissen sind Verwaltungsakte zu trennen, die eine enorme Bandbreite aufweisen. Dazu gehören die Organisation des Unterrichts und der Vertretungsstunden, die Erfassung und Beantragung der Lehrmittel, die Aufnahme und Entlassung von Schülern, die Verwaltung von Schülerakten, die Aufstellung interner Ordnungs-, Disziplin-, Unfallverhütungs- und Vorsorgeregeln, die Bewirtschaftung des Schulvermögens nach Maßgabe des Schulträgers, die Einberufung, Planung und Leitung diverser Konferenzen, die Erstellung von Statistiken, Protokollen u.v.m. (zsf. Falkenhorst et al. 2005, 16ff.).

2.2 Einflussfaktoren auf der Ebene der Gesellschaft

wichtige personalrechtliche Befugnisse von der Schulaufsicht auf die Schulleitung verlagert (zsf. Buhren & Rolff 2006; Bott 2007, 422ff.; Bayer 2007, 402ff.). Der Leitungskraft wurde der Status eines *Dienstvorgesetzten* verliehen, der für beamtenrechtliche Entscheidungen hierarchisch untergeordneter Personen zuständig ist und deren berufliches Fortkommen nachhaltig beeinflussen kann.

Zu Beginn des neuen Jahrtausends veranlassten schließlich internationale Leistungsvergleichsstudien eine *radikale Umsteuerung*, die bis heute nach den Prinzipien gesteigerter und homogener Systemleistungen, beschleunigter und vermeintlich objektiv informierter Qualitätsentwicklungen sowie einer ausgeprägten Rechenschaftslegung *externe Steuerungselemente und standardisierte Zielvorgaben* favorisiert. Unterfüttert wird das neue Steuerungsparadigma durch einen Umbau der Verwaltungsarchitektur, die in verschiedenen Spielarten des *New Public Managements* eine konzernähnliche Führungsorganisation nachbildet (z.B. Naschold 2000; Bogumil 2000). Als Kernelemente dieser jüngsten Reformen lassen sich deshalb anführen (z.B. Schauer 2001, 346ff.; Stiepelmann 2003, 99ff.; Buchen 2004, 12ff.; Seitz & Capaul 2005, 56ff.):

1. *Finalsteuerung statt ressourcenorientierter Detail- und Verfahrenssteuerung:* Schulen werden bei der Erfüllung ihres Bildungs- und Erziehungsauftrages nicht mehr über Inputfaktoren, Verfahrensvorschriften und eine nachgängige Kontrolle der Budgeterfüllung gesteuert. Vielmehr werden Ergebniserwartungen formuliert (s. hierzu Böttcher 2006) und Zielerreichungsgrade am einzelschulischen Leistungsniveau gemessen, welches regelmäßig mittels Lernstandserhebungen und Schulinspektionen überprüft wird;
2. *Dezentrale Handlungsautonomie und Leistungsverantwortung:* Die outputorientierte Steuerung erfordert eine Verlagerung der Fach-, Ressourcen- und Innovationskompetenzen an die lokalen Verwaltungsstellen, welche Mittel und Wege der Leistungserbringung weitgehend selber festlegen können, hierüber aber rechenschaftspflichtig sind. Die Führungsspitze einer jeden Organisationseinheit verantwortet dabei die Erarbeitung und Realisierung einer soliden Geschäftsstrategie, eine vorausschauende und effiziente Abwicklung des Tagesgeschäfts, die Sicherung und Erweiterung der operativen Kernkompetenzen sowie den Ausbau der technologischen und organisatorischen Kompetenzen vor Ort (Böttcher 2007, 190ff.; van Buer 2007, 507ff.).
3. *Simulation wettbewerbsähnlicher Bedingungen:* Durch Wirtschaftlichkeits- und Leistungsvergleiche, Schulinspektionen und Qualitätswettbewerbe wird der Legi-

timationsdruck auf die operativen Einheiten systematisch erhöht (z.B. Burkard & Eikenbusch 2006). Marktähnliche Bedingungen sollen Kostenbewusstsein fördern, Kundenorientierung stärken und Entscheidungskriterien für die Allokation staatlicher Finanzmittel bereitstellen (Weishaupt 1998; Wolter 2010).

Innerhalb der Doppelstrategie aus normierten Zielmarken und zentralisierter Überprüfung einerseits und lokaler operativer Gestaltungsautonomie andererseits wird die Schnittstellenfunktion des schulischen Leitungspersonals noch stärker als bisher konturiert (z.B. Steffens 2007, 41 ff.; Altrichter & Rauscher 2008; Wagner & van Buer 2010, 2ff.). Eine Schulleitung mit erweiterten Befugnissen scheint „als Garant dafür zu gelten, daß das Junktim von Freiheit und Verantwortung auch erfüllt wird" (Wissinger & Höher 1998, 202). Resümierend lässt sich ihr Funktionsspektrum damit über sechs Eckpfeilern aufspannen, die in Tabelle 2.1 zusammengefasst sind.

Tabelle 2.1: Funktionsspektrum und beispielhafte Aufgaben der Schulleitung (eigene Darstellung)

Funktionsbereich	Exemplarische Aufgaben
Profilbildung und Organisationsgestaltung	Positionierung der Schule durch pädagogische Konzepte und Bildungsangebote; intensive Mitarbeit am Schulprogramm als Richtschnur der Schulentwicklung (Hameyer & Wissinger 1998; Maritzen 1998; Heinloth 2000; Rolff 2006; van Buer & Köller 2007)
	Gewährleistung einer effizienten Infrastruktur und Prozesssteuerung im Tagesgeschäft, insbes. durch eine reibungslose Unterrichtsorganisation, klare Aufgabenbeschreibungen und Zuständigkeitsregelungen, Informationssysteme und systematisches Projektmanagement (Bartz 2006b; König & Luchte 2006)
	Etablierung verteilter Leitungsstrukturen durch Einziehen mittlerer Managementebenen, Delegation und Beauftragung von Steuergruppen (Hurni & Ritz 2002; Krainz-Dürr 2003; Dubs 2005, 137ff.; Rolff 2007, 79ff.)

Fortsetzung auf der nächsten Seite

2.2 Einflussfaktoren auf der Ebene der Gesellschaft

Funktions-bereich	Exemplarische Aufgaben
Personal-management	*Gegenwärtig vor allem:* planvolle und auf Schulentwicklungsziele abgestimmte Personalförderung, u.a. durch Diagnose individueller Förderbedarfe und Zuweisung adäquater Fortbildungsmaßnahmen *Künftig verstärkt:* Rekrutierung und Beurteilung des pädagogischen Personals; finanzielle Honorierung herausragender Leistungen (Becker & Buchen 2006; Buhren & Rolff 2006; Kempfert 2006; Sassenscheidt 2006; Müller 2008)
Unterrichts-entwicklung	Initiierung, Moderation, strukturelle Unterstützung und Evaluation schulweiter Entwicklungsprojekte (Horster & Rolff 2006), d.h. im Einzelnen: Erkennen und Schaffen konkreter Anlässe der Unterrichtsentwicklung, verständigungsorientierte Moderation des angestoßenen Diskurses, Integration unterschiedlicher Vorschläge zu einem konsistenten Gesamtkonzept, Installation innovationsförderlicher Teamstrukturen (z.b. kollegiale Unterrichtshospitationen, Arbeitskreise) sowie systematisches Monitoring der Fortschritte, gestützt u.a. auf eigene fachlich-pädagogische Expertise (Dubs 2005, 169ff.; Höfer 2006; Horster 2006a; Bauer 2007)
Controlling	Qualitätsmanagement und Wirtschaftlichkeitsüberwachung von Unterrichts- und Arbeitsprozessen, um deren pädagogische wie auch ökonomische Wirksamkeit sicherzustellen; Implementierung von Entscheidungsunterstützungs- und Steuerungssystemen; optimale Allokation finanzieller Mittel im Rahmen zuge-wiesener Globalbudgets (Timmermann 1998; Seeber 2000; Dubs 2003; Bartz 2006a)
Regulation interner und externer Kommunika-tionsflüsse	*Im Binnenraum der Schule:* Mitarbeitergespräche, Konferenzleitung und Konflikt-moderation (Schreyögg 1997; Schley 1998; Ender & Strittmatter 2001, 36ff.; Pullig 2006) *Im Rahmen der Öffentlichkeitsarbeit:* Kontaktpflege zu Medien, Verbänden und Eltern, Anwerbung von Sponsoren, Betreiben von Marketing (Mittelstädt 2002; Voss 2005)
Hierarchie-management	Sicherstellung der Einhaltung geltender Vorschriften und Anordnungen, Konferenzvorsitz, Benachrichtigung übergeordneter Instanzen bei dienstlichem Fehlverhalten u.v.m. (Rieger 1994; Falkenhorst et al. 2005; Szewczyk 2005, 193ff.)

Die kommunikationsintensiven Teile der Leitungstätigkeit besitzen in diesem Aufgabenspektrum eine wachsende Bedeutung, was sich unter anderem im inhaltlichen Zuschnitt von Aus- und Fortbildungsprogrammen des Leitungspersonals widerspiegelt: Bundesweit ist der Trend zu beobachten, Schulleiter nicht mehr nur zu Verwaltungsfachkräften, sondern verstärkt zu Kommunikationsexperten auszubilden (Rosenbusch & Huber 2002; Rosenbusch & Warwas 2007, 20). König (2008, 269) warnt in diesem Zusammenhang vor einer verkürzten Vermittlung von Techniken und Werkzeugen der Leitung. Eine substanzielle Erweiterung ihres Handlungsrepertoires sei auch auf eine Reflexion der eigenen Praxis im Abgleich mit aktuellen wissenschaftlichen Erkenntnissen zur Schulführung angewiesen.

2.2.2 Wissenschaftliche Konzeptionen der Schulleitung als pädagogische Führung

Führungsaktivitäten sollen zum einen der Ausrichtung aller Organisationsmitglieder auf die Erreichung gemeinschaftlicher Ziele (Lokomotion) und zum anderen der Stabilisierung und Aufrechterhaltung des Gruppenzusammenhalts (Köhäsion) dienen (Wiswede 1995, 829; Hentze et al. 2005, 24ff.). Einer differenzierten und weit verbreiteten Definition von Wunderer (2003, 4ff.) zufolge umfasst Führung vier Kernmerkmale. Sie entspricht demnach einer

- zielorientierten sozialen Einflussnahme zur Erfüllung einer gemeinsamen Aufgabe *(Ziel-Leistungsaspekt)*
- in und mit einer strukturierten Arbeitssituation *(d.h. Situationsgestaltung* sowohl in der *direkten,* interpersonellen Kommunikation als auch mithilfe der *indirekten* Steuerungsmittel Strategie, Struktur und Kultur der Organisation)
- unter wechselseitiger Einflussausübung *(Machtgestaltung)* und einer
- konsensfähigen Formung der Arbeits- und Sozialbeziehungen *(Beziehungsgestaltung).*

In der Schulleitungsforschung wird jedoch kontrovers diskutiert, ob Bildungsorganisationen ein reguläres Anwendungsfeld ubiquitär gültiger Führungsprinzipien darstellen oder ob sie einzigartige Anforderungen an das Leitungspersonal stellen, welche eine Modifikation betriebswirtschaftlicher Ansätze oder gar die Entwicklung schulspezifischer Konzepte erzwingen (zsf. Maeck 1999, 72ff.; Bonsen 2003, 183ff.; Bush 2003, 13ff.; Terhart 2003, 212f.; Wagner 2007, 347ff.)[1].

2.2.2.1 Organisationspädagogische Prinzipien der Schulleitung nach Rosenbusch (2005)

Im Bewusstsein der Auseinandersetzung um die *differentia specifica* von Bildungsorganisationen hat Rosenbusch (2005) die wohl konsequenteste Variante einer schulspezifischen Führungskonzeption ausgearbeitet. Zwei sich wechselseitig durchdringende Prämissen bilden den Ausgangspunkt des *organisationspädagogischen* Ansatzes: Die *Erziehungswirksamkeit des sozialen Interaktionsraumes* und die *organisationspädagogische Perspektivenjustierung des Leitungshandelns*.

Rosenbusch erhebt zentrale Zielkategorien schulischer Bildungs- und Erziehungsprozesse, namentlich *Mündigkeit, Anerkennung, Selbsttätigkeit* und *Kooperation*, zu den Richtgrößen und Erfolgsmaßstäben aller Aktivitäten sämtlicher Organisationsmitglieder. Dabei teilt er die Vorstellung von Hentigs (1996) über die *Schule als polis*, in welcher die wahrgenommene Qualität alltäglicher Interaktionen, die gelebte Umsetzung proklamierter Ziele und die sich in konkreten Handlungen – auch außerhalb des Klassenzimmers – manifestierenden Wertorientierungen der Gemeinschaft eine nachhaltigere pädagogische Wirkung entfalten als das offizielle Schulprogramm. Deshalb müssen Schulleiter dafür Sorge tragen, dass sich die gesamte

---

1 Hiermit wird die Frage aufgeworfen, ob sich Steuerungshandlungen in Schulen und Unternehmen kategorial oder nur graduell unterscheiden. Gegner eines „general principles"-Ansatzes verweisen beispielsweise darauf, dass Schulen nicht vermittels der Erwirtschaftung von Gewinn und dessen steuerlicher Abschöpfung den Wohlstand und die materiellen Grundlagen einer Gesellschaft sichern, sondern mit Enkulturations-, Qualifikations-, Allokations-, Legitimations- und Integrationsprozessen für die nachwachsende Generation betraut sind (Maeck 1999, 103ff.; Fend 2006, 54ff.). Trotz erweiterter Selbstständigkeit bleiben die geschäftspolitischen und operativen Freiheitsgrade der Schule außerdem weit hinter denjenigen der Privatwirtschaft zurück. So schränken z.B. enge Laufbahnvorgaben und der Ausschluss von Zurückstufungen die Personalflexibilität im Schulsystem wie auch die individuelle Laufbahngestaltung massiv ein. Minderleistungen kann die Leitungsperson nur sanktionieren, wenn es sich um schwerwiegende Verstöße handelt (Hurni & Ritz 2002, 307; Blutner 2004, 148ff.). In Ermangelung einstimmig konsentierter Qualitätsstandards der pädagogischen Arbeit gestaltet sich auch die Erfolgskontrolle schwierig. Vor allem Lehr-Lern-Prozesse als Kernaktivitäten der schulischen Leistungserstellung entziehen sich tayloristischen Prinzipien der rationalen Arbeitsgestaltung, da sie sich interaktiv vollziehen *(unvollständige Produktionsfunktion)* und folglich nicht homomorph reproduzieren lassen *(Technologie-Vagheit)* (s. hierzu Weiß 2000, 47ff.; s. auch Rolff 1992, 309ff.; Timmermann 1998, 220; Sembill 2008b, 115ff.). Schließlich handelt es sich bei Schulen um einen Organisationstypus, dessen Leistungsträger weitgehend strukturell entkoppelt voneinander agieren (s. hierzu ausführlich Abschnitt 2.3.2).

Schule zu einem Modell derjenigen Werthaltungen und Alltagspraktiken entwickelt, zu denen sie ihre Schüler erziehen will (Rosenbusch 2005, 14ff.). Schulleiter tragen die Verantwortung dafür, dass die schulische *Lernkultur* mit ihren inhaltlichen Schwerpunkten, didaktischen Zugängen und der raum-zeitlichen Organisation von Lehr-Lern-Arrangements ebenso wie der gesamte *lebensweltliche Erfahrungsraum* der Schule mit seinen Kommunikations- und Verhaltensregeln, seinen Arbeits-, Führungs-, Abstimmungs- und Mitwirkungsprozessen eine organische Einheit bilden, die von einem kohärenten Gesamtgeist inspiriert ist (s. auch Holtappels 2003, 27ff. und 42ff.; Sembill et al. 2008).

Damit wird ein Leitungshandeln, in dem sich pädagogische Intentionen auch in den zu ihrer Erreichung eingesetzten Mitteln widerspiegeln, zum zentralen Charakteristikum einer als organisationspädagogisch zu klassifizierenden Führung. Die bewusste Verantwortungsübernahme für die Umsetzung von Bildungszielen und eine strikte Ausrichtung am Wohl der Lernenden verleiht den Entscheidungs- und Handlungsprozessen der Schulleitung ihr zutiefst wertgebundenes, teleologisches Moment (Bayer 2007, 401). Zugleich wird sichergestellt, dass sich Steuerungsimpulse der Führungskräfte an beabsichtigten Effekten der Bildungsarbeit orientieren, bevor Anstrengungen zur Effizienzoptimierung der innerschulischen Arbeitsstrukturen und -prozesse unternommen werden (Warwas & Sembill 2008).

Neben solchen schultheoretisch fundierten Rahmenkonzeptionen wurden seit den 1980er Jahren im angloamerikanischen und zeitverzögert auch im deutschen Sprachraum verschiedene *präskriptive Verhaltensansätze* einer auf die systematische *Verbesserung messbarer Schülerleistungen* fokussierenden Leitung ausgearbeitet, die in der Tradition der verhaltensorientierten Führungs(stil)forschung stehen. Gegenwärtig dominieren Konzepte der *Transformational Leadership*, die wiederum starke Anleihen aus der Betriebswirtschaftslehre nehmen (Rauch 2003, 17ff.; Wagner 2007, 362f.; Wissinger 2007, 115f.; für den angloamerikanischen Raum Bush 2003, 76ff.; Hallinger 2003; Harris 2005).

2.2.2.2 Elemente des Transformational Leadership-Konzepts

Ein Rekurs auf die wirtschaftswissenschaftliche Basisforschung von Bass (1985, 14ff.; 1999) vermag die zentralen Gestaltungselemente der transformationalen bzw. transformierenden Führung zu erhellen (zsf. auch Scholz 2000, 948ff.; Neuberger 2002, 195ff.; Felfe 2005, 29ff.). Dort wird der transformationale von einem *transaktionalen* Steuerungsmodus abgegrenzt. Letzterer setzt einerseits leistungsorientierte

Belohnungen *(Contingent Reward)* ein, um das Personal zur Erbringung vereinbarter Leistungen zu motivieren. Andererseits werden Arbeitsprozesse permanent überwacht, um potenzielle Fehler- und Gefahrenquellen zu identifizieren und im Falle von Planabweichungen intervenieren zu können *(Management by Exception)*.

Statt auf den Erhalt stabiler Austauschprozesse wirkt die *transformierende Leitungskraft* auf einen fundamentalen organisationalen Wandel hin, den sie als *vorbildliche und glaubwürdige Führungspersönlichkeit (Idealized Influence/Charisma)* vorantreiben soll. Die Beeinflussung der Mitarbeiter erfolgt also wesentlich durch eine charismatische Ausstrahlung, die sich in den Grenzbereichen derjenigen Persönlichkeitsdimensionen entfaltet, die Führungskräften üblicherweise zugeschrieben werden (Steyrer 1995, 219ff.; Goihl 2003, 48ff.)[1]. Dabei signalisiert die Leitungsperson, dass sie hohe Leistungen und ein an ethischen Prinzipien ausgerichtetes Verhalten erwartet; zugleich folgt ihr eigenes Verhalten konsequent diesen Richtwerten. Zur moralischen Integrität und Vorbildlichkeit gesellen sich persönliche Einsatz- und Risikobereitschaft bei der Verfolgung der organisationalen Ziele.

Zudem werden arbeitsteilige Aktivitäten durch *begeisternde Visionen (Inspirational Motivation)* abgestimmt und fokussiert. Transformationale Führungskräfte stellen zu diesem Zweck anspornende, plakative Zukunftsszenarios der Organisationsentwicklung in Aussicht. Auf Basis persönlicher Schlüsselwerte, organisationsbezogener Visionen und fachlicher Expertise entwerfen sie Leitlinien der gemeinsamen Arbeit und verpflichten ihre Mitarbeiter auf deren Verfolgung (s. auch Sergiovanni 1999, 85f.; Brüsemeister 2003, 293; Dubs 2006, 143ff.).

Die transformationale Führung regt weiterhin zu *kreativem und unabhängigem Denken an (Intellectual Stimulation)* an, indem sie tradierte Überzeugungen und eingeschliffene Routinen in Frage stellt und neuartige Problemsichten aufzeigt. Ihre Mitarbeiter fordert sie dazu auf, eigene Lösungsvorschläge zu artikulieren und alternative Umsetzungsformen in einer konstruktiven Fehlerkultur zu erproben. Auf diese Weise wird die Organisation in einen Zustand der permanenten produktiven Unzufriedenheit versetzt (Schratz 1998, 175f.), um Arbeitsprozesse kontinuierlich zu verbessern.

Schließlich lässt die transformationale Führungskraft ihren Mitarbeitern *individuelle Berücksichtigung und Unterstützung (Individualized Consideration)* angedeihen. In der dyadischen Führungsbeziehung (an)erkennt sie die spezifischen Leistungsvoraus-

---

[1] Demnach besitzen Charismatiker bestimmte Eigenschaften nicht in einer Ausprägung, die in den Alltagstheorien der Mitarbeiter als prototypisch für Führungskräfte gelten (z.B. *entschlossen*), sondern entweder in positiv oder gar negativ übersteigerter Form *(hartnäckig* oder *besonnen/vorsichtig)*, ohne jedoch in stigmatisierte Extreme *(rücksichtslos* oder *zögerlich)* zu verfallen (Steyrer 1995, 223).

setzungen, Persönlichkeitsmerkmale und Entwicklungsbedürfnisse eines Untergebenen und eröffnet ihm vielfältige Entwicklungs- und Bewährungsfelder. Dies setzt eine Übertragung adäquater Entscheidungs- und Handlungsbefugnisse *(Empowerment)* sowie einen zielgerichteten Kompetenzaufbau *(Potenzialentwicklung)* voraus, den die Führungskraft in der Rolle eines Coachs vorantreiben soll (s. auch Weinert 1998, 492ff.; Sergiovanni 1999, 86f.; Scholz 2000, 962ff.; Seitz & Capaul 2005, 276; König & Söll 2006; Philipp 2006, 748)[1].

Summa summarum wird von der transformationalen Führungskraft erwartet, die individuellen Ziele und Wertorientierungen ihres Mitarbeiterstabes nachhaltig zu verändern (zu transformieren), indem sie einen optimalen Entwicklungsrahmen für die Arbeit der Organisationsmitglieder schafft (s. auch Schley & Schratz 2005, 252ff.; Wissinger 2007, 115f.; Wissinger 2011, 103f.). An die Stelle direktiver und intervenierender Maßnahmen sollen verstärkt solche Impulse treten, die individuelle Leistungspotenziale wecken und erweitern, emotionale Bindungen an die Arbeitsstätte *(Organizational Commitment)* stärken und eine loyale Beziehung zwischen Vorgesetzten und Mitarbeitern etablieren (Scholz 2000, 948f.; Hallinger 2003, 337f.; Leithwood et al. 2003, 9; Dubs 2006, 122ff.; Rosenbusch 2010). Annahmegemäß wird hierdurch ein außergewöhnliches Engagement befördert *(Extra Effort)*, welches über die Erfüllung regulärer Dienstpflichten hinaus reicht [2].

Viele schulspezifische Adaptionen dieses Führungskonzeptes stellen im deutschen Sprachraum vorrangig auf dessen visionär-inspirierende Komponenten ab. Dabei legen sie *Transformational Leadership* wahlweise als „die Entwicklung einer Vision, die Explizierung dieser in einem zielorientierten Leitbild und die strategische Planung der zukünftigen Schulentwicklung" (Wagner 2007, 362) beinahe technizis-

---

1   Analog fordert Rosenbusch (2005, 110ff.) schulisches Leitungspersonal dazu auf, die bürokratische Tradition der „Defizitfahndung" durch eine vertrauensbasierte und optimistische Praxis der „Schatzsuche" abzulösen: Statt Überwachungsverfahren zu installieren, um ex post Fehler zu eliminieren, sollten Schulleiter die spezifischen Fähigkeiten ihrer Mitarbeiter aufspüren und durch eine vorausschauende Zuweisung adäquater Aufgabengebiete zum Nutzen der gesamten Schule einsetzen (s. auch Ender & Strittmatter 2001, 21f.).

2   Allerdings leistet die transformationale Führung gemäß der so genannten *Argumentationsthese* per se keinen Beitrag zur Realisierung organisationaler Ziele (Bass 1999, 12; Scholz 2000, 951ff.; Felfe 2005, 54). Vielmehr entfaltet sie ihre Wirkungen nur auf einem Sockelbestand an Produktivität, der durch eine gelungene transaktionale Führung und die hiermit assoziierten Managementaktivitäten (bspw. umsichtige Planung, effiziente Prozesskoordination oder systematische Evaluation) errichtet wurde. Die transaktionale Führung kann ihrerseits nie mehr als das arbeitsvertraglich fixierte Leistungspensum abrufen. Ein substanzieller *Zuwachs* an Produktivität kann hingegen nur mittels transformationaler Steuerungselemente generiert werden. Dieser Augmentationseffekt gilt als empirisch gesichert (zsf. Felfe et al. 2004, 270ff.; Rathgeber 2005, 68ff.).

tisch aus oder deuten mit dem Bild einer „wirksamen Beziehung zwischen „Führer/innen" und Geführten, die reale Veränderungen beabsichtigen und ihre Absichten reflektieren" (Rauch 2003, 17) konkrete Führungsaktivitäten nur vage an.

Dagegen hat sich in der angloamerikanischen Schulforschung ein auf Leithwood, Jantzi und Steinbach (2003, 42ff.) zurückgehender Ansatz durchgesetzt, der jüngst auch in der deutschsprachigen Literatur rezipiert und weiterentwickelt wird (z.B. Bush & Glover 2003; Hallinger 2003; Harris 2005; Dubs 2006). Gestützt auf eine Sichtung verschiedener empirischer Studien zum transformationalen Leitungshandeln werden etwa in der Version von Seitz und Capaul (2005, 277ff.) die vier Kernbestandteile des Basismodells, namentlich *Idealized Influence/Charisma, Inspirational Motivation, Intellectual Stimulation* und *Individualized Consideration* in acht Führungsdimensionen aufgespalten, welche den Führungserfolg in unterschiedlicher Intensität beeinflussen sollen. Abbildung 2.1 enthält eine Übersicht dieser Dimensionen, denen jeweils konkrete Aktivitäten der Leitungsperson als Ankerbeispiele zugeordnet sind.

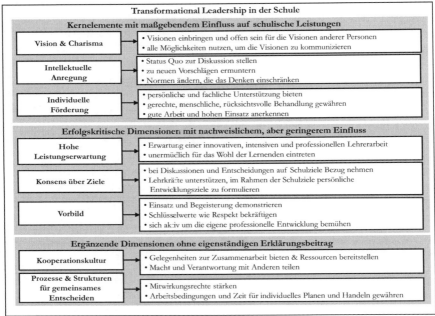

Abbildung 2.1: Dimensionen transformationaler Führung in der Schule und ihre erwarteten Beiträge zum schulischen Erfolg (in Anlehnung an die Ausführungen bei Seitz & Capaul 2005, 277ff.)

Die Ausführungen in diesem Teilkapitel haben dokumentiert, dass rechtliche Regularien, bildungspolitische Steuerungsmechanismen und wissenschaftliche Führungskonzepte einen ebenso normativen wie normierenden Referenzrahmen abstecken, dem schulische Leitungspersonen bei der Erfüllung ihres beruflichen Auftrags gerecht werden sollen. Dieses Anforderungsprofil bindet ihr berufliches Agieren an Schulgesetze, konditioniert es auf vorgegebene Berufsstandards, verpflichtet es auf bestimmte Erfolgsgrößen und unterwirft es fremddefinierten Bewertungsmaßstäben. Empirische Befunde der internationalen Schulleitungsforschung untermauern indes die plausible Annahme, dass *präskriptive Gestaltungsideen und deren faktische Realisationen* nie vollständig deckungsgleich sind (z.B. Dubs 1996b; Büchter & Gramlinger 2003; Krainz-Dürr 2003, 66; Fend 2006, 176ff.; Languth 2006, 191ff.).

Vor diesem Hintergrund resümiert Hallinger (2003, 346) „that it is virtually meaningless to study principal leadership without reference to the school context" (ähnlich auch Harris 2005, 84; Bonsen 2006, 223ff.; Dubs 2006, 161f.).

2.3 Einflussfaktoren auf der Ebene der Einzelschule

In der Diktion soziologischer Handlungstheorien werden institutionale Vorgaben als diejenigen normativ strukturierten Regulativmuster sozialer Praktiken mit der größten raum-zeitlichen Ausdehnung stets in zeitlich und räumlich umgrenzten Handlungsfeldern implementiert (Giddens 1988, 69 i.V.m. 185ff.). Obwohl von diesen Gestaltungsvorgaben prinzipiell eine egalisierende Wirkung auf die Sichtweisen und Handlungsformen schulischer Akteure ausgeht, bilden sie dennoch kein rigides Korsett, sondern *regulierte Möglichkeitsräume* (Fend 2006, 158). Sie markieren einen gleichermaßen restringierenden wie ermöglichenden Handlungskorridor, innerhalb dessen sich idealtypische Normierungen an *situativen Adaptions- und Interaktionsformen* brechen (Blumer 1969, 87ff.)[1]. Bedingt durch die spezifischen konditionalen Qualitäten des unmittelbaren Interaktionsraumes entstehen organisationsimmanente Eigenlogiken (zsf. Tacke 2004, 26ff.) im Sinne von unterschiedlichen Problemorientierungen, strategischen Spielarten, operativen Handlungsroutinen und bereichsspezifischem Expertentum (Ekholm 1997, 605ff.; Clement & Wissinger 2004, 228ff.; Sembill 2006, 188ff.).

So dokumentiert eine Analyse zur Steuerbarkeit des Bildungssystems von Zlatkin-Troitschanskaia (2006), dass selbst kodifizierte Regelwerke keine alternativlose Standardisierung von Aktivitäten erzwingen. Vielmehr reagieren nachgelagerte Verwaltungsebenen auf die von übergeordneten Instanzen gesetzten Regeln nicht nur mit deren *Befolgung*, sondern auch mit vielfältigen Formen ihrer *Transformation*, die lokale Umdeutungen gemäß der Bedarfe, Zwecke und Traditionen organisatorischer Einheiten darstellen (ebd., 31 i.V.m. 180). Derartige normabweichende Verhaltensweisen treten vorrangig dort auf, wo Ermessensspielräume bei Umsetzung politischer Vorgaben ausgereizt werden (*interpretative Binnenvarianz*). Dementspre-

---

1 Diese Beschreibung ist anschlussfähig an die konstitutiven Merkmale des Situationsbegriffs in den Sozialwissenschaften (Arnold 1981, 349ff.; auch Wittwer 2006): In deskriptiver Konnotation repräsentiert die Situation ein Teilsegment der sozialen Wirklichkeit bzw. Teilsequenzen des sozialen Austauschs. In abstrahierender Form liefert die Situation den Bedingungshintergrund des je aktuellen Geschehens, d.h. die einem bestimmten Geschehensverlauf zuzuordnenden Verhaltens-, Handlungs- bzw. Interaktionsbedingungen. Hiervon zu trennen ist aus dem individualpsychologischen Blickwinkel die Situationswahrnehmung der Subjekte (s. hierzu Abschnitt 2.4.1).

chend kennzeichnet bspw. die in Modellversuchen erprobte Personalselektion durch die Schulleiter nach Müller (2008, 36) eine „stark variierende Praxis formaler Richtlinienumsetzung". Darüber hinaus ist infolge „programmatischer Unschärfen, Informationsverlusten, Umdeutungen und Nacherfindungsprozessen, mangelnder Kontrolle bzw. zu hohen Kontrollkosten (...) systematisch mit Abweichungen und sogar Gegenläufigkeiten zu rechnen" (Kussau & Brüsemeister 2007, 21; s. auch Dubs 1996b, 17ff.). Sie verhindern, dass verordnete Leistungsziele, Handlungsstandards und Inhaltsprogramme in den Schulen mechanisch „kleingearbeitet" werden (zsf. Gräsel & Parchmann 2004; Altrichter & Wiesinger 2005).

Überträgt man das Konzept der Regeltransformation bzw. der Rekontextualisierung institutionalisierter Gestaltungsvorgaben (Fend 2006) auf die Schulleitung, ist davon auszugehen, dass sich die Amtsführung an denjenigen Problemlagen, Handlungserfordernissen und Opportunitäten ausrichtet, die im Interaktionsraum und Einzugsgebiet der Schule vorzufinden sind. Bei der Beschreibung und Erklärung des Leitungshandelns verschiebt sich deshalb der Fokus von generischen Berufsaufgaben hin zu den variierenden *Bedingungen der Berufsausübung*.

2.3.1 Kontingenzen des Leitungshandelns

Nach dem Vorbild von Kontingenzansätzen der klassischen Führungsforschung (z.B. Weinert 1998, 440ff.; Wunderer 2003, 309ff.; Hentze et al. 2005, 431ff.) berücksichtigt die jüngere Schuleffektivitätsforschung vorgängige und moderierende Variablen des Leitungshandelns im schulischen Arbeitsumfeld (zsf. Teddlie et al. 2000; Pfeiffer 2002, 23f.; Bush & Glover 2003, 29f.; Bonsen 2006, 224f.). Obwohl nicht abschließend geklärt ist, wie Handlungs- und Situationsmerkmale bei der Realisierung führungsrelevanter Erfolgsgrößen interagieren, gelten insbesondere folgende Faktorenbündel als bedeutsam:

- *der sozioökonomische Status der Schülerschaft* als die relative Stellung ihrer Familien im Gefälle bildungs-, berufs- und einkommensbezogener Dimensionen gesellschaftlicher Ungleichheiten (Imdorf 2005, 49ff.);
- *lokale politische und strukturelle Rahmenbedingungen,* darunter Merkmale des Schulstandorts (z.B. Großstadtviertel oder ländliche Gegend), Art und Struktur der Schulaufsicht und Schulträgerschaft (private, kommunale, städtische oder staatliche Schule) sowie Intensität und Form der Zusammenar-

beit mit Schulaufsicht und Schulträger (s. auch Werle 2001, 65ff.; Rosenbusch 2002b);
- *personelle, finanzielle und materielle Ressourcen* der Schule wie Beschäftigungsverhältnisse, personale Charakteristika und Qualifikation der Lehrkräfte, Lehr- und Lernmittelausstattung, Zustand des Gebäudes und der Räumlichkeiten;
- *Besonderheiten der Schulart,* die sich aus einer spezifischen Schülerklientel, spezialisierten Bildungsinhalten und -funktionen sowie eigengesetzlichen didaktischen Strukturen ergeben (s. hierzu die Beiträge in Cortina et al. 2005);
- aus der *Organisationsgröße* resultierende Anforderungen an die Leitung, die nachstehend exemplarisch diskutiert werden.

Kleine Schulen mit weniger als 300 Schülern und weniger als 15 Lehrkräften finden sich zumeist in der Form ein- bis zweizügiger Dorf- oder Stadtteilschulen (s. ausführlich Doppke 2002; Dubs 2008). Innerhalb eines überschaubaren Kreises von Organisationsmitgliedern entsteht meist eine familiäre Atmosphäre, die von Gefühlen der zwischenmenschlichen Vertrautheit und der intensiven Verbundenheit mit der Schule getragen wird. Die räumliche Nähe der Schulangehörigen trägt auch dazu bei, dass schnelle Abstimmungsprozesse auf kurzen Wegen realisiert werden können und informelle Teamstrukturen entstehen. Ein Sekretariat ist selten vorhanden oder nur stundenweise besetzt, sodass die Schulleitung wenig Unterstützung bei der Schüler- und Personalverwaltung erhält. Die Leitungskräfte sind zudem unmittelbare Ansprechpartner, wenn kleinere logistische oder technische Pannen behoben werden müssen, und intervenieren kurzfristig bei akuten Problemfällen wie Disziplinproblemen oder Beschwerden. Gleichzeitig fließen alle Außenkontakte der Schule in der Leitungsposition zusammen. Eine aktive Beteiligung am Gemeindeleben, darunter Vereinsmitgliedschaften oder die Bekleidung von Ehrenämtern, werden im lokalen Umfeld oft als selbstverständlich erachtet.

Mit *steigender Mitarbeiterzahl* erhöhen sich nicht nur Delegationsoptionen und funktionale Differenzierungen von Arbeitsprozessen, sondern auch die Gefahr eines Zerfalls des Kollegiums in konkurrierende Lager, zwischen denen Verteilungskämpfe um knappe Ressourcen und Auseinandersetzungen um die „richtigen" pädagogischen Konzepte und Schulentwicklungsmaßnahmen entbrennen (Altrichter & Salzgeber 1996; Altrichter 2004). Infolgedessen nimmt der Koordinations- und Integrationsaufwand der Leitungskräfte zu. Unter diesen Voraussetzungen ist die Etablierung *intermediärer Führungsstrukturen* (Mier 2002; Rolff 2007, 79ff.) besonders virulent. In der Praxis werden daher oft wichtige Teilfunktionen der Organisations-, Unterrichts und Personalentwicklung den Fachgruppenleitern übertragen, die in ihren Fachbereichen unter anderem Unterrichtsschwerpunkte abstimmen, Weiterbildungsmaßnahmen planen, Expertisen ausarbeiten oder als Multiplikatoren auftreten (hierzu auch Kempfert 2006; Warwas et al. 2008). Des Weiteren bedingt der Rückzug der Leitungsperson aus dem operativen Geschäft eine erhöhte *Formalisierung ihrer Steuerungshandlungen*. Mechanismen und Werkzeuge einer „strukturellen Führung" (Becker & Buchen 2001) stützen die Koordination arbeitsteiliger Prozesse nicht mehr auf persönliche Weisung oder dialogische Absprache, sondern auf Führungssubstitute wie Entscheidungsverfahren, Ablaufprogramme oder Kennzahlensysteme.

Unabhängig von der Organisationsgröße müssen schulische Führungskräfte infolge ihrer limitierten formalen Amtsmacht bei der Durchsetzung von Schulentwicklungsideen vor allem informelle Machtquellen nutzen (Wirries 1998, 68f.; Rosenbusch 2005, 99ff.). Dazu gehören im Sinne eines (ethisch vertretbaren) *mikropolitischen Agierens* unter anderem eine argumentative Überzeugungsarbeit, eine geschickte Moderation von Konferenzen und Gremien, die Besetzung von Schlüsselpositionen mit Promotoren der Entwicklungsvorhaben oder Knüpfen strategischer Netzwerke mit inner- und außerschulischen Kooperationspartnern (Mier 2002; Lohmann 2005; Rosenbusch 2005, 162ff.). Um planvoll auf den sozialen Erfahrungsraum der Schule einzuwirken, bieten sich darüber hinaus verschiedene Maßnahmen einer *symbolischen Führung* an. Indem eine Leitungsperson z.B. schulische Traditionen belebt, Rituale pflegt oder bestimmte gemeinschaftliche Aktivitäten systematisch fördert, kann sie den „Gesamtgeist" der Schule nachhaltig prägen und diesen plakativ und öffentlichkeitswirksam kommunizieren (Sergiovanni 1999, 111ff.; Schönig 2002, 828ff.; Rosenbusch 2005, 103ff.; Loos 2010). Dass jedoch einer gezielten Gestaltung der Schulkultur Grenzen gesetzt sind und jene auch *in umgekehrter Wirkungsrichtung* die Arbeit der Schulleitung maßgeblich beeinflusst (z.B. Schönig 2002, 821ff.; Helsper 2008), zeigt sich in den spezifischen Akteurkonstellationen schulischer Organisationen[1].

---

1 Die Analysekategorie der Akteurkonstellationen wurde vor allem von Schimank (2002, 173ff.) theoretisch ausgearbeitet. Derartige Konstellationen emergieren langfristig aus den subtilen Mechanismen der *gegenseitigen Beobachtung, Beeinflussung und Verhandlung*. Sie beinhalten *kollektive Erwartungs- und Deutungsmuster* an bzw. über die Zusammenarbeit (z.B. Umgangsformen oder geteilte Vorstellungen über organisatorische Abläufe) sowie *verfestigte Konstellationsmuster*, etwa in der Form funktionierender Austauschbeziehungen, habitualisierter Kooperations- oder Konkurrenzverhältnisse oder einer etablierten Verteilungsordnung von Aufgaben und Zuständigkeiten.

2.3.2 Konstellationen schulischer Akteure

Schulen als wissensbasierte Organisationstypen mit bürokratischer Grundorientierung und ausgeprägten Autonomiegraden ihrer akademisch hoch qualifizierten Mitarbeiter tragen die charakteristischen Züge einer *Expertenorganisation* (sog. „professional bureaucracy" nach Mintzberg 1991, 183ff.; s. auch Hasenbank 2001, 102ff.; Krainz-Dürr 2003, 67ff.; Laske et al. 2006, 104ff.). Weil das Wissen und Können der Experten unverzichtbar für die erfolgreiche Durchführung der organisationalen Kernprozesse und damit für die Erbringung des Leistungsauftrags ist, gelten ausgeprägte Gestaltungsfreiheiten, wie sie bspw. im Prinzip der pädagogischen Freiheit rechtlich verbrieft werden, als zwingende Voraussetzung der Expertentätigkeit. Diese Tätigkeit wird unter aktiver Beteiligung des „Kunden" erbracht, der als Co-Produzent die Qualität der Leistung mitverantwortet (z.b. Harvey & Green 2000; Szewczyk 2005, 155).

Zwischen den Professionals herrscht eine strenge Arbeitsteilung, die sich allerdings nicht entlang einer Wertschöpfungskette in sequentielle oder sachlogisch aufeinander bezogene Arbeitsgänge gliedert. Sie basiert vielmehr auf den fachlichen Spezialisierungen der Lehrkräfte, denen prinzipiell gleichartige, in sich geschlossene Aufgabenkomplexe – die Erteilung von Unterricht – überantwortet werden. Deshalb präsentiert sich die Professional Bureaucracy typischerweise als *Konglomerat lose gekoppelter Teileinheiten* (Weick 1976), deren systematische Kooperation weder zwingend vorgeschrieben noch für den Bestand des Gesamtsystems existentiell notwendig ist (Lortie 1975, 13ff.).

Ihr psychologisches Pendant findet diese zellulare Organisationsstruktur (Lortie 1975, 192) zumeist in einer konservativen und individualistischen Handlungsorientierung der Experten (Kempfert 2006, 546; Zlatkin-Troitschanskaia 2006, 78) respektive in einer Berufskultur, die einer impliziten *Nicht-Einmischungsnorm* verpflichtet ist (Terhart 1996, 462ff.; s. auch Rauscher 1996, 13; Wissinger & Höher 1998, 205). Derartige Akteurkonstellationen kennzeichnet ein *Autonomie-Paritäts-Muster*, demzufolge schulische Arbeitsbeziehungen auf drei elementaren, stillschweigend akzeptierten Konventionen basieren: Erstens verleiht der Expertenstatus angesichts hoher persönlicher Involviertheit und wenigen verbindlichen Erfolgskriterien Immunität gegenüber externen Eingriffen in die eigene Unterrichtsgestaltung; zweitens sind alle Lehrpersonen als gleichberechtigt zu betrachten und gleich zu behandeln; folgerichtig sollen drittens die Kollegiumsmitglieder untereinander zuvorkommend sein und nicht in die Angelegenheiten eines Anderen intervenieren (Lortie 1972, 42ff.; s. auch Altrichter & Eder 2004).

In Organisationen, deren Sozialstruktur der Logik gegenseitiger Nicht-Einmischung folgt, sind Managementfunktionen meist nur rudimentär entwickelt (Rolff 1998; Hurni & Ritz 2002, 308). Aus der Anerkennung aller Kollegiumsmitglieder als gleichberechtigt, gleich kompetent und gleichwertig erwächst ein ausgeprägter *„antihierarchischer Affekt"* (Krainz-Dürr 2003, 71; s. auch Kempfert 2006, 546), der herausgehobene Positionen zu vermeiden sucht und formelle Differenzierungen ablehnt. Zwischen den *Professionals* erfolgt die Abstimmung bevorzugt im Rückgriff auf externe oder unpersönliche Regelungselemente wie Lehrpläne, Lehrbücher, Verfahrensvorschriften, Prüfungsmodalitäten und Gewohnheitsrecht (Maeck 1999, 120f.; Altrichter & Eder 2004, 197). Interne Willensbildungsprozesse und operative Prozeduren laufen vielfach den linearen Informations- und Entscheidungswegen innerhalb der hierarchischen Verwaltungskette zuwider (Rosenbusch 2005, 67ff.).

Von der Schulleitung wird primär gefordert, ihre Aktivitäten auf jenes *Minimum an Regelung und Ressourcenallokation* zu beschränken, welches eine ungestörte Betätigung der Experten im Sinne der organisierten Addition von Unterricht sicherstellt. Getreu dem Motto „Nur ein unsichtbarer Chef ist ein guter Chef" (Mahlmann 2002, 21) soll dieser Zurückhaltung üben und verlässliche Arbeitsbedingungen in einem Klima vertrauensvoller und wertschätzender Zusammenarbeit schaffen (s. auch Schratz 1998, 163; Loos 2002; Seitz & Capaul 2005, 113). Deshalb sind Personen in temporären oder dauerhaften Leitungsfunktionen oft zurückhaltend, wenn es darum geht, Aufgaben zu delegieren, Anweisungen zu geben, Vereinbarungen einzufordern oder Zielerreichungen zu überprüfen (Dubs 2004).

Allerdings darf diese idealtypische und generalisierende Beschreibung nicht über den real vorfindbaren *Variantenreichtum* schulischer Organisationen hinwegtäuschen. In empirischen Studien lassen sich in Abhängigkeit diverser Kontingenzfaktoren wie z.B. der Kollegiumsgröße und Schulform oder der Alters-, Fachgruppen-, Funktions- und Geschlechtszugehörigkeit der Lehrkräfte differente Konstellierungen schulischer Akteure identifizieren (z.B. Terhart 1994; Esslinger 2002; Kuper 2002; Altrichter & Eder 2004; Helsper 2008). Illustrierend sei an dieser Stelle eine Untersuchung über unterschiedliche *berufliche Subkulturen von Lehrkräften* herausgegriffen, die von Altrichter und Eder (2004) bei 537 Lehrkräften an berufsbildenden Schulen durchgeführt wurde: Hier konnte die Symptomatik des Autonomie-Paritäts-Musters zwar in den Einstellungen und Aktivitäten der Kollegiumsmitglieder rekonstruiert werden, trat jedoch nicht in der vermuteten globalen Verbreitung, sondern im Wesentlichen unter den dienstälteren Mitarbeitern auf. Die Autoren ermittelten neben einer gänzlich musterkonformen Gruppierung noch zwei weitere berufliche Subkulturen. Dabei handelt es sich zum einen um so genannte *Einzelkämpfer*, die nicht nur einen ausgeprägten Wunsch nach pädagogischer Alleinverantwortung, sondern auch nach leistungsabhängiger Funktionszuweisung und Honorierung hegen, zum anderen um reformfreudige, intensiv kooperierende und aktiv in Schulentwicklungsprojekten eingebundene *Teamorientierte*.

2.3.3 Berufliche Doppelfunktion der Schulleitung

Innerhalb der geschilderten Expertenorganisationen übernehmen Schulleiter in Deutschland nicht nur steuernde Funktionen, sondern auch die regulären operativen Tätigkeiten des pädagogischen Personals, indem sie ein mehr oder minder umfangreiches Unterrichtsdeputat erfüllen. Damit üben sie ihre Management- und Führungsaufgaben gegenüber Personen aus, die zugleich ihre Kollegen sind (Vogelsang 1989, 35ff.). In dieser doppelten Funktion als *Leitungs- und Lehrkraft* bleiben den Schulleitern nicht nur bestimmte Rechte und Pflichten ihres Ausgangsberufs erhalten, sie sind auch Adressat ihrer eigenen Steuerungsimpulse (Roggenbuck-Jagau 2005, 270) und werden in ihren täglichen Interaktionserfahrungen mit dem Kollegium, den Schülern und Eltern immer wieder auf die berufliche Handlungsrationalität der Lehrkraft zurückgeworfen (Reichwein 2007, 71; Wissinger 2011, 107).

Aufgrund der Unterrichtsverpflichtung ist auch das nominell verfügbare Zeitbudget für organisations- und mitarbeiterbezogene Führungsaufgaben bereits im formalen Stellenprofil erheblich beschnitten (Rauscher 1996, 14f.; Wissinger 2002; Wagner 2007, 354). Die Ländergesetze definieren dieses Zeitbudget als Lehrerarbeitszeit abzüglich so genannter *Entlastungs-, Abminderungs-, Ermäßigungs-, Anrechnungs-, oder Verwaltungsstunden* oder als *Lehrerwochenstunden für Schulleitungstätigkeit* (Falkenhorst et al. 2005, 52). Je nach Bundesland existieren hierfür unterschiedliche und zum Teil komplizierte Berechnungsformeln (s. ausführlich Doppke 2002). Eine entscheidende Bemessungsgrundlage bildet aber regelmäßig die Anzahl der Schüler bzw. Klassen einer Schule. Einen weiteren Bestimmungsfaktor der formal verfügbaren Leitungszeit bildet die Schulart (s. hierzu auch Hasenbank 2001, 74), wobei die Unterrichtsverpflichtung von Leitungspersonen an Volksschulen, d.h. an Grund- und Hauptschulen, generell am höchsten ausfällt (Avenarius et al. 2003, 128).

Interessanterweise offenbaren jedoch befragungs- und beobachtungsbasierte Aktivitätsstudien, dass die von Schulleitern für verschiedene Aufgabenfelder aufgewendeten Zeitanteile eine erhebliche Streuung aufweisen, die nicht allein auf organisationale Besonderheiten zurückzuführen ist (z.B. Krüger 1983; Wissinger 2002; Rosenbusch et al. 2006). Derartige Befunde werfen die Frage auf, in welchem Umfang variierende Schwerpunktsetzungen bei der Amtsausübung objektivierbaren Bedingungen oder aber individuellen Gestaltungspräferenzen der Leitungstätigkeit geschuldet sind (Wissinger 2002, 57f.).

2.4 Einflussfaktoren auf der Ebene des Individuums

Auf der Individualebene des zu entwerfenden Rahmenmodells gewinnen deshalb die *subjektive Zielrelevanz* wahrgenommener Umweltreize sowie die *subjektiven Bewältigungskapazitäten* der einzelnen Leitungskraft an Bedeutung (z.B. Sembill 2010, 81f.). Neben eine interorganisationale Varianz schulleitenden Handelns tritt damit als weitere diversifizierende Dimension eine interindividuelle, im Zeitablauf gar intraindividuelle Variation, für die das facettenreiche *Leistungs- und Belastungspotenzial* der jeweiligen Amtsinhaber verantwortlich zeichnet[1].

Mit dem Ziel, personenabhängige Bestimmungsgrößen der Auslegung und Ausgestaltung des Leitungsamts systematisch zu erörtern, wird unter dem Sammelbegriff des individuellen Leistungs- und Belastungspotenzials das komplexe Zusammenspiel von latenten Handlungsvoraussetzungen und Anforderungsbewertungen, Intentionen und angewandten Copingstrategien dargestellt. Mit Blick auf den Untersuchungsgegenstand der berufsbedingten *Beanspruchung* basieren die nachfolgenden Ausführungen primär auf transaktionalen Stresstheorien, beziehen aber auch handlungstheoretische Grundannahmen und emotionspsychologische Erkenntnisse ein. Damit sind sie dem Leitgedanken verpflichtet, dass Handlungen absichtsvoll und ressourcengestützt vor einem erfahrungsabhängigen Erwartungshorizont unter simultaner Beteiligung kognitiver, emotionaler und motivationaler

---

1 Das Konstrukt weckt Assoziationen zum Kompetenzkonstrukt (s. hierzu Erpenbeck & von Rosenstiel 2003; Baethge et al. 2006; Grote et al. 2006), soll jedoch ein anders akzentuiertes Erkenntnisinteresse zum Ausdruck bringen. Die vorliegende Arbeit zielt nämlich weder darauf ab, Kompetenzarten im Schulleitungsberuf en détail aufzuschlüsseln, noch darauf, erreichbare Kompetenzstufen zu operationalisieren, um das von einzelnen Stelleninhabern jeweils erklommene Kompetenzniveau anhand diagnostischer Inventare zu bestimmen. Erste Überlegungen hierzu stellt bspw. Gómez Tutor (2004) an.

Prozesse vollzogen werden (Ajzen 1985; Dörner 1985b und 2008; Kuhl 1985; Groeben 1986; Sembill 1992; Sembill & Zilch 2010; Rausch 2011).

2.4.1 Bewertungen situativer Anforderungen und verfügbarer Ressourcen

Im Zentrum *transaktionaler Stressmodelle* stehen drei Arten so genannter *Appraisals*, d.h. individueller Einschätzungen der Person-Umwelt-Beziehung (Lazarus & Launier 1981, 233ff.; Lazarus 1990, 204ff.): Im Zuge *primärer Bewertungen* entscheidet das Individuum, welche Auswirkungen situative Bedingungen bzw. Ereignisse ohne korrigierende Interventionen auf sein Wohlbefinden und seine Verhaltensstabilität besitzen. Unter diesen Gesichtspunkten kann es vorgefundene Umweltmerkmale *subjektiv* als irrelevant, positiv oder aber stressträchtig taxieren. In die Kategorie subjektiv stressträchtiger Bedingungen bzw. Ereignisse können dabei sowohl eingetretene Schädigungen oder Verluste *(Loss/Harm)* als auch antizipierte Bedrohungen oder Herausforderungen *(Threat/Challenge)* fallen, wobei sich die Unterscheidung von *Threat* und *Challenge* aus subjektiven Ergebniserwartungen und deren affektiver Tönung ergibt. Von diesen Faktoren hängt es ab, „ob man in der Bewertung die potenzielle Schädigung bei einer Transaktion hervorhebt (Bedrohung) oder die schwer erreichbare, vielleicht risikoreiche, aber mit positiven Folgen verbundene Meisterung oder den Nutzen (Herausforderung)" (Lazarus & Launier 1981, 236; s. auch Jerusalem 1990, 9). Im Zuge *sekundärer Bewertungen* werden hingegen die eigene *Ressourcenausstattung* und das abrufbare *Bewältigungsrepertoire*, aber auch Realisierungschancen und -konsequenzen alternativer Bewältigungsschritte erwogen. Schließlich erlauben *Neubewertungen* eine subjektive Abschätzung des Erfolgs faktisch unternommener Bewältigungsversuche. Diese dritte Variante von *Appraisals* beinhaltet also keinen qualitativ andersartigen Modus individueller Einschätzungsvorgänge, sondern kennzeichnet den Sachverhalt, dass es *infolge* emittierter Copingmaßnahmen wiederum zu einer veränderten Einschätzung des Anforderungsgehalts des Handlungskontexts und/oder der eigenen adaptiven Potenziale kommen kann (Lazarus 1990, 212ff.).

Obwohl zumindest das Konstrukt der Neubewertungen eine zeitliche Sequenzierung impliziert, wurden die Begriffe „primärer" und „sekundärer" Einschätzungen in der Belastungsforschung häufig als zwingende chronologische Reihenfolge missverstanden (s. hierzu kritisch Schwarzer 2004, 153f.; Herzog 2007, 23). Realiter handelt es sich um eng verzahnte und unmittelbar aufeinander bezogene Bewertungsvorgänge, die dem transaktionalen Stresskonzept seinen besonderen Erklärungsgehalt verleihen. Erst durch Rückkoppelungen zwischen den *Appraisals* erschließt sich das individuelle Stressempfinden als *emergentes* Phänomen:

„Daher stellen Schädigung/Verlust, Bedrohung und Herausforderung *Beziehungskonzepte* dar, die über die in ihnen eingeschlossenen unabhängigen Klassen der Person- und Umweltvariablen hinausgehen. Dies bedeutet, wenn wir solche Beziehungen und die ihnen zu Grunde liegenden Prozesse beschreiben, werden die unabhängigen Person- und Umweltvariablen auf einer anderen Analyseebene zu einem neuen Konzept (z. B. Bedrohung) verknüpft. (...) Beispielsweise kann sich für eine Person eine Bedrohung daraus ergeben, dass die externen Anforderungen sehr hoch und Fähigkeiten zu ihrer Bewältigung gering erscheinen (Lazarus & Launier 1981, 214).

Dementsprechend können wiederkehrende und anhaltende Misserfolge der eingesetzten Bewältigungsstrategien dazu führen, dass eine vormalige Herausforderung allmählich zur Bedrohung wird, weil das Individuum in zunehmendem Maße die Unzulänglichkeit seiner Bewältigungskapazitäten erfährt. Sie kann sogar in die erschütternde Erfahrung eines erlittenen Kontrollverlust kippen, welcher sich bis zur *erlernten Hilflosigkeit* steigern kann (Seligman 1975; Jerusalem 1990, 53ff.). Da für die Klassifizierung subjektiver Einschätzungsvorgänge nicht der Zeitpunkt, sondern der jeweilige Beurteilungsgegenstand ausschlaggebend ist, plädiert Schwarzer (2004, 154) für die Bezeichnungen *Ereigniswahrnehmung/Situationsmodell* und *Ressourcenwahrnehmung/Selbstmodell*.

Eine wesentliche Schlussfolgerung aus dem transaktionalen Stressansatz besteht somit darin, dass nicht jeder *potenzielle* Belastungsfaktor bzw. Stressor, der aus einer Beobachterperspektive für ein berufliches Einsatzgebiet ermittelt werden kann, auch von jedem Stelleninhaber als solcher wahrgenommen werden muss (Greve 1997, 21; Rudow 2000, 38f.; van Dick & Stegmann 2007, 38ff.). Vielmehr stellt sich Stresserleben nur dann ein, wenn die betreffende Person im Verlaufe iterativer Person-Umwelt-Einschätzungen zu dem Urteil gelangt, dass der berufliche Anforderungsgehalt die eigenen adaptiven Mittel stark fordert oder übersteigt (s. hierzu auch Jerusalem 1990, 4ff.; Krohne 1997, 267ff.; Herzog 2007, 21ff.). Entscheidend ist die hierbei *empfundene* Belastung bzw. das Gefühl von Belastetheit (Schönwälder 1997, 193; Wentura et al. 2002, 103). Dies gilt ungeachtet der Tatsache, dass mithilfe arbeitswissenschaftlicher Analysekategorien durchaus Anforderungsmerkmale präzisiert werden können, die *mit hoher Wahrscheinlichkeit* von den *meisten* Stelleninhabern als belastend erlebt werden und das *Risiko* psychosomatischer Erkrankung nachweislich erhöhen (zsf. Richter & Hacker 1998, 16; Oesterreich 1999, 144ff.; Semmer et al. 1999, 181). Hierzu gehören

- *arbeitsorganisatorische Regulationsbehinderungen* wie Unterbrechungen und Zeitdruck;
- *qualitative Überkomplexität, Unklarheiten und Verantwortungslast im Aufgabenzuschnitt* (z.B. diffuse Anweisungen, konfligierende Ziele, schlecht vorhersehbare Resultate, gravierende Fehlerfolgen, ambivalente oder ausbleibende Rückmeldungen);
- *soziale Stressoren* wie Konflikte, mangelnde Hilfestellungen oder fehlende Anerkennung;
- *Unfallgefährdungen* sowie quantitative *Umgebungsbelastungen* wie Lärm.

Während also Taxonomien berufstypischer Stressoren *hypothetische Faktoren* ausweisen, die Belastungsempfindungen sehr wahrscheinlich induzieren (Greif 1991, 13), bedarf es eines transaktionalen Modells, um interindividuelle Abweichungen in der Art, Intensität und Dauer einsetzender Stresssymptome wie etwa Übermüdung zu erklären, die unter ansonsten gleichartigen Umweltbedingungen nachweisbar sind (Krohne 1997, 268; Weber 1997b, 8f.). Als besonders schwierig zu eruieren gelten dabei Phänomene der *psychischen* Belastung und Beanspruchung (s. auch Kapitel 4):

> „Psychische Belastungen stellen – in weit größerem Maße als physische Belastungen – Faktoren und Anforderungen dar, die durch subjektive Wahrnehmungs- und Bewertungsprozesse, die Motivation und Anstrengungsbereitschaft, die allgemeine Qualifikation sowie das fachspezifische Ausbildungsniveau der Betroffenen in vielfältiger Weise beeinflußt werden. Während bei körperlichen Tätigkeiten eine Beanspruchungsermittlung als Folge körperlicher Belastungen über die Arbeitsphysiologie aufgrund der Kenntnis, welche Organsysteme zum Einsatz kommen, noch unmittelbar möglich ist, kann dies bei geistigen Tätigkeiten nur noch mittelbar – und unter Einbeziehungen individueller Arbeitsweisen – erfolgen" (Wieland 1999, 201; s. auch Zaugg & Blum 2002, 264).

Forschungsmethodische Schwierigkeiten ergeben sich dabei offenkundig nicht nur wegen des Fehlens linearer Kausalketten zwischen arbeitsbedingten Belastungen als Einwirkungs- und psychischen Beanspruchungen als Auswirkungsgrößen (ebd.), sondern auch durch die Vielfalt der aufgabenrelevanten Ressourcen. Generell lassen sich unter den Ressourcenbegriff „die zur Verfügung stehenden Handlungsmöglichkeiten und Mittel, die eine Adaption an ein Problem erleichtern" (Schröder

1997, 320) subsumieren. Wie auch für die Anforderungsmerkmale der Umgebung existieren zahlreiche Klassifikationsansätze für die Ressourcenausstattung einer Person (zsf. Schröder & Schwarzer 1997; Herzog 2007, 39ff.). Grundlegend und weit verbreitet ist aber die Gegenüberstellung von *internalen Ressourcen* wie z.B. dem dispositionellen Optimismus sensu Scheier und Carver (1992) und *externalen Ressourcen* wie z.B. technischen Hilfsmitteln, ökonomischen Gütern und sozialen Netzwerken (Hornung & Gutscher 1994, 73f.; Kohlmann 1997; Udris & Rimman 1999; Zapf 1999, 36ff.). In der Begegnung mit subjektiv stresshaltigen Umweltbedingungen stellen die spezifische Art und Ausprägung derartiger Ressourcen entweder individuelle *Schutz-* oder aber *Risikofaktoren* dar (Jerusalem 1990, 29; von Hagen & Röper 2007, 17ff.).

Ob und auf welche Weise internale und externale (vor allem soziale) Ressourcen bei der Stressverarbeitung zusammenwirken, ist bis dato strittig (zsf. Schröder & Schwarzer 1997, 186ff.; Schröder 1997, 335ff.; Herzog 2007, 47ff.)[1]. Die vorliegende Studie konzentriert sich deshalb auf eine Katalogisierung *internaler* Ressourcen, die im schulischen Forschungskontext häufig Verwendung findet (z.B. Klusmann et al. 2009). Unter dem Akronym AVEM entwickelten Schaarschmidt und Fischer (1996) ein persönlichkeitsdiagnostisches Verfahren, welches „relativ konstante und übergreifende Verhaltens- und Erlebensmerkmale in Bezug auf Arbeit und Beruf" erfasst, die sowohl als „Folgen vorangegangener Beanspruchung" als auch als „persönlichkeitsspezifische Voraussetzungen für die Bewältigung künftiger Anforderungen" (ebd., 7) verstanden werden müssen. Das Inventar umfasst elf Ressourcendimensionen:

- *subjektiver Stellenwert der Arbeit* im persönlichen Lebensentwurf;
- *beruflicher Ehrgeiz* als Zielstrebigkeit und Wunsch nach individueller Entfaltung und Weiterentwicklung im Beruf;
- *Verausgabungsbereitschaft* im Sinne der Neigung, Kraftreserven ggf. bis zur Erschöpfung für die Erfüllung der Arbeitsaufgaben einzusetzen;
- *Perfektionsstreben* als individuelles Anspruchsniveau bezüglich der zu erreichenden Güte der eigenen Arbeitsleistung sowie der in den Arbeitsprozess investierten Sorgfalt und Zuverlässigkeit;
- *Distanzierungsfähigkeit* als Fähigkeit und Bereitschaft, sich gedanklich und emotional in anderen Lebensbereichen von der Arbeitstätigkeit zu lösen;

---

1 Diskutiert werden additive und synergetische ebenso wie kompensatorische oder interferierende Effekte.

- *Resignationstendenz* bei Misserfolg im Sinne der Neigung, sich mit Fehlschlägen abzufinden und leicht aufzugeben;
- *offensive Problembewältigung* in der Konnotation einer aktiv-konstruktiven Einstellung gegenüber auftretenden Schwierigkeiten[1];
- *innere Ruhe und Ausgeglichenheit* als das Erleben psychischer Stabilität und inneren Gleichgewichts;
- *Erfolgserleben im Beruf* in Form einer positiven Bilanzierung bisheriger Anstrengungen;
- *Lebenszufriedenheit* als generelle Zufriedenheit mit der gesamten Lebenssituation, auch über die Arbeitswelt hinaus;
- *wahrgenommene soziale Unterstützung* als subjektives Vertrauen in die Unterstützung durch nahe stehende Menschen und das Gefühl von sozialer Geborgenheit[2].

Mithilfe dimensionsreduzierender Verfahren lassen sich diese Ressourcen zu drei grundlegenden Kategorien verdichten (Schaarschmidt & Fischer 1996; Schaarschmidt & Fischer 2001, 16ff.; Schaarschmidt 2005, 21ff.): Erstens indizieren Ehrgeiz, Verausgabungsbereitschaft und Perfektionsstreben das *berufliche Engagement* einer Person. Dabei gilt eine erhöhte, nicht aber maximale Ausprägung des Engagements als Ausdruck einer gestaltungsbetonten und subjektiv sinnerfüllten Lebensführung und mithin als günstige Bedingung einer erfolgreichen Berufsausübung. Zweitens begründen eine hohe Distanzierungsfähigkeit und psychische Stabilität bei gering ausgeprägten resignativen Tendenzen und einer betont problemzugewandten Haltung wesentliche Elemente der *Widerstandskraft gegenüber Belastungen*. Für eine gesundheitsförderliche Berufstätigkeit stellen sie gewichtige protektive Faktoren dar, weil sie bspw. die Dosierung eingesetzter Kräfte regulieren, regenerative Phasen gewährleisten und eine zuversichtliche, konstruktive Form der Auseinandersetzung mit beruflichen Anforderungen begünstigen[3]. Drittens prägen die subjektive Bilanzierung von Erfolgs- und Misserfolgserlebnissen, das Ausmaß der

---

1 Konkrete Problemlösungsstrategien werden in dieser Einstellungsdimension noch nicht vorweggenommen. Diese Dimension wird anhand allgemeiner Formulierungen wie z.B. *„Für mich sind Schwierigkeiten dazu da, dass ich sie überwinde"* erfasst.

2 Entscheidend bei der Erhebung dieser Dimension ist die subjektiv empfundene Einbettung in ein unterstützendes Sozialgefüge und nicht dessen faktische Existenz oder Struktur. Diese subjektiven, umweltbezogenen Bewertungen qualifizieren die wahrgenommene soziale Unterstützung als internale und nicht als externale Ressource (s. hierzu auch Sarason et al.1990, 98ff.; Leppin & Schwarzer 1997, 350f.; Herzog 2007, 40).

generellen Lebenszufriedenheit und das vorhandene bzw. fehlende Gefühl sozialer Geborgenheit nachhaltig eine positive respektive negative *affektive Grundtönung des Erlebens und Verhaltens* im Arbeitsleben. Derlei bereichsübergreifende Gefühlslagen beeinflussen maßgeblich, in welchem Umfang und in welcher Form Stressempfindungen im Beruf aufkeimen, kanalisiert und verarbeitet werden.

Ohne Anspruch auf Vollständigkeit sind mit diesen Ressourcen empirisch belastbare Elemente der *latenten Handlungsvoraussetzungen* eines Individuums expliziert, aus denen es bei der Auswahl und Umsetzung konkreter Copingprozesse schöpfen kann (Nieskens 2006, 42ff.; Schaarschmidt 2006; van Dick 2006, 50; Klusmann et al. 2009). Im Folgenden sollen daher das Copingverständnis des transaktionalen Stressmodells präzisiert und kontextspezifische Copingvarianten anhand heuristischer Ordnungen in der Bewältigungsforschung erhellt werden. Den Arbeitsmethoden von Schulleitern wird dabei besondere Aufmerksamkeit zuteil.

2.4.2 Belastungsregulierende Copingprozesse und Arbeitsmethoden

Gemäß der einflussreichen Definition von Lazarus und Kollegen setzt Coping unter solchen Umständen ein, in denen der individuelle Ressourcenpool als erschöpft oder unzulänglich bewertet wird:

> „Coping is a process that unfolds in the context of a situation or condition that is appraised as personally significant and as taxing or exceeding the individual's resources for coping" (Folkman & Moskowitz 2004, 747; s. auch Lazarus & Folkman 1984, 141).

Weil Copingprozesse annahmegemäß in Phasen akuten und unsicherheitsbehafteten Stressempfindens ausgelöst werden, lassen sie sich als besondere Subkategorie des allgemeinen Adaptionsbegriffs begreifen (Krohne 1997, 269). Es handelt sich stets um *variable, reaktive Strategien* des Individuums, die nur mit erhöhtem behavioralen und/oder intrapsychischen *Aufwand* erbracht werden können (s. auch Weber 1997b, 9). Damit unterscheidet sich das Copinggeschehen im transaktionalen Stressmodell deutlich von physiologischen Anpassungsautomatismen wie z.B. Hyperreaktivität, Immunsuppression oder Fieber. Es ist aber ebenso abzugrenzen von habitualisierten Verhaltensformen, die angesichts neutraler, stimulierender oder herausfordernder Umweltbedingungen abgerufen werden (Kaluza & Vögele

---

3 Distanzierungsfähigkeit kann allerdings auch als (invers zu interpretierendes) Element des beruflichen Engagements operationalisiert werden.

1999, 348ff.; Wentura et al. 2002, 102). In Anlehnung an Lazarus und Folkman (1984, 141ff.), Laux und Weber (1990, 563ff.), van Dick (2006, 49f.) und Herzog (2007, 23f.) lassen sich folgende zentrale Kennzeichen des transaktionalen Copingbegriffs herausschälen:

1. Coping ist eine Antwort auf *subjektiv stressreiche und unsicherheitsbehaftete* Situationen, in denen bewährte Verhaltensroutinen an ihre Grenzen stoßen;
2. Coping kann mittels diverser *verhaltensbasierter wie auch psychischer Anstrengungen* erfolgen, die aber stets *ergebnisoffen* sind. Das Copingkonstrukt setzt demnach keinen erfolgreichen Abschluss einer Stressepisode voraus, sondern umschließt ebenso unternommene Versuche in diese Richtung. Es nimmt auch keine „richtigen" oder „falschen" Bewältigungsformen vorweg;
3. Coping wird *nicht* als zeitstabiler, persönlichkeitsprägender *Stil* des Umgangs mit unterschiedlichen Belastungen diskutiert, sondern als variabler, kontextsensitiver Adaptions- bzw. Verarbeitungsprozess, der in jeder stressbezogenen Transaktion den Zusammenhang zwischen Belastungs- und Ressourceneinschätzungen einerseits und ihren psychischen Auswirkungen andererseits mediiert (Lazarus 1990, 216ff.; Kaluza & Vögele 1999, 357).

Bei der Auswahl von Copingstrategien übernehmen die mit den individuellen Appraisals einhergehenden *Emotionen* (Otto et al. 2000, 12ff.; Sembill 2010) bzw. *emotionalen Befindlichkeiten* (Sembill 1992, 118ff.; Sembill 2003; Rausch et al. 2010) eine *seismografische Funktion*. Sie informieren über die gegenwärtige Person-Umwelt-Konstellation und ihre Veränderungen, geben Aufschluss über den subjektiven Erfolg von Adaptionsbemühungen, fokussieren die Aufmerksamkeit auf noch unzureichend bewältigte Problembereiche, ermöglichen korrigierende Eingriffe oder veranlassen Strategiewechsel (Wentura et al. 2002, 102; Clore & Storbeck 2006; Folkman & Moskowitz 2004, 747; Fischer & Belschak 2006, 104; Sembill 2010, 82f.).

In Beiträgen zur Belastung und Belastungsverarbeitung von Schulleitern werden insbesondere *latente und manifeste Ängste* als Indikatoren einer vorhandenen oder antizipierten Bedrohung thematisiert, darunter die Angst vor Fehlentscheidungen, Versagen, Bloßstellungen, Isolation, Macht oder Konflikten (z.B. Koch-Riotte 2000; Schley 2000; Winkel 2000). Ob derartig intensive Gefahrensignale leistungsmobilisierend oder lähmend wirken, ist eine Frage der angewandten Bewältigungsformen, die nun eruiert werden sollen.

In der Bewältigungsforschung mangelt es nicht an empirisch-faktoranalytisch ermittelten Copinginventaren (zsf. Krohne 1997, 273ff.). Im deutschen Sprachraum stellt bspw. der Stressverarbeitungsfragebogen nach Janke, Erdmann, Kallus & Boucsein ein geläufiges Diagnoseinstrument dar (s. hierzu Janke & Erdmann 1997; van Dick 2006, 54f.; Sieland 2007, 213ff.). Er umfasst die Skalen *Bagatellisierung, Herunterspielen durch Vergleich mit anderen, Schuldabwehr, Ablenkung von Situationen, Ersatzbefriedigung, Suche nach Selbstbestätigung, Situationskontrollversuche, Reaktionskontrollversuche, positive Selbstinstruktion, Suche nach sozialer Unterstützung, Vermeidung, Flucht, soziale Abkapselung, gedankliche Weiterbeschäftigung, Resignation, Selbstbemitleidung, Selbstbeschuldigung, Aggression* sowie *Pharmakaeinnahme*.

Derartige a posteriori-Inventarisierungen vermitteln zwar ein eindrückliches Bild der kaum überschaubaren Menge konkreter Bewältigungsformen, stehen jedoch im Verdacht, populationsabhängige Befunde zu generieren und die Variabilität von Copingprozessen in Abhängigkeit unterschiedlicher Anwendungsfelder nicht adäquat abbilden zu können (Filipp & Klauer 1988, 59ff.; Kaluza & Vögele 1999, 360; van Dick 2006, 54f.).

Eine Alternative bietet die a priori-Modellierung denkbarer Reaktionen einer Person auf der Grundlage distinkter *Klassen*. Hierbei werden solche Reaktionsformen zu generischen Kategorien gebündelt, die im Copingprozess als *funktionale Äquivalente* zu betrachten sind (zsf. Weber 1997a, 288f.; Weber 1997b, 12ff.; Wentura et al. 2002). Von Filipp und Klauer (1988) stammt ein elaboriertes Ordnungsgerüst, welches Bewältigungsprozesse im Belastungskontext „Krankheit" in einem dreidimensionalen Bewältigungsraum verortet. Dieser Raum wird im Rückgriff auf unterschiedliche Systematisierungsansätze in der einschlägigen Literatur über den Kriterien *Kontrollebene, Soziabilität* und *Aufmerksamkeitsorientierung* aufgespannt, auf die im Folgenden noch näher eingegangen wird. Aus der Kombination der orthogonal angeordneten Basisdimensionen mit jeweils dichotomer Ausprägung resultieren $2^3 = 8$ Klassen von Copingreaktionen, die in Tabelle 2.2 dargestellt und exemplarisch mit Bewältigungsformen aus dem Stressverarbeitungsfragebogen von Janke, Erdmann, Kallus und Boucsein gefüllt wurden.

2.4 Einflussfaktoren auf der Ebene des Individuums

Tabelle 2.2: Klassifikation von Bewältigungsreaktionen (in Anlehnung an Filipp & Klauer 1988, 63)

	ereigniszentrierte Copingformen		ereignisdistanzierte Copingformen	
	hohe Soziabilität	niedrige Soziabilität	hohe Soziabilität	niedrige Soziabilität
innerpsychische Kontrollebene	z.B. Herunterspielen durch Vergleich mit Anderen	z.B. Selbstinstruktion, Situationskontrollversuche	z.B. soziale Abkapselung	z.B. Ablenkung, Selbstbemitleidung
aktionale Kontrollebene	z.B. Suche nach Unterstützung, aggressives Verhalten	z.B. Flucht, Vermeidung	z.B. Selbstbestätigung in anderen sozialen Umwelten	z.B. Ersatzbefriedigung, Pharmakaeinnahme

Auf der *Kontrollebene* werden Copingprozesse danach unterschieden, ob sie für einen Außenstehenden offen oder verdeckt erfolgen, d.h. ob sich die Auseinandersetzung mit einer belastenden Situation in *beobachtbaren Verhaltensakten* manifestiert oder aber via *intrapsychischer Reaktionsmodi* erfolgt (s. auch Laux & Weber 1990, 570ff.). Gekennzeichnet durch Begriffspaare wie *problemzentriertes versus emotionsregulierendes* oder auch *instrumentelles versus palliatives* Coping fließen diese Konstrukte in viele Studien ein (zsf. Wentura et al. 2002, 107; Folkman & Moskowitz 2004, 751ff.; van Dick 2006, 52f.). Während instrumentelle Bewältigungsformen auf eine Manipulation der als belastungsinduzierend wahrgenommenen Konflikt- oder Problemstruktur abstellen, dienen palliative Bewältigungsformen der Regulation und Linderung der für das Stresserleben indikativen negativen Gefühle, bspw. durch deren humorvolle Umdeutung.

Die Dimension der *Aufmerksamkeitsorientierung* umfasst die sich gegenseitig ausschließenden Optionen der *Zuwendung zu* bzw. *Abkehr von stressrelevanten Reizen*. So charakterisiert etwa das Konstruktpaar *Vigilanz versus Vermeidung* (Krohne 1997, 274) im Kern solche Bewältigungsversuche, bei denen entweder nach bedrohungsrelevanten Informationen gefahndet wird, um die subjektive Gefährdungslage zumindest reflexiv durchdringen zu können (ereigniszentrierte Formen), oder aber entsprechende Informationen vermieden und abgewehrt werden (ereignisdistanzierte Formen). Die inhaltlich weiter gefasste Unterscheidung von *Engagement versus Disengagement* (Tobin et al. 1989, 349ff.) sortiert nicht nur reflexive, sondern auch emotionsregulierende und behaviorale Strategien anhand des Frage, ob sich eine Person irgendwie mit der problematischen Umweltkonstellationen beschäftigt (indem sie Lösungswege erprobt, den Problemraum mental durchdringt, ihren hiermit verbundenen Gefühlen Ausdruck verleiht oder Hilfestellungen in Anspruch nimmt) oder aber sich hiervon abwendet (indem sie die Belastungssituation meidet, sich in Wunschdenken ergeht, sich isoliert oder Selbstkritik übt).

Ferner können Maßnahmen der Belastungsverarbeitung nach dem Ausmaß klassifiziert werden, in dem sie sich mental oder aktional *in die soziale Peripherie des Individuums erstrecken*. Die beiden Extrempunkte dieser Dimension bilden der *radikale soziale Rückzug* auf der einen und das instrumentelle *Einbeziehen von Mitmenschen* auf der anderen Seite.

Von der Belastungscharakteristik des eingetretenen Krankheitsfalles deutlich abzugrenzen sind allerdings die im *Berufsalltag schulischer Leitungskräfte* angesiedelten Stressoren. Die anhaltende Konfrontation mit zumeist kleineren, aber kumuliert auftretenden *Daily Hassles* (Bodenmann 1997, 75ff.), darunter die Bearbeitung vielfältiger administrativer Vorgänge, die kurzfristige Organisation von Vertretungsstunden, die Schlichtung von Konfliktfällen, Aussprachen mit Lehrkräften u.v.m., stellt spezifische Anforderungen an die Belastungsverarbeitung (Rauscher 1996 und 2001). In der schulleitungsbezogenen Literatur werden vor allem *Methoden der individuellen Arbeitsorganisation* und hierbei insbesondere *Zeitmanagement-Techniken* diskutiert (z.B. Strittmatter 1997; Büssow 1999; Deister 2005). Diese Arbeitsmethoden sollen nicht nur die individuelle Produktivität steigern, sondern auch Zeitstress am Arbeitsplatz minimieren und die Zufriedenheit im Berufsleben erhöhen (zsf. Eberle 1994; Hinz 2000, 124ff.; Morgenroth 2008, 19ff.). Kritiker von Zeitmanagement-Konzepten wenden dagegen ein, dass deren postulierte Effekte bislang kaum systematisch überprüft wurden (z. B. Hinz 2000, 137ff.; Morgenroth 2008, 60ff.; Sembill 2008b, 127f.). Neben einigen sinnvollen und praktikablen Gestaltungshilfen identifizieren sie auch Maßnahmen, die für eine erfolgreiche Ausübung der Leitungsfunktion eher kontraproduktiv sind (Walgenbach 1995). Zudem monieren sie die Vernachlässigung variierender Arbeitsbedingungen (Vedder 2001, 208ff.), die sich ebenso wie individuelle temporale Orientierungen (Morgenroth & Losleben 2005) auf die berufliche Zeitnutzung und das Stresserleben auswirken.

In der Argumentationslogik von Zeitmanagement-Konzepten wird die Arbeitszeit als knappes Gut betrachtet. Diese external interpretierte Ressource soll rational verwendet werden, indem das vertraglich zugewiesene Zeitbudget optimal auf verschiedene Arbeitsinhalte verteilt und der Zeitverbrauch bei der Bewältigung einzelner Aufgaben minimiert wird (Eberle 1994, 126ff.; Hinz 2000, 124ff.; Morgenroth & Losleben 2005; Morgenroth 2008, 19f.). Obwohl die Ratgeberliteratur mannigfaltige und im Detail unterschiedliche Strategien einer ökonomischen Arbeitsorganisation umfasst, lassen sich dennoch einige übereinstimmende Grundelemente identifizieren (für die Schulleitung z.B. Eckeberg 2004; Herrmann 2004; Deister 2005; Buske & Schneider-Prengel 2008; zsf. auch Warwas 2008):

1. *Ziele formulieren und visualisieren:* Das Umschreiben und Verschriftlichen von Zielen soll Verbindlichkeit erzeugen und spätere Erfolgsüberprüfungen erleichtern.
2. *Aktivitäten planen:* Arbeitsgänge sollen systematisch vollzogen werden, um Redundanzen und Leerläufe zu vermeiden. Hierzu dient etwa bei der Tagesplanung die *ALPEN-Methode* (Aufgaben schriftlich fixieren, Länge einschätzen, Pufferzeiten einplanen, Entscheidungen treffen, Nachkontrolle). Als Kardinalfehler der Planung gelten eine fehlende Übersicht über anstehende Aufgaben, eine unrealistische Einschätzung des jeweiligen Zeitbedarfs und der Versuch, zu viele Tätigkeiten gleichzeitig zu stemmen.
3. *Prioritäten setzen:* Angesichts der beruflichen Aufgabenfülle scheint es unumgänglich, „Entscheidungen für das Richtige unter der Vielzahl der Handlungsmöglichkeiten [zu treffen], anstatt impulsive Beschlüsse aus dem Stehgreif [sic] und der Not der Situation heraus zu fassen" (Deister 2005, 42). Hierbei unterstützt bspw. das so genannte Eisenhower-Prinzip, das Aufgaben nach persönlicher Wichtigkeit und terminlicher Dringlichkeit sortiert und Handlungsempfehlungen für deren sequenzielle Bearbeitung gibt.
4. *Einzelne Aufgaben effizient realisieren:* Diesem Bereich lassen sich zahlreiche Arbeitstechniken zuordnen, die Störquellen ausschalten oder zumindest eindämmen sollen. Dazu zählen ausgeklügelte Schreibtisch- und Ablagesysteme ebenso wie rationelle Kommunikationsprozesse. So kann die Führungskraft z. B. Blockzeiten für Telefonate und verbindliche Sprechzeiten für Besucher vorsehen, geordnete Besprechungsmappen führen oder das Prinzip der offenen bzw. geschlossenen Tür als stummen Impuls nutzen, um zu Gesprächen einzuladen oder sich vorübergehend abzuschotten. Wecken Selbstbeobachtungen den Verdacht chronischer Prokrastination (umgangssprachlich „Aufschieberitis"), sollten große und unangenehme Aufgabenblöcke in kleinschrittige Teileinheiten zerlegt werden. Gegen Gedankenblockaden und Konzentrationsschwierigkeiten werden u. a. Entspannungs- und Lockerungsübungen empfohlen, aber auch Raumwechsel sowie ein an chronobiologischen Leistungskurven orientiertes Timing der Tagesaktivitäten. Angeraten

wird zudem die systematische Delegation von Aufgaben an das Team. Hierfür bieten sich Routineaufgaben an, die vollständig, dauerhaft und mit allen nötigen Befugnissen an Personen mit adäquater Befähigung und Bereitschaft übertragen werden sollen (Dubs 1996a, 4ff. und 2005, 130ff.[1]).

Aus dieser Kurzübersicht geht hervor, dass in der Logik des Zeitmanagements die Zeitnutzung im Arbeitsalltag als individuell kalkulierbares *Optimierungsproblem* (Morgenroth 2008, 19) betrachtet wird. Es wird jedoch auch ersichtlich, dass im strengen Wortsinn *zeitbezogene* Optimierungsregeln vorrangig im vierten Bereich – der effizienten Abwicklung einzelner Aufgaben – zu finden sind. Ansonsten entsprechen die Empfehlungen weitgehend generellen *Prinzipien der geplanten Handlungsorganisation*, wie sie in einer langen Tradition der pädagogisch-psychologischen und auch der Management-Forschung konzipiert und evaluiert wurden (z.B. Lantermann 1980, 128ff.; Sembill 1992, 107ff.; Eberle 1994, 130). Infolge der bereits genannten, stichhaltigen Kritikpunkte umfassen gegenwärtige Konzeptionen des Zeitmanagements also nicht mehr nur die klassischen Maximen der ökonomischen Verwertung nominell verfügbarer Zeiteinheiten, sondern auch nachweislich produktivitätssteigernde Elemente der *Selbstregulation* (s. hierzu Wieland 2004; Stumm et al. 2010; vertiefend Abschnitt 4.2.2.4) und der Setzung inhaltlicher *Prioritäten* (s. hierzu Dubs 2005, 398ff.; Scheunpflug 2008, 61f.). Entsprechend dieses erweiterten *Selbstmanagement-Ansatzes* (z.B. Rauscher 2001; Graf 2006) bemisst sich eine sinnvolle, weil subjektiv sinnerfüllte, Verwendung der Arbeitszeit nicht ausschließlich am quantitativen Verhältnis von Zeitaufwand und Arbeitsertrag, sondern auch an ihrem Beitrag zur Erreichung individueller und organisationaler Zielstellungen. Um Verwechslungen der Konzepte vorzubeugen, wird im Folgenden deshalb nur noch der umfassend ausgelegte Begriff der *individuellen Arbeitsorganisation* oder *Arbeitsmethodik* verwendet.

In das zuvor vorgestellte Klassifikationsraster von Filipp und Klauer (1988) lassen sich derartige Organisationsprinzipien mehrheitlich als *problemzugewandte* Copingformen mit *geringer Soziabilität* und hochgradig *instrumenteller* Ausrichtung einordnen: Effizienzoptimierende Arbeitsmethoden sehen nämlich vor, Teilschritte einer oftmals nur gedanklich vollzogenen Handlungsplanung sowie einzelne Mechanismen der im Regelfall internal ablaufenden, iterativ verschachtelten Handlungsre-

---

1 Dubs betont jedoch zu Recht, dass Delegation nur als integraler Bestandteil einer Führungstechnik sinnvoll ist, die auch das Prinzip „Führung durch Zielvereinbarungen" und einen situativ-partizipativen Führungsstil einschließt.

gulierung (zsf. Dörner 1985a, 78ff.; Rausch 2011, 11ff.) zu explizieren und zu linearisieren, um sie einer bewussten Kontrolle zu unterwerfen (Wagner et al. 2006, 298f.). Dementsprechend werden gefasste Ziele nicht nur als mentale Repräsentationen abgespeichert, sondern schriftlich fixiert. Der günstigste Zeitpunkt der Handlungsinitiierung wird anhand einer schematisierten Gegenüberstellung aller gleichzeitig auf Realisierung drängenden Vorhaben entlang der Kriterien Wichtigkeit und Termindruck abgewogen. Durch die strikte Einhaltung von Sprechzeiten und ähnlichen Maßnahmen werden ablenkende Außenreize während der Tätigkeitsdurchführung konsequent ausgeblendet. Selbstverordnete Lockerungs- und Konzentrationsübungen erleichtern die Rückführung auf den Handlungskurs, wenn dieser dennoch aufgrund gedanklicher Abschweifungen, sorgenvoller Grübeleien oder äußerer Störgrößen verloren wurde.

2.4.3 Motiviertheit und Intentionalität von Bewältigungsversuchen

Losgelöst von wissenschaftlichen Taxonomien bestimmt sich die *Funktion*, die eine Bewältigungshandlung in der laufenden Stressepisode erfüllt, immer auch aus den *Intentionen* der sie anwendenden Person (z.B. Reicherts & Perez 1992b, 162; Schröder 1997, 319; Weber 1997a, 293; Schwarzer 2004, 93ff.): „So kann ich soziale Kontakte knüpfen, um Ratschläge zur Problembewältigung zu gewinnen oder um in geselliger Runde meine Probleme zu vergessen" (Born 2002, 33).

Dementsprechend stellt in der pädagogischen und psychologischen Handlungstheorie *Intentionalität* das zentrale Element menschlichen Handelns dar. Handeln wird dabei als zielgerichtetes Verhalten begriffen, das zur Überwindung wahrgenommener Diskrepanzen zwischen Ist- und Sollzuständen eingesetzt wird (Dörner 1985a, 74; Groeben 1986, 62ff.; Heckhausen 1987; Sembill 1992, 99ff.; Edelmann 1993, 306ff.; Sembill & Seifried 2009)[1].

Jene angestrebte Überwindung subjektiver Spannungs- oder Deprivationsempfindungen rückt den Intentionsbegriff allerdings in die Nähe aktualisierter Motiv-Bedürfnis-Lagen. Letzteren wird die Aufgabe zugeschrieben, *stabil und wiederkehrend* solche Aktivitäten zu energetisieren, zu selegieren und zu fokussieren, die eine Erreichung von Zuständen mit positiver emotionaler Tönung bzw. die Beseitigung von Zuständen mit negativer emotionaler Tönung versprechen (Schumacher 2002, 72ff.; Rheinberg 2004a, 13ff.; Rausch 2011, 31ff.). Die Motivationspsychologie un-

---

1 Diese vereinfachte Darstellung blendet die Existenz umfänglicher Zielhierarchien noch aus (z.B. Fuhrer 1984; Kleinbeck 2006, 257ff.). Letztere werden aber in Abschnitt 4.2.2.3 thematisiert.

terscheidet deshalb drei personenabhängige Beweggründe von Handlungen (Heckhausen & Heckhausen 2006; Scheffer & Heckhausen 2006; Brunstein 2006):

1. *Universelle, d.h. angeborene und anthropologisch konstante Antriebskräfte*, denen bspw. die Grundbedürfnisse nach Orientierungs- und Verhaltenssicherheit (z.B. Sembill 2000, 147ff.; Dörner 2008, 98) sowie das Streben nach subjektiver Kompetenz, Autonomie und sozialer Eingebundenheit (Deci & Ryan 2000, 233ff.; Scheja 2009, 77ff.) zuzurechnen sind;
2. *Individuelle Motivdispositionen* als erlernte, habituell verfestigte Bereitschaft, sich immer wieder mit bestimmten Anreizarten in der Umwelt zu beschäftigen (bspw. im Fall des Leistungsmotivs das Aufsuchen situativer Herausforderungen der eigenen Wirksamkeit). Motivdispositionen werden auch als *unterschwellige, implizite Motive* bezeichnet, da sie im Regelfall nicht sprachlich repräsentiert sind sowie unbewusst angeregt und realisiert werden;
3. *Explizite individuelle Motive* als propositional repräsentierte und positiv bewertete Werte und Ziele. Hierbei handelt es sich um solche Motive, die eine Person bewusst verfolgt und als Gründe für ihr Handeln anzugeben vermag – ungeachtet der Tatsache, dass manche Aktivitäten von präreflexiven Beweggründen veranlasst sein können (implizite Motive), die mit den selbstattribuierten Motiven gar nicht übereinstimmen (Rheinberg 2004a, 193ff.; Brunstein 2006, 236f.).

Damit stellen Motiv-Bedürfnis-Lagen die oftmals latenten, affektiv-emotional aufgeladenen Präferenzen eines Subjekts für bestimmte Anreizklassen in der Umwelt dar, die sich insbesondere hinsichtlich ihres Bewusstheitsgrades und ihrer sprachlichen Repräsentation unterscheiden (s. auch Schumacher 2002, 95ff.; Rheinberg 2004b, 67f.). In der konkreten Handlungssituation offenbaren sie sich in einer erhöhten Ansprechbarkeit durch kompatible Anreize und einer Affinität für motivkonforme Handlungs- und Erlebnischancen (s. auch Dörner 1985b, 168). Um jedoch zielführende Aktivitäten faktisch aufnehmen und ausführen zu können, bedarf es der *willentlichen Beschlussfassung* in einer konkreten Handlungssituation. Es gilt, *ein* bestimmtes Ziel aus der großen Menge attraktiver Endzustände auszuwählen und während der gesamten Handlungsausführung konsequent gegenüber der Fülle konkurrierender Motiv-Bedürfnis-Lagen abzuschirmen (Achtziger & Gollwitzer 2006, 294ff.; Heckhausen & Heckhausen 2006, 6ff.). Deshalb bilden Intentionen den Dreh- und Angelpunkt der instrumentellen Handlungssteuerung. Als be-

2.4 Einflussfaktoren auf der Ebene des Individuums

wusstseinspflichtige Zielfixierungen markieren sie die Schwelle zwischen der situationsorientierten *Phase des Abwägens* von Motivationstendenzen und der realisierungsorientierten *Volitionsphase*, in welcher die Planung, Initiierung und Durchführung einzelner Handlungsschritte zur Zielerreichung angesiedelt ist (Allmer 1997, 70ff.; Rheinberg 2004a, 184ff.; Achtziger & Gollwitzer 2006, 278ff.).

Was dem einzelnen Akteur, etwa einer schulischen Leitungskraft, als gegebenes Aufgabenfeld erscheint, lässt sich folglich aus handlungstheoretischer Perspektive zutreffender als individueller *Suchraum* begreifen, dessen konditionale Qualitäten in einer prädezisionalen Phase via selektierender und inhibierender Situationswahrnehmungen (Hannover et al. 2005, 102ff.) auf Motiv-Bedürfnis-Kompatibilität abgeprüft und intentionsgeleitet verwertet werden (Sembill 1992, 102ff.; Beck 1996, 96f.; Brandtstädter 2007, 3ff.). Bevor jedoch im dritten Kapitel dieser Arbeit zwei besondere Kategorien expliziter Motive – namentlich Identitätsziele und identitätsstiftende berufliche Wertorientierungen – ergründet werden, sollen die grundlegenden Bestimmungsgrößen schulleitenden Handelns abschließend synoptisch betrachtet werden.

2.5 Schulleitungstätigkeit als Balanceakt

Im Spiegel der bisherigen Ausführungen lässt sich schulleitendes Handeln nur eingebunden in situative Interaktionen begreifen, welche institutionell reglementiert sind und den Intentionen der Beteiligten folgen (s. auch Hurrelmann et al. 1988, 97ff.; Hurrelmann 2001, 70ff.; Fend 2006, 169ff.; Sembill 2006; Zlatkin-Troitschanskaia 2006; Warwas 2008 und 2009). Das Modell, das der eigenen empirischen Studie als gedanklicher Rahmen dient, vereint deshalb zwei Leitgedanken: Die einzelne Leitungsperson ist (1) in einem Spannungsfeld normierender und diversifizierender Wirkkräfte auf die Amtsführung zu lokalisieren und (2) als produktiver Realitätsverarbeiter zu verstehen (s. Abbildung 2.2).

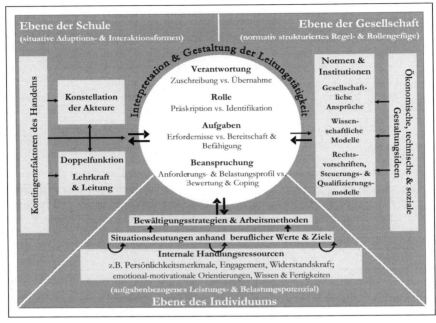

Abbildung 2.2: Rahmenmodell zentraler Bestimmungsgrößen schulleitenden Handelns (eigene Darstellung auf Basis der Ausführungen bei Sembill 2006; Fend 2006; Zlatkin-Troitschanskaia 2006)

Strukturelle Rahmenbedingungen *auf der gesellschaftlichen Ebene* entfalten demnach eine handlungssteuernde Wirkung, weil eine an berufliche Positionen geknüpfte Regelbefolgung das *normativ strukturierte Auftrags- bzw. Rollenhandeln* und damit das koordinierte Zusammenwirken aller schulischen Akteure unter Einsatz zugewiesener Machtmittel, Verfügungsrechte und Amtspflichten gewährleistet (Biewer 1994, 31 ff.; Böttcher 2007; Rürup & Heinrich 2007). Arbeitsteilige Einzelaktivitäten werden so auf gesellschafts- und bildungspolitische Zielstellungen ausgerichtet; individuelle Tätigkeitsvollzüge werden durch eine Orientierung an institutionellen Rahmendaten, präskriptiven Verhaltenskonventionen und normativen Erfolgsmaßstäben in gewissem Umfang, d.h. innerhalb eines ermöglichenden und beschränken-

2.5 Schulleitungstätigkeit als Balanceakt

den Strukturkorridors *homogenisiert bzw. standardisiert*. Als Vehikel der Diffusion institutionalisierter Regeln und Rollenmuster fungieren bspw. Rechtsvorschriften, Verwaltungsarchitekturen sowie die in Qualifizierungsmaßnahmen vermittelten Führungskonzepte, die als Ausflüsse kultureller Gestaltungsideen in übergeordnete Bezugsnormen und Bewertungsraster eingebettet sind (Brockmeyer 1998b; Weishaupt 1998; Leschinsky & Cortina 2005; Altrichter & Heinrich 2007).

An den *einzelnen Schulen* treffen institutionelle Gestaltungsvorgaben jedoch auf unterschiedliche materielle und soziale Binnenwelten, die für jeden Verantwortungsträger vor Ort ein idiosynkratisches, komplexes Handlungsfeld mit distinkten Aufgabeninhalten, Gelegenheitsstrukturen und Problemquellen konstituieren. Folglich orientieren sich die gewählten Formen der Aufgabenbewältigung, Chancenrealisierung oder Problemlösung maßgeblich an den Charakteristika lokaler Umweltbedingungen und Interaktionsräume. Normative Regulierungen werden auf jeder Stufe der Aufgabenbearbeitung *kontextspezifisch adaptiert und pragmatisch transformiert* (Clement & Wissinger 2004; Fend 2006; Zlatkin-Troitschanskaia 2006). Hierbei werden sie auf organisationskulturelle Besonderheiten zugeschnitten, im Sinne schul- und funktionsgebundener Zielgrößen optimiert sowie entsprechend der berufstypischen Handlungslogiken der Organisationsmitglieder in interaktive Arbeitsroutinen überführt. Somit resultieren die distinkten Handlungserfordernisse und -opportunitäten einer geleiteten Schule zum einen aus diversen Kontingenzfaktoren wie bspw. der Größe, Art oder finanziellen Ausstattung dieser Organisation (z.B. Doppke 2002; Mier 2002; Sell 2005; Bonsen 2006). Zum anderen wurzeln sie in den Konstellationen schulischer Akteure und dem Umstand, dass die Schulleitung in ihrer beruflichen Doppelfunktion sowohl Führungsaufgaben als auch Lehrverpflichtungen zu erfüllen hat. Die quantitative Relation von pädagogischen und steuernden Tätigkeiten ist dabei unter anderem von der Schulgröße abhängig und deshalb ebenso wie die Akteurkonstellation als kontingent zu betrachten.

Legt man der *Individualebene des Modells* handlungs- und stresstheoretische Erkenntnisse zugrunde, so werden Merkmale der lokalen Aufgabenumwelt ebenso wie institutionelle Normierungen stets intrapsychisch gefiltert und vielfältig bewertet (z.B. Kuhl 1983, 19ff.; Sembill 1992, 124ff.; Beck 1996; Scheja 2009, 35ff.). Orchestriert werden diese Prozesse durch die subjektive Handlungsrelevanz wahrgenommener Umweltbedingungen sowie die Einschätzung eigener Bewältigungskapazitäten (z.B. Dörner 2008, 103ff.; Sembill 2010, 81f.). Folglich ist davon auszugehen, dass das Leitungshandeln in starkem Maße individuellen Zielen und Werten im Beruf sowie hiermit kompatiblen subjektiven Definitionen von Arbeitsauftrag und -bedingungen unterliegt (z.B. Riedel 1998; Kranz 2007; Müller 2008). Diese Faktoren befördern nicht nur variable Deutungen von Handlungssituationen, sondern veranlassen auch die (subjektiv) situationsangemessene Aktualisierung von Elementen eines breiten Spektrums latenter Handlungsdispositionen (zsf. Beck 1996). Letztere lassen sich als komplexes Bündel internaler Ressourcen wie etwa Persönlichkeitsmerkmale oder domänenspezifisches Wissen begreifen, welche in den Einsatz operativer Arbeitsmethoden und belastungsregulierender Bewältigungsstrategien einfließen (z.b. Schaarschmidt & Fischer 1996; Baethge et al. 2006).

Die Interpretation und Ausgestaltung des Leitungsamts (innerer Kreis der Abbildung 2.2) kann somit nicht nur unter dem Eindruck organisationsspezifischer Umstände, sondern auch nach Maßgabe des *aufgabenbezogenen Leistungs- und Belastungspotenzials des Positionsinhabers* erheblich variieren. Jedoch wirkt die individuelle Berufsausübung stets auch auf ihre Bedingungsgrößen zurück, was in der Abbildung durch Rückkopplungspfeile zwischen dem inneren Kreis und den Randbereichen ausgewiesen wird. Demzufolge stellen sich durch die registrierten Haupt-, Neben- und Folgeeffekte emittierter Bewältigungsstrategien auf der individuellen Ebene Lernprozesse ein, die eine Revision von Situationsbewertungen, eine Adjustierung von Zielen oder eine aufgabenadäquate Erweiterung von Handlungsressourcen und -strategien anstoßen können (s. ausführlich Rausch 2011, 93ff.; Sembill 1992, 102ff.). Weiterhin prägt die Leitungsperson durch ihre Aktivitäten die Strategie, Struktur und Kultur der Einzelschule in empirisch bedeutsamem Ausmaß (Leithwood & Riehl 2003; Marzano et al. 2005; Rosenbusch 2005). Über eine systematische Öffentlichkeits- und Medienarbeit sowie die Kooperation mit Eltern, Schulaufsicht und anderen externen Partnern kann sie sogar vereinzelte Parameter in der gesellschaftlichen Makroebene mitkonfigurieren (z.B. Dubs 2005, 355ff.; Seitz & Capaul 2005, 488ff.; Schütt 2006). Allerdings – dies ist mit einem dünnen Pfeil angedeutet – fällt die gegenseitige Beeinflussung von individuellem Leitungshandeln und institutionellen Strukturen aufgrund des starken Gefälles in der Definitions-, Durchsetzungs- und Sanktionsmacht der beteiligten Akteure deutlich asymmetrisch aus (s. auch Kussau & Brüsemeister 2007, 39). Weiter reichende Einflusspotenziale auf die institutionell regulierten Möglichkeitsräume eröffnen sich aber durch den Eintritt in eine berufsständische Organisation wie den Allgemeinen Schulleitungsverband Deutschlands. Derartige organisierte Netzwerke stellen ein wichtiges Medium dar, um Interessen zu artikulieren und vermittels von Positionspapieren und Verhandlungen konzertiert auf staatliche Gestaltungsvorgaben einzuwirken (Weyer 2000; Zimmer 2001; Kussau & Brüsemeister 2007, 21)[1].

Die Analyse des Selbstverständnisses und der Beanspruchung pädagogischer Führungskräfte als der zentrale Gegenstand dieser Arbeit muss also auf einem interaktiven Modell der Beziehung zwischen Mensch und Umwelt gründen, das in der Tradition soziologischer wie auch pädagogischer Handlungstheorien steht (z.B. Krappmann 1969/2005; Kuhl & Beckmann 1985). Dieser Konzeption liegt die Annahme zugrunde, dass die soziale Realität vom einzelnen Akteur ausschließlich in dessen (Re-)Konstruktion erfahren und bedeutungsvoll erschlossen werden kann (Beck 1996, 92ff.). Die subjektive Sichtweise ist als Resultat (inter-)individueller Bewusstseinsschöpfung nie ein isomorphes Abbild der sozialen Realität, aber stets das tragende Fundament intentionsgeleiteter Handlungen (Sembill 1999; Sembill & Seifried 2009). Damit postuliert das Rahmenmodell eine *produktive Realitätsaneignung, -verarbeitung, -bewältigung und -veränderung* (Hurrelmann 2001, 63) durch ein Individuum, „das sich einerseits suchend und sondierend, andererseits konstruktiv eingreifend und gestaltend mit der Umwelt beschäftigt, Umweltgegebenheiten aufnimmt und mit den vorhandenen Vorstellungen und Kräften in Einklang bringt und um eine Abstimmung zwischen den Umweltanforderungen und den eigenen Bedürfnissen, Interessen und Fähigkeiten bemüht ist" (ebd., 64; s. auch Veith 2004, 366ff.).

Mit Blick auf den inneren Kreis der Abbildung entsteht die individuelle Interpretation und Ausgestaltung des Leitungsamtes folglich *an den Nahtstellen von persönlichen Entwürfen und fremddefinierten Vorgaben bzw. Erfordernissen,* die in einem kreativen Balanceakt austariert werden müssen (z.B. Füssel 1998; Wittmann 2003, 366; Horster 2006b; Languth 2006, 180ff.; Laske et al. 2006, 115f.; Scheunpflug 2008, 57). Hier entscheidet sich,

- in welchem Umfang die einer Position zugeschriebene Verantwortung vom jeweiligen Positionsinhaber auch übernommen wird;

---

1 Der bewussten Kontrolle weitgehend entzogen, aber in ihrem Wirkungsradius nicht zu unterschätzen, sind schließlich solche Diffusions- und Institutionalisierungsprozesse, die durch deviante Berufspraktiken einzelner Akteure angestoßen werden und sich in *mimetischen Isomorphien* fortsetzen (DiMaggio & Powell 1991, 69f.; Tolbert & Zucker 1996, 182ff.; Schaefers 2002, 848f.). Dies ist z.B. dann der Fall, wenn zunächst proprietäre Insellösungen der Schulentwicklung als neue Best Practices reüssieren, von zahlreichen anderen Schulen imitiert werden und allmählich als selbstverständliche Ordnungs- und Gestaltungsregeln in den kollektiven Sichtweisen von Akteursgruppen sedimentieren.

- in welchen Bereichen sich die Leitungskraft mit dem präskriptiven Tätigkeitsprofil ihrer beruflichen Rolle identifiziert, dieses ablehnt oder zu modifizieren versucht;
- inwieweit vorgeschriebene Aufgabeninhalte und kontextuelle Handlungserfordernisse auf eine korrespondierende Bereitschaft und Befähigung des Individuums treffen;
- ob die im Spiegel wissenschaftlicher Beschreibungskategorien objektivierbaren Anforderungs- und Belastungsmerkmale des Arbeitsplatzes von der Leitungsperson subjektiv als anregend, über- oder unterfordernd bewertet werden und in welcher Weise die erlebten Anforderungen und Belastungen individuell bewältigt werden.

Vor diesem Hintergrund lautet eine zentrale Prämisse der Arbeit, dass die Berufsgruppe der Schulleiter keinen monolithischen Block darstellt. Anstelle simpler Reproduktionsmodi institutioneller Gestaltungsvorgaben dürfte ein interorganisationales und interindividuelles Variationsspektrum der Realisierung beruflicher Aufgaben vorzufinden sein. Das berufliche Selbstverständnis der Akteure, welches sich erwartungsgemäß in solchen Realisationsvarianten Bahn bricht, wird nun als bewusstseinsfähiger Teil der beruflichen Identitätskonstruktion betrachtet und von der beruflichen Rolle abgegrenzt.

3 Rollenanforderungen, Identitätskonstruktionen und berufliches Selbstverständnis

Wenn sich schulisches Leitungshandeln an den Kollisionspunkten von persönlichen Entwürfen und fremddefinierten Erfordernissen entfaltet, sollte auch das theoretische Konzept des beruflichen Selbstverständnisses diesen Balanceakt widerspiegeln. Nachdem im vorangegangenen Kapitel wesentliche Einflussfaktoren auf das Leitungshandeln systematisiert wurden, wird daher nun die in den inneren Kreis des Rahmenmodells (Abb. 2.2) platzierte *individuelle Interpretation und Ausgestaltung des Amtes* als schöpferische *Identitätsleistung* der einzelnen Leitungskraft konkretisiert, ohne die eine Zusammenarbeit komplementärer Rollenträger unmöglich wäre (z.B. Krappmann 1969/2005, 55).

Dem „entmutigend komplexen" Themenfeld (Greve 2000, 18) wird dadurch begegnet, dass die Ausführungen primär darauf abstellen, Identität im Allgemeinen und berufliche Identität im Besonderen als ein *individuell konstruiertes, aber sozial vermitteltes* Phänomen zu begründen (z.B. Haußer 1995, 38ff.; Hannover 2000, 228ff.; Abels 2001, 227f.; Hurrelmann 2001, 70ff.; Harböck 2006, 45; Leipold & Greve 2008). In integrativer Absicht werden dabei in den Abschnitten 3.1 und 3.2 sowohl soziologische Rollen- und Identitätskonzepte als auch psychologische Identitäts- bzw. Selbsttheorien dargestellt. Auf dieser Grundlage wird im Abschnitt 3.3 die Identitätsarbeit als *Bewältigungsstrategie* kontextgebundener Handlungsaufgaben erörtert. Ferner werden Aussagen zum beruflichen Selbstverständnis als Möglichkeit der *indirekten* Erfassung von Identitätsentwürfen begründet und als Gegenstand der eigenen Untersuchung im weitläufigen Forschungsgebiet *subjektiver berufsbezogener Sichtweisen* verortet. Im Anschluss an eine Eingrenzung der für die Studie relevanten Analysekategorien und -ebenen greift Abschnitt 3.4 die vielschichtige Problematik der *Effektivitätsbeurteilung* alternativer Bewältigungsformen auf.

3.1 Struktur-funktionalistische und symbol-interaktionistische Rollenansätze

Die soziologische Rollentheorie zerfällt in viele unterschiedliche Strömungen (zsf. Joas 1998; Abels 2001, 81ff.; Miebach 2006, 24ff. i.V.m. 39ff.). Für die verstehende

Rekonstruktion der beruflichen Denk- und Handlungsmuster schulischer Leitungspersonen können dabei vor allem zwei dualistische Auffassungen aufschlussreich sein: Der einem *normativen Paradigma* verpflichtete *struktur-funktionalistische Rollenansatz* war über lange Zeit nicht nur der in den Wirtschaftswissenschaften präferierte Zugang, um Führungsrollen in Unternehmen zu charakterisieren (Wiswede 1995, 828; Neuberger 2002, 313ff.), sondern lieferte auch bis in die 1980er Jahre wesentliche Impulse für die erziehungswissenschaftliche Diskussion zum Lehrerberuf, indem bspw. berufstypische Rollenkonflikte aufgearbeitet wurden (Kickhöfer 1981, 20ff.). Während jedoch in der zeitgenössischen Führungsforschung von *symbolinteraktionistischen Ansätzen* inspirierte Konzepte einer Führungsidentität entwickelt wurden (zsf. Steinmann & Schreyögg 2005, 694ff.; Lührmann 2006), wurde das hiermit verbundene *interpretative Paradigma* des Rollenhandelns in der schulpädagogischen Literatur kaum rezipiert (Terhart 1995, 227f.).

3.1.1 Rollenkonformität als Maxime des struktur-funktionalistischen Ansatzes

Die im alltäglichen Sprachgebrauch weit verbreitete Auffassung von Rollen als den interdependenten Basiselementen sozialer Strukturen gründet in den Werken von Parsons (1951/1975; 1968), Merton (1973) und Dahrendorf (1974). Jene umschließt als gedankliche Klammer die Vorstellung vom Menschen als einem Gesellschaftsmitglied, das in den Beziehungen zu seinen Mitmenschen, d.h. *im Netzwerk sozialer Positionen*, primär als austauschbarer Rollenträger auftaucht (Kickhöfer 1981, 117ff.; Haug 1994, 30ff.; Münch 2002b, 353ff.; Miebach 2006, 39ff.; Schmied 2007, 73ff.). Mit der positionellen Verortung des Menschen innerhalb einer differenzierten Sozialstruktur geht eine normative Regulierung seiner Aktivitäten einher, weil für jede seiner Positionen ein Bezugssystem verhaltensbezogener Forderungen und Bewertungen durch die Umwelt existiert. Folgerichtig ist die gesellschaftliche Struktur qua auferlegter Rollenschablonen (des Bürgers, Beamten, Vorgesetzten, Ehemanns etc.) im Handeln ihrer Mitglieder allgegenwärtig.

Für Parsons (1968, 32ff.) besitzt die positionsgebundene Verhaltensregulierung eine zentrale Bedeutung für das soziale Gefüge, weil Letzteres durch eine erwartungskonforme Exekution der Rollenvorgaben stabilisiert wird. Das handelnde Individuum ist dabei nur in dem Maße relevant, in welchem es diese Erwartungen verinnerlicht hat. Deshalb stellt die konformistische Eingliederung des einzelnen Menschen mit seinen Motiv-Bedürfnis-Lagen in bestehende Rollenstrukturen ein funktionales Grunderfordernis und mithin eine Bestandsgarantie des Systems dar

(Abels 2001, 85ff.): Nach Abschluss einer frühkindlichen Sozialisationsphase gelten in diesem Ansatz gesellschaftliche Normen und individuelle Motive als deckungsgleich und der Persönlichkeitsstruktur irreversibel eingeprägt. Die Ausführung der übernommenen Rolle basiert somit auf *bewusst- und distanzlos internalisierten* und im Verhalten *automatisch reproduzierten* Ordnungsprinzipien der Gemeinschaft.

So problemlos das Zusammenspiel von sozialen Verhältnissen und individuellem Verhalten bei Parsons erscheint, so konfliktgeladen und feindselig präsentiert es sich in den Ausführungen von Dahrendorf (1974, 20, Kursivdruck i. O.):

„Am Schnittpunkt des Einzelnen und der Gesellschaft steht *homo sociologicus*, der Mensch als Träger sozial vorgeformter Rollen. Der Einzelne *ist* seine sozialen Rollen, aber diese Rollen *sind* ihrerseits die ärgerliche Tatsache der Gesellschaft".

Als ärgerlich und doch unausweichlich erweist sich nach Dahrendorf (1974) insbesondere der Umstand, dass das Individuum den ihm oktroyierten Rollenzumutungen nicht entkommen kann, denn von anderen Positionsinhabern wird konsequent normabweichendes Verhalten bestraft und normkonformes Verhalten belohnt (ebd., 35ff.). Damit entfremdet der Zwang zum Rollenhandeln das Individuum von sich selbst. Seine Eingliederung in das soziale Netzwerk ist ein Prozess der Entpersönlichung, in welchem die sanktionsbewehrte Durchsetzung und Kontrolle sozialer Regeln die Individualität des Menschen aushebelt. Individuelle Entfaltung deutet sich vielmehr nur vage außerhalb des auferlegten Rollenkorsetts an und erfordert den radikalen Abbruch von Rollenbeziehungen (ebd., 27).

Kleinere Handlungsspielräume erwachsen lediglich aus den graduell abgestuften Verbindlichkeitsgraden von Rollenspezifikationen (z.B. Gesetze, Sitten, Usancen) und einer unterschiedlichen Schärfe der bei Zuwiderhandlung verhängten Sanktionen (z.B. gerichtliche Bestrafung, sozialer Ausschluss, Antipathie) (ebd., 37ff.). Angesichts dieses Verbindlichkeitsgefälles können sämtliche Rollen als Soll-, Muss- und Kann-Erwartungen katalogisiert werden, um hieraus Verhaltensprognosen abzuleiten. Die diffuse Gesellschaft wird bei einer solchen Analyse in ein System konkreter Bezugsgruppen des einzelnen Positionsinhabers übersetzt (s. auch Haug 1994, 34f.; Abels 2001, 108f.; Schimank 2002, 47ff.; Schmied 2007, 75).

In Kapitel 2 wurde ausgeführt, dass schulisches Leitungshandeln *aus dem Blickwinkel strukturzentrierter Handlungsmodelle* im Rahmen und Auftrag einer bestimmten sozialen Ordnung (hier: dem Bildungswesen) erfolgt und damit einer *Anwendung* der hier gültigen Regeln entspricht, um übergeordnete Systemziele zu realisieren. Das struktur-funktionalistische Rollenkonzept lässt sich als Spezialisierung eines

Fundamentaltheorems jener Handlungsmodelle begreifen (Miebach 2006, 43), demgemäß individuelles Handeln von institutionalisierten Mustern präformiert und auf Normerfüllung programmiert wird (s. hierzu auch Heidenreich 1998, 229f.; Weyer 2000, 238f.). Dabei ist es nachrangig, ob die Leitungskraft institutionalisierte Rollenmuster deshalb vollzieht, weil sie jene als automatisierte Verhaltensskripte internalisiert hat oder weil sie Belohnungen und Bestrafungen antizipiert, die auf regelkonformes bzw. -widriges Verhalten folgen. In beiden Fällen bündelt ihre soziale Rolle die Gesamtheit strukturell verfestigter Erwartungen, die in Form schematisierter Verhaltensanweisungen und normativer Verhaltensanforderungen von verschiedenen Bezugsgruppen an jeden Inhaber dieser Position adressiert werden und zu befolgen sind (Dahrendorf 1974, 35; s. auch Joas 1998, 146; Münch 2002b, 353f.). Mit dem struktur-funktionalistischen Rollenkonzept korrespondiert deshalb ein unidirektionales Kommunikationsmodell, welches den Rollenträger als passiven Empfänger in das Zentrum vielfältiger Rollenvorgaben stellt (Wiendieck & Pütz 2000, 425; Neuberger 2002, 318ff.).

Der Verpflichtungsgehalt fremddefinierter Verhaltenserwartungen wird in der schulpädagogischen Literatur gegenwärtig in Form des *Anspruchsgruppenkonzepts* aufgegriffen, welches die Einzelschule und ihre Leitung im Kristallationspunkt unterschiedlicher Interessen von Bezugsgruppen, die von der pädagogischen Arbeit mittelbar oder unmittelbar betroffen sind, lokalisiert (Dubs 2005, 43ff.; Seitz & Capaul 2005, 102ff.; Horster 2006b, 187ff.). Die Notwendigkeit, Erwartungshaltungen von Schulaufsicht, Schulträger und Schulpolitik, von Wirtschaftsverbänden, Arbeitgebern und betrieblichen Kooperationspartnern, von Lehrerverbänden und -kollegien, Eltern und Schülerschaft, von Medien, Wissenschaftsvertretern und anderen Gruppierungen bei der Amtsausübung möglichst umfassend zu berücksichtigen, wird hierbei nicht nur mit einem moralischen Imperativ zur vertrauensvollen Zusammenarbeit begründet oder auf die synergetische Strategie „Betroffene zu Beteiligten zu machen" zurückgeführt. Sie wird auch damit erklärt, dass manche dieser Ansprüche via Rechtssetzung oder sozialem Druck erzwungen werden können, und dass einzelne Interessengruppen dauerhafte oder temporäre Koalitionen eingehen können, um ihre Durchsetzungsstärke zu potenzieren (Schaefers 2002, 844ff.).

Sowohl im Zumutungsansatz externer Rollenerwartungen als auch im Anspruchsgruppenkonzept klingen jedoch mögliche *Erwartungsdiskordanzen* als zumindest partiell desintegrative, destabilisierende Kräfte an. Die simultane Konfrontation eines Positionsinhabers mit *widersprüchlichen* Forderungen seiner Bezugsgruppen wird bereits bei Merton (1973, 321ff.) im Konzept der *Intra-Rollen-Konflikte* aufgegriffen und von Vertretern des normativen Paradigmas der Rollentheorie fortgeführt, wenn auch mit abweichenden Begrifflichkeiten: Während Merton die Menge der mit einer Position verknüpften Verhaltenserwartungen als *multiples Rollen-Set* betrachtet, zerfällt bei nachfolgenden Rollentheoretikern wie Dahrendorf (1974, 33) die *eine* mit der fokalen Position verknüpfte Rolle entsprechend der Anzahl divergenter Vorgaben in verschiedene *Rollensegmente oder -sektoren*[1]. Charakteristisch für den struktur-funktionalistischen Ansatz ist dabei, dass er wiederum auf einer strukturellen Ebene angesiedelte Koordinationsmechanismen vorsieht, die Konflikte verhindern, mildern oder lösen können und so zu einer langfristigen Konsolidierung des Rollenhandelns beitragen (Kickhöfer 1981, 66ff.; Abels 2001, 95; Miebach 2006, 43ff.). Derartige *soziale Linderungsmechanismen* umfassen nach Merton (1973, 325ff.) unter anderem

- die variierende *relative Bedeutsamkeit* von Positionen in der Wahrnehmung unterschiedlicher Bezugsgruppen, in deren Folge Verhaltenserwartungen von verschiedenen Seiten auch mit unterschiedlichem Nachdruck formuliert und in unterschiedlicher Strenge geahndet werden;
- *Machtunterschiede* zwischen den Personen eines Rollen-Sets, die über differente Mittel zur Interessendurchsetzung verfügen;
- legitime Formen der *Abschirmung* des Rollenhandelns gegenüber externer Kontrolle (bspw. unter Berufung auf juristische Institute wie die Verschwiegenheitspflicht des Arztes); auch das schlichte Fehlen von Einblicken in das Rollenhandeln in Zeiträumen, während derer keine Interaktion zwischen Rolleninhaber und Bezugspersonen stattfindet;
- die *Übersehbarkeit*, d.h. Transparenz und Erkennbarkeit widersprüchlicher Forderungen durch die Mitglieder des Rollen-Sets, denen hieraus die Aufgabe eines Interessenausgleichs erwächst.

---

1 Auf dieser Basis wurden umfängliche Typologien von Rollenkonflikten erarbeitet. Sie berücksichtigen auch mannigfaltige andere Konfliktpotenziale wie bspw. widersprüchliche Vorgaben innerhalb einer einzelnen Bezugsgruppe (Intra-Sender-Konflikte) oder zwischen simultan okkupierten sozialen Positionen (Inter-Rollen-Konflikte) (z.B. Kahn 1978; Neuberger 2002, 321ff.).

3.1.2 Rollenspezifikationen der Schulleitung auf den gesellschaftlichen und einzelschulischen Bezugsebenen

Für die Position der Schulleitung scheint eine strukturelle Entschärfung von Rollenkonflikten durch soziale Linderungsmechanismen wenig aussichtsreich: Ihr wird in bildungspolitischen wie auch in wissenschaftlichen Diskussionen *einmütig* eine *hohe Bedeutsamkeit* eingeräumt (s. Kap. 1). Entsprechend vielgestaltig sind die präskriptiven Vorgaben zur Erfüllung ihres beruflichen Auftrags. Allein die Sichtung von Gesetzestexten und Dienstvorschriften (Hasenbank 2001, 167ff.; Szewczyk 2005, 190ff.) sowie von Berufsstandards bzw. Anforderungsprofilen, die Bildungsadministration und Wissenschaft definieren (Strittmatter 2002, 60ff.; Seitz & Capaul 2005, 76ff.; Buchen 2006, 26ff.; Huber & Schneider 2007), offeriert ein *kaum überschaubares* Potpourri an idealtypischen Verantwortungszuweisungen und Aufgabenbeschreibungen. Verdichtet zu einer groben Systematisierung finden sich hier

- Leitbilder als übergeordnete *Zielkategorien des Berufes* sowie daran geknüpfte zentrale Zuständigkeitsbereiche und generische Aufgabenfelder,
- Katalogisierungen *geforderter Kompetenzen des Positionsinhabers*, die sowohl fachspezifische Kenntnisse und Fähigkeiten als auch erwünschte Werthaltungen und Einstellungen beinhalten;
- Beschreibungen des *konkreten Tätigkeitsspektrums* und der hiermit assoziierten Einzelaktivitäten, Maßnahmen und Instrumente.

Rollenerwartungen als externe Verhaltensanforderungen werden aber nicht nur von schulrechtlichen, bürokratischen oder wissenschaftlichen Bezugssystemen, sondern auch von Mitgliedern der geleiteten Schule an die Leitung herangetragen. Sie entspringen also sowohl dem institutionellen Rahmen als auch dem unmittelbaren sozialen Interaktionsraum (s. auch Horster 2006b, 187ff.; Beck 1996, 94f.), wodurch die Rollenausübung *selten abgeschirmt* und stattdessen in hohem Maße *exponiert* stattfindet. In Abschnitt 2.3.2 wurden bereits die informellen Erwartungshaltungen von Lehrkräften skizziert.

Um nun *basale Rollensegmente* der Schulleitung zu operationalisieren, wurden in der vorliegenden Arbeit verschiedene Differenzierungsversuche *generischer Kategorien des Leitungshandelns* gesichtet (Schratz 1998, 164ff.; Falkenhorst et al. 2005, 14ff.; Dubs 2008, 13; Feldhoff et al. 2008, 151f.). Auf diese Weise konnten drei distinkte Rollensektoren herauspräpariert werden, die mit erheblichen Erwartungsdissonan-

3.1 Struktur-funktionalistische und symbol-interaktionistische Rollenansätze 65

zen gegenüber der Leitungsposition behaftet sind und im operativen Vollzug mit je spezifischen Tätigkeitsschwerpunkten assoziiert sein dürften. Abbildung 3.1 stellt die Merkmale dieser Sektoren in einer vergleichenden Übersicht mit vertiefenden Quellenhinweisen zusammen [1].

Rollensegmente der Schulleitung		
Behördenvorstand und (Dienst-)Vorgesetzter	**Pädagogische Führungskraft**	**Unterrichtendes Kollegiumsmitglied**
Rollensegment des befolgungspflichtigen Staatspersonals, das politische Vorgaben umsetzen, für die Einhaltung geltender Vorschriften sorgen und einen reibungslosen Ablauf des Tagesgeschäfts sicherstellen muss *Auftrag:* *Exekution von Verwaltungsakten ohne unmittelbaren Bezug zu pädagogischen Inhalten*	Rollensegment des visionären, transformationalen Leaders mit geschäftspolitischen Freiheiten und Rechenschaftspflichten *Auftrag:* *Definition von Entwicklungszielen; beständige Qualitätsverbesserung der Bildungsprozesse; systematische Förderung der Lern- und Schulkultur; Beratung, Motivation, Unterstützung*	Rollensegment des praktizierenden Pädagogen und Primus Inter Pares mit schwacher, durch schulinterne Willensbildungsprozesse ausgehebelter Machtbasis *Auftrag:* *Unterrichtserteilung sowie konsultativ-kooperativer Umgang mit den Mitgliedern der pädagogischen Profession*
vgl. Art 57 II und III BayEUG; §§ 24 und 27 LDO; Schratz 1998, 160; Wirries 1998, 68f.; Hasenbank 2001, 176ff.; Margies 2002, 83ff.; Bayer 2007, 402ff.; Bott 2007, 408ff.	vgl. Schratz 1998, 173ff.; Hasenbank 2001, 152; Krainz-Dürr 2003a, 77ff.; Stiepelmann 2003, 137ff.; Wissinger 2003, 301ff.; Rosenbusch 2005, 91ff.; Scewczyk 2005, 197ff.; Dubs 2006, 125ff.; Bayer 2007, 401f.; Wagner 2007, 351ff.	vgl. Art. 57 I BayEUG; Vogelsang 1989, 35ff.; Schratz 1998, 161ff.; Wirries 1998, 65ff.; Wissinger & Höher 1998, 202; Becker & Buchen 2001, 34ff.; Hasenbank 2001, 178ff.; Werle 2001, 75ff.; Rosenbusch 2002b, 25ff.

Abbildung 3.1: Die generischen Rollensegmente der Schulleitung im Überblick (eigene Darstellung)

Da sich die Aufgaben der Schulleitung im Verhältnis zur staatlichen und kommunalen Aufsicht einerseits und zu den Schulmitgliedern andererseits konstituieren (Wissinger 2002, 46; Wagner & van Buer 2010, 5f.), gestaltet sich ihre *positionelle Verortung* äußerst schwierig. Dies illustriert auch eine von Altrichter und Heinrich

---
[1] Eine alternative Systematisierung, die auf Basis von Organisationstheorien und der (Schul-)Innovationsforschung gewonnen wurde, findet sich bei Klieber und Sloane (2010, 182ff.).

(2007, 59ff.) vorgenommene Klassifikation von Akteursgruppen im Bildungswesen: Die Autoren bestimmen die Stellung der Akteure anhand des dominanten Modus der Steuerung und Rechenschaftslegung, dem sie jeweils unterliegen. Dabei unterscheiden sie eine Steuerung und Kontrolle durch *staatliche Instanzen* (z.B. externe Leistungsmessung), die *pädagogische Profession* (z.B. Selbstevaluation) sowie die *Klienten* (z.B. Partizipation und Wahlmöglichkeiten). Die Einordnung schulischer Leitungspersonen in dieses Raster gelingt jedoch nur bedingt, denn „je nachdem, wie sie ihre Funktion anlegen, können sie (...) als Agenten des Staats-, Professions- oder Klienteneinflusses gesehen werden" (ebd., 61), d.h. als bürokratische Vorgesetzte, als kollegiale Koordinatoren oder als kundenorientierte Manager (ebd. 60).

3.1.3 Rollenverhandeln in symbol-interaktionistischen Ansätzen

Die bei Altrichter und Heinrich (2007) anklingende Variabilität der subjektiven *Funktionsauslegung der Rollenträger* verweist auf die Grenzen des struktur-funktionalistischen Rollenkonzepts. Dort wird nämlich ein Determinationsverhältnis zwischen sozialen Zuweisungen und individuellem Verhalten unterstellt. In empirischen Studien erweisen sich jedoch die hiermit verknüpften Annahmen konsentierter sozialer Normen, exakter Rollenspezifikationen und deren Reproduktion durch ein rezeptiv-konformistisches Verhalten als nicht haltbar (zsf. Krappmann 1969/ 2005, 97ff.; Kickhöfer 1981, 105ff.; Schimank 2002, 50ff.).

Wie aber kann das Individuum als der in Kapitel 2 beschriebene produktive Realitätsverarbeiter (Hurrelmann 2001) theoretisch in das Rollen-Set integriert werden? Hierzu muss sich die Aufmerksamkeit von der gesellschaftlichen Rollenspezifikation auf das *situierte Rollenhandeln* verlagern. Letzteres ist in eine *kommunikative* Beziehung zwischen den Rollenträgern einzubetten und hat nicht nur kontextuelle Varianzen, sondern auch das subjektive Denken, Werten und Fühlen der Beteiligten zu vergegenwärtigen (Mead 1975; Joas 1998, 146ff.; Hurrelmann 2001, 48ff.):

> „Es bedarf je nach Vorstrukturierung der Situation einer Leistung jedes an der Interaktion Beteiligten, um zu ermitteln und herauszustellen, welche Erwartungen überhaupt bestehen, worauf sie sich beziehen, wie sie zu verstehen sind und welche als vorrangig betrachtet werden (...). In vielen Fällen bedarf die Identifikation und Rekonstruktion der Rolle (...) ausgesprochener Anstrengung des Individuums, weil es sehr heterogene Elemente aus der Interaktionssituation und eine komplexe eigene Bedürfnisstruktur aufeinander abzustimmen hat" (Krappmann 2005, 117f.).

3.1 Struktur-funktionalistische und symbol-interaktionistische Rollenansätze

Dieser dialogische Blickwinkel wurde durch die Arbeiten Meads (1975) eingeläutet und in symbol-interaktionistischen Strömungen der Rollentheorie konsequent verfeinert (zsf. Hurrelmann 2001, 48ff.; Miebach 2006, 52ff.). Er ist von der Erkenntnis getragen, dass zwischenmenschliche Kommunikation in weiten Teilen auf dem intentionalen Einsatz *signifikanter Symbole* basiert, die von Sender und Empfänger mit zumindest ähnlicher Bedeutung belegt werden (Blumer 1969; Mead 1975, 177ff.; Joas 1998, 138ff.; Münch 2002a, 259ff. und 2002a, 274ff.). Ausgestattet mit reflexiven Fähigkeiten ist das Individuum imstande, potenzielle Reaktionen auf derartige Symbole zu antizipieren. Es vermag es auch den Verlauf der Interaktion zu beeinflussen, indem es eigene sprachliche und aktionale Gesten bewusst so einsetzt, dass hierdurch bestimmte Reaktionen herausgefordert werden, an die es in weiteren Interaktionssequenzen anknüpfen kann.

Für Mead (1975, 236ff.) bildet die Fähigkeit zur *Rollenübernahme (Role Taking)* in der Denotation einer *gedanklichen Vorwegnahme der situationsspezifischen Verhaltenserwartung eines generalisierten Anderen* nicht nur die Voraussetzung für eine praktische Verständigung innerhalb der Gemeinschaft, sondern auch die organische Basis der Identitätsentwicklung der einzelnen Akteure[1]. Das „Self", wie es Mead bezeichnet, entsteht und reorganisiert sich in einem fortwährenden Kreislauf situierter Interaktionen, in denen sich eine Person in reflexiven Prozessen selber zum symbolisierten Objekt macht, sich mit den Augen ihres Gegenübers sieht und aus den ver-

---

1 Deshalb unterscheidet Mead zwischen dem „I" als der Quelle spontaner Impulse und aktualisierter Bedürfnisse und dem „Me" als internaler Repräsentation von in vorangegangenen Interaktionen erfahrenen sozialen Verhaltenserwartungen. Letztere fungieren als Bewertungsinstanz der Handlungsimpulse des „I". Angesichts von heterogenen Erwartungshaltungen verschiedener Interaktionspartner kann sich die Person in einer konkreten Handlungssituation verschiedenartiger, konfliktärer „me's" bewusst werden. Um trotzdem handlungsfähig zu sein, muss sie eine Entscheidung treffen, die es ihr ermöglicht, soziale Normierungen zu beachten (wozu sie moralisch verpflichtet ist), und sich zugleich aus dem Dilemma zu befreien, nicht alle Rollenvorschriften der „me's" simultan erfüllen zu können. Diese Entscheidung übernimmt das „Self" als Schaltzentrale der reflexiven Handlungsregulation und Ort der Selbstwahrnehmung, indem es in einem der Aktion vorgeschalteten Reflexionsprozess aus der Gesamtheit der in der bisherigen Biografie übernommenen Rollenerwartungen *eine* bestimmte Erwartungshaltung selektiert. Dieses eine, bewusst gewählte „Me" legt das Spektrum der sozial reglementierten Handlungsmöglichkeiten der Person in der gegebenen Situation fest. Allerdings materialisiert sich das „Me" in konkreten Handlungen wiederum stets unter Beteiligung des „I" mit seinen jeweils aktualisierten Bedürfnissen. Deren Energie konzipiert Mead als derart überschießend, ja triebhaft, dass sie durch die Normvorgaben des „Me" nicht unterdrückt, sondern lediglich kanalisiert werden können. Im sozialen Interaktionsraum wird jede dieser Entäußerungen in spezifischer Weise, z.B. bekräftigend oder ablehnend, beantwortet, wodurch weitere Reflexionsprozesse angestoßen werden. Nach jeder Interaktionssequenz lagern sich solche reflektierten Erfahrungen in einem sich stetig ausdifferenzierenden „Self" ab und fließen in nachfolgende Rollenbeteiligungen ein.

schiedenen *Identitätsangeboten* der Umwelt eine Wahl trifft (s. auch Habermas 1996, 234; Abels 2001, 198ff.; Miebach 2006, 57ff.). Trotz seiner reflexiven Anteile ist dieses „Self" nicht das Destillat kontemplativer Selbstversenkung, sondern das Resultat einer *aktiven Synthetisierung divergierender Fremderwartungen* in vergangenen und gegenwärtigen Interaktionsbeteiligungen, die als sozial akzeptierte Handlungsoptionen mental repräsentiert sind und jeweils spontan und bedürfnisorientiert realisiert werden . Das „Self" formiert und erweitert sich somit ausschließlich in der Konfrontation mit problematischen Situationen, in denen seine partielle Desintegration aufgrund konfligierender normativer Anforderungen bewusst wahrgenommen und zugelassen wird, um anschließend durch eine aktive Selektion von Handlungsoptionen überwunden zu werden. Auf diese Weise erreicht das „Self" immer höhere Entwicklungsstufen, da es über zunehmend flexiblere und differenzierte Aktionsvarianten verfügt, um den Forderungen seiner sozialen Umgebung zu begegnen.

In diesem Ansatz werden erste Konturen eines *produktiven Realitätsverarbeiters* bereits deutlich sichtbar, auch wenn sich dessen schöpferische Beiträge im sozialen Austausch noch weitgehend auf ein beständiges, erfahrungsbasiertes „Feintuning der Rollenansammlungen im 'Self'" (Miebach 2006, 63) beschränken: Die *Soziogenese* der Identität wird bei Mead vornehmlich als eine „auf die Verständigung mit stufenweise immer mehr Partnern hin offene und flexible Selbstbewertung und Handlungsorientierung" modelliert (Joas 1998, 139; auch Kickhöfer 1981, 164ff.; Arnold 1983, 895; Miebach 2006, 61f.).

Tenbruck (1961, 9ff.) betont dagegen, dass in den meisten sozialen Beziehung Rollenerwartungen und Rollenhandeln *komplementär* angeordnet sind: Während sich der Rollenträger an den Vorgaben seiner Bezugsgruppen orientiert, bauen sich deren Ansprüche erst durch Beobachtungen des konkreten Verhaltens des Rollenträgers auf. In der Zusammenarbeit unterschiedlicher Positionsinhaber kommt zudem die *Verschränkung ihrer Rollen* zum Tragen. Dementsprechend lassen sich die spezifischen Attribute und Verhaltensregeln der fokalen Rolle (z.B. des Schulleiters) nur sinnvoll in der Beziehung und Abgrenzung zu einer bestimmten Komplementärrolle in der konkreten Handlungssituation (z.B. des Schulaufsichtsbeamten oder aber des Schülers) definieren.

Diese Argumentationsfigur durchdringt auch die Arbeiten von Turner (1956; 1962/2005). Er begreift die Rolleninteraktion als einen *tentativen* Prozess des *Role Making*, d.h. als „aktive Selbstdefinition sozialer Beziehungen durch die wechselseitige Abarbeitung der aneinander gerichteten Ansprüche und Erwartungen" (Joas 1998, 143). Hierdurch werden komplementäre *Ego- und Alter-Rollen* kontinuierlich modifiziert und sogar neu geschaffen. In diesem Prozess stellt bereits die reflexive Antizipation von Erwartungen des Gegenübers – das *Role Taking* bei Mead – einen kreativen Vorgang dar: Die Rolle von Alter ist nicht einfach gegeben, sondern wird als internale Rekonstruktion einer fremden Situationsdeutung *erschlossen* (Turner 1962/2005, 86ff.), indem bspw. vergangenes Verhalten des Anderen extrapoliert und unter Berücksichtigung zusätzlicher Merkmale der Begegnung ausgedeutet wird, oder indem bei ambivalenter Informationslage eigene Vorstellungen eines situativ angemessenen Rollenhandelns auf den Partner projiziert werden (s. hierzu auch Sedikides et al. 2006, 67). Ob die Erwartungen von *Alter* dabei sachlich korrekt und vollständig rekonstruiert werden, ist für die Antwort von *Ego* nebensächlich. Um eine Richtschnur für sein Handeln zu gewinnen, ist es stattdessen entscheidend, welche *innere Haltung* er gegenüber den erahnten bzw. unterstellten Fremderwartungen einnimmt *(Role Standpoint)* (Turner 1956, 319ff.; ähnlich auch Habermas 1996, 234ff.). *Ego* kann die Rollenvorgabe von *Alter* demnach

- als berechtigt akzeptieren und sich rezeptiv an ihr ausrichten *(identifikatorischer Standpunkt)*;
- aus der Warte einer personifizierten dritten Partei oder eines abstrakten, subjektiv handlungsleitenden Wertes beurteilen *(moralischer Standpunkt)*;
- als instrumentellen Beitrag zur Bewerkstelligung individueller oder gemeinsamer Aufgaben betrachten *(strategischer Standpunkt)*.

Im Interaktionsverlauf werden die wechselseitig angetragenen Rollenentwürfe als symbolisierte *Handlungsbereitschaften* von den Beteiligten einer einzigartigen situativen Akteurkonstellation aus verbalen und nonverbalen Gesten dechiffriert, revidiert und unter der Voraussetzung hinreichender Konvergenz periodisch als gültig vereinbart – solange sie nämlich viable und beiderseitig annehmbare Regeln des Austauschs bereitstellen (Turner 1962/2005, 90ff.). Dabei reduzieren zwar *formalisierte Standards* der Berufsausübung als externes Validierungskriterium von Rollenentwürfen bestehende Explorationserfordernisse und Improvisationsfreiräume deutlich, indem sie den Strukturierungsgrad der gegenwärtigen Interaktionssituation erhöhen. Logische Brüche und inhaltliche Lücken innerhalb solcher präskriptiven Rollenspezifikationen sowie die vielfältige Phänomenologie informeller Hierarchien, Abstimmungswege und „grauer Maßnahmen" in den Grenzbereichen gesetzlich-administrativer Regulierung offenbaren jedoch deren limitierte Koordinationswirkung (z.B. Büchter & Gramlinger 2002, 8). An ihrer Stelle greift Turner

(1962/2005, 88) zufolge bei der Organisation komplementären Rollenhandelns das *Formalprinzip der Konsistenz*. Diese allen inhaltlichen Referenzpunkten übergeordnete Verhaltensregel begründet er damit, dass jede Interaktion ein Mindestmaß an Vorhersehbarkeit und Verlässlichkeit voraussetzt – Kriterien also, die den psychologischen Grundbedürfnissen der beteiligten Individuen entsprechen (s. auch Schlenker 1980, 232f.; Abschnitt 2.4.3). Unter dieser impliziten Zielstellung gruppieren die Interaktionspartner in einem *Gestalt gebenden Prozess* singuläre, verstreute Gesten zu bedeutungstragenden, stimmigen Mustern, welche sie dann als Rollenattribute einem Akteur in einer bestimmten Stellung zuschreiben (Turner 1962/2005, 89).

Die wirtschaftswissenschaftliche Leader-Member-Exchange-Forschung hat diesen dialektischen Prozess der Rollengenese als *Aushandlungsprozess* zwischen Vorgesetztem und Mitarbeiter empirisch untermauert (z.B. Graen 1976; zsf. Steinmann & Schreyögg 2005, 694ff.). Die hierzu durchgeführten Studien legen nahe, dass jener Aushandlungsprozess meist in drei Episoden verläuft:

1. *Rollenübernahme (Role Taking):* In der *Stranger-Phase* der erstmaligen Begegnung nähern sich die Beteiligten einander auf der Basis sozialer Typisierungen und der in Stellenbeschreibungen und Anforderungsprofilen fixierten Normierungen ihrer Positionen an.
2. *Rollendefinition (Role Making):* Angestoßen von der Führungskraft, welche die Leistungsbereitschaft des Mitarbeiters eruieren möchte, treten beide in eine *Phase der Verhandlung* über die Merkmale ihrer Rollen und die Qualität ihrer Beziehung ein. Im iterativen Prozess des Anbietens, Akzeptierens und Zurückweisens von Rollenentwürfen einigen sich die Beteiligten nicht nur auf ihre jeweiligen funktionalen Arbeitsbeiträge, sondern auch auf ein Reziprozitätsniveau der gewährten bzw. vorenthaltenen Befriedigung bestehender Motiv-Bedürfnis-Lagen. Dieses kalibriert sich vorrangig in den Dimensionen von emotionaler Bindung, Loyalität und Respekt.
3. *Rollenroutinisierung (Role Routinization):* Das Aushandlungsergebnis wird als informeller Arbeitskonsens für den weiteren Verlauf des komplementären Rollenhandelns festgeschrieben. Die in dieser *Konsolidierungsphase* angesiedelten Rollenepisoden verlaufen weitgehend friktionslos, weil die jeweils kommunizierten Rollenentwürfe unwidersprochen bleiben und die signalisierten Handlungsbereitschaften der Interaktionspartner übereinstimmen. Mit konkludenten Gesten signalisieren sie quasi ein stillschweigendes Einwilligen in den Rollenvertrag und bestätigen ihn hierdurch.

Anschlussfähig an diese Modellierung untersucht die Arbeitsbelastungsforschung Symptome der *Inneren Kündigung* als Antwort auf wahrgenommene Brüche des *psychologischen Arbeitsvertrags* (z.B. Hilb 1992, 5ff.; Echterhoff et al. 1997, 33). Eine weitere Konsequenz subjektiv empfundener „Störungen des reziproken Gleichgewichtes der gegenseitigen informellen Verpflichtungen" (Jehle & Schmitz, 161) stellt das Beanspruchungsmuster der *Gratifikationskrise* dar, welches in Abschnitt 4.2.2.4 erläutert wird.

3.1.4 Verwendung des Rollenbegriffs in der vorliegenden Arbeit

Die Vielfalt und Veränderlichkeit des Rollenhandelns in symbol-interaktionistischen Ansätzen lässt eine Überprüfung des Rollenbegriffs notwendig erscheinen: Ist es theoretisch sinnvoll, das struktur-funktionalistische Axiom der Rollennorm als ubiquitärem, exogenem Zwang (Tenbruck 1961, 3ff.; Dahrendorf 1974), zugunsten einer *radikalen* Fortführung des symbol-interaktionistischen Gedankens aufzugeben, wonach die soziale Rolle eine ausschließlich innerhalb lokaler Akteurkonstellationen gültige und jederzeit disponible Beziehungsdefinition darstellt (zsf. Lührmann 2006, 135ff.)?

Keine der vorgestellten interaktionistischen Mikro-Modellierungen sozialer Aushandlungsprozesse kann auf die Annahmen einer normativen Hintergrundregulierung menschlichen Handelns verzichten, da die *intersubjektive Verständigung und Handlungsabstimmung* auf kollektiv geteilte Symbole und orientierende Bezugssysteme angewiesen ist (Schülein 1989, 487ff.; s. auch Heidenreich 1998, 230ff.; Esser 1999, 590ff. und 245ff.). Positionsgebundene Rollenspezifikationen, wie sie bspw. in normativen Leitbildern und arbeitsvertraglichen Regelungen, aber auch in informellen Deutungsmustern und Arbeitsroutinen transportiert werden, leisten in sozialen Gemeinschaften einen unverzichtbaren Beitrag zur Überwindung der Problematik von *interferierenden Intentionen* (Schimank 2002, 173ff.). Selbst in solchen soziologischen Handlungsmodellen, in denen die gesellschaftliche Determinierung von Verhalten reglementierten Möglichkeitsräumen mit spezifischen Opportunitäten und Restriktionen weicht (z.B. Giddens 1988, 335ff.), wird die Koordinationsleistung normativer Regelungsstrukturen nie gänzlich aufgegeben. Sie schrumpft lediglich zu einem „teils habituellen, teils strategischen Hintergrundwissen" der Akteure (Veith 2004, 366; Schimank 2002, 66f.), welches die Anbahnung und Ausgestaltung sozialer Beziehungen ordnet und so erheblich erleichtert. Der Rückgriff auf legitimierte Rollenmuster erzeugt nämlich eine „berechenbare Formatierung" von Kommunikationsbeiträgen und -sequenzen (Neuberger 2002, 316; s. auch Schülein 1989, 491; Haug 1994, 76ff.) und erfüllt gleichzeitig das anthropologische Grundbedürfnis nach Erwartungssicherheit (Sembill 1999, 153ff.; Schimank 2002, 53f.). Er entlastet die kognitiven Kapazitäten der Akteure, die nicht in jeder Phase ihres Austauschs aufs Neue über die Absichten ihres Gegenübers und adäquate Reaktionsformen räsonieren müssen, sondern auf geteilte Deutungsschemata und Verhaltensskripte zurückgreifen können. Weiterhin rechtfertigt der Verweis auf handlungsleitende Rollenvorgaben (z.B. „kraft meines Amtes") individuelle Entscheidungen und Maßnahmen.

Wenn also die Rolle als analytische Kategorie für die sozialen Referenzen individuellen Handelns beibehalten werden kann, dann muss ihre verhaltensprägende Kraft theoretisch neu bestimmt werden. Sie vermag nämlich nie *eindeutige* Regieanweisungen, sondern lediglich ein grobmaschiges Ordnungsraster vorzugeben (Turner 1962/2005, 87f.; Krappmann 1969/2005, 97ff.; Joas 1998, 143ff.; Schimank 2002, 59ff.; Lührmann 2006, 128ff.). Die zentrale Erkenntnis, die aus den symbol-interaktionistischen Ansätzen gewonnen werden kann, liegt in der *Interpretationsbedürftigkeit* sozialer Rollen (Kickhöfer 1981, 132f.; Joas 1998, 146), denen nur durch den *findigen Akteur* Leben eingehaucht wird (Schimank 2002, 63f.; s. auch Schülein 1989, 491f.). Demnach existiert jede Rolle zunächst als idealisierende und überprägnante Typisierung in den Vorstellungen der Mitglieder einer Gemeinschaft (Neuberger 2002, 316). Erst in der Auslegung und im emittierten Rollenhandeln der Positionsinhaber erhält sie eine erfahrbare und begreifbare Gestalt, die ihrerseits auf den Erwartungsaufbau von Rollenpartnern respektive Bezugsgruppen zurückwirkt. Die an eine Position adressierten Verhaltenserwartungen sind also nirgends irreversibel als vollständige Nomenklatur exakter Verhaltensanweisungen fixiert. Vielmehr handelt es sich um vage, fiktive und abstrakte Konzepte, die in den komplementären Handlungsvollzügen der Positionsinhaber kontinuierlich improvisiert und abgewandelt, bestätigt und zurückgewiesen werden. Der lokal ausgehandelte Arbeitskonsens kann diese stereotypen Rollenattributionen zementieren, aber auch aufweichen (Joas 1998, 146ff.; Abels 2001, 228f.; Schimank 2002, 66ff.). Nur eine extensive institutionelle Reglementierungsdichte und rigide Sanktionierung in Kombination mit einem uneingeschränkt identifikatorischen Rollenstandpunkt durch den Rollenträger würde zu einer simplen Reproduktion institutionalisierter Verhaltenskonventionen führen (Turner 1956, 321; Habermas 1973, 124ff.; s. auch Higgins 1990, 325). Den Regelfall bilden dagegen vielfältige Variationen des allgemeinen Rollen-Themas. Statt also den Rollenbegriff als Bündel sozialer Erwartungen an einen Positionsinhaber zu suspendieren, erscheint es sinnvoller, auftretende Modifikationen im konkreten Rollenhandeln aus einer stärker *sozialpsychologischen* Perspektive als *kreative Identitätsleistung* der Akteure auszuleuchten[1].

3.2 Prozesse und Produkte der Identitätsarbeit

Grundsätzlich kann eine Modellierung von Identität auf *inhaltliche* oder *formale* Elemente abstellen (Keupp 1997, 31; Straub 2000a, 281f.; Nunner-Winkler 2002, 60ff.). Der erste Zugriff fragt nach den *materialen Qualitäten* einer Identität (z.b. Tugendhat 1979, 284f.), d.h. nach inhaltlichen Festlegungen respektive Identifikationen, die in Aussagen wie „Ich bin eine überzeugte Vegetarierin / ein begeisterter Hobby-Koch" zum Ausdruck kommen können. Der zweite Ansatz beleuchtet generalisierbare *Konstruktionsprinzipien* von Identität (z.b. Straub 2000a, 283f.). Er fragt nach Maßstäben und Gesetzmäßigkeiten, mit denen Individuen selbstbezogene Erfahrungen organisieren, nach Ressourcen und Strategien, die dabei eingesetzt werden, sowie nach Problemen, die auftauchen können. In dieser Arbeit wird die Annahme vertreten, dass formale und inhaltliche Identitätsbestimmungen untrennbar aufeinander verwiesen sind (Leipold & Greve 2008, 399). Demzufolge lässt sich die *Identität* bzw. das *Selbst* eines Menschen als *dynamisches System* begreifen, „das einerseits auf die jeweilige Person bezogene Überzeugungs- und Erinnerungsinhalte in hochstrukturierter Form und andererseits die mit diesen Inhalten und Strukturen operierenden Prozesse und Mechanismen umfasst" (Greve 2000, 17; s. auch Markus 1999, 124ff.; Filipp & Mayer 2005, 266ff.)[2]. Um dieses Junktim aufzuschlüsseln, wird einleitend die individuelle Auseinandersetzung mit Rollenstereotypen als unverzichtbare Reibungsfläche und inhaltlich wichtige Basis der Identität charakterisiert. Anschließend wird eruiert, nach welcher formalen Logik eine Person ihre Identität organisiert. Als wichtiges identitätsstiftendes Prinzip soll dabei der „Wille zum Nicht-Müssen" sensu Sembill (1995; 2003) herausgearbeitet werden.

---

1 Eine umfängliche Zusammenschau von Identitätskonzepten in weiteren wissenschaftlichen Disziplinen wie z.b. der Psychoanalyse findet sich bei Neuenschwander (1996, 41ff.).

2 Nach Mummendey (2006, 86) weisen weder die Definitionsmerkmale noch die wissenschaftlichen Analysebereiche der „Identität" respektive des „Selbst" gewichtige Unterschiede auf.

3.2.1 Zur Verwobenheit von Rollenanforderungen und Identität

Die bisher referierten Beiträge des interpretativen Paradigmas ließen bereits den *dialogischen Charakter* des soziologischen Identitätsbegriffs erkennen (s. hierzu Keupp 1997, 20; Abels 2001, 198f.; auch Taylor 1992, 21). Dieser stützt sich auf komplementäre Beiträge in der symbolvermittelten Kommunikation (s. Blumer 1969, 2ff. und 61ff.; Münch 2002a, 259ff.; Renn & Straub 2002). Über das Ausmaß, in dem sich hierbei Individualität entwickeln und artikulieren kann, entscheiden nicht nur institutionell regulierte Explorations- und Interpretationsspielräume der Interaktionssituation (Habermas 1973, 127; Schimank 2002, 55ff.; Miebach 2006, 50ff.), sondern auch die individuellen Fähigkeiten eines Menschen, Erwartungen der Interaktionspartner konstruktiv zu verarbeiten (Tenbruck 1961, 33f.; Habermas 1973, 128f.). Krappmann (1969/2005, 132ff.) hat diese Kompetenzen als *elementare identitätsfördernde Fähigkeiten* des Positionsinhabers systematisiert und dabei die *personale Identität* als eine kreative Leistung beschrieben, die zum Zwecke einer erfolgreichen Teilnahme an Kommunikationsprozessen immer wieder neu zu erbringen ist (s. auch Miebach 2006, 114f.):

1. *Empathie* reicht über die kognitive Leistung eines *Role Taking* im Sinne der analytischen Antizipation oder Rekonstruktion fremder Erwartungen hinaus. Sie umfasst ebenso das affektive Einfühlen in die Motive und Ziele der Anderen, um deren Bedeutung im Interaktionsverlauf zu verstehen und in die eigene Handlungsplanung einzubauen;
2. *Ambiguitätstoleranz* beinhaltet die Bereitschaft und Fähigkeit, sowohl die kognitiven Dissonanzen auszuhalten, die aus der Konfrontation mit diskrepanten Fremderwartungen und konfligierenden Validierungskriterien des Handelns resultieren, als auch die emotionalen Belastungen zu akzeptieren, die mit einer stets unvollständigen Befriedigung eigener Motiv-Bedürfnis-Lagen im komplementären Rollenhandeln einhergehen. Diese Kompetenzen sind notwendig, weil einerseits Erlebensqualitäten wie Selbstbestimmung und Fremdwürdigung nur in der sozialen Interaktion erfahrbar sind und andererseits die Interaktionssituation nie lückenlos und zweifelsfrei reglementiert ist. Folglich umfasst Ambiguitätstoleranz nicht nur ein duldsames Ertragen von Mehrdeutigkeiten, sondern auch ein bejahendes, soziale Ängste reduzierendes Akzeptieren der Tatsache, dass weder fremddefinierte Anforderungen noch eigene Ansprüche jemals *vollständig* erfüllt werden können.

3. *Rollendistanz* bildet als psychisches Pendant der Interpretationsbedürftigkeit sozialer Normen ein Mittel, Rollenbeteiligungen aktiv zu beeinflussen. Aus dissonanten Fremdzumutungen muss ein reflektierter, begründeter und individuell verantworteter Weg gefunden werden, der jene bewertet und gegeneinander abwägt, um zu entscheiden, welchen Erwartungen man in welchem Umfang entsprechen möchte und kann (s. hierzu auch Goffman 1973, 93 ff.). Um Identität zu gewinnen und zu bewahren, muss der Akteur also imstande sein, sich interpretierend und wertend über konkurrierende Rollenanforderungen zu erheben, um selektieren, negieren, akzeptieren und modifizieren zu können. Angesichts der vielfältigen und unvermeidlichen Rollenkonflikte offeriert Rollendistanz eine Strategie, einzelnen Rollen(-segmenten) einen bestimmten Stellenwert innerhalb eines subjektiv wünschenswerten Gesamtbildes einzuräumen. Die (graduelle) Distanzierung von einem Rollensektor gewinnt folglich ihre Bedeutung aus denjenigen Einsätzen, die in den übrigen – jeweils motiv- und situationsangemessen ausgestalteten – Rollensektoren erbracht werden. Somit erweist sich Rollendistanz als die Fähigkeit, verschiedene Rolleninhalte sinnvoll zueinander zu konstellieren.
4. Vermittels seiner *Identitätsdarstellung* externalisiert das Subjekt eigene Ansprüche und Bedürfnisse im Interaktionsgeschehen. Es dokumentiert in seinen Entscheidungen, Aktivitäten und Maßnahmen den eingenommenen Standpunkt gegenüber den Normvorgaben seiner gesellschaftlichen Stellung und bringt sich und seine Vorstellung von sozialen Beziehungen ostentativ zum Ausdruck. Je stärker ein Akteur die Konturen seiner Individualität in der Artikulation eigener Erwartungen sichtbar machen kann, desto besser können sich wiederum Bezugspersonen empathisch in ihn einfühlen, seine Intentionen erschließen und ihre Erwartungen und Handlungen an seinen verbalen und nonverbalen Gesten ausrichten.

Aus diesem Blickwinkel *sind* bereits die individuelle Kommentierung und Konstellierung von Rolleninhalten sowie deren performative Veränderung *integraler Bestandteil der Identitätsarbeit* von Rollenträgern (Lührmann 2006, 135ff.; auch Keupp 1997, 16ff.; Nunner-Winkler 2000, 304; Höfer & Straus 2001, 94ff.; Meuter 2002, 193f.). Für die Formung von Identität bietet die soziale Rolle nämlich *gerade deshalb* entscheidende Anknüpfungspunkte, weil sie keine eindeutige und bruchlos vorgegebene Blaupause für das Entscheiden, Werten und Handeln zur Verfügung stellt. Im Gegenteil erlauben und erfordern es ausgerechnet die Desintegration normativer

Bezugssysteme, die Dissonanz von Forderungen unterschiedlicher Anspruchsgruppen, die Unvollständigkeit formaler Rollenspezifikationen und die Diskrepanz der Absichten und motivationalen Orientierungen von Interaktionspartnern, eine personale Identität auszubilden (Krappmann 1969/2005, 8ff., Habermas 1973, 124ff.; Beck 1994, 45ff.; Straub 2002, 99ff.; Keupp et al. 2006, 16ff.). Hierbei handelt es sich um eine *Selbstbehauptung innerhalb sozialer Ordnungsmuster*, die sowohl die Expression eigener Ansprüche als auch deren praktische Durchsetzung gegenüber externen Zuweisungen beinhaltet (Renn 2002, 239ff.; Renn & Straub 2002, 14ff.; ähnlich auch Schimank 2002, 121ff.; Kessels & Hannover 2004, 404ff.).

Dabei ist der Identitätsentwurf, den das Individuum als einen von Anderen wiederum zu beachtenden Bestandteil in das kommunikative Geschehen einbringt, stets darauf angelegt, solche Situationsdefinitionen und Beziehungsmuster durchzusetzen, die eigenen Intentionen, Leistungs- und Belastungspotenzialen in größtmöglichem Umfang gerecht werden (Deppermann 2005, 229f.). Folglich produzieren sogar restriktive Arbeitsbedingungen keine selbst- und nahtlos angepassten Rollenmarionetten. Stattdessen setzen die betroffenen Stelleninhaber Aktivitäten ein, die der Normabwehr und Identitätsverteidigung dienen (Baethge 1994, 246ff.; Terhart 1996, 462; Wissinger 1996, 69; Heinz 1998, 399; Renn 2002, 250ff.). Dies impliziert eine kritische Haltung gegenüber den ebenso pluralen wie verengenden Zuschreibungen des sozialen Umfeldes, indem inkongruente Normierungen negierend überschritten werden (Krappmann 1969/2005, 133ff.; Habermas 1973, 127):

> „Das Individuum *muss* sich entwerfen, weil es nur selbst einen Entwurf behaupten kann, der auf alle jene Behauptungen seines Selbst, die kontextspezifisch zugemutet werden, angemessen reagieren kann" (Renn 2002, 258).

Im rollendistanten Handeln artikuliert sich somit *eine* Facette des *Willens zum Nicht-Müssen* (Sembill 1995, 126ff. und 2003, 193f.; ergänzend Abschnitt 3.2.3.2). Jener Wille stellt eine Handlungsvoraussetzung *sine qua non* dar, solange Akteure nicht nur innerhalb gegebener Systemstrukturen überleben sowie vorhandene Kapazitäten konservieren und nutzen wollen, sondern darüber hinaus auch ihr Zusammenwirken aktiv bestimmen und innovieren möchten:

> „Dieser paradox anmutende Wille ist keine Verweigerungshaltung, sondern ein Selbstschutz gegen Zwang. Er sichert durch eine aktive Wahrnehmung der Option, selbst über Anforderungen entscheiden zu können, Freiheitsgrade. Damit wird er zur zentralen Voraussetzung, überhaupt etwas gestalten zu können (…), weil erst durch seine Aktivierung

3.2 Prozesse und Produkte der Identitätsarbeit

(...) Denk-, Zeit- und Handlungsspielräume entstehen oder auch erst erkämpft werden müssen" (Sembill 2006, 191).

Trotzdem erschöpft sich Identitätsarbeit nicht in der reinen Opposition gegenüber sozialen Zuweisungen (Mielke 2000, 168ff.; Nunner-Winkler 2002, 64ff.; Renn 2002, 255ff.; Lührmann 2006, 135f.). Vielfach vollzieht sie sich in enger Anbindung an die Bezugsnormen und Verhaltensstandards sozialer Systeme, denen man sich zugehörig fühlt, seien dies etwa geschlechts- oder altersspezifische Gruppen oder politische, berufliche und organisationale Verbünde (z.B. van Dick & Wagner 2002, 132ff.)[1].

In jedem Fall generieren die Pluralität von Interaktionsbeteiligungen und die Heterogenität von Erwartungen eine spannungsgeladene *Einheit von Entscheidungsnotwendigkeit und Begründungsverpflichtung* (Oevermann 1995, 36ff.; s. auch Kraus 2002, 177), welche die private Lebensführung wie auch die berufliche Praxis kennzeichnet und immer dann besonders virulent wird, wenn strukturelle Handlungsfreiräume gewährt werden (s. auch Fend 1991, 10ff.; Luhmann 1995, 130ff.; Wiendieck & Pütz 2000, 429ff.; Meuter 2002, 193f.; Hoff 2005, 120). Wo aber gesellschaftlich verfasste Rollenmodelle als Identitätsschablonen erodieren und eindeutige, statusgekoppelte Regieanweisungen fehlen, stellt Identitätsarbeit immer ein riskantes Unterfangen dar, das mit weit reichenden Folgen für das Kompetenzerleben und die Beanspruchung des Akteurs auch misslingen kann (Beck 1994, 44ff.; Luhmann 1994, 191; Keupp 1997, 19ff.; Ahbe 1997, 207f.; March 2004, 58ff.).

Wie aber kann ein Individuum heterogene soziale Erwartungen in seinem Auftreten berücksichtigen und dennoch in der Selbst- und Fremdwahrnehmung als kohärente Entität erkennbar sein? [2] Eine solche Kohärenz muss es selber erzeugen,

---

1 Dementsprechend fokussiert die Forschung zur *sozialen Identität* (z.B. Tajfel & Turner 1986; zsf. Simon & Mummendey 1997; Mielke 2000) nicht Selbstdefinitionen als einzigartiges Individuum, sondern Selbstkategorisierungen als prototypischer Vertreter eines bestimmten Kollektivs. Diese sozialen Identifikationen werden jeweils situational salient und können damit personale Selbstcharakterisierungen temporär zurückdrängen (Simon & Mummendey 1997, 17ff.; Kanning 2000, 25). Dennoch ist auch die soziale Identität an Kontrasterfahrung und demonstrierte Abgrenzung gebunden. Diesen Zweck erfüllen Intergruppenvergleiche (z.B. Turner & Oakes 1989, 236ff.). Auf die Bedeutung sozialer Vergleichsprozesse und Rückmeldungen für *individuelle* Selbstqualifizierungen wird insbesondere in den Abschnitten 3.2.3.1 und 3.2.4 noch eingegangen.

2 Der Ansatz der balancierenden Identität von Krappmann (1969/2005) *allein* reicht für solche Erklärungszwecke nicht aus, da er primär auf formal-kommunikative Herstellungsprinzipien von Identität abstellt. Kohärenzstiftende *inhaltliche Festlegungen* der eigenen Person, welche über die gegenwärtige Interaktionssituation hinaus Gültigkeit besitzen, stuft er als geradezu identitätswidrig ein (Nunner-Winkler 2002, 62; Harböck 2006, 73).

indem es seine zahllosen Selbsterfahrungen in unterschiedlichen Handlungssituationen immer wieder neu synthetisiert. In dieser „permanenten Verknüpfungsarbeit, die dem Subjekt hilft, sich im Strom der eigenen Erfahrungen selbst zu begreifen" (Keupp et al. 2006, 190) offenbart sich der *relationale Grundmodus der Identitätsarbeit* (s. auch Frey & Haußer 1987, 17; Haußer 1995, 7ff.; Straus & Höfer 1997, 285f.; Straub 2000a, 281). Hiermit ist gemeint, dass ein Subjekt seine mannigfaltigen und stets situationsgebundenen Selbstthematisierungen – den Grundbaustoff seiner Identitätsarbeit – mittels formgebender und formerhaltender Verarbeitungsprozesse selektiert, sortiert, verbindet und bewertet, um sie in ein *subjektiv stimmiges und zugleich sozial überzeugendes Passungsverhältnis* zu bringen (Haußer 1995, 7ff.; Hannover 2000, 228ff.; Renn & Straub 2002, 13ff.; Harböck 2006, 55f.; Keupp et al. 2006, 189ff.)[1].

Wie im Folgenden gezeigt wird, komponiert das Individuum seine Identität in *zeitlichen, inhaltlichen und sozialen* Dimensionen, die sich nur aus einer analytischen Warte auseinanderdividieren lassen (z.B. Hoff 1990, 13ff.): Es verkettet erstens auf der Zeitachse biografische Erlebnisse und Episoden zu einer *kontinuierlichen Abfolge*. Auf einer inhaltlichen Ebene integriert es zweitens lebensweltliche Disparitäten und konfligierende Handlungsaufgaben zu sachlogisch wie auch ökologisch *konsistenten Identitätsfigurationen*. Im sozialen Interaktionsraum ringt es drittens um *Validierung und Anerkennung* seiner Identitätsentwürfe, wobei es Unterstützung mobilisieren und signifikante Bezugspersonen in performativen Akten überzeugen muss. Derartige Integrationsleistungen bringen stets nur phasenweise stabile Identitätskonstruktionen als Produkte einer Identitätsarbeit hervor, die einen ebenso alltäglichen wie lebenslangen Prozess darstellt (Leipold & Greve 2008, 400ff.). Dies gilt ungeachtet einer Konsolidierung von Identitätskonstrukten im höheren Erwachsenenalter mit tendenziell sinkenden Veränderungsraten und -intensitäten (Meeus et al. 1999, 450f.; Roberts & Caspi 2003, 205ff.).

3.2.2 *Narrative Kontinuierung in retrospektiven und prospektiven Verknüpfungen*

Den Ausgangspunkt der Identitätsarbeit bildet ein *unablässiger Strom situationaler Selbstwahrnehmungen,* welche *intern prozessiert* werden (Haußer 1995, 5ff.). Auf einer reflektierbaren Bewusstseinsebene setzt sich jede dieser situationalen Selbstwahr-

---

1   In der psychologischen Literatur ist auch der Terminus „Identitätsregulation" gebräuchlich, um die identitätskonstituierende Eigenaktivität des Individuums zu betonen und von einfachen Reifungsprozessen zu separieren (z.B. Haußer 1995, 62; Kessels & Hannover 2004, 404).

3.2 Prozesse und Produkte der Identitätsarbeit

nehmungen aus einem komplexen Webmuster generischer *Erfahrungsmodi* der eigenen Person zusammen (Ottomeyer 1987, 113ff.; Höfer & Straus 2001, 97ff.; Unger 2007a, 6f.). In ihr vereinen sich aktuelle *kognitive und emotionale Eindrücke* (z.b. Vorstellungen von situativ abrufbaren Fähigkeiten und vorherrschenden Empfindungen), aber auch *soziale Eindrücke* (insbesondere verbale oder nonverbale Rückmeldungen) und *produktorientierte Eindrücke* (erreichte Leistungen oder an Objekten erzielte Wirkung)[1].

---

1 Hirnphysiologisch betrachtet nimmt die interne Prozessierung wahrscheinlich ihren Ausgangspunkt in den reziproken Verschaltungen intero- und exterorezeptiver Informationen (zsf. Damasio 2000, 187ff. und 236ff.; Rager 2002, 37ff.): In Bereichen von Hirnstamm, Hypothalamus, basalen Vorderhirn, Inselkortex und vor allem im somatosensorischen Kortex lässt sich eine Gruppe neuronaler Muster lokalisieren, in denen das innere Milieu des Organismus kontinuierlich abgebildet und basale Körperfunktionen ohne Beteiligung des Bewusstseins reguliert werden *(vorbewusstes Proto-Selbst)*. Zeitgleich werden über ein System von Exterorezeptoren (etwa das Gehör) unablässig Umweltobjekte registriert und zumeist als topografisch geordnete Muster neuronaler Aktivitäten vor allem auf den primären Hirnrindengebieten (z.b. primärer akustischer Kortex) abgebildet. Im Zuge iterativer *Wiedereintrittsschleifen* der Informationsverarbeitung werden auf der Basis von in nachgeschalteten Hirnstrukturen generierten Informationen (bspw. aus den sekundären sensorischen Arealen) diese Belichtungen je momentaner innerer Zustände und aktuell wahrgenommener äußerer Objekte miteinander verknüpft (Edelman 1989, 64ff.). Es entstehen Abbildungen zweiter Ordnung *(Meta-Repräsentationen)* als neuronale Muster, die vorbegriffliche Eindrücke der gegenwärtigen Subjekt-Objekt-Beziehung vermitteln. Wahrgenommene Veränderungen dieser Beziehung infolge stattfindender Interaktion mit der Umwelt (oder Erinnerungen an Objekte) triggern eine *basale Form des Bewusstseins,* das insbesondere in den Colliculi superiores, dem Cortex cinguli, dem Thalamus und einigen präfrontalen Hirngebieten vermutet wird. Allerdings liefert dieses *Kernbewusstsein* Eindrücke eines von Umweltobjekten unterscheidbaren „Selbst" nur als stakkatohafte Momentaufnahmen. Das Kernbewusstsein ist demnach ein "transientes Phänomen" (Rager 2002, 40), welches in Pulsen für jedes einzelne Interaktionsobjekt neu geschaffen wird und den Organismus Modifikationen im *Proto-Selbst* als "je meine Veränderungen" registrieren lässt. Werden derartige Bewusstseinpulse aber in dichter Folge generiert, entsteht ein anhaltender *Bewusstseinsstrom situationaler Selbsterfahrungen,* in denen jedes blitzlichtartige und interaktiv modifizierte *Proto-Selbst* zum Ausgangspunkt für eine neuerliche Erfahrung wird. Das Gefühl einer reflektierbaren und übersituativen Identität, d.h. ein *erweitertes Bewusstsein der eigenen Person, das sich in Vergangenheit und Zukunft ausdehnt,* kann der Mensch nur deshalb gewinnen, weil er über erhebliche *Gedächtniskapazitäten* verfügt, aus denen er langfristig verfügbare Selbsterfahrungen in den Arbeitsspeicher zurückholen kann, um komplexere mentale Operationen auszuführen (z.B. Edelman 1989, 109ff.): Ausgestattet mit den Werkzeugen der *Sprache* kann er dabei Gedächtnisinhalte bspw. mit gegenwärtigen Eindrücken verkoppeln, Erlebnisse ordnen, vergleichen und klassifizieren sowie einen Erwartungshorizont aus schematisierten Ereignisketten mit bedingungsgebundenen Verzweigungen aufbauen. Somit kann der paradox Tatbestand, dass sich das in den *flüchtigen Bildern des Kernbewusstseins* gespiegelte Selbst faktisch permanent verändert, die reflektierende Person sich aber dennoch situationsübergreifend als mit sich selbst identisch erlebt, hirnphysiologisch damit erklärt werden, dass das *bewusstseinspflichtige autobiografische Selbst* – aufgeladen mit emotional hoch bewerteten und sprachlich gebannten Erinnerungen – dieser Person ein Gefühl der Kontinuität im Laufe der Zeit vermittelt.

Identitätsarbeit besteht in einer temporalen Dimension nun darin, vermittels *retrospektiver und prospektiver Reflexionsprozesse* propositional repräsentierte Selbstthematisierungen in der aktuellen Handlungssituation mit solchen aus Vergangenheit und Zukunft zu verbinden und auf diese Weise die eigene Person in einer subjektiven Zeitdimension zu verorten (Straub 2000b, 138ff.; Keupp et al. 2006, 192ff.). Wie Abbildung 3.2 veranschaulicht, dienen die gegenwärtigen Selbstthematisierungen dabei lediglich als Achse, an der sich zurückliegende Erfahrungen und antizipierte Erlebnisse brechen: Das *autobiografische Selbst* versetzt das Individuum nur subjektiv jeweils an einen gegenwärtigen Punkt seiner individuellen historischen Zeit. Es ermöglicht ihm auch, auf Basis einer erfahrungsgebundenen und von Emotionsprogrammen gesteuerten antizipatorischen Leistung Selbst- und Umweltinformationen zu selektieren, zu bewerten und so zielgerichtet in eine gedanklich vorweggenommene Zukunft hinein zu planen und zu handeln (s. hierzu Sembill 2008a und 2010).

Im Zuge *retrospektiver Reflexionen* verarbeitet das Individuum vergangene Selbstthematisierungen, indem es die mit den verschiedenen Erfahrungssituationen einhergehenden Wahrnehmungen der eigenen Person erinnert. Aus der Warte gegenwärtiger Interaktionsbeteiligungen erscheinen jedoch nicht alle zurückliegenden Selbsterfahrungen gleichermaßen aufschlussreich, um die eigene Entwicklung zu erklären. Deshalb besteht die „Biographie im Kopf" (Schulze 2006, 41) nicht aus der Akkumulation objektiver Gegebenheiten, sondern der erinnerten „Sukzession von selektiven Ereignissen" (Luhmann 1994, 196), welche sich in der individuellen Auslegung zu einem schlüssigen Lebenslauf fügen. Das *biografische Potenzial* wird im Horizont gegenwärtiger Selbstdefinitionen und Erlebnisse also beständig revidiert und in verschiedenen Lebensabschnitten jeweils unterschiedlich interpretiert (Schulze 2006, 41ff.). Ereignisse, die einem außenstehenden Dritten als biografische Brüche und Friktionen erscheinen, werden hierbei ausgeblendet oder zu Jugendsünden, katalytischen Ereignissen und lehrreichen Irr- und Umwegen umgedeutet.

Darüber hinaus bewertet das Individuum aktuelle Selbsterfahrungen auf der Folie erstrebenswerter oder zu vermeidender Entwicklungsalternativen (Higgins 1987, 320ff.; Greve 2000, 18ff.): Immer dann, wenn das Individuum beabsichtigte oder befürchtete Selbstthematisierungen in *zukünftigen Handlungsszenarien* zum Gegenstand selbstbezogener Reflexionen macht, entwirft es *possible selves*, die maßgeblich zur selektiven Motivierung bzw. Verdrängung gegenwärtiger Aktivitäten beitragen (Markus & Nurius 1986, 954ff.; Hannover et al. 2005, 105).

3.2 Prozesse und Produkte der Identitätsarbeit

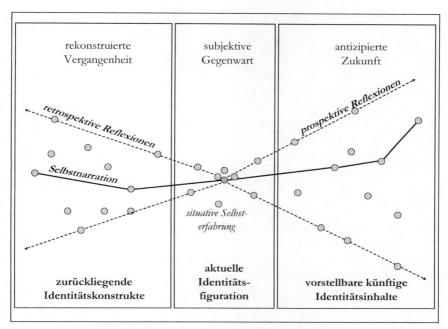

Abbildung 3.2: Retrospektive und prospektive Identitätsarbeit (in Anlehnung an Lührmann 2006, 223)

Hierbei konkretisiert die Person aus der Vielfalt ihrer träumerisch-phantasievollen Zukunftspläne ausgewählte, subjektiv aussichtsreiche *Identitätsprojekte und Identitätsziele*, welche sie in verschiedenen lebensweltlichen Kontexten aktiv zu realisieren sucht (Oettingen 1999, 317ff.). Aus handlungstheoretischer Perspektive stellen *Identitätsziele* eine besondere Kategorie bewusstseinspflichtiger, volitionaler und langfristig angelegter Handlungsziele dar, welche die *Entwicklung der eigenen Person* betreffen (Bayer & Gollwitzer 2000, 210f; Gollwitzer et al. 2002), weshalb sie im Zentrum eines *kreativ-prospektiven Reflexionsprozesses* der Identitätsarbeit stehen.

Identitätsprojekte bestehen aus einem Amalgam hierarchisch gestufter wie auch komplementär angeordneter Identitätsziele, in denen diverse selbstsymbolisierende Handlungen als flexible Alternativprogramme für die Zielerreichung und

Projektrealisierung vorgesehen sind (Carver & Scheier 1999, 287ff.; Brandtstädter 2007, 12ff.; vertiefend auch die Abschnitte 3.2.4 und 4.2.2.3). Als solche Identitätsprojekte lassen sich bspw. die *berufsbiografischen Gestaltungsmodi,* die bei jungen Fachkräften ermittelt wurden, interpretieren (Witzel & Kühn 2000; Zinn 2000; Heinz 2002). In ihnen offenbaren sich unterschiedliche berufliche Orientierungsmuster im Sinne situationsübergreifender „personal guidelines for job-related activities" (Heinz 2002, 225), namentlich *Laufbahnorientierung, Chancenoptimierung, Betriebsidentifizierung, Lohnarbeiterhabitus, Persönlichkeitsgestaltung und Selbstständigenhabitus.* Die Längsschnittstudien legen eindrücklich nahe, dass der individuelle berufliche Werdegang nach Maßgabe dieser Gestaltungsmodi in zahlreichen mustertreuen Entscheidungen und Handlungsschritten sogar unter unsicheren Arbeitsbedingungen wie etwa Phasen der Arbeitslosigkeit oder einem Betriebswechsel kontinuierlich geformt und stabilisiert wird.

Zusammenfassend erfordert eine in der subjektiven Zeit als beständig erlebte Identität, dass man das Konvolut rekapitulierter Erfahrungen, gegenwärtiger Handlungen und antizipierter künftiger Erlebnisse derart strukturieren kann, dass sich in der individuellen Aufarbeitung und Außendarstellung eine plausibel arrangierte Entwicklungslogik abzeichnet – auch wenn die verarbeiteten Ereignisse tatsächlich zufällig angestoßen oder heteronom bewirkt wurden (Luhmann 1994, 196; Renn & Straub 2002, 15ff.; Marotzki 2006, 63; Schulze 2006, 40ff.; Unger 2007a, 3ff.). Ein zentrales Medium dieser zeitbezogenen Verknüpfung liefert das linguistische Werkzeug der *Selbstnarration* (Kraus 2002). Diese Selbstnarration muss sich zwar der tradierten semantischen und syntaktischen Regeln der Sozialgemeinschaft bedienen (Straub 2000b, 146ff.), aber ein wesentliches Ordnungskriterium der zeitlichen Konjunktionen bilden *subjektiv* herausragende Projekte, Wendepunkte und Entwicklungsschritte wie bspw. Berufseinstieg oder Familiengründung (ebd., 158ff.). Sie ermöglichen es dem Individuum, seine Erfahrungsberichte unter einem vereinigenden und systematisierenden, aber stets variablen und hochgradig selektiven Erzählrahmen zu versammeln (Bruner 1999, 13ff.; Höfer & Straus 2001, 95f.; Keupp et al. 2006, 193; Unger 2007a, 10). Die Selbstdarstellung in Worten und Gesten, die vor einem realen ebenso wie vor einem imaginären Publikum stattfindet, orientiert sich damit weitaus stärker am Prinzip der Sinnstiftung als an demjenigen der Faktizität und entfaltet eine autosuggestive Kraft, die ihrerseits im Zuge eines *Carryover-Effekts* das Selbstbild nachhaltig prägt (Schlenker 1980, 194ff.; Mummendey 2002, 217; Laux 2008, 268ff.).

3.2.3 Erzeugung von Konsistenz und Kohärenz durch inhaltliche Verknüpfungen

Während die Selbstnarration eine Kontinuierung von Identität trotz wechselnder Zustände des Selbst in einer schlüssigen Lebensgeschichte verbürgt, indem sie explanative Übergänge zwischen zeitlich disparaten Selbstthematisierungen schafft (Straub 2000a, 283f.), stiften (annähernd) *konsistente* Identitätskonstruktionen Einheit und Profil in der Vielfalt konkurrierender *Handlungsaufgaben*, in denen sich das Individuum in seiner gelebten Gegenwart *simultan* bewähren muss (Krappmann 1969/2005, 79; Helfferich 1994, 187ff.; Hurrelmann 2001, 158ff.; Keupp et al. 2006, 223f.).

3.2.3.1 Kontextgebundene Teilidentitäten

Eine wesentliche Konstruktionsleistung des Individuums besteht darin, heterogene situationale Selbstthematisierungen zu *multiplen Teilidentitäten mit je spezifischer lebensweltlicher Verankerung* zu synthetisieren, z.B. als berufstätige Person am Arbeitsplatz, als Vereinsmitglied in der Freizeit oder als Elternteil in der häuslichen Umgebung (Frey & Haußer 1987, 15f.; Straub 2000a, 282; Höfer & Straus 2001, 94ff.; Keupp et al. 2006, 218ff.). Jede dieser kontextgebundenen Teilidentitäten besteht somit aus einem einzigartigen Mosaik an Erfahrungsbausteinen *im jeweiligen Lebensraum*. Allerdings kombiniert das Individuum dabei nur solche selbstbezogenen Erfahrungen, die ihm für die Definition der eigenen Person im betreffenden Betätigungsfeld wichtig erscheinen (Greve 2000, 20f.). Anzahl, Themenspektrum, Struktur und Differenzierungsniveau solcher bereichsspezifischen Partialmodelle der Identität können folglich als individuell höchst unterschiedlich unterstellt werden (Luhmann 1994, 193ff.; Moschner 1998, 460f.; Kanning 2000, 33ff.; Roberts & Caspi 2003, 202ff.). Darüber hinaus sind kontextgebundene Identitätskonstruktionen in stetiger, zumeist inkrementeller Veränderung, Auflösung und Neuentstehung begriffen, was zwar lange Phasen der Stabilität impliziert, aber eruptive Umwälzungen nicht ausschließt – man denke an einschneidende Ereignisse wie bspw. die Pensionierung (Linville & Carlston 1994, 170; Oerter & Dreher 1998, 348ff.; Straub 2000a, 284; Unger 2007a, 7ff.).

Situationale Selbsterfahrungen werden jedoch nicht nur – einer subjektiven *formalen* Logik folgend – entlang bedeutsamer Handlungsaufgaben in disjunkte Lebenswelten gruppiert, sondern auch mit *inhaltlichen* Merkmalen der Selbstdefinition angereichert. In sozialpsychologischen Beiträgen werden derartige inhaltliche Qualifizierungen kontextabhängiger Identitätsfigurationen insbesondere anhand der Ausprägungen von *bereichsspezifischen Selbstkonzepten, Selbstbewertungen* und *Selbstwirksamkeitserwartungen* analysiert (zsf. Haußer 1995, 25ff.; Staudinger & Greve 1997, 7ff.; Schütz 2000, 189ff.; Mummendey 2006, 65ff. und 204ff.). Demnach umfasst das *bereichsgebundene Selbstkonzept* bewusstseinsfähige, deklarative Wissensbestandteile über die eigene Person, genauer gesagt diejenigen Eigenschaften und Fähigkeiten, die sich ein Individuum in einem ausgewählten Handlungsfeld subjektiv zuschreibt (Filipp & Frey 1988, 416f.; Dickhäuser 2006; Werth & Mayer 2008, 166f.). Im Berufsleben können dies z.B. Merkmale wie Schnelligkeit, Sorgfalt oder fachliche Kompetenz sein. Für unterschiedliche Handlungsfelder sind dabei *separierende* Elemente der Selbstcharakterisierung (bspw. „besonnen" am Arbeitsplatz; „spontan" bei Freizeitaktivitäten) ebenso denkbar wie *überlappende* Elemente („kontaktfreudig" in beiden Bereichen).

Selbstevaluative Standards ermöglichen *Bewertungen* der eigenen Person im fokalen Handlungskontext, wobei die angelegten Beurteilungskriterien äußerst vielfältig sein können (s. ausführlich Higgins 1990, 311ff.; Straus & Höfer 1997, 281ff.; Kanning 2000, 161ff.; Höfer & Straus 2001, 97ff.). Vereinfachend können jedoch *zwei generische Vergleichsobjektkategorien* unterschieden werden (Haußer 1995, 37; Greve 2000, 19):

- *soziale Erwartungen und Bezugsnormen*, die nicht nur in Form von Rollenattributen bestimmte *dimensionale* Referenzwerte vorgeben, sondern auch in Form von Sozialstereotypen und -prototypen *personifizierte* Vergleichsmaßstäbe liefern (z.B. Schütz 2000, 191ff.; Kessels & Hannover 2004, 404; Leary 2006, 226f.; Köller et al. 2006, 28ff.)[1];
- *subjektive, selbstbezügliche Bewertungsmaßstäbe bzw. Selbstverpflichtungen* (z.B. Burke 1991, 837f.), zu denen sowohl verfolgte *Identitätsziele* im jeweiligen Betätigungsfeld (Abschnitt 3.2.2) als auch handlungsleitende *Werte* (Abschnitt 3.2.3.2) gehören.

Folglich gründen Prozesse der wertenden Selbstbeurteilung in Vergleichen der gegenwärtigen, deskriptiven Elemente des Selbstkonzepts *(Actual Self)* mit subjektiv

---

1 Im *Stereotyp* verdichten sich geteilte Annahmen über charakteristische Persönlichkeitsmerkmale und Verhaltensweisen von Mitgliedern einer sozialen Gruppe (Aronson et al. 2004, 485f.). Dagegen stellt der *Prototyp* einen aus der kognitiven Kategorie der Gruppe extrahierten Repräsentanten dar, der als Musterexemplar dieser Gruppe gilt, weil er deren Merkmale in nahezu idealer Weise verkörpert (Rosch 1978, 36; Kluge 1999, 84).

3.2 Prozesse und Produkte der Identitätsarbeit

erstrebenswerten oder zu vermeidenden Etikettierungen der eigenen Person *(Ideal Self* und *Undesired Self)* sowie mit den an sie gerichteten Forderungen und Richtwerten aus dem sozialen Umfeld *(Ought Self)* (zsf. Higgins 1999, 152ff.; Filipp & Mayer 2005, 268f.; Hannover et al. 2005, 105). Bei der Erfüllung beruflicher Handlungsaufgaben kann sich das Individuum etwa fragen: „Erledige ich meine Tätigkeiten so zügig, wie ich es selber anstrebe? Arbeite ich so sorgfältig, wie es laut Stellenausschreibung von mir gefordert wird? Bin ich fachlich so kompetent wie ein prototypischer Vertreter meiner Berufsgruppe?" Aus der registrierten Nähe oder Distanz der deskriptiven Selbsteinschätzungen zu den selbstevaluativen Standards resultiert dann ein *bereichsspezifisches Selbstwertempfinden,* welches sich z.B. in Gefühlen von Stolz oder Scham, Selbstakzeptanz oder Selbstverachtung niederschlägt (Haußer 1995, 34ff.; Schütz 2000, 191ff.; Hannover et al. 2005, 107f.).

Dagegen verbirgt sich hinter der kontextgebundenen *Selbstwirksamkeit* die Überzeugung, alle Aktivitäten, die zur Realisierung individueller oder vorgegebener Zielsetzungen im jeweiligen Handlungsfeld nötig sind, trotz eines hohen Schwierigkeitsgrades der hierbei zu bearbeitenden Aufgaben und/oder entgegen widriger Umweltkonstellationen aufgrund eigener Anstrengungen und Fähigkeiten organisieren und ausführen zu können (Bandura 1999, 286ff.; Schmitz 1999, 11ff.; Schwarzer & Jerusalem 2002, 35ff.). Eine hohe Selbstwirksamkeit hat demzufolge weder die Abwicklung von Routinetätigkeiten zum Gegenstand, noch darf sie mit Handlungs-Ergebnis-Erwartungen verwechselt werden: Semantisch bilden Letztere prognostizierte Kausalketten ab, wohingegen Selbstwirksamkeitserwartungen die aktive Überwindung von Handlungsbarrieren mithilfe individueller Handlungsressourcen beschwören. Weiterhin ist eine hohe oder geringe Selbstwirksamkeit nicht zwingend mit positiv oder negativ bewerteten Selbstkonzeptinhalten verbunden. So könnte das Selbstkonzept eines Schulleiters u.a. die Feststellung „Ich habe keinerlei Organisationsgeschick" beinhalten. Eine Handlungs-Ergebnis-Erwartung könnte lauten: „Das Absolvieren eines Projektmanagement-Seminars verbessert die organisatorischen Fähigkeiten der Teilnehmer". Aber erst eine hohe Selbstwirksamkeitserwartungen lässt ihn formulieren: „Ich bin mir sicher, dass ich mich trotz der hohen Anforderungen des Seminars und meiner schlechten Disposition deutlich weiterentwickeln werde, wenn ich nur intensiv übe".

Als zentrale Quelle optimistischer bzw. pessimistischer Selbstüberzeugungen fungieren deshalb vergangene und gegenwärtige Errungenschaften bzw. Niederlagen bei der Umweltauseinandersetzung (Bandura 1999, 288ff.). Neben diesen *Performance Accomplishments* gelten drei weitere Quellen als (nachrangig) wichtig: eine affektive Erregung, die dem Individuum unzulängliche Handlungsressourcen anzeigt *(Emotional Arousal)*, verbale Ermutigungen seitens glaubhafter Kontaktpersonen *(Verbal Persuasion)* sowie stellvertretende Erfahrungen im Sinne eines Lernens am Modell *(Vicarious Experience)*.

Resümierend erfüllt die Formierung von Teilidentitäten den Zweck, die mannigfaltigen, partikularen Impressionen der eigenen Person (d.h. situativ-oszillierende Selbstwahrnehmungen, Selbstbewertungen und personale Kontrollerfahrungen) *übersituativ zu verarbeiten*, indem jene zu einer *überschaubaren Zahl weitgehend konsistenter Muster der Selbstdefinition* in abgrenzbaren Handlungskontexten gebündelt werden (d.h. zu bereichsspezifisch-stabilen Selbstkonzepten, Selbstwertgefühlen und Selbstwirksamkeitsüberzeugungen) (Haußer 1995, 25f.)[1].

Gemäß des *social cognition-Paradigmas* (zsf. Hannover 2000, 229ff.) veranlassen wahrgenommene Anreizstrukturen der jeweiligen Handlungsumwelt das Individuum, zu einem gegebenen Zeitpunkt nur solche Selbstkonstruktionen zu aktualisieren, die mit den in dieser Umgebung anfallenden Handlungsaufgaben und sozialen Austauschprozessen korrespondieren. Dieses *Arbeitsselbst* bzw. *Working Self Concept* (Markus & Kunda 1986, 859ff.) steuert die Verarbeitung der Umweltinformationen, den Abruf der zugänglichen und mit diesen Informationen kompatiblen Selbstwissensbestände wie auch die Kalibrierung eines den lokalen Anforderungsmerkmalen angemessenen Verhaltens. Unter diesen Voraussetzungen können sich Beschreibungs- und Bewertungsinhalte der eigenen Person und ein hierzu passendes Auftreten im Wechsel der Kontextbedingungen substanziell verändern (s. auch Linville & Carlston 1994, 168ff.; Simon & Mummendey 1997, 27ff.).

Im gegenwärtigen Interaktionsraum liefern bereichsspezifische Teilidentitäten deshalb eine wesentliche Orientierungsbasis der Handlungsregulation. Trotzdem würde eine Identitätsarbeit, die auf dieser Konstruktionsebene stehen bliebe, nicht nur Bezugspersonen durch ein drohendes Übermaß an Ambivalenz misstrauisch stimmen, sondern auch die psychische Gesundheit des Einzelnen gefährden (Renn 2002, 245ff.; Schreyögg & Lührmann 2006, 14ff.; Nunner-Winkler 2009, 13f.): Angesichts divergierender Anforderungsgehalte verschiedener Lebenswelten sowie

---

1 Dennoch stellt Konsistenz vorrangig eine *Aspiration* und keinen in Vollkommenheit erreichbaren Zustand dar (s. auch Mummendey 2006, 135ff.): Untersuchungen zu kognitiven Konsistenztheorien untermauern zwar belastbar die Annahme, dass Menschen um eine widerspruchsfreie Organisation ihres Selbstwissens bemüht sind und im Falle konfligierender Kognitionen unangenehme Spannungszustände erleben, die sie zu spannungsreduzierenden mentalen oder operativen Anstrengungen veranlassen (z.B. Festinger 1978, 256f.; zsf. Stahlberg & Frey 1996, 231ff.; Filipp & Mayer 2005, 273f.). Nur selten können aber solche Synthesebemühungen sämtliche kontradiktorischen Selbstdefinitionen abschließend überwinden (Straub 2002, 105ff.; Höfer & Straus 2001, 97f.).

der widersprüchlichen Binnenstruktur sozialer Rollen (Abschnitt 3.1.2) erscheint eine im Extremfall strikte Kompartmentalisierung des Subjekts in eine Kollektion unverbundener Identitätssplitter (s. ausführlich Gross 1985; Elkind 1990, 203ff.; Welsch 1993) weder psychisch erträglich noch sozial anerkennbar, denn

„(...) die Übernahme von Verantwortung für die eigene Identität, wenn man so will: die Delegation der letztinstanzlichen Befugnis über das eigentliche Selbst und die Geltung entsprechender Behauptungen an das Selbst beruht auf sozial sanktionierten Erwartungen an die Handlungsfähigkeit der Person in systemischen Kontexten" (Renn 2002, 249).

Konsequent poly- oder schizophrene Personen können diesen basalen sozialen Erwartungen nicht entsprechen, weil sie nicht ausreichend berechenbar und verlässlich erscheinen (s. auch Krappmann 1969 / 2005, 57f.; Turner 1962/2005, 88). Sowohl direkte Kommunikationsbeteiligte als auch organisierte Gemeinschaften sind auf die Fähigkeit der Einzelperson angewiesen, bei der Deutung und Umsetzung eines „situationsangemessenen" Handelns selbstständig *Regie zu führen,* statt nur auf vorgefundene Anforderungen zu *reagieren.* Dies erfordert aber „irgendeine intentionale Instanz" (Renn 2002, 250), die anhand des *Willens zum Nicht-Müssen* (Sembill 1995, 126ff. und 2003, 193f.) bereits eingeführt wurde und im Folgenden weiter ausgeleuchtet wird.

3.2.3.2 Identitätskonstruktionen mit hoher Generalität oder Zentralität

Viele Modellierungen personaler Identität sehen Formen einer *Meta-Identität* als transitiv geordnetes Gebilde vor, welches nicht nur zwischen verstreuten situativen Selbstwahrnehmungen, sondern auch zwischen den parzellierten Teilidentitäten die erstrebte Bindung und Konsistenz erzeugt (z.B. Fend 1991, 28; Straus & Höfer 1997, 296ff.).

Eine erste Synthetisierungsstrategie hebt das *Generalitäts- und Stabilitätsniveau* der die eigene Person beschreibenden und bewertenden Elemente an, indem die Abstraktion situationaler Selbstthematisierungen weiter vorangetrieben wird (Haußer 1995 25ff.; Moschner 1998, 460f.; Keupp et al. 2006, 225ff.). Hinreichende Ähnlichkeiten von Selbsterfahrungen zwischen verschiedenen Teilidentitäten vorausgesetzt, könnte sich ein Individuum bspw. bereichsübergreifend und zeitlich invariant als risikoavers oder kontaktfreudig charakterisieren (Markus 1999, 124ff.; Filipp & Mayer 2005, 270). Die Topografie dieses *generalisierten Selbsterfahrungsrahmens* erstreckt sich dann nicht nur über heterogene Lebenswelten, sondern integriert zudem zurückliegende, gegenwärtige und prospektive Selbstthematisierungen inklusive ihrer Bewertungen in einer temporalen Entwicklungsperspektive (Staudinger & Greve 1997, 9ff.; Greve 2000, 18ff.). Dies erlaubt eine weitgehend von kontextuellen Bezügen losgelöste Repräsentation und Verarbeitung selbstbezogener Wissensinhalte (s. auch Hannover et al. 2005, 100ff.). Folglich organisiert sich die Identitätsarbeit im Lebensverlauf einerseits in immer abstrakteren semantischen Konzepten und andererseits in immer verästelteren Strukturen (Harter 1999, 59ff.; Pinquart & Silbereisen 2000, 76ff.). Wissenschaftlich beschrieben und untersucht werden diese Konfigurationen z.b. als *semantische Netzwerke* (z.B. Linville & Carlston 1994, 150f.; Leipold & Greve 2008, 399) oder als *hierarchische Struktur* selbstbeschreibender Inhalte mit einigen global-stabilen Basiselementen und vielen bereichsspezifischen Ausdifferenzierungen (zsf. Mummendey 2006, 207ff.).

Die Aktualisierung dieser Inhalte wird wiederum stets von affektiv-emotionalen Bewertungen unterschiedlicher Qualität und Intensität begleitet (Kanning 2000, 53ff.; Dijksterhuis 2004, 352ff.; Leipold & Greve 2008, 399; Werth & Mayer 2008, 165f.). Empirische Evidenzen finden sich deshalb sowohl für eine kontextgebundene Variabilität subjektiver Selbstbewertungen, die sich in temporären Schwankungen des *Zustandsselbstwertgefühls* niederschlagen (Pinquart & Silbereisen 2000, 79ff.), als auch für ein *habituelles Selbstwertgefühl* mit weitgehend robuster Ausprägung (Schütz 2000, 190; Leary 2006, 228).

Zu erklären sind die scheinbar antithetischen Ordnungsprinzipien einer dekontextualisierenden Verallgemeinerung *und* bereichsspezifischen Ausdifferenzierung von Selbstqualifizierungen nur dann, wenn Identitätskonstruktionen als *produktive Strukturierung von* und *Beziehungsstiftung zwischen Erfahrungsinhalten* modelliert werden (Linville & Carlston 1994, 157ff.; Haußer 1995, 28ff.; Greve 2000, 21; Leipold & Greve 2008, 400ff.): Weder die deskriptiven noch die affektiv-evaluativen Komponenten des generalisierten Selbsterfahrungsrahmens entstehen dadurch, dass die in der Auseinandersetzung mit Handlungsaufgaben gesammelten Selbsterfahrungen saldiert und dann pauschal bewertet werden (Greve 2000, 20; Kanning 2000). Sowohl die bereits beschriebenen Teilidentitäten als auch (und in besonderem Maße) bereichsübergreifende Identitätsfigurationen stellen nicht einfach das Gesamt individueller Erfahrungsinhalte dar, sondern die jeweils einzigartige „Struktur aller dieser Erfahrungen, d.h. das Relationsgefüge, das zwischen den (...) Erfahrungen als den Elementen der Struktur hergestellt wird" (Frey & Haußer 1987, 7; s. auch Hoff 1990, 13ff.).

3.2 Prozesse und Produkte der Identitätsarbeit

Bei der individuellen Alltagsbewältigung und Belastungsregulation kann die spezifische Form der Anordnung selbstcharakterisierender Inhalte kann durchaus als eigenständiger Schutz- bzw. Risikofaktor fungieren: So hängen Elaborationsgrad und Vernetzungsdichte der globalen Selbstkonzeptstruktur *(Selbstkomplexität)* unmittelbar mit der Vulnerabilität gegenüber belastenden und bedrohlichen Selbsterfahrungen zusammen (Linville 1987; Linville & Carlston 1994, 158ff.; Roberts & Caspi 2003, 201f.; Filipp & Mayer 2005, 271)[1]. Selbstkonzeptinhalte und ihre Bewertungen beeinflussen zudem systematisch Situationswahrnehmungen, Kausalattributionen und angewandte Copingstrategien (z.B. Berzonsky 1992; Richter & Richter 1995, 308ff.; Baumeister 1996, 39ff.; Dauenheimer et al. 2002, 167; Wentura et al. 2002, 119f.).

Ein solches Relationsgefüge impliziert variierende Niveaus von „Identitätsrelevanz" (Haußer 1995, 9ff.), von „Ich-Nähe" (Nunner-Winkler 2009, 20) oder „Selbstnähe" (Kessels & Hannover 2004, 406) der einzelnen Selbstqualifizierungen. Es setzt die Konstruktion von *Identitätskernen* voraus (Krapp 1992b, 301f.). Jene Kristallationspunkte der Identitätsarbeit ermöglichen eine Unterscheidung zwischen *fundamentalen bzw. zentralen* und *peripheren Selbstdefinitionen* (Thomas 1989, 16ff.; Straub 2000a, 282; Filipp & Mayer 2005, 268f.). Weil Erfahrungsinhalte, die einen engen Selbstbezug aufweisen, mit habitueller Regelmäßigkeit als herausragend wichtig eingestuft werden *(wertbezogene Valenz)* und intensive positive Emotionen evozieren *(gefühlsbezogene Valenzen)*, nähren sie eine Affinität für solche Kontextbedingungen, welche diese hoch bewerteten und angenehmen Selbstthematisierungen möglichst häufig erlauben (Schiefele & Prenzel 1983, 234ff.; Thomas 1989, 23f.; Schlöder 1993, 109ff. und 139ff.).

Folgerichtig entscheiden die subjektive Bedeutsamkeit und Betroffenheit darüber, *ob, wie und welche* situativen Selbsterfahrungen überhaupt intern prozessiert werden (Haußer 1995, 9ff.; Harböck 2006, 56; Sembill 2010, 82), d.h. welche Inhal-

---

1   Eine hohe Selbstkomplexität ist dann gegeben, wenn die Selbstkonzeptstruktur einer Person eine hohe Zahl bereichsspezifischer Teilsegmente aufweist und die mit diesen Bereichen jeweils verknüpften selbstqualifizierenden Attribute eine geringe inhaltliche Überlappung aufweisen. Nach Linville & Carlston (1994, 158f.) gilt dabei: Je differenzierter diese Selbstkonzeptstruktur ist, umso weniger werden erfahrungsbasierte Erschütterungen von Selbstkonzeptinhalten *eines* Bereichs auf andere Bereiche ausstrahlen, umso unwahrscheinlicher sind möglich auch selbstwertrelevante Generalisierungen und umso schwächer die durch Selbstwertbedrohungen geweckten aversiven Gefühle. Roberts und Caspi (2003, 202) betonen dagegen die kompensatorische Wirkung inhaltlich redundanter Selbstqualifizierungen in möglichst vielen verschiedenen Teilidentitäten. Hierdurch könnten lokal begrenzte Misserfolge beim „Ausleben" einzelner selbstattribuierter Eigenschaften wirkungsvoll ausgeglichen werden.

te in die gegenwärtige Fassung der Selbstnarration (Abschnitt 3.2.2) eingegliedert oder bei der Konstruktion einer bereichsspezifischen Teilidentität (Abschnitt 3.2.3.1) herangezogen werden. Ferner hängt die *Intensität des Belastungsempfindens* angesichts einer potenziell bedrohlichen, verlustreichen oder schmerzvollen Umweltkonstellation (Abschnitt 2.4.1) maßgeblich davon ab, ob hierdurch nur periphere oder aber zentrale Identitätsbereiche erfasst sind (z.b. Greve 1997, 32): „So werden etwa für eine Person, für die Kontrolle auszuüben ein zentrales Thema ist, vorzugsweise jene Ereignisse zu Alltagsstressoren, in denen Kontrollverlust droht" (Krohne 1997, 271). Das Ausmaß der tatsächlichen oder erahnten Beschneidung fundamentaler Selbstqualifizierungen beeinflusst dann auch die Wahl der selbstwerterhaltenden Bewältigungsstrategie (Tesser 1988; Tesser et al. 1995, 86f.; Rothermund & Brandtstädter 1997, 123; Markus 1999, 135ff.; Petersen et al. 2000, 245ff.).

Identitätskerne erwachsen insbesondere aus dem *Eingehen inhaltlicher Bindungen* bzw. *Commitments*, die etwa im Zuge der Formung individueller Interessen und Werthaltungen eingegangen werden (Waterman 1985, 6ff.; Fend 1991, 17ff.; Krapp 1992b, 304ff.; Marcia 1993a, 10ff.; Schlöder 1993, 140f.; Baumeister 1996, 37ff.; Nunner-Winkler 2000, 307ff.). Indem ein Mensch also stabile Präferenzen für bestimmte Gegenstände bzw. Themenfelder entwickelt oder sich konsequent an bestimmten Handlungsmaximen ausrichtet, priorisiert er alternative Handlungsoptionen und lässt sich weniger von derjenigen Motiv-Bedürfnis-Lagen leiten, die gerade „zufällig", d.h. in Abhängigkeit situativer Aktivierungspotenziale, am stärksten zur Geltung kommen (Frankfurt 1993, 115; Nunner-Winkler 2009, 15ff.)[1].

Dabei stehen Werthaltungen auf der einen Seite und instrumentelle Handlungsziele wie auch operative Maßnahmen auf der anderen Seite in einem hierarchischen Bedingungsgefüge (Sembill 1992, 4; Roe & Ester 1999, 10ff.): Die Maßgabe inhaltlicher Bindungen für die wiederholte Selektion bestimmter, nämlich wertkompatibler instrumenteller Handlungsziele, und -schritte, für die persistente Bevorzugung spezifischer Wege und Mittel der Konfliktbereinigung sowie für die nachgängige Rechtfertigung und Beurteilung vollzogener Handlungen macht sie zu zentralen Identitätsbereichen mit *hoher zeitlicher Stabilität* (Schlöder 1993, 141f.; Six & Felfe 2004, 598f.; Schwartz 2007, 171f.; Krobath 2009, 324f. und 409ff.). Ihr räumlicher Geltungsbereich kann sich hingegen auf einzelne oder mehrere lebensweltlichen Kontexte erstrecken (Bergmann & Eder 1992, 7f.; Todt 1995, 223ff.; Nunner-Winkler 2000, 311).

---

1 Die konzeptionelle Verwandtschaft von Interessen und Werthaltungen wird ausführlich bei Schlöder (1993, 146ff.) diskutiert.

3.2 Prozesse und Produkte der Identitätsarbeit

Berufliche Werte, die in der vorliegenden Studie näher betrachtet werden, begründen somit fundamentale, identitätsrelevante Ansprüche des Subjekts gegenüber seiner Arbeit (Stengel 1995, 798f.; Semmer & Udris 2004, 161f.). In ihnen definiert ein Individuum, welche Aktivitäten, Bedingungen und Ergebnisse seiner *Berufsausübung* ihm persönlich wichtig und erstrebenswert erscheinen (Stengel 1995, 787ff.; Braun & Borg 2004, 179f.; Six & Felfe 2004, 599). Die in der arbeitspsychologischen Literatur diskutierten Taxonomien beruflicher Werte ähneln sich nicht nur in ihren theoretischen Strukturen und Operationalisierungen, sondern lassen sich auch faktoranalytisch mit ähnlichen Resultaten replizieren (zsf. Borg 2006). Folgt man bspw. dem ERG-Schema von Alderfer (1972, 9ff.), so lassen sich existentiell-materielle Werte wie ein gesichertes Einkommen *(Existence),* sozial-emotionale Werte wie harmonische soziale Kontakte *(Relatedness)* sowie wachstumsorientierte Werte wie die Ausübung interessanter, fordernder und abwechslungsreicher Tätigkeiten *(Growth)* unterscheiden.

Als maßgeblich für die Entstehung und Verstetigung einer individuellen Wertbindung gilt ein *als autonom wahrgenommener Modus der Aneignung und des Ausagierens* (Schlöder 1993, 140f.; Nunner-Winkler 2002, 66ff.). Identitätsstiftend sind demzufolge primär solche bewussten inhaltlichen Festlegungen, die eine Person aus freien Stücken gewählt hat oder denen sie zumindest in tiefer Überzeugung zustimmt, die sie ferner argumentativ begründen und vertreten kann und deren Konsequenzen in der handelnden Umsetzung sie zu verantworten bereit ist (s. auch Scheja 2009, 79f.). Eine gefestigte Wertbindung entäußert sich im persistenten Engagement für eine als bedeutsam eingestufte Thematik respektive in der wiederkehrenden, intensiven Auseinandersetzung mit einem Interessensgegenstand. Hierzu motivieren nicht nur intrinsische Vollzugsanreize (im Sinne eines selbstvergessenen Versenkens in die interessenbasierte Tätigkeit), sondern auch antizipierte Handlungsfolgen (zsf. Krapp 1992a, 31ff.; Krapp 1992b, 298ff.; Scheja 2009, 62ff.). Dementsprechend erlebt eine Person die Handlungsausführung als freudvoll und die resultierenden Effekte als *selbstintentional,* da sie die gegenstandsspezifischen Anforderungen und Zielkategorien dauerhaft in den Kernbereich ihrer Selbstkonzeptstruktur *integriert* hat bzw. sich mit diesen *identifiziert* (Deci & Ryan 1991, 255ff.; Deci & Ryan 2000, 235ff.; Daniels 2008, 22f.)[1]. Schließlich erfährt sich die Person auch insofern als *selbstbestimmt,* als sie sich während der Gegenstandsauseinandersetzung als

---

1 Zusammenfassungen des empirischen Forschungsstandes über die Verzahnung von Interessens- und Selbstkonzeptentwicklung finden sich z.B. bei Kessels und Hannover (2004) sowie bei Köller et al. (2006).

handlungsverursachend und -steuernd wahrnimmt (de Charms 1968, 257ff.; Deci & Ryan 2000, 241 ff.).

Für die Identitätsarbeit sind folglich *inhaltliche Bindungen* mehrfach wichtig:

1. Sie ermöglichen durch die Orientierung an übergeordneten Leitideen und Bewertungskriterien *prinzipiengeleitete Selbstbehauptungen* in der Auseinandersetzung mit veränderlichen situativen Anforderungen (Nunner-Winkler 2009, 18ff.). Individuelle Wertorientierungen und Interessen *transzendieren* nämlich *die lokale Enge partikularer Handlungssituationen* (Six & Felfe 2004, 599) und erlauben dennoch eine variable Adaption an differierende Problemlagen und Umweltbedingungen – unter anderem deshalb, weil wert- bzw. interessensbasierte Aktivitäten auf vielfältige Weise verwirklicht werden können (Nunner-Winkler 2009, 23). Gelegenheiten werden hierfür in verschiedenen Betätigungsfeldern gezielt aufgesucht und geschaffen. Personen mit hoch entwickelten Interessen bzw. gefestigten Werten manipulieren gar Umweltbedingungen und engagieren sich bewusst in solchen Kontexten, die ihren Präferenzen in größtmöglichem Umfang entsprechen (Krapp 1992a, 15f.; Baitsch 1998, 288f.; Daniels 2008, 18).
2. Sie sind sowohl eine wesentliche Informationsquelle der *introspektiv erlebten Einzigartigkeit* als auch ein wichtiges Medium der *extrovertierten Selbstpräsentation* in Worten, Objekten und Taten (Schlöder 1993, 140; Nunner-Winkler 2002, 77f.; Kessels & Hannover 2004, 404ff.). Das Commitment und der konstante Einsatz für subjektiv werthaltige Themen hinterlassen demnach eine unverwechselbare und für die Sozialpartner verlässliche Signatur der produktiven Realitätsverarbeitung (Waterman 1985, 6; Baitsch & Schilling 1990, 27f.). Aufgrund anhaltender Kommunikationsprozesse über Werthaltungen und Interessengebiete mit signifikanten Anderen eignen sich die mit einem Gegenstandsbereich assoziierten Attribute, Sprachstile und Tätigkeiten hervorragend für die Zwecke einer symbolischen Selbstinszenierung, weil sie in relevanten Bezugsgruppen vielfältige, kollektiv konsentierte Assoziationen wecken (s. auch Daniels 2008, 62f.).
3. Sie stellen ein Kernelement der absichtsvollen *Steuerung der Identitätsarbeit* dar (Haußer 1995, 49ff.) und können in dieser Eigenschaft als *zweite Komponente* des *Willens zum Nicht-Müssen* (Sembill 1995, 126ff. und 2003, 193f.) interpretiert werden. Wer sich für bestimmte Themen nicht aus innerem Druck oder

äußerem Zwang, sondern aus tiefer Überzeugung, mit Hingabe und Freude engagiert, verweigert sich nicht einfach nur den als inkongruent oder inakzeptabel erachteten sozialen Normen (Abschnitt 3.2.1). Vielmehr leistet er auch einen konstruktiven Beitrag in der Gestaltung seiner gesellschaftlichen Position, weil er sich im Bewusstsein bestehender Wahlmöglichkeiten verantwortungsvoll zu subjektiven Leitwerten seines Handelns bekennt, sich öffentlich daran festmachen lässt und hierfür aktiv eintritt (Krapp 1992b, 302; Scheunpflug 2008, 62). Aus dem *Doppelcharakter* der autonomen Bindung *als innerer Haltung und äußerem Engagement* (Marcia 1993a, 8ff.; Haußer 1995, 49f.) erwächst ihr Potenzial, Rollenkonflikte zu entschärfen, denn bestehenden Ambiguitäten in sozialen Zuweisungen setzt der Positionsinhaber überzeugte Selbstverpflichtungen entgegen (Schlöder 1993, 141). Die individuell begründeten, verantworteten und gelebten Werte bzw. Interessen ermöglichen ihm eine produktive Integration in gesellschaftliche Strukturen (Blasi 1988, 226f.; Fend 1991, 21). So betrachtet erfährt das in Abschnitt 3.2.1 skizzierte Spannungsfeld aus individueller Entscheidungsnotwenigkeit und Begründungsverpflichtung in heterogenen Anforderungsstrukturen seine Auflösung in *bejahenden Willensbindungen* und der Bereitschaft, Prioritäten zwischen alternativen Handlungsoptionen zu setzen, „d.h. sich mit einer Sache, die einem wichtig ist, so stark zu identifizieren, dass man sich an die daraus erwachsenden Verpflichtungen gebunden fühlt und sich nicht dazu bringen kann, sie zu verraten" (Nunner-Winkler 2009, 16; s. auch Frankfurt 1993, 110ff.; Sembill 1995, 127f.; Meuter 2002, 207f.).

4. Als übersituative Fixationspunkte der Identitätsarbeit definieren sie nicht nur selbstverordnete präskriptive Richtgrößen der Betätigung in einzelnen oder mehreren Handlungsfeldern, sondern auch *zentrale selbstevaluative Standards* für die kontextgebundene und – auf höchster Generalisierungsstufe – die globale Selbstbewertung. Vor allem Werthaltungen sind deshalb ebenso wie Identitätsziele und -projekte integraler Bestandteil des in Abschnitt 3.2.3.1 beschriebenen *Ideal Self* (Waterman 1985, 6; Schlöder 1993, 148ff.; Greve 2000, 19; Krobath 2009, 325 i.V.m. 374ff.). Beide Konstrukte indizieren subjektiv *wichtige und wünschenswerte* Selbsterfahrungen in spezifischer qualitativer Ausprägung, die ein Individuum durch bewusste Anstrengungen zu realisieren trachtet (z.B. Braun & Borg 2004, 179; Filipp & Mayer 2005, 268; Schwartz 2007, 170f.).

Da Werte und Interessen über disparate Situationen und parzellierte Handlungsaufgaben hinweg integrierend wirken können, tragen sie weiterhin maßgeblich zur Entstehung eines diffusen und vorbewussten *Identitätsgefühls* bei, in dem sich ein Subjekt als „stimmige Gestalt" in verschiedenen Lebenswelten und -abschnitten immer wieder erkennt (Erikson 1998, 18 und 147f.). Die Erlebensqualitäten dieses Identitätsgefühls werden in jüngeren Veröffentlichungen zumeist als *Authentizität* (z.b. Ferrara 1998; Harter 1999), als Teilaspekte der *Integrität des Selbstkonzepts* (z.b. Haußer 1995, 28ff.) sowie als *Kohärenz* (z.B. Antonovsky 1997; Straub 2000a; Nunner-Winkler 2002) diskutiert, ohne jedoch von allen Autoren trennscharf und mit gleichem Ergebnis unterschieden zu werden. Die nachstehenden Ausführungen sind deshalb um eine funktionale Differenzierung von Authentizitäts- und Integritätsempfindungen einerseits und dem Kohärenzerleben andererseits bemüht.

Gefühle der *Authentizität* signalisieren die *Realitätsadäquanz zentraler Selbstbehauptungen* in laufenden Interaktionsprozessen (Haußer 1995, 30f.). Während also subjektiv *konsistente* Identitätskonstruktionen in einer sachlogisch möglichst widerspruchsfreien Anordnung selbstbeschreibender Aussagen wurzeln und ein Empfinden von Selbstkonzeptklarheit vermitteln (Filipp & Mayer 2005, 271), bilanziert das Authentizitätsgefühl die *Vereinbarkeit* von selbstbezogenen Einschätzungen bzw. Selbstverpflichtungen einerseits und emittiertem Verhalten andererseits (Harter 1999, 228ff.; Straub 2000a, 284; Nunner-Winkler 2002, 78f.). Gefühle der Authentizität – oder aber der Selbstentfremdung als deren Antipode – geben dem Subjekt eine Antwort auf die kardinale Frage, ob es wichtige Elemente seines Identitätsentwurfs nur narrativ, gewissermaßen als zeremonielle Lippenbekenntnisse, angekündigt hat oder in relevanten Handlungskontexten verwirklichen konnte (s. auch Keupp et al. 2006, 264). Die Selbstbehauptung muss sich in der Realität bewähren, d.h. durchgehalten und durchgesetzt werden, sonst bleibt sie ein „semiotisches Artefakt" (Renn 2002, 241).

Wer nicht konkordant zu subjektiv fundamentalen Willensbindungen handelt, verleugnet demnach seine Identität (Ferrara 1998, 5ff., 59 und 80ff.; Harter 1999, 228; auch Taylor 1992, 19ff.). Haußer (1995, 28ff.) operationalisiert diesen Sachverhalt als Teilbereich der *Integrität* des Selbstkonzepts. Integrität beinhaltet dabei nicht nur eine ökologische Konsistenz (als wahrgenommene Stimmigkeit des Verhaltens in verschiedenen Lebensbereichen), sondern auch die *Konsequenz in der Einstellungs-Verhaltens-Relation* (als wahrgenommene Übereinstimmung des Verhaltens mit grundlegenden Überzeugungen) sowie die *Echtheit in der Emotions-Verhaltens-Relation*

3.2 Prozesse und Produkte der Identitätsarbeit

(als wahrgenommene Übereinstimmung vollzogener Aktivitäten mit bewussten Gefühlen)[1].

Aus gesundheitspsychologischem Blickwinkel stellt das *Kohärenzempfinden* hingegen eine *globale Bilanzierung eigener Bewältigungskapazitäten* in Anbetracht der vielfältigen Anforderungen und Verhaltenserwartungen in unterschiedlichen sozialen und materialen Umwelten dar (z.B. Lorenz 2005, 34ff.). Von Antonovsky (1997, 34ff.) stammt die wohl bekannteste Definition des *Sense of Coherence*. Er begreift das Kohärenzempfinden als durchdringendes Gefühl des Vertrauens darauf, dass

- die Stimuli, die sich im Verlauf des Lebens aus der inneren und äußeren Umgebung ergeben, strukturiert, vorhersehbar und erklärbar sind (*Verstehbarkeit*);
- ausreichende Ressourcen zur Verfügung stehen, um den Anforderungen, die diese Stimuli erzeugen, wirkungsvoll zu begegnen *(Handhabbarkeit/Machbarkeit)*;
- jene Anforderungen subjektiv als Herausforderungen eingestuft werden können, die Anstrengung und Engagement lohnen *(Sinnhaftigkeit/Bedeutsamkeit)*.

Die inhaltliche Verwandtschaft des *Sense of Coherence* zu Konzepten einer *allgemeinen Selbstwirksamkeit* ist unübersehbar: Generalisierte Selbstwirksamkeitserwartungen bestehen gegenüber diversen kritischen Anforderungssituationen und bringen eine optimistische Einschätzung der *allgemeinen* Problem- und Lebensbewältigungskompetenz zum Ausdruck, die sich in Folge kumulierter *Performance Accomplishments* in unterschiedlichen Kontexten herausgebildet hat (Schmitz & Schwarzer 2002, 192ff.; Schwarzer & Jerusalem 2002, 29ff.). Allerdings offenbart sich ein *fehlendes*

---

1 Anschlussfähig an diese Überlegungen, aber wiederum in abweichender Terminologie, diskutiert die Berufsbildungsforschung das Ausmaß, in dem berufsbezogene Werte in der täglichen Arbeit verwirklicht werden können, als Grundbedingung einer als sinnerfüllt oder kohärent empfundenen beruflichen Identität (Baitsch & Schilling 1990, 28f.; Hoff 1990, 14f.). Experimentelle Anordnungen zur Validierung der *Selbstdiskrepanztheorie* konnten zudem wiederholt zeigen, dass das Gewahrwerden selbstdiskrepanter Handlungen aversive Emotionen auslöst, deren jeweilige Qualitäten von der Ich-Nähe der jeweils verletzten Selbstcharakterisierungen abhängt (zsf. Higgins 1999, 154ff.). Demnach berichten Personen, deren Aktivitäten von ihrer Konzeption eines *Ideal Self* abweichen, von depressiven Verstimmungen wie bspw. Enttäuschung, Traurigkeit oder Verzweiflung. Dagegen stellen sich bei Handlungen, die den Inhalten eines *Ought Self* als den Repräsentationen fremddefinierter Verhaltensgebote widersprechen, Gefühle ein, die mit sozialer Angst und antizipierter Sanktionierung verbunden sind, darunter Ruhelosigkeit, Anspannung und Furcht vor negativer Bewertung durch Andere.

Kohärenzempfinden nicht nur in der Einschätzung, Umweltanforderungen nicht adäquat bewältigen zu können (Aspekt der Handhabbarkeit/ Machbarkeit in Antonovskys Definition). Darüber hinaus erscheinen dem betroffenen Individuum die Anforderungen per se schon als nebulös, im Extremfall als chaotisches Rauschen, das es nicht zu dechiffrieren vermag (Verstehbarkeit). Situationale Selbstthematisierungen ereignen sich hierdurch als unverständliche, schicksalhafte Widerfahrnisse. Gleichzeitig erlebt das Subjekt seine Handlungsaufgaben als erdrückende Bürde und nicht als bedeutungsvolle, herausfordernde Betätigung (Antonovsky 1997, 34ff.). Ein solcherart gebrochenes Identitätsgefühl trägt die *fatalistischen Züge eines hilflosen Ausgeliefertseins* an zufällige Umweltkonstellationen. Dessen negative Effekte auf gesundheitsrelevante Verhaltensweisen wie auch auf Indikatoren der psychischen und psychosomatischen Gesundheit wurden mehrfach empirisch erhärtet (zsf. Lohaus 1992, 80ff.; Franke 1997, 172ff.; Schröder 1997, 324f.; Lorenz 2005, 40ff.).

3.2.4 Überzeugungsarbeit und Mobilisierung externer Ressourcen im Ringen um die soziale Validierung von Selbstbehauptungen

Ebenso wie die narrative Interpretation der eigenen Biografie dient auch das Bemühen um Kohärenz und Authentizität nicht nur dem Zweck einer Selbstvergewisserung und inneren Stabilisierung. Vielmehr ist das Individuum bestrebt, *soziale Bezugspersonen von seinen Selbstbehauptungen zu überzeugen* (Renn & Straub 2002, 15f.). In den Rückmeldungen der Umwelt möchte es seine Identitätsentwürfe registriert und bestätigt finden. Dies kann durch ausdrückliche Bekräftigung, wohlwollende Tolerierung und sogar durch missbilligende Zurückweisung erfolgen, wann immer eine Person ihre Identität in bekennender Distinktheit von idealtypischen Normierungen demonstrieren will (s. hierzu Goffman 1973; Habermas 1996, 237). Jener performativ erzeugten Individualität geht es folglich

> „(…) nicht um *Berichte* und Feststellungen aus der Perspektive eines Beobachters, auch nicht um *Selbstbeobachtungen,* sondern um interessierte *Selbstdarstellungen,* mit denen ein komplexer Anspruch gegenüber zweiten Personen gerechtfertigt wird: der Anspruch auf Anerkennung der unvertretbaren Identität eines in bewußter Lebensführung sich manifestierenden Ich" (Habermas 1988, 206, Herv. i.O.).

3.2 Prozesse und Produkte der Identitätsarbeit 97

Dementsprechend vollzieht sich auch der in Abschnitt 2.5 beschriebene Balanceakt von eigenen Aspirationen, situativen Erfordernissen und fremden Zuschreibungen nicht nur introspektiv, sondern auch in *konfliktträchtiger Aushandlung* (Krappmann 1969/2005, 167; Keupp et al. 2006, 196ff.). Eine sozial überzeugende Identitätsarbeit bedarf deshalb eines ausgeprägten Verhandlungsgeschicks und fußt auf Strategien der Selbstdarstellung im interpersonalen Austausch (z.B. Schlenker 1980, 168ff.; Laux & Renner 2004, 186ff.; Schütz & Marcus 2004, 201f.). Zur Illustration dieser von Krappmann (1969/2005; Abschnitt 3.2.1) nur grob umrissenen identitätsförderlichen Fähigkeit sei zunächst exemplarisch verwiesen auf *Konstruktionsregeln der wohlgeformten Narration* im westlichen Kulturkreis (Gergen & Gergen 1988, 20ff.; Kraus 2002, 167ff.), auf glaubwürdigkeitserzeugende und durchsetzungsorientierte *rhetorische Strategien* in Streit- und Schlichtungsgesprächen (Deppermann 2005) sowie auf mannigfaltige Techniken der positiv-offensiven wie auch der defensiven *Eindruckssteuerung* (zsf. Mummendey 2002, 218f.).

Eingehend betrachtet wird an dieser Stelle die *Funktion sozial konsentierter selbstsymbolisierender Handlungen* für die Verwirklichung von Identitätszielen (Gollwitzer & Wicklund 1985; Bayer & Gollwitzer 2000; Gollwitzer et al. 2002). Die Kernaussage des zugrunde liegenden Erklärungsmodells lautet, dass Fortschritte auf dem Wege zur Erreichung gewählter Identitätsziele durch den Besitz und Gebrauch identitätskonstituierender Symbole, die ihrerseits *gesellschaftlich definiert* sind, öffentlichkeitswirksam dokumentiert werden müssen, um Gültigkeit beanspruchen zu können (s. hierzu auch Habermas 1996). Der soziale Interaktionsraum präjudiziert also, welche Symbole veranschlagt werden dürfen, um bspw. als erfolgreicher Geschäftsmann oder guter Vater zu gelten. Damit definiert das soziale Kollektiv die *legitimen* Indikatoren der angestrebten Selbstdefinition. Der Einzelne ist hierdurch zwar alternativlos auf die Kenntnisnahme und Akzeptanz der zur Schau gestellten Symbole in seinem Umfeld angewiesen, um Selbstbehauptungen Geltung zu verschaffen *(soziale Realisierungshypothese)*, er kann sich dabei jedoch aus einer großen *Vielfalt untereinander zum Teil substituierbarer Symbole* bedienen. Neben verbalisierten Selbstbeschreibungen (z.B. Ich bin ein guter Chirurg) sind dies diverse Insignien, Objekte, Aktivitäten und Leistungen, die im engeren und weiteren Inhaltsbereich des angestrebten Identitätsziels angesiedelt sind (z.B. akademische Titel, weißer Kittel, Vorträge, Publikationen, Beratungsgespräche, erfolgreiche Operationen etc.). Dieser Umstand ermöglicht es dem Individuum im Falle einer erlebten *symbolischen Unvollkommenheit* in subjektiv zentralen Identitätsbereichen, die z.B. aus negativen Leistungsrückmeldungen oder ungünstigen sozialen Vergleichsprozessen resultieren kann, *symbolische Selbstergänzungen* vorzunehmen. Einen wahrgenommenen Mangel an Symbolen in fundamentalen Bereichen seiner Identitätskonstruktionen wird es auszugleichen suchen, indem es alternative, gleichwertige Symbole aus diesem Inhaltsbereich erwirbt und präsentiert *(Kompensationshypothese)*.

Es ist eine weitere Besonderheit identitätsrelevanter Ziele, dass diese im Unterschied zu instrumentellen Handlungszielen selten *final* erreicht werden, so dass die symbolische Unvollkommenheit als regulärer Dauerzustand bezeichnet werden kann. Das Ansammeln, Anordnen und Ausgestalten selbstsymbolisierender Aktivitäten erreicht kaum jemals eine kritische Masse (bspw. nach jahrzehntelanger Berufserfahrung), weil das Individuum beständig zusätzliche und neuartige Symbole ins Auge fasst und sich auch die sozialen Definitionen identitätskonstituierender Attribute laufend fortentwickeln. Eine Beendigung des Zielstrebens erfolgt in der Identitätsarbeit primär dann, wenn (1) einzelne, unverzichtbare Symbole nicht vereinnahmt werden können (man denke z.b. an das abgeschlossene Medizinstudium als Voraussetzung, praktizierender Arzt zu werden), (2) relevante Bezugsgruppen konsistent und hartnäckig die Anerkennung expressiver Mittel des Identitätsentwurfs verweigern oder (3) ein konfligierendes oder neuartiges Identitätsziel eine höhere subjektive Bedeutsamkeit erhält als das ursprünglich verfolgte.

Immerhin findet die konfliktträchtige Überzeugungsarbeit „nur" in einem begrenzten Raum statt. Demzufolge muss das Individuum seine Identitätsansprüche so artikulieren, dass sie zumindest von den *subjektiv signifikanten* Bezugspersonen akzeptiert, gewürdigt sowie ideell und pragmatisch unterstützt werden (s. auch Anselm 1997, 137ff.; Leary 2006, 226ff.; Rosenbusch 2007, 1050ff.). Gerade die *berufliche Identität* wird vielfach als *Kampf um Anerkennung* (Bremer 2004, 111) diskutiert, da es für ihre Entwicklung und Etablierung wesentlich ist, von der relevanten beruflichen Praxisgemeinschaft aufgenommen zu werden und dieser dauerhaft anzugehören. So kann das Individuum z.B. fachliche Kompetenz nicht einfach proklamieren; vielmehr müssen ihm diese Eigenschaften auch zugestanden werden, denn letztlich „entscheidet eben die Anerkennung in der 'Praxisgemeinschaft' darüber, ob die Entwicklung zum 'Experten' erfolgreich verlaufen ist" (ebd.). Somit hängen die Erfolgschancen der *sozialen Validierung* eigener Identitätsentwürfe innerhalb einer störungsanfälligen Kommunikation zwischen Personen mit oft unterschiedlichen Situationsdeutungen davon ab, dass die in Ansatz gebrachten Darstellungsmittel im Umfeld entsprechend der eigenen Intentionen dechiffriert und als berechtigt und zutreffend gewertet werden.

Eine gewährte Anerkennung erstreckt sich nach Honneth (1994, 148ff.) auf die *emotionale Zuwendung* in Primärbeziehungen wie Freundschaften, die *kognitive Achtung* zwischen Ego und Alter als moralisch zurechnungsfähige Träger von Rechten und Pflichten in einem institutionalisierten Rechtsgefüge sowie die *soziale Respektierung und Wertschätzung* individueller Eigenschaften und Fähigkeiten in der Solidargemeinschaft. Entsprechend vielfältig können folglich auch die Gesten einer offerierten Unterstützung ausfallen (zsf. Rothland 2007). Fydrich und Sommer (2003, 84) unterscheiden zwischen Varianten der *emotionalen Unterstützung* (z.B. akzeptierendes Zuhören, Verständnis, Anteilnahme, Ermutigung), der *praktischen Unterstützung* (z.B. aktiver Beistand, modellhafte Lösungswege, Arbeitsentlastungen, Geschenke) und der *sozialen Integration* (z.B. Beziehungssicherheit, kooperative Aktivitäten).

Im *schulischen* Interaktionsraum stellen derartige Anerkennungsformen jedoch knappe und prekäre Güter dar: Schulen gelten gemeinhin als *Wertschätzungswüsten,* in denen errungene Erfolge kaum gewürdigt und explizite Gesten des Zuspruchs, des Lobes und der Unterstützung nur rudimentär ausgetauscht werden (z.B. Koch-Riotte 2000, 132f.; Rosenbusch 2007; Rothland 2007, 258f.). Gerade unter den Bedingungen erweiterter Handlungsspielräume wirkt sich aber das Ausbleiben von Anerkennung negativ auf die individuelle Lebensführung respektive Berufsausübung aus, weil jene, „die unter fehlender Anerkennung leiden, nicht selten den Mut und die notwendigen sozialen Kompetenzen verloren haben, um die neuen optionalen Freiheiten auch zu nutzen" (Keupp et al. 2006, 260; s. auch Taylor 1992, 14ff.; Anselm 1997, 143ff.). Eine erfahrene oder erahnte Zurückweisung bzw. Nichtbeachtung birgt sogar gravierende gesundheitliche Gefahren: Unmittelbar kommt es zunächst zu einer Verringerung des Selbstwertgefühls, was dem Betroffenen im Sinne der *Soziometer-Funktion der Selbstbewertung* einen drohenden Ausschluss aus dem Sozialgefüge signalisiert (Leary et al. 1999, 89ff.). Mittelbar können auf diesem Wege Widerstandskräfte, Leistungsabruf und Kontrollüberzeugungen in konkreten Stresssituationen geschwächt sowie allgemeine psychophysische Beeinträchtigungen wie Ängstlichkeit, Burnout oder depressive Zustände befördert werden (Kanning 2000, 59; Schütz 2000, 191; Sosnowsky 2007, 125).

Über die soziale Akzeptanz und Unterstützung hinaus bedarf die Realisierung von Selbstbehauptungen aber auch ermöglichender und stabilisierender Bedingungen *materieller, ökonomischer und struktureller Art* (Ahbe 1997, 210ff.): Ohne eine angemessene Bezahlung und Zertifizierung erbrachter Leistungen, ohne ausreichende Qualifizierungsmöglichkeiten und Verwertungschancen sowohl auf dem Arbeitsmarkt als auch innerhalb organisationaler Arbeitsstrukturen entgleitet der berufliche Identitätsentwurf in einen zynischen Schwebezustand (s. auch Beck 1994, 46ff.; Baitsch & Schilling 1990, 32f.; Keupp 1997, 19f.; March 2004, 318f.). Dennoch bleibt auch das üppigste Reservoir an *externalen Ressourcen* wirkungslos, wenn das Individuum nicht in der Lage ist, verfügbare Ressourcenbestände zu erkennen und produktiv zu verwerten (Laireiter 1993, 39ff.; Ahbe 1997, 216ff.; Schröder & Schwarzer 1997; Keupp et al. 2006, 198ff.; Rothland 2007, 250ff.). So belegen Studien zur Belastungsverarbeitung die überlegene Bedeutung von individuellen Fähigkeiten in Form eines variantenreichen *Help-Seeking-Repertoires* sowie von internalen Ressourcen in Form des *empfundenen Nutzens von Unterstützungsleistungen* gegenüber dem beobachtbar vorhandenen Support (zsf. Leppin & Schwarzer 1997, 350ff.; Schröder 1997, 330ff.; Wentura et al. 2002, 111 f.; Schwarzer 2004, 176ff.; Rothland 2007, 255f.). Derartige Befunde unterstreichen die Relevanz *subjektiver Sichtweisen* auf kontextgebundene Anforderungen und wirkungsvolle Bewältigungsformen.

3.3 Erfassung beruflicher Sichtweisen als indirekter Zugriff auf die berufliche Identität

Kompatibel zum Rahmenmodell schulleitenden Handelns aus Kapitel 2 konnte in den Ausführungen dieses Kapitels gezeigt werden, dass auch Identitätsleistungen in Akten einer produktiven Realitätsverarbeitung erbracht werden. Demzufolge konstruiert ein Individuum seine Identität nicht nur dadurch, dass es sich aus der übernommenen Perspektive des generalisierten Anderen oder im Zuge einer introspektiven Selbstwahrnehmung zu einem besonderen Reflexionsobjekt macht (z.B. Mead 1975, 187ff.; Bem 1978, 224ff.; Werth & Mayer 2008, 175ff.), sondern auch dadurch, dass es im Verlauf seiner Umweltauseinandersetzungen disparate Selbsterfahrungen selektiert, synthetisiert und bewertet (z.B. Haußer 1995) und Identitätsansprüche in performativen Handlungen ausdrückt (z.B. Kessels & Hannover 2004; Laux 2008, 246ff.). Somit ist Identitätsarbeit „auch und zuvorderst eine praktische Angelegenheit" (Renn & Straub 2002, 15), welche sich „im Medium der Handlung und im Horizont der für die Person relevanten individuellen Maximen des Handelns" manifestiert (ebd., 17).

3.3.1 Handlungsaufgaben als Entstehungs- und Bewährungsfeld der Identitätsarbeit

Diejenigen Handlungen, in denen Identität entdeckt und überprüft, verändert und weiterentwickelt wird, sind stets *lebensweltlich verankert* (Haußer 1995, 105ff.). Weiterhin ist Individualität immer auch *sozial vermittelt und dialogisch errichtet,* wie die hier berichteten Forschungsbeiträge des Symbol-Interaktionismus und der Sozialpsychologie unterstreichen (Markus & Cross 1990, 578ff.; Münch 2002a, 259ff.; Werth & Mayer 2008, 183ff.). Sie sensibilisieren dafür, dass die Terminologie und Grammatik von Selbsterzählungen, die verbalen und nonverbalen Gesten der Identitätsdarstellung sowie die Interaktionssequenzen zwischen den Inhabern verschiedener sozialer Positionen durch soziale Deutungs- und Verhaltensregeln und durch abstrakte Rollenattribute kanalisiert und legitimiert werden (z.B. Bruner 1999, 17ff.). Sie verweisen ferner auf den hohen Stellenwert sozialer Vergleiche und Rückmeldungen für individuelle Selbstbeschreibungen und -bewertungen.

Identitätsarbeit erwächst deshalb aus verschiedenen Grundspannungen (Hoff 1990, 13ff.; Neuenschwander 1996, 38f.; Rothermund & Brandtstädter 1997, 120f.; Keupp et al. 2006, 196ff.): Konfrontiert mit Diskrepanzen zwischen Selbstbewertung und Fremdzuschreibung, zwischen vergangenen, aktuellen und prospektiven Erfahrungen sowie zwischen partikularen Handlungskontexten und konfligierenden Rollen(-segmenten), besteht eine Konstante des Selbst darin, die unausweichlichen Krisen zu akzeptieren und zu meistern (Whitbourne & Weinstock 1982, 126ff.; Marcia 1993a, 5ff.; Erikson 1998, 140ff.; Born 2002, 41f.). Identitätsentwürfe und ihre Revisionen entspringen deshalb in hohem Maße unablässigen, konflikt-trächtigen Interpretations- und Aushandlungsprozessen, die eine Positionierung eigener Identitätsansprüche gegenüber widerstreitenden sozialen Zumutungen voraussetzen (Krappmann 1969/2005, 133ff.; Krapp 1992b, 302; Höfer & Straus 2001, 98ff.; Hurrelmann 2001, 170ff.; Kraus 2002, 180ff.).

3.3.1.1 Identität als Bewältigungsressource und Identitätsarbeit als Bewältigungsstrategie

Innerhalb einer lebenslang andauernden Identitätsarbeit sind die zu einem Zeitpunkt ausgebildeten Identitätskonstruktionen folglich sowohl das *Ergebnis* zurückliegender als auch die *Bedingung* anstehender Verarbeitungsprozesse von Umweltanforderungen (Whitbourne & Weinstock 1982, 109ff.; Haußer 1995, 62ff.; Rothermund & Brandtstädter 1997, 120; Born 2002, 31; Leipold & Greve 2008, 407). In diese Verarbeitungsprozesse fließen konstitutive Elemente des eigenen Selbstverständnisses als Bewältigungsressourcen eigener Art ein und entwickeln sich im Prozessverlauf auch weiter (Neuenschwander 1996, 34ff.; Born 2002, 42ff.). Am Beispiel von *Selbstwirksamkeitserwartungen* wird besonders deutlich, dass der Erwerb und die Organisation von flexiblen Fähigkeiten der Belastungsregulation und Aufgabenbewältigung auf der einen Seite und der Aufbau einer personalen Identität unter variierenden Umweltkonstellationen auf der anderen Seite sich wechselseitig bedingen (Hurrelmann et al. 1986, 100ff.). Die Überzeugung, spezifische Anforderungen durch eigenes kompetentes Handeln unter Kontrolle bringen zu können, wirkt deshalb nicht nur *identitätsstiftend* (z.B. Haußer 1995, 41ff.; Hurrelmann 2001, 79ff.), sondern zugleich *protektiv* gegen Überforderung und Burnout (zsf. Schmitz 2001; Schwarzer 2004, 12ff.). In einem konkreten Betätigungsfeld beeinflussen Selbstwirksamkeitserwartungen nachweislich Art und Schwierigkeitsgrad der ausgewählten Handlungsschritte, die investierte Anstrengung auf dem Weg zur Zielerreichung, die bei Schwierigkeiten demonstrierte Ausdauer und damit indirekt auch den Handlungserfolg (Herzog 2007, 41).

Nicht zuletzt stellen die von Krappmann (1969/2005) benannten *identitätsförderlichen Fähigkeiten* spezielle *Bewältigungsressourcen* dar, die in jeden Interaktionszyklus eingebracht werden und sich dort ausdifferenzieren. Wird diese prozessuale Betrachtung auf die Lebensspanne eines Menschen ausgedehnt, so manifestiert sich in der gesamten *Identitätsarbeit* eine idiosynkratische *Bewältigungsstrategie*. Zum besseren Verständnis dieser theoretischen Position ist es erforderlich, den *Bewältigungsbegriff* auszuweiten, die *ontogenetischen Funktionen* der Identitätsarbeit zu ergründen sowie *generische Bewältigungsmodi* aufzudecken, unter die sich gängige Coping-Taxonomien der Belastungsverarbeitung subsumieren lassen.

Jüngere Beiträge der Bewältigungsforschung entkoppeln das Bewältigungskonzept zunehmend vom klassischen Stresskonzept und bauen es als isolierbares, flexibles Modul in unterschiedlichste Theoriebezüge und Forschungsgebiete ein (zsf. Weber 1997b, 7ff.):

> „Stellt man alle Verwendungszusammenhänge zusammen und nennt das dann Bewältigungsforschung, so bildet sich in ihr ein breites Spektrum von theoretischen und empirischen Ansätzen aus nahezu allen psychologischen Teildisziplinen und zahlreichen Themengebieten ab. (...) Zu der inhaltlichen Vielfalt kommt die methodische: Bewältigung wird ebenso abgebildet als mikroanalytischer Prozeß in der Reaktion auf kurzzeitige Laborstressoren wie auch als makroanalytischer Prozeß in der Auseinandersetzung mit sich

3.3 Erfassung beruflicher Sichtweisen als indirekter Zugriff auf die berufliche Identität 103

über Jahre oder Jahrzehnte hinziehenden chronisch belastenden Situationen und Entwicklungsverläufen" (Weber 1997b, 10).

Von klassischen Coping-Konzeptionen (Abschnitt 2.4.2) unterscheidet sich die Identitätsarbeit als Bewältigungsstrategie sowohl hinsichtlich ihrer Veranlassung und Fokussierung als auch in ihrer zeitlichen Taktung: Sie ist nicht lediglich ein Reflex auf akute Stresszustände, in denen individuelle Reaktionskapazitäten als ausgereizt oder überschritten wahrgenommen werden (Weber 1997a, 286; Kaluza & Vögele 1999, 358), sondern eine „Anpassung an höher entwickelte Zustände in einer Langzeitperspektive" (Neuenschwander 1996, 30; s. auch Weber 2005, 10ff.), wobei die angestrebten Entwicklungsergebnisse in wesentlichen Teilen subjektiv definiert werden (Oerter & Dreher 1998, 327). Weil das Selbstkonzept wird so zu einer „wichtige[n] Bezugsgröße für das gesamte Bewältigungsgeschehen" wird (Weber 1997b, 11), ist Identitätsarbeit folgerichtig nur als *intentionale Selbstentwicklung* (Lerner & Walls 1999; Brandtstädter 2007) zu verstehen. Dabei werden in dem Maße, in dem das Selbstsystem einer Person ihre Absichtsbildung und ihr Handeln steuert, kurzfristig-reaktive, situationsspezifische Bewältigungsakte durch langfristige, zielgerichtete und proaktive Adaptionsbewegungen in der Person-Umwelt-Auseinandersetzung überlagert (Blasi 1988, 237f.; Allmer 1997, 67; Lerner & Walls 1999, 7ff.; Schwarzer 2004, 162; Leipold & Greve 2008, 406f.).

Damit lassen sich zwei elementare Funktionen der im Zuge der Identitätsarbeit geleisteten Bewältigung anführen, die allen bislang diskutierten Verarbeitungsprozessen situativer Selbsterfahrungen ihre Richtung weisen (zsf. Greve 2000, 22ff.): Zum einen ist das Subjekt kontinuierlich bestrebt, innerhalb sozial regulierter Gelegenheitsstrukturen eigene *Handlungskapazitäten zu sichern und auszuweiten* (z.B. Sembill 2000, 60ff.; Hurrelmann 2001, 75ff.; Keupp et al. 2006, 235ff.). Zum anderen erfolgt Identitätsarbeit immer auch unter der Maßgabe der *Selbstbestätigung und Selbstwerterhöhung*. Sie wird also auch durch basale *Self-Evaluation-Motives* veranlasst (Sedikides et al. 2006, 66ff.) und dient dem Auf- und Ausbau sowie der Verteidigung eines positiven, zumindest jedoch widerspruchsfreien und subjektiv erwartungstreuen Selbstbildes (Kanning 2000, 163ff.; Dauenheimer et al. 2002, 173ff.; Filipp & Mayer 2005, 267ff.):

"Funktionen und Folgen der Identität sind im Handeln sowie im Erleben des subjektiven Wohlbefindens zu suchen" (Leipold & Greve 2008, 404)[1].

Ein integratives Rahmenkonzept, welches die zahllosen Bewältigungsalternativen des Subjekts auf generische Bewältigungsmodi zurückzuführen vermag, ist die *Zwei-Prozess-Theorie der Entwicklungsregulation* sensu Brandtstädter (zsf. Rothermund & Brandtstädter 1997; Wentura et al. 2002, 115ff.; Brandtstädter 2007, 7ff.)[2]: Kompatibel mit allgemeinen Modellen der Handlungsregulation (Kuhl 2001, 277ff.; Dörner 2008, 96ff.) setzt die identitätsstiftende Entwicklungsregulation an gegenwärtig registrierten, aber auch antizipierten Diskrepanzen zwischen Zielvorstellungen und Entwicklungsstatus an, wobei die relevanten Zielvorstellungen zutiefst *selbstbezogen* sind: Es handelt sich um die potenziellen, individuell erstrebenswerten oder sozial zugewiesenen Inhalte von Identitätskonstruktionen, welche als Zukunftsentwürfe und selbstevaluative Standards *(Possible / Ideal / Ought Self)* mental repräsentiert sind.

Zur Schließung einer aktuellen oder künftig möglichen Entwicklungslücke bestehen – unabhängig davon, dass bereits deren Wahrnehmung diversen selbstkonzeptschützenden und selbstwertdienlichen Dynamiken unterliegt – grundsätzlich zwei Möglichkeiten: Eine Option besteht darin, den aktuellen Status in den gewünschten Zustand zu transformieren, was als *assimilativer Bewältigungsmodus* bezeichnet wird. Das Individuum kann unter Einsatz kompensatorischer Maßnahmen, selbstkorrektiver Handlungen, selbstverifizierender Aktivitäten sowie durch manipulative Eingriffe in seine Umweltbedingungen versuchen, sich erhofften Entwicklungsverläufen anzunähern, gefasste Identitätsziele zu verwirklichen oder normativen Erwartungen zu genügen. Im assimilativen Modus macht also die Person „ihr Leben, sich selbst oder gar ihr Selbst zum Gegenstand eingreifenden Handelns" (Rothermund & Brandtstädter 1997, 121). Assimilative Anstrengungen lassen sich dementsprechend unter handlungs- und kontrolltheoretischen Gesichtspunkten analysieren. Funktionell sind diesem Bewältigungsmodus Operationen der

---

1 Am Beispiel des Bemühens um ein widerspruchsfreies Selbstmodell ließe sich diese Aussage dahingehend zuspitzen, dass eine registrierte Inkonsistenz fundamentaler Selbstbehauptungen einerseits das zumeist diffuse Identitätsgefühl und damit das generelle Wohlbefinden beeinträchtigt, da man nicht mit sich im Reinen ist. Andererseits beschneidet sie individuelle Handlungsoptionen, da keine zweifelsfreie Aussagen über abrufbare oder nicht abrufbare Fähigkeiten und Fertigkeiten in der Umweltauseinandersetzung getroffen werden können (Greve 1997, 20).

2 Inhaltliche Parallelen zu diesen Regulationsprozessen weisen auch die *primären und sekundären Kontrollstrategien* während der Lebensspanne nach Heckhausen und Schulz (1995) auf.

Planung und Implementation von Handlungszielen zugeordnet (zsf. Sembill 1992, 99ff.). Dazu gehören die Problemanalyse und -bewertung ebenso wie die Mobilisierung und Erweiterung internaler und externaler Ressourcen zur Problemlösung. Während für die assimilativen, handlungsaktiven Bewegungen in Richtung individueller Ansprüche oder verinnerlichter sozialer Forderungen die Persistenz eben dieser identitätskonstituierenden Zielstellungen und die Aufrechterhaltung selbstevaluativer Standards kennzeichnend ist, manipuliert der *akkomodative Bewältigungsmodus* die Zielstrukturen und Standards per se. Adaptionsprozesse dieser Art setzen vorrangig dann ein, wenn sich das Individuum seiner Einschätzung nach innerhalb restriktiver Umweltbedingungen bewegt, die zielgerichtete Operationen aussichtslos erscheinen lassen oder bereits faktisch ausgehebelt haben (z.B. Bodenmann 1997, 78; Rothermund & Brandtstädter 1997, 123). Unter diesen Umständen werden wahrgenommene Diskrepanzen vielfach dadurch eingeebnet, dass die mit der Ideal- bzw. Soll-Vorstellung ursprünglich verknüpften positiven Valenzen abgebaut, die mit der Differenzwahrnehmung verbundenen negativen Gefühle neutralisiert und hierdurch weitere assimilative Tendenzen unterbunden werden. Diesen Zweck erfüllen Prozesse der Abwertung und Ablösung von blockierten Zielen, die Redefinition von Erfolgsmaßstäben, die Vorstellung negativer Kontrastszenarien sowie die entlastende Umdeutung aversiver Ereignisse, bspw. durch die Konzentration auf nutzbringende Elemente misslicher Lebenslagen (Brandtstädter 2007, 23ff.). Der Begriff Bewältigungs*strategie* ist allerdings für solche intrapsychischen Bewältigungsmechanismen streng genommen unpassend: Jene können sich zwar in bewussten Entscheidungen artikulieren (bspw. darin, ein zu kostspieliges Identitätsprojekt ad akta zu legen) und durch geplante Handlungen gestützt werden (z.B. Kündigung einer Vereinsmitgliedschaft), jedoch stellen diese Entscheidungen und Maßnahmen weniger die Ursache als vielmehr das Resultat präintentional vollzogener Präferenzanpassungen dar (Wentura et al. 2002, 117; Brandtstädter 2007, 26f.). Bei der Diskussion von Erklärungsmodellen der Arbeitszufriedenheitsgenese in Kapitel 4 wird eine spezielle Variante akkomodativer Bewältigung noch detailliert betrachtet.

3.3.1.2   Probleme der Operationalisierung und Messung beruflicher Identität

Angesichts dieser Ausführungen stellt Identität als *praktisches Selbstverhältnis* (Tugendhat 1979, 28ff.; Blasi 1988, 237f.; Renn & Straub 2002, 14; Nunner-Winkler 2009, 15f.), welches bei der Bewältigung konkreter Handlungsaufgaben entsteht und sich hierin bewähren muss (s. hierzu auch Herzog 1991; Oevermann 1995, 38ff.; Hoff 2005, 120f.), einen schwer greifbaren Untersuchungsgegenstand dar. Seine empirische Analyse ist mindestens in zweifacher Hinsicht problembehaftet. Zum einen schließt die *Kontextgebundenheit* beruflicher Identitätskonstruktionen standardisierte Erhebungsinstrumente für alle Berufsgruppen weitgehend aus (s. die Übersicht von Raeder & Grote 2005, 338ff.). Zwar rekurrieren etliche Untersuchungen aus der Berufsbildungsforschung auf das Strukturmodell der Identität nach Haußer (1995), welches die Dimensionen *Selbstkonzept, Selbstwertgefühl* und *Kontrollüberzeugung* umschließt, sie fokussieren jedoch unterschiedliche Teilaspekte dieser Modellstruktur und/oder verwenden unterschiedliche Operationalisierungen und Erhebungsinstrumente (z.B. König 1993; Mieg & Woschnack 2002; Grote & Raeder 2003). Andere Studien betrachten *Entwicklungsstufen* der beruflichen Identität im Sinne einer schrittweisen Eingliederung in die Anforderungsstruktur eines Berufsfeldes sowie einer sukzessiven Übernahme von Arbeitshaltungen und Leistungsverhalten der hier tätigen Experten (z.B. Bremer & Haasler 2004; Heinemann & Rauner 2008). In ähnlicher Weise konzentrieren sich manche Zugänge auf die Ausformung einer *sozialen Identität,* indem sie verschiedene Aspekte der Selbstkategorisierung als Mitglied berufsrelevanter Gruppierungen erfassen (z.B. van Dick & Wagner 2002). Einige Forscher werten stattdessen Interviewmaterial danach aus, wie einzelne Personen *berufstypische Rollenkonflikte bzw. Antinomien der Berufsausübung* reflektieren und verarbeiten (z.B. Helsper 2000; Unger 2007a, b).

Zum anderen lassen sich weder die individuellen *Konsistenzregeln* von Selbstbehauptungen und Deutungsmustern der sozialen Realität direkt abfragen (s. hierzu Oevermann 2001, 10f.) noch der *Bewährungsgrad* beruflicher Identitätsentwürfe ausschließlich anhand eines diffusen Gefühls „des Sinnhaften, des Verstehbaren und Gestaltbaren" (Keupp et al. 2006, 267) messen[1]. Die in verschiedenen Betätigungsfeldern erbrachten Syntheseleistungen eines Menschen folgen nämlich keinen arithmetischen Regeln, sondern persönlichkeitsimmanenten Maßstäben, die situativ differierende und selbstdiskrepante Erfahrungen in unterschiedlichem Umfang dulden (s. vertiefend die Ausführungen zur *Ambiguitätstoleranz* bei Krappmann 1969/2001 sowie zu dissonanzreduzierenden und selbstwertdienlichen Verarbeitungsstrategien selbstbezüglicher Umweltinformationen bei Dauenheimer et al. 2002). Dabei können selbstwertdienliche Wahrnehmungsverzerrungen in moderater Ausprägung so-

---

1 Testtheoretische Defizite der Sense of Coherence Scale von Antonovsky (Abschnitt 3.2.3.2) diskutieren Schumacher et al. (2000).

gar zum Erhalt von Produktivität und mentaler Gesundheit beitragen (Haußer 1995, 53ff.; Taylor & Brown 1999, 58; Dauenheimer et al. 2002, 182).

Im Folgenden wird beschrieben, auf welche Weise in der eigenen Studie beruflicher Identitätsentwürfe von schulischen Leitungspersonen rekonstruiert werden soll. Forschungsmethodische Implikationen des gewählten Zugangs werden in Abschnitt 6.2 erörtert.

3.3.1.3 Berufliches Selbstverständnis und berufliche (Sub-)Kulturen als individuelle und kollektiv geteilte Sichtweisen von Berufsangehörigen

Die hier gewählte Erhebungsform der Befragung macht sich den Umstand zunutze, dass eine Person ihrer Identität nicht nur pragmatisch Ausdruck verleiht, indem sie schlichtweg „dieses vollbringt und jenes lässt" (Straub 2000a, 281), sondern auch *indirekt* artikulieren kann, „wie sich sich versteht und sehen möchte, in dem sie (...) ihre diesbezügliche Sicht der 'Dinge' preisgibt" (ebd.). Ein Mensch kann mithin Auskunft geben über bewusstseinsfähige „Situations-, Beziehungs- und Selbstdefinitionen", die er im betrachteten Interaktionsraum entwirft und mit denen er dort „seine Identität präsentiert und seine Handlungsfähigkeit aufrechterhält" (Arnold 1983, 894). Deshalb soll die berufliche Identität von Schulleitern anhand der von ihnen geäußerten *berufsbezogenen Sichtweisen* erschlossen werden.

Sichtweisen werden stets *domänenspezifisch* ausgebildet und erfüllen als *Deutungsmuster* zur erfahrungsbasierten Aufordnung sozialer Realität sowohl handlungsleitende als auch handlungsrechtfertigende Funktionen (Arnold 1983, 895ff.; Ullrich 1999, 4f.; Unger 2007b, 159ff.; Seifried 2009, 33ff.; Sembill & Seifried 2009, 345ff.). Im jeweiligen Betätigungsfeld bringt die subjektive Sichtweise damit die „eigenen Relevanzsetzungen, Interpretations- und Bewertungsmuster der beruflichen Alltagspraxis" (Languth 2006, 75) zum Ausdruck und befördert die Anwendung hiermit kompatibler Kommunikationsformen und Handlungsstrategien bei der Berufsausübung (s. auch Wissinger 1996, 167ff.; Forberg 1997, 34).

Weil identitätsstiftende Sichtweisen in der Auseinandersetzung mit den Deutungstraditionen verschiedener sozialer Bezugsgruppen entstehen, in welche der Einzelne eingebunden ist, weisen sie neben subjektiv-sinnhaften Relevanzstrukturen stets auch historisch-gesellschaftliche bzw. gemeinschaftliche Referenzpunkte auf (Oevermann 2001, 5ff.; Arnold 1983, 897; Ullrich 1999, 3ff.; Unger 2007b, 160ff.). Dies erzwingt eine analytische Differenzierung von *Aggregationsstufen* berufsbezogener Sichtweisen in Abhängigkeit ihres *Konsensualisierungsgrades* innerhalb eines

Berufsfeldes, wie sie der Abbildung 3.3 entnommen werden kann (s. für eine ähnliche Systematisierung auch Esslinger 2002, 17ff.).

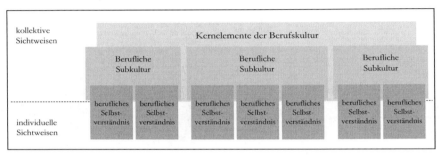

Abbildung 3.3: Aggregationsniveaus berufsbezogener Sichtweisen (eigene Darstellung)

Individuelle Sichtweisen sind als subjektive Deutungsmuster der einzelnen Berufsmitglieder in kollektive Deutungsmuster eingebettet, besitzen aber in Teilen einen idiosynkratischen Zuschnitt bzw. stellen person- und kontextgebundene Abwandlungen kollektiv geteilter Auffassungen dar (Arnold 1983, 897f.; Ullrich 1999, 2ff.; Unger 2007b, 164ff.; Bremer & Haasler 2004, 165ff.). In der Schulforschung werden diese individuellen Sichtweisen zumeist als *subjektive Berufsauffassung* (z.b. Esslinger 2002; Languth 2006), als *berufliches Selbst- oder Rollenverständnis* (z.b. Baumert & Leschinsky 1986; Wissinger 1996; Forberg 1997; Winterhager-Schmid 1998) oder als *berufliches Selbstkonzept* (z.b. Werle 2001) analysiert. Entgegen der weitgehend synonymen Verwendung dieser Begriffe (z.b. Roggenbuck-Jagau 2005) fällt ihre Operationalisierung jedoch äußerst heterogen aus (s. Kapitel 5).

Als *kollektive Sichtweisen* können die tradierten und weitgehend veränderungsresistenten, stereotypen Deutungsmuster innerhalb einer sozialen Gruppe bezeichnet werden (Arnold 1983, 894). Sie offerieren den einzelnen Gruppenmitgliedern sowohl Interpretationsschablonen als auch Leitlinien und Legitimationen für die Ausgestaltung ihrer täglichen Betätigungs- und Interaktionsroutinen (Ullrich 1999, 2ff.). Auf höchster Aggregationsstufe können diese geteilten Deutungsmuster als *Kernbereiche einer Berufskultur* (z.b. Terhart 1996) oder als *kollektive mentale Modelle* von Professionsmitgliedern (z.b. Preuße & Zlatkin-Troitschanskaia 2008) erfasst werden. Neben solchen mehrheitlich geteilten Überzeugungen und Handlungstendenzen weist aber jeder Berufsstand eine mehr oder minder starke *Binnendifferenzierung* auf. Unter dem Einfluss ähnlicher organisationaler Handlungsbedingungen und/oder vergleichbarer personaler Leistungsvoraussetzungen bilden sich je spezifisch akzentuierte und nur innerhalb bestimmter Teilgruppen konsentierte Berufsauffassungen aus, die ebenso wie die individuellen Sichtweisen in Teilen von den verbindenden Kernbereichen der gemeinschaftlichen Berufskultur abweichen können. In pädagogischen Berufen lassen sich solche divergenten *Sub- bzw. Teilkulturen* unter anderem in Abhängigkeit der Schulart-, Schulgrößen- und Fachzugehörigkeit wie auch des Alters ihrer Mitglieder nachweisen (z.b. Baumert & Leschinsky 1986; Terhart 1996; Riedel 1998; Esslinger 2002, 280ff.; Kuper 2002; Altrichter & Eder 2004; ergänzend Abschnitt 2.3.2).

3.3.2 Gegenstandseingrenzung der vorliegenden Arbeit

Mit Hilfe berufsbezogener Sichtweisen soll in der vorliegenden Studie der *bewusstseinsfähige, verbalisierbare Teil beruflicher Identitätskonstruktionen* erfasst werden. Annahmegemäß liefern dabei Sichtweisen „intersubjektiv kommunizierbare und verbindliche Antworten" auf solche Probleme, welche für die (Inter-)Aktionen der Mitglieder einer bestimmten sozialen Gruppierung typisch sind und dort wiederholt auftreten, aber bei Weitem nicht wohl-definiert, mithin deutungsbedürftig sind (Oevermann 2001, 5 i.V.m. 21). Für die Berufsgruppe der Schulleiter wurden derartige Problembereiche bereits ausführlich anhand konfligierender Rollensegmente und eines diversifizierten Tätigkeitsspektrums erörtert. Dabei wurde ersichtlich, dass mit dem Amt in nahezu paradox anmutendem Ausmaß widersprüchliche Erwartungen verbunden sind (Schley 2000, 116). Sein Anforderungsprofil gilt als eines der kompliziertesten in der öffentlichen Verwaltung (Vogelsang 1989, 40; Füssel 1998, 150ff.; Rauch 2003, 14f.; Rolff 2006, 347f.; Reichwein 2007, 235f.).

Die berufliche Rolle bündelt die formalen wie informellen Verhaltenserwartungen, die von verschiedenen Seiten an den Inhaber einer bestimmten Position adressiert werden und in variierenden Graden sanktionsbewehrt sind, so dass eine Person soziale Forderungen nicht pauschal und dauerhaft enttäuschen kann, ohne als Rollenträgerin diskreditiert zu werden (z.B. Neuberger 2002, 318ff.; Schimank 2002, 47ff.; Lührmann 2006, 137). Weil jedoch Rollennormen nur schematisierte, ambivalente und zum Teil kontradiktorische Orientierungsmarken offerieren, müssem sie im Berufsalltag erst interpretierend erschlossen, organisiert und ausgestaltet werden (z.B. Wissinger 1996, 68ff.; Joas 1998, 146ff.). Diejenigen Selbstbehauptungen, die sich in den geäußerten berufsbezogenen Sichtweisen eines Positionsinhabers konkretisieren, stellen insofern „standortgebundene, perspektivische, an Motive, Intentionen, Relevanzsetzungen, Interessen und Situationsdefinitionen des Akteurs und der 'signifikanten Anderen' gebundene hermeneutische Akte" dar (Renn & Straub 2002, 14; s. auch Frankfurt 1993, 108ff.; Sembill 2006, 187ff.; Nunner-Winkler 2009, 15f.). Sie sind subjektive „Stellungnahmen zu dem, was identitätsrelevante Kollektive, praktische und symbolische Ordnungen einem jeden Individuum an qualitativen Identitätsprädikaten nahe legen oder oktroyieren" (Straub 2000a, 282f.).

Weil das Resultat des Abwägens fremder Erwartungen deren Annahme (Identifikation), Ablehnung oder Modifikation sein kann, ergibt sich der *relationale Grundmodus der Identitätsarbeit* (z.B. Frey & Haußer 1987, 17) unter anderem daraus, dass das Subjekt widerstreitende Rollensegmente zueinander konstelliert und sich hierzu – bspw. durch individuelle Schwerpunktsetzungen in der Berufspraxis – positioniert (z.B. Turner 1956, 319ff.; Krappmann 1969/2005, 137; s. auch Fend 1991, 14f.). Es muss „eine Identität finden und deklarieren, damit sein Verhalten in dieser nur für ihn geltenden Konstellation an Hand seiner individuellen Person für andere wieder erwartbar gemacht werden kann" (Luhmann 1995, 132, Herv. nicht übernommen). Eine besondere Bedeutung kommt dabei dem *Willen zum Nicht-Müssen* (Sembill 1995, 126ff. und 2003, 193f.) zu, welcher eine kritische Distanz zu inkongruenten oder inakzeptablen Rollennormen mit solchen produktiven Gestaltungsbeiträgen vereint, die einer überzeugten Wertbindung entspringen.

Vor diesem Hintergrund wird das berufliche Selbstverständnis einer schulischen Leitungsperson im Sinne der *redefinierten Aufgabe* (Richter & Hacker 1998, 37) als *subjektive Sichtweise auf Art und Inhalt der beruflichen Handlungsaufgaben sowie auf deren Bewältigung* definiert. Den normativ strukturierten Korridor, innerhalb dessen sich das berufliche Selbstverständnis bei der Bearbeitung konkreter Handlungsaufgaben herauskristallisiert, markiert das durch verschiedene Anspruchsgruppen formulierte präskriptive Berufsprofil (Münch 1999, 66ff.; Languth 2006, 11ff.). Abbildung 3.4 visualisiert die einzelnen Komponenten dieser aufeinander verwiesenen Konzepte, indem es in Form der verbalisierten Identitätskonstruktion die „subjektive Seite des Arbeitsprozesses gegenüber den objektiven Dimensionen der Arbeitsaufgaben" (Heinemann & Rauner 2008, 4) beleuchtet.

Das *präskriptive Berufsprofil* lässt sich anhand der übertragenen kategorialen Zuständigkeitsbereiche bzw. Rollensegmente einer Position, des zugewiesenen funktionalen Tätigkeitsspektrums und der geforderten Kompetenzen des Amtsinhabers

3.3 Erfassung beruflicher Sichtweisen als indirekter Zugriff auf die berufliche Identität 111

spezifizieren (s. die Abschnitte 2.2.1 und 3.1.2). Demgegenüber konstituiert sich das *berufliche Selbstverständnis* entsprechend der unterschiedlichen Dimensionen individueller Identitätskonstruktionen (z.B. Haußer 1995, 62ff.; Staudinger & Greve 1997, 7ff.) über kognitive, affektiv-evaluative und konative Modalitäten der Erfüllung des beruflichen Auftrags.

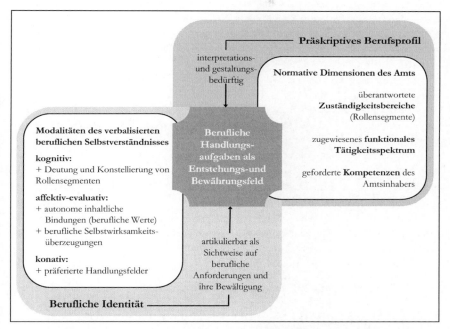

Abbildung 3.4: Gegenstandseingrenzung der Studie: Berufliches Selbstverständnis als verbalisierbarer Anteil der beruflichen Identität (eigene Darstellung)

Die *kognitive Dimension* wird hierbei als subjektive Deutung und Konstellierung von Rollensegmenten operationalisiert (s. Abschnitt 3.2.1). Dagegen umschließt die *affektiv-evaluative Dimension* erstens inhaltliche Bindungen einer Person in Form ihrer beruflichen Werte, welche subjektiv gewichtige (Identitäts-)Ansprüche im Arbeitskontext, etwa ein hohes soziales Ansehen oder eine interessante und abwechslungsreiche Tätigkeit, indizieren (Semmer & Udris 2004, 161f.; Abschnitt 3.2.3.2). Zweitens wird das Niveau der Selbstwirksamkeitserwartung (Bandura 1999) berücksichtigt, welches die subjektive Einschätzung eigener Bewältigungskapazitäten angesichts konfligierender Anforderungsstrukturen und schwieriger Arbeitsbedingungen widerspiegelt (s. Abschnitt 3.2.2.1). Als *konative bzw. behaviorale Modalitäten* des Berufsverständnisses werden schließlich die im Arbeitsalltag präferierten Handlungsfelder betrachtet, mit denen die Führungskraft inhaltliche Akzente bei der Steuerung des Schulbetriebs und der Beziehungsgestaltung mit den Schulmitgliedern setzt (z.B. Wissinger 1996, 127ff.; Bonsen et al. 2002, 65ff.; vertiefend Abschnitt 2.2).

Weil der Berufsstand der Schulleiter annahmegemäß keinen monolithischen Block darstellt (s. Abschnitt 2.5), gilt das primäre Erkenntnisinteresse solchen Deutungsmustern des beruflichen Auftrags, die innerhalb von Teilgruppen des Berufsstandes konsentiert sind und sich als *kontingente Interpretations- und Gestaltungsvarianten der Amtsführung* sinnvoll beschreiben lassen. Orientiert an der Differenzierung individueller und kollektiver berufsbezogener Sichtweisen (Abschnitt 3.3.1.3) konzentrieren sich die empirischen Auswertungen folglich auf eine *mittlere Aggregationsstufe*. Auf Basis der in Kapitel 2 herausgearbeiteten zentralen Bestimmungsgrößen des Leitungshandelns werden vorrangig Konfigurationen des beruflichen Selbstverständnisses analysiert, die sich unter den Voraussetzungen ähnlicher Leistungs- und Belastungspotenziale der Amtsinhaber sowie vergleichbarer Kontextbedingungen der Berufsausübung formieren *(berufliche Subkulturen bzw. Leitungstypen)*.

3.4 Problematik der Effektivitätsbeurteilung von Bewältigungsprozessen

Als wenig ergiebig dürfte sich angesichts der situativen und personalen Kontingenzen der Berufsausübung die a priori-Festlegung einer vermeintlich „optimalen" oder „richtigen" Berufsauffassung erweisen (Baumert & Leschinsky 1986, 263; Pfeiffer 2002, 24). Stattdessen werden Intensität und Qualität *der psychischen Beanspruchung im Beruf* als subjektgebundene Indikatoren einer gelungenen oder misslungenen Balancierung zwischen Fremdzuschreibungen und Identitätsentwürfen in Ansatz gebracht. Zu diesem Vorgehen veranlassen nicht nur *differenzielle Wirksamkeitsbefunde* der Bewältigungsforschung (zsf. Suls & Fletcher 1985; Kaluza & Vögele 1999), sondern auch der Sachverhalt, dass sich viele Autoren gängiger Bewältigungstaxonomien von Aussagen zur *generellen* Erfolgsträchtigkeit einzelner Verarbeitungsformen distanzieren (z.B. Rothermund & Brandtstädter 1997; Folkman &

3.4 Problematik der Effektivitätsbeurteilung von Bewältigungsprozessen

Moskowitz 2004; Brandstädter 2007). Gegen pauschale Effektivitätsurteile sprechen die folgenden Gründe (zsf. Weber 1997a, 291ff.; Kaluza & Vögele 1999, 366f.; Folkman & Moskowitz 2004, 753ff.):

1. Die adaptive Güte eines Bewältigungsmusters kann nur unter Beachtung seiner spezifischen *Anwendungsbedingungen,* darunter Art, Intensität, Dauer und Kontrollierbarkeit der Einwirkung potenzieller Stressoren, bewertet werden (Vitaliano et al. 1990). Demzufolge können zur Verarbeitung singulärer kritischer Lebensereignisse (Filipp 1990) oder aber chronischer Schmerzen (Tennen et al. 2000) andere Copingstrategien dienlich sein als bei der Auseinandersetzung mit den vielen kleineren, aber kumulierten *Daily Hassles* des Berufslebens (Bodenmann 1997).
2. Es kommen verschiedenartige *Erfolgskriterien* in Betracht. Eine an der postulierten Funktionalität der untersuchten Bewältigungsformen (Abschnitt 2.4.2) orientierte *Effizienzbeurteilung* kann anders ausfallen als eine *Effektivitätsabschätzung* mit Blick auf die subjektiven Zielstellungen des Probanden (Reicherts & Perrez 1992a, 63f. sowie 1992b, 172ff.). Des Weiteren kann der Forscher generische Erfolgskategorien formulieren, zu denen das psychische Wohlergehen ebenso wie Indikatoren der körperlichen Gesundheit oder der sozialen Verträglichkeit des Bewältigungsverhaltens gehören können (Weber 1997a, 291). Bei simultaner Betrachtung mehrerer Kriteriumsvariablen ist sogar mit Zielinterferenzen und systematischen Trade-Offs zwischen den Wirkungsradien ein und derselben Bewältigungsform zu rechnen (ebd.).
3. Mit dem Wechsel des fokussierten *Bewertungszeitraums* verändert sich die Effektivitätsprognose. Berücksichtigt man verschiedene *Phasen* eines stressträchtigen Ereignisses wie bspw. einer Schulinspektion, so lässt die Vorbereitung auf den Besuch der Evaluatoren andere Bewältigungsakte sinnvoll erscheinen als das Warten auf die Ergebnisrückmeldung. Wägt man proximale und distale *Folgen* einzelner Verarbeitungsmodi gegeneinander ab, so dürften etwa der kurzfristige und der langfristige Nutzen von Alkoholkonsum angesichts einer wahrgenommenen Bedrohung erheblich auseinander klaffen.
4. Effektivitätsaussagen können in Abhängigkeit der *beurteilenden Instanz* und des *gewählten Erhebungsinstrumentariums* variieren. Anstelle von Selbsteinschätzungen können Fremdratings wie z.B. ärztliche Diagnosen sowie objektivierbare Parameter wie z.B. Krankentage oder eine Frühpensionierung herangezogen werden. Solchen Indikatoren erfolgloser bzw. kontraproduktiver Bewälti-

gungsversuche wird zwar insbesondere bei der Beurteilung spezifischer Erkrankungsstadien eine höhere Validität als den Selbstauskünften der Betroffenen zugesprochen (Lehr et al. 2008, 5), jedoch bleiben die in empirischen Untersuchungen berücksichtigten Indikatoren nicht selten auf behaviorale oder physiologische Spätfolgen des Bewältigungsprozesses beschränkt und blenden Frühwarnsignale chronischer Krankheitsverläufe aus.

Innerhalb der Matrix von Urteilsgegenstand, -zeitraum und -instanz können Wirksamkeitsabschätzungen von Bewältigungsformen somit durchaus widersprüchlich ausfallen (Weber 1997a, 291; Kaluza & Vögele 1999, 367). Immerhin zeichnet sich ein systematisches Zusammenhangsmuster studienübergreifend ab: Einseitig *eskapistische Strategien* wie chronische Vermeidung oder Leugnung sowie *resignative Tendenzen* der Selbstaufgabe, Selbstbeschuldigung oder Selbstbemitleidung erweisen sich in aller Regel langfristig als ineffektiv (zsf. Suls & Fletcher 1985, 279; Laux & Weber 1990, 583ff.; Weber 1997a, 292ff.; Folkman & Moskowitz 2004, 747; für die Lehrerbelastungsforschung auch van Dick 2006, 57ff.; Sieland 2007, 213ff.; Lehr et al. 2008, 5). Derartig konvergente Befunde lassen sich damit begründen, dass die psychophysischen Kosten und Risiken eskapistischer wie auch resignativer Verarbeitungsmodi ihren psychisch verwertbaren Nutzen übersteigen (Greve 1997, 32ff.): Die durch andauernde Fluchtbewegungen unmittelbar erzeugte mentale Entlastung erzwingt bspw. eine permanente physiologische Überaktivierung, um kontradiktorische Rückmeldungen aus der Umwelt abzuwehren. Hierdurch erschöpft sich sukzessive das individuelle Ressourcenreservoir (Weber 1997a, 292f.; s. auch Hobfoll 1989, 518ff.). Von maladaptivem Coping kann bei ausschließlich vermeidenden und kapitulierenden Tendenzen auch deshalb gesprochen werden, weil sich die erlebten Spannungen zwischen Individuum und Umwelt im Zeitverlauf entweder immer weiter verschärfen und hierdurch eben nicht mehr geleugnet werden können (van Dick 2006, 55) oder aber ein Gefühl völligen Kontrollverlustes entsteht, wenn in der Umweltauseinandersetzung unablässig Fehlschläge registriert werden (z.B. Seligman 1975, 9ff.; Büssing et al. 2006, 150f.). Die finale Eskalationsstufe derartiger Entwicklungen können Symptome *erlernter Hilflosigkeit* (Wortman & Brehm 1975, 287ff.), Empfindungen eines *fatalistischen* Ausgeliefertseins an unverstandene Umweltbedingungen (Habermas 1996, 59; Abschnitt 3.2.3.2) oder eine pathologische *Fragmentierung* von Identität (Haan 1977, 34ff.) bilden.

Darüber hinaus besteht ein *methodisches Problem* in solchen Untersuchungen, in denen sich die angelegten Effektivitätskriterien inhaltlich wie auch operational ent-

3.4 Problematik der Effektivitätsbeurteilung von Bewältigungsprozessen

weder mit den erfassten konstruktiven bzw. destruktiven Bewältigungsformen überlappen (Weber 1997a, 292) oder aber mit dispositionellen Traits überschneiden (Sosnowsky 2007, 132ff.). Statistische Zusammenhänge werden hierbei durch die konzeptionelle Nähe der verwendeten Skalen artifiziell erhöht. Zu denken wäre hier bspw. an Kriterien wie Suchtverhalten, Optimismus oder depressive Neigung.

Für die eigene Befragungsstudie leiten sich aus diesen Argumenten folgende Konsequenzen ab: Statt eine generalisierte Wirksamkeitseinschätzung zu suggerieren, sind Effektivitätsaussagen ausdrücklich für das selektierte Zielkriterium zu spezifizieren und zu begründen (Weber 1997b, 14; Kaluza & Vögele 1999, 367). Bei der Operationalisierung sollten Konfundierungen zwischen Bewältigungsressourcen bzw. -strategien auf der einen Seite und Erfolgskriterien auf der anderen Seite möglichst ausgeschlossen werden (s. auch Born 2002, 59ff.). Ferner sollten die empirischen Analysen darauf abstellen, die *Viabilität* unterschiedlicher Bewältigungsmuster im Sinne eines mehr oder minder vorhandenen *Coping-Environment-Fit* (Reicherts & Perrez 1992b, 163f.; Folkman & Moskowitz 2004, 755f.) abzubilden.

Ein weiteres Desiderat ergibt sich aus dem Umstand, dass in bisherigen Studien vorrangig pauschale Befindensabfragen durchgeführt wurden (Laux & Weber 1990, 587f.; Gehrmann 2007, 188f.) und diese mehrheitlich *negativ akzentuiert* waren (Kaluza & Vögele 1999, 373). Damit beschränkte sich die Effektivitätsbestimmung oftmals auf die Erfassung aversiver Zustandsbeschreibungen oder krankhafter Endstadien unter Ausblendung der positiven emotional-motivationalen Folgen von gelungenen Varianten der Umweltauseinandersetzung. Dies gilt besonders für die im schulischen Kontext angesiedelte Studien (Hakanen et al. 2006, 496; Klusmann et al. 2009, 201). Aus diesem Grund scheint es angebracht, *differenzierte* Wirksamkeitskriterien zu veranschlagen, indem positive wie auch negative Facetten berufsbedingter Beanspruchungen betrachtet werden.

Bei diesen Beanspruchungen handelt es sich jedoch stets um *multikausale* Phänomene, bei deren Begründung Belastungseinwirkungen der Arbeitsinhalte und -bedingungen ebenso wie protektive Ressourcen, Risikofaktoren und Arbeitsstrategien des Stelleninhabers berücksichtigt werden müssen (Wieland 1999, 201ff.; Zapf 1999, 40ff.). Daher ist empirisch zu klären, ob das handlungsleitende berufliche Selbstverständnis als besondere Bewältigungsstrategie einen *zusätzlichen und eigenständigen* Erklärungsbeitrag für die individuelle Beanspruchungsintensität und -qualität liefern kann.

4 Phänomene, Ursachen und Folgen psychischer Beanspruchung im Beruf

Nachdem die berufliche Identitätsarbeit als Bewältigungsstrategie situierter Handlungsaufgaben definiert und in Form des verbalisierbaren beruflichen Selbstverständnisses konkretisiert wurde, sollen nun die in der Studie betrachteten Effektivitätskriterien expliziert werden. Zu diesem Zweck werden zunächst die beiden Untersuchungsgegenstände *Belastungsempfindungen* sowie *Arbeitszufriedenheit* in ein Klassifikationsraster von Beanspruchungsreaktionen und -folgen eingeordnet (4.1) und anschließend einzeln erörtert (4.2). Anhand empirischer Erkenntnisse wird dabei argumentiert, dass diese beiden Erlebensqualitäten sowohl indikativ für das subjektive Wohlbefinden als auch prädiktiv für diverse Parameter des individuellen Leistungsabrufs im Beruf sind (4.2.1). Ferner ist darzustellen, dass in der Arbeitspsychologie *konkurrierende Modellierungen zufriedenheitsgenerierender Faktoren* existieren (4.2.2): Neben den „klassischen" Modellen dispositioneller, situativer und interaktionistischer Prägung, die entweder auf direkte Auswirkungen von Merkmalen der Person und des Arbeitsplatzes oder aber auf das Passungsverhältnis beider Variablenkomplexe abstellen, werden auch jüngere Modelle vorgestellt, die emotionalen Erlebnissen während der Arbeit starke Beachtung schenken. Deshalb werden in diesem Abschnitt prozessbegleitende Beanspruchungsreaktionen als mögliche Zufriedenheitsdeterminanten herausgeschält und in der Form von *Facetten des Belastungserlebens im Schulleitungsamt* beschrieben. Dazwischen finden sich Einlassungen zu *akkomodativen Prozessen in komplexen Identitätsprojekten,* die am Beispiel kontroverser Erklärungsansätze einer steigenden Arbeitszufriedenheit im Laufe des Erwerbslebens verdeutlicht werden. Abgerundet wird das Kapitel mit sozialpsychologischen und soziologischen Begründungen grundlegender Prinzipien einer beanspruchungsrelevanten, *gelingenden Balancierung* von Umweltanforderungen und Identitätsansprüchen (4.3).

4.1 Systematik positiver und negativer Beanspruchungsreaktionen und -folgen

Sowohl in den Arbeitswissenschaften als auch in der Lehrerbelastungsforschung werden Beanspruchungen als *Auswirkungen* von stressrelevanten Umwelteinflüssen auf den bzw. im arbeitenden Menschen definiert (Rohmert 1984, 195ff.; Richter & Hacker 1998, 49ff.; Bieri 2006, 45; Gehrmann 2007, 187f.). Da Personen infolge differenter Leistungs- und Belastungspotenziale in unterschiedlicher Art und Intensität „in Anspruch genommen" werden (Oesterreich 1999, 172ff.; Semmer & Udris 2004, 175ff.), handelt es sich bei berufsbezogenen Beanspruchungen um vielgestaltige psychophysische Phänomene. Um diese systematisch aufzuschlüsseln, werden in der einschlägigen Literatur zum einen *positive und negative* Beanspruchungen, zum anderen Beanspruchungs*reaktionen* und Beanspruchungs*folgen* unterschieden (zsf. Krause & Dorsemagen 2007, 67ff.; Harazd et al. 2009, 32ff.). Diese Differenzierungen lassen sich als orthogonale Dimensionen eines Klassifikationsrasters aufspannen, welches im Folgenden beschrieben wird.

Beanspruchungsreaktionen umfassen *reversible* Symptome und Erlebensqualitäten, die eng an den Vollzug der Arbeitstätigkeit gekoppelt sind. Demgegenüber werden als Beanspruchungsfolgen alle *mittel- bis langfristigen Resultate* der Beanspruchung bezeichnet, die sich chronisch bzw. habituell verfestigt haben. Ob es sich jeweils um positive oder negative Reaktionen bzw. Folgen handelt, hängt von dem in Abschnitt 3.4 beschriebenen Coping-Environment-Fit (Folkman & Moskowitz 2004, 755f.) ab: Übersteigen Arbeitsaufgaben und Arbeitsbedingungen die adaptiven Mittel des Individuums, kann sich das empfundene *Missverhältnis* kurzfristig z.B. in Ermüdungserscheinungen oder Kopfschmerzen und langfristig unter anderem in Angststörungen oder Burnout niederschlagen (s. auch Hillert 2007, 148ff.). Im Falle einer *Passung* von Anforderungsmerkmalen und Bewältigungsmöglichkeiten sind dagegen positive Reaktionen und Folgen zu erwarten – während der täglichen Arbeit z.B. geistige Aktivität oder Stolz, dauerhaft etwa Selbstsicherheit oder Zufriedenheit[1].

---

1 Da an einem Arbeitsplatz in aller Regel *sowohl* positive *als auch* negative Beanspruchungformen auftreten, stellt das Konzept der *Beanspruchungsoptimalität* (Wieland et al. 2006, 231f.) auf die Beanspruchungs*bilanz* der Erwerbstätigkeit ab. Beanspruchungsoptimale Arbeitssituationen zeichnen sich dadurch aus, dass in der Summe die positiven Beanspruchungen überwiegen.

4.1 Systematik positiver und negativer Beanspruchungsreaktionen und -folgen

Tabelle 4.1: Klassifikation von bei Lehrkräften untersuchten Beanspruchungsdimensionen (eigene Darstellung, angelehnt an die Diskussion bei Krause & Dorsemagen 2007)

		negative Ausprägungen	positive Ausprägungen
reversible Beanspruchungsreaktionen	*physiologisch*	Parameter des vegetativen Nervensystems wie kardiovaskuläre und elektrodermale Aktivitäten (z.B. Herzschlagfreqenz, Blutdruck, Hautleitfähigkeit) biochemische Indikatoren wie Adrenalin, Noradrenalin oder Cortisolspiegel elektrophysiologische Maße wie EEG oder EMG	
	kognitiv	Monotonie- und Sättigungserleben Beschreibung kritischer oder subjektiv belastender Arbeitssituationen	geistige Aktivierung wie Ideenvielfalt, Planungs- und Entscheidungsvermögen
		Bericht handlungsleitender Kognitionen	
	affektiv / emotional	Gereiztheit, Unsicherheit, Ärger, Aggressivität, Frustration, Irritation emotionale Dissonanz, Emotionsregulation durch Faking in good/bad faith	Freude, Ruhe, Gelassenheit, Flow
	behavioral	Fehlerhäufigkeit, Leistungsschwankungen	
		Aktivitäten während des Unterrichts, in den Pausen und nach Schulschluss	
habituelle oder chronische Folgen der Beanspruchung	*physiologisch*	psychosomatische und funktionelle Störungen, körperliche Beschwerden (z.B. Ruhebluthochdruck, Körperfettanteil) psychoimmunologische Indikatoren für chronischen Stress (z.B. Immunglobuline)	
	kognitiv	Pensionierungsabsichten Resignation, erlernte Hilflosigkeit	
		Selbstkonzept- und Wissensinhalte	
	affektiv / emotional	Burnout, Ängste, Phobien	emotionale Stabilität, Arbeitszufriedenheit, organisationales Commitment
	behavioral	Sucht- und Risikoverhalten (z.B. Medikamentenmissbrauch) Fehlzeiten, Berufswechsel, Reduzierung der Arbeitszeit, Frühpensionierungen psychotherapeutische Behandlung	Gesundheitsverhalten (z.B. sportliche Aktivitäten) Besuch von Fortbildungen, politisches und gewerkschaftliches Engagement

Eine noch detailliertere Systematisierung wird erreicht, wenn *physiologische, kognitive, affektive und behaviorale* Dimensionen der Beanspruchung voneinander abgegrenzt werden (s. auch Zapf 1999, 16ff.). Tabelle 4.1 ordnet eine Auswahl von Beanspruchungsformen, die bei Lehrkräften untersucht wurden, in das entstehende Klassifikationsraster ein. Aus der Zusammenschau der Untersuchungsgegenstände lässt sich das in Abschnitt 3.4 monierte Übergewicht negativer Auswirkungen der Umweltauseinandersetzung erkennen, ebenso wie die angesprochene Konfundierungsproblematik zwischen Effektivitätskriterien einerseits und internalen Ressourcen, Identitätskonstrukten und Belastungsverarbeitungsstrategien andererseits.

Varianten des *subjektiven Belastungsempfindens* während der beruflichen Betätigung gehören nach dieser Systematik zu den negativ akzentuierten Beanspruchungsreaktionen, *Arbeitszufriedenheit* zu den positiven Beanspruchungsfolgen. Gemeinsam ist beiden Konstrukten, dass sie *psychische* Beanspruchungsdimensionen mit affektiver bzw. emotionaler Prägung darstellen. Ihre Bedeutung für die Identitätsarbeit und den Leistungsabruf im Beruf wird nachstehend im Rückgriff auf jüngere Forschungsbefunde ausgelotet.

4.2 Subjektive Bilanzierungen der Berufspraxis im Fokus der Untersuchung

In Abschnitt 3.3.1.1 wurde als wesentliche Zielstellung der Identitätsarbeit die Kategorie „Wohlbefinden" benannt. Hiermit ist nicht die oszillierende *emotionale Befindlichkeit* gemeint, die in jeder situierten Selbsterfahrung eine gewichtige seismografische Funktion erfüllt (Sembill 1992, 117ff.; Sembill 2003), sondern ein *habituelles Wohlgefühl,* welches eine *bilanzierende Bewertung aggregierter Erlebenszustände* der zurückliegenden Wochen und Monate beinhaltet (Becker 1991, 14ff.; Diener & Lucas 2000, 326f.). Zur Erfassung subjektiv relevanter, d.h. aus Sicht der Einzelperson aussagekräftiger Indikatoren einer in der Summe gelungenen oder misslungenen Auseinandersetzung mit beruflichen Anforderungen sind sie deshalb gut brauchbar. Darüber hinaus liegen solide empirische Hinweise darauf vor, dass Zufriedenheitsbilanzen sowie andauernde Belastungsempfindungen die Entwicklung und den Einsatz individueller *Handlungsfähigkeiten* – eine zweite, elementare Zielmarke der Identitätsarbeit – nachhaltig beeinflussen.

4.2.1 Psychische Beanspruchung, berufliche Leistung und Gesundheit

In der Arbeitszufriedenheitsforschung hat sich nach langjährigen, kontroversen Debatten unter dem Eindruck der Meta-Analysen von Judge, Bono, Thoresen und Patton (2001) sowie Harter, Schmidt und Hayes (2002) gegenwärtig die Ansicht durchgesetzt, dass „substanzielle Zusammenhänge" (Wegge 2007, 278) zwischen der globalen Arbeitszufriedenheit und diversen Maßeinheiten der Arbeitsleistung bestehen (zsf. Fischer 2006; Schmidt 2006; Nerdinger et al. 2008, 433f.). Beträchtliche moderierende Einflüsse gehen dabei allerdings vom Anforderungsniveau der Aufgaben aus, so dass die durchschnittlichen Korrelationen bei *komplexen Tätigkeiten*, wie sie für Führungspersonen angenommen werden können, deutlich höher ausfallen (r = .52) als bei einfachen und mittelschweren Verrichtungen (r = .29) (Judge et al. 2001, 387f.). Die in Positionen mit komplexen Leistungsanforderungen gemessenen Zusammenhänge zwischen Zufriedenheit und Leistung sind tendenziell noch enger, wenn zur Leistungserfassung keine technologie- und prozessdeterminierten Messgrößen wie produzierte Einheiten oder Verkaufsumsatz, sondern Indikatoren eines freiwilligen, organisationsdienlichen Arbeitseinsatzes im Sinne des *Organizational Citizenship Behavior* verwendet werden (zsf. Felfe et al. 2005; Felfe & Six 2006, 48ff.; Staufenbiel 2000, 170ff.)[1]. Des Weiteren gehören *Absentismus, Fluktuation und Fluktuationsabsicht* zu den empirisch gesicherten Korrelaten negativer Zufriedenheitsbilanzen (Felfe & Six 2006, 50ff.; Nerdinger et al. 2008, 434).

Verhaltensnahe Konsequenzen ähnlicher Art wurden – allerdings mit jeweils inversen Vorzeichen – auch bei *erhöhtem Stress- bzw. Belastungserleben* festgestellt: Neben krankheitsbedingtem Arbeitsausfall und Frühpensionierungen (zsf. Rudow 2000, 21ff.; Weber 2004) wurden Leistungsschwankungen, Fehlerhäufungen und Leistungsverweigerungen, aber auch dysfunktionales Sozial- und Konfliktverhalten sowie Suchterkrankungen nachgewiesen (Zapf 1999, 17ff.; Schmitz et al. 2004; Klusmann et al. 2006; Nieskens 2006, 32ff.; Nerdinger et al. 2008, 523ff.).

Auf dieser Basis kann angenommen werden, dass Zufriedenheit und Belastungsempfinden wichtige Einflussgrößen der Güte der beruflichen Leistungserbringung darstellen, ohne dabei die Effekte weiterer Bedingungsgrößen zu negieren

---

[1] Zum Repertoire des *Organizational Citizenship Behavior* gehören nach Organ (1988, 7ff.) *Altruism* (freiwillige, uneigennützige Unterstützung von Kollegen), *Conscientiousness* (besondere Sorgfalt und Zuverlässigkeit zum Nutzen der Organisation), *Sportsmanship* (Toleranz gegenüber Ärgernissen, Störungen und Unannehmlichkeiten), *Courtesy* (Rücksicht, Umsicht, Verbindlichkeit in der Zusammenarbeit mit Kollegen) sowie *Civic Virtue* (aktive Beteiligung und verantwortungsbewusstes Engagement).

oder eine wechselseitige Beeinflussung zwischen psychischer Beanspruchung und Arbeitsverhalten auszuschließen (Wegge 2007, 278; speziell für die Berufsgruppe der Lehrkräfte auch Schaarschmidt & Fischer 2001, 61; Sieland 2007, 210ff.). Wodurch sich Arbeitszufriedenheit und Belastungsempfinden als psychologische Konstrukte konkret auszeichnen, wird nun zu diskutieren sein. Dabei werden Facetten des Belastungserlebens im Schulleitungsberuf als spezifische Zufriedenheitsdeterminanten in Abschnitt 4.2.2.4 erörtert.

4.2.2 Konzept, Determinanten und Formen der Arbeitszufriedenheit

Die subjektive Zufriedenheit mit der Erwerbstätigkeit kennzeichnet nach gängiger Auffassung einen „angenehmen, positiven emotionalen Zustand, der das Resultat der Bewertung der eigenen Arbeit ist" (Felfe & Six 2006, 39; s. auch Locke & Henne 1986, 21; Bieri 2006, 24ff.; Wegge & van Dick 2006, 13f.; Fischer & Belschak 2006, 95). Im Zufriedenheitsurteil bilanziert das Individuum auf Basis einer bestimmten Erwartungs- bzw. Anspruchshaltung die Qualität seines Erwerbslebens insgesamt *(allgemeine Arbeitszufriedenheit)* oder einzelner Aspekte derselben *(z.B. Zufriedenheit mit der Bezahlung)*.

Abgesehen von diesem definitorischen Minimalkonsens präsentiert sich die Arbeitszufriedenheitsforschung jedoch als heterogen, da den einzelnen Studien unterschiedliche theoretische Modellierungen und Untersuchungsdesigns zugrunde liegen (im Überblick z.B. Bieri 2006, 24ff.). Mit Blick auf die postulierten Verursachungsfaktoren interindividuell variierender Bewertungen des Erwerbslebens haben sich drei konkurrierende Begründungsansätze etabliert (zsf. Abele et al. 2006, 206ff.; ähnlich auch Fischer & Fischer 2005, 12ff.; Wieland et al. 2006):

1. *Bottom-up-Modelle,* welche direkte Einflüsse objektivierbarer oder perzipierter Arbeitsmerkmale auf das Zufriedenheitsniveau analysieren;
2. *Top-down-Modelle,* welche die Abhängigkeit des Zufriedenheitsurteils von stabilen Persönlichkeitsdispositionen oder spezifischen Leistungsvoraussetzungen des Individuums eruieren;
3. *Interaktionistische Modelle,* die Überlegungen zur zufriedenheitsgenerierenden Passung ausgewählter Personenmerkmale und Arbeitsplatzcharakteristika im Sinne eines Job-Person-Fit anstellen.

Diese „klassischen" Modellvarianten werden zunächst vergleichend dargestellt, bevor ergänzend ein Erklärungsansatz jüngeren Datums herangezogen wird. Dieser widmet sich einem eher stiefmütterlich behandelten Bedingungsgefüge, nämlich der (un-)zufriedenheitsstiftenden Wirkung von *Affective Events* während des Arbeitsprozesses.

4.2.2.1 Top-down- und Bottom-up-Modelle zur Erklärung von Arbeitszufriedenheit

Eines der ersten und bis heute populären Bottom-up-Modelle lieferten Herzberg, Mausner und Snyderman (1959, 79ff.). In ihrer *Zwei-Faktoren-Theorie der Arbeitszufriedenheit* inventarisieren sie diverse organisationsinterne Faktoren in zwei disjunkte Anreizklassen und beschrieben deren Auswirkungen auf das Zufriedenheitsniveau. Demzufolge beeinflussen *Kontentfaktoren* (auch Motivatoren genannt) das psychische Wohlbefinden in den Grenzen *neutral bis zufrieden*. Bei diesen Faktoren handelt es sich um Bewertungsgrößen, die definitionsgemäß unmittelbar auf den Arbeitsinhalt bezogen sind, namentlich die Ausübungsmöglichkeit einer interessanten Tätigkeit, Leistungserfolg, übertragene Verantwortung, Aufstiegs- und Entfaltungsoptionen sowie Anerkennung. Die Ausprägungshöhe dieser Kontentfaktoren ist allein entscheidend für das Ausmaß individueller Arbeitszufriedenheit. Dagegen vermag eine günstige Ausprägung so genannter *Kontext- bzw. Hygienefaktoren* lediglich ein *Unwohlsein* im Berufsleben zu *verhindern*. Auf Hygienefaktoren bezogene Zufriedenheitsurteile können sich demnach nur in einem Spektrum von *neutral bis unzufrieden* bewegen. Zu diesen im Arbeitsumfeld angesiedelten Variablen rechnen die Autoren unter anderem Gehalt, Sozialleistungen, äußere Bedingungen und Sicherheit des Arbeitsplatzes, zwischenmenschliche Beziehungen zu den Kollegen, den Führungsstil des Vorgesetzten sowie die Unternehmenspolitik.

Kritisierend können der *Zwei-Faktoren-Theorie* zwar eine mangelnde Trennschärfe der unterschiedenen Anreizklassen sowie methodische Artefakte bei der induktiven Generierung ihres Kategorienschemas angelastet werden, dennoch unterstreicht sie eindrücklich die hohe Bedeutung *tätigkeitsimmanenter Aspekte* für die subjektive Zufriedenheitsbilanz (Nerdinger et al. 2008, 429ff.). Übereinstimmend hiermit lassen sich nach gegenwärtigem Stand arbeitspsychologischer Erkenntnisse und auf Basis handlungstheoretischer Überlegungen folgende Basiselemente einer motivations-, zufriedenheits- und gesundheitsförderlichen *Arbeitsplatzgestaltung* anführen (Ulich 2007, 165f.; Rausch 2011, 127ff.):

- *Ganzheitlichkeit der Aufgaben* im Sinne der Einheit planender, ausführender und kontrollierender Elemente sowie der Möglichkeit, Handlungsergebnisse auf ihre Übereinstimmung mit organisationalen bzw. institutionalen Vorgaben überprüfen zu können;
- *Anforderungsvielfalt,* verstanden als Abwechslungsreichtum intellektueller, sensorischer und motorischer Betätigungen;
- *Gelegenheiten zur sozialen Interaktion* infolge von Aufgabenspezifikationen, deren Bewältigung kooperatives Agieren erfordert oder nahelegt;
- *Autonomiegrade* im Sinne eines Aufgabenzuschnitts, der im Unterschied zu rein ausführenden Tätigkeiten individuelle Dispositions- und Entscheidungsfreiheiten vorsieht;
- *Lern- und Entwicklungsmöglichkeiten* durch problemhaltige, anregende Aufgabeninhalte, zu deren Erledigung vorhandene Qualifikationen umfassend eingesetzt sowie neuartige Qualifikationen erworben werden müssen;
- *Zeitelastizität und freie Regulierbarkeit* der Aufgabenbearbeitung, die insbesondere durch zeitliche Puffer in Ablaufplänen gewährleistet wird;
- *Sinnhaftigkeit* von Arbeitshandlungen und -ergebnissen, etwa in der Form von Produkten, deren gesellschaftlicher Nutzen nicht offenkundig angezweifelt wird.

Allerdings zeigen empirische Analysen, dass die *perzipierten* Merkmale des Arbeitsplatzes (z.b. wahrgenommene Interessantheit der Tätigkeit) eine größere Varianz in den Zufriedenheitsbekundungen von Berufstätigen binden als *objektivierbare* Charakteristika ihrer Beschäftigungsverhältnisse (z.b. Gehalt, Dispositions- und Delegationsbefugnis) (Abele et al. 2006, 221). Sie übersteigen zudem markant die Erklärungskraft *institutioneller Arrangements* des nationalen Wirtschafts- und Arbeitsmarktes (z.b. mittleres Gehaltsniveau, Arbeitslosenquote oder gewerkschaftlicher Organisationsgrad eines Landes; s. hierzu Pichler & Wallace 2009, 546).

In konsequenter Fortführung dieses Gedankens postulieren *Top-down-Modelle* eine systematische *Personenabhängigkeit* der Arbeitszufriedenheit, die weitgehend losgelöst von kontextuellen Bedingungsfaktoren besteht (Abele et al. 2006, 207). Meta-analytische Auswertungen zahlreicher Studien stützen diese Annahme. Sie belegen konsistente Zusammenhänge mit persönlichkeitsprägenden Traits wie etwa einer positiven bzw. negativen *Affektivität* (Connolly & Visweswaran 2000, 274f.) sowie den Indikatoren von *Neurotizismus* und *Extraversion* (Judge et al. 2002, 533)[1]. Darüber hinaus korrespondieren Zufriedenheitsaussagen überzufällig mit einigen *identitätskonstituierenden Merkmalen,* etwa dem Selbstwertgefühl und Selbstwirksamkeitserwartungen (Judge & Bono 2001, 83). Für die Existenz personenimmanenter Determinanten der Arbeitsplatzbewertung sprechen weiterhin längsschnittliche Untersuchungen, die eine *moderate zeitliche Stabilität* von Zufriedenheitsniveaus über den Wechsel von Arbeitsplätzen hinweg dokumentieren (z.B. Staw et al. 1986, 67ff.). Hier liegt die Interpretation nahe, dass vor allem Neurotizismus und Extraversion permanent zu einer ungünstigen respektive günstigen subjektiven Rekonstruktion der Arbeitssituation führen und aus diesem Grund mit einer generell niedrigen respektive hohen Arbeitszufriedenheit einhergehen (Fischer & Fischer 2005, 12).

Widersprüchliche Ergebnisse fördern dagegen Studien zutage, welche *direkte* Zusammenhänge zwischen (Un-)Zufriedenheitsbekundungen mit einzelnen Arbeitsplatzmerkmalen und spezifischen *beruflichen Werten* der befragten Personen aufzudecken suchen (zsf. Borg 2006, 72ff.). Folgt man der Argumentation von Borg, so verweist die Befundlage auf moderierende *dissonanzreduzierende Regulationsprozesse.* Empirisch lassen sich demzufolge nur dann Beziehungsmuster zwischen der Wichtigkeit von und der Zufriedenheit mit verschiedenen Arbeitsaspekten aufdecken, wenn *generalisierte Kontrollüberzeugungen* und *dispositionelle Ängstlichkeit* der Untersuchungsteilnehmer berücksichtigt werden. Dabei wird erwartet, dass eine ausgeprägte Unzufriedenheit mit einem Arbeitsplatzmerkmal grundsätzlich als umso unangenehmer empfunden wird, je wichtiger die zu beurteilende Thematik eingestuft wird. Derartige aversive Emotionen kann das Individuum aber lindern, indem es im Zuge eines akkomodativen Korrekturprozesses die subjektive Valenz des zu beurteilenden Gegenstandes herunterstuft (s. hierzu vertiefend die Abschnitte 3.3.1.1 und 4.2.2.3). Die Wahrscheinlichkeit des Einsetzens dieser meist unbewussten, intrapsychischen Entlastungsmechanik sollte sich nun in dem Maße erhöhen, in dem das Vertrauen in die eigenen Bewältigungsfähigkeiten gering ist und/oder angstbesetzte Erlebenszustände dominieren. Nur unter diesen Voraussetzungen sollten sich *monotone Zusammenhänge* zwischen themenspezifischen Zufriedenheitsaussagen und Wichtigkeitsbekundungen ergeben. Unter den Bedingungen hoher internaler Kontrollüberzeugungen und/oder geringer Ängstlichkeit ist hingegen zu vermuten,

---

1 Weil vergleichbare Zusammenhänge auch in der Wohlbefindensforschung nachgewiesen wurden (Diener & Lucas 2000, 330f.), wird die allgemeine *Lebens*zufriedenheit von manchen Autoren als stabiler Trait oder internale Ressource einer Person eingestuft (s. ergänzend Abschnitt 2.4.1).

dass Zielverfehlungen bei subjektiv bedeutsamen Sachverhalten zur vollen, schmerzlichen Bewusstheit gelangen. Anstelle von Abwertungstendenzen dürften von diesen Personen eher intensivierte Anstrengungen unternommen werden, um zufriedenstellende Erlebnisse in den als unverändert wertvoll erscheinenden Themenfeldern zu ermöglichen (s. hierzu auch Richter & Hacker 1998, 38ff.; Brandtstädter 2007, 33ff.).

Offenbar lässt sich die „Kausalitätsfrage" der Arbeitszufriedenheitsforschung nur dann befriedigend lösen, wenn Zufriedenheitsmodelle neben direkten Einflussfaktoren auch *vermittelnde Größen* vorsehen (Fischer & Fischer 2005, 12f.; Wieland et al. 2006, 230). Im *Job Characteristics Model* von Hackman und Oldham (1980, 72ff.) nimmt bspw. das subjektive *Entfaltungsbedürfnis* im Beruf diese Mittlerfunktion ein. Demnach entscheidet die Intensität des Wunsches nach selbstständiger Betätigung, Leistungsfeedback, Partizipation und optimaler Zielerreichung darüber, ob der Inhaber einer Stelle, die nach arbeitswissenschaftlichen Kriterien ganzheitlich und abwechslungsreich angelegt und mit Entscheidungsspielräumen und Ergebnisrückmeldungen ausgestattet ist, seine Tätigkeit auch als bedeutsam *erlebt*, sich hierfür verantwortlich *fühlt* und aktuelle Resultate *einschätzen* kann. Nur bei Erfüllung dieser psychologischen Grundbedingungen kann sich Arbeitszufriedenheit einstellen.

4.2.2.2 Interaktionistische Modelle des Job-Person-Fit

Eine besondere Würdigung erfahren derartige Wirkungsketten in Erklärungsansätzen, die das Passungs- bzw. Missverhältnis bestimmter Personen- und Arbeitsplatzmerkmale zum entscheidenden (un)zufriedenheitsdeterminierenden Faktor erheben (zsf. Wieland et al. 2006, 228). Empirisch gestützt wird diese Annahme dadurch, dass in kongruenten Person-Arbeitsplatz-Konstellationen wiederholt nicht nur positivere Zufriedenheitsurteile, sondern auch höhere Verbleibsquoten und größere Erfolge im Beruf nachgewiesen wurden als in Konstellationen mit geringer Passung (zsf. Bergmann 1998, 33ff.; Wiese 2003, 129ff.).

Die vielfach belegte Robustheit von Zufriedenheitsurteilen *über verschiedene Stufen der Erwerbstätigkeit hinweg* wird dabei mit *Selektionswirkungen* bei der Berufs- und Stellenwahl sowie den hieraus resultierenden, stabilen Kopplungen zwischen bestimmten Personencharakteristika und Arbeitsplatzmerkmalen begründet (Baitsch 1998, 287ff.; Dormann & Zapf 2001, 492ff.). Demnach suchen Menschen bevorzugt solche beruflichen Einsatzgebiete auf, die ihren individuellen Neigungen, Fähigkeiten und Wertvorstellungen am ehesten entsprechen. Geleitet von diesen Dis-

4.2 Subjektive Bilanzierungen der Berufspraxis im Fokus der Untersuchung

positionen und Werthaltungen wirken sie auch kreativ auf den inhaltlichen Zuschnitt ihrer Aufgaben und den Modus der Aufgabenerfüllung ein (s. auch Abschnitt 3.2.3.2).

Der prominenteste Vertreter interaktionistischer Erklärungsansätze ist das *Zürcher Modell der Arbeitszufriedenheit*, dessen Grundzüge von Bruggemann, Groskurth und Ulich (1975) entworfen wurden. Das Modell zeichnet sich dadurch aus, dass es mit sparsamen Prämissen und Elementen nicht nur variierende Zufriedenheits*niveaus*, sondern auch qualitativ unterscheidbare Zufriedenheits*formen* erklären kann (Fischer & Fischer 2005, 13). Anschlussfähig an die in Abschnitt 3.3.1.1 beschriebene Zwei-Wege-Theorie der Entwicklungsregulation wurzelt das Zufriedenheitsurteil in einer reflexiven Abwägung von *subjektiven beruflichen Standards* als den individuellen Orientierungsmarken und Bewertungsmaßstäben der Berufsausübung auf der einen Seite und *perzipierten* Merkmalen des Arbeitsplatzes auf der anderen Seite. Diese Kontrastierung bildet das Kernelement aller so genannter *Diskrepanz-Ansätze* (Six & Felfe 2004, 607f.; Wieland et al. 2006, 227). Dem *Zürcher Modell* zufolge erschließt sich aber die Dynamik der Zufriedenheitsgenese erst aus der Gesamtfolge dreier Kernprozesse der Person-Umwelt-Auseinandersetzung (Bruggemann et al. 1975, 132). Dies sind

1. eine *vorhandene oder ausbleibende Befriedigung* subjektiver Bedürfnisse und Erwartungen zu einem gegebenen Zeitpunkt,
2. die *Erhöhung, Aufrechterhaltung oder Senkung des individuellen Anspruchsniveaus* infolge der eingetretenen oder ausbleibenden Befriedigung sowie
3. Prozesse der *Problemlösung, Problemfixierung, Problemverdrängung* im Falle der Nicht-Befriedigung.

Nur unzureichend lässt sich das Endergebnis jener mehrstufigen Umweltverarbeitung – die bewertete Qualität des Arbeitslebens – auf einer eindimensionalen Skala zwischen den Polen „hoch zufrieden" und „unzufrieden" abtragen. Aus der je individuellen Verknüpfung intrapsychischer und instrumenteller Bewältigungsalternativen ergeben sich vielmehr divergente Einstellungen gegenüber dem Arbeitsverhältnis, die mit je spezifischen Affektlagen und Handlungsbereitschaften assoziiert sind (Bruggemann et al. 1975, 129ff.; s. auch Fischer & Fischer 2005, 13ff.; Baumgartner & Udris 2006, 113ff.; Bieri 2006, 27ff.). Zu deren besserem Verständnis ist zunächst festzuhalten, dass am Ende des *ersten* Verarbeitungsabschnitts nicht bereits das *finale* Zufriedenheitsvotum, also eine wie auch immer geartete *manifeste*

(Un-)Zufriedenheit, steht. Stattdessen mündet die Diskrepanzabschätzung in eine eher unterschwellige Empfindung, die vom Realisationsgrad berufsbezogener Wünsche und Erwartungen abhängt: Je nachdem, ob der Vergleich subjektiver Soll-Zustände mit der Ist-Situation am Arbeitsort negative Abweichungen offenbart oder nicht, erlebt das Individuum eine *diffuse Unzufriedenheit* oder eine *stabilisierende Zufriedenheit*. Das „Verspüren der Zielnäherung" in der Arbeitsumgebung (Roedenbeck 2008, o.S.) respektive ein Fehlen derselben rückt diese erste, sondierende Person-Umwelt-Bewertung in den Konnotationsradius des in Abschnitt 3.2.3.2 definierten *Authentizitätsempfindens*. Sie ist hiermit aber nicht deckungsgleich[1].

Welches bewusste Urteil eine Person letztlich über die Qualität ihres Berufslebens fällt, wird im Zuge des zweiten Verarbeitungsschrittes maßgeblich von *Veränderungen oder Festschreibungen des subjektiven Anspruchsniveaus* beeinflusst: Behält das Individuum bei einem positiven Ergebnis des Soll-Ist-Abgleichs seine Bewertungsmaßstäbe bei, erfährt es eine *stabilisierte Zufriedenheit,* die als angenehm empfunden wird und sich mit dem Wunsch verbindet, die gegenwärtige Arbeitssituation zu „konservieren". Es kann jedoch auch – getragen von der Hoffnung, in greifbarer Zukunft weiterführende Ziele zu erreichen – seine Ansprüche nach oben schrauben und damit eine als *progressiv* zu bezeichnende Zufriedenheit ausbilden. Werden stattdessen negative Abweichungen zwischen berufsbezogenen Idealvorstellungen und situativen Gegebenheiten diagnostiziert und mit einer Verringerung eigener Ansprüche beantwortet, ergibt sich eine *resignative Zufriedenheit*. In diesem Fall wappnet sich das Subjekt gegenüber allen künftigen Frustrationen mit beschwichtigenden Formeln wie „Man muss sich eben mit den Umständen abfinden" oder „In diesem Betätigungsfeld kann man einfach nicht mehr erwarten".

Hält jedoch die Person trotz eines negativ diskrepanten Soll-Ist-Abgleichs ihre Erwartungshaltung aufrecht, eröffnen sich im dritten Verarbeitungsschritt drei weitere Entwicklungspfade, deren Ausgang davon abhängt, ob und mit welchem Er-

---

1 In strenger begrifflicher Auslegung speist sich das identitätskonstituierende *Authentizitätsgefühl* aus Prüfprozessen, in denen das Individuum abschätzt, ob es sich in verschiedenen Lebenswelten konkordant zu subjektiv bedeutsamen Zielkategorien und Wertorientierungen *verhalten* hat, mithin also aus dem Ausmaß, in dem es zentrale selbstevaluative Standards in Worten und Taten erfüllen konnte (Ferrara 1998, 5ff.; Nunner-Winkler 2009, 21f.). Im Stadium *stabilisierender bzw. diffuser Zufriedenheit* fließen hingegen Einschätzungen darüber zusammen, in welchem Umfang die *beruflichen Aufgabeninhalte* und die *Gegebenheiten des berufliche Handlungskontexts* die Erfüllung eigener Wünsche und Werte zulassen bzw. inwieweit Aufgabeninhalte und -umwelt den eigenen Idealvorstellungen entsprechen (Abele et al. 2006, 208). Unabhängig von diesen semantischen Differenzierungen dürften diese Erlebensqualitäten aber in der Wahrnehmung des Individuums stark ineinanderfließen, solange sie nicht intensiv reflektiert werden.

folg umweltbezogene Bewältigungshandlungen angewendet werden. Demnach bemühen sich *konstruktiv Unzufriedene* aktiv um eine Veränderung ihrer Arbeitsbedingungen (Problembehebung), nötigenfalls auch durch einen Wechsel ihres Einsatzgebietes. Kennzeichnend für die *fixierte Unzufriedenheit* ist hingegen, dass die Betroffenen anhaltende Enttäuschungen passiv und leidvoll erdulden, weil sie entweder keine Möglichkeiten erkennen, die unbefriedigende Situation zu überwinden oder zu lindern, oder aber weil unternommene Versuche in diese Richtung erfolglos bleiben (Problemfixierung). Hinter der Variante der *Pseudo-Arbeitszufriedenheit* verbergen sich schließlich realitätsverzerrende Umdeutungen situativer Gegebenheiten, die auf eine kontinuierte Selbsttäuschung hinauslaufen (Problemverdrängung)[1].

Trotz der genannten Vorzüge des *Zürcher Modells* warfen ihm Kritiker eine mangelhafte definitorische Exaktheit einzelner Modellkomponenten vor (zsf. Baumgartner & Udris 2006, 116f.). Ein standardisiertes Messinstrumentarium, insbesondere für das Konstrukt der *Pseudo-Arbeitszufriedenheit,* steht bis dato aus (Ferreira 2009, 149). Moniert wurde ferner die fehlende Begründung, unter welchen Voraussetzungen und in welche Richtung eine Veränderung des Anspruchsniveaus zu erwarten ist. Um dieses Defizit zu beheben, führte Büssing als *intermediäre Variable* die *wahrgenommene Kontrollierbarkeit* der Arbeitssituation in das Modell ein (s. hierzu Büssing et al. 2006). Abbildung 4.1 gibt deshalb diese Modellvariante wieder, um den bisherigen Argumentationsgang grafisch zu verdichten.

---

1 *Langfristig* stellen allerdings auch die genannten sechs *manifesten* Zufriedenheitsqualitäten veränderliche Größen dar. Das für einen betrachteten Bewertungszeitraum (z.B. das vergangene Jahr) gefällte Zufriedenheitsurteil fließt nämlich in nachfolgende Bewertungszyklen (im folgenden Jahr) ein, so dass sich für beide Phasen unterschiedliche Zufriedenheitsformen ergeben können.

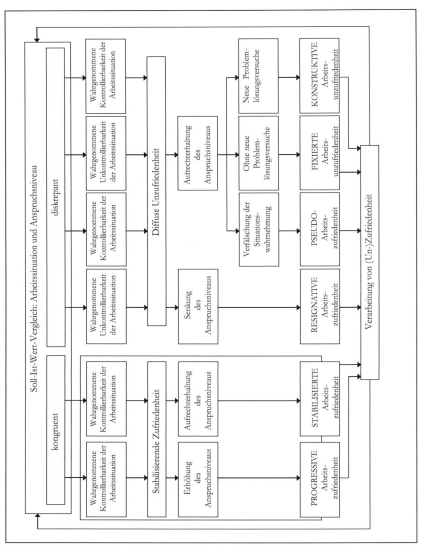

Abbildung 4.1: Erweitertes Modell der Arbeitszufriedenheitsformen (Büssing et al. 2006, 139)

Die analytische Separierung von Zufriedenheitsformen vermag den starken *Positivitätsbias* (Fischer & Belschak 2006, 81) in den Antworten von Untersuchungsteilnehmern, die zu einer *pauschalen* Bewertung der Qualität ihres Erwerbslebens aufgefordert werden, zu relativieren. Auf globale Fragestellungen wie „Wenn Sie Ihre Arbeit einmal insgesamt betrachten – Wie zufrieden sind Sie?" bezeichnen nämlich „im Regelfall 70-90% der Befragten sich als sehr – oder zumindest ziemlich – zufrieden" (ebd.; s. auch Gebert 1983, 37ff.; Gehrmann 2007, 189). Bei differenzierten Itemformulierungen konnten dagegen wiederholt heterogene Gruppen mit unterschiedlichen Zufriedenheitsqualitäten identifiziert werden, auch wenn deren Anzahl und charakteristische Merkmale nicht immer vollständig mit denjenigen des *Zürcher Modells* übereinstimmen (zsf. Baumgartner & Udris 2006, 117ff.). Allen Auswertungen ist jedoch gemein, dass sie die *Pseudo-Arbeitszufriedenheit* aufgrund operationaler Schwierigkeiten ausblenden und zumeist auf faktoranalytischem Wege einen Bereich ausweisen, der als *Resignation* bezeichnet werden kann. Der oftmals hohe Anteil an resignativ zufriedenen Personen wird studienübergreifend als Hinweis gewertet, dass die Zufriedenheitsaussagen zahlreicher Probanden eben keine befriedigungsbedingten Urteile darstellen, die sich mit dem Wunsch nach Wahrung des Erreichten verbinden, sondern vielmehr auf einer Anspruchsminderung beruhen, um sich mit den unabänderlichen Gegebenheiten zu arrangieren (Bruggemann et al. 1975, 132ff.; Baumgartner & Udris 2006, 115). Angesichts der in Abschnitt 3.3.1.1 grundsätzlich als funktional eingestuften *akkomodativen* Bewältigungsmodi bedarf es allerdings einer ausführlicheren Klärung, warum die in eine resignative Zufriedenheit mündenden Regulationsprozesse so einseitig negativ konnotiert sind. Aufschluss hierüber gewährt ein Blick in die Erforschung der Arbeitszufriedenheitsentwicklung *über die Lebensspanne*.

4.2.2.3 Exkurs: Zur Unterscheidung von Anspruchsminderung und Zielverschiebung in komplexen Identitätsprojekten

Anlass zur Debatte bieten studienübergreifend stabile Evidenzen einer überdurchschnittlich *hohen Zufriedenheit älterer Beschäftigter* (zsf. Schulte 2006). Obwohl bislang nicht geklärt werden konnte, ob zwischen Arbeitszufriedenheit und Lebensalter ein linearer oder u-förmiger Zusammenhang besteht (z.B. Brush et al. 1987; Hochwarter et al. 2001), gilt es dennoch als unstrittig, dass die Zufriedenheitsurteile in der Altersklasse von etwa „50+" deutlich positiver ausfallen als in allen anderen Altersgruppen. Bei u-förmigen Verläufen zeigt sich außerdem, dass das Zufriedenheitsniveau der Berufseinsteiger weniger deutlich vom Populationsdurchschnitt abweicht als dasjenige der älteren Arbeitnehmer und dass Personen Anfang 30 die niedrigsten Zufriedenheitswerte besitzen[1].

Als Ursachen einer zunehmend positiven Bewertung der Qualität des Erwerbslebens mit steigendem Lebensalter kommen zunächst *systematische Fehler* in der Stichprobenzusammensetzung sowie *Kohorten- und Zeiteffekte* in Betracht (Rhodes 1983, 329ff.; Ang et al. 1993, 38; Bäcker et al. 2009, 182f.). Statistisch nicht hinlänglich abzusichern ist hingegen die Vermutung, dass Zusammenhänge zwischen Alter und Arbeitszufriedenheit durch die Beschäftigungsdauer und eine hierdurch gewachsene innere Bindung an die Organisation überlagert werden. Entgegen dieser Erwartungen lassen sich lineare oder u-förmige Beziehungen zwischen Zufriedenheit und biologischem Alter auch unter Kontrolle der Betriebszugehörigkeitsdauer replizieren, während isoliert betrachtete Zusammenhänge zwischen Dienstjahren und Arbeitszufriedenheit ihrerseits weniger eng erscheinen (z.b. bei Snyder & Mayo 1991, 1258f.; Hochwarter et al. 2001, 1230ff.).

Einen weiteren Erklärungsansatz liefert die *Job Change-Hypothese* sensu Wright und Hamilton (1978, 1143f.), die besagt, dass ältere Beschäftigte nach vielen hierarchischen Aufstiegen, Arbeitsplatz- oder gar Berufswechseln de facto in Positionen angekommen sind, die in der Außenbetrachtung viele Vorzüge aufweisen – zu denken wäre hier unter Verweis auf die beschriebenen *Bottom-up-Determinanten* der Arbeitszufriedenheit bspw. an ein hohes Gehalt, Entscheidungsspielräume oder abwechslungsreiche Tätigkeiten. Gegen diese Vermutung lässt sich jedoch empirisch belastbar einwenden, dass derartige Arbeitsplatzmerkmale über das *interindividuell variierende Bedürfnis nach persönlicher Entfaltung* sowie über den *subjektiven Stellenwert der Arbeit* im Lebensentwurf (work centrality) vermittelt werden (Hackman & Oldham 1980, 72ff.; Kalleberg & Loscocco 1983, 89; Loher et al. 1985, 282ff.; Roedenbeck 2008, o.S.).

Alternative Begründungen führen daher intrapsychische Prozesse in Form eines schleichenden *Grinding down* oder aber grundlegender *Verlagerungen individueller Arbeitsorientierungen* ins Feld. Gemäß der *Grinding down-These* setzen ältere Berufstäti-

---

1 In statistischen Analysen, die sich von aggregierten Durchschnittsbetrachtungen lösen und arbeitsplatz-, berufsgruppen- oder branchenspezifische Auswertungen vornehmen, werden jedoch durchaus unterschiedliche Verlaufsmuster in der Zufriedenheitsentwicklung aufgedeckt (z.B. Snyder & Dietrich 1992, 43f.). So zeigt sich etwa bei Arbeitern und Angestellten in hierarchisch niedrigen Positionen wie auch bei weiblichen Mitarbeitern häufig ein Levelling Off, d.h. in diesen Gruppen pendelt sich die generelle Arbeitszufriedenheit ab der Lebensmitte auf ein moderates Niveau ein (Synder & Dietrich 1992; Ang et al. 1993, 36).

ge generell häufiger *sekundäre Kontrollstrategien* (s. hierzu Schulz & Heckhausen 1996, 708ff.) ein als jüngere. Statt Versuche zu unternehmen, aktiv auf eine Modifikation der Arbeitssituation einzuwirken, tendieren sie möglicherweise stärker dazu, ihren Erwartungshorizont auf die vorgefundenen Gegebenheiten zu verengen. Analog der im *Zürcher Modell* beschriebenen *Senkung des Anspruchsniveaus* werden bei dieser Form der Umweltauseinandersetzung die auf bestehenden Zieldimensionen anvisierten Zielerfüllungs*grade* entsprechend ihrer wahrgenommenen Realisierungsoptionen im Betätigungsfeld *nach unten korrigiert*. Trifft diese These zu, muss die hohe Zufriedenheit älterer Arbeitnehmer als Ausdruck eines „Sich-Fügens in das Unveränderbare" und damit als Zustand resignativer Zufriedenheit gewertet werden (s. auch Schulte 2006, 279).

Folgt man hingegen der Prämisse *veränderter Arbeitsorientierungen*, ist davon auszugehen, dass sich im Laufe eines Erwerbslebens *subjektive berufliche Standards*, d.h. die an die Berufsausübung angelegten Bewertungsdimensionen *per se* grundlegend verschieben (s. auch Roe & Ester 1999, 9f.). Mit der Veränderung identitätsrelevanter beruflicher Ziele und Werte wandeln sich demzufolge die Vorstellungen dessen, *wie* wichtige und wünschenswerte Selbsterfahrungen in verschiedenen Lebensbereichen überhaupt inhaltlich zu definieren sind (zsf. Krobath 2009, 446ff.; s. auch Abschnitt 3.2.3).

Korrespondierend mit diesem Gedanken ist einer jüngeren, länderübergreifenden Studie zu grundlegenden Wertorientierungen in der Bevölkerung von Schwartz (2007, 188f.) zu entnehmen, dass die unter dem Wertkomplex *Conservation* subsumierten Wertkategorien *Konformität, Tradition* und *Sicherheit* mit steigendem Alter eine höhere Bedeutung erhalten. Dasselbe gilt – wenn auch in abgeschwächter Intensität – für die dem Komplex *Self-Transcendence* zugeordneten, sozial- bzw. umweltorientierten Werte *Wohlwollen* und *Universalismus*. Demgegenüber sinkt mit zunehmendem Alter die subjektive Wichtigkeit von *Leistungserbringung*, das Ausmaß *hedonistischen Strebens* nach Genuss und Vergnügen sowie der Wunsch nach einem *abwechslungsreichen*, anregenden Lebensvollzug. Diese Werte lassen sich dem Komplex *Openness to Change* sowie *Self-Enhancement* zurechnen. Andere Werte aus diesen beiden übergeordneten Dimensionen, namentlich *Selbstbestimmung* und *Macht*, sind hingegen vom Alter unabhängig, was ihre Stellung als basale, explizierbare Motivklassen untermauert (s. hierzu Scheja 2009, 77ff.; Schumacher 2002, 202ff.)[1].

---

1 Parallelen zu den Ergebnissen von Schwartz (2007) finden sich in einer älteren Meta-Analyse von Rhodes (1983) zu *arbeitsbezogenen* Werten und Einstellungen. Hier zeigt sich unter anderem, dass Ausprägungen des individuellen *Entfaltungsbedürfnisses bei der Arbeit* und hiermit verwandter Konstrukte mit fortschreitendem Lebensalter tendenziell abnehmen (ebd., 351ff.).

Obwohl die intrapsychischen Regulative der *Zielmodifikation* (inhaltliche Verschiebungen zwischen subjektiven Standards als basalen Bewertungsdimensionen der Berufstätigkeit) ebenso wie diejenigen der *Wichtigkeitsanpassung* (Absenkung des anvisierten Zielerfüllungsgrades, d.h. Anspruchsreduktion innerhalb bestehender Standards) grundsätzlich beide als *funktional und unverzichtbar* für die lebenslange Selbst-Entwicklungsaufgabe des Individuums erachtet werden (Rothermund & Brandtstädter 1997; Brandtstädter 2007, 7ff. und 41f.; Abschnitt 3.3.1.1), müssen deren psychologische Nutzwerte, Kosten und Risiken *innerhalb eines komplexen Identitätsprojekts* wie der Berufstätigkeit differenziert betrachtet werden (s. auch Greve 1997). Einen Beitrag zu Handlungsfähigkeit und Wohlbefinden leisten beide akkomodativen Bewältigungsformen nämlich vorrangig unter dem Vorzeichen *irreparabel blockierter* Zielstellungen, in *unkontrollierbaren* Problemsituationen sowie bei der Verarbeitung *irreversibler* Verluste – etwa bei einer Kündigung (Rothermund & Brandtstädter 1997, 123; Brandtstädter 2007, 8; auch Wentura et al. 2002, 116).

Im Regelfall erlauben aber der Entwurf und die kontinuierliche Formung einer *beruflichen Identität* eine Beibehaltung erstrebenswerter Selbstdefinitionen auch unter wechselnden und widrigen Umweltkonstellationen, wie berufsbiografische Längsschnittstudien eindrücklich belegen (zsf. Heinz 2002; Wiese 2003). Ursächlich hierfür ist eine *Vielzahl komplementärer Teilziele* respektive die *Fülle substituierbarer Identitätssymbole* innerhalb des Gesamt-Identitätsprojekts (Gollwitzer et al. 2002, 206ff.; ergänzend Abschnitt 3.2.4). Carver und Scheier (1999, 287ff.) argumentieren dabei wie Brandstädter (2007, 21ff.) auf der Grundlage von mehrstufigen Ziel-Mittel-Hierarchien respektive Inklusionsverhältnissen zwischen Haupt- und Teilzielen, die stets mehrere Verwirklichungsalternativen zulassen:

> „Ziele sind oft auf unterschiedlichen Wegen zu erreichen, sodass bei Blockierung eines Weges eventuell noch andere Möglichkeiten zur Erreichung des Ziels bestehen. Äquifinalität bzw. Ersetzbarkeitsspielraum auf der Mittelebene reduziert den Akkomodationsdruck auf die Zielebene. Hier ist auch das Phrasierungsniveau von Zielen bedeutsam: die Ambition, beruflich erfolgreich zu sein, bietet mehr Interpretations- und Realisierungsspielraum als das konkrete Ziel, z. B. als Manager einer Autofabrik erfolgreich zu sein" (Brandtstädter 2007, 34).

Damit bergen globale Ziel- und Wertorientierungen im Gegensatz zu hochgradig spezifizierten Teilzielen oder situationalen Interessenslagen nicht nur mannigfaltige

Substituierbarkeitsoptionen, sondern munitionieren das Individuum zudem mit Gestaltungspotenzial für die Kontinuierung seiner Identitätsarbeit (ebd., 35)

Die *Suspendierung* übergeordneter Ziel- und Wertkategorien des *Ideal Self* ist deshalb nur unter außergewöhnlichen Bedingungen oder einer langfristigen Entwicklungsperspektive zu erwarten, etwa wenn die Validierung unverzichtbarer Identitätssymbole vom sozialen Umfeld dauerhaft verweigert wird oder das Individuum neue *Possible Selves* entdeckt, die ihm attraktiv erscheinen. Ein markantes Beispiel hierfür ist das Gewahrwerden einer „späten Berufung", die nicht selten mit einer radikalen Revision beruflicher Ziel- und Wertesysteme einhergeht. Vergegenwärtigt man sich den Doppelcharakter derartiger Umwälzungsprozesse, wird auch begreiflich, warum Verlagerungen zwischen subjektiven Standards andersartige psychische Folgeeffekte erwarten lassen als das *einseitige* Grinding-down: Während die Anspruchsreduktion unter Beibehaltung zentraler Bewertungsstandards ohne ausgleichende Gegenbewegung erfolgt, basiert die Zielverschiebung auf den ineinandergreifenden Prinzipien der Zielablösung *und* des Eingehens neuer inhaltlicher Bindungen, die sodann – im Zuge einsetzender assimilativer Prozesse – konsequent verfolgt werden. Dabei fällt die Umsortierung subjektiver Präferenzen und Prioritäten umso leichter, je mehr erstrebenswerte Alternativziele in Sicht sind und umso schwerer, je mehr man das Gefühl hat, unverändert wichtige Selbstbehauptungen aufgrund externer Zwänge nicht verwirklichen zu können (Brandtstädter 2007, 21ff.).

Folgerichtig schöpfen Identitätsprojekte, die nachhaltig Wohlbefinden und Handlungsfähigkeit gewährleisten, ihre produktive Kraft aus dem *Wechselspiel* akkomodativer und assimilativer Prozesse, indem investierte Ressourcen und assimilative Anstrengungen bei gravierenden Problemen auf neue Zielbereiche *umgelenkt* werden (Born 2002, 45; Wentura et al. 2002, 117f.; Brandtstädter 2007, 20). In einem funktionell antagonistischen Verhältnis stehen diese Bewältigungsmodi nur dann, wenn ein einzelnes und inhaltlich klar umrissenes Teilziel betroffen ist (Brandtstädter 2007, 21ff.; Wentura 2000, 72ff.).

Demgegenüber resultieren dysfunktionale Wirkungen zumeist aus der *einseitigen Dominanz* eines Bewältigungsmodus (Brandtstädter 2007, 42): Ausschließlich assimilative Prozesse bergen u.a. die Gefahren der Ressourcenerschöpfung sowie der eskalierenden Zielbindung im Sinne rigider *Entrapment-Effekte* (s. auch Achtziger & Gollwitzer 2006, 298ff.); bei ausschließlich akkomodativen Tendenzen drohen instabile Zielbindungen, verfrühte Zielablösungen und mangelnde Ausnutzung von Handlungsmöglichkeiten. Vor allem die monoton abwärtsgerichtete Anpassungsdynamik des Anspruchsniveaus führt nicht selten zur schmerzlichen Erfahrung, dass der eigene „Lebensentwurf an einer zentralen Stelle deformiert" ist (Greve 1997, 35) und keine aussichtsreichen Entwicklungsalternativen erkannt werden. Anschlussfähig an diese Überlegungen tritt in empirischen Untersuchungen zur Arbeitszufriedenheit das *Grinding down* vielfach unter den Bedingungen subjektiv eingeschränkter Handlungsspielräume oder geringer Kontrollüberzeugungen auf (Fischer & Fischer 2005, 14) und geht mit Frustration (Baumgartner & Udris 2006, 113) sowie mit emotionaler Erschöpfung und emotionaler Dissonanz (Wecking & Wegge 2005, 43f.) einher. Auf der Basis qualitativer Studien gelangen Büssing und Kollegen gar zu folgender Einschätzung:

> „Zunächst kann die in dieser und anderen Studien identifizierte Gruppe der resigniert Arbeitszufriedenen als Hinweis auf eine misslungene Person-Arbeit-Interaktion gesehen werden. (…) Gerade vor dem Hintergrund des (…) integrativen Modells des Kontrollverlusts von Wortman und Brehm (1975) (…) können hohe Zahlen von resigniert zufriedenen Mitarbeitern als Alarmsignal für gelernte Hilflosigkeit (Seligman 1975) gedeutet werden" (Büssing et al. 2006, 157).

Darüber hinaus berichten *resignativ Zufriedene* deutlich seltener von positiven Erlebnissen während der beruflichen Betätigung als *progressiv* oder *stabilisiert Zufriedene* (Wegge & Neuhaus 2002, 181). Derartige Befunde unterstreichen den Stellenwert *emotionaler Erlebnisqualitäten bei der Berufsausübung,* die im *Vorfeld* der bewussten, retrospektiven Urteilsbildung über die Qualität des Arbeitslebens angesiedelt sind (z.B. George & Jones 1996; Temme & Tränkle 1996; Fisher 2000; Wegge 2007).

4.2.2.4 Emotionales Erleben bei der Arbeit als Zufriedenheitsdeterminante

Zahlreiche Untersuchungen erhärten die Vermutung, dass die mit den täglichen beruflichen Aktivitäten verbundenen emotionalen Erlebnisse eine wesentliche Quelle subjektiver (Un-)Zufriedenheit sind (zsf. Wegge & van Dick 2006; Wegge 2007). Exemplarisch sei hier auf eine Studie von van Katwyk, Fox, Spector und Kelloway (2000) verwiesen, die bei einer Befragung von 114 Büroangestellten bedeutsame Zusammenhänge zwischen emotionalen Ereignissen respektive Gefühlslagen im Arbeitsalltag und Zufriedenheitsurteilen ermitteln konnten. Dabei zeigte sich, dass insbesondere die Valenz und weniger die Erregungsintensität der berücksichtigten 30 Erlebensqualitäten ausschlaggebend waren (ebd., 226): Erhöhte positive Korrelationskoeffizienten ergaben sich zwischen Arbeitszufriedenheit und *positiven* Gefühlen (r = .56 für stark erregende Dimensionen wie Enthusiasmus, r = .65 für schwach erregende Dimensionen wie fröhliche Gelassenheit); durchweg erhöhte negative Zusammenhänge wurden dagegen bei *negativen* Gefühlen gemessen (r = -.52 für stark erregende Dimensionen wie Wut und r = -.65 für schwach erregende Dimensionen wie Langeweile).

Auf Weiss und Cropanzano (1996, 10ff.) geht ein Rahmenmodell der kausalen Beziehungen zwischen *Arbeitsplatzmerkmalen, Persönlichkeitsdispositionen und affektiven Erlebnissen bei der Arbeit* zurück, welches in einer durch Wegge und van Dick (2006) erweiterten Fassung in Abbildung 4.2 dargestellt ist. Der Entwurf bietet insofern eine „bemerkenswerte Plattform für die lange überfällige Integration der Arbeitszufriedenheitsforschung mit der Emotions- und Stressforschung" (ebd., 12), als er das erwartete Zusammenspiel von Variablen aus allen drei Forschungsfeldern skizziert. Im Zentrum der Modellierung steht die Frage, *wie und warum* die in Studien wiederholt gefundenen, systematischen Korrelationen zwischen bestimmten Inhalts- und Bedingungsaspekten der Arbeit auf der einen Seite (z.B. Handlungsspielräume, Arbeitsmenge oder Termindruck) und Zufriedenheitsurteilen auf der anderen Seite zustande kommen.

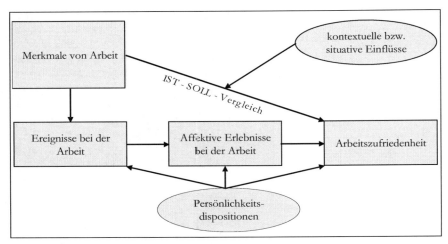

Abbildung 4.2: Rahmenmodell zur Analyse der Ursachen und Wirkungen affektiver Erlebnisse bei der Arbeit (Wegge & van Dick 2006, 20 in Anlehnung an Weiss & Cropanzano 1996, 12)

Wie der Grafik zu entnehmen ist, gehen Weiss und Cropanzano (1996) in ihrer *Affective Events Theory* davon aus, dass viele Charakteristika eines Arbeitsplatzes gerade deshalb die empirisch ermittelten Konsequenzen zeitigen, weil sie die Auftretenswahrscheinlichkeit emotional aufgeladener Erlebnisse im Arbeitsalltag mitbestimmen. Während also einige Arbeitsplatzmerkmale wie bspw. Bezahlung oder Aufstiegsperspektiven eher unter dem Eindruck ihrer bewussten Kontrastierung mit subjektiven Wunschvorstellungen und beeinflusst durch situative Bedingungen in das Zufriedenheitsurteil einfließen sollten, dürften andere Merkmale wie bspw. der Kontakt zu Kunden stärker vermittelt über die hierdurch bestimmte Häufigkeit emotions- bzw. stimmungsauslösender Ereignisse (z.B. zwischenmenschliche Kon-

4.2 Subjektive Bilanzierungen der Berufspraxis im Fokus der Untersuchung

flikte) wirken[1]. So konnten etwa Wegge et al. (2006) bei einer Befragung von über 2000 Call Center-Agenten durch die Anwendung von Mediatoranalysen dokumentieren, dass positive Zusammenhänge zwischen den Arbeitsplatzmerkmalen Autonomie, Partizipationsmöglichkeiten, Unterstützung durch Vorgesetzte und mitarbeiterorientiertes Klima auf der einen Seite und Zufriedenheitsaussagen auf der anderen Seite durch emotionale Erlebensqualitäten bei der täglichen Arbeit erwartungskonform vermittelt werden: Agenten, die über viel Autonomie, Mitsprache etc. berichteten, erfuhren deutlich mehr positive Emotionen während ihrer Tätigkeit als Kollegen mit anderen Einschätzungen. Eben dieser Sachverhalt konnte die gefundenen Zusammenhänge zwischen Arbeitsplatzmerkmalen und der hierüber geäußerten Zufriedenheit statistisch erklären (ebd., 248f.).

Des Weiteren sieht das Modell substanzielle Einflüsse der Persönlichkeit auf die Arbeitszufriedenheit vor. Individuelle Dispositionen sollten demnach nicht nur die Wahrnehmung und Bewertung einzelner auftretender Erlebnisse prägen (z.B. im Sinne einer leichteren Ärgerauslösung bei Personen mit hoher negativer Affektivität), sondern auch dominante Gefühlslagen während der Arbeit grundlegend präformieren (bspw. in Form einer generell gehobenen Stimmungslage). Zudem sollten sie unmittelbar auf das Zufriedenheitsurteil einwirken, insbesondere durch individuelle Präferenzen für bestimmte Bewertungsstandards oder die vorherrschende Stimmung zum Zeitpunkt der Zufriedenheitsmessung.

Anknüpfend an das *Affective Events*-Paradigma und gestützt auf zusätzliche handlungstheoretische Argumente spezifizieren Wieland, Krajewski und Memmou (2006) verschiedene *Wirkungspfade* zufriedenheitsbestimmender Faktoren, welche sie in *selektive, direkte* sowie *beanspruchungsvermittelte Wirkungen* untergliedern. Aus dem breiten Spektrum zufriedenheitsrelevanter Erlebensqualitäten der Berufsausübung greifen die Autoren damit die sich im Arbeitsprozess entfaltenden, *psychischen Beanspruchungsreaktionen* als intermediäre Größe heraus. Das dabei entworfene Modell – visualisiert in Abbildung 4.3 – soll nicht nur ein analytisches Raster für die Einordnung vorliegender empirischer Befunde liefern, sondern auch zur Variation der Modellkomponenten in künftigen Untersuchungen anregen (ebd., 242).

---

1 Diese grundlegende Unterscheidung soll nicht darüber hinweg täuschen, dass der reflektierte Soll-Ist-Vergleich seinerseits emotional getönt ist, da er motiv- und wertgebunden erfolgt. Sie soll auch nicht ausschließen, dass jedes affektive Erlebnis einer Reflexion zugänglich ist und an seiner Erinnerung auch kognitive Verarbeitungsprozeduren beteiligt sind. Damit ist jedoch auch offensichtlich, dass etliche zufriedenheitsrelevante Arbeitsplatzmerkmale nicht auf objektive Weise erfasst werden können, was aus Abbildung 4.2 nicht unmittelbar hervorgeht.

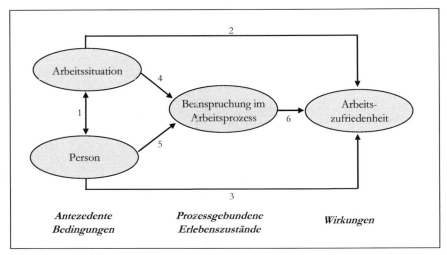

Abbildung 4.3: Kausalgeflecht zwischen antezedenten Arbeits- und Personmerkmalen, psychischer Beanspruchung im Arbeitsprozess und Arbeitszufriedenheit (in Anlehnung an Wieland et al. 2006, 231)

Pfad 1 bildet die langfristigen Wechselwirkungen zwischen Arbeit und Person ab, die bereits in Abschnitt 4.2.2.2 unter dem Stichwort *Selektionseffekte* angerissen wurden. Annahmegemäß erstreckt sich ihr Wirkungsradius primär darauf, infolge einer neigungs-, wert- und fähigkeitsorientierten Berufswahl und -ausübung subjektiv befriedigende Aspekte des Arbeitslebens weitgehend festzulegen, was auch im Falle von Arbeitsplatzwechseln zeitlich recht stabile Urteilsbildungen gewährleistet. Übereinstimmend mit Befunden zu *Bottom-up- und Top-down-Determinanten* (Abschnitt 4.2.2.1) sollten ferner diverse Merkmale des Arbeitsplatzes sowie des Stelleninhabers als *antezedente Variablen* je eigenständige und substanzielle *direkte* Beiträge zur Aufklärung von Zufriedenheitsaussagen beisteuern (Pfade 2 und 3). Diese Funktion erfüllen im Bereich der Arbeitsplatzgestaltung nach der Klassifikation von Ulich (2007) unter anderem die Aspekte Ganzheitlichkeit, Anforderungsvielfalt, Autonomiegrade sowie Lern- und Entwicklungsmöglichkeiten. Auf Seiten des Individuums sollten neben einer persönlichkeitsimmanenten Ängstlichkeit oder einer positiven/negativen Affektivität so genannte *Core Self-Evaluations* – bestehend aus den Traits Selbstwert, allgemeine Selbstwirksamkeit, Kontrollüberzeugungen und emotionale Stabilität – subjektive Qualitätsbeurteilungen des Arbeitslebens unmittelbar beeinflussen (Judge et al. 1997, 160ff.; Judge & Bono 2001, 80ff.; Dormann & Zapf 2001, 487; Stumm et al. 2010, 173ff.).

Derartige Kontext- und Personencharakteristika sollten indes nicht nur als Haupteffektgrößen, sondern auch über *indirekte Wirkungsketten*, d.h. im Zuge der Entstehung psychischer Beanspruchungsformen während der Tätigkeitsausführung und deren Einfluss auf das bilanzierende Zufriedenheitsvotum eine wesentliche Rolle spielen: Für den Wirkkomplex der *arbeitssituationsbedingten Beanspruchungszustände* (Pfad 4) konnte bspw. wiederholt empirisch erhärtet werden, dass *kognitiv herausfordernde und abwechslungsreiche Betätigungsfelder* im Sinne vollständiger Arbeitsaufgaben mit positiven bzw. funktionalen Beanspruchungsreaktionen einhergehen, etwa in Form einer Aktivierung mentaler und motivationaler Ressourcen, der Evokation positiver Emotionen wie Stolz sowie der Intensivierung des situativen Kompetenzerlebens. Demgegenüber sind *Regulationsbehinderungen, -überlastungen und -unsicherheiten* bei der Arbeit wie gehäufte Unterbrechungen, Aufgabenfülle oder diffuse Zielvorgaben regelmäßig eng mit negativen Beanspruchungsreaktionen assoziiert (z.B. Zapf 1999, 22ff.; Saavedra & Kwun 2000, 139ff.; Wieland 2004, 185ff.). Typischerweise manifestieren sich solche dysfunktionalen Beanspruchungen im Arbeitsalltag sowohl in *Worry-Kognitionen* als auch in psychosomatischen *Befindensbeeinträchtigungen* wie z.b. innerer Anspannung, Nervosität, Gereiztheit, Verkrampfungen, Schmerzen und Unbehagen (Wieland et al. 2006, 232).

Unter Bezugnahme auf schulleitungsbezogene Publikationen lassen sich weitere, situationsbedingt negative Beanspruchungsqualitäten benennen: Viele Angehörige dieser Berufsgruppe scheinen aufgrund ihrer exponierten und verantwortungsvollen Stellung sowie der teils widersprüchlichen Forderungen interner und externer Anspruchsgruppen einen erheblichen *normativen Druck* zu empfinden (z.B. Prünte 1997, 29; Kretschmann & Lange-Schmidt 2000, 89f.; Herrmann 2004, 53ff.). Ein Missverhältnis zwischen der nominellen Gesamtverantwortlichkeit für die organisationale Binnensteuerung einerseits und limitierten Entscheidungsfreiheiten, Führungsqualifikationen und Mitarbeiterkapazitäten andererseits dürfte schulische Leitungskräfte tendenziell überfordern (Ackermann & Wissinger 1998, 9f.; Berg 2005, 18; Huber & Schneider 2007, 5). Eine progressive Aufgabenpluralisierung bei zumeist geringen Entlastungsstunden befördert zudem das Erleben von chronischem *Zeitstress*. Demzufolge agieren Schulleiter vielerorts unter dem Eindruck, permanent gehetzt und getrieben zu sein oder die Arbeitszeit in private Bereiche ausdehnen zu müssen, um anstehende Aufgaben erledigen zu können (z.b. Herrmann 2004, 51f.; Molicki & Morgenroth 2008, 114ff.; Reheis 2008, 46ff.).

Empirische Befunde zu *personenabhängigen Beanspruchungszuständen* im Arbeitsprozess (Pfad 5) lassen sich dahingehend zuspitzen, dass neben den bereits mehrfach genannten individuellen Dispositionen und Ressourcen auch *arbeitsrelevante Bewältigungsstile und Copingprozesse* wirksam sind (vertiefend Teilkapitel 2.4). Erwähnenswert sind hier vor allem Studien zur beruflichen *Selbstwirksamkeit* und zur *Selbstregulation* bei der Aufgabenorganisation und -bearbeitung (z.b. Schmitz & Schwarzer 2000; Schyns & Collani 2002; Wieland 2004; Stumm et al. 2010). Sie zeigen, dass Personen, die ihre Fähigkeiten zur erfolgreichen Überwindung von Schwierigkeiten als gering einschätzen, sowie Personen, die nur schwerlich in der Lage sind, ihre Aufmerksamkeit, Gedanken, Gefühle und Handlungen auf eine planvolle Zielerreichung zu fokussieren und bei Zielabweichungen entsprechend gegenzusteuern, deutlich höhere negative Beanspruchungen aufweisen bzw. schwächere Leistungen zeigen als die entsprechenden Vergleichsgruppen.

Darüber hinaus liegt mit dem Modell *beruflicher Gratifikationskrisen* (Siegrist 1996, 97ff.; Rödel et al. 2004, 228f.) ein theoretisch ausgereifter und empirisch abgesicherter Ansatz vor, der eine besondere Form psychomentaler und sozioemotionaler Arbeitsbelastungen erhellt, welche bei schulischen Lehr- und Leitungskräften in besonderer Massierung vermutet werden (z.B. Krause & Dorsemagen 2007, 56; Sieland 2007, 218). Der Ansatz verknüpft unter der Prämisse einer „stressinduzierenden Wirkung verletzter sozialer Reziprozität im Rahmen der Erwerbstätigkeit" (Rödel et al. 2004, 228) kontextuelle Elemente mit individuellen Bewältigungspotenzialen und lässt sich m.E. gut in das Analyseraster von Wieland und Kollegen integrieren (Pfade 4+5): Nach dem Reziprozitätsprinzip werden in vertraglich geregelten Arbeitsverhältnissen für die Erbringung geforderter Leistungen (respektive die investierte Verausgabung) gewisse Belohnungen bzw. Gratifikationen gewährt – seien dies Bezahlung, Wertschätzung, beruflicher Aufstieg oder Arbeitsplatzsicherheit. Dieses Gleichgewicht kann vorübergehend, etwa in den ersten Phasen des Rollenverhandelns (s. Abschnitt 3.1.3) oder dauerhaft gestört sein. Ein *chronifiziertes* subjektives *Missverhältnis zwischen Verausgabung und Belohnung* provoziert bei den Betroffenen starke aversive Gefühle und eine kontinuierliche zentralnervöse Aufregung, die langfristig gesundheitliche Schädigungen hervorruft.

Beziehungen zwischen *psychischen Beanspruchungsreaktionen während der Arbeit und Zufriedenheitsurteilen* (Pfad 6) wurden dagegen bis dato eher selten untersucht. In einer branchenübergreifenden Studie ermitteln bspw. von Eckardstein et al. (1995, 223ff.) signifikante negative Korrelationen zwischen der Arbeitszufriedenheit einerseits und der Intensität *psychosomatischer Beeinträchtigungen* sowie der *Gereiztheit* bei der Arbeit andererseits. Ebenso können Wieland et al. (2006, 239) anhand der Befragungsdaten von Angehörigen verschiedener Berufe und Unternehmen bestätigen, dass hohe Ausprägungen von *Gereiztheit* und *Belastungsempfinden* bei der Tätigkeit mit geringer Zufriedenheit assoziiert sind. Die gefundenen Zusammenhänge bleiben auch dann stabil, nachdem der Einfluss beruflicher Selbstwirksamkeitsüberzeugungen auspartialisiert wurde. Weil zudem eine pfadanalytische Überprüfung des Gesamtmodells aus Abbildung 4.3 eine befriedigende bis gute Spezifikationsgüte besitzt (ebd., 239ff.), können diese Ergebnisse als belastbare Indizien einer *beanspruchungsvermittelten Arbeitszufriedenheit* gewertet werden.

Als Strukturierungshilfe für die empirischen Analysen der hier vorgelegten Studie eignet sich das Modell von Wieland und Kollegen nicht nur deshalb, weil es in Form der Pfadkombination 1, 4 und 5 das von transaktionalen Stresskonzepten postulierte Wirkungsgefüge bei der Entstehung subjektiver Belastungen integriert (s. Teilkapitel 2.4), sondern auch deshalb, weil es mit den zufriedenheitsbeeinflussenden *Core Self-Evaluations* theoretisch anschlussfähig ist an Konstrukte, die in Kapitel 3 als *identitätskonstituierend* beschrieben und begründet wurden. Der so aufgespannte thematische Bogen soll nun am Ende des vierten Kapitels wieder geschlossen werden, indem grundlegende Merkmale einer „gelingenden" beruflichen Identitätsarbeit erörtert werden. Es handelt sich dabei *nicht* um inhaltliche Präskriptionen, welche angesichts der vielen Kontingenzen der Schulleitung ohnehin nur in begrenztem Umfang formulierbar sind (s. Abschnitt 1.1). Stattdessen werden einige *formale* Prinzipien einer gelingenden Balancierung subjektiver Ansprüche und sozialer Zuweisungen an die übernommene Position ausgeleuchtet.

4.3 Prinzipien einer gelungenen Balancierung externer Anforderungen und subjektiver Ansprüche

Sowohl im betrieblichen als auch im schulischen Handlungskontext gelten *Rollenambiguitäten und Rollenkonflikte* als hochgradig beanspruchungsinduzierend (z.B. Kahn 1978, 24ff.; Burk 1994, 7ff.; Schmieta 2001, 85ff.; Neuberger 2002, 321ff.; Rothland & Terhart 2007, 19ff.; Unger 2007a, 2ff.). Begreift man Identität als Bewältigungsressource, so ist diese Aussage zu ergänzen: Ein hohes Belastungs- oder Überlastungsempfinden bei der Arbeit ist *nicht nur* dem bloßen Vorhandensein diffuser und/oder kollidierender Rollennormen im Berufsprofil geschuldet, sondern dürfte *in dem Maße zusätzlich steigen,* in dem *identitätsförderliche Fähigkeiten* (Abschnitt 3.2.1) unterentwickelt sind bzw. der Positionsinhaber defizitäre Strategien des *Role Makings* (Abschnitt 3.1.3) anwendet (Habermas 1973, 128). Als unverzichtbar müssen diese Fähigkeiten und Strategien deshalb gelten, weil das Handeln unter vagen, mehrdeutigen und konfliktträchtigen Regelsystemen ein allgegenwärtiges und unabänderliches Charakteristikum sozialer Interaktionsräume darstellt[1]. In den allermeisten organisationalen Settings muss sich folglich jeder Beteiligte mit der Problematik auseinandersetzen, dass eigene Motiv-Bedürfnis-Lagen und fremde Erwartungen sich nie vollständig decken und zwischen individuellen Erfahrungen und allgemeinen Kategorien sozialer Zuweisungen eine zum Teil erhebliche Kluft besteht (Krappmann 1969/2005, 167). Im Berufsleben muss das Individuum zwischen eigenen Identifikationen, Handlungsrelevanzen und -bereitschaften und denjenigen anderer Gemeinschaftsmitglieder einen Ausgleich herstellen (Sembill 2006, 187f.).

Dieser Balanceakt droht insbesondere dann zu kippen, wenn eine Person entweder bemüht ist, *allen externen Erwartungen* unter Missachtung bestehender Inkompatibilitäten und/oder unter Vernachlässigung eigener Motiv-Bedürfnisstrukturen gleichermaßen gerecht zu werden, oder aber wenn sie versucht, *einseitig eigene Ziele und Wünsche* durch vollständige Zurückweisung der fremddefinierten Verhaltensanforderungen durchzusetzen (Krappmann 1969/2005, 155ff.):

> „Nicht-Identität (...) droht dem Individuum von zwei Seiten, nach denen es fallen kann: es kann die Balance verlieren, indem es in den Erwartungen der anderen voll aufgeht, also sich nicht mehr von der ihm zugeschriebenen „social identity" abhebt; Nicht-Identität droht auf der anderen Seite, wenn das Individuum diese Erwartungen zurückweist, also voll die angesonnene Einzigartigkeit seiner „personal identity" übernimmt" (Krappmann 2005, 80; s. hierzu auch Habermas 1973, 131f.; Hurrelmann 2001, 172f.).

Als Ursachen einer missglückten Balancierung kommen allerdings neben defizitären identitätsförderlichen Fähigkeiten der *Empathie, Ambiguitätstoleranz, Rollendistanz und Selbstdarstellung* noch zwei weitere Aspekte in Frage: Zum einen könnten Rollennormen derart vielzählig, kontradiktorisch oder rigide ausfallen, dass der Versuch des Austarierens faktisch *unmöglich* wird. Zum anderen könnte der Einzelne diesen Versuch erst gar nicht unternehmen, weil ihm die *Flucht* in eine totale Verweige-

---

1 Lediglich Akteurkonstellationen im Sinne der *totalen Institution* sensu Goffman (1972, 13ff.), die bspw. in geschlossenen psychiatrischen Anstalten vorzufinden sind, bilden eine der extremen Ausnahmeerscheinungen.

rung, der *Rückzug* in ein konfliktarmes oder von einer mächtigen Bezugsgruppe protegiertes Rollensegment oder aber die *unreflektierte Übernahme aller* sozialen Attributionen trügerische Sicherheit und weniger Mühen verspricht als der kräftezehrende, beständig aufs Neue zu leistende Balanceakt. Langfristig greifen diese Strategien jedoch ins Leere:

> „(...) wer allen Anforderungen genügen will, riskiert, in einer Welt ohne Normenkonsens zerrissen zu werden; wer sich allein auf die Anforderungen besonders mächtig oder zuverlässig erscheinender Interaktionspartner stützen will, riskiert, daß er durch seine Festlegung in anderen Interaktionen scheitert; wer sich allen Anforderungen verweigert, riskiert, niemand zu sein" (Krappmann 2005, 80).

In ähnlicher Weise lokalisieren Keupp, Ahbe, Gmür, Höfer, Mitzscherlich, Kraus und Straus (2006) die gelingende Identitätsarbeit *zwischen* den Antipoden der Angepasstheit und der Selbstverwirklichung:

> „Eine auf Anpassung ausgerichtete Identität bietet zwar ein gesichertes Maß an Anerkennung, Integration und hinlänglicher Handlungsfähigkeit. Dafür ist jedoch vom Subjekt, das unangepaßte (...) Identitätsentwürfe und -projekte unterdrücken muß, oft ein recht hoher Preis zu entrichten. (...) Das andere Extrem zur Angepaßtheit wäre der sich und andere aufbrechende Mensch. Hier wird Identität in narzißtischer und egozentrischer Weise fast ausschließlich von 'innen' her entworfen und wegen der vermeintlichen Bedrohtheit von Autonomie und Individualität in heftigen Dauerfriktionen mit der sozialen Umwelt 'verteidigt'" (ebd., 274f.).

Das Austarieren subjektiver Ansprüche und fremddefinierter Anforderungen scheint insbesondere in denjenigen Positionen virulent, in denen eine formale *Statusinkonsistenz* eine kontinuierliche, strukturelle Identitätsbedrohung erzeugt (Habermas 1973, 130), sowie in solchen Positionen, die ein Scharnier zwischen verschiedenen Anspruchsgruppen bilden (z.B. Füssel 1998, 149f.; Schratz 1998, 173; Hasenbank 2001, 73). Beide Handlungsbedingungen treffen auf das schulische Leitungsamt zu (z.B. Seitz & Capaul 2005, 32ff.). Gerade Führungskräften wird damit ein hohes Maß an identitätsförderlichen Fähigkeiten bzw. an Rollenflexibilität abverlangt. Letztere umschließt nicht nur eine sozial sensitive Wahrnehmung und Dechiffrierung von Erwartungen an die übernommene Position, sondern auch die Fähigkeit und Motivation zur Aushandlung von Rolleninhalten und zur Umsetzung eines hierzu konkordanten Verhaltens (Wiendieck & Pütz 2000, 425). Dabei muss ein Vorgesetzter „eine klare Vorstellung davon gewinnen, in welchen Bereichen seiner Identität Kompromisse möglich sind, und in welchen Bereichen er (...) 'Identitätsstärke' demonstrieren möchte" (Schreyögg & Lührmann 2006, 15). Auch in Beiträgen zur Schulleitung warnen manche Autoren – zumeist ohne Bezug auf identitätstheoretische Erwägungen, aber mit vergleichbarem Ergebnis – davor, sich angesichts heterogener Zielstellungen und Forderungen „jeden Schuh anzuziehen" (Schuldt 2007, 19; s. auch Uhlendorff & Brehm 2007, 15). Die größte Gefährdung einer wirkungsvollen und innovationsfähigen Leitungstätigkeit bestünde darin, dass die Amtsinhaber angesichts restringierender Rahmendaten in eine „katatonische Erstarrung" (König 2008, 266) verfallen, die sie blind für eigene Handlungsoptionen werden lässt. Stattdessen müssten sie einerseits gewisse Vorgaben beachten, unter denen sie als Beamte der Kultusbürokratie und als Beteiligte einer Schulgemeinschaft agieren, andererseits hierzu „in Distanz gehen" (Krainz-Dürr 2003, 67). Schulische Leitungskräfte stünden demzufolge immer vor der Wahl, entweder unter Berufung auf Schulgesetze, Erlasse der Landesschulbehörden oder eingefahrener Mehrheitsmeinungen im Kollegium den täglichen Schulbetrieb nur abzuwickeln oder aber für sich und mit den Lehrkräften herauszuarbeiten, welche Gestaltungs- und Entwicklungsmöglichkeiten sich in der teilautonomen Schule bieten (Schley 2000, 118; Lohmann & Minderop 2004, 80f.; Kreutzahler & Jänen 2007, 229).

Eine nachhaltige Lösung solcher Entscheidungsprobleme erfordert jedoch weniger eine unerbittliche *Entweder-oder-* als vielmehr eine wohldosierte *Sowohl-als-auch-Strategie mit inhaltlichen Schwerpunktsetzungen*, weil gesetzlich-administrative Vorgaben zumindest nicht gänzlich ignoriert werden können, operative Routinen gesichert und eigene Visionen zuerst an kollektive Deutungsmuster anschlussfähig gemacht werden müssen, bevor sie jene nachhaltig verändern können (s. hierzu auch das Kräftefeld erfolgreicher Führung bei Dubs 2005, 167ff.). Aus diesem Grund erwächst aus dem identitätsstiftenden *Willen zum Nicht-Müssen* nicht nur „eine (Gestaltungs)Kraft, er erfordert auch Kraft – nämlich die einer Persönlichkeit, Balance zu halten und konsistent handeln zu können" (Sembill 1995, 140). Demgegenüber lassen der vermeintlich entlastende Rückzug in das wenig auslegungsbedürftige Rollensegment des Bürokraten (s. hierzu Döring 1978, 33; Wirries 1983, 17; Werle 2001, 12) ebenso wie eine reaktive Anpassung der eigenen Arbeitsweise an stete Beschleunigungen in der Arbeitswelt (z.B. Reheis 2008; Sembill 2008b, 127ff.; Sembill & Zilch 2010, 246ff.) nicht nur geringe Produktivitäts- und Kreativitätsgewinne, sondern langfristig auch Einbußen an Gesundheit und Wohlbefinden erwarten.

4.3 Prinzipien einer gelungenen Balancierung externer Anforderungen und subjektiver Ansprüche

Statt unablässig eigene Tätigkeiten zu verdichten und zu mechanisieren, sich im Multitasking zu üben oder Arbeitszeiten in die Privatsphäre auszudehnen, sollten Schulleiter eigene Präferenzen in Ansatz bringen, selektiv Verzicht üben und sich auf subjektive Kernaufgaben konzentrieren. Vergleichbar mit den in Abschnitt 3.2.3.2 diskutierten *Wertbindungen,* die nicht nur für die eigene Person, sondern auch für Interaktionspartner Klarheit und Verbindlichkeit erzeugen, muss die Leitungskraft „sich festmachen lassen, (…) um Kurs zu halten" (Scheunpflug 2008, 62; s. auch Lohmann & Minderop 2004, 80).

Nicht nur unter identitäts-, sondern auch unter gesundheitspsychologischen Gesichtspunkten scheinen die geschilderten Prinzipien also eine wichtige Voraussetzung dafür zu sein, dass ein Individuum seine Rollenbeteiligungen als sinnvolle Herausforderung und nicht als zwanghafte Überforderung erlebt (Blasi 1988, 226f.; Antonovsky 1997, 35ff.; Straub 2002, 102ff.). Welche empirischen Erkenntnisse über das wahrgenommene Anforderungsprofil des Leitungsamtes, die präferierten Bewältigungsstrategien sowie die Beanspruchungsreaktionen und -folgen von Schulleitern in Deutschland bis dato gewonnen werden konnten, soll daher im Folgenden eruiert werden.

5 Forschungsstand zu Sichtweisen und Beanspruchungen schulischer Leitungskräfte

Seit den ersten bildungspolitischen Initiativen zur Stärkung der einzelschulischen Selbstständigkeit ist in Deutschland ein steter Zuwachs an Forschungsaktivitäten zur Schulleitung zu verzeichnen (Pfeiffer 2002; Wissinger & Huber 2002; Bonsen 2006, 194; Kranz 2007, 80f.). Untersucht wurden dabei in eher eklektischer Manier so heterogene Themenfelder wie Qualifizierungsprogramme und ihre Rezeption durch die teilnehmenden Personen (z.b. Rosenbusch & Huber 2002; Roggenbuck-Jagau 2005), die Wahrnehmung und Beurteilung des Leitungshandelns durch Mitglieder der Schulgemeinschaft (z.B. Bonsen et al. 2002; Kansteiner-Schänzlin 2002; Seeber 2003; Gerick et al. 2009) oder Berufswahlmotive, Karriereanbahnung und -verlauf von zumeist weiblichen Leitungspersonen (z.b. Forberg 1997; Winterhager-Schmid 1998; Miller 2001; Hoff 2005; von Lutzau 2008). In jüngster Zeit wurden außerdem kollektive mentale Modelle über den Implementationsprozess von Reforminitiativen rekonstruiert (Preuße & Zlatkin-Troitschanskaia 2008), Urteile über die Beeinflussung der Schul- und Unterrichtsentwicklung durch die Schulinspektion erhoben (Gärtner et al. 2009) und Einstellungen zu verschiedenen Maßnahmen der Gewährleistung von Lehrprofessionalität analysiert (Wittmann 2007). Des Weiteren wurden konkrete Aktivitäten in spezifischen Handlungsfeldern wie der Delegation (Harazd et al. 2008) sowie der Personalauswahl und der Implementierung von Innovationsprojekten an beruflichen Schulen (Müller 2008; Warwas et al. 2008; Klieber & Sloane 2010) unter die Lupe genommen.

5.1 Erkenntnisse über Einstellungen, Selbstverständnis und Handlungsstrategien der Amtsinhaber

Studien, welche die *Bewertung und Bewältigung alltäglicher beruflicher Anforderungsstrukturen durch praktizierende Leitungskräfte* erhellen und mithin die wichtigsten Referenzstudien der eigenen Untersuchung darstellen, werden auf den folgenden Seiten in Form einer tabellarischen Übersicht rekapituliert. Obwohl in diesem Untersuchungsfeld das Erhebungsinstrument der schriftlichen Befragung dominiert, fallen Operationalisierungen ähnlicher Inhaltsbereiche äußerst vielfältig aus. Eine direkte

Vergleichbarkeit der jeweils gewonnenen Erkenntnisse zwischen den Studien ist daher nur eingeschränkt gegebenen.

Tabelle 5.1: Befunde zu Sichtweisen schulischer Leitungskräfte auf berufliche Anforderungen und ihre Bewältigung

Studie	Wichtige Untersuchungsgegenstände; Stichprobe und Erhebungsmethode	Wesentliche Ergebnisse
Krüger (1983)	Aktivitäten und Kommunikationspartner der Schulleitung 5 Leitungskräfte an Grund- und Hauptschulen in Bayern Beobachtungsbasierte Protokollierung von Tätigkeiten, einzelne schriftliche Angaben der Leitungskräfte	• Den Alltag prägen *Hektik und pausenlose Anspannung bei schnell wechselnden Sozialkontakten, Anfragen, heterogenen Themen und Entscheidungszwängen*. • Primäre Kommunikationspartner sind Lehrkräfte und Sekretärin; thematisiert werden organisatorische und administrative Fragen. • Diskrepanz zwischen Wollen und Können: Tätigkeiten der pädagogischen Anleitung und Beratung werden als die wichtigsten eingestuft, spielen im Alltag jedoch eine Nebenrolle → Schulleiter verstehen sich als Pädagogen und agieren faktisch als Verwalter und Organisatoren. • Individuelle Einstellungen und Arbeitspraktiken kultivieren oder verringern strukturelle Zwänge.
Baumert & Leschinsky (1986)	Selbstverständnis und Einflussmöglichkeiten von Leitungskräften 979 Leitungskräfte an allgemeinbildenden Schulen in verschiedenen Bundesländern Geschlossene Fragebögen	• Den Kern einer weithin konsentierten Leitungsphilosophie bildet die Dimension *vorbildhaftes Leitungshandeln und kooperative Gestaltung der Schule*; nur moderate Zustimmung erhalten die Dimensionen *direktoriale Amtsführung* sowie *Missverhältnis zwischen direktorialen und kollegialen Rechten und Machtquellen*; kontrovers werden die Aufteilung *autonomer Zuständigkeiten* zwischen Lehrkräften und Schulleitung sowie die Instrumentalisierung von *Informations- und Kontrollrechten* der Schulleitung beurteilt. • Es zeigen sich *schulartspezifische Ausprägungen* in diesen Dimensionen (auch unter Kontrolle der Schulgröße), bspw. eine ausgeprägte Abgrenzung autonomer Zuständigkeiten unter tendenziellem Verzicht auf Kontrollmaßnahmen und direktorial-anweisende Elemente an Volksschulen.

Fortsetzung auf der nächsten Seite

Studie	Wichtige Untersuchungsgegenstände; Stichprobe und Erhebungsmethode	Wesentliche Ergebnisse
Kischkel *(1989)*	Problemwahrnehmungen und berufsbezogene Einstellungen von Mitgliedern der erweiterten Schulleitung, Lehrkräften mit mittleren Leitungsfunktionen und Lehrkräften ohne Zusatzfunktionen 1100 Lehr- und Leitungskräfte an allgemeinbildenden Schulen in Hessen und Nordrhein-Westfalen Geschlossene Fragebögen	• Bewertungen schulinterner Problemlagen differieren nur in den Aspekten der Schulausstattung sowie der Disziplin und Motivation der Schülerschaft. • Mit der Höhe der Hierarchiestufe wachsen sowohl zeitliche Belastungen als auch Berufszufriedenheit an. • Schulleitungsmitglieder besitzen die höchsten Ausprägungen bei *Anlageorientierung, Konservatismus* und *Berufsengagement*, aber die niedrigsten bei empfundener *Rollenambiguität* und individueller *Ambiguitätstoleranz*. • Hinweise auf alters- und/oder geschlechtsspezifische *Selbstselektion* im Zuge des Aufstiegs: Unter Berücksichtigung demografischer Faktoren bleiben signifikante Funktionsgruppenunterschiede nur für das *Berufsengagement* erhalten.
Neulinger *(1990)*	Einstellungen, Berufswahlmotive und Beziehungsgestaltung zu Bezugsgruppen von Leitungskräften Schriftliche Befragung (n = 368) und vertiefende narrative Interviews (n = 15) bei Leitungskräften an allgemeinbildenden Schulen in Baden-Württemberg	• Intrinsische und immaterielle Motive veranlassen zur Bewerbung auf das Amt. • Das Belastungsniveau wird als „einigermaßen zu bewältigen" charakterisiert; dennoch wird hohe generelle Zufriedenheit geäußert. • Die Mehrheit der Befragten besitzt „*systemstabilisierende*" Handlungsorientierungen. Bei der Befürwortung kollegialer Formen der Schulleitung sowie der Offenheit für Systemreformen weichen zumindest Leitungskräfte an Gymnasien und Sonderschulen stark voneinander ab. • *Ehrlichkeit, Wahrhaftigkeit und Vertrauen* prägen das Verhältnis zur Lehrerschaft; *Nüchternheit und sachliche Distanz* wird gegenüber Beamten der Schulaufsicht gewahrt; zu Schülern wird *Nähe* gesucht; Eltern wird mit einer latenten *Verteidigungshaltung* begegnet.
Wissinger *(1996)*	Subjektive Leitungskonzeptionen von schulischem Leitungspersonal (u.a. Aufgabenverständnis, Problembewusstsein, Umgang mit Lehrkräften)	• Leitungskräfte bleiben der „Berufsrollenidentität" der Lehrkraft verhaftet und transponieren kindpädagogische Interaktionsmuster auf die Führung der Amtsgeschäfte und die Beziehung zu Lehrkräften *(Leitidee des treu sorgenden, ermutigenden, aber auch bevormundenden und persönlich intervenierenden Vaters)*. • Führungsorientierung sowie der Wunsch nach Verantwortungszuwachs und Organisationsaufgaben dominieren zum Zeitpunkt der Bewerbung auf das Amt.

Fortsetzung auf der nächsten Seite

Studie	Wichtige Untersuchungsgegenstände; Stichprobe und Erhebungsmethode	Wesentliche Ergebnisse
	196 Leitungskräfte im allgemeinen Pflichtschulbereich in Bayern Geschlossene Fragebögen	• Bei der Beschreibung gegenwärtiger Aufgaben werden die Aktivitäten *Schüler erziehen/unterrichten, Lehrkräfte unterstützen* und *Eltern beraten* als die wichtigsten benannt. • Die meisten Leitungskräfte besitzen eine *selektive und individualisierte Problemwahrnehmung,* die innerschulische Problemlagen auf defizitäre Fähigkeiten, Handlungsorientierungen und Arbeitsleistungen von Lehrkräften zurückführt. • *Dyadische Kommunikationsformen* werden gegenüber gruppen- oder organisationsbezogenen Formen bevorzugt; Gesprächsinhalte kreisen vornehmlich um Erziehungsprobleme, Verfahrensweisen, rechtliche Belange im Verhältnis zu Schülern und Eltern sowie didaktisch-methodische Fragen. • Leitungskräfte agieren als *operative Schaltzentralen:* Die präferierten Führungsinstrumente umfassen Konferenzvorsitz, Klassenzuweisung, Aufgabenverteilung, Politik der offenen Tür, Information und Beratung der Lehrkräfte. Leitungskräfte bedienen sich jedoch an Realschulen und Gymnasien häufiger als an Volksschulen steuernder Impulse mit schulweitem und qualitätssicherndem Fokus (z.B. Zielformulierung).
Forberg (1997)	Berufsbiografische Stationen sowie Rollen- und Führungsverständnis weiblicher Leitungspersonen an beruflichen Schulen Narrative Interviews (n = 24) und ergänzende schriftliche Befragung (n = 104) bei Schulleiterinnen in verschiedenen Bundesländern	• Schulleiterinnen betonen *sozio-emotionale* und *interpersonelle* Komponenten des Leitungshandelns: Sie bemühen sich um harmonische, partnerschaftliche Zusammenarbeit mit den Lehrkräften und vermitteln in Konfliktfällen. Sie sehen sich als Repräsentantin ihrer Schule, aber bürokratie- und hierarchiefern, und lehnen autoritäre Führungselemente vehement ab. • *Leichte Kohortendifferenzen:* Ältere Schulleiterinnen verstehen sich als pädagogische Beraterin mit Vorbildfunktion und konsultativem Führungsstil; jüngere als Teamerin und Förderin kollegiumsinterner Kooperation. • Als stark belastend gelten *Konflikte* mit und zwischen Lehrkräften, übermäßiger *Verwaltungsaufwand,* hohe *Wochenarbeitszeit, Aufsichts- und Kontrollpflichten* sowie die *Allzuständigkeit und Gesamtverantwortung* im Amt.

Fortsetzung auf der nächsten Seite

5.1 Erkenntnisse über Einstellungen, Selbstverständnis und Handlungsstrategien der Amtsinhaber

Studie	Wichtige Untersuchungsgegenstände; Stichprobe und Erhebungsmethode	Wesentliche Ergebnisse
Riedel (1998)	Beurteilung diverser Probleme und Konsequenzen der erweiterten Selbstständigkeit der Einzelschule durch Leitungskräfte 495 Leitungskräfte an öffentlichen allgemeinbildenden Schulen in Berlin Geschlossene Fragebögen	• Leitungskräfte sind mehrheitlich skeptische, aber engagierte und *aktiv-gestaltende Promotoren* dezentraler Entwicklungsprozesse. • Divergente Beurteilungen von Problemen und Zielen systemischer Reformen sowie bevorzugte innerschulische Arbeitsstrukturen sind weniger durch Schulstandort, -form oder -größe als durch *(bildungs-)politische Grundeinstellungen* der Leitungskräfte bedingt. Beispielsweise treffen *sozialstaatlich orientierte* Leitungskräfte pessimistische Erfolgsprognosen für die einzelschulische Teilautonomie, lehnen marktwirtschaftliche Steuerungselemente sowie Partizipationsrechte von Eltern und Schülern deutlich ab und betonen, dass sich zentrale Vorgaben zum Lehr- und Erziehungsauftrag im Konfliktfall gegenüber pädagogischen Gestaltungsfreiheiten durchzusetzen hätten. • Hinweise auf *kontigente* Leitung: *Entschieden liberale* Leitungskräfte schätzen die Innovationsbedingungen und -bereitschaften an der eigenen Schule als besonders günstig ein.
Hasenbank (2001)	Leitungsaufgaben und Führungsverhalten an Berufsschulen schriftliche Befragung (n = 126) und vertiefende Interviews (n = 4) mit Leitungskräften an Berufsschulen in Bayern	• Mit der Amtsübernahme wurde der Wunsch verbunden, sich in einem erweiterten Verantwortungsbereich *verwirklichen* zu können und verstärkt *mit Erwachsenen* zusammenzuarbeiten. • Moniert wird die *Verwaltungslast*. • Leitungskräfte an Berufsschulen bevorzugen *direkte und informelle* gegenüber strukturierten Kommunikationsformen (z.B. Konferenzleitung, Mitarbeitergespräche). • Im Bemühen um Sichtbarkeit und Ansprechbarkeit betreiben sie intensives *Management by walking around*. In der Folge stellt sich das Gefühl ein, ineffizient zu arbeiten. • *Kooperative Führungselemente* wie Entscheidungsbeteiligung und Zielvereinbarungen erhalten hohe Zustimmung. • *Delegationsoptionen* werden *kaum genutzt,* was u.a. mit mangelnden aufgabenrelevanten Fähigkeiten der Lehrkräfte begründet wird.

Fortsetzung auf der nächsten Seite

Studie	Wichtige Untersuchungsgegenstände; Stichprobe und Erhebungsmethode	Wesentliche Ergebnisse
Werle (2001)	Berufliche Selbstkonzepte von schulischen Leitungskräften 164 Leitungskräfte an allgemeinbildende Schulen im Saarland Geschlossene Fragebögen	• Das *Aufgabenverständnis* ist schulartübergreifend eng mit dem *pädagogischen Interaktionsgeschehen* verbunden: Hohe Relevanzeinschätzung der Tätigkeiten *Schüler unterrichten* und *Schüler erziehen*; jedoch divergente Beurteilungen der Wichtigkeit *unterstützender* und *kontrollierender* sowie die *Unterrichtsorganisation* betreffender Aktivitäten. • Die Befragten sind hoch zufrieden mit ihrem Aufgabenfeld, bewerten aber *Arbeitsbedingungen* und *Entlohnung* schulartabhängig unterschiedlich. • Als unentbehrlich werden generell *offene und direkte Gespräche* mit den Lehrkräften (vorrangig über konkrete Erziehungsprobleme) erachtet. • Mehrheitlich besteht der Wunsch, *als Kollege* aufzutreten und als solcher anerkannt zu werden; der *kooperative Führungsstil* wird bevorzugt. • *Einzelne Elemente der Beziehungsgestaltung und Organisationssteuerung* variieren in Abhängigkeit der Schulart, bspw. Informationspolitik, Rückmeldung von Arbeitsbewertungen, investierte Zeit in die Konzeption schulischer Projekte, Öffentlichkeitsarbeit.
Bonsen (2003)	Subjektive Aufmerksamkeitsschwerpunkte der Organisationssteuerung bei schulischen Leitungskräften 30 Leitungskräfte an allgemeinbildenden Schulen in Nordrhein-Westfalen und im Kanton Basel-Land (Schweiz) Leitfadengestützte Interviews	4 Leitungstypen: • *konventionell-klassische Leitung* (welche ausschließlich aus einer strukturellen sowie personellen Perspektive operiert, d.h. sowohl die Ausgestaltung formaler Rollengefüge, Arbeitsprozesse, Informationskanäle und Entscheidungswege als auch die Berücksichtigung individueller Bedürfnisse, Gefühle und Fähigkeiten und die Einwirkung auf das Schulklima fokussiert); • *konventionell-klassische Führungsaufmerksamkeit mit erhöhter politischer Aufmerksamkeit* (welche über den strukturellen und personellen Fokus auch das interessengeleitete und aktive Verhandeln, Taktieren, Koalieren sowie die lösungsorientierte Vermittlung zwischen Konfliktparteien hervorhebt); • *klassisch-symbolische Leitung* (welche über den strukturellen und personellen Fokus hinaus auf die Pflege gewachsener Traditionen, die bedeutungsvolle Inszenierungen von Ereignissen und Aktivitäten sowie den Aufbau gemeinschaftlicher Werthaltungen abstellt);

Fortsetzung auf der nächsten Seite

Studie	Wichtige Untersuchungsgegenstände; Stichprobe und Erhebungsmethode	Wesentliche Ergebnisse
		• *Leitung mit Multi-Framing* (welche alle Perspektiven ausgewogen integriert). Hinweis auf *kontingente Leitung:* Ausgeprägte *politische* Aufmerksamkeit finden sich vorrangig in großen Organisationseinheiten und selten an Grundschulen.
Schmitz & Voreck (2006)	Verhältnis schulischer Leitungskräfte zum pädagogischen Personal 240 Leitungskräfte an Grund-, Haupt-, Sonder- und Berufsschulen Geschlossene Fragebögen	• Leitungskräfte nehmen in unterschiedlichem Ausmaß *Diskrepanzen zwischen erwarteten und vorgefundenen Merkmalen der Kollegiumsmitglieder* wider: In der Stichprobe befindet sich eine Gruppe, die ihre Erwartungen an die Motivation, Methodenkompetenz, Mitarbeit und Selbstständigkeit der Lehrkräfte sowie an die Einhaltung von Lehrer- und Schülerdisziplin weitgehend erfüllt einstuft *(pädagogisch Orientierte).* Eine zweite Gruppe diagnostiziert lediglich bei der Einhaltung von Lehrer- und Schülerdisziplin geringe Abweichungen von der eigenen Erwartung *(administrativ Orientierte).* • Angehörige der zweiten Gruppe sind vorrangig an Berufsschulen tätig. • Verglichen mit den pädagogisch Orientierten unterstellen die administrativ Orientierten den Lehrkräften häufiger *unberechtigte* Erwartungen an die Schulleitung; sie vertreten stärker die Meinung, *beruflich mehr zu investieren als zurückzuerhalten* und signalisieren in höherem Maße *Enttäuschung* über das Kollegium.
Languth (2006)	Berufsauffassungen schulischer Leitungskräfte (v.a. Organisations- Professions- und Führungswissen) 15 Leitungskräfte an Gymnasien und Gesamtschulen in Niedersachsen Problemzentrierte Interviews	Kontrastierende Fallvergleiche anhand des Interviewmaterials: • *Professionelle Berufsauffassung:* Reflexion von Wirkungszusammenhängen und Grenzen eigener Einflussmöglichkeiten auf Basis von umfangreichem Organisationswissen; breites Repertoire und flexibler Einsatz von Verhaltenselementen bei der Führung, variantenreiche Suche nach Handlungsoptionen; bedacht auf professionelle Autonomie und Ausgleich konfligierender Interessen;Ausrichtung von Arbeitsstrukturen und -prozessen auf langfristige Ziele der Unterrichtsqualität und ganzheitliche Schulentwicklung; positives Selbstbild; starke Identifikation mit der übernommenen Position;

Fortsetzung auf der nächsten Seite

Studie	Wichtige Untersuchungs-gegenstände; Stichprobe und Erhebungsmethode	Wesentliche Ergebnisse
		• *Resignative Berufsauffassung:* geprägt von einer frustrierenden Kluft zwischen individuellen Ansprüchen und Alltagshandeln sowie zwischen der subjektiv hohen Bedeutsamkeit des Berufs und geringen Erfolgserlebnissen bei dessen Ausübung; unkritische Beibehaltung von im Lehrberuf erworbenen Handlungsmustern mit der Folge einer strikten Orientierung am aktuellen Unterrichtsgeschehen ohne planvolle Führungsstrategien, unzureichendes Eingehen auf situative Erfordernisse und unterschiedliche Interessenlagen; intensives Bemühen um emotionale Akzeptanz im Kollegium; Zweifel an der Wirksamkeit eigener Handlungen; Strukturelle Hemmnisse werden als unveränderbar empfunden und zwischenmenschliche Konflikte auf persönliches Versagen attribuiert; • *Programmatische Berufsauffassung:* rigides Beharren auf normative Richtlinien; wenig konstruktive und flexible Problemlösungen; Betonung eines kooperativen Führungsstils, der jedoch als enervierend und kräftezehrend eingestuft wird; kaum situationsangemessene Variation des Führungsverhaltens; Taxierung widerstreitender Interessen von Bezugsgruppen, ohne diese versöhnen zu können; hohe subjektive Führungskompetenz kollidiert mit als defizitär bewerteten bildungspolitischen Rahmenbedingungen, wodurch die Berufspraxis wird als stressreich erlebt wird und beständig hinter verinnerlichten normativen Berufsstandards zurückbleibt; • *Skeptische Berufsauffassung:* innere Distanzierung von der Führungsrolle, weil eine betriebswirtschaftlich inspirierte Berufsrationalität auf restriktive Organisationsstrukturen in der Schule trifft; Überzeugung von eigenen Führungsqualitäten, aber Gefühl der Lähmung durch organisationale Zwänge, fehlende Machtquellen, unzulängliche Kontrollinstrumente und starke Kollegialorgane → Verantwortung für diagnostizierte Führungsprobleme wird externalisiert;

Fortsetzung auf der nächsten Seite

5.1 Erkenntnisse über Einstellungen, Selbstverständnis und Handlungsstrategien der Amtsinhaber

Studie	Wichtige Untersuchungsgegenstände; Stichprobe und Erhebungsmethode	Wesentliche Ergebnisse
		• *Pragmatische Berufsauffassung:* Fokussierung auf das Nützliche und Machbare; situationsangemessenes Führungsverhalten, routinierte Verhandlungen; Gelassenheit gegenüber ambivalenten Anforderungen des Berufsalltags aufgrund einer langjährigen Berufserfahrung; Reduktion der berufstypischen Aufgabenkomplexität durch das Setzen inhaltlicher Prioritäten und profilierungsträchtige Akzente bei der Schulentwicklung; Bereitschaft zur Aufgabendelegation; Ausrichtung des Handelns an der Etablierung schülerzentrierter Unterrichtsformen, einer freundlichen Schulkultur und optimierten Arbeitsprozeduren; hohe Identifikation und Zufriedenheit mit dem Amt.
Von Lutzau (2008)	Biografie, Aufstiegsbereitschaft und Leitungshandeln von weiblichen Leitungspersonen 30 Schulleiterinnen an allgemeinbildenden Schulen in Nordrhein-Westfalen Experteninterviews	• „Macht" wird höchst unterschiedlich bewertet: Leugnung ↔ Ablehnung ↔ Bejahung ↔ Abwägungen zwischen dem Einsatz positionsgebundener und persönlicher Macht ↔ Suche nach Strategien der bewussten Teilung von Macht. • Schulleiterinnen sind frühzeitig in Führungsaufgaben hineingewachsen und identifizieren sich mit ihnen. • Die Amtsausübung wird an *demokratischen Werten* ausgerichtet; *Fürsorge und Empathie* sollen Hierarchieunterschiede überwinden; Zugeständnis eigener Schwächen; Einforderung von Solidarität und gegenseitiger Unterstützung im Kollegium. • *Schulleiterinnen gehen unterschiedlich mit Konflikten um:* Beharren auf eigenem Führungsanspruch ↔ Verständigung und Ausgleich. • Engagement in *privaten Lebensbereichen* dient als Gegengewicht zum Schulstress und Schutzschild gegen den empfundenen Erfolgsdruck.
Warwas, Seifried & Meier (2008)	Change Management durch die Schulleitung an Berufsschulen 10 Leitungskräfte an Berufsschulen in Bayern Leitfadengestützte Interviews	• Die Leitungskräfte verstehen sich *nicht als Primus inter Pares,* sondern betonen ihre *Schlüsselstellung* für den geplanten organisatorischen Wandel: Verantwortungsübernahme für die inhaltliche Fokussierung; authentisches und konsequent an Entwicklungszielen orientiertes eigenes Auftreten.

Fortsetzung auf der nächsten Seite

Studie	Wichtige Untersuchungsgegenstände; Stichprobe und Erhebungsmethode	Wesentliche Ergebnisse
		• Bei der Prozesssteuerung wird das *Spannungsfeld zwischen Systematisierung und Flexibilisierung* auf verschiedene Weise aufgelöst: Regelgeleitetes, arbeitsökonomisches und durch formatives Controlling abgesichertes Vorgehen ↔ Spontanes Eingehen auf neue Impulse und unvorhergesehene Ereignisse. • Reflektierter Einsatz *partizipativer Elemente* in Abhängigkeit von persönlicher Betroffenheit und Kompetenz der Lehrkräfte. • *kommunikationsintensives* Leitungshandeln, *vertrauensbildende* Maßnahmen, *wertschätzende* Gesten gegenüber Leistungsträgern. • *mikropolitisches sensitives Agieren*, etwa im Umgang mit informellen Meinungsführern im Kollegium oder der personellen Besetzung von Steuergruppen.
Wagner & van Buer (2010)	Führungs- und Qualitätsverständnis schulischer Leitungskräfte 7 Leitungskräfte an beruflichen Schulen in Berlin Moderierte Gruppendiskussionen	• Die Diskussionsteilnehmer begreifen Qualitätsentwicklung von Schule als wesentliche Führungsaufgabe und bejahen die eigene *Führungsrolle*. • Die *Implementierung extern vorgegebener Qualitätsentwicklungsinstrumente* (z.B. Schulprogramm, interne Evaluation) sowie *Einflussnahmen der Schulbehörden* dominieren die Diskussionsinhalte; schulinterne Bedingungen des Lehrens und Lernens (z.B. Schulklima, Kooperationsstrukturen) sind unterbelichtet; unterrichtsbezogene Themen und Fragen der Personalentwicklung und -führung bleiben ausgeblendet. • Den Leitungskräften ist primär an einer *Optimierung administrativer Abläufe* und der *Gewährleistung eines störungsfreien, effizienten Unterrichtsbetriebs* gelegen; als wichtiges Aktivitätsfeld stufen sie ferner die *Förderung der Mitarbeiterzufriedenheit* sowie die Begrenzung /gleichmäßige Verteilung außerunterrichtlicher *Mehrbelastungen* für Lehrkräfte ein. • Diskussionsbeiträge zur *pädagogischen Qualitätsentwicklung* und der diesbezüglichen Funktion der Schulleitung fallen *abstrakt* aus, weil nur diffuse Vorstellungen von gutem Unterricht vorhanden sind und die Wirksamkeit von unterrichtsbezogenem Führungsverhalten aufgrund ausgeprägter Autonomiebedürfnisse in der Lehrerschaft angezweifelt wird.

5.2 Erkenntnisse über die Wahrnehmung und Regulation von Belastungsquellen

In den bisher referierten Studien finden sich bereits vereinzelte Aussagen zur individuellen Belastungsregulierung sowie globale Angaben über die Zufriedenheit und Belastungsquellen der Amtsinhaber. Differenzierte Beanspruchungsstudien mit arbeitswissenschaftlicher, stress- oder gesundheitspsychologischer Fundierung sind jedoch bei schulischen Führungspersonen selten anzutreffen (Behr, Valentin & Ramos-Weisser 2003, 210). Auch in diesem noch unzureichend erschlossenen Untersuchungsfeld basieren die gewonnen Erkenntnisse auf divergenten Fragestellungen und Operationalisierungen, welche eine synoptische Darstellung erschweren – ein Problem, das aus Lehrerbelastungsforschung bekannt ist (s. Oesterreich 2008).

Tabelle 5.2: Befunde zur beruflichen Beanspruchung und Belastungsregulation

Studie	Wichtige Untersuchungsgegenstände; Stichprobe und Erhebungsmethode	Wesentliche Ergebnisse
Storath (1994)	Praxisschock bei neu ernanntem Schulleitungspersonal Schriftliche Befragung (n = 131) und flankierende narrativ-problemzentrierte Interviews (n = 12) im Teilnehmerkreis eines Qualifizierungskurses an Volks- und Sonderschulen in Bayern	• Belastende Schlüsselerlebnisse, in denen die Anforderungen der neuen Position auf drastische Weise erfahren werden, sehen die Amtsneulinge überwiegend in *Konflikten* mit inner- und außerschulischen Bezugsgruppen. Als belastungsintensiv gelten ferner die *Unterrichtsorganisation* sowie *kreative Aufgabenbereiche* wie Schulprojekte, Öffentlichkeitsarbeit und Streitschlichtung. • *Grenzen ihrer Gestaltungsoptionen* erkennen sie vorrangig in der Trägheit, Arbeitsunlust oder Blockadehaltung von Teilen der Lehrerschaft. • Einer schwachen Amtsmacht stehen ein hoher Arbeitsaufwand und geringes Gewicht in kollektiven Entscheidungsprozessen gegenüber. • Gesundheitliche Beeinträchtigungen durch den Beruf werden primär mit den Kategorien *Erschöpfung, Anspannung, Nervosität* und *Stressempfinden* umschrieben. Dabei fühlen sich weibliche Leitungskräfte insgesamt weniger belastet als männliche. Sie erfahren zudem administrative Aufgabenfelder als stärker, gestalterische Aufgabenfelder als weniger stressinduzierend als männliche Leitungskräfte.

Fortsetzung auf der nächsten Seite

Studie	Wichtige Untersuchungsgegenstände; Stichprobe und Erhebungsmethode	Wesentliche Ergebnisse
		• *Symptome eines Praxisschocks* weisen alle Befragten in Form von empfundener *sozialer Isolierung, verlorener Schülernähe und administrativen Zwängen* auf. • Obwohl die Interviewpartner eindrücklich schildern, verinnerlichten Forderungen an die Innovations- und Schaffenskraft der Schulleitung aufgrund vielfältiger Restriktionen *nicht gerecht werden zu können*, dokumentieren die Fragebögen eine *hohe Berufszufriedenheit*, was *Storath* mit *selbstwertdienlichen Tendenzen* erklärt.
Behr, Valentin & Ramos-Weisser (2003)	Belastungserleben, Belastungsbedingungen und Persönlichkeitsdimensionen bei schulischen Leitungskräften 72 Leitungskräfte an Grund- und Hauptschulen in Baden-Württemberg Geschlossene Fragebögen	• Die überwiegende Mehrheit der Befragten klassifiziert sich als *zufrieden* mit der beruflichen Realität und *gering belastet*. • Das Leitungspersonal weist in den *Persönlichkeitsdimensionen* Lebenszufriedenheit, soziale Orientierung, Gehemmtheit, Aggressivität, körperliche Beschwerden, Gesundheitssorgen und emotionale Labilität aus gesundheitspsychologischer Warte signifikant *günstigere Durchschnittswerte* auf als die deutsche Bevölkerung. Dabei erzielen Frauen noch günstigere Werte als Männer. • Subjektiv *stark beanspruchte und leicht erregbare* Leitungskräfte berichten häufiger von Irritationen, Zeitdruck und intensivem Stress bei der Arbeit; ausgeprägte *Lebenszufriedenheit und Offenheit* gehen mit geringem Zeitdruck-Erleben einher. • Die Belastungsintensität von Konflikten mit Lehrkräften und Schülern steigt mit zunehmender *Schulgröße* und wachsendem *Anteil der ausländischen Schülerschaft*. • Mit zunehmender *Berufserfahrung* sinkt das subjektive Stresspotential zeitlicher Drücke und mehrfacher Funktionsausübung. • Die Höhe des eigenen *Unterrichtsdeputats* korreliert auch unter Kontrolle der absoluten Schülerzahl negativ mit dem Belastungsempfinden.

Fortsetzung auf der nächsten Seite

5.2 Erkenntnisse über die Wahrnehmung und Regulation von Belastungsquellen

Studie	Wichtige Untersuchungsgegenstände; Stichprobe und Erhebungsmethode	Wesentliche Ergebnisse
Kanders & Rösner (2006)	Beanspruchungsunterschiede zwischen Lehr- und Leitungspersonal 1034 Personen mit und ohne Funktionsstellen in der Sekundarstufe I aus allen Bundesländern standardisierte mündliche Interviews	• Mit *nur 6 %* fällt die Quote der von einer *starken Burnout-Symptomatik* betroffenen Personen bei den Mitgliedern der erweiterten Schulleitung erheblich geringer aus als bei den übrigen Lehrkräften; auch mittelschwere Symptome finden sich in dieser Gruppierung deutlich seltener als bei Lehrkräften ohne Funktionsstellen. • Die Bereitschaft, den *aktuellen Beruf nochmals zu wählen,* ist unter allen Interviewten hoch, wird aber wiederum von den Funktionsstelleninhabern noch entschiedener bekundet als in der Vergleichsgruppe.
Rosenbusch, Braun-Bau & Warwas (2006)	Arbeitsbedingungen und individuelle Arbeitsstrategien 131 Leitungspersonen an Grund-, Haupt- und Realschulen in Bayern Geschlossene Fragebögen	• Leitungskräfte an *großen Schulen* bewerten verschiedene *Problemkategorien ihrer Schulen* (z.B. schwierige und unmotivierte Schüler, Streitfälle im Kollegium, strafrechtlich relevante Schülerdelikte) durchgehend als gravierender als an kleinen Schulen. Im Schulartvergleich erweisen sich *Hauptschulen* als negative Spitzenreiter. • Neben *Zeitmangel* gelten *unausgereifte behördliche Neuerungen und Erlasse* als Hauptbelastungsursachen. Leitungskräfte an *Realschulen* stufen diese Faktoren aber als weniger erheblich ein als an Volksschulen. Sie berichten auch deutlich *weniger von gesundheitlichen Problemen,* die sie auf ihren Arbeitsalltag zurückführen. Zudem attestieren sie sich selber eine *funktionierende individuelle Arbeitsorganisation* und fühlen sich *seltener in Hast und Eile* als Leitungskräfte an Volksschulen. • Zufriedenheitsurteile über spezifische Arbeitsplatzmerkmale fallen differenziert aus: Die Mehrheit der Befragten gibt an, einer *interessanten, abwechslungsreichen Tätigkeit* nachzugehen und hierbei *Selbstbestätigung* zu erleben, aber zu *wenig gesellschaftliche Anerkennung* zu erhalten. An den Volksschulen fällt aber die Bewertung der *Entlohnung* sowie die *Qualität von Fortbildungsangeboten* schlechter aus als an Realschulen. • Leitungskräfte an Volksschulen geben häufiger als an Realschulen an, *eigene pädagogische Ansprüche* im Laufe der Zeit *zurückgeschraubt* zu haben, und begegnen einer fiktiven neuerlichen Berufswahlentscheidung mit tieferen Zweifeln.

Fortsetzung auf der nächsten Seite

Studie	Wichtige Untersuchungsgegenstände; Stichprobe und Erhebungsmethode	Wesentliche Ergebnisse
Laux, Ksienzyk-Kreuziger & Kieschke (2007)	Beanspruchungsmuster von Leitungs- und Lehrkräften 455 Leitungs- und 2324 Lehrpersonen an allgemeinbildenden und beruflichen Schulen in Baden-Württemberg und Brandenburg Geschlossene Fragebögen	• Leitungspersonen sind beruflich *ehrgeiziger*, weniger *perfektionistisch* und eher fähig, sich innerlich von den Anforderungen des Arbeitsalltags zu *distanzieren* als Lehrpersonen. Sie gehen Probleme *offensiver* an und *resignieren* seltener bei Fehl- und Rückschlägen. Sie erzielen höhere Ausprägungen in den Bereichen *Erfolgserleben im Beruf* und *Zufriedenheit mit der gesamten Lebenssituation*. • Bei der Betrachtung spezifischer Ausprägungskombinationen dieser Merkmale weisen Leitungskräfte in höherem Maße als Lehrkräfte das gesundheitsförderliche *Muster G* auf (hohe, aber nicht exzessive Ausprägungen des Arbeitsengagements, hohe Widerstandskraft gegenüber Belastungen und intensive positive Emotionen). Das der Burnout-Symptomatik verwandte *Risikomuster B* ist bei ihnen deutlich seltener anzutreffen (motivationale Defizite in Verbindung mit resignativen Tendenzen, verminderter Widerstandsfähigkeit und negativer Gefühlslage). Mehr Leitungs- als Lehrkräfte begegnen aber beruflichen Aufgaben in einer *Schonungshaltung* (Risikomuster S mit minimalem Berufsengagement und weitgehender Distanzierung bei geringer Resignationsneigung und positivem Lebensgefühl). Vergleichsweise häufig ist zudem das *Risikomuster A* anzutreffen (Neigung zu exzessiver Selbstausbeutung und einseitiger Betonung von Arbeit ohne positive Entsprechungen im Lebensgefühl bei geringer Widerstandskraft). • Der Verbreitungsgrad der Muster A und S legt ein Missverhältnis zwischen *motivationalen und fähigkeitsbezogenen Leistungsvoraussetzungen* bei einer nicht unerheblichen Zahl der Amtsinhaber nahe.
Harazd, Gieske & Rolff (2009)	Beanspruchungsunterschiede zwischen Leitungs- und Lehrkräften; subjektive Belastungsfaktoren der Leitungskräfte Online-Befragung	• Leitungskräfte sind nur mäßig und vergleichen mit dem Kollegium bedeutsam weniger *emotional erschöpft*. Beim *habituellen Wohlbefinden* erreichen sie leicht erhöhte und bedeutsam über dem Kollegium liegende Werte.

Fortsetzung auf der nächsten Seite

Studie	Wichtige Untersuchungsgegenstände; Stichprobe und Erhebungsmethode	Wesentliche Ergebnisse
	Leitungspersonen und Kollegien an 118 Grund- und Gesamtschulen, Gymnasien und Berufskollegs in Nordrhein-Westfalen	• Leitungskräfte klassifizieren lediglich die *Umsetzung ministerieller Anordnungen* in nennenswertem Umfang als belastend; die Tätigkeitsfelder Personalführung und -entwicklung, eigener Unterricht, Zusammenarbeit mit Eltern sowie Öffentlichkeitsarbeit bereiten ihnen mehrheitlich wenig Schwierigkeiten. Die *Zusammenarbeit mit Kollegium* wird als *unerheblicher Belastungsfaktor* wahrgenommen. • *Schulartabhängige Abweichungen in den Belastungseinschätzungen:* An Gymnasien werden die Finanz- und Budgetverwaltung als weniger anstrengend erlebt als an anderen Schularten; an Grundschulen werden verwaltungstechnische Aufgaben, der Umfang des eigenen Unterrichtsdeputats sowie die Eltern- und Öffentlichkeitsarbeit als stärker belastend eingestuft als an anderen Schularten. Maßnahmen der Personalführung und -entwicklung werden von Leitungskräften an Grundschulen und Berufskollegs als vergleichsweise belastungsintensiv beurteilt, wobei die Erstere mit persönlichen Problemen der Rollenfindung, Letztere mit der Größe und Komplexität ihres Kollegiums begründen.

5.3 Schlussfolgerungen für die eigene Untersuchung

Wie bereits in Kapitel 1 begründet, bemüht sich die vorliegende Arbeit um eine Integration von Identitäts- und Bewältigungsforschung. Eine solche Verzahnung erscheint durchaus fruchtbar, denn wie in zahlreichen anderen Untersuchungsfeldern zeichnet sich auch in der Berufssparte der Schulleiter ab, dass zwischen „arbeitsbedingten Belastungen als Einwirkungsgrößen und psychischen Beanspruchungen als Auswirkungsgrößen (...) kein einfacher kausaler Zusammenhang" besteht (Wieland 1999, 201). Statt dessen müssen entsprechend des Belastungs-Bewältigungs-Konzepts und des Rahmenmodells schulleitenden Handelns (Abschnitt 2.5) vielfältige Interdependenzen zwischen dem normativ strukturierten *Aufgabenkatalog*, den *Ausführungsbedingungen* des konkreten Arbeitsplatzes sowie dem *Leistungsvermögen* der fokalen Person, inklusive der von ihr eingesetzten Arbeitsmethoden und -mittel, berücksichtigt werden (Wieland 1999, 201; Richter & Hacker 1998, 37).

Im *Auftrags-Auseinandersetzungs-Konzept* sensu Richter und Hacker (1998, 37ff.) wird diese Tripelrelation substanziell um die *Wechselbeziehungen zwischen dem Arbeitsauftrag und den Zielen, Werten und Motiven des Subjekts* erweitert, indem das überantwortete Berufsmandat nicht als Fixum, sondern als auslegungsfähiger Referenzrahmen begriffen wird (s. hierzu auch den inneren Kreis des Rahmenmodells in Abbildung 2.2 und die Erörterungen zur interpretationsbedürftigen Rolle in Abschnitt 3.1.4). Dies gilt umso mehr, je größer die strukturell gewährten Handlungsspielräume einer beruflichen Position sind (Schönwälder 1997, 195). Demnach beeinflusst die subjektive *Redefinition des beruflichen Auftrags* respektive das berufliche Selbstverständnis als artikulierte *individuelle Sichtweise auf das Anforderungsprofil des Berufs und dessen Bewältigung* in erheblichem Umfang, *wie*, d.h. mit welchem Ressourceneinsatz, welchen Handlungsstrategien, welchen Problemwahrnehmungen, Zielgrößen und Bewertungsmaßstäben die Auseinandersetzung mit den beruflichen Handlungsaufgaben im Einzelfall erfolgt. In klassischen Belastungs-Beanspruchungs-Modellen werden folglich die

> „(...) vielfältigen, auf unbewußten und bewußten Ebenen kognitiv und emotional verlaufenden Wechselbeziehungen zwischen dem Bearbeiter und seinem Auftrag unterschätzt. Sie entstehen insbesondere aus der kognitiv-emotionalen Stellungnahme sowie aus der aktiven und dabei antizipierenden Auseinandersetzung des zielgerichtet und überlegt kalkulierenden und arbeitenden Menschen mit seinem Auftrag oder seiner Aufgabe. (...) Es ist immer die *redefinierte Aufgabe* (Hackman & Oldham 1975), die vermittelt durch die Bewältigung der Anforderungen zu Beanspruchungsfolgen führt. Diese *Vermittlung* erfolgt über die regulativen Veränderungen in der *Arbeitsweise*" (Richter & Hacker 1998, 37, Herv. i.O.).

Wenn jedoch die Art der Berufsausübung davon mitbestimmt wird, wie der Arbeitsauftrag individuell ausbuchstabiert wird *(verbalisierbare Anteile der beruflichen Identität)*, dann muss die psychische Beanspruchung ebenfalls „ein überdauerndes Erzeugnis des Redefinitionsprozesses sein, der aus keinem Arbeitsvorgang fortzudenken ist" (Schönwälder 1997, 193). Zur kompensatorischen (Re-)Stabilisierung im Falle subjektiv ungenügender oder sich erschöpfender Ressourcen können dabei verschiedene Regulationsprozesse einsetzen, darunter *Aufwandssteigerungen* oder *Strategieveränderungen in der Auftragsbearbeitung*, aber auch *Anspruchsniveauanpassungen* oder *Zielverschiebungen* hinsichtlich der Arbeitsbedingungen, -inhalte und -ergebnisse

(Richter & Hacker 1998, 38ff.)[1]. Diese Bewältigungsformen lassen sich nicht nur problemlos in die beiden generischen – assimilativen und akkomodativen – *Regulationsmodi der Identitätsarbeit* einsortieren (Brandtstädter 2007, 11ff.; Abschnitt 3.3.1.1), sondern auch mit jüngsten lernpsychologischen, neurophysiologischen und neurobiologischen Erkenntnissen fundieren (zsf. Sembill & Zilch 2010).

Definitionsspielräume beruflicher Handlungsaufgaben sind für schulische Akteure freilich nicht unbegrenzt vorhanden, sondern vielmehr durch gesellschaftliche Rahmenbedingungen und bildungspolitische Zielkorridore restringiert (ebd.; s. auch Abschnitt 2.2). Zudem rekurriert jedes Individuum bei seiner Funktionsauslegung auf legitime Interpretationsvarianten relevanter Bezugsgruppen wie etwa des Kollegenkreises oder bestimmter organisationaler Einheiten (Schönwälder 1997, 196f.; Ullrich 1999, 2ff.; van Dick & Wagner 2002, 132ff.). Das Austarieren subjektiver Relevanzeinschätzungen mit denjenigen von sozialen Interaktionspartnern in der Schule (Sembill 2006, 187ff.) impliziert für die Formung einer beruflicher Identität wie auch für die Entstehung berufsbedingter Beanspruchungen, dass jeder Einzelne „durch die Ausprägung des eigenen Selbstverständnisses von der eigenen (...) Arbeit und der der anderen Beteiligten zu einem Teilhaber einer Definitionsgemeinschaft [wird]. Was der einzelne davon für unabdingbar hält, ist sein Maß für die Anforderung, der er sich gegenübergestellt sieht" (Schönwälder 1997, 197). Die empirische Studie, aus der im Folgenden berichtet wird, sucht derartige Definitionsgemeinschaften im Sinne *beruflicher Teil- bzw. Subkulturen* innerhalb des Berufsstandes der Schulleiter aufzuspüren.

---

1 Richter und Hacker verwenden die Begriffe der Zielverschiebung und Anspruchsniveauänderung synonym (ebd., 41), während in der vorliegenden Arbeit auf Grundlage der Arbeitszufriedenheitsforschung (Abschnitt 4.2.2.3) eine funktionale Differenzierung vorgenommen wird.

6 Ziele, Fragestellungen und Konzeption der Studie

Auf Basis der theoretischen Grundlagen und des berichteten Forschungsstandes werden in diesem Kapitel die übergeordneten Ziele der eigenen Untersuchung benannt und in konkrete Fragestellungen und Hypothesen für die statistischen Analysen überführt. Ferner werden Erhebungsdesign, Konstruktoperationalisierungen und Zusammensetzung der Stichprobe offengelegt.

6.1 Eingrenzung von Zielkategorien und Analysebereichen der Untersuchung

Die Studie verfolgt das Ziel, nicht nur *geteilte Deutungsmuster* innerhalb des Berufsstandes der Schulleiter zu ermitteln, sondern auch und vor allem systematische *Binnenvariationen* aufzudecken, die angesichts des konstruierten Rahmenmodells (Kapitel 2) sowie der identitäts- und arbeitspsychologischen Forschung (Kapitel 3 und 4) sowohl bei der *Interpretation und Ausgestaltung des Leitungsamtes* als auch bei den psychischen *Beanspruchungsprofilen der Amtsinhaber* zu erwarten sind. Anstelle von Pauschalurteilen zur Qualität des Arbeitslebens (s. hierzu kritisch Bieri 2006, 37; Fischer & Belschak 2006, 84ff.; Gehrmann 2007, 188f.) sollen dabei arbeitsprozessbegleitende Beanspruchungsreaktionen wie auch längerfristige Beanspruchungsfolgen differenziert betrachtet werden, indem qualitativ unterscheidbare *Facetten des Belastungsempfindens* bei der Berufsausübung sowie *Formen der (Un-)Zufriedenheit* mit dem Beruf erhoben werden. Damit fokussieren die Auswertungen darauf,

1. innerhalb des Berufsstandes *kollektiv geteilte* Sichtweisen auf die Anforderungen des Leitungsamtes und mehrheitlich bevorzugte Handlungsstrategien zu bestimmen sowie *das generelle Niveau* des Belastungserlebens und der Arbeitszufriedenheit aufzudecken;
2. mittels strukturentdeckender Verfahren homogene Untergruppen *(berufliche Subkulturen* respektive *Leitungstypen)* zu ermitteln, die sich nicht nur in ihren präferierten Handlungsdimensionen *(konative Modalität beruflicher Identitätskonstruktionen)*, sondern auch in ihren Stellungnahmen zu widerstreitenden Rollensegmenten *(kognitive Modalität)* sowie in ihren beruflichen Wertorientierun-

gen und Selbstwirksamkeitsüberzeugungen *(affektiv-evaluative Modalität)* systematisch unterscheiden;
3. *personale und organisationale Kontingenzen* dieser beruflichen Subkulturen herauszuarbeiten, d.h. zu überprüfen, ob und in welchem Umfang divergente Interpretations- und Gestaltungsvarianten des beruflichen Auftrags in Abhängigkeit von individuellen Leistungsvoraussetzungen und/oder schulspezifischen Gegebenheiten auftreten;
4. in Anlehnung an transaktionale Stressmodelle den Einfluss *subjektiver Bewertungen einzelner Anforderungsmerkmale, internaler Ressourcen und eingesetzter Arbeitsmethoden* auf das Belastungserleben zu ergründen sowie im Rückgriff auf konkurrierende Ansätze der Arbeitszufriedenheitsforschung zu analysieren, in welchem Umfang variierende Zufriedenheitsbilanzen auf *personenabhängige* oder *kontextbedingte Effekte* respektive auf *Effekte prozessbegleitender Belastungsempfindungen* zurückzuführen sind;
5. den *Erklärungsbeitrag divergenter Muster des beruflichen Selbstverständnisses* für die Intensität und Qualität psychischer Beanspruchungen – auch in Relation zu den in Analyseschritt 4 ermittelten Einflussgrößen – zu erhellen, um den Stellenwert beruflicher *Identitätsarbeit als Bewältigungsstrategie* in einem komplexen Gefüge belastungs- und zufriedenheitsgenerierender Faktoren zu verorten.

6.2 Präzisierung forschungsleitender Fragestellungen und Hypothesen

Die genannten Erkenntnisziele lassen sich in analytische Teilschritte, Einzelfragen und Ergebniserwartungen konkretisieren. Jede der hierbei gebildeten Hypothesen wird mit dem Kürzel „H" und der Nummer des zugehörigen Analysebereichs versehen.

Ad 1) Entsprechend der sozialen Vermitteltheit individueller Sichtweisen lassen sich nach gegenwärtiger Befundlage der Schulleitungsforschung durchaus *konsentierte Vorstellungen* über das Anforderungsprofil des Amtes identifizieren. In den Augen der meisten Amtsinhaber bestehen die *berufstypischen Belastungsfaktoren* wohl in den kumulierten und vielfältigen *Daily Hassles*, die insbesondere in den Vormittagsstunden als „Trommelfeuer von Ereignissen und Überraschungen" (Rauscher 1996, 10) auf die Führungskraft einprasseln. Die Vielfalt parallel ablaufender Vorgänge unterschiedlichen inhaltlichen Zuschnitts, eine hohe Unterbrechungshäufigkeit und zahlreiche ungeplante Entscheidungs- und Aktionsbedarfe stellen in Kombination mit zeitlichen Restriktionen, umfänglichen Verwaltungsaufgaben und einer unzureichenden Amtsmacht (z.B. Ackermann & Wissinger 1998, 9f.; Werle 2001, 12f.) erhebliche *Regulationshindernisse und -überforderungen* bei der Tätigkeitsausübung dar (Wieland 1999, 203ff.; Zapf 1999, 20ff.; Semmer & Udris 2004, 174f.). Gravierende *Regulationsunsicherheiten* (ebd.) erzeugen überdies diffuse Zielvorgaben und Rollenkonflikte, die ebenfalls wiederholt als zentrale Stressoren benannt wurden (z.b. Mahlmann 2002, 21; Lohmann & Minderop 2004, 62ff.; Reichwein 2007, 70ff.).

H 1a: *Bei der Beurteilung der subjektiven Belastungsintensität verschiedener potenzieller Problemfelder ihres Berufes stufen schulische Leitungskräfte mehrheitlich Regulationsbehinderungen im Alltag als bedeutsamste Belastungsfaktoren ein.*

Obwohl bei gegebenem Tätigkeitsspielraum vielfältige Alternativen der Auftragserfüllung denkbar sind (Fend 2006, 174ff.; Hacker et al. 2008, 265f.), verweisen die Ergebnisse der Schulleitungsforschung dennoch auf eine *weit verbreitete Handlungsstrategie:* Demnach leisten die meisten Schulleiter bevorzugt eine *dialogische, interpersonelle Beziehungsarbeit* (Rolff 1994, 23; Lohmann & Minderop 2004, 97f.; Wirth 2009, 141ff.) und begegnen dem wahrgenommenen Anforderungsprofil ihres Betätigungsfeldes bevorzugt mit den Mitteln der direkten, persönlichen Kommunikation. Sie betätigen sich als „Schaltzentrale" der Schule, um Informationen zu bündeln und zu verteilen, Abläufe zu koordinieren, Steuerungsbedarfe zu erkennen und spontanes Krisenmanagement zu betreiben (Baumert 1989, 62). Mithin erscheint es gerechtfertigt, in solch kommunikationsintensiven und koordinierenden Handlungselementen den Nukleus einer schulleitenden *Berufskultur* bzw. das in der Definitionsgemeinschaft der Schulleiter weithin konsentierte Gestaltungselement der Amtsführung zu vermuten (s. hierzu auch Rosenbusch 1993, 157ff.; Wissinger 1996, 118ff.; Biott & Rauch 1997).

H 1b: *Im Vergleich verschiedener Gestaltungsdimensionen der Leitungstätigkeit stellen Maßnahmen der direkten Kommunikation und Koordination schulinterner Arbeitsabläufe generell die dominante Handlungsform dar.*

Empirische Befunde zur Beanspruchung schulischer Leitungskräfte – meist in Form genereller Befindensaussagen – dokumentieren allen Stresspotenzialen des Berufsbildes zum Trotz ein moderates Belastungsempfinden, auffallend geringe Burnout-Symptome und eine hohe Zufriedenheit (zsf. Uhlendorff & Brehm 2007, 14f.). Als deren Ursachen werden einerseits Selbstselektionseffekte (z.B. Laux et al. 2007, 102), andererseits selbstwertdienliche Wahrnehmungsverzerrungen (z.B. Storath 1994, 361f.) diskutiert. Für die in dieser Studie verwendeten *globalen* Belastungs- und Zufriedenheitsmaße wird ebenfalls eine unter gesundheitspsychologischem Blickwinkel „günstige" Ausprägungshöhe erwartet. In Ermangelung von Normstichproben müssen allerdings die theoretischen Mittelwerte der betreffenden Skalen als Trennlinie zwischen niedrigem und hohem Belastungsniveau respektive negativen und positiven Zufriedenheitsbilanzen dienen. Interpretatorische Unschärfen infolge unterschiedlicher Itemschwierigkeiten in den vorliegenden Studien müssen hierbei in Kauf genommen werden.

H 1c: *Das durchschnittliche Belastungsniveau von Schulleitern liegt unterhalb des oberen Skalendrittels.*

H 1d: *Das durchschnittliche Zufriedenheitsniveau von Schulleitern liegt oberhalb des theoretischen Skalenmittels.*

Ad 2) In den berichteten Studien finden sich auch zahlreiche Hinweise auf eine *Koexistenz unterschiedlicher beruflicher Subkulturen*. Die Formulierung begründeter Hypothesen darüber, worin sich solche Interpretations- und Gestaltungsvarianten des beruflichen Auftrags inhaltlich unterscheiden, erweist sich jedoch als schwierig, da erstens Operationalisierungen des beruflichen Selbstverständnisses ausgesprochen heterogen ausfallen und zweitens einschlägige qualitative Fallstudien zwar detailreiche und differenzierende Auswertungen liefern, aber keine Repräsentativität beanspruchen können. Dem in Kapitel 3 beschriebenen *relationalen Grundmodus* der Identitätsarbeit, demgemäß eine Person ihre mannigfaltigen kontextgebundenen Selbsterfahrungen selektiert, sortiert, verbindet und bewertet, um sie in einer subjektiv stimmigen und sozial überzeugenden Konfiguration anzuordnen, werden m.E. vor allem solche Studien gerecht, die sich nicht nur auf eine *dimensionale Analyse* einzelner identitätskonstituierender Merkmale beschrän-

6.2 Präzisierung forschungsleitender Fragestellungen und Hypothesen

ken. Einen höheren Erkenntnisgewinn versprechen *typologische Auswertungen*, welche in einem personenzentrierten Zugriff nach differierenden Kombinationen von Ausprägungen mehrerer Merkmale fahnden (s. für eine methodische Diskussion Kluge 1999, 86; Mayer et al. 2004, 97; Neuenschwander 2006, 244f.). Rekurriert man auf rollen- und identitätstheoretische Argumente, so ist weiterhin davon auszugehen, dass Selbstdefinitionen im beruflichen Handlungsraum zentrale Ankerpunkte in den sozialen Zuweisungen an die übernommene Position besitzen. Dabei bieten ausgerechnet die belastungsträchtigen Rollenkonflikte, d.h. die pluralen, widersprüchlichen, uneindeutigen oder gar unvereinbaren externen Verhaltenserwartungen eine wichtige Reibungsfläche für die Selbstbehauptung. Identität erwächst (unter anderem) aus der Positionierung des Individuums gegenüber inkongruenten Handlungsanforderungen des Amtes (Krappmann 2005, 133). Diese Positionierung ist in schulischen Leitungspositionen in besonderem Maße gefordert, weil hierin – angefacht durch eine formale Statusinkonsistenz – die Aufgaben der Qualitäts- und Personalentwicklung als innovative *Führungskraft*, die Exekution und Kontrolle schulrechtlicher Bestimmungen als *Behördenvorstand* und die Dienstpflichten einer regulären *Lehrkraft* zusammenfallen. Weil das Resultat des Abwägens fremddefinierter Erwartungen deren Annahme, Ablehnung oder Modifikation sein kann und die subjektive Handlungsrelevanz eines einzelnen Rollensegments aus dem in anderen Rollensegmenten erbrachten Engagement erwächst (s. Abschnitt 3.2.1), interessiert bei der Kontrastierung verschiedener Leitungstypen besonders die charakteristische *Gesamtkonfiguration ihres jeweiligen Rollenhaushalts*. Sie entsteht dadurch, dass konfligierende Rolleninhalte subjektiv gewichtet und so in eine bestimmte Beziehung zueinander gesetzt werden *(kognitive Modalitäten der beruflichen Identitätskonstruktion)*. Folglich wird zu untersuchen sein, ob sich Teilgruppen von Leitungskräften ermitteln lassen, deren Mitglieder widerstreitende Rollensegmente in ähnlicher Weise zueinander konstellieren (interne Homogenität) und in diesen subjektiven Stellungnahmen möglichst stark von den Mitgliedern der anderen Teilgruppen abweichen (externe Separation).

H 2a: *Innerhalb des Berufsstandes der Schulleiter lassen sich homogene Untergruppen identifizieren (Leitungstypen), die konfligierende Rollensegmente in einer charakteristischen, von den anderen Teilgruppen deutlich abweichenden Figuration anordnen.*

Die Annahme einer monolithischen Berufskultur, wonach Schulleiter mehrheitlich eine „auf die Rollenidentität ihres Ausgangsberufes, des Lehrerberufes zurück[greifen], da sie dieser Rolle gewissermaßen verhaftet sind" (Reichwein 2007, 71), lässt sich m.E. *in dieser Generalität* nicht aufrechterhalten. Durchaus plausibel erscheint aber angesichts des skizzierten Rahmenmodells und des gesichteten Forschungsstandes die Vermutung, dass das Selbstverständnis eines *Primus inter Pares* von den Angehörigen *einer beruflichen Subkultur* geteilt wird (s. hierzu auch Baumert & Leschinsky 1986, 257ff.). Innerhalb des erwarteten Variantenreichtums der Auftragsdefinition und -erfüllung sollte es mithin einen Typus geben, der die erlebten „Spannungen zwischen horizontaler Kollegialität auf der einen und vertikaler Vorgesetzteneigenschaft auf der anderen Seite" (Winkel 2000, 77f.; s. auch Wissinger 2011, 98) dadurch löst, dass er sich vorrangig als gleichberechtigtes, unterrichtendes Kollegiumsmitglied mit umfänglichen administrativen Zusatzfunktionen definiert und damit eine Sichtweise auf das Berufsprofil vertritt, die dem Autonomie-Paritäts-Muster folgend Hierarchie- und Funktionsunterschiede nivelliert (s. vertiefend Abschnitt 2.3.2).

H 2b: *Es lässt sich ein Leitungstyp identifizieren, der in seiner Rollenkonfiguration eine herausgehobene Führungsfunktion tendenziell ablehnt und relativ hierzu kollegialen und administrativen Funktionen einen deutlich höheren Stellenwert zuweist.*

Ferner gründen die Auswertungen in der Annahme, dass Konstruktionen beruflicher Identität *multimodal* erfolgen (s. Abschnitte 3.2.3 und 3.3.2). Demnach sind selbstbeschreibende Aussagen im Sinne der Konstellierung widerstreitender Rollensegmente *(kognitive Modalität)* untrennbar mit überzeugten Selbstverpflichtungen auf handlungsleitende Werte und mit Einschätzungen eigener Bewältigungskapazitäten *(affektiv-evaluative Modalitäten)* sowie mit einer stabilen Bevorzugung spezifischer Handlungselemente *(konative Modalitäten)* verwoben. Um derartige Zusammenhänge erhellen zu können, muss im Zuge einer *inhaltlichen Komplettierung* der aufzudeckenden Interpretations- und Gestaltungsmuster beruflicher Handlungsaufgaben überprüft werden, ob sich die Leitungstypen systematisch in ihren beruflichen Werten, Selbstwirksamkeitsüberzeugungen und präferierten Handlungsfeldern unterscheiden. Infolge der menschlichen Neigung, Selbstbehauptungen wie auch Deutungsmuster der sozialen Realität in einer möglichst konsistenten Weise zu entwerfen (zsf. Oevermann 2001, 9ff.; Stahlberg & Frey 1996, 231f.; Filipp & Mayer 2005, 273f.), sollte das entstehende „Mosaik" an Ausprägungen in den erfassten Modalitäten ein sachlogisch stimmiges Selbstverständnis als Schulleiter vermitteln[1]. Abgesehen von der ungerichteten Hypothese, dass derartige Unterschiede zwischen den Leitungstypen *vorhanden* sind, erfolgen die Auswertungen dabei explorativ.

H 2c: *Die Leitungstypen unterscheiden sich hinsichtlich der subjektiven Gewichtung der erfassten Rollensegmente.*
H 2d: *Die Leitungstypen unterscheiden sich in ihren beruflichen Wertorientierungen.*
H 2e: *Die Leitungstypen unterscheiden sich in ihren Selbstwirksamkeitsüberzeugungen.*
H 2f: *Die Leitungstypen unterscheiden sich in den präferierten Handlungsdimensionen.*

Ad 3) Aufgrund der in Kapitel 2 begründeten Person- und Kontextgebundenheit schulleitenden Handelns ist darüber hinaus zu analysieren, ob berufliche Sichtweisen kontingent ausgeprägt sind, d.h. ob sie systematisch von *Art, Größe oder Trägerschaft einer Schule* sowie von *Dienstalter, Geschlecht und internalen Ressourcen einer Leitungskraft* beeinflusst werden. Obwohl nur ein Teil der empirischen Schulleitungsforschung auf einem geschlechts-, alters-, schulart- oder schulgrößen*vergleichenden* Design basiert, lassen sich dennoch einige Erwartungen für die eigene Untersuchung formulieren. Den Analysen von Baumert und Leschinsky (1986) zufolge manifestiert sich etwa im Selbstverständnis des Primus inter Pares eine „spezifische Volksschultradition" (ebd., 258; s. auch Harazd et al. 2009, 67f.; Wissinger 2011, 107). Nach Buhren und Rolff (2006, 526) ist dieses Deutungsmuster vorrangig an kleinen Schulen zu finden.

H 3a: *Eine Priorisierung kollegialer und administrativer Rolleninhalte gegenüber organisations- und mitarbeiterbezogenen Führungsaufgaben findet sich vorrangig an kleinen Schulen sowie an Volksschulen.*

Hiermit eng verbunden ist der wiederkehrende Befund, dass im allgemeinbildenden Bereich erzieherische Aufgaben einen zentralen Stellenwert im

---

1 Dies entspricht außerdem der methodologischen Forderung nach einer *Kausal- und Sinnadäquanz* der Merkmalskombinationen eines Typus, wonach zwischen dessen Merkmalsausprägungen nicht nur empirische Regelmäßigkeiten, sondern auch inhaltliche Zusammenhänge bestehen sollten (Kluge 1999, 85ff. und 2000, o.S.).

Selbstverständnis der Leitungspersonen besitzen (z.B. Krüger 1983; Wissinger 1996; Werle 2001, 275f.), wohingegen an großen, insbesondere berufsbildenden Schulen steuernde und integrierende Funktionen wie Zielvereinbarungen, Qualitätsmanagement, Teambuilding oder Evaluation betont werden (z.B. Hasenbank 2001; Warwas et al. 2008; Wagner & van Buer 2010). Ebenso plausibel erscheinen die empirischen Hinweise darauf, dass an großen Schulen mikropolitische Manöver häufiger eingesetzt werden als im familiären Umfeld eines überschaubaren Kollegiums (Bonsen 2006, 221).

H 3b+c: An großen Schulen (ebenso: im berufsbildenden Bereich) erhalten Führungsaufgaben eine höhere Relevanz im Rollenhaushalt als an kleinen Schulen (ebenso: im allgemeinbildenden Bereich).

H 3d+e: An großen Schulen (ebenso: im berufsbildenden Bereich) werden das hierarchische Gefälle und die funktionalen Spezialisierungen zwischen Schulleitung und Kollegium stärker betont als an kleinen Schulen (ebenso: im allgemeinbildenden Bereich).

H 3f: An großen Schulen wenden Leitungskräfte mikropolitische Strategien häufiger an als an kleinen Schulen.

Untersuchungen zum Einfluss der Schulträgerschaft auf das schulleitende Handeln finden sich vorrangig im angloamerikanischen Sprachraum. Dennoch lässt sich auch für das hier betrachtete Untersuchungsfeld vermuten, dass Leitungskräfte an Schulen in privater Trägerschaft ihr Amt weniger als Exekutivfunktion bzw. verlängerter Arm der Bildungsadministration auffassen als im kommunalen und staatlichen Schulwesen.

H 3g: Leitungspersonen an privaten Schulen gewichten administrative Rolleninhalte geringer als Leitungskräfte an staatlichen und kommunalen Schulen.

Weiblichen Führungskräften wird oftmals eine Ablehnung autoritärer Gesten und ein Bemühen um partnerschaftliche Beziehungen zu den Lehrkräften attestiert (zsf. Forberg 1997; von Lutzau 2008). Auf eine intensive soziale Einbindung, ein harmonisches Miteinander und menschliche Akzeptanz im Kollegium scheinen sie gesteigerten Wert zu legen.

H 3h: Frauen betonen kollegiale Rolleninhalte stärker als Männer.

6.2 Präzisierung forschungsleitender Fragestellungen und Hypothesen

H 3i: *In ihren beruflichen Wertorientierungen räumen Frauen Aspekten der sozialen Anerkennung eine höhere Wichtigkeit ein als Männer.*

Darüber hinaus wird bei Amtsneulingen ein idealistisches Ansinnen vermutet, allen an die Position herangetragenen Erwartungen umfassend gerecht zu werden (Storath 1994, 239ff.; Rauscher 1996, 14; Roggenbuck-Jagau 2005, 297). Dagegen wurde bei erfahrenen Leitungskräften eine kritisch-distanzierte Auseinandersetzung mit den Antinomien des Berufs und eine selektive Schwerpunktsetzung bzw. pragmatische Konzentration auf einzelne Verantwortungsgebiete festgestellt (Languth 2006).

H 3j: *Ein Bemühen um größtmögliche Erfüllung aller mit der Leitungsposition verknüpften Rolleninhalte ist in den ersten Jahren der Amtsübernahme stärker ausgeprägt als bei Leitungskräften mit langjähriger Berufserfahrung.*

Zu überprüfen ist in einem letzten Schritt der Kontingenzanalyse, ob verschiedene Leitungstypen auch unterschiedliche leistungs- und belastungsrelevante Ressourcenausstattungen besitzen. Im Rückgriff auf die Klassifikation von Schaarschmidt und Fischer (1996) werden hierbei die Ressourcenkategorien berufliches Engagement, Widerstandskraft gegenüber beruflichen Belastungen sowie positive affektive Färbung des Erlebens und Verhaltens im Beruf betrachtet. Für diesen Untersuchungsbereich lassen sich jedoch kaum Referenzstudien zum Zwecke einer gerichteten Hypothesenformulierung heranziehen. Die Schulleitungsbefragungen von Laux, Ksienzyk-Kreuziger und Kieschke (2007) sowie von Behr, Valentin und Ramos-Weisser (2003) dokumentieren zwar, dass Leistungs- und Belastungspotenziale innerhalb der gesamten Berufsgruppe differieren, enthalten aber keine typologische Betrachtung beruflicher Identitätsentwürfe.

H 3k: *Die ermittelten Leitungstypen weisen unterschiedliche Ausprägungen von leistungs- und belastungsrelevanten internalen Ressourcen auf.*

Ad 4) Um bei der Analyse von Entstehungsbedingungen beruflicher Beanspruchungsreaktionen und ihrer Folgen ein systematisches Vorgehen zu gewährleisten, wird das analytische Raster von Wieland, Krajewski und Memmou (2006, 231) zugrunde gelegt. Dieses spezifiziert auf Basis gängiger

Modelle der Arbeitszufriedenheitsforschung direkte, indirekte und interaktionistische Effekte auf das Zufriedenheitsurteil und ist zudem durch die Integration arbeitsprozessgebundener Belastungsempfindungen anschlussfähig an transaktionale Stresskonzepte (s. Abschnitt 4.2.2.4). In diesem Untersuchungsabschnitt werden deshalb sukzessive die in Abbildung 4.3 eingezeichneten Wirkungspfade der Belastungs- und Zufriedenheitsentstehung für die Berufsgruppe der Schulleiter überprüft.

Zunächst sollen *arbeitssituationsbedingte* (Pfad 4) und *personenabhängige* (Pfad 5) *Beanspruchungsreaktionen* während der Leitungstätigkeit sowie die beanspruchungsinduzierende *Person-Umwelt-Auseinandersetzung* (Pfadkombination 4 + 5) aufgeklärt werden. Anknüpfend an bildungspolitische Diskussionen und bisherige Schulleitungsstudien ist hierbei in einem ersten Zugriff zu analysieren, ob die Intensität und Qualität des *Belastungserlebens* bei der Amtsausübung *von objektivierbaren Bedingungsgrößen* – namentlich Art der Schule, Dienstalter und Geschlecht der Leitungsperson sowie Existenz und Umfang eines Schulleitungsteams – abhängn. Zu erwarten ist, dass psychosomatische Befindensbeeinträchtigungen und das Gefühl von Zeitnot bei *Grund- und Hauptschulleitern* am höchsten ausfallen, weil sie von der Doppelbelastung aus Lehrverpflichtungen und Leitungsaufgaben besonders betroffen sind und in Ermangelung von Sekretariatsstellen oftmals als Einzelkämpfer bzw. „Mädchen für alles" agieren müssen (zsf. Hahn & Karl 2007). Speziell an Hauptschulen sind zudem eine hohe Konzentration sozio-ökonomischer und disziplinarischer Probleme auf Seiten der Schülerschaft sowie eine überdurchschnittliche Häufung von Frühpensionierungen auf Seiten des pädagogischen Personals zu verzeichnen (Witowetz-Müller 2004; Leschinsky 2005c; Rosenbusch et al. 2006). *Weibliche Führungskräfte* scheinen zwar tendenziell belastungsresistenter zu sein als männliche (z.B. Miller 2001; Behr et al. 2003), benennen jedoch in Interviews die ihnen übertragene Gesamtverantwortung und Allzuständigkeit als stark belastend (z.B. Forberg 1997). Es kann deshalb vermutet werden, dass Frauen zumindest einen höheren normativen Druck verspüren als Männer. Bei *erfahrenen Schulleitern* werden gewisse Habituationseffekte gegenüber den alltäglichen Stressoren vermutet, so dass ihr Belastungsempfinden geringer ausfallen sollte als dasjenige von Amtsneulingen. *Entlastende* Effekte dürften hingegen von einem erweiterten *Kreis von Schulleitungsmitgliedern* ausgehen (z.B. Uhlendorff & Brehm 2007, 15). Demzufolge sollten eine arbeitsteilige

Aufgabenbearbeitung, gegenseitige Beratung sowie gemeinsame Planung und Überwachung von Arbeitsprozessen vor allem mit verringerter Zeitnot und geringeren Feedbackdefiziten assoziiert sein. Im Anschluss an einfache Zusammenhangsanalysen ist dabei abzuschätzen, welche dieser objektivierbaren Parameter sich besonders gut für die *Vorhersage des generellen Belastungserlebens* im schulischen Leitungsamt eignen.

H 4a: *Grund- und Hauptschulleiter berichten über stärkere psychosomatische Befindensbeeinträchtigungen und höheren Zeitstress als Leiter anderer Schulen.*
H 4b: *Weibliche Führungskräfte empfinden einen stärkeren normativen Druck als männliche.*
H 4c: *Mit zunehmender Berufserfahrung fühlen sich Schulleiter insgesamt weniger belastet.*
H 4d: *Mit wachsendem Umfang des Leitungsteams nehmen Zeitstress und Feedbackdefizite ab.*

Folgt man hingegen dem Postulat transaktionaler Stresskonzepte, dass nur die *subjektiv* als stressinduzierend eingestuften Person-Umwelt-Konstellationen negativ beanspruchend wirken (Lazarus & Folkman 1984), so müssen bei der Ergründung des Belastungserlebens im Leitungsamt die aufeinander bezogenen *Bewertungen von potenziellen Stressoren und internalen Ressourcen* sowie die angewandten, aufgabenrelevanten *Copingstrategien* der Positionsinhaber betrachtet werden. Dabei ist zu erwarten, dass sich mit zunehmender subjektiver Stressrelevanz möglicher Belastungsfaktoren bzw. Problemfelder des Berufs wie z.B. den in H 1a thematisierten Regulationsbehinderungen Gefühle von Belastetheit *verstärken*. Problemzugewandte Methoden der Arbeitsorganisation wie etwa eine systematische Planung und Kontrolle oder die Ausblendung ablenkender Reize sollten dagegen mit *reduzierten* Belastungsempfindungen, insbesondere verringertem Zeitstress, einhergehen. Weil ferner ein Individuum vorhandene Ressourcen als Schutzfaktoren wertet, sollte eine subjektiv als üppig eingeschätzte Ressourcenausstattung mit *geringem* Belastungserleben assoziiert sein. Zumindest sollte dieser lineare Zusammenhang für solche Handlungsvoraussetzungen gelten, in denen eine positive Grundstimmung sowie eine hohe Widerstandskraft gegenüber Belastungseinwirkungen zum Ausdruck kommen. Ein „Zuviel" an beruflicher Einsatzbereitschaft und -freude im Sinne einer exzessiven Verausgabungsbereitschaft könnte hingegen mit erhöhtem Belastungsempfinden einhergehen (Schaarschmidt & Fischer 2001).

H 4e: *Zwischen der subjektiven Stressrelevanz potenzieller Belastungsfaktoren des Leitungsamtes und verschiedenen Facetten des Belastungserlebens bestehen positive Zusammenhänge.*

H 4f: *Zwischen der subjektiven Ausprägung solcher internaler Ressourcen, die Widerstandskraft und eine positive Grundstimmung indizieren, und den Facetten des Belastungserlebens bestehen negative Zusammenhänge.*

H 4g: *Zwischen Merkmalen einer problemzugewandten individuellen Arbeitsorganisation und den Facetten des Belastungserlebens bestehen negative Zusammenhänge, die im Falle subjektiven Zeitstresses am höchsten ausfallen sollten.*

Entsprechend der transaktionalen Kausalitätsannahme zwischen *Appraisals* und *Copings* auf der einen Seite und dem Belastungserleben auf der anderen Seite soll zudem in einer Gesamtbetrachtung der Variablen erhellt werden, welche relativen Erklärungsbeiträge subjektive Belastungsfaktoren, Ressourceneinschätzungen und eingesetzte Arbeitsmethoden bei der Prognose interindividueller Unterschiede im globalen Belastungsempfinden leisten.
Des Weiteren soll eine empirische Annäherung an das Phänomen einer *Gratifikationskrise* sensu Siegrist (1996) unternommen werden. Psychosomatische Befindensbeeinträchtigungen als Vorstufe chronischer Erkrankungen werden in diesem Ansatz auf eine spezifische Person-Umwelt-Konstellation zurückgeführt, welche das wahrgenommene *Reziprozitätsprinzip* im Arbeitsverhältnis verletzt. Aus Sicht des Betroffenen besteht dabei ein Missverhältnis zwischen investiertem Aufwand und abschöpfbarem Ertrag bzw. erhaltenen Gegenleistungen. In der vorliegenden Studie wird die wahrgenommene Relation von beruflichem Engagement und erhaltener Unterstützung von Seiten potenzieller Kooperationspartner betrachtet. Es wird angenommen, dass ein subjektiv profitables oder zumindest ausgeglichenes Verhältnis von eigenem Engagement und externer Unterstützung (Quotient ≤ 1) mit geringen Befindensbeeinträchtigungen einhergehen sollte, während eine hohe oder gar exzessive Verausgabungsbereitschaft bei subjektiv ausbleibender Gegenleistung (Quotient > 1) mit erhöhten Einbußen von Gesundheit und Wohlbefinden verbunden sein sollte.

H 4h: *Je stärker das eigene berufliche Engagement und die Unterstützungsleistungen von Kooperationspartnern in einem Missverhältnis stehend gewertet werden, desto stärker fallen psychosomatische Befindensbeeinträchtigungen aus.*

6.2 Präzisierung forschungsleitender Fragestellungen und Hypothesen

Mit den Wirkungspfaden 2 und 3 des analytischen Rasters von Wieland, Krajewski und Memmou (2006) verlagert sich der Fokus auf „klassische" Erklärungsmodelle der Arbeitszufriedenheit. Folglich ist zu ergründen, welche *Gestaltungsmerkmale des Arbeitsplatzes* (Bottom-up-Ansatz) und welche *situationsunabhängigen Personenmerkmale* (Top-down-Ansatz) im schulischen Leitungsamt Zufriedenheit befördern. Hierbei geraten zwangsläufig auch identitätskonstituierende Komponenten im Sinne von *Core Self-Evaluations* (z.B. Judge et al. 1997, 160ff.; Dormann & Zapf 2001, 487) als zufriedenheitsbeeinflussende Parameter in den Blick. Dies sind in der vorliegenden Studie zum einen Selbstwirksamkeitsüberzeugungen und eine positive affektive Grundtönung des Erlebens und Verhaltens im Beruf, zum anderen die dem Authentizitätsgefühl verwandten Bewertungen des Umfangs, in dem Inhalte, Bedingungen und Produkte der Arbeit eine Realisierung subjektiver Standards im bzw. Ansprüche an das Erwerbsleben zulassen.

Anknüpfend an eine von Abele, Cohrs und Dette (2006, 209) vorgenommene Klassifikation wird zuerst überprüft, welche Zusammenhänge zwischen *objektivierbaren und perzipierten Merkmalen der engeren Aufgabenumwelt* einerseits und Zufriedenheitsurteilen andererseits bestehen. Dabei betreffen die perzipierten Merkmale subjektive Einschätzungen von arbeitspsychologisch fundierten *Gestaltungsmerkmalen des Arbeitsplatzes,* darunter Handlungsspielräume, Sozialkontakte und interessante Tätigkeitsinhalte. Konvergente Befunde in unterschiedlichen Betätigungsfeldern sprechen dafür, auch in der Berufsgruppe der Schulleiter positive Zusammenhänge zwischen den Ausprägungen derartiger Arbeitsplatzmerkmale und der subjektiven Zufriedenheitsbilanz anzunehmen (s. auch van Dick & Stegmann 2007, 40ff.).

Vor diesem Hintergrund sind außerdem differenzierte Erwartungen für zwei objektivierbare Parameter der Leitungstätigkeit möglich: Die Existenz und der Umfang eines *Leitungsteams,* welches bei der Aufgabenerfüllung sowohl pragmatische wie auch emotionale Unterstützung bieten kann, sollte mit Zufriedenheitsgewinnen assoziiert sein. Demgegenüber beschneidet die *Unterrichtsverpflichtung* der Leitungskräfte eine freie zeitliche Regulierbarkeit der Amtsgeschäfte zum Teil beträchtlich (z.B. Rauscher 1996, 14f.; Rosenbusch et al. 2006). Allerdings wird sie auch von vielen Leitungspersonen als inhaltlich erfüllendes Aufgabenfeld betrachtet (z.B. Werle 2001, 275; Wagner & van Buer 2010, 7). Es scheint daher plausibel, dass mit zunehmender Deputatshöhe zwar generell negativere Zufriedenheitsurteile gefällt werden, jedoch die Enge dieses Zusammenhangs abgeschwächt wird, wenn die Leitungsteamstärke kontrolliert wird. Dahinter steht die Vermutung, dass unter diesen Bedingungen Leitungskräfte mit der beruhigenden Gewissheit pädagogisch wirken, dass originäre Führungsaufgaben während ihres Einsatzes in den Klassen nicht brachliegen.

H 4i: *Zwischen der Leitungsteamstärke und der globalen Zufriedenheit bestehen positive Zusammenhänge.*

H 4j: *Zwischen der Höhe des Unterrichtsdeputats und der Zufriedenheit bestehen negative Zusammenhänge, die sich unter Kontrolle der Leitungsteamstärke verringern.*

H 4k: *Zwischen dem Ausmaß, in dem das berufliche Betätigungsfeld in der Wahrnehmung der Leitungsperson positiv konnotierte Merkmale der Arbeitsplatzgestaltung (z.B. Handlungsspielräume, interessante Inhalte) aufweist, und der Zufriedenheit bestehen positive Zusammenhänge.*

Anschließend werden zufriedenheitsbeeinflussende Charakteristika der einzelnen Leitungsperson ausgelotet. Folgt man dabei der Annahme genuiner *Alterseffekte*, so müsste ein Altersanstieg mit Zufriedenheitsgewinnen assoziiert sein. Zwar kann diese These nicht anhand von Längsschnittdaten überprüft werden, dennoch lässt sich näherungsweise formulieren:

H 4l: *Ältere Leitungskräfte fällen positivere Zufriedenheitsurteile als jüngere Leitungskräfte.*

Weiterhin kann – wiederum in einer querschnittlichen Näherungslösung – den konkurrierenden Thesen von *Zielverschiebungen* (respektive Veränderungen beruflicher Wertorientierungen) und *Anspruchsniveaureduktionen* im Laufe des Erwerbslebens nachgegangen werden (s. Abschnitt 4.2.2.3). Demzufolge müssten ältere Leitungspersonen entweder andere berufliche *Werte* favorisieren als jüngere oder – im Sinne eines Grinding-Down – höhere Ausprägungen von *resignativer* Arbeitszufriedenheit aufweisen.
Zum Stellenwert von *Selbstwirksamkeitsüberzeugungen, Selbstregulationsfähigkeiten* und einer *positiven Grundstimmung* bei der beruflichen Betätigung lassen sich wiederum gerichtete Hypothesen formulieren. In empirischen Studien zeichnet sich nämlich konsistent ab, dass die Überzeugung, Schwierigkeiten aufgrund eigener Fähigkeiten überwinden zu können, ein zielgerichtetes und konzentriertes Vorgehen sowie eine allgemeine Lebenszufriedenheit

und soziale Geborgenheit im Privatleben positive Zufriedenheitsbilanzen im Beruf begünstigen (z.B. Judge et al. 1997; Dormann & Zapf 2001; Schwarzer 2004, 12ff.; Schaarschmidt 2005).

H 4m: *Hohe Selbstwirksamkeitsüberzeugungen gehen mit einem hohen Zufriedenheitsniveau einher.*

H 4n: *Eine stark positive Grundstimmung bei der beruflichen Betätigung geht mit einem hohen Zufriedenheitsniveau einher.*

H 4o: *Zwischen der Fähigkeit zur Selbstregulation bei der Amtsausübung und dem Zufriedenheitsniveau bestehen positive Zusammenhänge.*

Um das Wirkungsgefüge aller bisher genannten Person- und Umgebungsmerkmale zu erhellen, soll außerdem ermittelt werden, welche Varianzanteile des globalen Zufriedenheitsurteils durch objektivierbare und perzipierte Merkmale des beruflichen Betätigungsfeldes gebunden werden *(Bottom-up-Effekte)* und in welchem Umfang sich deren Auswirkungen verändern, wenn zusätzlich biografische Charakteristika sowie spezifische Bewertungen der eigenen Person und ihrer Begegnung mit der Arbeitsumwelt *(Top-down-Effekte)* berücksichtigt werden.

Berufliche Wertorientierungen sollten in keiner *direkten* Beziehung zum Zufriedenheitsurteil stehen (s. hierzu auch Merz & Weid 1981; Borg 2006). Stattdessen werden der Logik des *Job-Person-Fit-Axioms* folgend die Auswirkungen einer subjektiven *Kongruenz respektive Diskrepanz* von beruflichen Ansprüchen und perzipierten Merkmalen des Arbeitsplatzes in den Blick genommen. Damit erfolgt auch eine differenzierte Betrachtung qualitativ unterschiedlicher Zufriedenheitsformen. Im Sinne einer *stabilisierten Zufriedenheit* müsste sich das individuelle Zufriedenheitsurteil grundsätzlich dann auf einem hohen Niveau konsolidieren und mit einem Wunsch nach Bewahrung der aktuellen Arbeitssituation verknüpft sein, wenn vorgefundene Arbeitsinhalte, -bedingungen und -produkte („Ist") den subjektiven Standards („Soll") entsprechen.

H 4p: *Personen mit hoher stabilisierter Zufriedenheit berichten von geringeren Abweichungen zwischen subjektiven Wichtigkeitsratings verschiedener Arbeitsplatzmerkmale und deren wahrgenommenen Realisationen im Leitungsamt als Personen mit geringer stabilisierter Zufriedenheit.*

Allerdings lassen sich entsprechend des *erweiterten Zürcher Modells* der Arbeitszufriedenheit und anderer dissonanztheoretischer Erklärungsansätze (zsf. Borg 2006, 74f.; Büssing et al. 2006, 137ff.) divergente Zufriedenheitsurteile nicht allein auf den wahrgenommenen Erfüllungsgrad subjektiver beruflicher Standards zurückführen. Stattdessen entscheiden insbesondere *Kontroll- und Selbstwirksamkeitsüberzeugungen* des Individuums darüber, welche Reaktionen auf ein *unbefriedigendes* Ergebnis des Soll-Ist-Abgleichs folgen. Diagnostizierte Negativabweichungen zwischen Idealvorstellungen und beruflicher Realität sollten demnach von hoch selbstwirksamen Personen mit intensivierten (assimilativen) Anstrengungen beantwortet werden, um mithilfe aktiver Eingriffe in die Inhalte und Bedingungen der Betätigung eigene Ziele dennoch zu realisieren bzw. subjektiven Wertmaßstäben gerecht zu werden. Bei Personen mit geringer Selbstwirksamkeit sollten stattdessen akkomodative Bewältigungsprozesse einsetzen. Diese Personen dürften eher auf die psychisch entlastende Strategie der Anspruchsniveaureduktion ausweichen, indem sie anvisierte Zielerreichungsmarken auf beibehaltenen Bewertungsdimensionen absenken[1]. In einer querschnittlich angelegten Erhebung lassen sich derartige Regulations*prozesse* zwar nicht adäquat einfangen; es kann jedoch untersucht werden, ob in solchen Person-Umwelt-Konstellationen, die von Führungskräften als unbefriedigend eingestuft werden, das Ausmaß der *resignativen Zufriedenheit* sowie der *konstruktiven* und der *fixierten Unzufriedenheit* in Abhängigkeit der individuellen Selbstwirksamkeitsüberzeugungen schwankt.

H 4q: *Unter der Bedingung unerfüllter Erwartungen an das Berufsleben sollte die resignative Zufriedenheit bei gering Selbstwirksamen stärker ausgeprägt sein als bei hoch Selbstwirksamen.*

H 4r: *Unter der Bedingung unerfüllter Erwartungen sollte die konstruktive Unzufriedenheit bei hoch Selbstwirksamen stärker ausgeprägt sein als bei gering Selbstwirksamen.*

H 4s: *Unter der Bedingung unerfüllter Erwartungen sollte die fixierte Unzufriedenheit bei hoch Selbstwirksamen schwächer ausgeprägt sein als bei gering Selbstwirksamen.*

---

1   Hierfür sprechen auch wiederholt belegte Zusammenhänge zwischen einer handlungsaktiven Orientierung einerseits und internalen wie auch sozial-externalen Kontrollüberzeugungen andererseits sowie zwischen resignativ-passiven Tendenzen und fatalistischer Externalität (zsf. Lohaus 1992, 81f.).

Abschließend sind entsprechend des Wirkungspfades 6 im Modell von Wieland, Krajewski und Memmou (2006) Zusammenhänge zwischen negativen Beanspruchungsreaktionen bei der Arbeit und Bewertungen der Qualität des Erwerbslebens andererseits aufzudecken. Dabei wird angenommen, dass mit *erhöhten Belastungsempfindungen* jeglicher Art *vermehrt* resignative Zufriedenheits- sowie konstruktive und fixierte Unzufriedenheitsurteile gefällt werden. Stabilisierte Zufriedenheitsaussagen sollten dementsprechend in vermindertem Umfang getroffen werden.

H 4t: *Mit steigendem Belastungserleben sinkt das Niveau der stabilisierten Zufriedenheit.*

H 4u: *Mit steigendem Belastungserleben steigt das Niveau der resignativen Zufriedenheit (ebenso der fixierten Unzufriedenheit und der konstruktiven Unzufriedenheit).*

Zwischen prozessgebundenen Erlebensqualitäten und bilanzierenden Zufriedenheitsurteilen wird jüngeren Modellen der Arbeitszufriedenheit zufolge eine direkte kausale Beziehung vermutet, die zudem geeignet ist, die Wirkungen antezedenter Person- und Situationsmerkmale zu kanalisieren (Weiss & Cropanzano 1996; Wegge & van Dick 2006). Deshalb soll unter der Leitidee der *beanspruchungsvermittelten Zufriedenheit* sensu Wieland, Krajewski und Memmou (2006) ergänzend überprüft werden, ob Top-down- und Bottom-up-Effekte auf die globale Zufriedenheit durch die erhobenen Facetten des Belastungserlebens mediiert werden.

Ad 5) Äußerst selten wurden in der deutschsprachigen Schulleitungsforschung bis dato systematische Zusammenhänge zwischen beruflichen Identitätskonstruktionen und beruflichen Beanspruchungsreaktionen bzw. -folgen untersucht. Deshalb widmet sich der letzte Analysebereich der Frage, inwieweit *divergente Sichtweisen auf berufliche Aufgaben und deren Bewältigung* auch interindividuelle *Unterschiede in den Belastungsempfindungen und Zufriedenheitsbekundungen* bedingen (s. hierzu auch Warwas 2009). In Anbetracht der Ausführungen zur „gelingenden Identitätsarbeit" (Abschnitt 4.3) sowie den gesichteten Schulleitungsstudien werden negative Beanspruchungsmuster bei solchen Konfigurationen des beruflichen Selbstverständnisses erwartet, die auf *ungelöste Rollenkonflikte bzw. fehlende Rollendistanz* schließen lassen: Im Falle einer einseitigen Betonung der beruflichen Handlungsorientierung einer Lehrkraft mit administrativen Zusatzfunktionen unter Zurückweisung der steuernden und koordinierenden Funktionen einer Führungsposition sind Enttäuschungen und Resignation wahrscheinlich, da eigene Erwartungen und Bedürfnisse mit dem präskriptiven Berufsprofil nur bedingt in Einklang gebracht werden können (Languth 2006, 129ff.). Im Unterschied hierzu dürfte ein Bemühen um größtmögliche Konformität mit allen Rollensegmenten bzw. mit den Erwartungen sämtlicher Interaktionspartner nicht realisierbar sein, ohne „in einer Welt ohne Normenkonsens zerrissen zu werden" (Krappmann 2005, 80). Vielmehr dürfte diese Form der Identitätsarbeit als Bewältigungsstrategie aufgrund inkompatibler und widersprüchlicher Handlungsanforderungen langfristig eine Selbstüberforderung darstellen, bei der Rollenkonflikte nicht konstruktiv bearbeitet, sondern mit all ihren Widersprüchen internalisiert werden (Kretschmann & Lange-Schmidt 2000, 96; Roggenbuck-Jagau 2005, 262ff.).

H 5a: *Die ermittelten Leitungstypen unterscheiden sich hinsichtlich der Belastungsfacetten und Zufriedenheitsformen.*

H 5b: *Leitungstypen, die Indizien einer Verhaftung im Lehrerberuf oder einer fehlenden Distanz gegenüber konfligierenden Rolleninhalten erkennen lassen, weisen die höchsten Werte bei der resignativen Zufriedenheit und im Empfinden normativen Drucks auf.*

Wie dem skizzierten Rahmenmodell schulischen Leitungshandelns (s. Abschnitt 2.5) zu entnehmen ist, können das berufliche Selbstverständnis und die berufsbedingte Beanspruchung durch verschiedene Bedingungsfaktoren konfundiert sein. Deshalb sollen Einflüsse der *Schulart und -größe* sowie des *Dienstalters und Geschlechts* bei der Aufklärung von Unterschieden im Zufriedenheits- und Belastungserleben kontrolliert werden. Dieses strenge Verfahren soll aufdecken, ob spezifische Interpretations- und Gestaltungsmuster des Leitungsamtes einen *zusätzlichen,* von objektivierbaren Merkmalen der Person und des Handlungskontexts unabhängigen Erklärungsbeitrag zur individuellen Beanspruchungssituation leisten[1].

Entsprechend der Modellprämissen, wonach Handlungssituationen subjektiv *rekonstruiert* werden und Bewältigungsversuche auf *wahrgenommene* Akteur- und Gegenstandskonstellationen Bezug nehmen (Sembill 1992,

---

1 Bei den ausgewählten vier Faktoren handelt es sich somit um Erhebungsparameter, die ihrerseits nicht schon durch subjektive Bewertungsprozesse der Leitungskräfte systematisch verzerrt sein können. Zugleich stellen sie diejenigen Einflussgrößen des Leitungshandelns dar, auf die sich bisherige Studien mehrheitlich konzentrierten (s. Kapitel 5).

124ff.; Beck 1996), ist ferner zu eruieren, ob die ermittelten Leitungstypen potenzielle Belastungsfaktoren bzw. Problemfelder der Berufsausübung abweichend voneinander einschätzen. Darüber hinaus interessieren typabhängige Unterschiede in der Anwendung von Arbeitsmethoden, die im Sinne situationsgebundener Copingstrategien zwischen der wahrgenommenen Anforderungsstruktur und den personalen Leistungsvoraussetzungen vermitteln (z.B. Lazarus & Folkman 1984; Kaluza & Vögele 1999).

H 5c: *Die Leitungstypen nehmen Problemfelder der Berufsausübung (Belastungsfaktoren) in unterschiedlicher Intensität wahr.*

H 5d: *Die Leitungstypen unterscheiden sich in ihrer Arbeitsorganisation.*

Die Modellierung der Schulleitungstätigkeit als Balanceakt hält schließlich dazu an, Indizien einer *Gratifikationskrise* bei den ermittelten Leitungstypen aufzudecken. Die Vermutung, dass die subjektive Bilanzierung von erbrachter Leistung und erhaltener Gegenleistung zwischen den beruflichen Teilkulturen variiert, wird insbesondere durch die Untersuchung von Schmitz und Voreck (2006) gestützt.

H 5e: *Die Leitungstypen unterscheiden sich in der wahrgenommenen Relation von eigenem Engagement und erhaltener Unterstützung von Kooperationspartnern.*

6.3 Methode

Nachstehend wird das Untersuchungsdesign samt Stichprobenzusammensetzung und Instrumentierung beschrieben. Soweit die Skalenbildung auf empirisch-induktivem statt auf theoretisch-deduktivem Wege erfolgte, werden jeweils vor dem Bericht deskriptiver und teststatistischer Kennwerte die Ergebnisse von Faktorenanalysen offengelegt.

6.3.1 Überblick über Datenerhebung und Stichprobe

Die Daten der vorliegenden Studie entstammen einer *geschlossenen schriftlichen Befragung* schulischer Führungskräfte in Bayern, die im Frühsommer 2007 auf Grundlage einer *geschichteten Stichprobenziehung* (Bortz & Döring 2003, 429ff.; Kaya & Himme

2007, 84f.) durchgeführt wurde. Die Zielpopulation der bayerischen Schulleiter wurde entsprechend der Merkmalsausprägungen „Volksschulen – Gymnasien – Realschulen – Berufliche Schulen" in vier disjunkte Teilpopulationen untergliedert, aus denen *jeweils einfache Zufallsstichproben* entnommen wurden. Um für statistische Vergleiche ausreichend große und gleich starke Zellenbesetzungen zu gewährleisten, wurde eine annähernd *gleiche Aufteilung* der Elemente auf die genannten vier Bereiche angestrebt[1].

Tabelle 6.1: Brutto- und Nettostichprobe nach erfassten Schularten

Kategorie	Schulart	Stichprobenumfang brutto	Stichprobenumfang netto	Rücklauf Schulart	Rücklauf Kategorie
Volksschulen	Grundschulen	200	145	72.50 %	
	Hauptschulen	150	87	58.00 %	71.66 %
	Grund- und Hauptschulen im Verbund	77	74	96.10 %	
Sekundarstufe I (ohne Hauptschule)	Realschulen	348	171	49.14 %	52.59 %
	Gymnasien	348	195	56.03 %	
Berufliche Schulen (nach BayEUG)	Berufsschulen und Berufsbildungszentren	180	105	58.33 %	
	Fachober- und Berufsoberschulen	84	35	41.67 %	50.45 %
	Wirtschaftsschulen	73	30	41.10 %	
Sonstige [1]			16		
Summe		1460	858		58.77 %
Fehlende Angabe			14		
Summe		**1460**	**872**		**∑ 59.73 %**

[1] Schulen mit sonderpädagogischer Ausrichtung, Kombinationen von allgemeinbildenden Schulen sowie allgemein- und berufsbildenden Schulen im Verbund.

---

1   Weil die Auswahl der Elemente in jeder Schicht nach dem Zufallsprinzip erfolgt, entsteht bei der vorgenommenen *disproportionalen Schichtung* ebenso wie bei der häufig anzutreffenden proportionalen Schichtung eine *probabilistische Stichprobe*. Der Begriff der *Quotenstichprobe*, welcher zur Beschreibung des hier gewählten Verfahrens in der Veröffentlichung von Warwas (2009) verwendet wurde, wird diesem Sachverhalt nicht gerecht.

6.3 Methode

Der Stichprobenziehung lag die amtliche Schulstatistik des Bayerischen Ministeriums für Unterricht und Kultus zugrunde, welche eine vollständige, jährlich aktualisierte Adressliste aller bayerischen Schulen enthält. Wirtschaftsschulen wurden dabei gemäß BayEUG Art. 6 den Beruflichen Schulen zugeordnet.

Auf postalischem Wege wurden insgesamt 1460 Fragebögen versandt. Mit 872 ausgefüllten Fragebögen betrug der Rücklauf knapp 60 %. Tabelle 6.1 gibt Aufschluss über die Stichprobenzusammensetzung getrennt nach Schularten sowie über die Rücklaufquoten in den einzelnen Kategorien. Letztere lassen erkennen, dass die Teilnahmebereitschaft an Grund- und Hauptschulen besonders hoch, im berufsbildenden Bereich sowie an den Realschulen und den Gymnasien jeweils unterdurchschnittlich ausgeprägt war.

Nach der Eliminierung von Datensätzen mit systematischen Missings gehen in die folgenden Auswertungen die Antworten von 861 Leitungspersonen ein. Entfernt wurden Datensätze, die 10 % oder mehr fehlende Werte aufwiesen, soweit diese nicht im Sinne eines *missing at random* vereinzelt und verstreut über den gesamten Fragebogen hinweg, sondern gebündelt an bestimmten Abschnitten des Fragebogens auftraten. In den verbliebenen 861 Fragebögen wurden sodann fehlende Angaben zu einzelnen Items einer Skala via Regressionsschätzung anhand der übrigen Werte der betreffenden Skala ersetzt.

Tabelle 6.2 schlüsselt die so entstandene Datenbasis anhand biografischer, organisationsbezogener und positionsspezifischer Parameter weiter auf. Fehlende Angaben zu eben diesen Parametern werden aufgrund ihrer geringen Anzahl und aus Gründen einer übersichtlichen Darstellung nicht gesondert ausgewiesen.

Tabelle 6.2: Überblick über die Datenbasis der empirischen Analysen

Merkmal	Gesamtstichprobe	männliche Führungskräfte	weibliche Führungskräfte
Stichprobenumfang	861 *(100 %)*	685 *(80 %)*	173 *(20 %)*
Position			
… Schulleiter	789 *(92 % von Gesamt)*	633 *(80 % von Position)*	155 *(20 % von Position)*
… Stellvertreter	53 *(6,2 % von Gesamt)*	36 *(68 % von Position)*	17 *(32 % von Position)*
Alter (in Jahren)	M = 56 SD = 5.6	M = 57 SD = 5.2	M = 54 SD = 6.6
Aufteilung in Alterskategorien			
… 35-50 Jahre	128 *(15 % von Gesamt)*	79 *(62 % von Kategorie)*	49 *(38 % von Kategorie)*
… 51-55 Jahre	217 *(25 % von Gesamt)*	165 *(76 % von Kategorie)*	52 *(24 % von Kategorie)*
… älter als 56 Jahre	508 *(59 % von Gesamt)*	437 *(86 % von Kategorie)*	71 *(14 % von Kategorie)*
Erfahrung als Leitungskraft (Amtszeit in Jahren)	M = 8 SD = 6.2	M = 9 SD = 6.3	M = 6 SD = 5.5
Aufteilung in Amtszeitkategorien			
… bis zu 3 Jahre	231 *(27 % von Gesamt)*	162 *(70 % von Kategorie)*	68 *(30 % von Kategorie)*
… mehr als 3 bis 6 Jahre	213 *(25 % von Gesamt)*	167 *(78 % von Kategorie)*	46 *(22 % von Kategorie)*
… mehr als 6 bis 12 Jahre	218 *(25 % von Gesamt)*	183 *(84 % von Kategorie)*	35 *(16 % von Kategorie)*
… mehr als 12 Jahre	191 *(22 % von Gesamt)*	170 *(89 % von Kategorie)*	21 *(11 % von Kategorie)*

Fortsetzung auf der nächsten Seite

6.3 Methode

Merkmal	Gesamtstichprobe	männliche Führungskräfte	weibliche Führungskräfte
Schulart			
... Volksschulen	306 *(36 % von Gesamt)*	216 *(71 % von Schulart)*	90 *(29 % von Schulart)*
... Berufliche Schulen	170 *(20 % von Gesamt)*	153 *(90 % von Schulart)*	17 *(10 % von Schulart)*
... Gymnasien	195 *(23 % von Gesamt)*	161 *(83 % von Schulart)*	33 *(17 % von Schulart)*
... Realschulen	171 *(20 % von Gesamt)*	145 *(85 % von Schulart)*	26 *(15 % von Schulart)*
Schulgröße (in Schülerzahlen)	M = 749 SD = 584	M = 820 SD = 607	M = 473 SD = 362
Aufteilung in Schulgrößenkategorien			
... bis zu 300 Schüler	219 *(26 % von Gesamt)*	137 *(63 % von Kategorie)*	82 *(37 % von Kategorie)*
... 361 - 600 Schüler	214 *(25 % von Gesamt)*	171 *(80 % von Kategorie)*	42 *(20 % von Kategorie)*
... 601 - 950 Schüler	208 *(25 % von Gesamt)*	177 *(85 % von Kategorie)*	31 *(15 % von Kategorie)*
... mehr als 950 Schüler	204 *(24 % von Gesamt)*	188 *(92 % von Kategorie)*	16 *(8 % von Kategorie)*
Schulträger			
... staatliche Schule	684 *(80 % von Gesamt)*	554 *(81 % von Kategorie)*	129 *(19 % von Kategorie)*
... kommunale Schule	76 *(9 % von Gesamt)*	61 *(80 % von Kategorie)*	15 *(20 % von Kategorie)*
... private Schule	93 *(11 % von Gesamt)*	64 *(69 % von Kategorie)*	29 *(31 % von Kategorie)*

Auffallend ist zunächst, dass sich in der Stichprobe *überwiegend männliche Teilnehmer* befinden, deren Anteil knapp 80 % beträgt. Dieses Ungleichgewicht entspringt einer faktisch vorhandenen, deutlichen Unterrepräsentanz von Frauen in schulischen Leitungsämtern (zsf. Hobeck 2005, 19ff.). Auch die Frauenquoten an den einzelnen Schularten spiegeln annähernd die realen Verhältnisse wider[1]. In der Position der *stellvertretenden* Schulleitung liegt der Frauenanteil generell höher als in derjenigen der gesamtverantwortlichen Führungsspitze. Ein Blick auf die absoluten Häufigkeiten beider Positionskategorien in Tabelle 6.2 zeigt jedoch, dass die Anzahl der Stellvertreterinnen und Stellvertreter in der Netto-Stichprobe insgesamt äußerst gering ausfällt.

Des Weiteren sticht der *hohe Altersdurchschnitt* der Leitungspersonen hervor. Das arithmetische Gesamtmittel von 56 Jahren, welches von männlichen Führungskräften geringfügig über- und von weiblichen Führungskräften geringfügig unterschritten wird, ist jedoch erneut nicht als Einschränkung der Repräsentativität zu werten (s. auch Wissinger 2011, 105f.). Vielmehr zeichnet hierfür eine gängige Rekrutierungspraxis verantwortlich, nach der im Regelfall nur Lehrkräfte mit langjähriger Unterrichtserfahrung das Leitungsamt übernehmen dürfen (zsf. Rosenbusch & Warwas 2007). Dementsprechend sind lediglich 15 % aller Befragungsteilnehmer jünger als 50 Jahre, wobei in dieser Altersklasse der Frauenanteil deutlich höher liegt als in der Klasse der über 56-Jährigen. Infolge einer generell späten Ernennung beträgt auch die in *Amtsjahren als Schulleiter* gemessene Berufserfahrung in der Führungsposition trotz des hohen biologischen Durchschnittsalters im Schnitt „nur" 8 Jahre. Ein knappes Viertel der erfassten Leitungspersonen verfügt über eine große Berufserfahrung von mehr als 12 Jahren; ein weiteres Viertel bekleidet das Amt erst seit drei oder weniger Jahren und kann als das Segment der Einsteiger in den Schulleitungsberuf klassifiziert werden.

Unabhängig von der Alters- und Geschlechtszugehörigkeit sind rund 36 % der Personen der Netto-Stichprobe an *Grund-, Haupt- und Teilhauptschulen* tätig, 23 % an *Gymnasien*. 20 % der Probanden leiten *Realschulen* und weitere 20 % stehen *berufsbildenden Schulen* vor. Dass es sich in allen Kategorien *überwiegend um staatliche Schulen* und nur in wenigen Fällen um Schulen in kommunaler oder privater Trägerschaft handelt, entspricht den im Bundesland Bayern gegebenen Relationen (s. hierzu die amtliche Schulstatistik des Ministeriums für Unterricht und Kultus 2007).

Gemessen an der *Schülerzahl* sind in der Erhebung *kleine* Schulen (mit bis zu 300 Schülern), *mittlere* Schulen (mit 301 - 600 Schülern), *große* Schulen (mit 601 – 950 Schülern) und *sehr große* Schulen (mit über 950 Schülern) zu etwa gleichen An-

---

1 Laut der von Hobeck gesichteten amtlichen Statistiken für Deutschland beträgt der Frauenanteil in der Leitung von Grundschulen etwa 42 % und von Hauptschulen etwa 13 % (in der obigen Tabelle zur Kategorie Volksschulen zusammengefasst). An Realschulen erreicht er etwa 25 %, an Gymnasien und Berufsschulen unterschreitet er sogar 14 %.

teilen vertreten. Nahezu alle der sehr großen Organisationen werden von männlichen Führungskräften geleitet.

6.3.2 Operationalisierung der theoretischen Konstrukte

Die Darstellung des Erhebungsinstrumentariums untergliedert sich in die Merkmalsbereiche des beruflichen Selbstverständnisses, der beruflichen Belastung und Zufriedenheit, des lokalen Handlungskontexts sowie des individuellen Leistungs- und Belastungspotenzials. Teile des Instrumentariums wurden bereits bei Warwas (2008) und Warwas (2009) berichtet.

6.3.2.1 Methodische Vorbemerkungen zur Skalenbildung

Die Skalenbildung ist in weiten Teilen theoretisch verankert. Dagegen wurde die Binnenstruktur von positionsgebundenen Rollensegmenten, beruflichen Wertorientierungen und Belastungsquellen sowie von individuellen Ressourcen und Arbeitsmethoden mithilfe *explorativer Faktorenanalysen* erschlossen und im Rückgriff auf die Diskussion der vorangegangenen Kapitel interpretiert.

Die explorative Faktorenanalyse setzt keine Verteilungsannahmen für die Ausgangsvariablen (Backhaus et al. 2006, 260ff.). Die Bedingungen einer homogenen Stichprobe sowie einer Fallzahl, die mindestens 200 Personen beträgt und mindestens der dreifachen Variablenanzahl entsprechen sollte, sind in allen Anwendungsbereichen der vorliegenden Studie erfüllt (s. auch Rost 2005, 169). Um die *statistische Eignung* von Korrelationsmatrizen für eine faktoranalytische Verdichtung zu überprüfen, wurden jeweils der *Bartlett-Test* und das *Kaiser-Meyer-Olkin-Kriterium* herangezogen. Die Wahl des *Faktorextraktionsverfahrens* fiel durchweg auf die *Hauptkomponentenanalyse,* mit der eine möglichst umfassende Reproduktion der Datenstruktur durch wenige latente Faktoren angestrebt wird. Der Wert „1 - Kommunalität" wird hierbei als durch die extrahierten Faktoren nicht reproduzierter Varianzanteil einer Ausgangsvariablen deklariert. Gegenüber einer Betrachtung sämtlicher Einzelmerkmale bedeutet dies einen gewissen Informationsverlust, welcher aber zu Gunsten einer Interpretationserleichterung in Kauf genommen wird (Backhaus et al. 2006, 291f.). Die Bestimmung der Faktorenanzahl erfolgte in allen Anwendungsbereichen mithilfe des *Kaiser-Kriteriums,* dem zufolge die Zahl der zu extrahierenden Faktoren der Anzahl von Faktoren mit Eigenwerten > 1 entspricht. Der Eigenwert

(Summe der quadrierten Faktorladungen eines Faktors über alle Variablen) gilt dabei als Maß der durch den betreffenden Faktor erklärte Varianz der Beobachtungswerte (Backahus et al. 2006, 295). Um die Interpretation der Faktoren zu unterstützen, wurden *Varimax-Rotationen* durchgeführt, die zu voneinander unabhängigen Faktoren führen. Verglichen mit einer obliquen Lösung fällt die orthogonale Variante sparsamer und weniger stichprobenspezifisch aus (Rost 2005, 168). Auch inhaltliche Erwägungen sprechen dafür, weitgehend unkorrelierte Merkmale (z.B. diverse Bewältigungsressourcen) zu ermitteln, die anschließend zur Erklärung des Belastungs- und Zufriedenheitserlebens herangezogen werden können und hierbei je spezifische Beiträge leisten sollten.

Da nicht jede der hier berichteten Faktorladungsmatrizen eine Einfachstruktur aufweist, wurden einer gängigen Praxis folgend nur solche Variablen einem Faktor zugeordnet, die eine Faktorladung von 0.5 oder höher besitzen (Backhaus et al. 2006, 331). Zur besseren Nachvollziehbarkeit werden die Faktorladungen in absteigender Folge sortiert, so dass die für einen Faktor charakteristischen Markiervariablen leicht erkennbar sind. Berichtet werden aber auch Ladungen bis zu einer Untergrenze von 0.2, die Eigenwertverläufe und prozentualen Varianzbindungen der extrahierten Faktoren sowie die Kommunalität h^2 eines jeden Einzelitems.

6.3.2.2 Erfassung des beruflichen Selbstverständnisses

Die Operationalisierung *generischer Rollensegmente* der Schulleitung, deren Konstellierung durch die Befragten die *kognitiven Modalitäten* des beruflichen Selbstverständnisses erhellen sollen, stützt sich auf Literaturanalysen (Kapitel 3) und leitfadengestützte Interviews mit Leitungspersonen (s. hierzu König & Rosenbusch 2006). Die Itembatterie wurde auf Basis einer Pilotstudie bei n = 40 Schulen in Hessen noch geringfügig überarbeitet. Sie beinhaltet Aussagen über grundlegende Zuständigkeiten der Leitung, ihre Stellung gegenüber dem Kollegium und ihr Gestaltungspotenzial. Die Zustimmung bzw. Ablehnung dieser Aussagen konnte auf einem sechsstufigen Antwortformat (1 = „trifft gar nicht zu"; 6 = „trifft sehr zu") abgegeben werden. Faktoranalytisch ließen sich die zwölf in der Hauptuntersuchung eingesetzten Items zu drei Rollensektoren verdichten (Eigenwertverlauf: 2.345; 1.987; 1.500), die zusammen knapp 50 % der Varianz erklären und anknüpfend an die in Abschnitt 3.1.2 diskutierten Rollenspezifikationen der Schulleitung mit aussagekräftigen Sammelbegriffen belegt werden können. Tabelle 6.3 erhellt die Faktorenstruktur und die gewählten Faktorbezeichnungen.

6.3 Methode

Tabelle 6.3: Varimax-rotierte Ladungsmatrix der Hauptkomponentenanalyse zur Bestimmung generischer Rollensegmente der Schulleitung

Aussagen zur Schulleitungsposition	Hauptkomponente			
	1	2	3	h²
Faktor 1: Primus inter Pares (Varianzaufklärung 19,5 %)				
Ein Schulleiter sollte für seine Lehrkräfte in erster Linie Kollege und erst in zweiter Linie Vorgesetzter sein.	.79			.64
Die beste Schulleitung ist die, deren Wirken die Lehrkräfte nicht bewusst wahrnehmen.	.71			.52
Die pädagogische Freiheit der Kollegen im Unterricht ist für die Schulleitung „unantastbar".	.62			.43
Gute Schulleitung erkennt man an konsensfähigem Handeln.	.57			.35
Unabhängig von meiner Amtsbezeichnung bin ich in erster Linie Pädagoge.	.56			.34
Faktor 2: Leadership (Varianzaufklärung 16,6 %)				
Als Schulleiter/in muss ich vor allem mitreißende Visionen entwerfen, an deren Verwirklichung alle begeistert mitarbeiten.		.72		.53
Stets sporne ich meine Lehrkräfte an, sich weit über das vorgeschriebene Maß hinaus für schulische Aufgaben zu engagieren.		.69		.48
Als Experte für zeitgemäßen Unterricht kann ich meine Lehrkräfte in pädagogischen Fragen jederzeit kompetent beraten.		.63		.41
Ich schaffe mir zeitliche Freiräume, in denen ich intensiv an der Formulierung langfristiger Ziele für die Schule arbeite.		.58		.35
Meine Leistung bemisst sich nach den Lernergebnissen der Schüler/innen unserer Schule.		.54		.30
Faktor 3: Administration (Varianzaufklärung 12,5 %)				
Den Großteil meiner Zeit verwende ich darauf, praktikable Umsetzungsmöglichkeiten für zahllose Verwaltungsvorschriften zu finden.			.86	.75
Ich bin mit behördlichen Regelungen so eingedeckt, dass meine Gestaltungsmöglichkeiten minimal sind.			.86	.75

Rotationsmethode: Varimax mit Kaiser-Normalisierung; Ladungen < .20 werden nicht ausgewiesen.

Der Faktor *Primus inter Pares* beschreibt eine dem *Autonomie-Paritäts-Muster* verpflichtete und auf dem Prinzip der Nicht-Einmischung basierende Handlungsorientierung, die üblicherweise Lehrkräften attestiert wird (z.b. Terhart 1996). Gleichberechtigung, Konsens und die strikte Beachtung der pädagogischen Freiheit aller Kollegen bilden die Richtschnur eines Handelns, welches inhaltlich von den Kategorien der Unterrichts- und Erziehungstätigkeit dominiert wird (z.b. Werle 2001, 275). Im Umgang mit dem pädagogischen Personal ist die Leitungskraft um ein kollegiales Auftreten auf Augenhöhe bemüht, das formale Positionsunterschiede nivelliert und sich unauffällig im Hintergrund vollzieht.

Demgegenüber korrespondiert der Faktor *Leadership* mit einigen wesentlichen der im Konzept der *Transformational Leadership* definierten Handlungsanforderungen: Die Leitungsperson fungiert als visionäre und mitreißende Führungspersönlichkeit, deren Aktivitäten auf die Zielmarke verbesserter Schülerleistungen gerichtet sind. Zu ihren Hauptaufgaben gehören die Entwicklung und Kommunikation langfristiger gesamtschulischer Ziele, die Motivierung der Lehrkräfte zu außerordentlichem Engagement sowie die individuelle Beratung der Lehrkräfte auf Basis einer ausgeprägten pädagogischen Expertise. Dieses Rollensegment akzentuiert die Leitung „als Persönlichkeit, die die Initiative zur Verbesserung der schulischen Arbeit und des Lernens ergreift und die an der Schule beteiligten Gruppen unter dem Gesichtspunkt (...) geteilter Ziele und dazu zu ergreifender Maßnahmen zusammenführt" (Wissinger 2007, 115).

Schließlich charakterisiert der Faktor *Administration* den Rollensektor des traditionellen Behördenvorstands mit minimalen Gestaltungsoptionen, dessen Funktion sich auf den reaktiven Vollzug behördlicher Vorgaben beschränkt. Tabelle 6.4 lässt anhand der fehlenden bzw. schwachen Interkorrelationen erkennen, dass die gebildeten Skalen analytisch sehr gut zu trennen sind.

Tabelle 6.4: Kennwerte (Mittelwerte, Standardabweichungen, Cronbachs Alphas) und Interkorelationen der Skalen zur Erfassung generischer Rollensegmente der Schulleitung

Skalenbezeichnung	M	SD	α	PIP	AD
Leadership (LEAD)	3.77	0.67	.63	.06	-.01
Primus inter Pares (PIP)	4.08	0.79	.67		.14**
Administration (AD)	3.58	1.09	.70		

** auf dem Niveau von .01 zweiseitig signifikante Produkt-Moment-Korrelation
Sechsstufiges Antwortformat (von 1 = „trifft gar nicht zu" bis 6 = „trifft sehr zu")
Die Normalverteilungsannahme wurde mit dem Kolmogorov-Smirnov-Test überprüft und für alle Skalen beibehalten.

Die Operationalisierung der *affektiv-evaluativen Modalitäten* des beruflichen Selbstverständnisses fußt auf standardisierten Erhebungsinstrumenten. *Berufliche Wertorientierungen* wurden mit Items zur *Wichtigkeit von Berufsaspekten* aus dem ALLBUS-Inventar (Allgemeine Bevölkerungsumfrage der Sozialwissenschaften; z.b. Terwey 2001; Braun & Borg 2004) erhoben. Die Befragten waren aufgefordert, ihre subjektive Wertzuweisung an die einzelnen Berufsaspekte durch einen handschriftlichen Eintrag von Zahlen zwischen 1 („finde ich im Berufsleben generell gar nicht wichtig") bis 7 („finde ich im Berufsleben generell sehr wichtig") auszudrücken. Faktoranalytisch bilden sich vier Komponenten mit einer Gesamtvarianzbindung von 61,6 % und einem Eigenwertverlauf von 4.706; 1.650; 1.181 und 1.092 ab. Die zugehörigen Faktorladungen gibt Tabelle 6.5 wieder.

Überraschenderweise ist die Faktorenstruktur nur bedingt anschlussfähig an gängige Taxonomien, wie sie bspw. Borg (2006) zusammenstellt. Stattdessen erscheinen inhalts- und wachstumsbezogene, sicherheitsbetonte sowie beziehungsorientiert-soziale Ansprüche in der Wahrnehmung der Leitungspersonen durchaus miteinander verwoben. Während der erste extrahierte Faktor eigenständige und verantwortungsvolle Leistungen beinhaltet, die zum Gemeinwohl und im intensiven sozialen Austausch erbracht werden, integriert der zweite Faktor stärker auf Selbstverwirklichung und persönliche Entwicklung abzielende Motive in einem Berufsfeld, welches gute Arbeitsbedingungen bietet und gesellschaftliche Anerkennung genießt. Im dritten Faktor werden Wertkategorien materieller und statusgebundener Art zusammengeführt. Faktor 4 stellt auf eine berufliche Betätigung ab, die eine existentielle Grundsicherung garantiert und die Erfüllung individueller Interessen außerhalb der Arbeit erlauben.

Tabelle 6.5: *Varimax-rotierte Ladungsmatrix der Hauptkomponentenanalyse für die dimensionale Bestimmung beruflicher Wertorientierungen*

Einschätzungen der subjektiven Wichtigkeit verschiedener Aspekte des Berufslebens	Hauptkomponente				
	1	2	3	4	h^2
Faktor 1: soziale Verantwortung und Interaktion (Varianzaufklärung 33,6 %)					
verantwortungsvolle Aufgaben	.81	.20			.70
viel Kontakt zu anderen Menschen	.80				.68
selbstständiges Arbeiten	.75		.32		.71
Anderen helfen	.67			.38	.67
für die Gesellschaft nützliche Tätigkeit	.61	.31			.51
Faktor 2: Entfaltung in einem anerkannten Berufsfeld (Varianzaufklärung 11,8 %)					
sichere und gesunde Arbeitsbedingungen		.77		.21	.63
viele Weiterbildungsmöglichkeiten		.64			.44
sinnvolle Betätigung	.29	.64	.34		.62
anerkannter und geachteter Beruf		.55	.47		.57
interessante Tätigkeit	.48	.50	.25		.56
Faktor 3: Einkommens- und Karriereambitionen (Varianzaufklärung 8,4 %)					
gute Aufstiegsmöglichkeiten		.22	.79		.68
hohes Einkommen			.70	.36	.64
Faktor 4: Sicherheits- und Freizeitorientierung (Varianzaufklärung 7,8 %)					
sichere Berufsstellung			.35	.69	.62
viel Freizeit			.35	.68	.60

Rotationsmethode: Varimax mit Kaiser-Normalisierung; Ladungen < .20 werden nicht ausgewiesen.

Vor allem für die ersten beiden Faktoren ergeben sich mittelstarke Interkorrelationen (Tabelle 6.6). Für eine analytische Trennung und sinnvolle Interpretation spricht allerdings der Befund, dass Einkommens- und Karriereambitionen (Faktor 3) stärker mit dem Anspruch auf persönliche Entfaltung in einem gesellschaftlich geachteten Betätigungsfeld (Faktor 2) assoziiert sind als mit der eher affiliativen und altruistischen Grundorientierung eines verantwortungsbewussten Engagements im Dienste der Sozialgemeinschaft (Faktor 1).

Tabelle 6.6: Kennwerte (Mittelwerte, Standardabweichungen, Cronbachs Alphas) und Interkorrelationen der Skalen zur Erfassung beruflicher Wertorientierungen

Skalenbezeichnung	M	SD	α	ENTAN	EINKAR	SIFR
soziale Verantwortung und Interaktion (VERIN)	5.48	0.95	.82	.49**	.30**	.24**
Entfaltung in anerkanntem Berufsfeld (ENTAN)	6.20	0.65	.73		.43**	.32**
Einkommens- und Karriereambitionen (EINKAR)	5.25	1.07	.63			.38**
Sicherheits- und Freizeitorientierung (SIFR)	4.58	1.07	.42			

** auf dem Niveau von .01 zweiseitig signifikante Rangkorrelation (Spearmans Rho)
Siebenstufiges Antwortformat von 1 = „finde ich im Berufsleben generell gar nicht wichtig" bis 7 = „finde ich im Berufsleben generell sehr wichtig"
Die Normalverteilungsannahme wurde mit dem Kolmogorov-Smirnov-Test überprüft und für alle Skalen zurückgewiesen.

Die durchgängig im oberen Skalendrittel angesiedelten Wertratings wurden bereits mehrfach bei Angehörigen verschiedener Berufe aufgefunden und gelten angesichts der Definition von beruflichen Werten als subjektiv wichtige Selbsterfahrungen bei der Arbeit als geradezu tautologisch (Borg 2006, 63). Dass sich hinter den augenscheinlich geringen Niveauunterschieden zwischen den Skalen aus Tabelle

6.6 dennoch differenzierte individuelle Abwägungsprozesse verbergen, geht aus der Berechnung so genannter *ipsativer Werte* hervor (ebd.)[1].

Um *Selbstwirksamkeitsüberzeugungen* abzubilden, wurden drei trennscharfe Items aus der entsprechenden Skala von Schwarzer und Jerusalem (1999/2001) in den Fragebogen aufgenommen. Anhand eines sechsstufigen Antwortformats (1 = „stimmt gar nicht"; 6 = „stimmt voll und ganz") konnten die Befragten ihr Zutrauen, kritische Anforderungssituationen aus eigener Kraft zu meistern, artikulieren. Welche Items in der vorliegenden Untersuchung verwendet wurden, geht aus Tabelle 6.7 hervor.

Tabelle 6.7: Kennwerte (Mittelwert, Standardabweichung, Cronbachs Alpha) und Items der Skala zur Erfassung der Selbstwirksamkeit

Skala (Itemzahl)	M	SD	α	Items der Skala
Selbstwirksamkeit (3)	4.37	.77	.75	Schwierigkeiten sehe ich gelassen entgegen, weil ich immer auf meine Fähigkeiten vertrauen kann.
				Wenn ein Problem auf mich zukommt, habe ich meist mehrere Ideen, wie ich es lösen kann.
				Wenn eine neue Aufgabe auf mich zukommt, weiß ich, wie ich damit umgehen kann.

Sechsstufiges Antwortformat (von 1 = „stimmt gar nicht" bis 6 = „stimmt voll und ganz")
Die Normalverteilungsannahme wurde mit dem Kolmogorov-Smirnov-Test überprüft und zurückgewiesen.

---

[1] Zu diesem Zweck wird für jeden Befragten die Durchschnittsausprägung all seiner Wichtigkeitsratings ermittelt, um anschließend jedes Rating für die erfragten Einzelaspekte von diesem Durchschnitt abzuziehen. Ein negativer Differenzbetrag indiziert dabei, dass dem betreffenden Einzelitem im subjektiven „Kanon" beruflicher Werte eine überdurchschnittlich hohe Bedeutung zukommt; ein positiver Betrag offenbart hingegen eine subjektiv eher untergeordnete Stellung des Einzelaspekts (relativ zu allen anderen Bewertungen). Bildet man die oben genannten Skalen auf Basis solcher ipsativen Ausprägungen der vier Wertedimensionen, so ergeben sich fast durchweg negative Interkorrelationen (zwischen VERIN und ENTAN: $r = .07$; zwischen VERIN und EINKAR: $r = -.41^{**}$; zwischen VERIN und SIFR: $r = -.48^{**}$; zwischen ENTAN und EINKAR: $r = -.26^{**}$; zwischen ENTAN und SIFR: $r = -.39^{**}$; zwischen EINKAR und SIFR: $r = -.32^{**}$). Sie können als Resultat innerpsychischer Trade-Offs betrachtet werden und bringen eine „gewisse Inkompatibilität bestimmter Klassen von Grundinteressen oder -motiven" zum Ausdruck (Borg 2006, 66f.).

6.3 Methode

Darüber hinaus wurden auf Basis theoretischer Vorüberlegungen und der in Kapitel 5 referierten empirischen Befunde *die konativen Modalitäten* des beruflichen Selbstverständnisses durch Aussagen zu präferierten Handlungsdimensionen bei der Amtsausübung operationalisiert. In sechs Antwortstufen (1 = „trifft gar nicht zu"; 6 = „trifft sehr zu") konnten die Befragten angeben, welche subjektive Bedeutung sie verschiedenen Aktivitäten im Tagesgeschäft beimessen bzw. über welche Funktionen sie ihren beruflichen Auftrag konkret ausgestalten. Je drei Beispielitems aus den eingesetzten sechs Subskalen sind Tabelle 6.8 zu entnehmen.

Die *Förderung des Schulklimas* fokussiert die Beeinflussung der sozialen Umgangsqualität zwischen den Schulmitgliedern und eine Ausrichtung des gemeinsamen Lernens und Arbeitens an geteilten Leitideen, die von der Schulleitung symbolisch und vorbildhaft praktiziert werden (Rosenbusch 2005, 159ff.; Dubs 2005, 172ff.; Loos 2010). *Mikropolitische Aktivitäten* beinhalten strategische, machtbewusste Manöver der Leitungsperson in ethisch vertretbarem Umfang, zu denen etwa die Sondierung von Stimmungsbildern und Meinungsführern im Kollegium, das Eingehen von Koalitionen und eine geschickte Verhandlungsführung gehören (Rosenbusch 2005, 149ff. i.V.m. 162ff.; Bonsen 2006, 221; Dubs 2005, 170ff.). Maßnahmen der *Unterrichtsentwicklung* betreffen die Unterstützung und Absicherung einer systematischen, schulweiten Optimierung der pädagogischen Arbeit, indem Diskurse über pädagogische Konzepte moderiert, innovationsfreundliche Arbeitsstrukturen etabliert oder qualitätssichernde Maßnahmen angewandt werden (Dubs 2005, 169f.; Horster & Rolff 2006, 802ff.). Die Skala *Kommunikation und Koordination* umfasst interpersonelle, dialogische Führungspraktiken, mit denen die Leitungsperson im direkten Austausch mit einzelnen Lehrkräften Steuerungsbedarfe antizipiert, arbeitsteilige Prozesse abstimmt und kritische Ereignisse meistert (Rosenbusch 1993; Loos 2002; Dubs 2005, 169). *Distributive Führung* stellt auf eine systematische Einbindung von Lehrkräften, Eltern und Schülern in Entscheidungs- und Gestaltungsprozesse (Bush & Glover 2003, 17f.; Rolff 2007, 79ff.) und die Realisierung demokratischer Prinzipien der Teilhabe und aktiven Beteiligung an gemeinschaftlichen Aufgaben ab (s. hierzu Eikel 2007). Die Skala *Effizienz & Service* beschreibt organisatorisch-abwicklungsorientierte Aktivitäten auf der technischen Vollzugsebene des alltäglichen Schulbetriebs, die ökonomischen Arbeitsprozessen und Ressourcenverteilungen ebenso wie der Entlastung der Lehrkräfte und dem Schutz eingespielter Routinen dienen (Bush & Glover 2003, 9f.).

Tabelle 6.8: Kennwerte (Mittelwerte, Standardabweichungen, Cronbachs Alphas) und Beispielitems der Skalen zur Erfassung verschiedener Handlungsdimensionen im Leitungsamt

Skala (Itemzahl)	M	SD	α	Beispielitems der Skalen
Förderung des Schulklimas (5)	4.84	0.57	.68	… entspannte Arbeitssituationen schaffen, die auf gegenseitigem Vertrauen basieren. … Handlungsprinzipien vorleben, an denen sich die gemeinsame Arbeit ausrichtet. … eine von gemeinsamen Idealen getragene Gemeinschaft an der Schule schaffen.
Mikropolitisches Agieren (4)	4.73	0.67	.70	… klare Strategie, um mein Kollegium für meine Vorhaben zu gewinnen. … Verhandlungsgeschick und strategisches Gespür, um ein weites Netz von Bündnispartnern aufzubauen. … Meinungsführer, Mitläufer und Widerständler im Kollegium kennen.
Unterrichtsentwicklung (3)	4.26	0.84	.56	… mit Lehrkräften verbindliche gemeinsame Vorstellung von gutem Unterricht erarbeiten. … feste Arbeitsgruppen installieren, die Unterrichtskonzepte für die Fachbereiche entwickeln. … regelmäßige Unterrichtsbesuche zur Qualitätsprüfung durchführen.
Kommunikation & Koordination (5)	4.34	0.64	.68	… beiläufige Gespräche, um Aktivitäten an der Schule zu koordinieren. … erste Anlaufstation für Kollegiumsmitglieder bei Problem- oder Konfliktsituationen. … Schaltzentrale, in der Informationen zusammenlaufen und verteilt werden.
Distributive Führung (4)	4.70	0.62	.60	… Lehrkräfte in verantwortungsvolle Leitungsaufgaben einbinden. … ges. Kollegium an Gestaltung der Schule beteiligen. … ausgeprägte Mitwirkung von Eltern und Schülern ermöglichen.
Effizienz & Service (4)	3.98	0.76	.58	… eingespielte Arbeitsabläufe nicht kontraproduktiv durch gut gemeinte „Innovationen" zerstören. … gelungene Unterrichtsorganisation als best-mögliche Unterstützung der Arbeit der Lehrkräfte. … Relation von Aufwand und Nutzen für schulische Arbeitsvollzüge als Maßstab der Entscheidungsfindung.

Sechsstufiges Antwortformat (von 1 = „trifft gar nicht zu" bis 6 = „trifft sehr zu")
Die Normalverteilungsannahme wurde mit dem Kolmogorov-Smirnov-Test überprüft und für alle Skalen zurückgewiesen.

Tabelle 6.9 lässt erkennen, dass einige der erfassten Handlungsfelder von den Befragten als miteinander verbunden wahrgenommen werden, aber nicht erheblich konfundiert sind. Bemerkenswert ist, dass der Bereich mikropolitischen Taktierens aus Sicht der Leitungskräfte durchaus positiv mit dem Bemühen um das soziale Organisationsklima assoziiert ist. Nahezu unabhängig voneinander sind hingegen eine Betätigung als effizienzorientierter, das Kollegium entlastender Dienstleister einerseits (Effizienz & Service) und eine ausgeprägte Teilung von Gestaltungsverantwortung (distributive Führung) sowie eine systematische Förderung der schulweiten Unterrichtsentwicklung andererseits.

Tabelle 6.9: Interkorrelationen der Skalen zur Erfassung von Handlungsdimensionen der Schulleitung

Skalenbezeichnung	KLIM	MIKRO	UE	KK	DIST	ES
Förderung des Schulklimas (KLIM)		.42**	.27**	.36**	.38**	.29**
Mikropolitisches Agieren (MIKRO)			.34**	.30**	.27**	.22**
Unterrichtsentwicklung (UE)				.18**	.26**	.06
Kommunikation & Koordination (KK)					.21**	.42**
Distributive Führung (DIST)						.10**
Effizienz & Service (ES)						

** auf dem Niveau von .01 zweiseitig signifikante Rangkorrelation (Spearmans Rho)

6.3.2.3 Erfassung von Belastungserleben und Zufriedenheitsurteilen im Beruf

Die subjektive Belastung bei der Arbeit wurde mittels Fragebogenadaptionen von Dann, Humpert, Krause, von Kügelgen, Rimele und Tennstädt (2007) sowie Schwarzer und Jerusalem (1999/2001) erhoben. Mithilfe der zwölf in Tabelle 6.10 gelisteten Items der Gesamtskala *(globale Belastung)* kann ermittelt werden, auf welchem Niveau sich das Belastungserleben schulischer Führungskräfte generell bewegt. Zudem geben vier Subskalen Aufschluss darüber, ob die Befragten entlang theoretisch unterscheidbarer Dimensionen spezifische Belastungsschwerpunkte aufweisen.

Tabelle 6.10: Kennwerte (Mittelwerte, Standardabweichungen, Cronbachs Alphas) und Items der Skalen zur Erfassung des subjektiven Belastungserlebens

Skala (Itemzahl)	M	SD	α	Items der Skalen
Befindens-beeinträchtigungen (4)	3.65	1.18	.82	Ich habe gesundheitliche Probleme, die ich auf meinen Arbeitsalltag zurückführe. Meine schulische Belastung schränkt meine Freizeitaktivitäten fühlbar ein. Ich fühle mich wegen der beruflichen Belastung oft müde und abgespannt. Der berufliche Stress wirkt sich negativ auf mein Privatleben aus.
Zeitstress (3)	3.56	1.14	.77	Ich habe das Gefühl, dass ich mit der zeitlichen Belastung meines Berufs nicht fertig werde. Die Anforderungen der Öffentlichkeit an die Zeit eines Schulleiters sind übermäßig hoch. Ich bräuchte mehr Verschnaufpausen, um gut arbeiten zu können.
normativer Druck (2)	3.33	1.30	.79	Meine Verantwortung für andere Menschen belastet mich sehr. Mich belasten die überhöhten Erwartungen vieler Menschen an die Gestaltungsmöglichkeiten der Schulleitung.
Feedbackdefizit (3)	4.01	1.00	.65	Für die meisten Außenstehenden ist das, was wir in Wirklichkeit leisten, nicht erkennbar. Ich habe eine Tätigkeit, bei der eigentlich niemand entscheiden kann, ob sie gut oder schlecht ausgeführt worden ist. Positive Rückmeldungen und Erfolgserlebnisse sind im Beruf des Schulleiters viel seltener als in dem des Lehrers.
globale Belastung (12)	3.67	0.94	.89	- Gesamtskala -

Sechsstufiges Antwortformat (von 1 = „stimmt gar nicht" bis 6 = „stimmt voll und ganz")
Die Normalverteilungsannahme wurde mithilfe des Kolmogorov-Smirnov-Tests überprüft und für die Subskalen verworfen, für die Gesamtskala jedoch beibehalten.

Die Kategorie *psychosomatische Befindensbeeinträchtigungen* beinhaltet Aussagen über fehlendes Wohlbefinden und körperliche Beschwerden, deren Ursachen ein Proband subjektiv auf seine berufliche Betätigung zurückführt und deren Ausmaß seine gesamte Lebensqualität verringert. Damit bündelt die Skala diverse Symptome,

6.3 Methode

die als Frühwarnsignale chronischer Krankheitsverläufe interpretiert werden können (s. auch Uhlendorff & Brehm 2007, 14). Dagegen ist *Zeitstress* vom Eindruck geprägt, bei der Arbeit permanent zu Hast und Eile getrieben zu sein und keine ausreichenden zeitlichen Freiräume und Erholungspausen zu besitzen. *Normativer Druck* kennzeichnet das Empfinden, uneinlösbaren fremddefinierten Erwartungen ausgesetzt und der Verantwortung des Amtes nicht gewachsen zu sein. Schließlich indiziert *Feedbackdefizit* einen subjektiven Mangel an greifbaren Erfolgen, Anerkennung und positiven Rückmeldungen durch wichtige Bezugsgruppen sowie ein Fehlen von allgemein akzeptierten Gütekriterien zur Qualitätsbeurteilung der täglichen Berufspraxis. Zur Abgabe ihrer subjektiven Einschätzungen stand den Befragten erneut ein sechsstufiges Antwortformat zur Verfügung.

Aus Tabelle 6.11 geht hervor, dass die theoretisch unterschiedenen Facetten des Belastungserlebens in den empirischen Daten z.T. eng zusammenhängen. Die Ergebnisse einer *Überprüfung auf (Multi-)Kollinearität* veranlassen jedoch nicht dazu, beim Einsatz hypothesenprüfender Verfahren ausschließlich mit der Gesamtskala *globale Belastung* zu operieren: Innerhalb der vier Subskalen liegt der kleinste *Toleranzwert* bei 0.358; die höchste Ausprägung des *Variance Inflation Factors* (VIF) erreicht die Marke von 2.795. Den Verdacht von Multikollinearität wecken jedoch im Regelfall erst Toleranzwerte < 0.1 respektive Ausprägungen des VIF > 10 (s. hierzu Brosius 2004, 589). Auch im *Konditionsindex* als drittem Indikator deutet sich mit einem Maximalwert von 14.787 allenfalls eine mäßige Kollinearität der Subskalen an; starke Kollinearität indizieren hingegen Ausprägungen > 30 (ebd.; zu Begriff und Problematik der Multikollinearität s. auch Abschnitt 7.1).

Tabelle 6.11: Interkorrelationen der Subskalen zur Erfassung des subjektiven Belastungserlebens

Skalenbezeichnung	ZS	ND	FEED
Befindensbeeinträchtigungen (BE)	.72**	.56**	.36**
Zeitstress (ZS)		.65**	.47**
normativer Druck (ND)			.47**
Feedbackdefizit (FEED)			

** auf dem Niveau von .01 zweiseitig signifikante Rangkorrelation (Spearmans Rho)

Zur Operationalisierung der beruflichen Zufriedenheit wurde auf ein im schulischen Untersuchungsfeld bewährtes Instrument zurückgegriffen (s. hierzu Bieri 2006, S. 116ff.) und für die Gruppe schulischer Leitungskräfte modifiziert. Über die Erfassung einer bilanzierenden Gesamtbewertung der beruflichen Situation hinaus *(globale Zufriedenheit)* erlaubet wiederum verschiedene Subskalen mit je sechsstufigem Antwortformat eine differenzierte Betrachtung beruflicher Beanspruchungsqualitäten. Wie Tabelle 6.12 aufschlüsselt, wurden anstelle der sechs im *Zürcher Modell* der Arbeitszufriedenheit vorgesehen Zufriedenheitsformen (Bruggemann et al. 1975, 132ff.; Baumgartner & Udris 2006, 115) nur vier Formen ausdifferenziert.

Während eine *stabilisierte Zufriedenheit* die Erfüllung berufsbezogener Motive und den Wunsch nach Beibehaltung des erreichten Zustandes impliziert, resultiert eine *resignative Zufriedenheit* nicht aus einer gelungenen Motivbefriedigung, sondern vielmehr aus einer Minderung des individuellen Anspruchsniveaus, auf dessen Basis vorgefundene Arbeitsbedingungen, -inhalte und -produkte beurteilt werden. Das Votum „zufriedenstellend" ist damit keinem faktischen Erreichen subjektiver beruflicher Standards geschuldet, sondern einer den Gegebenheiten angepassten Erwartungshaltung. *Fixierte Unzufriedenheit* stellt sich ein, wenn eine als unbefriedigend erlebte Arbeitssituation „erlitten", d.h. in voller Bewusstheit der frustrierenden Wirkung unerfüllter Wünsche als ausweglos hingenommen wird. Demgegenüber zeichnet sich eine *konstruktive Unzufriedenheit* durch aktive Versuche aus, unbefriedigende Arbeitsplatzmerkmale zu verändern oder den gegenwärtigen Arbeitskontext zu verlassen.

6.3 Methode

Tabelle 6.12: Kennwerte (Mittelwerte, Standardabweichungen, Cronbachs Alphas) und Items der Skalen zur Erfassung der Arbeitszufriedenheit

Skala (Itemzahl)	M	SD	α	Items der Skalen
stabilisierte Zufriedenheit (2)	4.33	1.16	.61	Hoffentlich bleibt meine Arbeitssituation immer so gut wie jetzt. Ich bin richtig zufrieden! Wenn ich noch einmal wählen könnte, würde ich mich ohne Zögern wieder für den Beruf des Schulleiters entscheiden.
resignative Zufriedenheit (2)	2.85	1.22	.61	Die Arbeit als Schulleiter(in) macht nur bedingt Spaß, aber man sollte auch nicht zu viel erwarten. Meine beruflichen Ansprüche und Erwartungen habe ich im Laufe der Zeit zurückgeschraubt.
fixierte Unzufriedenheit (2)	2.24	1.11	.67	Ich bin froh, wenn ich die Schultüre hinter mir zumachen kann. An manchen Tagen kostet es mich viel Überwindung, in die Schule zu gehen.
konstruktive Unzufriedenheit (2)	1.46	0.82	.71	Wenn sich bei meiner Arbeit nicht bald gewisse Dinge ändern, bewerbe ich mich auf eine neue Stelle. Ich trage mich mit dem Gedanken, den Beruf zu wechseln.
globale Zufriedenheit (8)	4.70	0.84	.82	- Gesamtskala -

Sechsstufiges Antwortformat (von 1 = „stimmt gar nicht" bis 6 = „stimmt voll und ganz")
Die Normalverteilungsannahme wurde mit dem Kolmogorov-Smirnov-Test überprüft und für alle Subskalen wie auch für die Gesamtskala zurückgewiesen.

Tabelle 6.13 ist zu entnehmen, dass die erhobenen Zufriedenheitsformen in der theoretisch anzunehmenden Richtung zusammenhängen. Dabei sind die Ausprägungen von resignativer Zufriedenheit, fixierter und konstruktiver Unzufriedenheit untereinander positiv korreliert und laufen jeweils dem Ausmaß an stabilisierter Zufriedenheit entgegen.

Tabelle 6.13: Interkorrelationen der Skalen zur Erfassung der Zufriedenheitsformen

Skalenbezeichnung	RES	FIX	KON
stabilisierte Zufriedenheit (STAB)	-.53**	-.53**	-.40**
resignative Zufriedenheit (RES)		.58**	.35**
fixierte Unzufriedenheit (FIX)			.43**
konstruktive Unzufriedenheit (KON)			

** auf dem Niveau von .01 zweiseitig signifikante Rangkorrelation (Spearmans Rho)

6.3.2.4 Berücksichtigte Merkmale des lokalen Handlungskontexts und des individuellen Leistungs- und Belastungspotenzials

Zur Erfassung des individuellen *Leistungs- und Belastungspotenzials* wurden neben den bereits bei der Stichprobencharakterisierung berichteten Parametern Geschlecht, biologisches Alter und Berufserfahrung auch beanspruchungsrelevante internale Handlungsressourcen sowie Merkmale der individuellen Arbeitsorganisation herangezogen.

Internale Ressourcen wurden mittels einer Kurzversion des AVEM-Inventars von Schaarschmidt und Fischer (2001, 31f.) erhoben. Jenes bildet individuelle, situationsübergreifende Tendenzen der mentalen wie auch aktionalen Auseinandersetzung mit Arbeitsanforderungen likertskaliert ab (1 = „stimmt gar nicht"; 7 = „stimmt voll und ganz"). Eine Hauptkomponentenanalyse unter Zugrundelegung des *Kaiser-Kriteriums* reproduziert die von Schaarschmidt und Fischer angenommene dreidimensionale Faktorenstruktur. Gemeinsam binden diese Faktoren (mit Eigenwerten in Höhe von 2.622; 1.957 und 1.116) 51.8 % der Gesamtvarianz[1].

---

1 In diesem Bereich der Skalenbildung wäre auch der Einsatz einer *konfirmatorischen* Faktorenanalyse denkbar, weil für das AVEM-Inventar sowohl theoretische Annahmen als auch konsistente empirische Befunde über dessen latente Konstrukte existieren. Dennoch wurde auch in diesem Bereich auf das konservative *explorative* Verfahren zurückgegriffen, da es dem Forschenden weniger Eingriffsmöglichkeiten bietet und zudem weniger sensibel auf Besonderheiten der Stichprobe reagiert (Rost 2005, 165).

6.3 Methode

Tabelle 6.14: Varimax-rotierte Ladungsmatrix der Hauptkomponentenanalyse für die dimensionale Bestimmung von internalen Ressourcen im Sinne der AVEM-Dimensionen (Schaarschmidt & Fischer 1996/2001)

Aussagen zum Erleben und Verhalten im Berufsalltag	Hauptkomponente			
	1	2	3	h^2
Faktor 1: Widerstandskraft gegenüber Belastungseinwirkungen (Varianzaufklärung 23.8 %)				
Ich kann mich auch bei auftretenden Schwierigkeiten behaupten und durchsetzen.	.71			.55
Ich neige nach Misserfolgen schnell zu Resignation.	-.67			.46
Ich kann selbst bei größter Aufregung und Hektik in meiner Umgebung ruhig und gelassen bleiben.	.60		.25	.42
Ich kann nach der Arbeit problemlos abschalten.	.57	-.33		.46
Faktor 2: Berufliches Engagement (Varianzaufklärung 17.8 %)				
Ich verausgabe mich über das gesunde Maß hinaus, wenn es die Arbeitsaufgabe erfordert.	-.29	.74		.62
Ich will meine Arbeit immer perfekt, also ohne Fehl und Tadel, machen.		.69		.51
Meine Arbeit ist mein wichtigster Lebensinhalt.		.63		.42
Ich will beruflich mehr erreichen als andere.	.34	.60		.49
Faktor 3: Positive emotionale Grundstimmung (Varianzaufklärung 10.1 %)				
Ich kann mich stets auf Verständnis und Unterstützung durch nahe stehende Menschen verlassen.			.85	.73
Ich bin mit meinem gesamten Leben zufrieden.	.29		.73	.63
Ich war in meinem bisherigen Berufsleben erfolgreich.	.41	.28	.41	.42

Rotationsmethode: Varimax mit Kaiser-Normalisierung; Ladungen < .20 werden nicht ausgewiesen.

Wie Tabelle 6.14 ausweist, bündelt der erste Faktor Kennzeichen der *Widerstandskraft gegenüber berufsbedingten Belastungseinwirkungen,* namentlich Distanzierungsfähigkeit, geringe Resignationsneigung, Selbstbehauptung angesichts von Schwierigkeiten und eine „unerschütterliche" innere Ausgeglichenheit. Faktor 2 bündelt Indikatoren des *beruflichen Engagements.* Dabei handelt es sich konkret um die Verausgabungsbereitschaft für berufliche Ziele und Aufgaben, die Zentralität dieser Ziele und Aufgaben im individuellen Lebensentwurf, ein Streben nach Perfektion in der Aufgabenerfüllung sowie das Ausmaß des eigenen beruflichen Ehrgeizes im sozialen Vergleich. Eine *positive affektive Grundtönung der beruflichen Betätigung* klingt in den im dritten Faktor erfassten Gefühlen von allgemeiner Lebenszufriedenheit sowie von sozialer Geborgenheit und erfahrener Unterstützung aus dem persönlichen Umfeld an. Derartige Grundstimmungen sollten auch positiv auf die tägliche Berufspraxis ausstrahlen. Dieselbe Wirkung kann theoretisch auch einer positiven Bilanzierung zurückliegender Erfolge unterstellt werden; allerdings geht das zugehörige Item aufgrund seiner geringen Faktorladung nicht in die Skalenbildung ein.

Tabelle 6.15 dokumentiert die gute analytische Trennbarkeit der Skalen. Sie liefert zudem anhand von arithmetischen Mittelwerten, die in der Gesamtstichprobe durchweg über dem theoretischen Skalenmittel von 4.0 liegen, deutliche Hinweise auf Selbstselektionseffekte schulischer Akteure im Zuge der Bewerbung auf das Leitungsamt (z.B. Laux et al. 2007). Zu diesem Karriereschritt sind im Regelfall wohl nur solche Personen bereit, die subjektiv über ein üppiges Reservoir an Handlungsressourcen verfügen und damit ihre prospektiven Bewältigungskapazitäten (Sembill 2010, 82f.) als hoch einstufen. Die Streuung in den Antworten ist aber zu groß, um Schulleiter als eine mit identischen Ressourcenniveaus ausgestattete Lehrerelite klassifizieren zu können (s. auch Neulinger 1990, 22).

Tabelle 6.15: Kennwerte (Mittelwerte, Standardabweichungen, Cronbachs Alphas) und Interkorrelationen der Skalen zur Erfassung internaler Ressourcen

Skalenbezeichnung	M	SD	α	ENG	POST
Widerstandskraft gegenüber Belastungseinwirkungen (WID)	5.02	.91	.62	-.13**	.36**
berufliches Engagement (ENG)	4.72	1.03	.62		-.07*
positive Grundstimmung (POST)	5.93	.87	.61		

** auf dem Niveau von .01 zweiseitig signifikante Rangkorrelation (Spearmans Rho)
Siebenstufiges Antwortformat (von 1 = „stimmt gar nicht" bis 7 = „stimmt voll und ganz")
Die Normalverteilungsannahme wurde mit dem Kolmogorov-Smirnov-Test überprüft und für alle Skalen zurückgewiesen.

6.3 Methode

Die Items zur Operationalisierung der individuellen Arbeitsorganisation wurden mit einem sechsstufigen Antwortformat (1 = „stimmt gar nicht"; 6 = „stimmt voll und ganz") weitgehend selbst entwickelt. Ausnahmen bilden dabei Aussagen zur Prokrastination und Selbstregulation bei der Tätigkeitsausführung. Die Formulierungen zu diesen Konstrukten lehnen sich an die gleichnamigen Skalen bei Schwarzer und Jerusalem (1999/2001) an. Faktoranalytisch konnten entsprechend Tabelle 6.16 drei Hauptkomponenten extrahiert werden, die zusammen 55.1 % der Ausgangsvarianz erklären (Eigenwertverlauf: 4.274; 1.221; 1.113).

Die auf Faktor 1 ladenden Indikatoren werden unter den Sammelbegriff *Störungsmanagement & Zeitdisziplin* gefasst. Sie beinhalten die Kontrolle äußerer Störquellen sowie das Entwerfen und konsequente Einhalten von Zeitplänen. Geringe Ausprägungen der zugehörigen Items indizieren zum einen eine ungewollt hohe Unterbrechungshäufigkeit der Arbeit und zum anderen Prokrastination im Sinne eines dysfunktionalen Handlungsaufschubs. Hierbei werden nicht etwa günstige Gelegenheiten abgepasst; vielmehr werden gefasste Vorsätze nicht in die Tat umgesetzt, weil entweder subjektive Trägheitsmomente oder objektive Barrieren ein zielführendes Handeln blockieren.

Faktor 2 bildet unter den Schlagworten *Selbstregulation, Delegation & Priorisierung* solche Fähigkeiten und Handlungsweisen ab, denen für eine gelungene Arbeitsorganisation gerade in Führungspositionen eine wichtige Bedeutung zuerkannt wird. Dazu gehören neben der wertenden Unterscheidung von wichtigen und nebensächlichen Aufgaben und einer entlastenden Delegationspraxis auch die Konzentration auf aktuell anstehende Aufgabeninhalte, wobei sowohl ablenkende Außenreize als auch kontraproduktive Gefühle kontrolliert werden (s. hierzu auch Wieland 2004; Stumm et al. 2010).

Faktor 3 integriert zwei Aussagen, die ein strukturiertes Vorgehen beim Vollzug einzelner Tätigkeiten beschreiben und deshalb die Bezeichnung *Systematische Aufgabenbearbeitung* nahe legen.

Tabelle 6.16: *Varimax-rotierte Ladungsmatrix der Hauptkomponentenanalyse für die Bestimmung von Dimensionen der individuellen Arbeitsorganisation*

Aussagen zur individuellen Arbeitsorganisation	Hauptkomponente			
	1	2	3	h²
Faktor 1: Störungsmanagement & Zeitdisziplin (Varianzaufklärung 35.6 %)				
Eine Flut von Anrufen und E-Mails sorgt dafür, dass ich nicht kontinuierlich arbeiten kann (invertiert).	.82			.70
Durch die vielen Personen, die ständig in mein Zimmer platzen, komme ich nicht zu meiner eigentlichen Arbeit (invertiert).	.79			.65
Ich komme oft erst nach Tagen dazu, Dinge zu tun, die ich eigentlich sofort erledigen wollte (invertiert).	.68		.36	.60
Ich habe oft ein schlechtes Gewissen, weil ich wichtige Dinge vor mir her schiebe (invertiert).	.55	.22	.45	.55
Meine Arbeitswoche ist nicht planbar, weil zu viel Unvorhergesehenes passiert (invertiert).	.54		.41	.47
Es fällt mir schwer, den vielen Anfragen auch einmal mit einem „Nein" oder „Jetzt nicht" zu begegnen (invertiert).	.48 [1]	.40		.39
Faktor 2: Selbstregulation, Delegation & Priorisierung (Varianzaufklärung 10.2 %)				
Wenn bei einer Tätigkeit eine sachliche Haltung nötig ist, kann ich meine Gefühle unter Kontrolle bringen.		.78		.61
Nach Unterbrechungen finde ich problemlos zu einer konzentrierten Arbeitsweise zurück.	.26	.58	.35	.53
Viele Aufgaben kann ich an geeignete Mitarbeiter delegieren.	.21	.58		.38
Bei meinen beruflichen Aufgaben fällt es leicht, zwischen Nebensächlichem und Vorrangigem zu unterscheiden.		.52	.40	.45
Faktor 3: Systematische Aufgabenbearbeitung (Varianzaufklärung 9.3 %)				
Für meine Aufgaben besitze ich immer einen strukturierten Arbeitsplan.			.83	.69
Es gelingt mir, den Tag so zu organisieren, dass ich abends das Gefühl habe, alles Wichtige erledigt zu haben.	.43	.24	.59	.60

Rotationsmethode: Varimax mit Kaiser-Normalisierung; Ladungen < .20 werden nicht ausgewiesen.
[1] Das gekennzeichnete Item wird trotz der eher geringen Ladung in die Skalenbildung aufgenommen, da es einen leichten Zuwachs an Reliabilität für die zugehörige Skala erbringt.

Im Sinne komplementärer *Teilaspekte* einer zielgerichteten und zugleich ökonomischen *individuellen Arbeitsorganisation* (s. Abschnitt 2.4.2) sind die drei gebildeten Subskalen erwartungsgemäß recht eng miteinander verwoben. Die in Tabelle 6.17 ausgewiesenen Interkorrelationen erwecken jedoch nicht den Eindruck, durch die zwölf Items würde empirisch nur ein einziges Konstrukt abgebildet.

Tabelle 6.17: Kennwerte (Mittelwerte, Standardabweichungen, Cronbachs Alphas) und Interkorrelationen der Skalen zur Erfassung der individuellen Arbeitsorganisation

Skala (Itemzahl)	M	SD	α	SDP	SYS
Störungsmanagement & Zeitdisziplin (STZ) (6)	3.28	0.98	.80	.50**	.49**
Selbstregulation, Delegation & Priorisierung (SDP) (4)	4.38	0.76	.60		.42**
systematische Aufgabenbearbeitung (SYS) (2)	3.86	0.98	.50		

** auf dem Niveau von .01 (zweiseitig) signifikante Rangkorrelation (Spearmans Rho)
Sechsstufiges Antwortformat (von 1 = „stimmt gar nicht" bis 6 = „stimmt voll und ganz")
Die Normalverteilungsannahme wurde mithilfe des Kolmogorov-Smirnov-Tests überprüft und für alle Skalen zurückgewiesen.

Charakteristika des organisationalen Handlungskontexts wurden zum einen anhand objektivierbarer Parameter, zum anderen anhand perzipierter Eigenschaften des Arbeitsplatzes erhoben. In den ersten Bereich fallen – wie bereits in Abschnitt 6.3.1 berichtet – Schulart, Schulträgerschaft und Schulgröße. Des Weiteren waren die Befragungsteilnehmer aufgefordert, die *Höhe ihrer Unterrichtsverpflichtung in Stunden* zu beziffern (M = 9.58; SD = 6.72; Min = 0; Max = 27) sowie anzugeben, wie viele weitere Personen aus dem Kollegium formal mit Leitungsfunktionen betraut sind, d.h. zu zu einem *erweiterten Kreis an Schulleitungsmitgliedern* gerechnet werden können (M = 1.92; SD = 1.44; Min = 0; Max = 19). Diese Angaben liegen innerhalb einer plausiblen Bandbreite, wenn man berücksichtigt, dass in der Stichprobe sämtliche Schularten und Organisationsgrößen mit einer Spanne von 45 bis 4000 Schülern vertreten sind. Für den zweiten Bereich wurden unter anderem subjektive Relevanzeinschätzungen potenzieller Problemfelder bzw. Stressoren der Schulleitungstätigkeit erbeten.

Tabelle 6.18: Varimax-rotierte Ladungsmatrix der Hauptkomponentenanalyse für die dimensionale Bestimmung subjektiver Belastungsfaktoren bzw. Problemfelder im Beruf

Subjektive Stressrelevanz von Merkmalen des Betätigungsfeldes	1	2	3	4	h^2
Faktor 1: Regulationsbehinderungen (Varianzaufklärung 28.9 %)					
Vielschichtigkeit der beruflichen Aufgaben	.77				.61
neuartige berufliche Anforderungen	.73				.57
Umfang der Bürokratie- und Verwaltungsarbeit	.69		.36		.61
zerstückelter Arbeitsalltag	.66				.47
Unverhältnismäßigkeit von Verantwortung und rechtl. Befugnissen	.65		.30		.54
Umfang der eigenen Unterrichtsverpflichtung	.63			.27	.52
Mangel an Zeit	.61				.43
Ziel- bzw. Rollenkonflikte	.60	.33			.48
Faktor 2: Probleme im/mit dem Kollegium (Varianzaufklärung 11.5 %)					
Konflikte und Spannungen im Kollegium		.84			.72
konkrete Probleme mit einzelnen Lehrern		.77			.62
mangelndes Engagement von Lehrkräften		.76			.60
Überalterung des Kollegiums		.28	.44		.32
hohe Fluktuation im Kollegium		.41		.27	.25
Faktor 3: Mangelnde externe Unterstützung (Varianzaufklärung 7.8 %)					
fehlende Unterstützung durch die Schulbürokratie		.27	.77		.68
mangelnde Unterstützung vom Sachaufwandsträger			.72		.55
mangelnde Kooperationsbereitschaft sonstiger externer Partner			.66		.49
unsinnige behördliche Vorgaben		.40	.64	.20	.62
Faktor 4: Probleme mit Schülern & Eltern (Varianzaufklärung 7.0 %)					
allg. Probl. mit Schülern (Motivationsdefizite, auffäll. Sozialverhalten)	.22			.81	.73
schwerwiegende, strafrechtl. relevante Probleme (Gewalt, Drogen u.ä.)				.79	.68
Probleme mit Eltern			.22	.67	.55

Rotationsmethode: Varimax mit Kaiser-Normalisierung; Ladungen < .20 werden nicht ausgewiesen.

6.3 Methode

Die likertskalierten Items zu diesen *subjektiven Belastungsfaktoren* basieren weitgehend auf der Studie von Rosenbusch et al. (2006) und sehen Antworten im Bereich von 1 = „trifft gar nicht zu" bis 6 = „trifft sehr zu" vor. Im Zuge einer explorativen Faktorenanalyse ergaben sich vier Hauptkomponenten mit einer gebundenen Gesamtvarianz in Höhe von 55.1 % sowie Eigenwerten von 5.775; 2.290; 1.557 und 1.394. Der erste der insgesamt vier Problemkomplexe beinhaltet entsprechend der Faktorladungsmatrix in Tabelle 6.18 *strukturell bedingte* Hemmnisse, Unsicherheiten und Überforderungen einer eigenständigen und zielgerichteten Regulierung der Amtsausübung (z.B. Zapf 1999, 20ff.). Die Faktoren 2 und 4 fallen in die Rubrik *zwischenmenschlicher Interaktionen an der eigenen Schule* und betreffen mehr oder minder gravierende Konfliktherde innerhalb oder mit der Lehrer-, Schüler- und Elternschaft. Einen weiteren Belastungsfaktor stellt der subjektive Mangel an Kooperationswillen bzw. faktischer Unterstützung durch einflussreiche oder weisungsberechtigte *Institutionen im Schulumfeld* (z.B. Sachaufwandsträger) dar. Analytisch sind die zugehörigen Subskalen gut zu trennen, wie aus Tabelle 6.19 hervorgeht.

Tabelle 6.19: Kennwerte (Mittelwerte, Standardabweichungen, Cronbachs Alphas) und Interkorrelationen der Skalen zur Erfassung subjektiver Belastungsfaktoren bzw. Problemfelder im Beruf

Skalenbezeichnung	M	SD	α	PRKOLL	MANU	PRSE
Regulationsbehinderungen (REGBEH)	3.96	0.98	.85	.12**	.46**	.39**
Probleme im/mit Kollegium (PRKOLL)	3.24	1.02	.78		.18**	.24**
mangelnde externe Unterstützung (MANU)	3.19	0.98	.74			.33**
Probleme mit Schülern & Eltern (PRSE)	2.95	1.02	.74			

** auf dem Niveau von .01 zweiseitig signifikante Rangkorrelation (Spearmans Rho)
Sechsstufiges Antwortformat (von 1 = „trifft gar nicht zu" bis 6 = „trifft sehr zu")
Die Normalverteilungsannahme wurde mit dem Kolmogorov-Smirnov-Test überprüft und für alle Skalen verworfen.

Weitere *perzipierte Arbeitsplatzmerkmale* wurden dadurch erhoben, dass die Leitungskräfte durch einen handschriftlichen Eintrag von Zahlen zwischen 1 und 7 angeben konnten, in welchem Umfang sie die bereits unter dem Aspekt subjektiver Wichtigkeit beurteilten Sachverhalte (z.B. Aufstiegsmöglichkeiten oder Kontakt zu anderen Menschen; s. Tabelle 6.5) in ihrem gegenwärtigen Einsatzfeld auch *verwirklicht* sehen. Dabei bedeutet 1: „Diesen Aspekt sehe ich im Beruf des Schulleiters gar nicht verwirklicht" und 7: „Diesen Aspekt sehe ich im Beruf des Schulleiters sehr verwirklicht". Auf diese Weise können Soll-Vorstellungen bzw. subjektive Ansprüche an das Berufsleben mit Urteilen über die wahrgenommene Berufsrealität, also die vorgefundene „Ist"-Ausprägung einzelner Merkmale, kontrastiert werden. Allerdings ließ sich die in Tabelle 6.5 berichtete Faktorenstruktur beruflicher Wertorientierungen (auf Basis der Wichtigkeitsratings) für die Einschätzungen ihrer *Realisierung* im Leitungsamt nicht replizieren. Zur Überprüfung der zu diesem Untersuchungsbereich aufgestellten Hypothesen werden deshalb die vierzehn *Einzelitems* herangezogen.

7 Empirische Befunde

Die Darstellung der empirischen Befunde gliedert sich analog der in Kapitel 6 aufgezeigten Analysebereiche in sechs Teilkapitel. Ihnen vorangestellt sind kurze Erläuterungen zu denjenigen statistischen Verfahren, die bei der Prüfung von Unterschieds- und Zusammenhangshypothesen auf Basis der Statistiksoftware SPSS *wiederholt* zum Einsatz kommen. Dabei sollen Anwendungsvoraussetzungen dieser Verfahren sowie Interpretationshilfen für die hiermit ermittelten Kennwerte berichtet werden. Weitere Verfahren werden *unmittelbar vor ihrer Durchführung* im jeweils zugehörigen Teilkapitel diskutiert.

7.1 Häufige Analysemethoden und Richtwerte für die Ergebnisbeurteilung

Einfache Zusammenhangshypothesen werden mithilfe von *Produkt-Moment-Korrelationen* nach *Pearson* überprüft, sofern beide Variablen in der Stichprobe normalverteilt sind (Bortz 2005, 204). Auf Zusammenhangsmaße, die auf Rangwerten basieren (hier: Spearmans Rho), wird hingegen bei allen nicht-normalverteilten Variablen zurückgegriffen (Brosius 2004, 528ff.). Soweit in Kapitel 6 *gerichtete Hypothesen* über potenzielle Zusammenhänge formuliert wurden, finden *einseitige Signifikanztests* Verwendung (ebd., 527; Bortz 2005, 116f.).

Regressionsanalysen eignen sich besonders für Zwecke der *Ursachenergründung* und der *Wirkungsprognose*, wenn die abhängige Variable metrisch skaliert ist (Backhaus et al. 2006, 45ff.). Ab einer Stichprobengröße von n > 40 erweist sich dieses Verfahren als robust gegen etwaige Verletzungen der Normalverteilungsannahme (ebd., 93). Die Regressionsfunktion wird im Anschluss an eine theoriegeleitete Modellformulierung entsprechend des *KQ-Kriteriums*, d.h. durch Minimierung der Summe der quadrierten Residuen, geschätzt. Die *standardisierten* Regressionskoeffizienten können hierbei als Maß der relativen Einflussstärke einzelner Prädiktoren herangezogen werden, soweit die zugehörigen t-Werte signifikant ausfallen. Zur globalen Prüfung der Regressionsfunktion wird der korrigierte *Determinationskoeffizient R^2* herangezogen, welcher die Anpassungsgüte der Regressionsfunktion an die empirische Punkteverteilung quantifiziert. F-Statistik und Standardfehler der Schätzung geben Aufschluss über die Generalisierbarkeit und den mittleren Fehler des aufgestellten

Modells (ebd. 63ff.). Damit im Zuge der KQ-Methode die gewünschten *best linear unbiased estimators* ermittelt werden, müssen verschiedene Prämissen erfüllt sein (ebd., 78ff.):

- *Homoskedastizität, Unkorreliertheit und Normalverteilung der Residuen*,
- *keine perfekte Multikollinearität der Regressoren.*

Angesichts der Komplexität einiger der hier zu untersuchenden Wirkungsgefüge ist die Gefahr einer unvollständigen Regressionsfunktion *(Underfitting)* und damit die Wahrscheinlichkeit *verzerrter* Schätzer für die Regressionskoeffizienten als gering einzustufen. Es droht jedoch das gegenteilige Phänomen des *Overfitting* mit der Folge *ineffizienter* Schätzer, deren Varianz nicht mehr minimal ist (Backhaus et al. 2006, 84f.). Mit zunehmender Prädiktorenanzahl erhöht sich nämlich zum einen die Wahrscheinlichkeit, dass einzelne, theoretisch gut verankerte Einflussfaktoren statistisch unbedeutend erscheinen bzw. ihre Wirkung nicht präzise errechnet werden kann; zum anderen können auch solche Variablen irrtümlicherweise als signifikant deklariert werden, deren Korrelation mit der Kriteriumsvariable nur zufällig zustande kam. Um die Abhängigkeit der Schätzung einzelner Regressoreneffekte von den Effekten anderer Regressoren zu kontrollieren, werden deshalb *hierarchische* Regressionsanalysen berechnet (Urban & Mayerl 2008, 310ff.). Die Analyse erfolgt hierbei in mehreren Stufen, auf denen verschiedene Regressionsschätzungen vorgenommen werden. Jede Schätzung nimmt zusätzlich zu den auf der vorangegangenen Stufe berücksichtigten Variablen weitere Variablen in einer durch den Forscher festgelegten Reihenfolge auf. Mithilfe dieses sequentiellen Vorgehens kann beurteilt werden, ob die Wirkungen bestimmter Einflussfaktoren stabil bleiben oder modifiziert werden, wenn weitere Erklärungsgrößen in das Modell integriert werden. Um die Ausschöpfungsgrade der einzelnen Modellschätzungen miteinander vergleichen zu können, d.h. um Differenzen zwischen den Erklärungsleistungen verschiedener Regressionsfunktionen inferenzstatistisch abzusichern, wird anhand des F-Tests überprüft, welche *Zuwächse* in den Determinationskoeffizienten durch die Aufnahme zusätzlicher Prädiktoren erzielt werden. Soweit theoretische Vorüberlegungen *moderierende Einflüsse* bestimmter Merkmalsausprägungen auf die Wirkungsintensität anderer unabhängiger Variablen nahe legen, fließen diese in Form von *Interaktionstermen* in eine Stufe der hierarchischen Regressionen ein (ebd.; 294ff.; Müller 2007, 247ff.). Ist begründet davon auszugehen, dass sich bestimmte Prädiktoreneffekte *vollständig oder in Teilen vermittelt* über dritte Variablen entfalten, werden ergänzende

Mediatoranalysen nach der *Causal-Steps-Methode* durchgeführt (Müller 2007, 254ff.; Urban & Mayerl 2008, 308ff.). Zur Überprüfung von Unterschiedshypothesen in zwei unverbundenen Gruppen findet bei gegebener Normalverteilung der abhängigen Variablen der *t-Test für unabhängige Stichproben* Verwendung (Bortz & Döring 2003, 530f.; Brosius 2004, 483ff.). Anhand der statistischen Verteilungstabelle des t-Wertes lässt sich bestimmen, mit welcher Wahrscheinlichkeit die beobachtete Mittelwertdifferenz infolge von Zufallseinflüssen in den gezogenen Stichproben auftreten kann, wenn die Mittelwerte in den Grundgesamtheiten tatsächlich identisch sind. Ergänzend wird die Varianzhomogenität in den Gruppen anhand des *Levene-Tests* geprüft, um im Falle einer Verletzung dieser Voraussetzung auf den konservativeren *separate-variance t-Tests* anstelle des üblichen *pooled-variance t-Tests* ausweichen zu können (Brosius 2004, 488). In dieser Studie wird die Annahme gleicher Varianzen nur dann beibehalten, wenn die Fehlerwahrscheinlichkeit bei ihrer Zurückweisung mindestens 10 % beträgt (ebd., 489). Die Überprüfung dieser Voraussetzung ist auch insofern entscheidungsrelevant, da Abweichungen der Rohwerteverteilung von der Normalverteilung die Präzision des t-Tests selbst bei unterschiedlichen Stichprobenumfängen nicht beeinträchtigt, solange zumindest die Varianzen der Stichproben gleich sind (Bortz 2005, 141). Kann dagegen weder von normalverteilten abhängigen Variablen noch von einer Varianzgleichheit der Gruppen ausgegangen werden, kommt der *Mann-Whitney-U-Test* zum Einsatz, welcher mit Rangwerten operiert (s. hierzu Brosius 2004, 861ff.).

Ein Vergleich der Mittelwerte von mehr als zwei unverbundenen Gruppen erfolgt mithilfe der *einfaktoriellen Varianzanalyse*, soweit die Normalverteilungsannahme erfüllt ist. Mit diesem Verfahren lässt sich der Einfluss einer unabhängigen Variablen mit mehr als zwei Ausprägungen auf die Variation in den Werten einer metrischen abhängigen Variablen bestimmen (Brosius 2004, 501ff.; Bortz 2005, 490ff.; Backhaus et al. 2006, 122ff.). Dabei wird die totale Quadratsumme als Gesamtvarianz aller Messwerte additiv in die Quadratsumme zwischen den Faktorstufen QSZ (Streuung der Gruppenmittelwerte um den Mittelwert der Gesamtstichprobe) und die Quadratsumme innerhalb der Faktorstufen QSI (Streuung der Variablenwerte einer Gruppe um den jeweiligen Gruppenmittelwert) zerlegt. Eine geringe QSI bei hoher QSZ nährt die Vermutung, dass die beobachteten Unterschiede zwischen den Vergleichsgruppen nicht zufällig, sondern aus den in der Grundgesamtheit bestehenden Gruppendifferenzen entstanden sind. Weisen die Vergleichsgruppen dabei heterogene Varianzen auf, kann anstelle der regulären F-Statistik eine robuste, asymptotisch F-verteilte Statistik gemäß des Verfahrens von *Welch* angefordert werden (Brosius 2004, 517). Wenn sich der beobachtete Wert unter der realen Bedingung identischer Populationsmittelwerte nur mit ausreichend geringer Wahrscheinlichkeit ergeben kann, ist die Nullhypothese zu verwerfen. Die dann als gültig akzeptierte Alternativhypothese postuliert allerdings lediglich einen Faktoreinfluss derart, dass sich mindestens zwei, nicht aber zwingend alle Mittelwerte der Fallgruppen unterscheiden. Deshalb werden im Rahmen *multipler Vergleichstests zwischen den Faktorstufen* solche Einzelgruppen zu homogenen Untergruppen gebündelt, deren durchschnittliche Ausprägungen in der abhängigen Variablen auf einem 5 %-α-Fehlerniveau nicht voneinander abweichen. Für entsprechende Post-hoc-Vergleiche wird bei gegebener Varianzhomogenität der Gruppen der *Scheffé-Test,* bei Varianzheterogenität der *Tamhane-T2-Test* angesetzt, die beide konservative Schätzungen vornehmen (Brosius 2004, 514; Bortz 2005, 274).

In Analysebereichen, in denen weder normalverteilte Variablen noch gleiche Zellbesetzungen vorliegen, wird anstelle der einfaktoriellen Varianzanalyse der verteilungsfreie *Kruskal-Wallis-Test* gerechnet. Hierbei wird eine gemeinsame Rangfolge der Beobachtungswerte sämtlicher Vergleichsgruppen erstellt, um auf dieser Basis die Nullhypothese identischer Rangzahlen in den Gruppen zu prüfen (Brosius 2004, 866ff.). Anschließende paarweise Vergleiche bedienen sich unter diesen Voraussetzungen des *Sidak-Verfahrens,* welches eine besonders strenge Korrektur des angesetzten Signfikanzniveaus vornimmt (ebd., 513).

Abgesehen von der *Sidak-Korrektur* werden in der vorliegenden Arbeit überprüfte Nullhypothesen generell dann verworfen, wenn diese Entscheidung mit einer Irrtumswahrscheinlichkeit von höchstens 5 % belastet ist. Bei Unterschreiten des α-Fehlerniveaus von 0.05 kann man einer gängigen Konvention folgend von einem *signifikanten* Ergebnis, bei Unterschreiten des Schwellenwertes von 0.01 von einem *sehr oder höchst signifikanten* Ergebnis sprechen (Bortz 2005, 113f.). Die tabellarischen Aufbereitungen der empirischen Befunde enthalten diese Fehlerwahrscheinlichkeiten – abhängig vom verfügbaren Platz für die Darstellung – entweder in einer gesonderten Spalte unter exakter Angabe des p-Wertes oder aber als Symbol neben der jeweils relevanten Prüfgröße. Dabei werden Irrtumswahrscheinlichkeiten von $p < 5\%$ durch *, Irrtumswahrscheinlichkeiten von $p < 1\%$ durch ** markiert. Soweit auch Multigruppenvergleiche durchgeführt wurden, werden diese in einer separaten Zeile oder Spalte ergänzend zu den globalen Prüfergebnissen berichtet.

Um Aussagen über die *praktische Bedeutsamkeit* statistisch signifikanter Merkmalsbeziehungen bzw. Gruppendifferenzen treffen zu können, werden zudem verschiedene Effektstärkenmaße ausgewiesen (Bortz 2005, 119ff. und 469; Rost 2005, 172f.). Der *Korrelationskoeffizient r* als quantifizierte Enge eines linearen Zusammenhangs zwischen zwei Variablen stellt definitionsgemäß bereits ein solches Effektstärkenmaß dar. Zur Bewertung der Anpassungsgüte einer Regressionsgleichung an die Beobachtungsdaten kann der *Determinationskoeffizient* R^2 herangezogen werden, welcher denjenigen Anteil der gesamten Kriteriumsvarianz beziffert, der auf die Prädiktoren zurückgeht. Bei multiplen Regressionsschätzungen wird ein *korrigiertes Bestimmtheitsmaß* verwendet, um zufällig bedingte Erklärungsanteile zu eliminieren (Backhaus et al. 2006, 63f.). Diese Korrekturgröße steigt mit zunehmender Zahl der Regressoren und abnehmender Zahl der Freiheitsgrade.

Beim Zwei-Gruppen-Vergleich kann die praktische Relevanz von Mittelwertunterschieden anhand des *Differenzwertes d* – hier errechnet durch Division der Mittelwertdifferenz durch die gemittelte Standardabweichung beider Gruppen – beurteilt werden. Werden hingegen mehrere Gruppen simultan verglichen, findet das standardisierte Effektstärkenmaß *Eta-Quadrat (η^2)* Verwendung. An seiner Höhe ist abzulesen, welcher Varianzanteil der abhängigen Variablen aufgrund der Kenntnis der Gruppenzugehörigkeit erklärbar ist. Welche Schwellenwerte die genannten Parameter jeweils erreichen müssen, um kleine, mittlere oder große Effekte zu diagnostizieren, fasst Tabelle 7.1 zusammen.

Tabelle 7.1: Richtwerte für die Beurteilung der verwendeten Effektstärkenmaße

Effektstärkenmaß	kleiner Effekt	mittlerer Effekt	großer Effekt	Quelle
Korrelationskoeffizient r	ab r = .10	ab r = .25	ab r = .50	Rost 2005, 173
Mittelwertdifferenz d	ab d = .20	ab d = .50	ab d = .80	Rost 2005, 173
Anteil erklärter Varianz η^2	ab η^2 = .01	ab η^2 = .06	ab η^2 = .14	Bortz 2005, 259
Bestimmtheitsmaß R^2	ab R^2 = .02	ab R^2 = .13	ab R^2 = .26	Bortz 2005, 464

7.2 Kollektive Sichtweisen auf das Anforderungsprofil des Amtes und die Leitungspraxis

In Abschnitt 6.2 wurde einleitend die Frage aufgeworfen, welche Sichtweisen auf das berufliche Anforderungsprofil und dessen Bewältigung im Schulalltag innerhalb der „Definitionsgemeinschaft" der Schulleiter *mehrheitlich konsentiert* sind. Zudem wurde in Aussicht gestellt, Annahmen über das aufgrund vorgängiger Studien zu erwartende *generelle Beanspruchungsniveau* dieser Berufsgruppe zu überprüfen.

7.2.1 Berufstypische Belastungsfaktoren und dominante Handlungsstrategien bei der Führung einer Schule

Als H 1a wurde zunächst die Erwartung formuliert, dass sich Schulleiter mehrheitlich von diversen *Regulationsbehinderungen* der Amtsausübung stärker belastet fühlen als von anderen potenziellen Problemquellen ihres Betätigungsfeldes. Eine Inspektion der deskriptiven Kennwerte der Skalen zur Erfassung *subjektiver Belastungsfaktoren* (Tabelle 6.19) lässt erkennen, dass diese Vermutung für den Personenkreis der Befragungsteilnehmer zutrifft. Die Kategorie regulatorischer Hemmnisse, Unsicherheiten und Überforderungen rangiert mit einer Ausprägungshöhe von M = 3.96 (SD = 0.98) auf der sechsstufigen Antwortskala an erster Stelle, wohingegen alle anderen Belastungskategorien jeweils Durchschnittswerte unterhalb des theoretischen Skalenmittels erreichen.

Eine Möglichkeit, diesen augenscheinlichen Befund für die Grundgesamtheit zu generalisieren, bietet der verteilungsunabhängige *Friedman-Test für mehrere verbundene Stichproben,* mit dem sich die Ausprägungen unterschiedlicher Variablen bei denselben Objekten analysieren lassen (Brosius 2004, 874ff.). Für die Werte der Testvariablen eines jeden Objektes wird zu diesem Zweck eine Rangordnung erstellt, um anschließend die mittleren Rangzahlen der Variablen zu berechnen. Mithilfe eines annähernd χ^2-verteilten Testwertes wird sodann die Signifikanz für die Nullhypothese, wonach die verglichenen Stichproben derselben Grundgesamtheit entstammen, ermittelt.

Mit einem χ^2 in Höhe von 497.434 (df = 3; n = 861) liegt die Irrtumswahrscheinlichkeit für die Zurückweisung der Nullhypothese bei 0 %, so dass davon ausgegangen werden kann, dass die errechnete Rangfolge in der gesamten Berufsgruppe gültig ist. Als mittlere Ränge ergeben sich dabei: *Regulationsbehinderungen* (3.29); *Probleme im/mit dem Kollegium* (2.43); *mangelnde externe Unterstützung* (2.30); *Pro-*

bleme mit Schülern & Eltern (1.98). Diese Abstufung bestätigt die Annahme, dass schulische Leitungskräfte verschiedenen potenziellen Belastungsfaktoren unterschiedliche *Stressrelevanzen* beimessen. Erwartungskonform stufen sie dabei strukturell bedingte Restriktionen einer eigenständigen und zielgerichteten Handlungsregulation bei der Amtsausübung mehrheitlich als bedeutsamste Belastungsursache ein. Probleme in der Interaktion mit Eltern und im Sozialverhalten der Schüler erfahren die Leitungskräfte dagegen – zumindest in der Durchschnittsbetrachtung – als marginal und damit wenig stressträchtig. Berücksichtigt man allerdings zusätzlich die hohen Standardabweichungen der zugehörigen Skalen aus Tabelle 6.19, ist auch zu konstatieren, dass gerade die Beurteilung *zwischenmenschlicher Problemfelder* innerhalb bzw. mit den verschiedenen Mitgliedern der Schulgemeinschaft bei Weitem nicht einmütig ausfällt.

Auf der Grundlage einiger konvergenter Befunde der Schulleitungsforschung wurde weiterhin als *H 1b* eine Annahme über die konativen Kernelemente einer *Berufskultur* schulischer Leitungspersonen und damit über vermutete Teilaspekte eines *gemeinsamen* Berufsverständnisses formuliert. Demnach sollten die Mitglieder dieser Berufssparte den wahrgenommenen Anforderungen ihres Amtes bevorzugt mit direkten und dialogischen, d.h. interpersonellen Führungshandlungen begegnen. Diese Art der Auftragsausgestaltung wurde unter der Skalenbezeichnung *Kommunikation und Koordination* erfasst. Allerdings lässt bereits ein Blick auf die in Tabelle 6.8 aufbereiteten Skalenkennwerte Zweifel an der Gültigkeit dieser These aufkommen. Die Mittelwerte der hier erfassten Handlungsdimensionen liegen durchweg oberhalb des theoretischen Skalenmittels von M = 3.50 und werden von der Kategorie *Förderung des Schulklimas*, die außerdem ein recht homogenes Antwortmuster aufweist, angeführt (M = 4.84; SD = 0.57). Aufgrund der Ergebnisse des *Friedman-Tests* muss *H 1b* verworfen werden. Zwar kann auch für die Skalen der Handlungsdimensionen die Nullhypothese, wonach die verglichenen Stichprobenwerte derselben Grundgesamtheit entstammen, mit einer Irrtumswahrscheinlichkeit von 0 % eindeutig zurückgewiesen werden (χ^2 = 990.724; df = 5; n = 861), so dass durchaus von kollektiv geteilten Sichtweisen auf Schwerpunkte und Nebenaspekte schulleitenden Agierens im Arbeitsalltag gesprochen werden kann. Dennoch jedoch liegen Maßnahmen der interpersonellen Führung entgegen der Forschungsannahme in der Abfolge der mittleren Rangwerte nicht an erster, sondern *an vierter* Stelle. Konkret ergibt sich folgende Reihung: *Förderung des Schulklimas* (4.56); *mikropolitisches Agieren* (4.18); *distributive Führung* (4.02); *Kommunikation & Koordination* (3.03); *Unterrichtsentwicklung* (2.94); *Effizienz & Service* (2.26).

Im Rückgriff auf eine Unterscheidung generischer Kategorien der sozialen Einflussnahme einer Führungsperson nach Wunderer (2003, 5ff.) kann damit festgestellt werden, dass die überwiegende Mehrheit schulischer Führungskräfte den *strukturell-systemischen Weg* eines gestalterischen Einwirkens auf die Interaktionsqualität der Schulmitglieder und die eine Schulgemeinschaft prägenden Werte und Überzeugungen gegenüber dem *personal-interaktiven Weg* vielfältiger dyadischer Absprachen, spontaner Interventionen und Informationsverteilungsprozesse bevorzugt. Allerdings kommt der *Person des Schulleiters* auch im Rahmen einer Beeinflussung des Organisationsklimas eine gewichtige Bedeutung zu, da sie im eigenen Auftreten gegenüber Lehrkräften, Schülern und Eltern sichtbar, vorbildlich und konsistent ihre Leitideen eines gemeinsamen Lernens und Arbeitens demonstrieren muss (z.B. Bonsen 2003, 178ff.; Rosenbusch 2005, 161f.; Dubs 2006, 150ff.).

7.2.2 Generelle Beanspruchungsreaktionen und -folgen

Da bisherige Befunde zur Beanspruchung im schulischen Leitungsamt auf ein moderates Belastungserleben und überwiegend positive Zufriedenheitsbilanzen schließen lassen, wurde dieses „günstige" Niveau beruflicher Beanspruchungsreaktionen und -folgen auch für die vorliegende Studie postuliert. Mit Blick auf die Kennwerte der jeweils sechsstufigen Skalen zur *globalen* Zufriedenheit bzw. Belastung in den Tabellen 6.10 und 6.12 kann diese Annahme zunächst als *zutreffend für die Stichprobe* eingestuft werden: Hypothesenkonform bewegt sich das durchschnittliche *Zufriedenheitsniveau* mit einem Wert von M = 4.70 (SD = 0.84) weit oberhalb des theoretischen Skalenmittels *(H 1c)*, während das durchschnittliche *Belastungserleben* mit einem Wert von M = 3.67 (SD = 0.94) *nicht* das obere Skalendrittel erreicht *(H 1d)*.

Um auszuloten, ob die bei den Befragungsteilnehmern gemessenen Ausprägungen mit hinreichender statistischer Sicherheit auf die zugrunde liegende Schulleitungspopulation verallgemeinert werden können, wird im Falle der normalverteilten Skala *globale Belastung* der t-Test *für eine* Stichprobe (Brosius 2004, 493ff.; Bortz 2005, 136f.) verwendet. Dieser schätzt anhand der Stichprobenergebnisse und der bekannten t-Verteilung, mit welcher Wahrscheinlichkeit das arithmetische Mittel einer Variablen in der Grundgesamtheit einen vorgegebenen Testwert über- oder unterschreitet. Entsprechend *H 1c* wird im vorliegenden Anwendungsfall der Testwert auf 4.00 festgelegt. Aus Tabelle 7.2 ist ersichtlich, dass das subjektive Belastungsniveau in der Grundgesamtheit bei einem tolerierten Fehlerniveau von 5 % signifikant von diesem Testwert abweicht. Das 95 %-Konfidenzintervall engt vielmehr den Schwankungsbereich des generellen Belastungsempfindens in der Berufssparte der Schulleiter auf Werte zwischen M = 3.61 und M = 3.73 ein.

Tabelle 7.2: Ergebnisse des Ein-Stichproben-t-Tests für das generelle Niveau des Belastungserlebens (n = 861)

	Beobachteter Mittelwert 3.67 Testwert 4.00		(SD = 0.94; Standardfehler .03)			
					95 %-Konfidenzintervall	
	t	df	p (zweiseitig)	mittlere Differenz	Untergrenze	Obergrenze
globale Belastung	- 10.313	860	.00	-.33	-.39	-.27

Für die *Gesamtskala der beruflichen Zufriedenheit* muss auf die nonparametrische Alternative des *Binomialtests* zurückgegriffen werden, der bei dichotomen Variablen überprüft, ob die beobachteten Häufigkeiten mit exogen vorgegebenen Häufigkeitserwartungen vereinbar sind (Brosius 2004, 851ff.). Gemäß *H 1d* werden entlang des Trennwertes von 3,50 im Sinne eines Mediansplits zwei Vergleichsgruppen gebildet. Geprüft wird folglich die Nullhypothese, in der Grundgesamtheit seien die beiden Gruppen von Leitungskräften mit globalen Zufriedenheitswerten von M ≤ 3,5 sowie M > 3,5 zu gleichen Anteilen vertreten (Tabelle 7.3).

Tabelle 7.3: Ergebnisse des Binomialtests für die berufliche Zufriedenheit (Gesamtskala; Trennwert 3.50)

Niveau der globalen Zufriedenheit	N	beobachteter Anteil	Testanteil	Asymptotische Signifikanz (zweiseitig)
Gruppe 1 (≤ 3.50)	95	11 %	50 %	.00
Gruppe 2 (> 3.50)	766	89 %	50 %	
Gesamt	861	100 %		

Aufgrund der hohen Irrtumswahrscheinlichkeit bei einer Zurückweisung kann die getestete Nullhypothese verworfen werden. Die bei den Befragungsteilnehmern gemessenen hohen durchschnittlichen Zufriedenheitswerte sind demzufolge nicht zufällig zustande gekommen, sondern dürften sich in ähnlicher Form auch in der gesamten Berufssparte wiederfinden. Erneut offenbart jedoch der Blick auf die deskriptiven Kennwerte in den Tabellen 6.10 und 6.12, dass die psychischen Beanspruchungsreaktionen und -folgen im Leitungsamt losgelöst von diesen aggregierten Werten erheblichen Schwankungen unterliegt.

Worin derartige berufsständische Binnenvariationen gründen, soll in den folgenden Abschnitten beleuchtet werden. Dabei werden zunächst verschiedene Modalitäten des beruflichen Selbstverständnisses analysiert.

7.3 Identifikation und Charakterisierung beruflicher Subkulturen

Gemäß *H 2a* sollten in einer typologischen Betrachtung homogene Gruppen schulischer Leitungskräfte aufgefunden werden, die sich in der subjektiven Gewichtung generischer Rollensegmente systematisch unterscheiden (s. auch Warwas 2009). Um dabei solche Gruppen zu ermitteln, die bei größtmöglicher externer Unterschiedlichkeit jeweils intern eine ähnliche Eigenschaftsstruktur aufweisen, werden clusteranalytische Verfahren eingesetzt. Diese Verfahren nehmen Objektzuordnungen auf Grundlage eines Bündels von Klassifikationsmerkmalen unter Beachtung des Verlaufs bestimmter Heterogenitätsmaße vor (Bacher 2001; Backhaus et al. 2006, 490ff.).

Zum Zwecke einer ersten Sondierung der Datenlage wurden zunächst 300 zufällig aus der Gesamtstichprobe ausgewählte Fälle einer hierarchisch-agglomerativen Clusteranalyse nach dem *Ward-Algorithmus* über die drei *standardisierten Faktorwerte* der erhobenen Rollensegmente *Leadership, Primus inter Pares* und *Administration* (s. Tabelle 6.3) unterzogen[1]. Mit diesem Algorithmus werden regelmäßig gute Partitionen gefunden und die „wahren" Objektzuordnungen auf Basis des Varianzkriteriums treffsicher reproduziert (Backhaus et al. 2006, 528f.). Der Verlauf der Fehlerquadratsummen verzeichnete den stärksten Heterogenitätszuwachs beim Übergang von der 5- zur 4-Clusterlösung, was die Bildung von 5 Gruppen nahelegt. Mit dem Ziel, deren interne Homogenität zu maximieren, schloss sich in der Gesamtstichprobe eine *iterativ-partitionierende Clusterzentrenanalyse* nach dem *k-means-Algorithmus* an (Bacher 2001, 73ff.). Sie wurde mithilfe der QUICK CLUSTER-Prozedur der Statistiksoftware SPSS durchgeführt. Auch hier bildet die Fehlerquadratsumme die Maßeinheit zur Beurteilung der Homo- bzw. Heterogenität: Für eine vorab defi-

---

[1] Die standardisierten Faktorwerte wurden anstelle der Rohwerte bzw. Ursprungsskalen herangezogen, weil ihnen weniger zufällige Messfehler anhaften, auf die clusteranalytische Prozeduren sensibel reagieren. Eine auf Faktorwerten beruhende Analyse liefert deshalb in deutlich geringerem Umfang durch Zufallsfehler verzerrte Ergebnisse (Bacher 2001, 77).

nierte Clusterzahl k werden deren jeweilige Mittelwerte in den betrachteten Klassifikationsvariablen iterativ so bestimmt, dass die Streuungsquadratsumme innerhalb der Gruppen minimal wird, ergo die Objekte eines Clusters nur geringfügig von dessen Zentrum abweichen. Damit im Zuge dieser Sortierung die größtmögliche Konvergenz erzielt wird, wurden die SPSS-Voreinstellungen geändert (Bacher 2001, 73f.)[1].

Die Güte der 5-Clusterlösung wurde unter verschiedenen Gesichtspunkten evaluiert (Bacher 2001, 74ff.; s. auch Lehr et al. 2008, 7ff.):

- die teststatistische Absicherung der *Clusterzahl* (hierzu Abschnitt 7.3.1);
- die auf Basis der theoretischen Diskussionen und der empirischen Befunde der Schulleitungsforschung *inhaltlich sinnvolle Interpretierbarkeit* der Leitungstypen bzw. beruflichen Subkulturen (ebenfalls Abschnitt 7.3.1);
- die Prüfung der *Reliabilität* der festgelegten Clusterlösung unter veränderten Startwertkonfigurationen, im Rahmen von Doppelkreuzvalidierungen und Mustervergleichen in Teilstichproben sowie anhand von diskriminanzanalytischen Zuordnungsprognosen der Objekte (Abschnitt 7.3.2);
- die *Validierung* der Clusterlösung an verschiedenen Außenkriterien, zu denen im sechsten Kapitel Hypothesen formuliert wurden (Abschnitte 7.3.3 und 7.4 sowie 7.6).

7.3.1 Clusteranalytische Bestimmung von Leitungstypen

Bacher (2001, 78ff.) diskutiert drei Teststatistiken, welche die Entscheidung über die Clusterzahl unterstützen: „In den meisten Fällen ermöglichen diese zwar keine eindeutige Festlegung der Clusterzahl, sie schränken aber die Zahl der aus formalen Gesichtspunkten *zulässigen* Clusterlösungen ein" (ebd., 74; Herv. J.W.). Weiterführende Schritte zur Evaluation der Lösungsgüte sind deshalb unentbehrlich.

---

1 Zur iterativen Berechnung einer vorgegebenen Zahl von k Clustern ermittelt SPSS eine *Startpartition,* bei der k Objekte als Clusterzentren derart definiert werden, dass sie maximal voneinander entfernt liegen. Diese Startkonfiguration wird sodann durch Neuzuordnungen der Objekte sukzessive verbessert. Die Iterationsschritte brechen ab, sobald eine vorgegebene Höchstzahl überschritten wird oder die maximale Änderung in den Clusterzentren in zwei aufeinander folgenden Schritten einen bestimmten Schwellenwert unterschreitet. Diese *Abbruchkriterien* wurden wie folgt abgewandelt: „maximale Iterationszahl = 100" *(statt 10),* „Schwellenwert = 0.0001 * kleinste Distanz zwischen den Startclusterzentren" *(statt 0.02).*

Den Empfehlungen von Bacher (2001) folgend wurden auf Basis einer manuell programmierten Syntax nacheinander zehn Clusterlösungen über die standardisierten Faktorwerte der drei Rollensegmente mit der QUICK CLUSTER-Prozedur berechnet und dabei für jedes Objekt dessen euklidische Distanz zum Clusterzentrum zwischengespeichert. Die entstandenen Variablen wurden sodann quadriert und über die betrachteten Objekte aufsummiert, um die Fehlerstreuungsquadratsummen zu erhalten. Den Verlauf der so ermittelten Streuungsquadratsummen in den einzelnen Clustern (dd1 - dd10) zeigt Tabelle 7.4.

Tabelle 7.4: Fehlerstreuungsquadratsummen für zehn Clusterlösungen im Rahmen der teststatistischen Absicherung der 5-Clusterlösung

dd1	dd2	dd3	dd4	dd5	dd6	dd7	dd8	dd9	dd10
2580.00	2052.80	1594.66	1311.15	1153.36	1021.22	938.69	869.46	811.12	758.73

Schließlich wurde eine Datenmatrix generiert, welche neben der Fallzahl die eben genannten Fehlerquadratsummen beinhaltet. Sie diente zur Berechnung der entscheidungsrelevanten Testgrößen mithilfe der nun darzustellenden Formeln.

Zuerst wurden die durch k Cluster *erklärten Streuungen* bestimmt ($ETA_k^2 = 1 - dd_k / dd_1$). Als Faustregel gilt, die zu wählende Clusterzahl an derjenigen Stelle festzumachen, an der eine nachfolgende Clusterlösung (k+1) keine „wesentlichen" Verbesserungen an erklärter Streuung mehr erbringt. Wie Tabelle 7.5 zu entnehmen ist, liegen die Zunahmen der erklärten Streuung bis zum vierten Cluster jeweils über 10 % und fällt nach dem fünften Cluster auf bzw. unter 5 %.

Tabelle 7.5: Verlauf der erklärten Streuung in zehn Clusterlösungen

ETA_1^2	ETA_2^2	ETA_3^2	ETA_4^2	ETA_5^2	ETA_6^2	ETA_7^2	ETA_8^2	ETA_9^2	ETA_{10}^2
nicht def.	.20	.38	.49	.55	.60	.64	.66	.69	.71

Eine Inspektion des zugehörigen *Screeplots* lässt allerdings keinen eindeutigen Knickpunkt erkennen, nach dem die Streuungskurve annähernd parallel zur X-Achse mit der dort abgetragenen Clusterzahl verläuft (Abbildung 7.1). Immerhin ist auszumachen, dass die Kurve nach dem fünften Cluster merklich abflacht.

7.3 Identifikation und Charakterisierung beruflicher Subkulturen

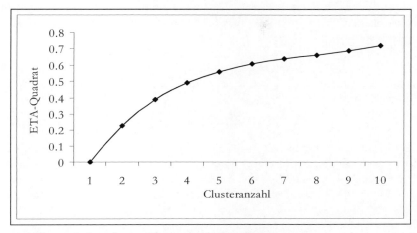

Abbildung 7.1: Screeplot zur Bestimmung der Clusterzahl

Eine zweite Entscheidungshilfe bietet der *proportional reduction of error-Koeffizient,* definiert als die durch k Cluster erzielte relative Fehlerreduktion gegenüber der jeweils vorgängigen Lösung, und formal notiert als $PRE_k = 1 - dd_k / dd_{k-1}$. Es ist zu prüfen, ab welcher Clusterlösung ein deutlicher Abfall dieses Koeffizienten zu verzeichnen ist, mithin die nachfolgende Lösung nur noch eine relativ unbedeutende Fehlerreduktion erzielt. Für den vorliegenden Anwendungsfall zeigt Tabelle 7.6, dass der PRE_k-Wert beim Übergang von der 4- zur 5-Clusterlösung markant einbricht, was für die Bildung von vier Gruppen spricht.

Tabelle 7.6: Verlauf des proportional reduction of error-Koeffizienten in zehn Clusterlösungen

PRE_1	PRE_2	PRE_3	PRE_4	PRE_5	PRE_6	PRE_7	PRE_8	PRE_9	PRE_{10}
nicht def.	.20	.22	.18	.12	.11	.08	.07	.07	06

Der dritte Prüfgröße bildet die *F-MAX-Statistik,* die das Verhältnis von erklärter zur nicht erklärten Streuung in allen zehn Clusterlösungen ausweist, wobei $FMAX_k = ((dd_1 - dd_k) / (k-1)) / (dd_k / (n - k))$. Als Faustregel gilt, diejenige Clusterzahl zu wählen, die den größten F-Wert besitzt. Gemäß Tabelle 7.7 handelt es sich dabei erneut um die 4-Clusterlösung; angesichts des Gesamtniveaus der (jeweils dreistelligen) Kennwerte ließen sich allerdings auch eine 3- sowie eine 5-Clusterlösung rechtfertigen.

Tabelle 7.7: F-MAX-Statistiken für zehn Clusterlösungen

$FMAX_1$	$FMAX_2$	$FMAX_3$	$FMAX_4$	$FMAX_5$	$FMAX_6$	$FMAX_7$	$FMAX_8$	$FMAX_9$	$FMAX_{10}$
nicht def.	221	265	276	265	261	249	240	232	227

In der Gesamtbetrachtung aller Teststatistiken, d.h. aus einer formalen Warte, erscheint damit die 4-Clusterlösung als vorzugswürdig, die 5-Clusterlösung als akzeptabel. Letztlich gab das Kriterium der sinnvollen *Interpretierbarkeit* auf der Folie theoretischer Vorüberlegungen und bestehender empirischer Befunde (Kapitel 2 und 5) den Ausschlag für eine Binnendifferenzierung von *fünf Leitungstypen* innerhalb des Berufsstandes schulischer Leitungskräfte: „Eine Clusterlösung sollte auf jeden Fall inhaltlich interpretierbar sein, d.h. allen Clustern müssen inhaltlich und theoretisch sinnvolle Namen gegeben werden können. (...) Sind für eine bestimmte Clusterlösung die formalen Kriterien erfüllt, ist sie aber nicht interpretierbar, so ist die Lösung unbrauchbar" (Bacher 2001, 83). Darüber hinaus gewährleistet die Unterscheidung von fünf anstelle von vier beruflichen Subkulturen im Zielkonflikt von Handhabbarkeits- und Homogenitätsanforderungen an eine Clusterlösung eine *höhere interne Ähnlichkeit der Objekte* bei einer Anzahl von Gruppen, für die noch aussagekräftige, nachvollziehbare und verbal trennscharfe Benennungen möglich sind (s. hierzu Backhaus et al. 2006, 492).

Abbildung 7.2 veranschaulicht das Endresultat der typologischen Analyse innerhalb des Gesamtdatensatzes. Sie nimmt ferner in Form der integrierten Effektstärkenmaße zentrale Kennwerte der varianzanalytischen Überprüfung von Unterschieden zwischen den subjektiven Rollengewichtungen der Leitungstypen auf Basis ihrer jeweiligen Skalenmittelwerte vorweg (s. hierzu ausführlich Tabelle 7.8). Aufgrund der erheblichen praktischen Bedeutsamkeit dieser Mittelwertdifferenzen können *H 2a* und *H 2c* bestätigt werden.

7.3 Identifikation und Charakterisierung beruflicher Subkulturen

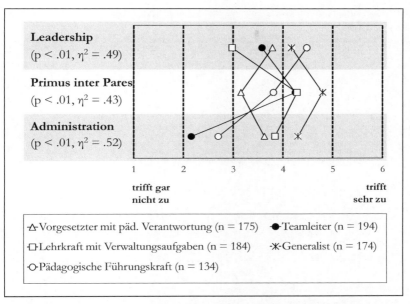

Abbildung 7.2: Grafische Darstellung der empirisch identifizierten Leitungstypen

Weiterhin lässt sich übereinstimmend mit H 2b ein Leitungstyp ausmachen, der in seiner Rollenkonfiguration eine herausgehobene Führungsfunktion tendenziell ablehnt und relativ hierzu kollegialen und administrativen Funktionen einen deutlich höheren Stellenwert einräumt. Es handelt sich um den als *Lehrkraft mit Verwaltungsaufgaben* bezeichneten Typus, der mit n = 184 Personen vertreten ist. Von allen Gruppen misst dieser Typus dem Zuständigkeitsbereich *Leadership* die geringste Bedeutung bei. Stattdessen sehen sich die in diesem Cluster zusammengefassten Personen stark mit der Abwicklung bürokratischer Prozeduren befasst, die ihre gestalterische Einflussnahme auf die Schulqualität blockieren (Skala *Administration*). Ein noch höheres Gewicht besitzen in ihrem beruflichen Selbstverständnis die harmonische Integration in das Kollegium, die Ausübung originär pädagogischer Funktionen und die Wahrung der Nicht-Einmischungsnorm in die Arbeit der anderen, gleichberechtigten Lehrkräfte, wie sie in der Skala *Primus inter Pares* zum Ausdruck kommen.

Tabelle 7.8: Mittelwertunterschiede zwischen den Leitungstypen hinsichtlich der Gewichtung generischer Rollensegmente

Rollensegment	deskriptive Kennwerte der Cluster: M *(SD)*					F	η^2
	I: Vorgesetzter (n = 175)	II: Teamleiter (n = 194)	III: Lehrkraft mit Verwaltungsaufgaben (n = 184)	IV: Generalist (n = 174)	V: Päd. Führungskraft (n = 134)		
Leadership	3.79 *(.51)*	3.58 *(.54)*	2.98 *(.52)*	4.17 *(.46)*	4.46 *(.54)*	198.258**	.49
					III < II < I < IV < V		
Primus inter Pares	3.19 *(.54)*	4.25 *(.71)*	4.28 *(.67)*	4.80 *(.56)*	3.81 *(.60)*	204.824**	.43
					I < V < II, III < IV		
Administration	3.63 *(.84)*	2.16 *(.66)*	3.84 *(.82)*	4.30 *(.75)*	2.70 *(.79)*	262.306**	.52
					II < V < I, III < IV		

F-Werte gemäß des robusten Testverfahrens nach Welch
Multigruppenvergleiche gemäß Tamhane T2 bei signifikanten Ergebnissen der globalen Prüfung
Sechsstufiges Antwortformat (von 1 = „trifft gar nicht zu" bis 6= „trifft sehr zu")

Im scharfen Kontrast hierzu steht die Rollenkonstellierung der mit n = 134 kleinsten Untergruppe des Samples. Diese Leitungspersonen identifizieren sich im Clustervergleich am stärksten mit den Aufgaben der Zielbildung, Steuerung, Motivation und Beratung, die in der Skala *Leadership* erfasst sind. Eine kollegiale Handlungsorientierung nimmt demgegenüber einen deutlich geringeren und zugleich in der Schulleitungspopulation unterdurchschnittlichen Stellenwert ein. Als klar nachrangig werden reaktiv-vollziehende Verwaltungsakte eingestuft. Weil dieser Typus einen Führungsanspruch mit inhaltlicher Richtlinienkompetenz artikuliert und administrative Zuständigkeiten marginalisiert, wird er als *Pädagogische Führungskraft* bezeichnet.

Noch entschiedener als die Pädagogischen Führungskräfte distanzieren sich die Mitglieder einer weiteren beruflichen Subkultur mit n = 194 von der exekutiven Funktion des Behördenvorstandes. Einen zentralen Stellenwert besitzen in ihrer Redefinition des beruflichen Auftrags wiederum die Handlungsprinzipien des Konsenses, der Gleichberechtigung und Eigenverantwortung der Kollegiumsmitglieder.

Im Gegensatz zur Lehrkraft mit Verwaltungsaufgaben, mit der sie diese ausgeprägte kollegiale Grundorientierung teilt (homogene Untergruppe gemäß Tamhane T2-Verfahren), fühlt sie sich aber signifikant stärker für Aufgaben der Zielbildung und Personalführung zuständig. Diese Rollenkonfiguration legt die Vermutung nahe, dass Leitungspersonen dieser Gruppierung eine pädagogische Qualitätsentwicklung nicht wie die Pädagogischen Führungskräfte mit der Steuerungsintensität eines herausragenden Experten und strategischen Visionärs, sondern vielmehr als partnerschaftliche *Teamleiter* betreiben möchten.

Verglichen mit allen anderen Gruppen nimmt der als *Vorgesetzter* bezeichnete Typus (n = 175) das stärkste hierarchische Gefälle wahr und hat sich am weitesten von der Handlungsorientierung seines Ausgangsberufs entfernt, wie den niedrigen Werten auf der Skala *Primus inter Pares* zu entnehmen ist. Aktiv-gestaltende Rolleninhalte im Sinne der *Leadership* und vollziehend-administrative Elemente halten sich in diesem Berufsverständnis mit je stichprobendurchschnittlicher Ausprägungshöhe annähernd die Waage.

Die Auftragsdefinition des *Generalisten* (n = 174) vereint schließlich widersprüchliche Handlungsorientierungen und konfligierende Positionsanforderungen auf durchgängig weit überdurchschnittlichem Niveau. Die in diesem Cluster gebündelten Personen fühlen sich mit Abstand am stärksten den als Autonomie-Paritäts-Muster bekannten beruflichen Handlungsgrundsätzen eines regulären Kollegiumsmitgliedes verpflichtet, beanspruchen jedoch gleichzeitig eine strategische, steuernde und visionäre Führungsposition und stufen außerdem den reaktiven Vollzug gesetzlich-administrativer Regelungen mit minimalem Gestaltungspotenzial als dominanten Zuständigkeitsbereich ein. In Anlehnung an die von Roggenbuck-Jagau (2005) bei Fortbildungsveranstaltungen gemachten Beobachtungen kann beim *Generalisten* wohl von einer beruflichen Teilkultur gesprochen werden, die angesichts ihrer Sandwichposition zwischen unterschiedlichen Anspruchsgruppen und einem diffusen Formalstatus „inkompatible Systemlogiken durch ein inkonsistentes berufliches Selbstverständnis abzufedern und vor sich selbst unkenntlich zu machen" sucht (ebd., 263).

Es kann somit festgehalten werden, dass die obigen, praktisch hoch bedeutsamen Befunde für die Hypothesen *2a* bis *2c* die *interne Validität* der Clusterlösung hinlänglich untermauern. Es bleibt aber zu untersuchen, ob die 5-Clusterlösung auch ausreichend *reliabel* ist, d.h. eine stabile Lösung darstellt, die in Teilstichproben replizierbar und für die Grundgesamtheit schulischer Leitungspersonen verallgemeinerungsfähig ist.

7.3.2 Reliabilität der 5-Clusterlösung

Ein grundlegendes Prinzip der Reliabilitätsprüfung besteht darin, geringfügige Modifikationen in den Durchführungsbedingungen der Clusteranalyse vorzunehmen und mithilfe statistischer Verfahren auszuloten, ob die unter verschiedenen Bedingungen erzeugten Clusterlösungen konvergieren (Bacher 2001, 85). Werden hierzu Kreuztabellierungen angefertigt, kann anhand der Höhe von *Cohens Kappa* beurteilt werden, ob übereinstimmende Werte in der Hauptdiagonalen überzufällig auftreten. Bewegt sich der Koeffizient zwischen $\varkappa = .45$ und $\varkappa = .75$, ist von einer befriedigenden bis guten Übereinstimmung auszugehen; bei Kenngrößen von $\varkappa > .75$ gilt die Übereinstimmung als ausgezeichnet (ebd., 86).

In der vorliegenden Arbeit wurde zuerst evaluiert, ob die QUICK CLUSTER-Prozedur *stabile Clusterzuordnungen unabhängig von der Startwertkonfiguration der Clusterzentren* vornimmt. Zu diesem Zweck wurde die ursprüngliche Clusterlösung auf Basis der von SPSS automatisch generierten Startwerte mit einer zweiten Lösung verglichen, in die eine zufällige Ausgangspartition eingelesen wurde. Für jede Clusterlösung wurden die Clusterzugehörigkeiten der Objekte gespeichert und in einer Kreuztabelle gegenübergestellt. Zwischen der Lösung mit den SPSS-internen Startwerten und derjenigen mit den zufälligen Ausgangswerten ließ sich eine gute Passung von $\varkappa = .72$ erkennen.

Ein zweiter Prüfschritt galt der Generalisierbarkeit der 5-Clusterlösung. Mit der von Bortz (2005, 580ff.) empfohlenen Methode einer Doppelkreuzvalidierung von Objektzuordnungen in solchen Clusterlösungen, die separat in zwei Teilstichproben berechnet werden, lässt sich beurteilen, ob mit der 5-Clusterlösung eine *gegenüber Stichprobeneffekten robuste Gruppierung der Objekte* erfolgt. Die Gesamtstichprobe wurde hierzu per Zufallsauswahl in zwei gleich große Teilmengen (A und B mit je 400 Objekten) gesplittet, die jeweils einer Clusteranalyse unterzogen wurden. Durch eine Zuordnung der Objekte aus A zu den Clustern aus B entstanden die neuen Cluster A*; analog wurden neue Cluster B* erzeugt, indem die Objekte aus B den Clustern aus A zugewiesen wurden. Im Anschluss wurde die Übereinstimmung der Clusterlösungen A und A* sowie B und B* überprüft. Die Tabellen 7.9 und 7.10 enthalten die Ergebnisse.

Tabelle 7.9: Ergebnisse der Doppelkreuzvalidierung der Clusterzuordnungen von Objekten in zwei Teilstichproben (jeweils n = 400) für die Cluster A und A*

		Cluster-Nummer des Falls für die Cluster A*					Gesamt
		Cluster I*	Cluster II*	Cluster III*	Cluster IV*	Cluster V*	
Cluster-Nummer des Falls für die Cluster A	Cluster I	71	1	1	1	21	95
	Cluster II	0	93	14	0	4	111
	Cluster III	3	0	68	9	0	80
	Cluster IV	0	0	0	72	2	74
	Cluster V	0	5	0	0	35	40
Gesamt		74	99	83	82	62	400

Maß der Übereinstimmung: $\varkappa = .81^{**}$
asympt. Standardfehler .022 / näherungsweises t = 31.964

Tabelle 7.10: Ergebnisse der Doppelkreuzvalidierung der Clusterzuordnungen von Objekten in zwei Teilstichproben (jeweils n = 400) für die Cluster B und B*

		Cluster-Nummer des Falls für die Cluster B*					Gesamt
		Cluster I*	Cluster II*	Cluster III*	Cluster IV*	Cluster V*	
Cluster-Nummer des Falls für die Cluster B	Cluster I	70	0	3	0	0	73
	Cluster II	4	87	0	3	8	102
	Cluster III	1	16	67	1	0	85
	Cluster IV	0	0	7	71	0	78
	Cluster V	23	0	0	0	39	62
Gesamt		89	103	77	75	47	400

Maß der Übereinstimmung: $\varkappa = .79^{**}$
asympt. Standardfehler .023 / näherungsweises t = 31.424

In beiden Ergebnisberichten treten nur marginale Abweichungen in den Objektgruppierungen zutage. Nennenswerte Probleme der Fallzuordnung betreffen die Clusterkombinationen I und V* (Tabelle 7.9) sowie analog V und I* (Tabelle 7.10). In der Gesamtbetrachtung sprechen jedoch die standardisierten Übereinstimmungsmaße in Höhe von $\varkappa = .81$ zwischen A und A* sowie $\varkappa = .79$ zwischen B und B* eindeutig für eine Generalisierbarkeit der 5-Clusterlösung.

In einem dritten Schritt wurde die *Musterstabilität in den beiden Teilstichproben* inferenzstatistisch abgesichert (s. hierzu auch Lehr et al. 2008, 9). Von einer reliablen Clusterlösung ist auszugehen, wenn die Ausprägungen der Klassifikationsmerkmale *korrespondierender Leitungstypen* in den gebildeten Objektmengen A und B *nicht* systematisch differieren, mithin die fünf Leitungstypen aus A ähnliche Rollengewichtungen vornehmen wie die ihnen entsprechenden Leitungstypen aus B. Die Cluster beider Teilstichproben wurden deshalb einer multivariaten Varianzanalyse über die drei Rollensegmente mit anschließendem Scheffé-Test unterzogen. Tabelle 7.11 fasst die zur Prüfung der Musterstabilität relevanten Ergebnisse der paarweisen Mittelwertvergleiche zwischen den korrespondierenden Clustern beider Teilstichproben zusammen. Dabei wird für jedes der hier interessierenden fünf Vergleichspaare angegeben, ob die beobachtete Differenz überzufällig ausfällt, d.h. ob der absolute empirische Differenzbetrag über einem kritischen Wert liegt, der für die Ablehnung der Nullhypothese identischer Mittelwerte in der Grundgesamtheit überschritten sein muss ($\overline{Diff_{IA-IB}} > \overline{Diff_{crit.}}$; $\overline{Diff_{IIA-IIB}} > \overline{Diff_{crit.}}$; usw.; s. hierzu Bortz 2005, 274ff.).

Tabelle 7.11: Überprüfung der Mittelwertdifferenzen korrespondierender Cluster in den Teilstichproben A und B durch Post-hoc-Vergleiche (Scheffé) im Zuge multivariater Varianzanalysen

Rollen-segmente	Cluster in den Teilstichproben A (n = 400) und B (n = 400)									
	I_A	I_B	II_A	II_B	III_A	III_B	IV_A	IV_B	V_A	V_B
LEAD	3.69	3.84	3.59	3.72	3.01	3.00	4.23	4.13	4.55	4.72
	$\overline{Diff_{IA-IB}}$ n.s.		$\overline{Diff_{IIA-IIB}}$ n.s.		$\overline{Diff_{IIIA-IIIB}}$ n.s.		$\overline{Diff_{IVA-IVB}}$ n.s.		$\overline{Diff_{VA-VB}}$ n.s.	
PIP	3.16	3.08	4.30	4.29	4.31	4.31	4.72	4.70	**3.98**	**3.62**
	$\overline{Diff_{IA-IB}}$ n.s.		$\overline{Diff_{IIA-IIB}}$ n.s.		$\overline{Diff_{IIIA-IIIB}}$ n.s.		$\overline{Diff_{IVA-IVB}}$ n.s.		**$\overline{Diff_{VA-VB}}$ ***	
AD	3.72	4.01	2.61	2.54	4.17	3.76	4.64	4.77	2.91	3.16
	$\overline{Diff_{IA-IB}}$ n.s.		$\overline{Diff_{IIA-IIB}}$ n.s.		$\overline{Diff_{IIIA-IIIB}}$ n.s.		$\overline{Diff_{IVA-IVB}}$ n.s.		$\overline{Diff_{VA-VB}}$ n.s.	

Auf einem tolerierten α-Fehler-Niveau von 5 % unterscheidet sich lediglich eines der fünf Vergleichspaare in der Gewichtung eines von drei Rollensegmenten signifikant. Es handelt sich hierbei um die Cluster V_A und V_B, die auf der Skala *Primus*

7.3 Identifikation und Charakterisierung beruflicher Subkulturen 235

inter Pares systematisch voneinander abweichende Gewichtungen vornehmen. Alle übrigen Mittelwertdifferenzen zwischen korrespondierenden Clustern in den Objektmengen A und B sind hingegen statistisch unbedeutend. Diese homogenen Untergruppen bezüglich der Klassifikationsmerkmale können als stichhaltiger Beleg für reproduzierbar stabile Rollenkonfigurationen von Leitungstypen im Rahmen einer 5-Clusterlösung gewertet werden[1].

Zuletzt wurde die Güte der 5-Clusterlösung anhand der *diskriminanzanalytischen Klassifikationsrate der Objekte* in den gebildeten Teilstichproben evaluiert (Bortz 2005, 583 und 605ff.). Zu diesem Zweck wurden auf Basis der Faktorwerte in jeder Teilstichprobe separate Diskriminanzfunktionen geschätzt. Sowohl für Teilstichprobe A als auch für Teilstichprobe B ergeben sich drei signifikante Funktionen. In A betragen deren *kanonische Korrelationen* mit der Clusterzugehörigkeit r = .78; r = .73 und r = .71; für alle drei Funktionen ergeben sich dabei Ausprägungen von *Wilks' Lambda* in Höhe von .09**. In B belaufen sich die *kanonischen Korrelationskoeffizienten* auf r = .80; r = .74 und r = .68; *Wilks' Lambda* erreicht erneut für alle drei Funktionen einen Wert von .09**.[2]

Anschließend wurden die Diskriminanzfunktionen aus Teilstichprobe A herangezogen, um anhand der Faktorwerte der Objekte in B deren wahrscheinliche Clusterzugehörigkeit zu prognostizieren. Analog wurde eine Clusterzuordnung der Objekte in A auf Basis der Diskriminanzfunktion aus B vorgenommen. Dabei konnten im ersten Validierungsschritt insgesamt 83.3 % der nicht für die Funktionsberechnung (in A) verwendeten Objekte (aus B) korrekt klassifiziert werden (Cluster I = 95.9 %; Cluster II = 94.1 %; Cluster III = 78.8 %; Cluster IV = 85.9 %; Cluster V = 53.2 %). Im zweiten Validierungsschritt belief sich die korrekte Klassifikationsrate für die Objekte aus A auf Basis der Diskriminanzfunktionen von B auf ins-

---

1   Ergänzend sei darauf verwiesen, dass in den zufällig gebildeten Teilstichproben kompatibel zu den Ergebnissen der Gesamtstichprobe (Tabelle 7.8) die Cluster II_A und II_B zusammen mit den Clustern III_A und III_B eine homogene Untergruppe auf der Skala *Primus Inter Pares* darstellen und die Cluster I_A und I_B zusammen mit den Clustern III_A und III_B eine homogene Untergruppe auf der Skala *Administration* bilden.

2   Die berichteten Gütekriterien sind normierte Größen (s. hierzu Brosius 2004, 751f.), wobei die *kanonischen Korrelationskoeffizienten* Aufschluss über den jeweiligen Erklärungsgehalt der einzelnen Diskriminanzfunktionen geben. Jener gilt als umso besser, je stärker sich r dem Wert von 1 annähert. *Wilks' Lambda* quantifiziert den Streuungsanteil innerhalb der Gruppen an der Gesamtstreuung. Kleine Werte nahe Null legen nahe, dass sich die auf Basis aller geschätzten Funktionen gebildeten Objektgruppen gut voneinander trennen lassen; hohe Ausprägungen nahe 1 deuten hingegen darauf hin, dass sich die Funktionswerte nur geringfügig unterscheiden und eine Diskriminierung der Gruppen kaum gelingt.

gesamt 86.5 % (Cluster I = 72.6 %; Cluster II = 91.0 %; Cluster III = 92.5 %; Cluster IV = 94.6 %; Cluster V = 80.0 %). Die Vorhersagegenauigkeit der Objektzuordnung scheint damit bei Cluster II besonders hoch; Einschränkungen der Prognosegüte müssen zumindest im ersten der beiden Validierungsschritte für das fünfte Cluster festgestellt werden.

In der Summe unterstreichen alle zur Reliabilitätsprüfung angelegten Kriterien – wiederum aus formaler Sicht – die Güte der 5-Clusterlösung. Ob diese Lösung auch als valide gelten kann, muss sich im Zuge der Überprüfung postulierter Zusammenhänge mit diversen Außenkriterien erweisen (s. hierzu auch die Abschnitte 7.4 und 7.6).

7.3.3 Validität der 5-Clusterlösung

Die externe Validität der Typologie sollte sich gemäß H 2d bis H 2f zunächst darin dokumentieren, dass sich die empirisch identifizierten beruflichen Subkulturen systematisch in ihren *Wertorientierungen* und *Selbstwirksamkeitsüberzeugungen* sowie hinsichtlich ihrer *präferierten Handlungsfelder* unterscheiden. Diese Analysen dienen zugleich der Vervollständigung von Beschreibungsmerkmalen divergenter Interpretations- und Gestaltungsmuster des Leitungsamtes, indem ergänzend zu den *kognitiven Modalitäten des beruflichen Selbstverständnisses* (individuelle Konstellierung kontradiktorischer Rollensegmente) auch dessen *affektiv-evaluative sowie konative Modalitäten* beleuchtet werden.

7.3.3.1 Wertorientierungen der Leitungstypen

Für den Untersuchungsbereich subjektiver beruflicher Standards dokumentieren die in Tabelle 7.12 verdichteten varianzanalytischen Vergleiche, dass die „Wertehierarchien" der Leitungstypen annähernd deckungsgleich sind: Anhand der Mittelwerte lässt sich erkennen, dass alle Gruppen der Wertedimension *Entfaltung in einem anerkannten Berufsfeld* (ENTAN) die höchste Priorität einräumen und die Kategorie *Sicherheits- und Freizeitorientierung* (SIFR) auf den letzten Platz verweisen. An zweiter und dritter Position rangieren clusterübergreifend *soziale Verantwortung und Interaktion* (VERIN) sowie *Einkommens- und Karriereambitionen* (EINKAR).

7.3 Identifikation und Charakterisierung beruflicher Subkulturen

Tabelle 7.12: Mittelwertunterschiede zwischen den Leitungstypen hinsichtlich beruflicher Wertorientierungen

Werte-dimension	deskriptive Kennwerte der Cluster: M *(SD)*						
	I: Vor-gesetzter (n = 175)	II: Teamleiter (n = 194)	III: Lehrkraft mit Ver-waltungs-aufgaben (n = 184)	IV: Generalist (n = 174)	V: Päd. Führungs-kraft (n = 134)	χ^2	η^2
VERIN	5.42 *(.85)*	5.50 *(.98)*	5.33 *(.99)*	5.59 *(.91)*	5.59 *(1.00)*	12.706*	.01
ENTAN	6.21 *(.57)*	6.22 *(.58)*	6.11 *(.68)*	6.20 *(.76)*	6.32 *(.62)*	9.194	---
EINKAR	5.32 *(1.06)*	5.17 *(1.01)*	5.16 *(1.06)*	5.25 *(1.61)*	5.37 *(1.04)*	5.238	---
SIFR	4.47 *(1.03)*	4.40 *(1.10)*	4.69 *(1.02)*	4.82 *(1.07)*	4.54 *(1.01)*	18.935**	.02
						I, II < IV	

χ^2-Werte basierend auf dem Kruskal-Wallis-Test
Multigruppenvergleiche gemäß Sidak bei signifikanten Ergebnissen der globalen Prüfung
Siebenstufiges Antwortformat (von 1 = „finde ich im Berufsleben generell gar nicht wichtig" bis 7 = „finde ich im Berufsleben generell sehr wichtig")

Darüber hinaus indizieren erhöhte Standardabweichungen in drei der vier erfassten Wertedimensionen ein heterogenes Antwortverhalten *innerhalb* der beruflichen Subkulturen. Dieses lässt sich dahingehend interpretieren, dass subjektive Ansprüche bzw. wünschenswerte Selbsterfahrungen im Beruf in geringerem Umfang als vermutet unter Leitungskräften mit ähnlicher subjektiver Rollenkonfiguration konsentiert sind und stattdessen in hohem Maße *interindividuell* variieren.

Infolgedessen ergeben sich zwar hypothesenkonform signifikante Abweichungen zwischen den Leitungstypen *(H 2d)*, jedoch betreffen diese nur die Ausprägungshöhe von zwei der vier erfassten Wertedimensionen und besitzen minimale Effektstärken: An eine *soziale Verantwortung und Interaktion* hegen der *Generalist* wie auch die *Pädagogische Führungskraft* tendenziell höhere Ansprüche als die *Lehrkraft mit Verwaltungsaufgaben,* welche sich in ihrer Auftragsdefinition von der Führungsverantwortung distanziert und vielmehr als gleichberechtigter Primus inter Pares begreift. Des Weiteren erscheinen dem *Vorgesetzten* und dem *Teamleiter* eine *sichere Berufsstellung und viele Freizeitoptionen* signifikant unwichtiger als dem *Generalisten.*

7.3.3.2 Selbstwirksamkeitserwartungen der Leitungstypen

Demgegenüber kann die Annahme variierender *Selbstwirksamkeitserwartungen* zwischen den Leitungstypen *(H 2e)* anhand der empirischen Daten auf einem α-Fehler-Niveau von 1 % klar bestätigt werden. Aus Tabelle 7.13 geht hervor, dass sich die Leitungstypen systematisch und praktisch bedeutsam in diesem Teilaspekt ihres beruflichen Selbstverständnisses unterscheiden. Als Indikator der in Abschnitt 5.2 thematisierten Selbstselektion schulischer Akteure im Zuge der Bewerbung auf ein Leitungsamt mag dabei gelten, dass die Ausprägungshöhe der Selbstwirksamkeitserwartungen in keiner der betrachteten Teilgruppen den theoretischen Skalenmittelwert von M = 3.50 unterschreitet und folglich keine Gruppe grundlegend an ihren Fähigkeiten zur Überwindung von Schwierigkeiten in ihrer Handlungsumwelt zweifelt. Dennoch dokumentieren die nach dem strengen Sidak-Verfahren durchgeführten Multigruppenvergleiche, dass die Überzeugung, etwaige Problemlagen aus eigener Kraft lösen zu können, im Cluster der *Pädagogischen Führungskräfte* am höchsten ausgeprägt ist. Auch das Cluster *Lehrkraft mit Verwaltungsaufgaben* weicht deutlich von allen anderen Gruppierungen ab, denn in dieser beruflichen Subkultur finden sich durchschnittlich die geringsten Selbstwirksamkeitserwartungen.

Tabelle 7.13: Mittelwertunterschiede zwischen den Leitungstypen hinsichtlich der Selbstwirksamkeitserwartung

	deskriptive Kennwerte der Cluster: M *(SD)*						
	I: Vorgesetzter (n = 175)	II: Teamleiter (n = 194)	III: Lehrkraft mit Verwaltungsaufgaben (n = 184)	IV: Generalist (n = 174)	V: Päd. Führungskraft (n = 134)	χ^2	η^2
Selbstwirksamkeitsüberzeugung	4.33 *(.64)*	4.45 *(.66)*	4.01 *(.90)*	4.44 *(.69)*	4.70 *(.78)*	61.145**	.08
						III < I, IV, II < V	

χ^2- Werte basierend auf dem Kruskal-Wallis-Test
Multigruppenvergleiche gemäß Sidak bei signifikanten Ergebnissen der globalen Prüfung
Sechsstufiges Antwortformat (von 1 = „stimmt gar nicht" bis 6 = „stimmt voll und ganz")

7.3.3.3 Unterschiede in der Akzentuierung konkreter Handlungsfelder

Auch im Bereich der *konativen* Aspekte des beruflichen Selbstverständnisses kann die Nullhypothese identischer Mittelwerte der fünf Cluster aufgrund der varianzanalytischen Ergebnisse mit äußerst geringer Irrtumswahrscheinlichkeit verworfen werden. Dabei sind über alle sechs erfassten *Handlungsdimensionen* hinweg mittlere, in einer Dimension sogar große Effekte zu verzeichnen (Tabelle 7.14).

Mit ihren Selbstauskünften zu den konkreten Aktivitäten und Maßnahmen der Amtsausübung knüpfen die Leitungstypen konsequent an ihre jeweiligen Rollenkonfigurationen an. Auffallend ist zunächst, dass sich beim *Generalisten* durchgängig weit überdurchschnittliche Ausprägungen in allen erfassten Handlungsfeldern finden. Anhand des Gesamtniveaus und der geringen Amplituden seines Profilverlaufs erhärtet sich die bereits bei der Konstellierung kontradiktorischer Rollensegmente angeklungene Vermutung, dass dieser Typus bemüht ist, *sämtlichen* Anforderungen an das Leitungsamt im Sinne eines in beruflichen Leitbildern transportierten „Allroundgenies" (Languth 2006, 8; s. auch Huber & Schneider 2007, 5) maximal zu entsprechen.

Verglichen mit den anderen Clustern erzielt der *Generalist* dabei vor allem die mit Abstand höchsten Werte im Merkmalsbereich *Kommunikation & Koordination*. Demzufolge ist er intensiver als die übrigen Leitungstypen damit beschäftigt, Informationen zu bündeln und zu verteilen, vielfältige persönliche, auch informelle Absprachen zur Abstimmung arbeitsteiliger Prozesse zu treffen und ein bedarfsgerechtes Krisenmanagement zu betreiben. Weit überdurchschnittlich ist auch sein Engagement bei der Erbringung *dienstleistender und effizienzorientierter Aktivitäten,* die der Entlastung der Lehrkräfte von nicht unmittelbar pädagogischen Aufgaben, dem Schutz eingespielter Arbeitsroutinen und einer soliden Strukturierung des unterrichtlichen Tagesgeschäfts dienen. Ähnlich wie die von Wissinger (1996) untersuchten Leitungskräfte scheint der *Generalist* somit schulinterne Prozesse in hohem Maße um die eigene Person herum zu organisieren, obwohl er zugleich angibt, eine in hohem Maße *distributive Führung* zu betreiben, d.h. Lehrkräfte, Eltern und Schülerschaft intensiv an Entscheidungen und Gestaltungsaufgaben zu beteiligen.

Tabelle 7.14: *Mittelwertunterschiede zwischen den Leitungstypen hinsichtlich der präferierten Handlungsfelder bei der Amtsführung*

Handlungs-dimension	deskriptive Kennwerte der Cluster: M *(SD)*						
	I: Vor-gesetzter (n = 175)	II: Teamleiter (n = 194)	III: Lehrkraft mit Ver-waltungs-aufgaben (n = 184)	IV: Generalist (n = 174)	V: Päd. Führungs-kraft (n = 134)	χ^2	η^2
Kommunikation & Koordination	4.16 *(.63)*	4.21 *(.63)*	4.26 *(.62)*	4.74 *(.50)*	4.38 *(.64)*	94.677**	.11
						I < V < IV	
Förderung des Schulklimas	4.75 *(.55)*	4.76 *(.57)*	4.64 *(.55)*	5.13 *(.45)*	5.00 *(.60)*	93.069**	.10
						I, II, III < V, IV	
Mikropolitisches Agieren	4.72 *(.63)*	4.58 *(.71)*	4.46 *(.68)*	4.98 *(.56)*	5.01 *(.55)*	85.867**	.10
						III < I < IV, V	
Unterrichts-entwicklung	4.34 *(.77)*	4.14 *(.85)*	3.64 *(.80)*	4.48 *(.61)*	4.86 *(.65)*	184.000**	.21
						III < I,II < IV < V	
Effizienz & Service	3.68 *(.73)*	3.84 *(.78)*	4.03 *(.71)*	4.36 *(.67)*	3.99 *(.76)*	81.582**	.09
						I < III, V < IV	
Distributive Führung	4.50 *(.60)*	4.70 *(.56)*	4.53 *(.70)*	4.90 *(.55)*	4.95 *(.54)*	69.034**	.08
						I, III < II < IV, V	

χ^2 - Werte basierend auf dem Kruskal-Wallis-Test
Multigruppenvergleiche gemäß Sidak bei signifikanten Ergebnissen der globalen Prüfung
Sechsstufiges Antwortformat (von 1 = „trifft gar nicht zu" bis 6 = „trifft sehr zu")

Dagegen benennen die im Cluster *Pädagogische Führungskraft* vereinten Leitungspersonen entsprechend ihrer beanspruchten Richtlinienkompetenz bei der pädagogischen Zielformulierung und Qualitätssicherung die *Unterrichtsentwicklung* als ein zentrales Aktionsfeld: Sie widmen sich signifikant stärker als alle anderen Leitungstypen – auch stärker als der *Generalist* – der Erarbeitung eines schuleigenen pädagogischen Gesamtkonzepts gemeinsam mit den Lehrkräften, der Installation fester Arbeitsgruppen, welche mit der Ausarbeitung tragfähiger Unterrichtskonzepte für die einzelnen Fachbereiche befasst sind, sowie regelmäßigen Unterrichtshospitationen zu Zwecken der Qualitätsprüfung. Oberhalb des Clusterdurchschnitts liegen weiterhin *distributive Führungselemente* sowie Maßnahmen zur *Förderung des Schulklimas*, d.h. das Bemühen um eine von gemeinsamen Idealen getragene Schulgemeinschaft, um eine vertrauensbasierte Zusammenarbeit und ein vorbildliches Auftreten der Leitung. Dasselbe gilt aber auch für das *mikropolitische Aktivitätsniveau* der Schulleitung. Der geschickte Umgang mit informellen Meinungsführern, Mitläufern und Opponenten, das Knüpfen von Netzwerken, eine strategische Verhandlungsführung und andere taktische Manöver sind offenbar wesentlicher Bestandteil des (selbstberichteten) Handlungsrepertoires dieser Führungskräfte. Von nachrangiger Bedeutung erscheinen demgegenüber Elemente der direkten, interpersonellen *Kommunikation & Koordination* sowie der Erbringung von *Dienstleistungen* im operativen Schulbetrieb; das Engagement der Pädagogischen Führungskräfte in diesen beiden Handlungsdimensionen erreicht im Clustervergleich ein durchschnittliches Niveau.

Die mit Abstand niedrigsten Werte bei der *Unterrichtsentwicklung* werden in der Gruppierung *Lehrkraft mit Verwaltungsaufgaben* verzeichnet. Gemessen am Aktivitätsniveau in diesem Handlungsfeld setzen sich die betreffenden Leitungspersonen intensiver dafür ein, das Kollegium durch eine gelungene Unterrichtsorganisation zu unterstützen, eingespielte Abläufe nicht durch ein Übermaß an Neuerungen zu gefährden und einen reibungslosen Schulbetrieb unter sorgsamer Abwägung von Aufwand und Nutzen der hier stattfindenden Arbeitsprozesse zu gewährleisten. Diese im Clustervergleich einzigartige Relationierung von Handlungsdimensionen *(Unterrichtsentwicklung < Effizienz & Service)* erinnert an die von Bonsen, Iglhaut, Pfeiffer und von der Gathen (2002, 67f.) beschriebene Konzentration schulleitenden Handelns auf *unterrichtsverwaltende* Funktionen. Dagegen bewegt sich in den Handlungsfeldern *Kommunikation & Koordination* sowie *Förderung des Schulklimas* das Engagement der *Lehrkräfte mit Verwaltungsaufgaben* um den jeweiligen Stichprobendurchschnitt. Korrespondierend mit der inhaltlichen Nähe der Rollenkonfiguration dieses Clusters zum Autonomie-Paritäts-Muster wenden die *Lehrkräfte mit Verwal-*

tungsaufgaben jedoch *mikropolitische Handlungsmanöver* zur Durchsetzung individueller oder gesamtschulischer Interessen wie auch Elemente einer *distributiven Führung* signifikant seltener an als die meisten anderen Leitungstypen.

Auch beim *Vorgesetzten* ist die bewusste *Teilung von Führungsverantwortung* durch eine aktive Einbindung von Kollegiumsmitgliedern, Schülern und Eltern nicht so stark ausgeprägt wie bei den restlichen Clustern. Weil der *Vorgesetzten-Typus* außerdem die niedrigsten Ausprägungen sowohl im Bereich der zeitnahen und dyadischen *Kommunikation & Koordination* als auch im operativen Bereich *Effizienz & Service* besitzt, liegt die Vermutung nahe, dass sich in dieser Zurückhaltung nicht etwa ein Handlungsgrundsatz der Nicht-Einmischung in die Arbeit gleichberechtigter Kollegen konkretisiert, sondern vielmehr das im Rollenhaushalt dieser Gruppierung auffällige hierarchische Gefälle Bahn bricht. Konsistent mit einer im Clustervergleich überdurchschnittlichen, wenn auch nicht herausragenden Verantwortungsübernahme für die pädagogische Zielformulierung und Qualitätsentwicklung (Skala *Leadership*) gehen weiterhin *unterrichtsentwickelnde* Impulse in höherem Maße vom *Vorgesetzten-Typus* aus als vom *Lehrkräfte-Typus* und tendenziell auch vom *Teamleiter-Typus;* sie erreichen aber nicht das Niveau der *Pädagogischen Führungskraft*.

Das Handlungsprofil des *Teamleiters,* in dessen Rollenhaushalt eine kollegial-egalitäre Orientierung vorherrscht – allerdings kombiniert mit einer durchschnittlichen Betonung des *Leadership*-Segments und einer dezidierten Zurückweisung der Rolle des ausführenden Behördenvorstandes – nimmt schließlich im Clustervergleich eine Art Zwischenstellung ein: Ähnlich wie das *Lehrkräfte-Cluster* dosiert der *Teamleiter mikropolitische* Taktiken sparsamer als die übrigen Leitungstypen; wie das Vorgesetzten-Cluster gibt er sich vergleichsweise zurückhaltend im Handlungsfeld *Effizienz & Service.* Ferner engagiert er sich in den Bereichen der *Unterrichtsentwicklung* sowie der *Förderung des Schulklimas* auf einem Niveau, das zwar höher liegt als dasjenige der *Lehrkraft mit Verwaltungsaufgaben,* jedoch niedriger als dasjenige des *Generalisten* und der *Pädagogischen Führungskraft. Distributive Führungselemente* sind signifikant stärker ausgeprägt als in den Gruppierungen der *Vorgesetzten* und *Lehrkräfte mit Verwaltungsaufgaben,* reichen aber wiederum nicht an die beim *Generalisten* und der *Pädagogischen Führungskraft* gemessenen Werte heran.

7.3.4 Zwischenfazit zu den Differenzierungsmerkmalen beruflicher Subkulturen im schulischen Leitungsamt

An dieser Stelle kann festgehalten werden, dass sich im Zuge cluster- und varianzanalytischer Auswertungen fünf Leitungstypen klassifizieren lassen, die sich in praktisch bedeutsamem Umfang vor allem in den *kognitiven und den konativen Modalitäten ihres beruflichen Selbstverständnisses* unterscheiden. Diese Leitungstypen setzen je spezifische Akzente bei der Definition ihres beruflichen Auftrags (individuelle Konstellierung widerstreitender Rollensegmente) wie auch bei dessen Umsetzung (Dosierung konkreter Handlungsstrategien). Lediglich die Gruppierung der *Generalisten* scheint bemüht, *sämtlichen* mit der Leitungsposition assoziierten Zuständigkeitsbereichen und Verhaltensanforderungen umfassend und auf je höchstmöglichem Niveau gerecht zu werden. In ihrem Handlungsprofil fällt auf, dass sie stärker als alle anderen Leitungstypen im Sinne einer personifizierten Schaltzentrale zahlreiche Informationsflüsse, Arbeitsvorgänge und Problemfälle des alltäglichen Schulbetriebs dirigieren und zudem dienstleistende Aktivitäten betonen, welche eine reibungslose Abwicklung des operativen Geschäfts gewährleisten. Der *Teamleiter* weist hingegen das Rollensegment des Behördenvorstandes weit von sich und möchte schulische Entwicklungsaufgaben durch gemeinschaftliche Anstrengungen der Schulgemeinschaft bewerkstelligen. Passend hierzu übt er gerade in denjenigen Handlungsfeldern, die primär eine routinierte Bewerkstelligung des Alltagsgeschäfts, aber auch ein mikropolitisches Taktieren beinhalten, eine vergleichsweise starke Zurückhaltung. Zudem lässt sich ein als *Lehrkraft mit Verwaltungsaufgaben* bezeichneter Typus identifizieren, dessen Sichtweise auf das berufliche Aufgabenspektrum dem in früheren Befragungsstudien skizzierten Primus inter Pares mit administrativen Zusatzfunktionen ähnelt. Diese Gruppe distanziert sich von den für Führungspositionen typischen Steuerungs-, Zielbildungs- und Integrationsfunktionen, die wiederum vom Cluster der *Pädagogischen Führungskräfte* stark betont werden. Infolgedessen markieren Leitungsaktivitäten im Rahmen einer systematischen und schulweiten *Unterrichtsentwicklung* diejenige Handlungsdimension, welche die beruflichen Subkulturen am stärksten separiert, wobei von der *Lehrkraft mit Verwaltungsaufgaben* unterrichtsentwickelnde Impulse nur rudimentär ausgehen, während die *Pädagogische Führungskraft* dieses Handlungsfeld als einen wesentlichen Schwerpunkt ihrer Arbeit einstuft.

Substanzielle Unterschiede zwischen den Leitungstypen treten darüber hinaus in den *affektiv-evaluativen Modalitäten ihres beruflichen Selbstverständnisses* zutage. Sie manifestieren sich vorrangig in divergierenden *Selbstwirksamkeitserwartungen,* wobei erneut die *Pädagogischen Führungskräfte* die höchsten und die *Lehrkräfte mit Verwaltungsaufgaben* die niedrigsten Ausprägungen besitzen. Auch dieser Befund lässt sich mit Blick auf die der Typenbildung zugrunde liegenden Klassifikationsmerkmale konsistent interpretieren: Zum einen erscheint es plausibel, dass eine starke Identifikation mit der exponierten Stellung des mitreißenden Visionärs, welche das Cluster *Pädagogische Führungskraft* auszeichnet, nur dann erfolgt, wenn die Person von ihren Fähigkeiten zur erfolgreichen Überwindung möglicher Widerstände und Hemmnisse in ihrem Handlungsumfeld zutiefst überzeugt ist. Zum anderen kann vermutet werden, dass die für die *Lehrkraft mit Verwaltungsaufgaben* charakteristische Ablehnung der *Leadership*-Rolle bei gleichzeitiger Betonung der harmonischen Integration in den Kollegenkreis und einer starken Befassung mit administrativ-ausführenden Funktionen *nicht nur* einer reflektierten Auslegung der beruflichen Aufgaben entspringt, sondern *auch* einer eher moderaten Einschätzung prospektiver Bewältigungskapazitäten geschuldet ist (s. auch Wirries 1983, 17; Harazd et al. 2009, 67f.).

Obwohl sich zudem in den *beruflichen Wertorientierungen* der Cluster signifikante Mittelwertdifferenzen nachweisen lassen, besitzen diese aber nur sehr geringe Effektstärken. Darüber hinaus zeigt sich, dass die fünf Leitungstypen nicht etwa qualitativ andersartige Prioritäten oder gar inhaltlich gegensätzliche Ansprüche an das Berufsleben artikulieren, sondern lediglich Niveauunterschiede in den hier erfassten Wertkategorien bei einem ansonsten kongruenten Wertekanon aufweisen. Mögliche Ursachen dieses erwartungswidrigen Befundes werden unter dem Gesichtspunkt methodischer Limitationen in Abschnitt 8.3 erörtert. Die folgenden Auswertungen widmen sich hingegen der Frage, ob und in welchem Ausmaß die charakteristischen Merkmalskombinationen der Leitungstypen *kontingente* Interpretations- und Gestaltungsvarianten des Leitungsamtes darstellen, also von bestimmten personalen oder situativen Bedingungsgrößen systematisch beeinflusst sind.

7.4 Kontingenzen beruflicher Identitätskonstruktionen von Schulleitern

Gemäß der Hypothesen H *3a bis* H *3k* ist zu prüfen, inwieweit berufsbezogene Sichtweisen *kontextgebunden, erfahrungsabhängig, ressourcenbedingt oder geschlechtsspezifisch* variieren. Je nach Erkenntnislage der Schulleitungsforschung werden dabei entweder die typologischen Einheiten oder aber einzelne Dimensionen des beruflichen Selbstverständnisses betrachtet. Die Wahl der inferenzstatistischen Verfahren fällt in diesem Untersuchungsbereich auf Korrelationsanalysen, einfaktorielle Varianzanalysen und χ^2-Tests. In der Ergebnisdarstellung werden die Kennzahlen der χ^2-

Tests um die Angabe eines gegenüber der Stichprobengröße unempfindlichen, normierten Kontingenzkoeffizienten C ergänzt (s. hierzu Brosius 2004, 432f.), dessen Effektstärke analog zu derjenigen des Korrelationskoeffizienten r bewertet wird (s. Tabelle 7.1).

7.4.1 Die Bedeutung des lokalen Handlungsumfeldes

Erwartet wird, dass eine Priorisierung kollegialer und administrativer Rolleninhalte gegenüber organisations- und mitarbeiterbezogenen Führungsaufgaben vorrangig *an kleinen Schulen* sowie im *volksschulischen Bereich*, d.h. an Grund- und Hauptschulen, vorzufinden ist *(H 3a)*. Übertragen auf die in dieser Studie unterschiedenen Leitungstypen müsste bei Gültigkeit der Forschungshypothese somit die Gruppierung *Lehrkraft mit Verwaltungsaufgaben* in den genannten organisationalen Settings häufiger anzutreffen sein als in anderen.

Die durchgeführten Clustervergleiche fallen höchst signifikant und hypothesenkonform aus (s. hierzu auch Warwas 2009). Sie erreichen für die *schulartabhängige Auftretenshäufigkeit* der Leitungstypen (χ^2 = 51.528**; n = 842; df = 12; C = .24**) sowie für die an der Schülerzahl gemessenen *Schulgrößenunterschiede* aber nur kleine Effektstärken (F = 5.459**; η^2 = .03).

Der nachstehenden Kreuztabellierung (7.15) ist zu entnehmen, dass knapp die Hälfte der im Cluster *Lehrkraft mit Verwaltungsaufgaben* gebündelten Personen an Grund- und Hauptschulen arbeitet. An berufsbildenden Schulen, Realschulen und Gymnasien finden sich hingegen nur zwischen 16 % und 18 % derjenigen Leitungspersonen, die ihren beruflichen Auftrag im Sinne eines Primus inter Pares mit administrativen Zusatzfunktionen definieren. Ein ähnliches Verteilungsmuster ist bei den *Generalisten* erkennbar. Leitungskräfte dieses Typs sind ebenfalls nahezu hälftig an *Volksschulen* vertreten. Leichte schulartspezifische Differenzen lassen sich weiterhin in der Verteilung des *Teamleiter*-Clusters ausmachen: Nur knapp 19 % der Schulleiter mit dieser Rollenkonfiguration entfallen auf den berufsbildenden Bereich; im allgemeinbildenden Sektor liegt ihr Anteil zwischen 25 % (an Realschulen) und 30 % (an Volksschulen). Die Sichtweise des *Vorgesetzten* stellt an den Realschulen eine Ausnahmeerscheinung dar (14 %). Demgegenüber fällt die Verteilung des Clusters *Pädagogische Führungskraft* deutlich homogener aus: Mitglieder dieser beruflichen Subkultur sind in einem Schwankungsbereich von 21 % bis 28 % in allen betrachteten Schularten vertreten, wobei der Spitzenwert an Gymnasien erreicht wird.

Tabelle 7.15: Kreuztabellierung der beobachteten und erwarteten Verteilungen von Leitungstypen und Schularten

Leitungstypen		Schularten			
		Volksschulen	Berufliche Schulen	Gymnasien	Realschulen
Vorgesetzter	Anzahl	52	44	52	24
	Erwartete Anzahl	62.5	34.7	39.8	34.9
	% von Cluster	30.2 %	25.6 %	30.2 %	14.0 %
Teamleiter	Anzahl	56	35	49	47
	Erwartete Anzahl	68.0	37.8	43.3	38.0
	% von Cluster	29.9 %	18.7 %	26.2 %	25.1 %
Lehrkraft mit Verwaltungsaufgaben	Anzahl	89	30	29	33
	Erwartete Anzahl	65.8	36.5	41.9	36.8
	% von Cluster	49.2 %	16.6 %	16.0 %	18.2 %
Generalist	Anzahl	80	28	28	35
	Erwartete Anzahl	62.1	34.5	39.6	34.7
	% von Cluster	46.8 %	16.4 %	16.4 %	20.5 %
Pädagogische Führungskraft	Anzahl	29	33	37	32
	Erwartete Anzahl	47.6	26.4	30.3	26.6
	% von Cluster	22.1 %	25.2 %	28.2 %	21.4 %

Die Schätzung der erwarteten Werte erfolgte anhand der Größen der jeweiligen Referenzklassen.

Bei der varianzanalytischen Detailanalyse *schulgrößenspezifischer* Effekte bilden entsprechend der *Scheffé-Prozedur* die *Pädagogische Führungskraft* zusammen mit dem *Vorgesetzten* eine homogene Untergruppe, an deren Schulen die Schülerzahl um durchschnittlich 200 Personen höher liegt (M = 858 bzw. 876) als an denjenigen des *Generalisten* und der *Lehrkraft mit Verwaltungsaufgaben* (M = 645 bzw. 676). Der Leitungstyp *Teamleiter* ist an Schulen mit durchschnittlich 721 Schülern tätig und lässt sich keiner der beiden Untergruppen eindeutig zuordnen.

Eine zu Illustrationszwecken angefertigte Kreuztabelle (7.16), in welcher die Schulgröße in vier disjunkte Klassen eingeteilt wurde, lässt erkennen, dass beinahe ein Drittel der im *Lehrkraft mit Verwaltungsaufgaben*-Cluster gebündelten Personen an kleinen Schulen mit maximal 360 Schülern tätig sind. Nur 16 % der Leitungspersonen dieses Typs stehen sehr großen Schulen mit mehr als 950 Schülern vor.

Tabelle 7.16: Kreuztabellierung der beobachteten und erwarteten Verteilungen von Leitungstypen und Schulgrößenkategorien

Leitungstypen		Schulgröße (klassiert)			
		≤ 360 Schüler (klein)	361 - 600 Schüler (mittel)	601 - 950 Schüler (groß)	> 950 Schüler (sehr groß)
Vorgesetzter	Anzahl	27	44	46	55
	Erwartete Anzahl	44.6	43.6	42.3	41.5
	% von Cluster	15.7 %	25.6 %	26.7 %	32.0 %
Teamleiter	Anzahl	50	44	51	46
	Erwartete Anzahl	49.5	48.4	47.0	46.1
	% von Cluster	26.2 %	23.0 %	26.7 %	24.1 %
Lehrkraft mit Verwaltungsaufgaben	Anzahl	57	53	43	29
	Erwartete Anzahl	47.2	46.1	44.8	43.3
	% von Cluster	31.3 %	29.1 %	23.6 %	15.9 %
Generalist	Anzahl	59	40	34	34
	Erwartete Anzahl	43.3	42.3	41.1	40.3
	% von Cluster	35.3 %	24.0 %	20.4 %	20.4 %
Pädagogische Führungskraft	Anzahl	26	33	34	40
	Erwartete Anzahl	34.5	33.7	32.7	32.1
	% von Cluster	19.5 %	24.8 %	25.6 %	30.1 %

Die Schätzung der erwarteten Werte erfolgte anhand der Größen der jeweiligen Referenzklassen.

Auch Leitungspersonen des Typs *Generalist* sind an kleinen Schulen deutlich häufiger anzutreffen (35 % des Clusters) als an großen oder sehr großen Schulen (jeweils

20 %). Das umgekehrte Verteilungsverhältnis zeichnet sich jedoch in den Gruppierungen der *Pädagogischen Führungskräfte* und der *Vorgesetzten* ab. Beide Rollenkonfigurationen sind an kleinen Schulen deutlich seltener vertreten (20 % bzw. 16 % des jeweiligen Clusters) als an sehr großen Schulen (30 % bzw. 32 %). Weitgehend unabhängig von Variationen der Organisationsgröße bleibt dagegen die Auftretenshäufigkeit der beruflichen Subkultur des *Teamleiters*.

Ergänzende *dimensionale* Analysen sollen nun Aufschluss über Bedingungsgrößen geben, die *einzelne* Elemente des beruflichen Selbstverständnisses prägen. Auf der Grundlage vorgängiger Studien ist etwa anzunehmen, dass mit zunehmender Schulgröße *generell* führungsbetonte Rollenaspekte wie auch hierarchische und funktionale Differenzierungen zwischen Schulleitung und Kollegium stärker akzentuiert werden *(H 3b* und *H 3d)*. Zudem können an großen Schulen häufigere mikropolitische Handlungsstrategien vermutet werden als an kleinen Schulen *(H 3f)*. Die Korrelationskoeffizienten, die sich zwischen der Schulgröße und den betrachteten Teilaspekten beruflicher Identitätskonstruktionen ergeben, fasst Tabelle 7.17 zusammen.

Tabelle 7.17: Produkt-Moment- bzw. Rangkorrelationen zwischen Rollensegmenten bzw. Handlungsdimensionen einerseits und der Schulgröße andererseits (n = 845)

	Schülerzahl
Leadership	.04
Primus inter Pares	-.22**
Administration	-.11**
Kommunikation & Koordination	-.12**
Förderung des Schulklimas	-.13**
Mikropolitisches Agieren	.02
Unterrichtsentwicklung	.19**
Effizienz & Service	-.06*
Distributive Führung	-.06*

Für die normalverteilten Rollensegmente (LEAD, PIP, AD) wurden Produkt-Moment-Korrelationen berechnet, für die Handlungsdimensionen verteilungsfreie Rangkorrelationen (Spearmans Rho).

Weder *H 3b* noch *H 3f* finden eine Bestätigung im Datenmaterial dieser Studie. Stattdessen legen die korrelativen Befunde nahe, dass ausgerechnet die subjektive Gewichtung des Rollensegments *Leadership* sowie die Anwendungsintensität *mikropolitischer Aktivitäten* gänzlich *unabhängig* von der Organisationsgröße sind. Die zugehörigen Streudiagramme enthalten auch keine Hinweise auf glocken- oder u-förmige Beziehungsmuster. Signifikante Zusammenhänge auf dem 1 % -Niveau ergeben sich zum einen für die Rollensegmente *Primus Inter Pares* und *Administration,* zum anderen für die Handlungsdimensionen *Kommunikation & Koordination, Förderung des Schulklimas* sowie *Unterrichtsentwicklung,* wenn auch deren praktische Bedeutsamkeit durchweg als gering eingestuft werden muss.

Übereinstimmend mit den Erwartungen aus *H 3d* lässt das *negative Vorzeichen* für die kollegialen Rolleninhalte erkennen, dass sich das Autonomie-Paritäts-Muster in den beruflichen Identitätsentwürfen schulischer Führungspersonen mit zunehmender Größe der geleiteten Institution und damit wachsender Leitungsspanne abschwächt. Auch die administrativen Rolleninhalte korrelieren *negativ* mit der Schulgröße, wofür sich plausible Erklärungen anführen lassen. Offenkundig gestattet es ein mit steigenden Schülerzahlen zwangsläufig anwachsendes Kontingent an Sekretariats- und spezialisierten Funktionsstellen der Leitungskraft, anfallende Verwaltungsaufgaben in größerem Umfang zu delegieren sowie die Informations- und Abstimmungserfordernisse im täglichen Schulbetrieb über Multiplikatoren sowie mithilfe formalisierter, struktureller Führungsinstrumente zu bewerkstelligen (s. hierzu Becker & Buchen 2001). Allerdings lässt die *Höhe* der Korrelationskoeffizienten lediglich an die Organisationsgröße gekoppelte Akzentverschiebungen statt fundamentale Verschiebungen im Leitungshandeln vermuten. Gestützt wird diese Vermutung durch den Befund, dass sich in der selbstberichteten *distributiven Führungspraxis* keine bedeutsamen Zusammenhänge mit der Schulgröße finden lassen. Die bloße Existenz einer umfänglichen Schulgemeinschaft mit einer nominell hohen Anzahl an Funktionsstelleninhabern stellt offenbar keine hinreichende Voraussetzung dafür dar, dass Führungspersonen in höherem Umfang als an kleinen Schulen Führungsverantwortung bewusst teilen.

Ein möglicher Grund für die *negative Beziehung* zwischen der Organisationsgröße und der *Förderung des Schulklimas* mag darin liegen, dass diese Dimension schulleitenden Handelns nicht unerheblich auf der Visibilität und dem beispielhaften Auftreten der Leitungsperson basiert (s. Tabelle 6.8). Mit einer zwangsläufig abnehmenden Kontakthäufigkeit zu den einzelnen Schulmitgliedern in großen Organisationen verringern sich für die Leitungsperson nicht nur die fallbezogenen, dyadischen *Kommunikationsanlässe und Koordinationserfordernisse*, sondern auch die situativen Gelegenheiten, ihre eigenen, ideellen Leitlinien der Zusammenarbeit in Worten und Taten zu demonstrieren. Allerdings fallen auch die in diesen Handlungsfeldern gemessenen Zusammenhänge mit der Schulgröße eher lose aus.

Des Weiteren zeigt sich ein höchst signifikanter, wenn auch erneut nur schwach positiver Zusammenhang zwischen den *unterrichtsentwickelnden* Impulsen der Leitung und der Schulgröße. In vorgängigen Studien wurde bereits vermutet, Leitungspersonen an großen Schulen besäßen infolge ihres geringeren Unterrichtsdeputats mehr zeitliche Freiräume für Aktivitäten, die der pädagogischen Qualitätssicherung und -verbesserung auf der Organisationsebene dienten (z.B. Werle 2001, 281 ff.; Rosenbusch et al. 2006, 96f.). Diese Annahme erhärtet sich, wenn man *partielle Korrelationsanalysen* zwischen der Höhe der *Unterrichtsverpflichtung der Leitungskraft* und dem Einsatz *unterrichtsentwickelnder Impulse* berechnet, in denen die Schülerzahl auspartialisiert wird. Der Korrelationskoeffizient nullter Ordnung ohne Kontrollvariable beläuft sich dabei zunächst auf r = -.23**. Wird die Schulgröße kontrolliert, verringert sich zwar die Stärke, nicht aber die Richtung des gemessenen Zusammenhangs auf r = -.16**. Werden hingegen *Schulgröße* und *Unterrichtsentwicklung* miteinander korreliert und dabei die Höhe des Unterrichtsdeputats der Schulleitung auspartialisiert, lassen sich keine signifikanten Zusammenhänge mehr erkennen.

In den Hypothesen *H 3c* und *H 3e* wurden für die subjektiven Gewichtungen der Rollensegmente *Leadership* und *Primus inter Pares* auch *schulartabhängige* Unterschiede behauptet. An berufsbildenden Schulen sollten führungsbetonte Rolleninhalte stärker, kollegiale Rolleninhalte hingegen schwächer ausgeprägt sein als an allgemeinbildenden Schulen. Die varianzanalytische Überprüfung der Mittelwertdifferenzen zwischen allen vier in dieser Studie betrachteten Schulartkategorien lässt signifikante Unterschiede auf dem 1 %-Niveau mit mittlerer Effektstärke allerdings nur für die Rollensegmente *Primus inter Pares* und *Administration* erkennen (Tabelle 7.18). Das Rollensegment *Leadership* erhält zwar an den beruflichen Schulen erwartungsgemäß die die höchste Gewichtung, jedoch handelt es sich hierbei um einen auf die Stichprobe begrenzten Befund.

Den anschließenden Post hoc-Tests ist zu entnehmen, dass die Schulleiter im berufsbildenden Sektor bei der Gewichtung kollegialer Rolleninhalte zwar überzufällig von denjenigen an Volks- und Realschulen, nicht aber von denjenigen an Gymnasien abweichen. Des Weiteren wird die Funktion des ausführenden, weisungsgebundenen Behördenvorstandes im Volksschulbereich markant stärker betont als an allen anderen Schularten.

Tabelle 7.18: Schulartspezifische Unterschiede hinsichtlich der Gewichtung einzelner Rollensegmente

Rollensegment	deskriptive Kennwerte in den Schularten: M *(SD)*				F	η^2
	Volks-schulen (n = 306)	Berufliche Schulen (n = 170)	Gymnasien (n = 195)	Realschulen (n = 171)		
Leadership	3.70 *(.76)*	3.82 *(.69)*	3.75 *(.67)*	3.78 *(.72)*	1.039	---
Primus inter Pares	4.29 *(.81)*	3.88 *(.81)*	3.84 *(.83)*	4.18 *(.77)*	17.259**	.06
					IV, I < III, II	
Administration	3.70 *(1.13)*	3.21 *(1.03)*	3.06 *(1.06)*	3.19 *(1.05)*	16.802**	.06
					III, IV, II < I	

F-Werte gemäß des robusten Testverfahrens nach Welch
Multigruppenvergleiche gemäß Tanhane-T2 bei signifikanten Ergebnissen der globalen Prüfung
Sechsstufiges Antwortformat (von 1 = „trifft gar nicht zu" bis 6= „trifft sehr zu")

Demgegenüber kann die in H 3g präzisierte Vermutung, das Leitungspersonal an *privaten Schulen* würde administrativ-ausführende Zuständigkeiten in seiner Auftragsdefinition generell weniger betonen als das Leitungspersonal an *staatlichen* und *kommunalen* Schulen, mit einer vernachlässigbaren Irrtumswahrscheinlichkeit bestätigt werden. Die in Tabelle 7.19 eingearbeiteten Ergebnisse globaler und multipler Gruppenvergleiche trennen die an den privaten Schulen gemessenen Mittelwerte deutlich von denjenigen der Schulen in staatlicher und kommunaler Trägerschaft. An der Höhe des verwendeten Effektstärkenmaßes und der verzeichneten Standardabweichungen ist allerdings ablesbar, dass die Unterschiede erneut gering und folglich subjektive Gewichtungen dieses Rollensegments *innerhalb* einer jeden Schulkategorie recht heterogen ausfallen.

Tabelle 7.19: Gewichtungsunterschiede von Rollensegmenten an privaten, kommunalen und staatlichen Schulen

Rollensegment	deskriptive Kennwerte in den Schularten: M *(SD)*				
	I: staatliche Schulen (n = 684)	II: private Schulen (n = 93)	III: kommunale Schulen (n = 76)	F	η^2
Leadership	3.75 *(.71)*	3.77 *(.68)*	3.79 *(.79)*	.150	---
Primus inter Pares	4.10 *(.84)*	4.15 *(.71)*	3.84 *(.78)*	4.124*	.01
				III < II	
Administration	3.43 *(1.11)*	2.78 *(.92)*	3.21 *(1.14)*	19.207**	.03
				II < I, III	

F-Werte für die Skalen PIP und AD gemäß des robusten Testverfahrens nach Welch
Multigruppenvergleiche bei signifikanten Ergebnissen der globalen Prüfung gemäß Scheffé für die Skala LEAD, gemäß des Tamhane-T2-Verfahrens für die Skalen PIP und AD
Sechsstufiges Antwortformat (von 1 = „trifft gar nicht zu" bis 6 = „trifft sehr zu")

7.4.2 Die Bedeutung von Geschlecht, Berufserfahrung und internalen Ressourcen

Mit den folgenden Berechnungen soll nicht mehr situativen, sondern *personalen Kontingenzen* beruflicher Identitätskonstruktionen nachgespürt werden. Wendet man sich dabei in einem ersten Schritt dem *Geschlecht* der Leitungskräfte zu, so erweist sich dieses als *unbedeutend für die Clusterzugehörigkeit* (χ^2 = 5.944; n = 858; df = 4; C = .08). Dennoch könnten anstelle der zu typologischen Einheiten verdichteten subjektiven Rollenkonfigurationen zumindest die Gewichtungen einzelner Rollensegmente systematisch vom Geschlecht beeinflusst sein. So wurde in der Schulleitungsforschung wiederholt auf eine entschiedene *Hierarchieferne* von Frauen verwiesen, auch wenn diese Einschätzung nicht immer aus geschlechtsvergleichenden Untersuchungsdesigns gewonnen wurde. Die Annahme, Frauen würden kollegiale Rolleninhalte stärker betonen als Männer *(H 3h)*, findet allerdings in den Daten der vorliegenden Untersuchung keine Bestätigung. Stattdessen muss entsprechend der t-test-basierten Mittelwertvergleiche aus Tabelle 7.20 von weitgehend deckungsgleichen Rollengewichtungen in den zugrunde liegenden Populationen ausgegangen werden. Lediglich im Segment *Leadership* deuten sich leichte Unterschiede in Form einer Höhergewichtung auf Seiten der Frauen an, die jedoch keine akzeptable Effektstärke erreichen. Bringt man die erfassten Rollenanteile der Leitungsposition in eine Rangfolge, so zeigt sich, dass sich *sowohl weibliche als männliche* Leitungskräfte in der Durchschnittsbetrachtung eher als Primus inter Pares denn als herausgehobener Visionär und Stratege oder aber als letztes Glied der Verwaltungskette definieren.

Tabelle 7.20: Geschlechtsspezifische Unterschiede in der Gewichtung generischer Rollensegmente

Rollensegmente	Levene-Test der Varianzgleichheit		männliche Führungskräfte (n = 685)		weibliche Führungskräfte (n = 173)				
	F	p	M	SD	M	SD	t	p	d
Leadership	.011	.92	3.73	.71	3.85	.72	-2.023	< .05	.17
Primus inter Pares	.512	.47	4.10	.82	4.01	.83	1.271	n.s.	---
Administration	.240	.63	3.35	1.10	3.28	1.15	.787	n.s.	---

Sechsstufiges Antwortformat (von 1 = „trifft gar nicht zu" bis 6 = „trifft sehr zu")

Die Analyse geschlechtsabhängiger Unterschiede in den *beruflichen Wertorientierungen* fällt hingegen hypothesenkonform aus. Übereinstimmend mit der in H 3i formulierten Annahme, Frauen würden dem Aspekt der sozialen Anerkennung im Beruf eine größere Wichtigkeit einräumen als Männer, wird die in dieser Studie erhobene Wertedimension *Entfaltung in einem anerkannten Berufsfeld* von den weiblichen Führungskräften stärker befürwortet als von den männlichen (Tabelle 7.21). Erneut muss allerdings auf die geringe praktische Bedeutsamkeit dieser Abweichung sowie auf den Umstand verwiesen werden, dass auch Männer dieser beruflichen Wertedimension die höchste Priorität innerhalb ihrer Wertehierarchie einräumen.

Tabelle 7.21: Geschlechtsspezifische Unterschiede in den beruflichen Wertorientierungen

Wertorientierung	Levene-Test der Varianzgleichheit		männliche Führungskräfte (n = 685)		weibliche Führungskräfte (n = 173)				
	F	p	M	SD	M	SD	t	p	d
soziale Verantwortung & Interaktion	.072	.79	5.46	.95	5.57	.96	-1.383	n.s	---
Entfaltung in anerkanntem Berufsfeld	.129	72	6.18	.61	6.31	.78	-2.459	<.05	.19
Einkommens- & Karriereambitionen	.354	.55	5.27	1.06	5.14	1.13	1.506	n.s.	---
Sicherheits- & Freizeitorientierung	.002	.97	4.60	1.06	4.51	1.11	1.002	n.s.	---

Siebenstufiges Antwortformat (von 1 = „finde ich im Berufsleben generell gar nicht wichtig" bis 7 = „finde ich im Berufsleben generell sehr wichtig")

Ein weiteres, wie das Geschlecht objektivierbares Personenmerkmal stellt die *in Amtsjahren quantifizierte Erfahrung* in der Leitungsposition dar. Gemäß H 3j wird angenommen, dass sich Amtsneulinge stärker um eine größtmögliche Erfüllung sämtlicher Rollenzuweisungen an die Leitungsposition bemühen, während erfahrene Leitungskräfte selektive Schwerpunkte in ihren Rolleninhalten setzen. Übertragen auf die typologische Einteilung dieser Studie müsste demnach das durchschnittliche Amtsalter innerhalb des Clusters *Generalist* signifikant niedriger liegen als bei den anderen Clustern. Die einfaktorielle Varianzanalyse nach Kruskal-Wallis lässt jedoch *keine überzufälligen Amtsaltersdifferenzen* zwischen den fünf Gruppierungen erkennen (χ^2 = 8.791).

Eruiert man darüber hinaus auch mögliche Zusammenhänge zwischen der Erfahrung in der Leitungsposition und der Gewichtung der einzelnen Rollensegmente, so zeigt sich, dass die Dauer der Berufsausübung tendenziell positiv mit der Betonung einer kollegial-egalitären Interpretationen der eigenen Stellung gegenüber der Lehrerschaft korreliert (Rangkorrelation nach Spearmans Rho in Höhe von r = .14** zwischen der Skala *Primus inter Pares* und dem *Amtsalter*).

Als aufschlussreichere Bedingungsfaktoren des beruflichen Selbstverständnisses erweisen sich demgegenüber subjektive Einschätzungen der eigenen leistungs- und belastungsrelevanten *Ressourcenausstattung,* wie Tabelle 7.22 zu entnehmen ist.

Tabelle 7.22: Mittelwertunterschiede zwischen den Leitungstypen hinsichtlich der Ausprägung von internalen Ressourcen

Ressourcen-kategorie	deskriptive Kennwerte der Cluster: M *(SD)*					χ^2	η^2
	I: Vor-gesetzter (n = 175)	II: Teamleiter (n = 194)	III: Lehrkraft mit Ver-waltungs-aufgaben (n = 184)	IV: Generalist (n = 174)	V: Päd. Führungs-kraft (n = 134)		
Engagement	4.87 *(.95)*	4.32 *(1.13)*	4.66 *(.98)*	4.96 *(.95)*	4.87 *(1.00)*	41.597**	.05
						II < I, III, IV, V	
Widerstand	4.93 *(.88)*	5.22 *(.84)*	4.74 *(.93)*	4.96 *(.91)*	5.27 *(.92)*	38.959**	.05
						I, III, IV < II, V	
pos. Grund-stimmung	5.81 *(.89)*	6.09 *(.78)*	5.73 *(.97)*	5.94 *(.82)*	6.12 *(.81)*	26.871**	.03
						I, III < II, V	

χ^2 - Werte basierend auf dem Kruskal-Wallis-Test
Multigruppenvergleiche gemäß Sidak bei signifikanten Ergebnissen der globalen Prüfung
Siebenstufiges Antwortformat (von 1 = „stimmt gar nicht" bis 7 = „stimmt voll und ganz")

Zwar weichen die fünf Cluster in eher geringem Umfang, aber dennoch erwartungskonform *in allen* erfassten Ressourcenkategorien systematisch voneinander ab *(H 3k).* Die beiden Leitungstypen *Teamleiter* und *Pädagogische Führungskraft* schätzen dabei sowohl ihre *Widerstandskräfte* gegenüber Belastungseinwirkungen als auch die *positive Stimmung,* die ihre berufliche Betätigung in Form einer allgemeinen Lebenszufriedenheit und einem Gefühl der sozialen Geborgenheit überstrahlt, signifikant höher ein als die übrigen Leitungstypen. Auf den ersten Blick verwundern mag deshalb der Befund, dass die im *Teamleiter*-Cluster gebündelten Personen vergleichsweise über das niedrigste *berufliche Engagement* berichten. Berücksichtigt man jedoch das über dem theoretischen Skalenmittel von 4.00 angesiedelte Ausprägungsniveau sowie die von Schaarschmidt und Fischer (2001) diskutierten gesundheitspsychologischen Implikationen dieser Ressourcenkategorie, lässt sich bei den *Teamleitern* eine vorhandene *Einsatzfreude,* nicht aber eine *exzessive Verausgabungsbereitschaft* konstatieren. Damit verfügen die Mitglieder dieser beruflichen Subkultur über einen wichtigen Schutzfaktor gegenüber einer langfristigen Ressourcenerschöpfung (s. auch Hobfoll 1989, 516ff.).

7.4.3 Zwischenfazit zur Situations- und Personengebundenheit von Interpretations- und Gestaltungsvarianten des Schulleitungsberufs

Unter dem Bewertungskriterium der praktischen Bedeutsamkeit prägen vorrangig *organisationale Bedingungen* die subjektive Sichtweise auf die Anforderungen des übernommenen Amtes und deren Bewältigung, ohne jedoch diese Sichtweise alternativlos festzulegen. Pointiert lassen sich die Ergebnisse der durchgeführten Kontingenzanalysen zu folgenden Aussagen verdichten:

- Schulleiter des Typs *Lehrkraft mit Verwaltungsaufgaben* sowie des Typs *Generalist* stehen vielfach Grund- und Hauptschulen vor.
- Der Leitungstyp *Teamleiter* ist in den einzelnen Schularten des allgemeinbildenden Sektors häufiger vertreten als im berufsbildenden Sektor.
- Die Teilkulturen der *Pädagogischen Führungskräfte* und der *Vorgesetzten* haben sich an sehr großen Schulen stärker etabliert als an kleinen Schulen.
- Generell betonen Schulleiter an berufsbildenden Schulen sowie an Gymnasien hierarchische Differenzierungen und funktionale Spezialisierungen zwischen Leitung und Kollegium stärker als an Volks- und Realschulen.
- Verwaltend-exekutive Zuständigkeiten der Schulleitung akzentuieren Leitungspersonen an Grund- und Hauptschulen grundsätzlich stärker als an anderen Schularten; an Schulen in privater Trägerschaft schwächer als an Schulen in staatlicher oder kommunaler Trägerschaft.
- Mit zunehmender Organisationsgröße setzen Leitungskräfte tendenziell seltener Maßnahmen einer interpersonellen, direkten Führung sowie vertrauensbildende zwischenmenschliche Gesten zur Förderung des Schulklimas ein.
- Mit sinkenden Unterrichtsdeputat der Leitung gehen vermehrte Anstrengungen einher, kollegiumsinterne Unterrichtsentwicklungsprozesse anzustoßen, zu begleiten, abzusichern und zu überprüfen.

- Der Einsatz distributiver Führungselemente und mikropolitischer Taktiken ist ebenso wie die Intensität dienstleistender, effizienzoptimierender und auf eine routinierte Abwicklung des Schulbetriebs ausgerichteter Leitungsaktivitäten von Art und Größe der geleiteten Schule entkoppelt.

Auf die präferierten Handlungsdimensionen haben damit die charakteristischen Rollenkonfigurationen der einzelnen Leitungstypen einen nachhaltigeren Einfluss als die hier erfassten schulspezifischen Rahmendaten (s. ergänzend Tabelle 7.14). Dieser Befund unterstreicht die theoretische Annahme, dass berufliche Identitätskonstruktionen in einer subjektiv konsistenten Anordnung von kognitiven und konativen Modalitäten gründen. Im Spektrum der erhobenen *personalen Voraussetzungen* der Amtsführung erweisen sich zudem Einschätzungen von *internalen Ressourcen* als systematisches Unterscheidungskriterium zwischen den beruflichen Subkulturen. Dabei besitzen die *Teamleiter* die unter leistungsbezogenen und gesundheitspsychologischen Gesichtspunkten günstigste Ressourcenkombination, namentlich ausgeprägte *Widerstandskräfte* gegenüber Belastungseinwirkungen in Verbindung mit einer überaus *positiven affektiven Grundtönung* des beruflichen Erlebens und Verhaltens sowie einem erhöhten, aber nicht exzessiven beruflichen *Engagement*.

In diesem Abschnitt wurde hypothesengeleitet überprüft, inwieweit *kontingente Ausprägungen beruflicher Sichtweisen* anhand der erhobenen Daten belegt werden können. Unbeantwortet blieb hingegen die Frage, in welchem Umfang die obigen und weitere Einflussparameter Abweichungen in den *beruflichen Beanspruchungsprofilen* schulischer Leitungskräfte aufklären können.

7.5 Beanspruchungsreaktionen und -folgen im Spiegel arbeitspsychologischer Erklärungsmodelle

Anhand des analytischen Rasters von Wieland, Krajewski und Memmou (2006) sollen zunächst verursachende Faktoren *negativer Beanspruchungsreaktionen* während der Berufsausübung eruiert werden (s. Abbildung 4.3). Unterschiedliche *Facetten des Belastungserlebens* werden dabei sowohl auf *objektivierbare* Einflussfaktoren als auch auf so genannte *Appraisals* und *Copingstrategien* der Amtsinhaber zurückgeführt (Abschnitt 7.5.1). Des Weiteren sollen Prädiktoren *positiver Beanspruchungsfolgen* ermittelt werden. In diesem Untersuchungsbereich stehen Bedingungsgrößen des Niveaus und der Qualität beruflicher *Zufriedenheitsurteile* im Mittelpunkt (Abschnitt 7.5.3 bis 7.5.6).

7.5.1 Kontext- und personenabhängiges Belastungserleben schulischer Leitungskräfte

Wendet man sich in einem ersten Schritt den objektivierbaren Ursachen subjektiver Belastungsempfindungen bei der Arbeit zu, so sind anknüpfend an bisherige Schulleitungsstudien Annahmen über schulart- und geschlechtsspezifische Belastungsprofile zu überprüfen sowie die Ausmaße vermuteter Routinisierungs- bzw. Entlastungswirkungen einer langjährigen Berufserfahrung und eines erweiterten Schulleitungsteams abzuschätzen. An die durchgeführten Mittelwertvergleiche und Korrelationsanalysen schließt sich deshalb eine Regressionsanalyse über alle genannten Variablen an, um deren singuläre und gemeinsame Erklärungsleistung für das generelle Belastungserleben beurteilen zu können.

Für die *Schulartvergleiche* dokumentiert Tabelle 7.23, dass entsprechend H 4a sowohl die psychosomatischen *Befindensbeeinträchtigungen* als auch der empfundene *Zeitstress* bei Leitungspersonen an Grund- und Hauptschulen überzufällig höher ausfallen als bei Leitungskräften an beruflichen Schulen, Gymnasien und Realschulen, welche in ihren diesbezüglichen Einschätzungen ähnliche Durchschnittswerte aufweisen. Dieses schulartabhängige Gefälle negativer Beanspruchungsreaktionen tritt allerdings in Form des Gefühls zeitlicher Nöte markant stärker auf als in der Variante reduzierten Wohlbefindens und verminderter Leistungsfähigkeit (mittlere versus kleine Effektstärke). Zudem setzt es sich in den anderen erfassten Belastungsfacetten fort. Demnach berichten Volksschulleiter auch über einen bedeutsam höheren *normativen Druck* als ihre Kollegen an den übrigen Schularten und machen deutlich seltener die Erfahrung eines bestärkenden *Feedbacks* aus ihrem sozialen Umfeld (jeweils mittlere Effektstärken).

Abgesehen von diesen substanziellen interorganisationalen Differenzen lässt sich auf einer deskriptiven Betrachtungsebene feststellen, dass *schulartübergreifend* das Empfinden ausbleibender positiver Rückmeldungen, spürbarer Erfolgserlebnisse und erhaltener Anerkennung *(Feedbackdefizit)* die *dominante* Belastungsfacette im Leitungsamt darstellt. Nur in diesem Merkmalsbereich übersteigen die Urteile der Leitungskräfte durchgängig den theoretischen Skalenmittelwert von 3.5 und werden, gemessen an den Standardabweichungen, noch vergleichsweise einmütig gefällt. Das Erleben *normativen Drucks*, bei dem die personelle Gesamtverantwortung und überhöhte externe Erwartungen an die Schulleitung als erdrückende Bürde wahrgenommen werden, rangiert zwar schulartübergreifend auf dem letzten Platz, jedoch driften gerade in diesem Bereich die Urteile der Leitungspersonen innerhalb der einzelnen Schularten erheblich auseinander.

Tabelle 7.23: Schulartspezifische Unterschiede hinsichtlich des Belastungserlebens des Leitungspersonals

Facetten des Belastungserlebens	deskriptive Kennwerte in den Schularten: M *(SD)*					
	I: Volksschulen (n = 306)	II: Berufliche Schulen (n = 170)	III: Gymnasien (n = 195)	IV: Realschulen (n = 171)	χ^2	η^2
Befindensbeeinträchtigungen	3.96 *(1.16)*	3.44 *(1.19)*	3.52 *(1.19)*	3.50 *(1.06)*	25.687** II, III, IV < I	.04
Zeitstress	4.09 *(1.05)*	3.18 *(1.10)*	3.37 *(1.16)*	3.37 *(.97)*	81.344** II, III, IV < I	.11
normativer Druck	3.79 *(1.22)*	3.12 *(1.31)*	3.03 *(1.35)*	3.10 *(1.17)*	46.798** II, III, IV < I	.07
Feedbackdefizit	4.34 *(.88)*	3.82 *(.99)*	3.76 *(1.07)*	3.91 *(.99)*	49.038** II, III, IV < I	.07

χ^2 - Werte basierend auf dem Kruskal-Wallis-Test
Multigruppenvergleiche gemäß Sidak bei signifikanten Ergebnissen der globalen Prüfung
Sechsstufiges Antwortformat (von 1 = „stimmt gar nicht" bis 6 = „stimmt voll und ganz")

Möglicherweise variiert die Intensität des empfundenen *normativen Drucks* aber auch systematisch in Abhängigkeit des *Geschlechts* der Leitungskräfte, wie unter H 4b behauptet wurde. Demnach sollten sich Frauen diesem Druck stärker ausgesetzt fühlen als Männer. Dass diese Hypothese jedoch verworfen werden muss, zeigen die in Tabelle 7.24 ausgewiesenen Mittelwertvergleiche. Signifikante Abweichungen zwischen männlichen und weiblichen Führungskräften ergeben sich lediglich im Erleben *zeitlichen Stresses*. Sie erreichen jedoch keine akzeptable Effektstärke.

Tabelle 7.24: Geschlechtsspezifische Unterschiede in den Facetten des Belastungserlebens

Facetten des Belastungserlebens	Levene-Test der Varianzgleichheit		männliche Führungskräfte (n = 685)		weibliche Führungskräfte (n = 173)				
	F	p	M	SD	M	SD	t	p	d
Befindensbeeinträchtigungen	*1.981*	*.16*	3.63	1.16	3.72	1.24	-.924	n.s.	---
Zeitstress	*.823*	*.37*	3.54	1.12	3.75	1.20	-2151	<.05	.18
normativer Druck	*2.581*	*.11*	3.31	1.27	3.38	1.39	-.579	n.s.	---
Feedbackdefizit	*.239*	*.63*	4.01	.99	3.97	1.05	.424	n.s.	---

Sechsstufiges Antwortformat (von 1 = „stimmt gar nicht" bis 6 = „stimmt voll und ganz")

Weiterhin steht keine der erhobenen Belastungsfacetten in einer praktisch bedeutsamen Beziehung zum *Amtsalter* des Leitungspersonals, so dass auch *H 4c* zurückgewiesen werden muss. Bestätigung findet hingegen die Annahme reduzierten *Zeitstresses* sowie vermindert wahrgenommener *Feedbackdefizite* mit zunehmender Anzahl von Funktionsträgern, welche Führungsaufgaben arbeitsteilig übernehmen *(H 4d)*. Die Zusammenhänge zwischen dem *Umfang des Leitungsteams* und den psychischen Beanspruchungen bei der Arbeit fallen zwar nicht besonders eng aus, weisen aber konsistent in dieselbe Richtung, wie Tabelle 7.25 belegt.

Tabelle 7.25: Rangkorrelationen (Spearmans Rho) zwischen Leitungsteamstärke und Facetten des Belastungserlebens (n = 841)

	Facetten des Belastungserlebens			
	Befindensbeeinträchtigungen	Zeitstress	normativer Druck	Feedbackdefizit
Umfang des Leitungsteams	-.11**	-.20**	-.15**	-.18**

Dass von einer *erweiterten* Schulleitung *entlastende*, wenn auch in ihrer Reichweite limitierte *Effekte* ausgehen, lässt sich schließlich anhand einer Regression der *globalen Belastungseinschätzung* auf die in diesem Untersuchungsabschnitt berücksichtigten Kontext- und Personenmerkmale erhärten (Tabelle 7.26). *Schulart* und *Geschlecht* wurden dabei als Dummy-Variablen mit 0-/1-Kodierung berücksichtigt[1]. Obwohl das geschätzte Modell auf einem α-Fehler-Niveau von weniger 1 % über die Stichprobe hinaus generalisierbar ist, fällt doch sein *Ausschöpfungsgrad* dürftig aus: Nur 6 % der Kriteriumsvarianz werden durch die eingespeisten unabhängigen Parameter gebunden. Wie aufgrund der vorgeschalteten Analysen zu erwarten war, geben zudem lediglich die *Schulart* und die *Leitungsteamstärke* statistisch signifikante Einzelprädiktoren des generellen Belastungserlebens ab.

Tabelle 7.26: Regression der globalen Belastung auf objektivierbare Person- und Kontextmerkmale (n = 817)

Prädiktor	ß-Wert
Konstante	4.11**
Schulart	-.21**
Geschlecht	-.00
Amtszeit	.01
Umfang des Leitungsteams	-.10**
R²	**.06**
F-Wert	14.053**
Standardfehler der Schätzung	.911

Vor diesem Hintergrund scheint es besonders interessant, die Beanspruchungsrelevanz *individueller Appraisals und Copings* bei der beruflichen Betätigung zu ergründen. Zunächst sollen deshalb separat angefertigte Korrelationsmatrizen über die Rich-

---

[1] Die Prüfung der Anwendungsvoraussetzungen erfolgte mit durchweg positiven Resultaten: Die Störgrößen sind nicht autokorreliert (Wert der *Durbin-Watson-Statistik* 1.954; s. hierzu Brosius 2004, 584f.). Ein Streudiagramm, in dem die standardisierten Residuen für die Beobachtungswerte auf der Abszisse und die standardisierten Werte der Kriteriumsvariable auf der Ordinate abgetragen werden, lässt nicht das für eine Heteroskedastizität der Störgrößen indikative Dreiecksmuster erkennen (Backhaus et al. 2006, 86f.). In dem für die standardisierten Residuen angefertigten *Histogramm* sowie im *Normalverteilungsdiagramm* lassen sich allenfalls minimale Abweichungen von der Normalverteilung erkennen (zur Beurteilung Brosius 2004, 580ff.). Des Weiteren fallen die zum Zwecke der *Multikollinearitätsdiagnose* angeforderten Statistiken für die unabhängigen Variablen unbedenklich aus (ebd., 578ff.): Der *Variance Inflation Factor* unterschreitet mit Ausprägungen zwischen 1.043 und 1.110 klar die kritische Obergrenze von 10. Zudem liegen die Werte des *Konditionsindexes* in einem akzeptablen Rahmen (maximal erreichter Wert: 11.078).

tung und Stärke des Zusammenhangs zwischen verschiedenen Erlebensqualitäten subjektiver Belastetheit und (1) den wahrgenommenen Belastungsquellen im Leitungsamt, (2) den Einschätzungen internaler Ressourcen sowie (3) der individuellen Arbeitsorganisation informieren.
Übereinstimmend mit H 4e zeichnen sich in Tabelle 7.27 *positive Beziehungen* zwischen der Ausprägungshöhe sämtlicher *subjektiver Belastungsfaktoren* und der Intensität negativer Beanspruchungsreaktionen ab. Dabei sind wahrgenommene *Regulationshindernisse, -unsicherheiten und -überforderungen* (etwa in Form von Zielkonflikten und häufigen Unterbrechungen) mit allen erfassten Belastungsempfindungen stark korreliert. Hiervon betroffen ist vorrangig das Gefühl, Aufgaben unter hohem zeitlichen Druck erledigen zu müssen. In der Wahrnehmung der Leitungskräfte ist das Agieren unter unsicherheitsbehafteten, mehrdeutigen und schwer kontrollierbaren Bedingungen zudem in hohem Maße mit sozialem Erwartungs- und Verantwortungsdruck, wahrgenommenen Einschränkungen von Leistungsfähigkeit und Wohlbefinden sowie ausbleibenden Feedbacks, welche Erfolgsabschätzungen erlauben würden, verbunden.

Tabelle 7.27: Rangkorrelationen (Spearmans Rho) zwischen subjektiven Belastungsfaktoren und Facetten des Belastungserlebens (n = 861)

subjektive Belastungsfaktoren	Facetten des Belastungserlebens			
	Befindensbeinträchtigungen	Zeitstress	normativer Druck	Feedbackdefizit
Regulationsbehinderungen	.54**	.66**	.59**	.50**
Probleme im/mit dem Kollegium	.15**	.13**	.21**	.12**
mangelnde externe Unterstützung	.37**	.41**	.37**	.30**
Probleme mit Schülern & Eltern	.28**	.33**	.32**	.25**

Substanzielle Zusammenhänge mittleren Ausmaßes finden sich außerdem zwischen allen genannten Belastungsempfindungen und den beiden Belastungskategorien *mangelnde externe Unterstützung* sowie *Probleme mit Schülern & Eltern*. Weniger eng ist hingegen die Beziehung zwischen negativen psychischen Beanspruchungen und den registrierten *Problemen im/mit dem Kollegium*, obwohl diese Kategorie in einigen vorgängigen Studien als eine wesentliche Stressursache benannt wurde (konträr hierzu aber die Befunde bei Harazd et al. 2009). Allerdings erhöht sich mit wachsendem Ausmaß konfliktbehafteter Auseinandersetzungen innerhalb oder mit den Lehrkräften primär der erlebte *normative Druck,* was angesichts der zwischenmenschlichen Akzentuierung dieser Belastungskategorie gut nachvollziehbar ist: Die übertragene personelle und organisatorische Gesamtverantwortung gerät den Schulleitern offenbar verstärkt unter solchen Umständen zur Last, in denen der Zusammenhalt innerhalb des Kollegiums und/oder die Kooperation mit dessen Mitgliedern gestört sind. Diese interorganisational hochgradig variablen Handlungsbedingungen mögen ein wesentlicher Grund dafür sein, warum die Intensität des empfundenen *normativen Drucks* innerhalb einer jeden Schulart so heterogen eingeschätzt wird (s. Tabelle 7.23).

Erwartungskonform fallen auch die Beziehungen zwischen *internalen Ressourcen* und Gefühlen von Belastetheit aus, wie Tabelle 7.28 zu entnehmen ist. Entsprechend der unter *H 4f* formulierten Annahme fallen die Korrelationskoeffizienten zwischen sämtlichen Facetten des Belastungserlebens und der subjektiven *Widerstandskraft* gegenüber Belastungseinwirkungen negativ aus. Sie erreichen dabei mittlere, im Falle der psychosomatischen Befindensbeeinträchtigungen sogar hohe Ausprägungen. In dieselbe Richtung weisen entsprechend *H 4f* auch die Koeffizienten zwischen den Belastungsfacetten und der *positiven affektiven Grundtönung* der beruflichen Betätigung. Sie indizieren für die Dimensionen des *normativen Drucks* und des *Feedbackdefizits* schwach negative, für die Dimensionen der *Befindensbeeinträchtigungen* und des *Zeitstresses* mittlere negative Zusammenhänge. Damit sind sowohl eine subjektiv hohe Widerstandskraft als auch positive Grundstimmungen, welche das Privat- und Berufsleben gleichermaßen überstrahlen, an ein *reduziertes Belastungserleben* im Leitungsamt, insbesondere geringe Einschränkungen des seelischen und körperlichen Wohlergehens, gekoppelt.

Durchweg *positiv* sind hingegen das *berufliche Engagement* und die Facetten des Belastungserlebens korreliert. Mit zunehmender Aufopferung für berufliche Belange *steigen* demzufolge die negativen Beanspruchungsreaktionen während der Betätigung. Es leuchtet intuitiv ein, dass sich auch diese Zusammenhänge primär im Ausmaß *psychosomatischer Beschwerden* sowie im *Gefühl, beständig gehetzt und angetrieben* zu sein, widerspiegeln.

Tabelle 7.28: Rangkorrelationen (Spearmans Rho) zwischen internalen Ressourcen und Facetten des Belastungserlebens (n = 861)

internale Ressourcen	Facetten des Belastungserlebens			
	Befindensbeeinträchtigungen	Zeitstress	normativer Druck	Feedbackdefizit
berufliches Engagement	.35**	.31**	.17**	.20**
Widerstandskraft	-.50**	-.42**	-.46**	-.29**
positive Grundstimmung	-.32**	-.25**	-.22**	-.20**

Ebenfalls hypothesenkonform *vermindern* sich sämtliche negativen Beanspruchungsreaktionen mit wachsendem Einsatz verschiedener Merkmale der *individuellen Arbeitsorganisation (H 4g)*, welche in der vorliegenden Studie zum einen grundlegende Prinzipien der bewussten, zielgerichteten Handlungsplanung und -umsetzung, zum anderen Techniken einer optimierten Nutzung verfügbarer Arbeitszeitkontingente umfassen (s. auch Warwas 2008). Wie aus Tabelle 7.29 hervorgeht, kommt hierbei dem Merkmalsbereich *Störungsmanagement & Zeitdisziplin* eine herausgehobene Bedeutung zu. Demnach fühlen sich Leitungsperson, denen es gut gelingt, externe Störquellen wie etwa Besucherströme zu kontrollieren und eigene Zeitpläne konsequent einzuhalten, *erheblich* weniger unter Zeit-, Verantwortungs- und Erwartungsdruck, in Gesundheit und Wohlbefinden beeinträchtigt und sogar spürbar weniger von ausbleibenden Rückmeldungen und Erfolgen belastet als solche, denen dies nicht gut gelingt.

Hochsignifikante und bedeutsame Zusammenhänge lassen sich weiterhin zwischen den Facetten des Belastungserlebens und dem Merkmalsbereich *Selbstregulation, Delegation & Priorisierung* erkennen. Somit gehen auch Fokussierungs- und Konzentrationsleistungen, die Fähigkeit zur Separierung wichtiger von nebensächlichen Tätigkeiten sowie eine selektive Aufgabenübertragung an Mitarbeiter mit substanziell verringerten Belastungsempfindungen einher. Weniger eng erscheinen die – ebenfalls negativen – Beziehungen zwischen einer *systematischen*, d.h. planvollen und strukturierten *Bearbeitung einzelner Aufgaben* und den erfassten Beanspruchungsreaktionen.

Tabelle 7.29: Rangkorrelationen (Spearmans Rho) zwischen Merkmalen der individuellen Arbeitsorganisation und Facetten des Belastungserlebens (n = 861)

individuelle Arbeitsorganisation	Facetten des Belastungserlebens			
	Befindensbeeinträchtigungen	Zeitstress	normativer Druck	Feedbackdefizit
Störungsmanagement & Zeitdisziplin	-.54**	-.61**	-.49**	-.41**
Selbstregulation, Delegation & Priorisierung	-.44**	-.45**	-.42**	-.27**
systematische Aufgabenbearbeitung	-.35**	-.31**	-.24**	-.20**

Es leuchtet ein, dass vor allem die Dimension *Störungsmanagement & Zeitdisziplin* mit dem wahrgenommenen *Zeitstress* negativ korreliert. Auffällig ist ferner, dass das *Feedbackdefizit* als schulartübergreifend dominante negative Beanspruchungsqualität im Leitungsamt (s. Tabelle 7.23), deutlich schwächer als alle anderen Belastungsfacetten an eine zielgerichtete wie auch ökonomische Arbeitsweise des Positionsinhabers gekoppelt ist. Bevor allerdings dieses Phänomen im Rückgriff auf die theoretischen Grundlagen der Studie diskutiert wird (Abschnitt 7.5.2), soll mit Hilfe prognostischer Modelle des *generellen Niveaus subjektiver Belastetheit* nachvollzogen werden, auf welche Weise die soeben betrachteten Parameter bei der Erzeugung negativer Beanspruchungsreaktionen schulischer Leitungskräfte zusammenspielen (s. zur Methodik insbes. Urban & Mayerl 2008, 310ff.).

Gemäß der transaktionalen Stresstheorie erwächst die subjektive Stressträchtigkeit von Handlungssituationen bzw. Akteurkonstellationen daraus, dass wahrgenommene Umgebungsmerkmale an Einschätzungen der eigenen Ressourcenausstattung relativiert werden und die belastenden oder entlastenden Einflüsse dieser aufeinander bezogenen Situations- und Ressourcenbewertungen durch angewandte Copingstrategien vermittelt werden (s. hierzu ausführlich Teilkapitel 2.4). Um zunächst anhand der erhobenen Werte beurteilen zu können, ob die psychischen Auswirkungen wahrgenommener *Belastungsfaktoren* im Leitungsamt stabil bleiben oder sich hinsichtlich Signifikanz, Einflussrichtung und -stärke verändern, wenn zusätzlich aufgabenbezogene *Bewältigungskapazitäten* der Positionsinhaber Berücksichtigung finden, werden die zugehörigen Variablenblöcke nach erfolgter z-Standardisierung in der vermuteten Reihenfolge der *zunehmenden Direktheit ihrer Wirkun-*

gen auf die *globale Belastung* in zwei hierarchische Regressionsanalysen eingespeist. Um zudem *moderierende* Effekte interindividuell variierender Ressourcenausprägungen auf die Belastungswirkungen einzelner Problemfelder zu erfassen, werden diese Analysen in einer dritten Stufe um Interaktionsterme erweitert. Die Prüfung der Anwendungsvoraussetzungen erfolgte mit positivem Ausgang[1]. Die Resultate der drei Schätzmodelle sind in Tabelle 7.30 dargestellt.

Für die *globale Prüfung* der drei kontrastierten Regressionsfunktionen ist festzustellen, dass bereits das erste Schätzmodell einen sehr hohen Ausschöpfungsgrad besitzt. 52 % der Varianz im *globalen Belastungserleben* lassen sich allein auf die individuellen Bewertungen problematischer Anforderungen des Berufsfeldes zurückführen, wobei die wahrgenommenen strukturellen *Regulationsbehinderungen* der Amtsausübung – darunter Ziel- und Rollenkonflikte, häufige Unterbrechungen, Aufgabenfülle und eine schwache Amtsmacht – den mit Abstand höchsten Erklärungsbeitrag für das Kriterium beisteuern. Allerdings erbringt die Aufnahme internaler Ressourcen in Modell 2 einen höchst signifikanten Zuwachs im Determinationsmaß. Die Varianzaufklärung in der abhängigen Variable steigt hierbei auf 62 %. Darüber hinaus lassen sich zwei signifikante *Moderatoreffekte* aufdecken, deren Stärke jedoch nicht ausreicht, um den prognostischen Erfolg des vorgängigen Schätzmodells zusätzlich zu erhöhen. Hieraus lässt sich schlussfolgern, dass die in der *zweiten* Regressionsfunktion erfassten Variablen das im Folgenden zu beschreibende Wirkungsgefüge aus Belastungseinwirkungen und Bewältigungsressourcen in schulischen Leitungspositionen in verallgemeinerbarer und praktisch bedeutsamer Weise abbilden. Theoriekonform interpretierbare Vorzeichen der Schätzer für die Effekte der einzelnen unabhängigen Variablen untermauern die Plausibilität des Gesamtmodells und dessen Vereinbarkeit mit den theoretischen Annahmen (Brosius 2004, 572).

---

1 Die Homoskedastizität der Störgrößen wurde anhand eines *Streudiagramms* in Augenschein genommen, welches die standardisierten Werte der Kriteriumsvariable auf der vertikalen Achse, die standardisierten Residuen für die Beobachtungswerte auf der horizontalen Achse anordnet. Das Streudiagramm ließ kein systematisches Zusammenhangsmuster erkennen. Ferner indiziert die *Durbin-Watson-Statistik* mit einem Wert nahe 2 (hier: 1.952), dass die Störgrößen nicht autokorreliert sind (Brosius 2004, 584f.). *Histogramm* und *Normalverteilungsdiagramm* für die standardisierten Residuen zeigen keine auffälligen Abweichungen (zur Beurteilung ebd., 580ff.). Schließlich legen die im Rahmen der *Kollinearitätsdiagnose* angeforderten Statistiken konsistent nahe, dass die berücksichtigten Regressoren nicht exakt linear voneinander abhängig sind (zur Beurteilung ebd., 578f.): Der *Variance Inflation Factor* übersteigt in keinem Schätzmodell die kritische Obergrenze von 10 (Maximalwert: 1.747); der *Konditionsindex* erreicht einen Maximalwert von 3.322.

7.5 Beanspruchungsreaktionen und -folgen im Spiegel arbeitspsychologischer Erklärungsmodelle

Tabelle 7.30: Ergebnisse der hierarchischen Regression des globalen Belastungserlebens auf subjektive Belastungsfaktoren und internale Ressourcen (n = 861)

Konstrukt-ebene	Prädiktoren	b (SE) Modell 1	b (SE) Modell 2	b (SE) Modell 3	Ergebnis des t-Differenz-Tests für die Koeffizienten [a]
	Konstante	3.67**	3.67**	3.65**	
subjektive Belastungsfaktoren	Regulationsbehinderungen	.58** (.026)	.44** (.025)	.44** (.025)	1 → 2: 12.21**
	Probleme im/mit dem Kollegium	.06** (.023)	.02 (.021)	.02 (.021)	1 → 2: 8.28**
	mangelnde externe Unterstützung	.12** (.026)	.11** (.023)	.11** (.023)	1 → 2: n.s.
	Probleme mit Schülern & Eltern	.05* (.025)	.05* (.022)	.05* (.022)	1 → 2: n.s.
internale Ressourcen	berufliches Engagement		.17** (.020)	.17** (.020)	
	Widerstandskraft		-.25** (023)	-.25** (023)	
	positive Grundstimmung		-.05* (.021)	-.05* (.021)	
Interaktion Belastungsfaktoren x Ressourcen	mangelnde externe Unterstützung x Engagement			.05* (.023)	
	mangelnde externe Unterstützung x Widerstandskraft			.05* (.024)	
Korrigiertes R^2		.52	.62	.62	
Änderung der F-Werte		234.289**	76.284**	1.582	
Standardfehler des Schätzers		.650	.578	.576	
Mittel der Abweichungsquadrate der Residuen		.423	.334	.332	

[a] die anhand der theoretischen t-Verteilung zu überprüfende Testgröße lautet t = d/SE$_d$. Dabei gilt SE$_d$ = √[SE$^2_{b2}$ − (SE$^2_{b1}$ x MQF$_2$/MQF$_1$)].

Mit der Grauschattierung einiger Werte in Modell 3 soll zum Ausdruck kommen, dass Veränderungen von Koeffizienten, welche durch die Integration von Interaktionstermen in die Regressionsfunktion zustande kommen, nicht berücksichtigt und interpretiert werden.

Anhand der *betragsmäßigen* Veränderungen der Regressionskoeffizienten für die Belastungsfaktoren im Übergang vom ersten zum zweiten Modell wird ersichtlich, dass sich psychische Auswirkungen konfliktärer Auseinandersetzungen im oder mit dem *Kollegium* nur dann statistisch nachweisen lassen, wenn keine personengebundenden Einflussgrößen auf Seiten der Schulleitung simultan berücksichtigt werden. Sobald aber Einschätzungen der eigenen Ressourcenausstattung in die Berechnungen integriert werden, bleiben negativ beanspruchende Effekte dieses potenziellen Stressors aus. Demgegenüber behalten eine *mangelnde Unterstützung externer Kooperationspartner* (Schulaufsicht, Schulträger u.a.) ebenso wie registrierte *Probleme mit Schülern & Eltern* ihre beanspruchungsinduzierende Wirkung *unabhängig* von den Ressourcenbewertungen der einzelnen Leitungsperson bei. Vielfältige *Regulationshindernisse, -unsicherheiten und -überforderungen* in der übernommenen Position bleiben zwar die bedeutendsten Prädiktoren des Belastungserlebens, büßen jedoch markant an Einflussstärke ein, wenn die Auswirkungen individueller Bewältigungspotenziale in die Regressionsfunktion aufgenommen werden.

Die vorhandenen respektive ausbleibenden Veränderungen in den Parameterschätzern für die erfassten Stressquellen im Leitungsamt lassen sich demnach wie folgt klassifizieren: Belastungsfaktoren, die *außerhalb* des engeren Aktionsradius der Schulleitung liegen (namentlich die Konfrontation mit problematischem Schüler- oder Elternverhalten sowie ausbleibende Unterstützungsleistungen externer Kooperationspartner), erweisen sich im Zuge der sequentiellen Aufnahme weiterer Variablen als invariante und damit *robuste Determinanten* von Belastungsempfindungen der Führungskräfte. Dagegen werden Einflüsse von Stressoren, die *im Berufsprofil* der Schulleitung angelegt oder *innerhalb des sozialen Binnenraums* des Kollegiums angesiedelt sind, durch (ihrerseits beanspruchungsrelevante) internale Ressourcen systematisch modifiziert.

Von allen erfassten Ressourcenkategorien gehen dabei signifikante eigenständige Effekte aus. Während allerdings eine *positive affektive Grundtönung* des Erlebens und Verhaltens und vor allem die *Widerstandskraft* gegenüber Belastungseinwirkungen generell beanspruchungs*reduzierend* wirken, erweist sich die *Einsatzbereitschaft* für berufliche Belange grundsätzlich als beanspruchungs*induzierend*. Darüber hinaus deuten sich *moderierende Einflüsse* interindividuell variierender Ausprägungen von *Engagement* und *Widerstandskraft* auf die subjektive Belastungsintensität einer *mangelhaften externen Unterstützung* an, auch wenn sie für die Prognose der *globalen Belastung* vernachlässigbar geringe Beiträge leisten.

Wenn die Argumentation transaktionaler Stressmodelle greift, dann sollten allerdings die in subjektiv stressträchtigen Handlungs- bzw. Akteurkonstellationen eingesetzten *Copingmaßnahmen* als genuine *Mediatoren* der belastenden respektive entlastenden Wirkungen von Situationseinschätzungen und Ressourcenbewertungen fungieren (s. z.B. Kaluza & Vögele 1999, 357). Um derartige Filterfunktionen dritter Variablen für die Einflüsse unabhängiger Merkmale empirisch zu belegen, müssen insgesamt vier Bedingungen erfüllt sein (zsf. Müller 2007, 254ff.; Urban & Mayerl 2008, 308ff.): Erstens müssen die relevanten Prädiktoren in einfachen Regressionen *ohne* Kontrolle der mutmaßlich vermittelnden Größen (hier: spezifische Merkmale der individuellen Arbeitsorganisation) signifikante, direkte Wirkungen in der anzunehmenden Richtung auf die zu prognostizierende Größe ausüben. Zweitens müssen eben diese Prädiktoreneffekte unter Berücksichtigung der Mediatoreffekte in einer multiplen Regressionsschätzung abflachen oder ganz verschwinden. Drittens und viertens muss ein Mediator die doppelte Funktion einer abhängigen Variable der vorgängigen Prädiktoren und einer eigenständigen unabhängigen Variable für das Kriterium einnehmen, wobei erneut theoretisch plausible Einflussrichtungen nachzuweisen sind. Die Ergebnisse entsprechende Überprüfungen von *partiell* oder *vollständig vermittelten* Wirkungen einzelner unabhängiger Variablen auf das Kriterium fassen die Abbildungen 7.3 und 7.4 zusammen.

Die Beschriftungen der Pfeile in Abbildung 7.3 dokumentieren, dass entsprechend der theoretischen Modellspezifikationen von jedem der erfassten *Belastungsfaktoren* in schulischen Führungspositionen höchst signifikante beanspruchungsinduzierende Wirkungen ausgehen, die jedoch in mehr oder minder großen Teilen durch zwei Merkmale der *individuellen Arbeitsorganisation* kanalisiert werden. Die unmittelbaren psychischen Auswirkungen der erfassten Stressoren werden folglich überschätzt, wenn die intervenierenden Leistungen der *individuellen Arbeitsorganisation* ausgeblendet bleiben, d.h. wenn jeweils nur *bivariate* Regressionsschätzungen subjektiver Belastungsempfindungen auf die unabhängigen Variablen durchgeführt werden. So gehen etwa die hierbei gemessenen *totalen* Effekte struktureller *Regulationsbehinderungen* der Führungstätigkeit (b = -.66**) nur zu etwa 67 % auf *direkte* Effekte dieses Stressors zurück, welche sich im Zuge einer *multiplen* Regression unter Einbezug der Mediatoren in Höhe von b = .44** ergeben. Weitere rund 33 % des totalen Effektes dieser Problemkategorie lassen sich hingegen anhand eines *indirekten,* durch die Variablen *Störungsmanagement & Zeitdisziplin (STZ)* sowie *Selbstregulation, Delegation & Priorisierung (SDP)* vermittelten Einflusses erklären, welcher sich rechnerisch auf b = [-.62** x -.26**] + [-.50** x -.10**] = .21** beläuft. Erwartungskonform wird dabei der Einsatz dieser beiden – jeweils belastungs*reduzierenden* – Copingstrategien umso stärker gehemmt, je gravierender die strukturellen Regulationsbehinderungen ausfallen, wodurch letztendlich Belastungsempfindungen anschwellen.

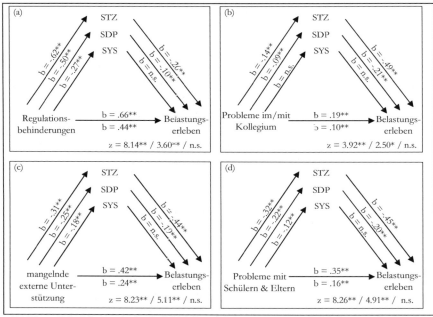

Abbildung 7.3: Merkmale der individuellen Arbeitsorganisation als Mediatoren der Einflüsse von (a) Regulationsbehinderungen (b) Problemen im/mit dem Kollegium (c) mangelnder externer Unterstützung (d) Problemen mit Schülern und Eltern auf die globale Belastung bei der Arbeit

Analog lassen sich die *totalen* Belastungseffekte *sozialer Konflikte* im Binnenraum der Schule in *direkte* Effekte dieser als unabhängig definierten Variablen sowie *indirekte*, über Merkmale der individuellen Arbeitsorganisation gefilterte Effekte zerlegen. Jeweils rund 50 % derjenigen Einflüsse, die von Problemen zwischen oder mit den Lehrkräften bzw. von Problemen mit Schülern und Eltern auf das generelle Gefühl von Belastetheit ausgehen, lassen sich damit erklären, dass derartige Problemlagen die Anwendung von per se markant belastungsverringernden Bewältigungsmaßnahmen erschweren. Eine auf diesem Wege *partiell vermittelte* Wirkung findet sich schließlich auch für die aus einer *mangelnden externen Unterstützung* resultierenden psychischen Beanspruchungen.

Alle indirekten Effekte potenzieller Stressquellen werden damit über eine Arbeitsweise vermittelt, welche das Aufstellen und konsequente Umsetzen eigener Handlungspläne, die Kontrolle kontraproduktiver Störfaktoren, das Setzen inhaltlicher Prioritäten, die Fokussierung auf eine sachdienliche Aufgabenerfüllung wie auch eine gezielte Delegationspraxis beinhaltet. Diese Wirkungsketten sind gemäß der Ergebnisse des *Sobel-Tests* mit einer Irrtumswahrscheinlichkeit von weniger als 1 % behaftet (höchst signifikante z-Werte; zur Berechnung s. Urban & Mayerl 2008, 306ff.). Da fällt der Teilaspekt einer *systematischen Aufgabenbearbeitung (SYS)* statistisch irrelevant aus.

Wie ferner aus Abbildung 7.4 hervorgeht, werden auch sämtliche Einflüsse subjektiver *Ressourcenbewertungen* in der Begegnung mit den beruflichen Anforderungen auf die erlebte Belastung *partiell* durch das *Störungsmanagement* und die *Zeitdisziplin* einer Leitungskraft (STZ) sowie ihre Fähigkeiten zur *Selbstregulation, Delegation und Priorisierung* bei der Amtsausübung (SDP) gefiltert. Subjektive Einschätzungen eines üppigen oder aber defizitären Ressourcenpools schlagen sich damit wiederum nur in begrenztem Umfang *unmittelbar* in abgeschwächten respektive erhöhten Belastungsempfindungen nieder. Stattdessen entfalten sich die *totalen* beanspruchungs*verringernden* Effekte innerer *Widerstandskräfte* und *positiver Grundstimmungen* (b = -.50** bzw. b = -.30**) nur zu rund 56 % bzw. 37 % auf *direktem* Wege (b = -.28** bzw. b = -.11**). Darüber hinaus vermindern sie negative Beanspruchungsreaktionen während der Arbeit über je signifikante *indirekte* Wirkungsketten, indem sie die Anwendung problemzugewandter Copingstrategien nachhaltig *befördern,* was wiederum eine *entlastende* Wirkung zeitigt (b = [.38** x -.46**] + [.53** x -.10**] = -.22** sowie b = [.27** x -.49**] + [.33** x -.19**]= -.19**). Ebenso wirkt sich das *berufliche Engagement* nicht nur direkt, sondern auch *vermittelt* über die Arbeitsmethoden der Leitungskräfte auf die globale Belastung aus, wobei sich die Umsetzung der hier berücksichtigten Aspekte der individuellen Arbeitsorganisation mit steigender Aufopferungsbereitschaft für den Beruf *verschlechtert* und hierdurch das generelle Gefühl von Belastetheit *verstärkt*.

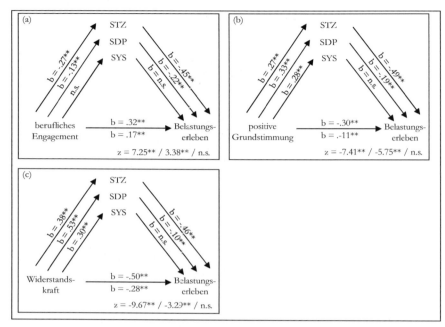

Abbildung 7.4: *Merkmale der individuellen Arbeitsorganisation als Mediatoren des Einflusses von (a) beruflichem Engagement (b) positiven Grundstimmungen (c) Widerstandskraft auf die globale Belastung bei der Arbeit*

Schaarschmidt und Fischer (2001) haben verschiedene dysfunktionale Beanspruchungsfolgen einer *exzessiven* Verausgabungsbereitschaft in der Berufsgruppe der Lehrkräfte wiederholt belegen können (s. auch Schmitz 2004). Dass es sich bei diesem Individualmerkmal auch in der Schulleiterpopulation um einen neuralgischen Faktor handelt, soll an einer besonderen Person-Umwelt-Konstellation in der Arbeitswelt erhellt werden, die unter dem Schlagwort der *Gratifikationskrise* bekannt ist und annahmegemäß eine spezifische Facette des Belastungserlebens tangiert. Anknüpfend an diesen Erklärungsansatz beruflicher Fehlbeanspruchung (Siegrist 1996; Rödel et al. 2004) wird in einem letzten Analyseschritt das in den Beruf *eingebrachte Engagement* in Relation zur *erhaltenen Unterstützung* gesetzt, um die prognostische Kraft des so entstandenen Quotienten für die erlebten Einschränkungen von Gesundheit, Leistungsabruf und Wohlbefinden zu überprüfen. Es wird erwartet, dass *psychosomatische Befindensbeeinträchtigungen* umso massiver ausfallen, je stärker der eigene Aufwand und die Unterstützungsleistungen von Kooperationspartnern subjektiv in einem Missverhältnis zueinander stehen *(H 4h)*, d.h. je höher der für jede Person errechnete Wert des Quotienten aus beiden Parametern ausfällt[1].

Tabelle 7.31: Regression der psychosomatischen Befindensbeeinträchtigungen auf das Verhältnis von beruflichem Engagement und wahrgenommener externer Unterstützung (n = 861)

Prädiktor	ß-Wert
Konstante	2.841
Verhältnis berufliches Engagement / erhaltene Unterstützung von Kooperationspartnern	.39**
R²	**.15**
F-Wert	153.666**
Standardfehler der Schätzung	1.083

Die in Tabelle 7.31 ausgewiesene F-Statistik lässt erkennen, dass der durch die Regressionsfunktion definierte Zusammenhang als signifikant und die modellierte Beziehung zwischen den Variablen in der Grundgesamtheit als gültig betrachtet werden kann. Als beachtlich kann zudem der *Modellfit* gewertet werden, da mit nur einem einzigen Prädiktor 15 % der Streuung in den *Befindensbeeinträchtigungen* aufgeklärt werden kann. Dies entspricht einer mittleren Effektstärke der unabhängigen Variable.

---

[1] Um die Berechnungen durchführen zu können, wurde zuerst die Skala *mangelnde externe Unterstützung* invertiert, um Bewertungen der *erhaltenen* Unterstützung abzubilden. Das zur Kompensation von Streuungs- und Dimensionsunterschieden zwischen Skalen üblicherweise eingesetzte Verfahren der z-Standardisierung schied für die vorliegenden Zwecke jedoch aus, weil hierdurch bei der Interpretation des Quotienten aus Engagement und Unterstützung negative und positive Vorzeichen zu berücksichtigen wären, deren Entstehung nicht nachvollziehbar wäre. So wäre bspw. nicht ersichtlich, ob ein negatives Vorzeichen des Quotienten durch ein entsprechendes Vorzeichen in dessen Nenner oder aber in dessen Zähler zustande kam. Bei der Inspektion der linkssteilen Verteilung der siebenstufigen Skala *berufliches Engagement* zeigte sich allerdings, dass die geringste Antwortstufe 1 mit nur drei von 861 Fällen belegt ist. Aus diesem Grund wurden die Antwortstufen 1 und 2 zusammengefasst, um so eine Skala zu erzeugen, die wie diejenige der erhaltenen Unterstützung sechs Ausprägungen umfasst.

7.5.2 Zwischenfazit zu den Korrelaten und Einflussgrößen negativer Beanspruchungsreaktionen bei der Arbeit

Um Person- und Umgebungsfaktoren aufzudecken, die negative Beanspruchungsreaktionen in systematischer Weise begleiten bzw. bedingen, wurden sowohl *objektivierbare Konditionen* des schulischen Leitungshandelns als auch *subjektive Appraisals und Copingstrategien* analysiert. Dabei konnten für den ersten Variablenkomplex substanzielle *Schulartunterschiede* zu Ungunsten der Grund- und Hauptschulleiter sowie leicht entlastende Effekte einer *erweiterten Schulleitung* nachgewiesen werden. Demgegenüber stellten sich Geschlecht und Amtsalter der Leitungspersonen als unbedeutend für die Erklärung interindividueller Unterschiede hinsichtlich der spezifischen Qualität wie auch des generellen Niveaus von Belastungsempfindungen während der Arbeit heraus.

Innerhalb des zweiten Variablenkomplexes zeigte sich, dass theoretisch *differenzierbare Facetten des Belastungserlebens* in unterschiedlicher Stärke mit subjektiven Belastungsfaktoren, Ressourceneinschätzungen und der individuellen Arbeitsorganisation assoziiert sind:

- Die wahrgenommenen *Problemfelder* der beruflichen Betätigung sind zumeist eng an die Empfindungen von *Zeitstress* und *normativem Druck* gekoppelt, d.h. sie verbinden sich mit den alarmierenden Eindrücken, im Arbeitsvollzug permanent gehetzt und getrieben zu werden sowie einer erdrückenden personellen Verantwortung und uneinlösbaren externen Erwartungen an die eigene Gestaltungskraft ausgesetzt zu sein.
- Eine ausgeprägte *Resilienz* gegenüber Belastungseinwirkungen (in Form eines Variablenbündels aus Durchsetzungsstärke bei auftretenden Schwierigkeiten, innerer Distanzierung nach der Arbeit, geringer Resignationstendenz nach Misserfolgen und ruhiger Gelassenheit auch in hektischer Umgebung) wie auch *positive Grundstimmungen*, welche sich aus einer allgemeinen Lebenszufriedenheit und einem Gefühl sozialer Eingebundenheit speisen, gehen insbesondere mit geringen psychosomatischen *Befindensbeeinträchtigungen* einher. Im Gegensatz hierzu intensivieren sich jedoch subjektive Belastungsempfindungen mit zunehmenden Ausprägungen eines *beruflichen Engagements*, welches in der vorliegenden Studie die Aspekte Verausgabungsbereitschaft, Perfektionsstreben, Zentralität der Arbeit im Lebensentwurf und beruflicher Ehrgeiz umfasst.

- Bedeutsame negative Zusammenhänge bestehen ferner zwischen konstitutiven Elementen einer zielgerichteten wie auch ökonomischen Arbeitsweise (*Störungsmanagement & Zeitdisziplin, Selbstregulation, Delegation & Priorisierung* sowie *systematische Aufgabenbearbeitung*) und den verschiedenen Facetten des Belastungserlebens, wovon vorrangig *Befindensbeeinträchtigungen* sowie das *Gefühl zeitlicher Nöte* betroffen sind.

- Das Empfinden eines *Feedbackdefizits*, welches die psychische Beanspruchungssituation schulischer Führungskräfte markant prägt, ist deutlich weniger an Situations- und Ressourcenabwägungen sowie an die Arbeitsorganisation des jeweiligen Stelleninhabers gebunden als alle anderen Facetten des Belastungserlebens. Stattdessen lassen sich *starke* Zusammenhänge des *Feedbackdefizits* mit den registrierten strukturellen *Regulationsbehinderungen* feststellen.

Rückblickend auf die theoretischen Ausführungen in Abschnitt 2.4.2 und die Konstruktoperationalisierungen dieser Studie können die Befunde zu den Begleitphänomenen hoher subjektiver *Feedbackdefizite* plausibel begründet werden: Neben den Fähigkeiten zur *Priorisierung, Selbstregulation und Delegation* als grundlegenden Elementen einer effektiven Handlungsplanung und -durchführung in Führungspositionen stellen die hier erfassten Merkmale der individuellen Arbeitsorganisation auch auf einen ökonomischen Umgang mit verfügbaren Leitungszeitkontingenten sowie die Überwindung eigener Prokrastinationstendenzen im Sinne eines dysfunktionalen Handlungsaufschubs bei wichtigen individuellen Vornahmen ab. Ob jedoch bei der Amtsausübung Ergebnisse erzielt werden, die von relevanten Bezugsgruppen *honoriert* werden, kann mit (zeit-)optimierten Arbeitsmethoden alleine nicht gewährleistet werden. Die enge Kopplung an strukturbedingte Regulationshindernisse, -unsicherheiten und -überforderungen scheint indes insofern einleuchtend, als ein empfundener Mangel an sozialer Anerkennung und greifbaren Erfolgen der geleisteten Arbeit durch Faktoren wie Ziel- und Rollenkonflikte, Aufgabenpluralisierung oder eine geringe Amtsmacht massiv genährt werden kann (s. hierzu z.B. Zapf 1999, 22ff.; Sembill & Zilch 2010, 248ff.).

Vor diesem Hintergrund verwundert es nicht, dass im Zuge *hierarchischer Regressionsanalysen* die höchste Aufklärung interindividueller Variationen im *globalen Belastungserleben* dann erreicht wird, wenn sowohl Situations- als auch Ressourcenbewertungen *simultan* berücksichtigt werden. Die prognostische Güte des vollständigen Schätzmodells kann dabei innerhalb der Berufsgruppe der Schulleiter als *sehr hoch* eingestuft werden. Im Zuge einer sequentiellen Aufnahme verschiedener Variablenblöcke zeigt sich, dass

- *außerhalb* des engeren Aktionsradius der Leitung angesiedelte Problemfelder (namentlich eine mangelnde Unterstützung von Kooperationspartnern wie Schulaufsicht, Schulträger und Unternehmen sowie die Konfrontation mit problematischem Schüler- und Elternverhalten) *robuste* Determinanten empfundener Belastungen während der Amtsausübung darstellen, wohingegen die negativen psychischen Auswirkungen solcher Problemfelder, die *in der Funktion und Stellung* der Schulleitung angelegt sind oder Konflikten *innerhalb und mit der Lehrerschaft* entspringen, durch Ressourcenabwägungen der einzelnen Führungskraft systematisch *verändert* werden;
- gemessen an den standardisierten Erklärungsbeiträgen der geschätzten Parameter zwar wahrgenommene *Regulationsbehinderungen* der Betätigung als stärkste Einzelprädiktoren des Belastungserlebens fungieren, jedoch eine hohe *Widerstandskraft* in Verbindung mit einer *positiven affektiven Grundtönung* der Berufsausübung geeignet ist, sowohl die belastungserhöhenden Effekte struktureller Hemmnisse spürbar abzuschwächen als auch die psychischen Auswirkungen konfliktärer Auseinandersetzungen mit dem Kollegium ein Stück weit zu kompensieren;
- vom Ausmaß des individuellen *beruflichen Engagements* eigenständige, belastungsintensivierende Effekte ausgehen.

Diese Befunde untermauern die im transaktionalen Stressparadigma vertretene Annahme, dass viele der *potenziell* belastenden Aspekte eines Berufsprofils ihre subjektive Belastungsintensität vollständig oder teilweise verlieren, wenn das Individuum seine aufgabenbezogenen Bewältigungskapazitäten als ausreichend hoch einschätzt, um eben diesen stressträchtigen Anforderungsmerkmalen erfolgreich zu begegnen (Lazarus & Launier 1981, 214ff.; Sembill 2010, 82f.). Anschlussfähig an die Erörterungen in Teilkapitel 2.4 kann dabei eine *übermäßige Verausgabungsbereitschaft* der Führungskräfte als *Vulnerabilitätsindikator* eingestuft werden, während vor allem hohe *Widerstandskräfte* in Form von Distanzierungs- und Regenerationsfähigkeit, Durchhaltevermögen sowie innerer Ruhe und Ausgeglichenheit als gewichtige *Schutzfaktoren* des Individuums bei seiner Auseinandersetzung mit der Arbeitsumwelt gelten können.

Anhand vertiefender *Mediatoranalysen* lässt sich weiterhin nachvollziehen, wie nicht nur die Effekte problembehafteter Handlungssituationen bzw. Akteurkonstellationen, sondern auch die Auswirkungen subjektiver Ressourcenbewertungen auf das generelle Niveau subjektiver Belastetheit *partiell* durch den Einsatz *problemzugewandter Arbeitsmethoden* kanalisiert werden. Übertragen auf die in dieser Studie erfassten Parameter bedeutet dies konkret, dass die registrierten Stressoren des Betätigungsfeldes nicht nur unmittelbar auf das globale Belastungserleben durchschlagen, sondern auch mittelbar das Gefühl von Belastetheit erhöhen, indem sie den Einsatz substanziell *entlastender* Strategien der Kontrolle externer Störquellen und der konsequenten Verfolgung eigener Arbeitspläne eindämmen sowie *belastungsverringernde* Prioritätensetzungen, selbstregulatorische Fähigkeiten und eine gezielte Delegationspraxis *beschneiden*. Dagegen wirken hohe Widerstandskräfte, positive Grundstimmungen sowie eine hohe Aufopferungsbereitschaft im Beruf nicht ausschließlich direkt, sondern auch indirekt beanspruchungsreduzierend respektive -induzierend, indem sie die erfolgreiche Realisierung einer *entlastenden* individuellen Arbeitsorganisation entweder systematisch *befördern* oder aber *blockieren*.

Angesichts widersprüchlicher Ergebnisse der Schulleitungsforschung zu einzelnen stressverursachenden Faktoren im Leitungsamt – insbesondere der strittigen Frage, ob Konflikte im sozialen Interaktionsraum der Schule entweder eine zentrale oder aber eine unbedeutende *Belastungsquelle* im Leitungsamt darstellen (s. Kapitel 5) – gewähren die in dieser Studie durchgeführten Mediatoranalysen wichtige Einblicke in die *Belastungsverarbeitung* der Amtsinhaber.

Darüber hinaus erweist sich die subjektive *Relation* aus erbrachtem Engagement und erhaltener Unterstützung als aufschlussreich bei der Vorhersage psychosomatischer *Befindensbeeinträchtigungen*. Registrierte Verletzungen des *Reziprozitätsprinzips* im Berufsleben in Form von persönlichen Investments, die aus Sicht der einzelnen Führungskraft das Ausmaß empfangener Gegenleistungen übersteigen, verringern entsprechend des Konzepts der *Gratifikationskrise* (Siegrist 1996) bedeutsam das körperliche und seelische Wohlbefinden während der Ausübung der Leitungstätigkeit. Zur empirischen Erhellung des deprimierenden Gefühls vieler Schulleiter, sich als isolierter und gering geschätzter Einzelkämpfer bei der Erfüllung beruflicher Pflichten aufzureiben (Kretschmann & Lange-Schmidt 2000; Schumacher et al. 2008), kann das Konzept der *Gratifikationskrise* folglich wertvolle Beiträge leisten (s. hierzu auch Sembill & Zilch 2010, 251).

Inwieweit spezifische Charakteristika des Arbeitsplatzes und des Stelleninhabers auch längerfristige *positive Beanspruchungsfolgen* aufzuklären vermögen, ist Gegenstand der nachfolgenden Auswertungen. Die Aufmerksamkeit richtet sich hierbei auf *Zufriedenheitsurteile* des schulischen Leitungspersonals.

7.5.3 Zusammenhänge zwischen Zufriedenheitsurteilen und Merkmalen des Arbeitsplatzes respektive des Amtsinhabers

Unter Bezugnahme auf so genannte *Bottom-up-Modelle* der Arbeitszufriedenheit sollen in einem ersten Schritt systematische Beziehungen zwischen der *globalen Zufriedenheit* und ausgewählten *objektivierbaren* Bedingungen der Amtsausübung sowie verschiedenen *perzipierten* Merkmalen des beruflichen Einsatzfeldes ausgelotet werden. Übereinstimmend mit H 4i und H 4j ist dabei die *Leitungsteamstärke* positiv, die *Höhe des Unterrichtsdeputats* der *Leitungskraft* negativ mit dem generellen Zufriedenheitsniveau korreliert (Tabelle 7.32). Erwartungskonform vermindert sich jedoch die Enge des für die Unterrichtsverpflichtung gemessenen Zusammenhangs, wenn die Anzahl weiterer Funktionsträger mit Leitungsaufgaben kontrolliert wird. Insgesamt ist die Höhe der Korrelationskoeffizienten aber als gering zu bezeichnen.

Tabelle 7.32: Rangkorrelationen (Spearmans Rho) und Partialkorrelationen zwischen dem generellen Zufriedenheitsniveau einerseits und der Größe des Leitungsteams bzw. der Höhe des Unterrichtsdeputats andererseits

	Leitungsteamstärke [a]	Unterrichtsdeputat [a]	Unterrichtsdeputat unter Kontrolle der Leitungsteamstärke [b]
Globale Zufriedenheit	.19**	-.25**	-.18**

[a] Rangkorrelationen auf Basis von Spearmans Rho (n = 841)

[b] Partialkorrelationen nach Pearson (n = 835). Der Koeffizient nullter Ordnung beträgt dabei zwischen Unterrichtsdeputat und Zufriedenheit r = -.24**.

Größere praktische Relevanz besitzen demgegenüber die subjektiven Einschätzungen allgemeiner *Gestaltungsmerkmale des Arbeitsplatzes,* die sich in arbeitspsychologischen Studien als zufriedenheitsgenerierend und motivationsförderlich erwiesen haben (z.B. Ulich 2007, 165f.). Entsprechend H 4k ist das Ausmaß, in dem solche Gestaltungselemente aus Sicht der befragten Leitungskräfte *verwirklicht* sind, durchgängig *positiv* mit der Höhe der globalen Zufriedenheit assoziiert (Tabelle 7.33).

7.5 Beanspruchungsreaktionen und -folgen im Spiegel arbeitspsychologischer Erklärungsmodelle

Tabelle 7.33: Rangkorrelationen (Spearmans Rho) zwischen den perzipierten Merkmalen des Arbeitsplatzes und dem generellen Zufriedenheitsniveau (n = 861)

wahrgenommene Arbeitsplatzmerkmale	globale Zufriedenheit
sinnvolle Betätigung (verwirklicht)	.43**
sichere und gesunde Arbeitsbedingungen (verwirklicht)	.42**
interessante Tätigkeit (verwirklicht)	.39**
selbstständiges Arbeiten (verwirklicht)	.33**
anerkannter und geachteter Beruf (verwirklicht)	.30**
viele Weiterbildungsmöglichkeiten (verwirklicht)	.22**
Anderen helfen (verwirklicht)	.21**
für die Gesellschaft nützliche Tätigkeit (verwirklicht)	.19**
hohes Einkommen (verwirklicht)	.18**
gute Aufstiegsmöglichkeiten (verwirklicht)	.17**
sichere Berufsstellung (verwirklicht)	.17**
verantwortungsvolle Aufgaben (verwirklicht)	.14**
viel Kontakt zu anderen Menschen (verwirklicht)	.14**
viel Freizeit (verwirklicht)	.11**

Fünf der insgesamt vierzehn in absteigender Reihenfolge sortierten Korrelationskoeffizienten erreichen mittlere Stärken. Dabei handelt es sich überwiegend um Merkmale, deren *Wichtigkeitsratings* für das Erwerbsleben faktoranalytisch zur Wertedimension *Entfaltung in einem anerkanntem Berufsfeld* verdichtet werden konnten (Tabelle 6.5), namentlich um die Aspekte *sinnvolle Betätigung, interessante Tätigkeit, sichere und gesunde Arbeitsbedingungen* sowie *anerkannter und geachteter Beruf*. Dieses Bündel von relativ eng an die Zufriedenheit gekoppelten Variablen wird durch das Element *selbstständigen Arbeitens* komplettiert.

Von untergeordneter Bedeutung für die Zufriedenheitsbilanz von Schulleitern erscheint hingegen das Ausmaß, in dem sie *Kontakte zu anderen Menschen, verantwortungsvolle Aufgaben* und *viel Freizeit* im übernommenen Amt realisieren können. Für diese zumindest in Teilen überraschenden Befunde könnten variierende individuelle Bedürfnisstrukturen respektive Anspruchshaltungen im Arbeitsleben verantwortlich zeichnen (s. hierzu z.B. Hackman & Oldham 1980, 82ff.; Roedenbeck 2008, o.S.), denen in Abschnitt 7.5.5 nachgegangen wird.

Im Bereich zufriedenheitsstiftender *Personenmerkmale* wird im Rückgriff auf *Topdown-Modelle* in der arbeitspsychologischen Forschung zuerst die These genuin altersbedingter Zufriedenheitszuwächse (s. Abschnitt 4.2.2.3) aufgegriffen. Ergänzend zu der Frage, ob ältere Führungskräfte bedeutsam zufriedener sind als jüngere *(H 4l)*, soll dabei in explorativer Absicht auch untersucht werden, ob ältere Positionsinhaber im Sinne eines *Grinding down* höhere Ausprägungen im Bereich der *resignativen Zufriedenheit* besitzen oder ob sie im Sinne von *Zielverschiebungen* andere *berufliche Wertorientierungen* berichten als ihre jüngeren Amtskollegen.

Tabelle 7.34 ist zu entnehmen, dass sich der vermutete positive Zusammenhang zwischen *globaler Zufriedenheit* und *biologischem Alter* in der Berufsgruppe der Schulleiter zwar andeutet, aber keine Höhe erreicht, die es rechtfertigen würde, von einem systematischen Muster zu sprechen. Eine Inspektion des zugehörigen Streudiagramms liefert außerdem keine Hinweise auf einen möglichen nicht-linearen, insbesondere u-förmigen Zusammenhang zwischen beiden Variablen.

Tabelle 7.34: Rangkorrelationen (Spearmans Rho) zwischen Alter und generellem Zufriedenheitsniveau sowie verschiedenen Zufriedenheitsformen (n = 853)

	globale Zufriedenheit	Formen der Zufriedenheit			
		stabilisierte Zufriedenheit	resignative Zufriedenheit	fixierte Unzufriedenheit	konstruktive Unzufriedenheit
Alter der Leitungskräfte	.06*	.07*	.03	-.02	-.23**

Innerhalb des Spektrums operationalisierter *Zufriedenheitsformen* zeichnet sich aber der interessante Befund ab, dass mit zunehmendem Alter nicht etwa die *resignative Zufriedenheit* zunimmt, sondern vielmehr die *konstruktive Unzufriedenheit* absinkt. Damit bekunden ältere Leitungspersonen überzufällig seltener als ihre jüngeren Amtskollegen Unmutsäußerungen über die Qualität ihres Berufslebens, die mit eigenen Initiativen zur Überwindung oder Abkehr von den als unbefriedigend erachteten Zuständen verknüpft sind.

Des Weiteren finden sich signifikante, wenn auch erneut betragsmäßig geringe Beziehungen zwischen dem *Alter* und der subjektiven Relevanz bestimmter beruflicher *Werte*. Demnach erfährt die Wertedimension *soziale Verantwortung und Interakti-*

on mit zunehmendem Alter der Leitungspersonen eine etwas höhere Gewichtung (r = .11**)[1].

Anders als beim biologischen Alter lassen sich allerdings substanzielle Zusammenhänge zwischen der individuellen Zufriedenheitsbilanz und grundlegenden *Bewertungen* der eigenen Person und ihrer Begegnung mit der Arbeitsumwelt nachweisen. Aus Tabelle 7.35 geht hervor, dass übereinstimmend mit H *4m* und H *4n* sowohl *Selbstwirksamkeitsüberzeugungen* als auch eine *positive affektive Grundtönung* des Erlebens und Verhaltens in praktisch bedeutsamem Umfang mit dem globalen Zufriedenheitsniveau korrelieren.

Tabelle 7.35: Rangkorrelationen (Spearmans Rho) zwischen dem generellen Zufriedenheitsniveau einerseits und Selbstwirksamkeitsüberzeugungen, positiver Gestimmtheit sowie Aspekten der individuellen Arbeitsorganisation andererseits (n = 861)

	berufliche Selbstwirksamkeit	positive Grundstimmung	Selbstregulation, Delegation & Priorisierung
globale Zufriedenheit	.30**	.36**	.46**

Zudem wird ersichtlich, dass eine hohe Arbeitszufriedenheit mit ausgeprägten Fähigkeiten zur *Selbstregulation, Delegation & Priorisierung* bei der Amtsausübung korrespondiert wie unter H *4o* behauptet wurde. Damit ist das Zufriedenheitsurteil auch relativ eng an spezifische Aspekte der individuellen Arbeitsorganisation geknüpft[2].

7.5.4 Prognose des generellen Zufriedenheitsniveaus unter simultaner Berücksichtigung von Bottom-up- und Top-down-Effekten

Um die prognostische Güte von Aufgabeninhalten und -bedingungen einerseits und individuellen Handlungsvoraussetzungen andererseits für die Zufriedenheitsbilanz näher aufzuschlüsseln, werden hierarchische Regressionsschätzungen vorge-

---

1 In dieser Dimension wurden auf faktoranalytischem Wege die individuellen Wichtigkeitsratings zu den Aspekten *verantwortungsvolle Aufgaben, viel Kontakt zu anderen Menschen, selbstständiges Arbeiten, Anderen helfen* und *für die Gesellschaft nützliche Tätigkeit* zusammengefasst (s. hierzu Tabelle 6.5).

2 Ergänzend sei erwähnt, dass auch die Aspekte *Störungsmanagement & Zeitdisziplin* sowie *systematische Aufgabenbearbeitung* bedeutsame Zusammenhänge mit dem Zufriedenheitsurteil aufweisen (r = .49** sowie r = .32**).

nommen, für die auf Basis der theoretischen Vorüberlegungen in Kapitel 4 insgesamt drei Kausalmodelle definiert wurden (s. Urban & Mayerl 2008, 310ff.). Der erste Variablenblock umfasst neben zwei objektivierbaren Konditionen des Leitungshandelns (Leitungsteamstärke und Unterrichtsdeputat) auch diejenigen perzipierten Merkmale des Betätigungsfeldes, die in einer bedeutsamen korrelativen Beziehung zum generellen Zufriedenheitsniveau stehen (Tabelle 7.33). In den zweiten Variablenblock werden sowohl biografische Daten (Alter und Geschlecht der Leitungskräfte) als auch solche Personenmerkmale eingespeist, die in konzeptioneller Nähe zu so genannten *Core Self-Evaluations*, Affektlagen und Selbstregulationskompetenzen angesiedelt sind und ebenfalls substanzielle Zusammenhänge mit der bewerteten Qualität des Arbeitslebens aufweisen (Tabelle 7.35). Personenabhängige Merkmale der genannten Art sollten entsprechend konvergenter Befunde der Arbeitszufriedenheitsforschung nicht nur als verlässliche eigenständige Prädiktoren interindividuell variierender Zufriedenheitsurteile fungieren, sondern auch die zufriedenheitsbeeinflussende Wahrnehmung von Arbeitsaufgaben und Umgebungsfaktoren grundlegend prägen (z.b. Dormann & Zapf 2001, 496ff.; Fischer & Fischer 2005, 12f.; Wegge & van Dick 2006, 23f.). Dieser These wird durch die Aufnahme entsprechender Interaktionsterme im dritten Variablenblock der hierarchischen Modelle nachgegangen.

Das gewählte Vorgehen erlaubt es im Sinne interaktionistischer Analysen, die Stabilität einzelner Parameterschätzungen zu kontrollieren und im vorliegenden Anwendungsfall zu überprüfen, ob kontextgebundene *Bottom-up-Effekte* auf das Zufriedenheitsurteil von personenspezifischen *Top-down-Effekten* modifiziert und/oder moderiert werden. Um die angesichts der erheblichen Anzahl von Interaktionstermen zwangsläufig entstehenden Kollinearitätsprobleme einzudämmen und eine Vergleichbarkeit der relativen Erklärungsbeiträge unterschiedlich dimensionierter Regressoren zu gewährleisten, erfolgte nicht nur eine vorherige Zentrierung aller berücksichtigten Variablen, sondern auch die vollständige Elimination all jener Interaktionsterme, die nicht signifikant ausfallen (s. hierzu Müller 2007, 248). Die Überprüfung der Anwendungsvoraussetzungen der Regressionsanalysen erfolgte mit akzeptablem Ausgang (s. hierzu Brosius 2004, 580ff.; Backhaus et al. 2006, 78ff.). Einschränkend ist allerdings zu bemerken, dass die Modellschätzungen nur bedingt geeignet sind, *überdurchschnittlich* starke Anstiege im Zufriedenheitsurteil zu erklären.[1]

Tabelle 7.36 lässt erkennen, dass bereits der Ausschöpfungsgrad des ersten Schätzmodells praktisch bedeutsame Ausmaße erreicht. Ferner dokumentieren die standardisierten Regressionskoeffizienten, dass die Eindrücke, einer *sinnvollen Betätigung* mit *interessanten Inhalten* in *selbstständiger Weise* (d.h. mit weitreichenden Entscheidungs- und Handlungsfreiräumen) unter *sicheren und gesunden Bedingungen* nachzugehen, generell gewichtigere Faktoren der Arbeitszufriedenheit schulischer Leitungskräfte darstellen als der Umfang ihres *Leitungsteams* (von dem keine eigenständigen zufriedenheitsgenerierenden Wirkungen ausgehen) oder das zu absolvierende *Unterrichtsdeputat* (welches die Zufriedenheitsbilanz grundsätzlich leicht verschlechtert).

Im Zuge der ersten Modellerweiterung verzeichnet das Bestimmtheitsmaß jedoch einen höchst signifikanten Zuwachs: Unter Berücksichtigung direkter personenspezifischer Einflüsse können mit vernachlässigbarer Irrtumswahrscheinlichkeit 41 % der Streuung im Kriterium aufgeklärt werden. Ferner wird aus den Ergebnissen des t-Wert-Differenz-Tests für die Variablen des ersten Blocks ersichtlich, dass sich die Effektschätzer für die *direkten* Einflüsse der Arbeitsplatzmerkmale *sinnvolle Betätigung, sichere & gesunde Arbeitsbedingungen* sowie *selbstständiges Arbeiten* substanziell verringern, sobald Bewertungen der eigenen Person und ihrer Auseinandersetzung mit dem Betätigungsfeld analytisch integriert werden. Eine *positive Grundstimmung* der Leitungskräfte stellt gemäß dieses Modells einen eigenständigen Prädiktor des generellen Zufriedenheitsniveaus dar. Als noch bedeutsamer muss aber die allgemeine zufriedenheitsstiftende Wirkung individueller Fähigkeiten zur *Selbstregulation, Delegation & Priorisierung* bei der Amtsausübung eingestuft werden.

---

[1] Zu dieser Aussage veranlasst die Inspektion des *Histogramms* und der *Normalverteilungskurve* für die standardisierten Residuen. Sie zeigt, dass die Störgrößen im Spektrum von Ausprägungen der abhängigen Variable oberhalb ihres Mittelwertes leicht überrepräsentiert sind. Werden die standardisierten Residuen gegen die standardisierten Ausprägungen der Kriteriumsvariable geplottet, lässt sich jedoch kein systematisches Muster in der Varianz der Fehlervariablen erkennen, so dass von der Homoskedastizität der Residuen auszugehen ist. Eine Autokorrelation der Störgrößen kann ebenfalls ausgeschlossen werden (Ergebnis des *Durbin-Watson-Tests* 2.031). Die Kollinearitätsprüfung der Regressoren erbringt noch zufriedenstellende Ergebnisse: Sowohl der *Konditionsindex* als auch der *Variance Inflation Index* überschreiten mit Maximalwerten von 12.006 bzw. 15.997 im vollständigen, um insignifikante Interaktionsterme bereinigten Schätzmodell zwar den Grenzwert von 10; sie liegen aber deutlich unterhalb der Marke von 30, welche auf starke Kollinearität hindeuten würde (s. hierzu Brosius 2004, 589).

Tabelle 7.36: Ergebnisse der hierarchischen Regression der globalen Zufriedenheit auf ausgewählte situative und personale Einflussgrößen (n = 831)

Konstruktebene	Prädiktoren	b (SE) Modell 1	b (SE) Modell 2	b (SE) Modell 3	t-Differenz-Test für die Koeffizienten [a]
	Konstante	4.70**	4.51**	4.49**	
Bottom-up-Determinanten	Leitungsteamstärke	.03 (.028)	.00 (.026)	.00 (.026)	1 → 2: n.s.
	Unterrichtsdeputat	-.06* (.028)	-.05 (.028)	-.05 (.028)	1 → 2: n.s.
	sichere und gesunde Arbeitsbedingungen	.24** (.027)	.18** (.026)	.18** (.026)	1 → 2: 9.31**
	sinnvolle Betätigung	.19** (.029)	.12** (.028)	.12** (.028)	1 → 2: 9.71**
	interessante Tätigkeit	.12** (.028)	.11** (.026)	.11** (.026)	1 → 2: n.s.
	selbstständ. Arbeiten	.07** (.027)	.04 (.026)	.04 (.026)	1 → 2: 4.66**
	anerk., geacht. Beruf	.03 (.028)	.02 (.026)	.02 (.026)	1 → 2: n.s.
Top-down-Determinanten	Alter		.02 (.024)	.02 (.024)	
	Geschlecht		.16* (.060)	.16* (.060)	
	Selbstwirksamkeit		.04 (.026)	.04 (.026)	
	pos. Grundstimmung		.11** (.025)	.11** (.025)	
	Selbstregul., Delegat. & Priorisierung		.21** (.027)	.21** (.027)	
Interaktion Person x Umwelt	Leitungsteamstärke x Geschlecht			.15* (.074)	
	Unt.deputat x pos. Grundstimmung			-.05* (.023)	
	sichere und gesunde Arbeitsbedingung. x pos. Grundstimmung			-.08** (.022)	
	interessante Tätigkeit x Geschlecht			-.13* (.052)	
	Leitungsteamstärke x Alter			.08** (.022)	
Korrigiertes R^2		.32	.41	.43	

7.5 Beanspruchungsreaktionen und -folgen im Spiegel arbeitspsychologischer Erklärungsmodelle

Änderung der F-Werte	57.271**	25.501**	6.119**
Standardfehler des Schätzers	.697	.651	.641
Mittel der Abweichungsquadrate der Residuen	.486	.423	.410

[a] die anhand der theoretischen t-Verteilung zu überprüfende Testgröße lautet $t = d/SE_d$. Dabei gilt $SE_d = \sqrt{[SE^2_{b2} - (SE^2_{b1} \times MQF_2/MQF_1)]}$.

Mit der Grauschattierung einiger Werte in Modell 3 soll zum Ausdruck kommen, dass mögliche Veränderungen von Koeffizienten, welche durch die Integration von Interaktionstermen in die Regressionsfunktion zustande kommen, nicht interpretiert werden.

Ferner gehen schwache Effekte von der *Geschlechtszugehörigkeit* der Leitungskräfte aus. Sie lassen sich auf ein in der Schulleiterpopulation geringfügig höheres Zufriedenheitsniveau des weiblichen Führungspersonals (M = 4.77; SD = .79) im Vergleich zu den männlichen Amtsinhabern (M = 4.68; SD = .86) zurückführen.

Im dritten Schritt erhöht sich die Anpassungsgüte des aufgestellten Modells in überzufälligem, jedoch betragsmäßig geringem Umfang, wenn zusätzlich *moderierende Effekte* interindividuell variierender Ausprägungen von *Top-down*-Determinanten auf die Wirkungsintensität der *Bottom-up*-Determinanten berücksichtigt werden. Zwar fallen auch die einzelnen Erklärungsanteile der fünf signifikanten Interaktionsterme überwiegend klein aus, dennoch lassen sie erkennen, dass bestimmte Arbeitsplatzmerkmale in der Urteilsfindung verschiedener Personengruppen über die subjektive Qualität des Erwerbslebens einen unterschiedlichen Stellenwert besitzen. Näheren Aufschluss über die drei prägnantesten dieser systematischen Abweichungen geben die nachstehenden Abbildungen[1].

Aus Abbildung 7.5 geht hervor, dass sich auf Seiten der *männlichen* Führungskräfte Veränderungen in der wahrgenommenen *Interessantheit der Tätigkeitsinhalte* markant stärker im Zufriedenheitsurteil niederschlagen als bei ihren Amtskolleginnen. Demgegenüber verbuchen *weibliche* Führungskräfte durch die Arbeit in einem *großen Leitungsteam* stärkere Zufriedenheitsgewinne als männliche Leitungspersonen.

---

1   Verzeichnet ist jeweils dasjenige Zufriedenheitsniveau, welches in den verglichenen Teilpopulationen schulischer Leitungskräfte für solche Ausprägungen von Arbeitsplatzmerkmalen prognostiziert wird, die eine Standardabweichung über und eine Standardabweichung unter dem Gesamtstichprobenmittel liegen.

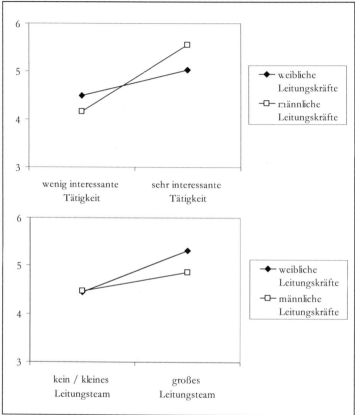

Abbildung 7.5: Geschlecht der Leitungskräfte als Moderator des Einflusses der Interessantheit der Tätigkeit sowie der Größe des Leitungsteams auf das Zufriedenheitsniveau

Abbildung 7.6 fasst die moderierenden Effekte der in die Arbeitswelt eingebrachten *Grundstimmungen* zusammen. Unter der Voraussetzung einer *stark positiven* affektiven Tönung des Leitungshandelns erweist sich das Zufriedenheitsniveau demnach weniger durch ungünstige Kontextfaktoren beeinträchtigt als in der entsprechenden Vergleichsgruppe. Die Wahrnehmung *unsicherer und ungesunder* Arbeitsbedingungen wirkt sich immer dann besonders negativ auf die bewertete Qualität des Arbeitslebens aus, wenn das gesamte Erleben und Verhalten im Leitungsamt eher negativ getönt ist[1].

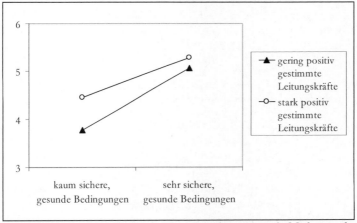

Abbildung 7.6: Ausmaß der positiven Grundstimmung als Moderator des Einflusses der Einschätzung von sicheren und gesunden Arbeitsbedingungen auf das Zufriedenheitsniveau

Des Weiteren offenbart eine *altersabhängige* Differenzierung des Leitungspersonals (ohne Grafik), dass Variationen im Umfang des *Leitungsteams* innerhalb der Gruppe der *jüngeren* Leitungskräfte nahezu ohne Auswirkung auf die Zufriedenheitsbilanz bleiben (b = .10*). Lediglich in der Gruppe der *älteren* Leitungskräfte ist eine erweiterte Schulleitung an nennenswerte Zufriedenheitszuwächse gekoppelt (b = .17**).

Führt man sich erneut die Ergebnisse des vollständigen hierarchischen Modells vor Augen, so fällt auf, dass *Selbstwirksamkeitsüberzeugungen* entgegen der theoretischen Annahmen und trotz ihrer bedeutsamen korrelativen Beziehungen zur globalen Zufriedenheit im Gesamtgefüge aller berücksichtigten Parameter weder signifikante Einzelprädiktoren noch statistisch relevante Moderatoren des Zufriedenheitsniveaus abgeben. Dies lässt Zweifel an der *Vollständigkeit* der theoretischen

---

1 Ähnliche Effekte lassen sich – wenn auch deutlich abgeschwächter – auch für die zufriedenheitsmindernden Auswirkungen der Deputatshöhe schulischer Leitungskräfte nachweisen (ohne Abb.).

Modellkonstruktion aufkeimen und legt die Vermutung nahe, dass von dieser Variable vorrangig *indirekte* Effekte auf die Zufriedenheitsbilanz schulischer Führungskräfte ausgehen, die durch weitere, hier nicht berücksichtigte Variablen nahezu vollständig vermittelt werden. Dieser Vermutung wird in Abschnitt 7.5.6 nachgegangen. Zuvor soll jedoch eruiert werden, welche Bedeutung individuellen *Selbstwirksamkeitsüberzeugungen* bei der psychischen Verarbeitung von als *unbefriedigend* erlebten Aspekten der übernommenen Führungsposition und damit bei der Entstehung bestimmter Formen der Arbeits(un)zufriedenheit zukommt.

7.5.5 Unterschiedliche Zufriedenheitsqualitäten als Ergebnis des Erfüllungsgrades subjektiver Ansprüche und der Überzeugung von der eigenen Wirksamkeit

Aus dem Blickwinkel *diskrepanztheoretischer* Erklärungsansätze sind weder Personnoch Arbeitsplatzmerkmale alleine, sondern vielmehr das Ausmaß ihrer Passung bzw. ihres Missverhältnisses entscheidend für das Zufriedenheitsurteil und dessen qualitative Beschaffenheit (s. hierzu Abschnitt 4.2.2.2). In der vorliegenden Studie wird die Kongruenz bzw. Diskrepanz subjektiver Bewertungsstandards der beruflichen Betätigung und vorgefundener Handlungsbedingungen anhand des *Erfüllungsgrades subjektiver beruflicher Ansprüche im schulischen Leitungsamt* untersucht und in der Form numerischer Differenzbeträge zwischen den individuellen *Wichtigkeitsratings* von Arbeitsplatzmerkmalen und deren wahrgenommenen *Realisationen* im Berufsfeld Schulleitung operationalisiert. Weil die Befragten ihre diesbezüglichen Einschätzungen im Wertebereich von Min = 1 bis Max = 7 abgaben, können die für jeden Fall und jedes Merkmalspaar einzeln berechneten Differenzbeträge prinzipiell Ausprägungen zwischen -7 und +7 annehmen.

Stellt man zunächst in einem sondierenden Überblick über die Gesamtstichprobe die durchschnittlichen Wichtigkeitsratings verschiedener Arbeitsplatzmerkmale (SOLL) dem durchschnittlich berichteten Ausmaß ihrer Verwirklichung im schulischen Leitungsamt (IST) gegenüber (Tabelle 7.37), so ist bei der Interpretation der berechneten Abweichungen zu berücksichtigen, dass im gewählten empirischen Abbildungssystem ein *positiver* Saldo *negative* Diskrepanzerfahrungen im Sinne *unerfüllter* Ansprüche (SOLL > IST) ausdrückt. Weiterhin informiert die letzte Spalte der Tabelle über das nominelle Verhältnis zwischen Personen, die ihr subjektives Anspruchsniveau als *mindestens befriedigt* erleben (Differenzbeträge = 0 oder < 0) und solchen, die ihren Arbeitsplatz gemessen an den eigenen Idealvorstellungen als *defizitär* einstufen (Differenzbeträge > 0).

Tabelle 7.37: *Durchschnittliche Wichtigkeits- und Realisierungsratings verschiedener Merkmale der beruflichen Betätigung sowie Häufigkeiten derjenigen Personen, die ihr subjektives Anspruchsniveau im Leitungsamt als befriedigt bzw. nicht befriedigt einschätzen (n = 861)*

Bewertungsaspekt	Wichtigkeit im Erwerbsleben (SOLL) [a] M *(SD)*	Verwirklichung im Leitungsamt (IST) [a] M *(SD)*	Durchschnittl. Ausmaß der Kongruenz bzw. Diskrepanz SOLL minus IST	Anzahl von Leitungskräften mit übertroffenen / erfüllten / unerfüllten Erwartungen (SOLL </=/> IST)
sichere und gesunde Arbeitsbedingungen	6.46 *(.85)*	4.58 *(1.54)*	1.87	34 / 179 / 648
viele Weiterbildungsmöglichkeiten	5.88 *(1.02)*	4.55 *(1.51)*	1.33	79 / 244 / 538
anerkannter und geachteter Beruf	5.86 *(1.12)*	4.77 *(1.37)*	1.09	120 / 251 / 490
gute Aufstiegsmöglichkeiten	5.46 *(1.31)*	3.34 *(1.69)*	2.12	62 / 178 / 621
sinnvolle Betätigung	6.49 *(.79)*	5.75 *(1.14)*	.75	58 / 385 / 418
viel Freizeit	3.38 *(1.42)*	2.45 *(1.31)*	.93	77 / 297 / 487
hohes Einkommen	5.03 *(1.20)*	4.04 *(1.37)*	.99	117 / 270 / 474
Anderen helfen	5.20 *(1.43)*	5.56 *(1.11)*	-.36	306 / 375 / 180
interessante Tätigkeit	6.34 *(.84)*	6.28 *(.89)*	.05	144 / 535 / 182
selbstständiges Arbeiten	5.87 *(1.09)*	5.85 *(1.02)*	.02	232 / 372 / 257
für Gesellschaft nützliche Tätigkeit	5.64 *(1.24)*	5.80 *(1.09)*	-.16	248 / 425 / 188
sichere Berufsstellung	5.79 *(1.27)*	6.39 *(.93)*	-.60	331 / 448 / 82
verantwortungsvolle Aufgaben	5.39 *(1.15)*	6.35 *(.78)*	-.96	500 / 325 / 36
viel Kontakt zu anderen Menschen	5.30 *(1.32)*	6.24 *(.85)*	-.94	448 / 371 / 42

[a] Siebenstufige Antwortformate von 1 = „finde ich im Berufsleben generell gar nicht wichtig" bzw. „sehe ich im Beruf des Schulleiters gar nicht verwirklicht" bis 7 = „finde ich im Berufsleben generell sehr wichtig" bzw. „sehe ich im Beruf des Schulleiters sehr verwirklicht"

Die Auswertungen lassen erkennen, dass die Leitungspersonen des Samples negative Diskrepanzerfahrungen zwischen Ideal und Realität vorrangig bei solchen Beurteilungsgegenständen diagnostizieren, die sich den beiden beruflichen Wertedimensionen *Entfaltung in einem anerkannten Berufsfeld* sowie *Einkommens- und Karriereambitionen* zuordnen lassen (s. ergänzend Tabelle 6.5). Aus Sicht der Befragungsmehrheit stehen demnach die in schulischen Führungspositionen *vorgefundenen* Ausprägungen von *sicheren und gesunden Arbeitsbedingungen, vielen Weiterbildungsmöglichkeiten, sinnvoller Betätigung* sowie *sozialer Anerkennung* ebenso wie die in diesem Berufsfeld wahrgenommen *Aufstiegsoptionen* und *finanziellen Vergütungen* deutlich hinter ihren diesbezüglich *hohen* Erwartungen zurück. Darüber hinaus hinken die registrierten Spielräume an *freier Zeit* den gehegten Ansprüchen hinterher, obwohl die Leitungskräfte dem Freizeitaspekt ohnehin nur wenig Beachtung schenken.

Des Weiteren lässt sich ein Block von Merkmalen identifizieren, deren durchschnittliche SOLL- und IST-Bewertungen annähernd *deckungsgleich* ausfallen. Demzufolge erachten die meisten Befragten ihre Idealvorstellungen über eine Betätigung, in der sie *Anderen helfen* und *selbstständig arbeiten* können und die sie zudem *interessant* und *für die Gesellschaft nützlich* finden, als im Schulleitungsberuf erfüllt. Dasselbe gilt für die Einschätzungen einer *sicheren Berufsstellung*.

Hinsichtlich der Beurteilungsgegenstände *verantwortungsvolle Aufgaben* und *Häufigkeit sozialer Kontakte* stuft hingegen die Befragungsmehrheit ihr subjektives Anspruchsniveau als deutlich *übertroffen* ein. Eine solche *Überschreitung subjektiver Sättigungsgrenzen* in exponierten Positionen wie derjenigen einer Führungskraft mag ein Grund für die in Tabelle 7.33 dokumentierten *geringen linearen* Zusammenhänge zwischen der *globalen Zufriedenheit* einerseits und dem wahrgenommenen Ausmaß von Verantwortungs- und Interaktionsreichtum am Arbeitsplatz andererseits sein.

Dem *Job-Person-Fit-Axiom* wie auch dem *Zürcher Modell* der Arbeitszufriedenheit zufolge sollte eine *Kongruenz* zwischen subjektiven Standards und perzipierten Arbeitsplatzmerkmalen in Bekundungen einer *konsolidierten* Zufriedenheit münden, die eine faktische Anspruchsbefriedigung zum Ausdruck bringt und sich mit dem Wunsch nach Bewahrung des erreichten Zustandes verbindet. Deshalb werden im Folgenden Leitungspersonen, die über eine *hohe stabilisierte Zufriedenheit* berichten, solchen Leitungspersonen gegenübergestellt, deren stabilisiertes Zufriedenheitsniveau *gering bis mäßig* ausfällt. Die Kategorisierung erfolgte aufgrund der linksschiefen Verteilung der zugehörigen Zufriedenheitsskala intervallbasiert entlang des Trennwertes von 4. Auf diese Weise entstanden zwei Klassen im Umfang von n = 230 (Wertebereich 1.00 - 4.00) und n = 613 (Wertebereich 4.01 - 6.00).

Tabelle 7.38: Unterschiede im Erfüllungsgrad subjektiver beruflicher Standards zwischen Leitungspersonen mit hoher und geringer bis mäßiger stabilisierter Zufriedenheit

Erfüllungsgrad subjektiver beruflicher Standards	gering/mäßig stabilisiert Zufriedene (n = 230)		hoch stabilisiert Zufriedene (n = 631)			
	M	SD	M	SD	U	d
Diff. Soll-Ist: sichere und gesunde Bedingungen	2.75	1.88	1.55	1.59	45024**	.69
Diff. Soll-Ist: sinnvolle Betätigung	1.34	1.49	.53	1.00	46405**	.65
Diff. Soll-Ist: selbstständiges Arbeiten	.55	1.44	-.17	1.24	51844**	.54
Diff. Soll-Ist: interessante Tätigkeit	.37	.95	-.06	.85	53692**	.48
Diff. Soll-Ist: anerkannter und geachteter Beruf	1.69	1.75	.87	1.64	53536**	.48
Diff. Soll-Ist: Anderen helfen	-.01	1.44	-.48	1.44	60171**	.33
Diff. Soll-Ist: viel Freizeit	1.27	1.60	.80	1.46	59340**	.31
Diff. Soll-Ist: gute Aufstiegsmöglichkeiten	2.56	2.02	1.95	2.05	60322**	.30
Diff. Soll-Ist: für Gesellschaft nützliche Tätigkeit	.12	1.45	-.27	1.16	60467**	.30
Diff Soll-Ist: sichere Berufsstellung	-.35	1.33	-.69	1.30	61216**	.26
Diff. Soll-Ist: hohes Einkommen	1.30	1.75	.88	1.65	61870**	.25
Diff. Soll-Ist: viele Weiterbildungsmöglichkeiten	1.63	1.80	1.22	1.59	62141**	.24
Diff. Soll-Ist: viel Kontakt zu Anderen	-.85	1.32	-.98	1.33	69769	---
Diff. Soll-Ist: verantwortungsvolle Aufgaben	-.92	1.26	-.97	1.17	71284	---

Die Mittelwerte sind Differenzbeträge zwischen Wichtigkeits- und Realisierungsratings verschiedener Arbeitsplatzmerkmale (SOLL - IST), deren Ausprägungen zwischen -7 bis +7 schwanken können.
U-Werte gemäß Mann-Whitney-Test

Gemäß H *4p* ist davon auszugehen, dass der wahrgenommene *Erfüllungsgrad* subjektiver Ansprüche im Berufsleben in der zweiten Klasse höher ausgeprägt ist als in der ersten Klasse. Tabelle 7.38 dokumentiert, dass diese Annahme beibehalten werden kann: *Hochgradig stabil zufriedene* Leitungskräfte registrieren in zwölf von vierzehn Bewertungsaspekten entweder *geringere* Abweichungen zwischen ihren jeweiligen Wichtigkeits- und Realisierungseinschätzungen oder gar in stärkerem Umfang übertroffene Erwartungen als solche mit *geringer bis mäßiger stabilisierter Zufriedenheit*. Die Unterschiede zwischen den Gruppen erreichen in den Gegenstandsbereichen *sichere und gesunde Arbeitsbedingungen, sinnvolle Betätigung* sowie *selbstständiges Arbeiten* mittlere, in den übrigen signifikanten Bereichen eher kleine Effektstärken.

In der *Gesamtbetrachtung* kann damit durchaus von bedeutsamen Urteilsdivergenzen zwischen den zugrunde liegenden Teilpopulationen gesprochen werden, zumal die Urteilsfindung *innerhalb* der kontrastierten Gruppen in Anbetracht des Wertebereichs der abhängigen Variablen (mögliche Ausprägungen von -7 bis +7) recht homogen ausfällt. Lediglich hinsichtlich der *Häufigkeit sozialer Kontakte* und dem *Verantwortungsreichtum* im Leitungsamt bestehen keine überzufälligen Gruppenunterschiede. Vielmehr erhärten die Vorzeichen und Höhen der zugehörigen Differenzbeträge die bereits angeklungene Vermutung, dass zumindest hinsichtlich dieser Bewertungsaspekte in *beiden* Vergleichsgruppen subjektive Sättigungsgrenzen überschritten sind.

Komplementär zu den bisherigen Analysen werden im Weiteren mehr oder minder *abschlägige* Beurteilungen der Qualität des Arbeitslebens unter der Voraussetzung *enttäuschter Erwartungen* betrachtet. Im Hypothesenkomplex H *4q* bis H *4s* wird in Anlehnung an das erweiterte *Zürcher Modell* der Arbeitszufriedenheit (Büssing et al. 2006) angenommen, dass angesichts einer Nicht-Befriedigung berufsbezogener Ansprüche individuelle *Selbstwirksamkeitsüberzeugungen* über das Ausmaß an *resignativer Zufriedenheit, fixierter Unzufriedenheit* und *konstruktiver Unzufriedenheit* entscheiden.

Zur Überprüfung dieser Thesen beschränken sich die durchgeführten Analysen jeweils auf diejenige Anzahl von Fällen, in denen die wahrgenommene Berufsrealität hinsichtlich der verschiedenen Beurteilungsgegenstände hinter dem subjektiv angestrebten Niveau zurückbleibt (SOLL-IST-Differenzen > 0; zusammengefasst in Tabelle 7.37). Losgelöst von dieser Objektauswahl und im Analyseprozess zeitlich vorangestellt erfolgte eine Kategorisierung der *Selbstwirksamkeitsskala*. Um angesichts der hohen Durchschnittsausprägungen dieses Merkmals zu einer sinnvoll interpretierbaren Abstufung in annähernd gleich stark besetzten Segmenten zu gelangen, wurde eine perzentilbasierte Dreiteilung vorgenommen: Die erste Klasse umfasst bei einem Wertebereich von 1.00 bis 4.00 Leitungskräfte mit *geringer bis mäßiger* Selbstwirksamkeit (n = 315); die zweite Klasse im Umfang von n = 276 beinhaltet Leitungskräfte mit *hoher* Selbstwirksamkeit im Wertespektrum zwischen 4.01 und 4.67; in der dritten Klasse sind Personen zusammengefasst, deren Selbstwirksamkeitserwartungen angesichts von Merkmalsausprägungen > 4.68 als *sehr hoch* bezeichnen sind (n = 270).

Mithilfe der Filtervariablen *Nicht-Erfüllung des subjektiven Anspruchsniveaus* im Schulleitungsberuf wird im Folgenden untersucht, ob das Niveau negativ akzentuierter Zufriedenheitsformen von der artikulierten Überzeugung, Schwierigkeiten aus eigener Kraft überwinden zu können, systematisch beeinflusst wird. Allerdings werden hierbei die Beurteilungsgegenstände *viel Kontakt zu anderen Menschen* und *verantwortungsvolle Aufgaben* aufgrund der geringen Fallzahlen (im Sinne von Leitungspersonen mit diesbezüglich unerfüllten Erwartungen) ausgeblendet.

Wie Tabelle 7.39 zu entnehmen ist, kann die in *H 4q* formulierte Annahme beibehalten werden. Unter der Bedingung negativ diskrepanter SOLL-Vorstellungen und IST-Lagen im Leitungsamt äußern sich *gering bis mäßig selbstwirksame* Schulleiter konsequent stärker als *hoch und sehr hoch selbstwirksame* Leitungspersonen in einer Form, die auf eine *resignative* Anpassung ihres Erwartungshorizonts schließen lässt. Die Gruppenunterschiede erreichen in den Bewertungsbereichen einer *für die Gesellschaft nützlichen Tätigkeit* sowie einer *sicheren Berufsstellung* mittlere, in den übrigen Bereichen kleine Effektstärken. Dasselbe Muster wiederholt sich auch im Beurteilungsaspekt *interessante Tätigkeit,* ohne jedoch über die Stichprobe hinaus generalisierbar zu sein.

Mit Blick auf die Ausprägungshöhe der *konstruktiven Unzufriedenheit* lassen sich entgegen *H 4r* aber *keinerlei signifikante* Mittelwertdifferenzen in Abhängigkeit individueller *Selbstwirksamkeitsüberzeugungen* nachweisen. Bei der Interpretation dieses Ergebnisses (s. hierzu Abschnitt 7.5.7) sind jedoch auffällige *Bodeneffekte* in der abhängigen Variable zu beachten, die sich über alle Bewertungsgegenstände hinweg in Durchschnittswerten zwischen M = 1.43 (SD = .80) und M = 1.90 (SD = 1.26) niederschlagen (s. ergänzend Tabelle 6.12 für die Gesamtstichprobe).

Tabelle 7.39: Signifikante Unterschiede im Ausmaß resignativer Zufriedenheit in Abhängigkeit von Selbstwirksamkeitsüberzeugungen unter der Bedingung unerfüllter Ansprüche an den Beruf

Filtervariable: Fälle mit unerfüllten Ansprüchen in den Bereichen...	Höhe der resignativen Zufriedenheit bei ...					
	gering/ mäßig Selbstwirksamen M *(SD)*	hoch Selbstwirksamen M *(SD)*	sehr hoch Selbstwirksamen M *(SD)*	χ^2	η^2	
für Gesellschaft nützliche Tätigk. (n = 188: 81/61/46)	3.54 *(1.13)*	2.98 *(.98)*	2.67 *(1.27)*	20.027**	.09	I > II, III
sichere Berufsstellung (n = 82: 39/22/21)	3.45 *(1.15)*	3.55 *(1.17)*	2.69 *(1.64)*	6.217*	.07	---
sichere und gesunde Arbeitsbedingungen (n = 648: 256/200/192)	3.26 *(1.18)*	2.96 *(1.15)*	2.58 *(1.27)*	36.151**	.05	I > II > III
anerkannt., geachtet. Beruf (n = 490: 191/157/142)	3.35 *(1.19)*	2.86 *(1.11)*	2.70 *(1.31)*	27.357**	.05	I > II, III
viel Freizeit (n = 487: 177/170/140)	3.27 *(1.18)*	2.98 *(1.14)*	2.64 *(1.19)*	22.591**	.05	I, II > III
selbstständiges Arbeiten (n = 257: 108/82/67)	3.43 *(1.19)*	3.10 *(1.19)*	2.72 *(1.20)*	13.763**	.05	I > III
gute Aufstiegsmögl. (n = 621: 221/201/199)	3.25 *(1.22)*	2.93 *(1.15)*	2.59 *(1.26)*	31.642**	.05	I > II > III
hohes Einkommen (n = 474: 171/158/145)	3.24 *(1.20)*	2.96 *(1.12)*	2.66 *(1.21)*	19.107**	.04	I > III
viele Weiterbildungsmögl. (n = 538: 210/175/153)	3.19 *(1.20)*	2.88 *(1.17)*	2.63 *(1.29)*	21.175**	.04	I > II, III
sinnvolle Betätigung (n= 418: 177/147/94)	3.42 *(1.16)*	2.92 *(1.13)*	2.87 *(1.33)*	19.020**	.04	I > II, III
Anderen helfen (n = 180: 82/62/36)	3.51 *(1.25)*	3.26 *(1.01)*	2.94 *(1.26)*	6.681*	.03	---

Sechsstufiges Antwortformat (von 1 = „stimmt gar nicht" bis 6 = „stimmt voll und ganz")
χ^2-Werte basierend auf dem Kruskal-Wallis-Test; Multigruppenvergleiche gemäß Sidak
Die Angaben zum Teilstichprobenumfang sind wie folgt zu lesen:
n = Anzahl der selektierten Fälle: Anzahl der gering bis mäßig Selbstwirksamen / Anzahl der hoch Selbstwirksamen / Anzahl der sehr hoch Selbstwirksamen in dieser selektierten Objektmenge.

7.5 Beanspruchungsreaktionen und -folgen im Spiegel arbeitspsychologischer Erklärungsmodelle

Tabelle 7.40: Signifikante Unterschiede im Ausmaß fixierter Unzufriedenheit in Abhängigkeit von Selbstwirksamkeitsüberzeugungen unter der Bedingung unerfüllter Ansprüche an den Beruf

Filtervariable: Fälle mit unerfüllten Ansprüchen in den Bereichen...	Höhe der fixierten Unzufriedenheit bei ...					
	gering/ mäßig Selbstwirksamen M *(SD)*	hoch Selbstwirksamen M *(SD)*	sehr hoch Selbstwirksamen M *(SD)*	χ^2	η^2	
für Gesellschaft nützliche Tätigk. (n = 188: 81/61/46)	2.93 *(1.16)*	2.45 *(1.21)*	1.91 *(.98)*	24.858**	.12	I > II > III
sichere Berufsstellung (n = 82: 39/22/21)	3.17 *(1.34)*	2.91 *(1.31)*	2.12 *(1.21)*	9.428**	.10	I > III
selbstständiges Arbeiten (n = 257: 108/82/67)	2.70 *(1.16)*	2.47 *(1.19)*	2.07 *(.94)*	12.736**	.05	I > III
sichere und gesunde Arbeitsbedingungen (n = 648: 256/200/192)	2.57 *(1.21)*	2.38 *(1.14)*	2.01 *(1.03)*	13.602**	.04	I > II > III
anerkannt., geachtet. Beruf (n = 490: 191/157/142)	2.62 *(1.23)*	2.27 *(1.12)*	2.08 *(1.09)*	20.284**	.04	I > II, III
sinnvolle Betätigung (n= 418: 177/147/94)	2.71 *(1.23)*	2.42 *(1.14)*	2.13 *(1.11)*	16.522**	.04	I > III
viel Freizeit (n = 487: 177/170/140)	2.67 *(1.20)*	2.38 *(1.11)*	2.10 *(1.05)*	20.984**	.04	I > III
gute Aufstiegsmögl. (n = 621: 221/201/199)	2.58 *(1.23)*	2.29 *(1.13)*	2.01 *(1.04)*	24.427**	.04	I > II > III
viele Weiterbildungsmögl. (n = 538: 210/175/153)	2.50 *(1.14)*	2.23 *(1.09)*	2.01 *(1.02)*	20.798**	.03	I > III
interessante Tätigkeit (n = 182: 80/58/44)	2.68 *(1.21)*	2.66 *(1.25)*	2.14 *(1.25)*	8.468*	.03	I > III
hohes Einkommen (n = 474: 171/158/145)	2.54 *(1.21)*	2.39 *(1.19)*	2.10 *(1.01)*	11.723**	.03	I > III

Sechsstufiges Antwortformat (von 1 = „stimmt gar nicht" bis 6 = „stimmt voll und ganz")
χ^2 -Werte basierend auf dem Kruskal-Wallis-Test; Multigruppenvergleiche gemäß Sidak
Die Angaben zum Teilstichprobenumfang sind wie folgt zu lesen:
n = Anzahl der selektierten Fälle: Anzahl der gering bis mäßig Selbstwirksamen / Anzahl der hoch Selbstwirksamen / Anzahl der sehr hoch Selbstwirksamen in dieser selektierten Objektmenge.

Für eine Zurückweisung von H 4s besteht demgegenüber kein Anlass, wie aus Tabelle 7.40 hervorgeht. Leitungskräfte, die sich eine *sehr hohe Selbstwirksamkeit* attestieren, bekunden überzufällig weniger als die *gering bis mäßig selbstwirksamen* Amtsinhaber eine *Unzufriedenheitsvariante,* in welcher die klaffende Lücke zwischen Anspruch und wahrgenommener Berufsrealität frustriert erlitten wird, ohne Anstrengungen zur Änderung der unbefriedigenden Arbeitssituation zu unternehmen *(fixierte Unzufriedenheit).* Ebenso wie bei der *resignativen Zufriedenheit* treten auch bei der *fixierten Unzufriedenheit* selbstwirksamkeitsbedingte Unterschiede am stärksten zutage, wenn Einschätzungen über den *gesellschaftlichen Nutzen* der ausgeübten Tätigkeit sowie über die *Sicherheit der beruflichen Stellung* hinter den subjektiven Erwartungen zurückbleiben (mittlere Effekte).

Unter dem Eindruck, weniger als erhofft *Anderen helfen* zu können, sind die *gering bis mäßig selbstwirksamen* Schulleiter in der gezogenen Stichprobe ebenfalls stärker *fixiert unzufrieden* als die *(sehr) hoch selbstwirksamen* Leitungspersonen; ein Schluss auf die zugrunde liegende Grundgesamtheit ist in diesem Teilaspekt allerdings nicht zulässig.

Festzuhalten bleibt, dass das Ausmaß der *fixierten Unzufriedenheit* wie auch der *resignativen Zufriedenheit* angesichts diverser Enttäuschungen des gegenwärtigen Arbeitsplatzes zwar systematisch und theoriekonform in Abhängigkeit der individuellen *Selbstwirksamkeitsüberzeugungen* variiert, jedoch von diesen Überzeugungen bei Weitem nicht vollständig aufgeklärt wird. Es stellt sich deshalb die Frage, ob und wie sich *spezifische emotionale Erlebensqualitäten* bei der Berufsausübung in der individuellen Zufriedenheitsbilanz niederschlagen.

7.5.6 Einflüsse von Belastungsempfindungen bei der Berufsausübung auf Bewertungen der Qualität des Arbeitslebens

Jüngeren arbeitspsychologischen Beiträgen zufolge stellen Art und Intensität des emotionalen Erlebens im Arbeitsprozess vielfach unterschätzte Determinanten der retrospektiven, summativen Bewertungen des Arbeitslebens dar (zsf. Wegge 2007 sowie Abschnitt 4.2.2.4). Für die vorliegende Studie wurden aus dem weitläufigen Spektrum psychischer Erlebensqualitäten am Arbeitsplatz subjektive *Belastungsempfindungen,* welche die Erfüllung beruflicher Handlungsaufgaben begleiten, herausgegriffen und operationalisiert. Es wird angenommen, dass diese Belastungsempfindungen jeweils negativ mit dem *stabilisierten* Zufriedenheitsniveau *(H 4t),* aber positiv mit der Höhe der *resignativen* Zufriedenheit sowie der *fixierten* und *konstruktiven* Unzufriedenheit korrelieren *(H 4u)*.

Aus Tabelle 7.41 geht hervor, dass sämtliche Korrelationskoeffizienten zwischen den erhobenen Dimensionen des *Belastungserlebens* und den unterschiedenen Formen der *Zufriedenheit* nicht nur die erwarteten Vorzeichen besitzen und mit einer minimalen Irrtumswahrscheinlichkeit gegen Null abgesichert sind, sondern zumeist auch beachtliche Höhen erreichen. Stark gegenläufig entwickeln sich dabei die Intensität von *Befindensbeeinträchtigungen* und *Zeitstress* auf der einen Seite und das Niveau der *stabilisierten Zufriedenheit* auf der anderen Seite. Demgegenüber steigt die *resignative Zufriedenheit* insbesondere mit einem wachsenden Gefühl *normativen Drucks* infolge der Verantwortungsfülle der Führungsposition und der an dieses Amt gerichteten Gestaltungserwartungen stark an. Das Gefühl fehlender Erfolgserlebnisse und ausbleibender bestärkender Rückmeldungen von relevanten Bezugsgruppen *(Feedbackdefizit)* ist ebenfalls enger an *resignative* Urteilstendenzen gekoppelt als an die anderen Zufriedenheitsformen.

Alle übrigen Koeffizienten markieren mittlere Zusammenhänge, die im Falle der *konstruktiven* Unzufriedenheit *trotz* geringer Varianzen in den diesbezüglichen Angaben der Schulleiter nachweisbar sind. Lediglich der Zusammenhang zwischen dem *Feedbackdefizit* und der *konstruktiven* Unzufriedenheit fällt eher lose aus.

Tabelle 7.41: Rangkorrelationen (Spearmans Rho) zwischen Facetten des Belastungserlebens und Formen der Zufriedenheit (n = 861)

Facetten des Belastungserlebens	Formen der Zufriedenheit			
	stabilisierte Zufriedenheit	resignative Zufriedenheit	fixierte Unzufriedenheit	konstruktive Unzufriedenheit
Befindensbeeinträchtigungen	-.51**	.47**	.47**	.33**
Zeitstress	-.52**	.48**	.44**	.29**
normativer Druck	-.47**	.50**	.43**	.30**
Feedbackdefizit	-.31**	.40**	.29**	.18**

Legt man bei der Prognose der *globalen* Zufriedenheit die Kausalstruktur des Modells der *beanspruchungsvermittelten Zufriedenheit* sensu Wieland, Krajewski und Memmou (2006) zugrunde, so sollte das *prozessbegleitende Beanspruchungserleben* summative Bewertungen der Qualität des Arbeitslebens nicht nur unmittelbar beeinflussen, sondern auch die zufriedenheitsgenerierenden bzw. -beeinträchtigenden Wirkungen *antezedenter Person- und Kontextvariablen* in Teilen mediieren. Die zur Überprüfung dieser Annahme erforderlichen Mediatoranalysen werden zunächst auf denjenigen Variablen durchgeführt, die in den hierarchischen Schätzmodellen diverser *Bottom-up-* und *Top-down-Determinanten* höchst signifikante Einzelprädiktoren des generellen Zufriedenheitsniveaus im schulischen Leitungsamt darstellen (s. hierzu Tabelle 7.36). Dabei handelt es sich um die beiden Arbeitsplatzmerkmale *sinnvolle Betätigung* und *selbstständiges Arbeiten* sowie um das Personencharakteristikum *Selbstregulation, Delegation & Priorisierung*.

Für die langfristig positiven Beanspruchungsfolgen der drei genannten Variablen findet die theoretische Modellierung eines intervenierenden Einflusses von Belastungsempfindungen im Arbeitsvollzug eine klare Entsprechung in den empirischen Daten, denn sämtliche der in Abbildung 7.7 verzeichneten *indirekten Wirkungsketten* fallen entsprechend der Ergebnisse des *Sobel-Tests* höchst signifikant aus (z-Werte) und besitzen durchweg theoriekonforme Einflussrichtungen. Zudem bleiben signifikante *direkte* Effekte der Prädiktoren auch nach Aufnahme der Mediatoren in die multiplen Regressionsschätzungen mit verringerter Intensität bestehen, so dass von einer *partiellen* Vermittlung ihrer Einflüsse auf das Zufriedenheitsurteil ausgegangen werden kann.

Im Detail lässt die Grafik erkennen, dass bspw. der Eindruck, in der schulischen Führungsposition einer *sinnvollen Betätigung* nachzugehen, nicht nur *unmittelbar* zufriedenheitsstiftend wirkt (b = .20**), sondern auch psychosomatische *Befindensbeeinträchtigungen (BE),* den empfundenen *Zeitstress (ZS)* und *normativen Druck (ND)* sowie subjektive *Feedbackdefizite (FEED)* während der Amtsausübung bedeutsam lindert und auf diesem Wege die Zufriedenheitsbilanz zusätzlich verbessert (b = [-.31** x -.22**] + [-.34** x -.11**] + [-.30** x -.18**] + [-.28** x -.06*] = .18**). Dieses Wirkungsprinzip lässt sich analog für den wahrgenommenen Realisationsgrad eines *selbstständigen Agierens,* d.h. der Existenz großer Entscheidungs- und Handlungsfreiräume im Leitungsamt, nachzeichnen.

7.5 Beanspruchungsreaktionen und -folgen im Spiegel arbeitspsychologischer Erklärungsmodelle

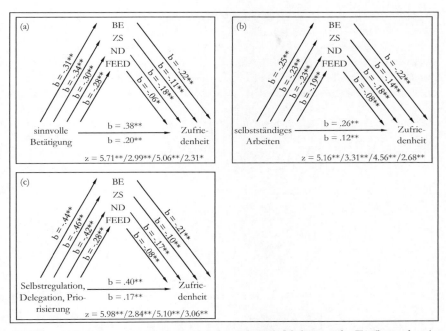

Abbildung 7.7: Belastungsempfindungen bei der Arbeit als Mediatoren des Einflusses der Arbeitsplatzmerkmale sinnvolle Betätigung und selbstständiges Arbeiten (a, b) sowie der individuellen Fähigkeiten zur Selbstregulation, Delegation und Priorisierung (c) auf die globale Zufriedenheit im Leitungsamt. Ausweis der Regressionskoeffizienten für die zuvor z-standardisierten Parameter.

Die *totalen* zufriedenheitserhöhenden Effekte einer *individuellen Arbeitsweise*, welche sich durch inhaltliche Schwerpunktsetzungen, eine zielorientierte und konzentrierte Handlungsweise und die selektive Übertragung von Aufgaben an die Mitarbeiter auszeichnet, gehen sogar nur zu rund 40 % auf deren *direkte* Einflüsse zurück. Vorrangig schlagen sich aber derartige Strategien der Aufgabenbewältigung dadurch positiv im subjektiven Zufriedenheitsurteil nieder, dass ihr Einsatz die wiederum zufriedenheitsmindernden Einflüsse stressbedingter Beeinträchtigungen von Wohlbefinden und Leistungsfähigkeit, Gefühle zeitlicher Nöte und überhöhter Verantwortungslast wie auch die bedrückenden Empfindungen ausbleibender Erfolge und positiver Rückmeldungen im Schulleitungsalltag spürbar eindämmt.

Für die beiden Aspekte *interessante Tätigkeitsinhalte* sowie *Leitungsteamstärke* sind jeweils durch das *Geschlecht* der Führungskräfte moderierte Mediatoreffekte zu ermitteln, wie sie in Abbildung 7.8 visualisiert sind. Hierdurch wird ersichtlich, dass die *indirekten Wirkungsketten* auf Seiten der Männer vielfältiger sind und jeweils signifikant ausfallen, während sie bei den Frauen diffus und zumindest in der Einzelbetrachtung statistisch irrelevant bleiben. Somit tritt die Filterfunktion negativer psychischer Beanspruchungsreaktionen während der Leitungstätigkeit bei männlichen Führungskräften in einer differenzierteren Weise in Erscheinung als bei weiblichen.

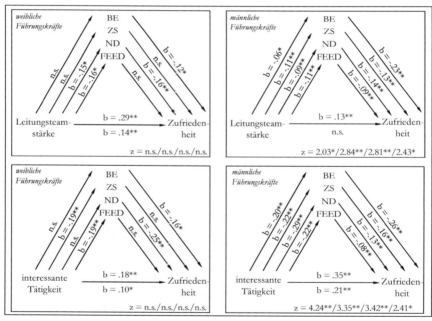

Abbildung 7.8: Belastungsempfindungen bei der Arbeit als Mediatoren des Einflusses der Größe des Leitungsteams sowie der Interessantheit der Tätigkeitsinhalte auf die globale Zufriedenheit; getrennte Berechnungen in den Gruppen der männlichen und weiblichen Führungskräfte. Ausweis der Regressionskoeffizienten für die zuvor z-standardisierten Parameter.

Anhand der Auswertungen lässt sich nachvollziehen, dass *weibliche* Führungskräfte durch die Einbindung in ein großes Leitungsteam bedeutsam stärkere *totale* Zufriedenheitsgewinne verbuchen als ihre männlichen Amtskollegen (b = .29** versus b = .13**; dies konsistent zu den in Abschnitt 7.5.4 berichteten Befunden). Zudem wird erkennbar, dass diese Effekte mindestens zur Hälfte *direkter* Natur sind und damit unmittelbar aus der *per se* als befriedigend erlebten Zusammenarbeit resultieren. Indirekte, durch reduzierte Belastungsempfindungen kanalisierte Folgeeffekte einer erweiterten Schulleitung lassen sich allenfalls auf deren additives Zusammenspiel zurückführen. Demgegenüber fallen bei den *männlichen* Führungskräften die zufriedenheitsgenerierenden Effekte eines großen Leitungteams nicht nur *insgesamt* markant geringer aus als bei ihren Amtskolleginnen, sondern werden außerdem *vollständig* von zufriedenheitsrelevanten psychischen Beanspruchungsreaktionen bei der Arbeit absorbiert. Kooperative Führungsstrukturen entfalten somit in der Gruppe der Männer *keinerlei direkte zufriedenheitserhöhende* Effekte. Vielmehr erfüllen sie ausschließlich den Zweck einer *Dämpfung sämtlicher stressbedingter Belastungsempfindungen* der Berufsausübung, welche die subjektive Qualität des Arbeitslebens aus Sicht der Männer deutlich stärker beschneiden als aus der Sicht der Frauen.

Aus einer Befassung mit *interessanten Aufgaben* im Leitungsamt schöpfen dagegen die *männlichen* Führungskräfte doppelt so hohe *totale* wie auch *unmittelbare* Zufriedenheitsgewinne wie die weiblichen Führungskräfte. Die wahrgenommene Interessantheit der Leitungstätigkeiten erscheint auf Seiten des männlichen Leitungspersonals jedoch nicht nur per se stärker zufriedenheitsgenerierend (b = .21** versus b = .10*), sondern bedingt darüber hinaus eine indirekt zufriedenheitserhöhende Verringerung von Befindensbeeinträchtigungen, zeitlichen Nöten, normativen Drücken und erlebten Feedbackdefiziten während der Erfüllung der beruflichen Pflichten (b = [-.20** x -.26**] + [-.22** x .-16**] + [-.29** x .-13**] + [-.22** x -.08**] = .14**). Diese Filterfunktionen sind auf Seiten der Schulleiterinnen selbst in der Summe statistisch nahezu irrelevant (b = .08*).

Abbildung 7.9 kontrastiert die zufriedenheitsbeeinflussenden Wirkungen der Einschätzung *sicherer und gesunder Arbeitsbedingungen* unter den Voraussetzungen schwacher bzw. starker positiver *Grundstimmungen* der Positionsinhaber. Bei dieser Gegenüberstellung fällt auf, dass Bilanzierungen der Qualität des Arbeitslebens bei denjenigen Leitungskräften, welche den beruflichen Anforderungen generell in einer eher negativen Grundstimmung begegnen, erheblich stärker *unmittelbar* von günstigen Umgebungsfaktoren abhängen als in der Vergleichsgruppe (b = .20** versus b = .08**).

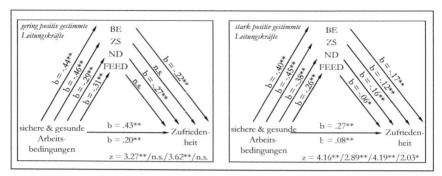

Abbildung 7.9: Belastungsempfindungen bei der Arbeit als Mediatoren des Einflusses von sicheren und gesunden Arbeitsbedingungen auf die globale Zufriedenheit; getrennte Berechnung für variierende Affektlagen der Leitungskräfte. Ausweis der Regressionskoeffizienten für die zuvor z-standardisierten Parameter.

Darüber hinaus heben jene Rahmenbedingungen das Zufriedenheitsniveau der gering positiv gestimmten Leistungskräfte über eine Beeinflussung von Wohlbefinden und Leistungsvermögen sowie von Verantwortungsfülle und externem Erwartungsdruck mittelbar an. Auf Seiten der stark positiv gestimmten Leitungskräfte ist das Zufriedenheitsurteil hingegen sowohl *insgesamt* weniger von derartigen Kontextfaktoren beeinflusst (b = .27** versus b = .43**) als auch zu größeren Teilen durch sämtliche Facetten von Belastungsempfindungen bei der Amtsausübung kanalisiert (rund 70 % versus rund 50 % der jeweiligen totalen Effekte).

Interessanterweise lassen sich die beanspruchungsvermittelte Wirkungen antezedenter Person- und Kontextbedingungen auf die Zufriedenheitsbilanz auch für diejenigen Variablen nachvollziehen, welche bei einer simultanen Betrachtung verschiedener *Top-down-* und *Bottom-up-Determinanten* keine eigenständigen (direkten) Erklärungsbeiträge liefern (s. Tabelle 7.36). Wie aus Abbildung 7.10 hervorgeht, werden die zufriedenheitsstiftenden Effekte sowohl von individuellen *Selbstwirksamkeitsüberzeugungen* als auch von der sozialen *Anerkennung und Achtung* des beruflichen Betätigungsfeldes systematisch unterschätzt, solange die vielfältigen intervenierenden Einflüsse emotionaler Erlebensqualitäten während der Berufsausübung in der statistischen Analyse ausgeblendet bleiben.

7.5 Beanspruchungsreaktionen und -folgen im Spiegel arbeitspsychologischer Erklärungsmodelle

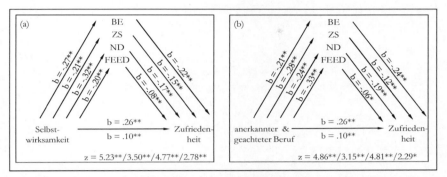

Abbildung 7.10: Belastungsempfindungen bei der Arbeit als Mediatoren des Einflusses von (a) Selbstwirksamkeitsüberzeugungen (b) wahrgenommener Anerkennung und Achtung im Beruf auf die globale Zufriedenheit. Ausweis der Regressionskoeffizienten für die zuvor z-standardisierten Parameter.

Durch eine Berücksichtigung von Mediatoreffekten lässt sich jedoch zeigen, dass prospektive eigene Bewältigungskapazitäten wie auch die Erfahrung einer sozialen Würdigung der Schulleitungstätigkeit das Zufriedenheitsniveau innerhalb der gesamten Berufsgruppe *vorrangig auf indirektem Wege* erhöhen, indem sie zufriedenheitsrelevante Befindensbeeinträchtigungen, zeitliche Nöte und normative Drücke während der Berufsausübung abschwächen, aber auch die bedrückenden Empfindungen eines subjektiven Mangels an greifbaren Erfolgen und positiven Rückmeldungen für die geleistete Arbeit bedeutsam reduzieren (bspw. ergibt sich rechnerisch für die Variable *anerkannter und geachteter Beruf* eine vermittelte Wirkung in Höhe von b = [-.21** x -.24**] + [-.28** x -.12**] + [-.24** x -.19**] + [-.33** x -.06*] = .15**).

7.5.7 Zwischenfazit zu den Korrelaten und Determinanten von Zufriedenheitsurteilen im schulischen Leitungsamt

In diesem Untersuchungsabschnitt wurden verschiedene theoretische Erklärungsansätze der Arbeitszufriedenheit überprüft. Die Durchführung *hierarchischer Regressionen* zur Beantwortung der arbeitspsychologischen „Kardinalfrage" nach der *Per-*

son- oder Situationsabhängigkeit variierender Zufriedenheitsbilanzen im Schulleitungsamt offenbarte dabei, dass

- objektivierbare Rahmenbedingungen des Leitungshandelns – namentlich das zu absolvierende Unterrichtsdeputat und der Umfang des Leitungsteams – kaum eigenständige Erklärungsbeiträge für das individuelle Zufriedenheitsurteil leisten;
- schulische Leitungskräfte generell umso positivere Zufriedenheitsurteile fällen, je mehr sie den Eindruck haben, in der übernommenen Position einer *sinnvollen Betätigung* mit *interessantem Aufgabenspektrum* in weitgehender *Eigenverantwortung* unter *sicheren und gesunden Arbeitsbedingungen* nachzugehen, und je stärker sie sich dabei eine *positive Grundstimmung* und die Fähigkeit zur *Selbstregulation, Delegation & Priorisierung* attestieren;
- die Effektschätzer einzelner Arbeitsplatzmerkmale von denjenigen personenspezifischer Einflussgrößen in bedeutsamem Umfang verändert werden, wobei im Gesamtgefüge aller berücksichtigten Variablen die Strategie, bei der Leitungstätigkeit inhaltliche Schwerpunkte zu setzen, eigene Gedanken und Gefühle auf eine zielgerichtete, sachdienliche Aufgabenerfüllung zu konzentrieren und selektiv Aufgaben an das Team zu übertragen, den *stärkster Einzelprädiktor* der globalen Zufriedenheit darstellt;
- zudem eine Reihe systematischer *Interaktionswirkungen* nachweisbar ist, wonach erstens das *Geschlecht* der Leitungskräfte den Einfluss der wahrgenommenen Interessantheit des Tätigkeitsprofils und der Leitungsteamstärke, zweitens das Ausmaß *positiver Gestimmtheit* die Auswirkungen der Deputatshöhe sowie der sicheren und gesunden Arbeitsbedingungen, drittens das *Alter* die Effekte der Leitungsteamstärke auf das Zufriedenheitsniveau moderiert.

In der Berufsgruppe der Schulleiter finden sich demnach sowohl *Bottom-up-* als auch *Top-down-Determinanten* der Zufriedenheit, die gemeinsam über 40 % der Varianz im Kriterium binden und deshalb als praktisch sehr bedeutsam eingestuft werden können. Angesichts des hohen *durchschnittlichen* Zufriedenheitsniveaus schulischer Führungskräfte ist dieses Ergebnis bemerkenswert, weil die mit statistischen Prozeduren aufklärbare Streubreite in der abhängigen Variable stark limitiert ist (Urban & Mayerl 2008, 318).

Allerdings lassen sich Variationen im globalen Zufriedenheitsurteil nur in geringem Umfang auf überadditive Wirkungen spezifischer Kombinationen von Anforderungsmerkmalen der Stelle und Eigenschaften bzw. Leistungspotenzialen des Inhabers zurückführen (s. für ähnliche Befunde in anderen Berufssparten Abele et al. 2006). Empirisch untermauert werden die theoretischen Annahmen einer urteilsentscheidenden *Person-Umwelt-Interaktion* insbesondere dadurch, dass positive Bewertungen der Qualität des Arbeitslebens bei *weiblichen* Führungskräften prägnant stärker an *kooperative Leitungsstrukturen* und markant weniger an die wahrgenommene *Interessantheit der Aufgabeninhalte* gekoppelt ist als bei den *männlichen* Amtsinhabern. Des Weiteren wirken sich in der gesamten Berufsgruppe *sichere und gesunde Umgebungsfaktoren* des Leitungshandelns unter der Voraussetzung einer grundlegend eher *negativen Stimmungslage* deutlich stärker zufriedenheitsmindernd aus als unter der Voraussetzung einer stark positiven affektiven Grundtönung des Erlebens und Verhaltens.

Im Gegensatz zu Untersuchungsergebnissen in anderen Berufsgruppen stellt das biologische *Alter* des schulischen Leitungspersonals keinen signifikanten Einzelprädiktor der *globalen Zufriedenheit* dar (s. ergänzend Abschnitt 4.2.2.3). Bei der Interpretation dieses Befundes ist jedoch zu vergegenwärtigen, dass die zugrunde liegende Stichprobe hinsichtlich der Verteilung dieses Merkmals recht homogen ausfällt. Ein insgesamt hohes Durchschnittsalter von M = 56 Jahren (SD = 5.6) kann rechnerisch kaum abhängige Varianz binden und beeinträchtigt die Ergebnisse der Regressionsschätzungen nachhaltig (s. auch Urban & Mayerl 2008, 318)[1]. Immerhin lassen sich – wenn auch sehr geringe – moderierende Effekte des Alters auf die Wirkungsintensität der Leitungsteamstärke ermitteln, wonach die Zusammenarbeit mit weiteren Funktionsträgern nur bei älteren Leitungskräften das allgemeine Zufriedenheitsniveau in nennenswertem Ausmaß anhebt.

Des Weiteren zeigt sich in korrelativen Auswertungen, dass mit steigendem Alter tendenzielle Veränderungen sowohl in der *Art* der (Un-)Zufriedenheitsbekundungen als auch in den beruflichen *Wertorientierungen* einhergehen. Zwar verbalisieren ältere Führungskräfte keine signifikant stärkere *resignative Zufriedenheit*, wie es die These reduzierter Anspruchshaltungen nahe legen würde (*Grinding down*; s. Abschnitt 4.2.2.3), jedoch treffen sie überzufällig weniger *konstruktive Unzufriedenheitsaussagen*, die mit aktiven Bemühungen zur Überwindung bzw. Abkehr von unbe-

---

[1] Wie in Abschnitt 6.3.1 erläutert, ist diese Verteilung allerdings nicht als Einschränkung der Repräsentativität der Stichprobe zu werten, weil die Ernennung zum Schulleiter im Regelfall zu einem späten Zeitpunkt der beruflichen Karriere erfolgt.

friedigenden Arbeitsverhältnissen verbunden sind. Mit aller interpretativen Vorsicht könnte hierin eine im Vergleich zu jüngeren Amtsinhabern etwas ausgeprägtere Neigung zum Ausdruck kommen, missliebige Arbeitssituationen bis zum regulären Ausscheiden aus dem Erwerbsleben hinnehmen, statt offensiv dagegen anzugehen. Darüber hinaus werden mit zunehmendem Alter wünschenswerte Selbsterfahrungen, welche *die Übernahme sozialer Verantwortung* und *zwischenmenschliche Beziehungen* im Beruf ermöglichen, leicht aufgewertet. Diese (wenn auch nur geringfügig) stärkere Betonung affiliativer und altruistischer Werte fügt sich zumindest thematisch konsistent in die etwas höheren Zufriedenheitsgewinne älterer Leitungskräfte innerhalb kooperativer Leitungsstrukturen.

Unter der Zielstellung, systematische Einflussfaktoren verschiedenartiger *Zufriedenheitsformen* aufzudecken, erwiesen sich sowohl interindividuell variierende *Bewertungsmaßstäbe* der Qualität des Arbeitslebens als auch *Überzeugungen von den eigenen Wirksamkeit* als aufschlussreich. Auf der Basis fallweise berechneter Abweichungen zwischen *subjektiven Wichtigkeitsratings* verschiedener Arbeitsplatzmerkmale und ihren *vorgefundenen Realisationen* in der aktuellen beruflichen Position ließ sich unter anderem feststellen, dass hochgradig *stabil zufriedene* Schulleiter, in deren Zufriedenheitsurteil der explizite Wunsch nach Konservierung der gegenwärtigen, als befriedigend und harmonisch erlebten Arbeitssituation mitschwingt, durchgängig höhere *Erfüllungsgrade* subjektiver Ansprüche an das Berufsleben berichten als solche mit geringer bis mäßiger stabilisierter Zufriedenheit. Diese Gruppenunterschiede sind besonders in den Beurteilungsgegenständen *sinnvolle Betätigung, selbstständiges Arbeiten* sowie *sichere und gesunde Arbeitsbedingungen* auffällig, lassen sich aber auch in anderen Bereichen, beispielsweise der erfahrenen *Anerkennung und Achtung* im Beruf, *Freizeitoptionen* sowie *Aufstiegs- und Weiterbildungsmöglichkeiten* nachweisen. Sie stützen wiederum die theoretischen Annahmen des *Job-Person-Fit-Axioms* (s. Abschnitt 4.2.2.2). Hinsichtlich der *Häufigkeit sozialer Kontakte* und dem *Verantwortungsumfang* im Leitungsamt werden jedoch in *beiden* Teilpopulationen subjektive Idealvorstellungen von der wahrgenommenen Berufswirklichkeit deutlich übertroffen, was auf eine Überschreitung subjektiver Sättigungsgrenzen dieser Arbeitsplatzmerkmale in der exponierten Führungsposition schließen lässt. Für eine solche Interpretation sprechen auch auffallend schwache lineare Korrelationen zwischen der globalen Zufriedenheit einerseits und dem perzipierten Verantwortungs- und Interaktionsreichtum im Leitungsamt andererseits.

Unter der Bedingung *enttäuschter Erwartungen* prägen individuelle *Selbstwirksamkeitsüberzeugungen* die Art der artikulierten Zufriedenheit und die hieran geknüpften

Verarbeitungsmodi: Schulleiter, die *negative Abweichungen* zwischen ihrem Anspruchsniveau und den wahrgenommenen Charakteristika ihres beruflichen Betätigungsfeldes diagnostizieren, aber ihre Fähigkeiten zur aktiven Bearbeitung und erfolgreichen Überwindung bestehender Schwierigkeiten als hoch bzw. sehr hoch einstufen, bekunden eine überzufällig *geringere resignative Zufriedenheit* als solche Amtsinhaber, die ebenfalls unbefriedigende SOLL-IST-Diskrepanzen feststellen, jedoch ihre Bewältigungskapazitäten als gering bis mäßig einschätzen. Im Anschluss an die Ausführungen in Abschnitt 4.2.2.3 lässt sich hieraus schlussfolgern, dass die eher gering selbstwirksamen Leitungskräfte angesichts unerfüllter subjektiver Standards stärker *akkomodative* Bewältigungsstrategien – hier in Form einer Absenkung ihres Anspruchsniveaus – anwenden als sehr hoch selbstwirksame Leitungskräfte. Durch die reaktive Anpassung gehegter Ansprüche an vorgefundene Arbeitsinhalte und -umstände gelangen sie in einer beruflichen Situation, die keine Bedürfnisbefriedigung erlaubt, zu einem Zufriedenheitsurteil, das eben diesen Missstand durch eine gedankliche Kontrastierung mit noch schlechteren Szenarien im Sinne eines „Es könnte schlimmer kommen" oder „Mehr ist nicht zu erwarten" aufwertet (s. Baumgartner & Udris 2006, 112ff.; Büssing et al. 2006, 137ff.).

Weiterhin verharren Personen, die ihre aktiven Bewältigungskapazitäten als hoch taxieren, weniger als die entsprechende Vergleichsgruppe in einer *fixierten Unzufriedenheit,* bei der registrierte Lücken zwischen beruflichen Idealvorstellungen und vorgefundenen Arbeitsplatzmerkmalen *passiv* als unzulänglich, ausweglos und deprimierend erlitten werden. Dass diese Personen zugleich eine höhere *konstruktive Unzufriedenheit* aufweisen, weil sie entsprechend der theoretischen Prämissen eher zu *assimilativen* Bewältigungsstrategien greifen, um beibehaltene Ansprüche durch Aufwandssteigerungen oder Einwirkungen auf den Handlungskontext dennoch erreichen zu können, ließ sich anhand der vorliegenden Daten nicht nachvollziehen. Dieses Ergebnis dürfte allerdings vorrangig dem operationalen Zuschnitt der Skala *konstruktive Unzufriedenheit* geschuldet sein. In der vorliegenden Studie fokussiert diese Skala nämlich stark auf Initiativen zur beruflichen Neuorientierung als Ultima Ratio innerhalb eines tatsächlich äußerst facettenreichen Spektrums assimilativer Bewältigungsprozesse bei der Arbeit. Infolgedessen zeichnen sich im Antwortverhalten der Schulleiter auch deutliche Bodeneffekte ab. Weil zahlreiche der „Exit-Option" vorausgehende Handlungsvarianten nicht adäquat abgebildet wurden, besteht auch kein Anlass, die zugrunde liegende theoretische Modellierung anzuzweifeln. Stattdessen stützen die ermittelten Gruppenunterschiede im Bereich der *fixierten Unzufriedenheit* zumindest den Umkehrschluss, dass *assimilative Anstrengungen* zur

Überwindung unbefriedigender Arbeitssituationen bei den gering bis mäßig selbstwirksamen Personen stärker *unterbleiben* als bei hoch selbstwirksamen Personen. Derartige selbstwirksamkeitsbedingte Abweichungen treten sowohl im Falle der *fixierten Unzufriedenheit* als auch im Falle der *resignativen Zufriedenheit* vor allem dort auf, wo Schulleiter ihre Erwartungen an eine *für die Gesellschaft nützliche Tätigkeit* sowie eine *sichere Berufsstellung* nicht erfüllt sehen.

Anhand der geschilderten Auswertungen lassen sich folglich auch *diskrepanzorientierte Erklärungsansätze* der Arbeitszufriedenheit empirisch unterfüttern (z.b. Bruggemann et al. 1975; Borg 2006; Ferreira 2009; ausführlich Abschnitt 4.2.2.2). Gleichzeitig verleihen sie Forderungen nach einer *differenziellen Arbeitsplatzgestaltung* Nachdruck, bei der prinzipiell motivations- und zufriedenheitsförderliche Elemente nicht einfach maximiert, sondern unter Berücksichtigung der Bedürfnisse und Wünsche des Stelleninhabers optimiert werden (z.b. Ulich 2007, 172f.). Trotz *konsistenter* Ergebnisse der zahlreichen Auswertungsschritte verweist aber eine überwiegend geringe Varianzaufklärung durch die Variable Selbstwirksamkeit auf weitere, in der schulischen Leitungspraxis noch gewichtigere Einflussgrößen des Zufriedenheitsurteils. Hierzu gehören *negative psychische Beanspruchungsreaktionen* bei der Arbeit, die in abschließenden Berechnungen betrachtet wurden.

In korrelativen Analysen zeigt sich zunächst, dass viele *Belastungsempfindungen* während der Amtsausübung *eng* mit der subjektiven Qualitätsbeurteilung des Arbeitslebens verbunden sind. Während etwa Einschränkungen von Gesundheit und Wohlbefinden *(psychosomatische Befindensbeeinträchtigungen)* und das Gefühl, permanent zu Hast und Eile angetrieben zu sein *(Zeitstress)*, mit einer verminderten *stabilisierten* Zufriedenheit einhergehen, ist das Gefühl, überhöhten externen Erwartungen ausgesetzt und der personellen Verantwortung nicht gewachsen zu sein *(normativer Druck)* stark an die *resignative* Zufriedenheitsvariante gekoppelt. Zudem ist ein erlebter Mangel an greifbaren Erfolgserlebnissen und positiven Rückmeldungen *(Feedbackdefizit)* mit erhöhten *resignativen* Zufriedenheitsaussagen assoziiert.

Vertiefende Mediatoranalysen mit der *globalen* Zufriedenheit als abhängiger Variable erhellen schließlich die *Filterfunktion* der verschiedenen Facetten des Belastungserlebens entsprechend der theoretischen Modellspezifikation einer *beanspruchungsvermittelten* Zufriedenheitsbilanz (Wieland et al. 2006; zsf. Abschnitt 4.2.2.4):

1. Bei denjenigen antezedenten Merkmalen der Person und des Arbeitsplatzes, die bei simultaner Betrachtung von Top-down- und Bottom-up-Determinanten signifikante Einzelprädiktoren des generellen Zufriedenheitsniveaus dar-

stellen: Die positiven Auswirkungen einer als *sinnvoll* erlebten Betätigung, zugestandener *Entscheidungs- und Handlungsfreiräume* sowie der individuellen Fähigkeiten zur *Selbstregulation, Delegation & Priorisierung* lassen sich in hohem Maße (zwischen 47 % und 57 %) damit erklären, dass diese Faktoren Befindensbeeinträchtigungen, Zeitstress, normativen Druck und Feedbackdefizite während der Amtsausübung substanziell verringern und hierdurch die subjektive Qualität des Arbeitslebens mittelbar aufwerten.
2. Bei den durch Personenfaktoren moderierten Einflüssen perzipierter Aufgabeninhalte und Durchführungsbedingungen: Die zufriedenheitsstiftenden Effekte *kooperativer Leitungsstrukturen* sind in der Gruppe der *weiblichen* Führungskräfte zu großen Teilen direkter Natur, während sie sich in der Gruppe der *männlichen* Führungskräfte ausschließlich auf dem indirekten Wege einer Reduktion stressbedingter Beanspruchungen im Arbeitsvollzug entfalten. Die wahrgenommene *Interessantheit* der Leitungstätigkeit hebt dagegen bei den Männern das Zufriedenheitsniveau nicht nur in größerem Umfang unmittelbar an als bei den Frauen, sondern auch über differenziertere und in der Summe stärkere indirekte Wirkungsketten.
3. Bei solchen unabhängigen Variablen, deren singuläre Erklärungsbeiträge im Gesamtgefüge person- und arbeitsplatzbedingter Einflussfaktoren statistisch unbedeutend ausfallen: Sowohl individuelle *Selbstwirksamkeitsüberzeugungen* als auch die erfahrene *Anerkennung und Achtung* im Beruf schlagen sich in der Zufriedenheitsbilanz *überwiegend kanalisiert* durch verminderte Belastungsempfindungen bei der Erfüllung beruflicher Pflichten nieder, indem sie Beeinträchtigungen von Gesundheit und Wohlbefinden, Gefühle von zeitlicher Bedrängnis und Überforderung angesichts der Verantwortungsfülle des Amtes wie auch das Erleben ausbleibender Erfolge und sozialer Würdigungen der erbrachten Leistungen nachhaltig lindern.

Somit kann eine methodische Berücksichtigung der vermittelnden Wirkungen *emotionaler Erlebensqualitäten* bei der täglichen Arbeit den Ausschöpfungsgrad von Prognosemodellen der Arbeitszufriedenheit deutlich erhöhen. Erst hierdurch lassen sich in der Schulleiterpopulation die positiven Folgeeffekte einer *Honorierung der Leitungstätigkeit durch relevante Bezugsgruppen* wie auch der *prospektiven eigenen Bewältigungskapazitäten* nachvollziehen. Weil gerade diese beiden Parameter im Theorieteil der Studie als identitätskonstituierend beschrieben wurden (s. hierzu die Abschnitte 3.2.3.1 und 3.2.4), erscheint es lohnenswert, die Bedeutung des beruflichen Selbstverständnisses von Schulleitern für ihre Auseinandersetzung mit den Anforderungsstrukturen des Betätigungsfeldes und ihre spezifischen Beanspruchungsprofile noch eingehender zu betrachten.

7.6 Stellenwert von Identitätskonstruktionen bei Anforderungswahrnehmung und -bewältigung

Im Anschluss an einen direkten Vergleich von Belastungseinschätzungen und Zufriedenheitsäußerungen der clusteranalytisch ermittelten Leitungstypen (Abschnitt 7.6.1) wird überprüft, ob sich diese Typen in ihren Problemwahrnehmungen, Arbeitsstrategien und dem Ausmaß registrierter Gratifikationskrisen unterscheiden (Abschnitt 7.6.2).

7.6.1 Belastungsempfinden und Zufriedenheitsurteile in Abhängigkeit der Clusterzugehörigkeit

Gemäß H 5a sollten die Leitungstypen sowohl hinsichtlich der *Facetten ihres Belastungserlebens* als auch hinsichtlich der *Formen ihrer Arbeitszufriedenheit* überzufällig voneinander abweichen. Die in Tabelle 7.42 zusammengestellten Ergebnisse einfaktorieller Varianzanalysen dokumentieren, dass derartige Differenzen mit äußerst geringer Irrtumswahrscheinlichkeit statistisch nachweisbar sind und in sechs von acht Erhebungsdimensionen mittlere Effektstärken erreichen.

Zwar lassen erhöhte Streuungen der Antworten in einigen Merkmalsbereichen erkennen, dass neben der Gruppenzugehörigkeit weitere Person- und Umweltfaktoren das Ausmaß psychischer Beanspruchungsreaktionen und -folgen beeinflussen (wie im vorherigen Abschnitt ausführlich berichtet), dennoch können bestehende interindividuelle Unterschiede in zumeist substanziellem Umfang durch spezifische Konfigurationen des individuellen Rollenhaushalts aufgeklärt werden. In auffallend konsistenter Weise äußern sich dabei die *Teamleiter* und die *Pädagogischen Führungskräfte* sowohl geringer belastet als auch zufriedener als alle anderen Leitungstypen. Innerhalb der Kategorien arbeitsprozessgebundener Beanspruchungsreaktionen gilt dies insbesondere für das Verspüren eines *normativen Drucks,* aber auch für psychosomatische Überlastungssymptome *(Befindensbeeinträchtigungen)* sowie für das Erleben von *Zeitstress* und *Feedbackdefiziten.* Bei den Bewertungen der Qualität des Arbeitslebens besitzen die *Teamleiter* und die *Pädagogischen Führungskräfte* zum einen höhere *stabilisierte* Zufriedenheitswerte, zum anderen geringe Ausprägungen von *resignativer* Zufriedenheit.

Tabelle 7.42: Mittelwertunterschiede zwischen den Leitungstypen hinsichtlich ihrer Beanspruchungsreaktionen und -folgen

Beanspruchungsreaktionen und -folgen	deskriptive Kennwerte der Cluster: M *(SD)*						
	I: Vorgesetzter (n = 175)	II: Teamleiter (n = 194)	III: Lehrkraft m. Verwaltungsaufgaben (n = 184)	IV: Generalist (n = 174)	V: Päd. Führungskraft (n = 134)	χ^2	η^2
Befindensbeeinträchtigungen	3.79 *(1.10)*	3.05 *(1.05)*	4.03 *(1.06)*	3.96 *(1.22)*	3.42 *(1.17)*	88.322** II < V < I, IV, III	.10
Zeitstress	3.69 *(1.08)*	3.02 *(1.07)*	3.91 *(1.06)*	3.99 *(1.07)*	3.30 *(1.14)*	91.037** II, V < I, III, IV	.11
normativer Druck	3.39 *(1.27)*	2.82 *(1.14)*	3.79 *(1.14)*	3.78 *(1.27)*	2.78 *(1.34)*	100.683** II, V < I < III, IV	.12
Feedbackdefizit	4.05 *(.96)*	3.59 *(1.01)*	4.19 *(.89)*	4.46 *(.92)*	3.72 *(.99)*	86.973** II, V < I, III < IV	.10
stabilisierte Zufriedenheit	4.10 *(1.11)*	4.86 *(.89)*	3.97 *(1.18)*	4.04 *(1.23)*	4.71 *(1.06)*	97.374** I, III, IV < II, V	.10
resignative Zufriedenheit	3.03 *(1.24)*	2.29 *(.99)*	3.24 *(1.18)*	3.21 *(1.17)*	2.39 *(1.15)*	101.832** II, V < I, III, IV	.12
fixierte Unzufriedenheit	2.38 *(1.13)*	1.94 *(.98)*	2.49 *(1.17)*	2.43 *(1.11)*	1.88 *(1.01)*	57.122** II, V < I, III, IV	.05
konstruktive Unzufriedenheit	1.56 *(.93)*	1.26 *(.53)*	1.51 *(.82)*	1.67 *(1.06)*	1.27 *(.55)*	29.884** II, V < I, III, IV	.04

χ^2 - Werte basierend auf dem Kruskal-Wallis-Test
Multigruppenvergleiche gemäß Sidak nach signifikanter globaler Prüfung
Sechsstufiges Antwortformat (von 1 = „stimmt gar nicht" bis 6 = „stimmt voll und ganz")

Sogar hinsichtlich der *fixierten* und der *konstruktiven Unzufriedenheit* lassen sich (kleinere) Abweichungen von den restlichen Clustern erkennen, obwohl vor allem auf der Skala *konstruktive Unzufriedenheit* deutliche Bodeneffekte in der Gesamtstichprobe zu verzeichnen sind. Damit bekunden die in den Clustern *Teamleiter* und *Pädagogische Führungskräfte* gebündelten Leitungspersonen deutlich stärker eine Zufriedenheitsvariante, die auf einer *Befriedigung subjektiver Ansprüche* an die übernommene Position beruht. Dementsprechend fällen sie auch markant weniger resignative Urteile über ihre berufliche Betätigung und geben überzufällig seltener an, unter unbefriedigenden Arbeitsverhältnissen zu leiden oder sich von jenen aktiv lösen zu wollen.

Überdies enthalten die vorliegenden Resultate wichtige Anhaltspunkte für eine Akzeptanz von H 5b, wonach *negativ* konnotierte Beanspruchungsreaktionen und -folgen verstärkt innerhalb solcher beruflicher Subkulturen auftreten sollten, deren Arbeits-, Selbst- und Beziehungsdefinition entweder dem Berufsverständnis einer regulären Lehrkraft mit administrativen Zusatzfunktionen ähnelt oder aber das Bemühen erkennen lässt, sämtlichen sozialen Zuweisungen an die Schulleitung maximal zu genügen (s. ergänzend Abschnitt 7.3.1). Tatsächlich verfügen die Mitglieder der Cluster *Lehrkräfte mit Verwaltungsaufgaben* und *Generalisten* über *vergleichsweise ungünstige* Beanspruchungsprofile. Einschränkend sei aber mit Blick auf die absolute Höhe der einzelnen Mittelwerte darauf verwiesen, dass sich in *keiner* der fünf beruflichen Teilkulturen eine akute *gesundheitliche Gefährdungslage* abzeichnet, wie sie für Teile des Berufsstandes der Lehrkräfte diskutiert wird (s. hierzu etwa die Beiträge in Rothland 2007). Bei der Gegenüberstellung der Schulleitungstypen lassen sich dennoch unter Anwendung sehr konservativer Post-hoc-Tests systematische und praktisch bedeutsame Negativabweichungen der *Lehrkräfte mit Verwaltungsaufgaben* und *Generalisten* von den *Teamleitern* und *Pädagogischen Führungskräften* ermitteln.

Bei den hierarchisch-distanzierten *Vorgesetzten* ergeben sich für die erhobenen Beanspruchungsdimensionen wiederum Durchschnittswerte, die zumeist nur innerhalb der gezogenen Stichprobe günstiger ausfallen als bei den *Lehrkräften mit Verwaltungsaufgaben* und den *Generalisten*. Verallgemeinerbare Unterschiede sind allerdings in den Belastungsfacetten *normativer Druck* und *Feedbackdefizit* festzustellen. Hier zeigt sich zum einen, dass Empfindungen von Verantwortungslast und überzogenen Forderungen an die Schulleitung innerhalb der beruflichen Teilkulturen der *Lehrkräfte mit Verwaltungsaufgaben* sowie der *Generalisten* auch signifikant höher ausgeprägt sind als bei den *Vorgesetzten*. Zum anderen erleben die *Generalisten* den stärksten Mangel an greifbaren Erfolgen und bestärkenden Rückmeldungen für die geleistete Arbeit.

Angesichts solcher Befunde verwundert es nicht, dass sich höchst signifikante Mittelwertdifferenzen von teils beträchtlichem Ausmaß auch *im globalen Belastungs- und Arbeitszufriedenheitsniveau* der fünf Leitungstypen wiederfinden (Tabelle 7.43; s. auch Warwas 2009). Weniger trivial dürfte hingegen anmuten, dass sich Umfang und Praxisrelevanz dieser Abweichungen nur marginal abschwächen, wenn auf dem Wege kovarianzanalytischer Auswertungen (s. hierzu Backhaus et al. 2006, 142f.) die Beanspruchungsprofile um den Einfluss von *Art und Größe der geleiteten Schule* sowie von *Berufserfahrung und Geschlecht des Leitungspersonals* bereinigt werden. Weil gewisse Anteile der Gesamtvarianz durch diese *von der einzelnen Leitungskraft nicht manipulierbaren* Faktoren gebunden werden, fallen die jeweiligen Belastungseinschätzungen und Zufriedenheitsurteile innerhalb der fünf beruflichen Teilkulturen auch recht homogen aus[1].

Tabelle 7.43: Varianz- und kovarianzanalytische Mittelwertvergleiche der Leitungstypen bezüglich der Gesamtskalen des Belastungs- und Zufriedenheitserlebens (Kovariaten: Schulart, Schulgröße, Dienstalter, Geschlecht)

	deskriptive Kennwerte der Cluster: M *(SD)*					ANOVA		ANCOVA	
	I: Vorgesetzter (n=169)	II: Teamleiter (n=183)	III: Lehrkraft m. Verwaltungsaufgaben (n=178)	IV: Generalist (n=163)	V: Päd. Führ.-kraft (n=128)	F	η^2	F	η^2
globale Belastung	3.76 *(.87)*	3.14 *(.83)*	4.00 *(.82)*	4.06 *(.90)*	3.36 *(.93)*	38.517** II, V, I < III, IV	.15	32.285** II< V<I, III, IV	.14
globale Zufriedenheit	4.53 *(.87)*	5.09 *(.63)*	4.43 *(.82)*	4.43 *(.89)*	5.04 *(.72)*	30.343** III, IV , I< II, V	.12	23.318** III, IV , I< II, V	.10

Multigruppenvergleiche gemäß Scheffé (Belastung) und Sidak (Zufriedenheit) bei signifikanten Ergebnissen der globalen Prüfung
Sechsstufiges Antwortformat (von 1 = „trifft gar nicht zu" bis 6 = „trifft sehr zu")

---

1 Abgesehen von der fehlenden Beeinflussbarkeit von *Schulart, Schulgröße, Dienstalter* und *Geschlecht* ist die statistische Kontrolle dieser Variablen auch deshalb sinnvoll, weil schulisches Leitungshandeln theoretisch als *kontingentes* Handeln modelliert wurde (s. Abschnitt 2.5).

Wird das *generelle Belastungserleben* als Kriteriumsvariable herangezogen, lassen sich auch leichte Effekte der *Schulart* (F = 21.832**; η^2 = .03) und der *Schulgröße* (F = 5.029*; η^2 = .01) nachweisen, während (berufs-)biografische Merkmale ohne Auswirkungen bleiben[1]. Dient hingegen die *globale Zufriedenheit* als abhängige Variable, ist neben der *Schulart* (F = 33.188**; η^2 = .04) und der *Schulgröße* (F = 17.655**; η^2 = .02) auch das *Geschlecht* der Leitungspersonen statistisch relevant (F = 6.200*; η^2 = .01)[2].

Unter Beachtung der sechsstufigen Antwortformate und anknüpfend an bisherige Befunde aus der Schulleitungsforschung (s. Abschnitt 5.2) sind unzweifelhaft auch innerhalb der Teilkulturen *Lehrkraft mit Verwaltungsaufgaben* und *Generalist* noch *moderate* stressbedingte Beanspruchungsreaktionen sowie *positive* Zufriedenheitsbilanzen festzustellen. Trotzdem fühlen sich die Gruppierungen *Teamleiter* und *Pädagogische Führungskraft* auch nach der Korrektur von beanspruchungsrelevanten Wirkungen objektivierbarer Kontext- und Personenmerkmale bei der Ausübung ihres Berufs *erheblich weniger belastet* (große Effektstärke) und sind *substanziell zufriedener* mit ihrer Arbeit (mittlere Effektstärke) als alle anderen Cluster.

Um mögliche Ursachen derartiger Beanspruchungsunterschiede zu ergründen, sollen sich nun Auswertungen anschließen, welche die Problemwahrnehmung, den Einsatz von Arbeitsmethoden und das Ausmaß psychischer Gratifikationskrisen in den fünf beruflichen Teilkulturen beleuchten.

---

1 Betrachtet man die zugehörigen Mittelwertdifferenzen bzw. Zusammenhangsmaße, zeigt sich korrespondierend mit verschiedenen hypothesenprüfenden Einzelauswertungen vorangegangener Teilkapitel, dass das Belastungsempfinden von Leitungspersonen an Volksschulen höher ausgeprägt ist als an den übrigen Schularten (s. Tabelle 7.23). Mit zunehmender Schulgröße sinkt außerdem das Belastungserleben (r = -.18**), was plausibel mit arbeitsteiligen Strukturen innerhalb erweiterter Leitungsstrukturen und einer stärkeren Besetzung von Sekretariatsstellen in großen Organisationen begründet werden kann (s. auch Tabelle 7.25).

2 Demzufolge äußern sich die an Volksschulen und kleinen Schulen tätigen Leitungskräfte auch regelmäßig weniger zufrieden als die übrigen Mitglieder ihres Berufsstandes: Während an den Volksschulen ein durchschnittlicher Zufriedenheitswert von M = 4.31 erzielt wird, liegen die entsprechenden Ausprägungen bei den restlichen Schularten zwischen M = 4.87 und M = 4.94. Mit der in Schülerzahlen gemessenen Schulgröße korreliert die globale Zufriedenheit positiv (r = .21**). Außerdem fällt die Zufriedenheitsbilanz weiblicher Leitungskräfte überzufällig – wenn auch geringfügig – besser aus als diejenige ihrer männlichen Kollegen (Männer: M = 4.68; Frauen: M = 4.77; s. hierzu Abschnitt 7.5.4).

7.6.2 Unterschiede zwischen den Leitungstypen hinsichtlich der Wahrnehmung von Problemfeldern, der Arbeitsorganisation und den erlebten Gratifikationskrisen im Beruf

Übereinstimmend mit H 5c belegen weitere varianzanalytische Vergleiche höchst signifikante Abweichungen zwischen den fünf Leitungstypen bei der Einschätzung von *Belastungsfaktoren respektive Problemfeldern* der Leitungstätigkeit. Unter Berücksichtigung des Einflusses organisationaler und (berufs-)biografischer Parameter schwächen sich diese Abweichungen zudem nur minimal ab, wie aus Tabelle 7.44 hervorgeht.

Für den wahrgenommenen Problemgehalt struktureller *Regulationshindernisse, -unsicherheiten und -überforderungen* zeichnet allerdings auch der *Einsatzort* der Amtsinhaber verantwortlich: Sowohl von der *Schulart* (F = 126.318**; η^2 = .13) als auch von der *Schulgröße* (F = 50.015**; η^2 = .06) gehen praktisch bedeutsame Einflüsse aus. Dabei liegen die bei den *Volksschulleitern* ermittelten Merkmalsausprägungen (M = 4.67) deutlich über den Ausprägungen der Leitungskräfte an allen anderen Schulen (zwischen M = 3.41 an Gymnasien und M = 3.68 an Realschulen). Des Weiteren nimmt die Stressrelevanz regulatorischer Behinderungen der Amtsausübung mit zunehmender Schulgröße spürbar ab (r = -.42**). *Unabhängig* von solchen Kontextfaktoren schätzen jedoch die *Teamleiter* wie auch die *Pädagogischen Führungskräfte* diese Belastungskategorie erheblich weniger gravierend ein als die übrigen Leitungstypen.

Tabelle 7.44: *Varianz- und kovarianzanalytische Mittelwertvergleiche der Leitungstypen hinsichtlich wahrgenommener Problemfelder (Kovariaten: Schulart, Schulgröße, Dienstalter, Geschlecht)*

Belastungsfaktoren	deskriptive Kennwerte der Cluster: M *(SD)*					ANOVA		ANCOVA	
	I: Vorgesetzter (n=169)	II: Teamleiter (n=183)	III: Lehrkraft mit Verwalt.- aufgaben (n =178)	IV: Generalist (n=163)	V: Päd. Führ.- kraft (n =128)	χ^2	η^2	F	η^2
Regulationsbehinderungen	4.02 *(.91)*	3.41 *(.96)*	4.32 *(.90)*	4.38 *(.88)*	3.59 *(.88)*	133.135** II,V< I< III,IV	.15	32.106** II,V< I, III,IV	.14
Probleme im/mit dem Kollegium	3.51 *(.90)*	3.00 *(.98)*	3.19 *(1.02)*	3.33 *(1.10)*	3.27 *(1.03)*	26.684** II, III < I	.03	6.462** II < IV, I	.03
mangelnde externe Unterstützung	3.35 *(.96)*	2.74 *(.85)*	3.27 *(.89)*	3.61 *(.99)*	2.97 *(.99)*	82.989** II,V< III< I,IV	.10	21.806** II,V< III< I,IV	.10
Probleme m. Schülern/ Eltern	2.99 *(1.05)*	2.68 *(.96)*	3.14 *(1.02)*	3.21 *(1.01)*	2.78 *(.96)*	32.878** II, V < III, IV	.04	6.017** II < I, III, IV	.03

χ^2 - Werte basierend auf dem Kruskal-Wallis-Test; F-Werte basierend auf dem ALM-Modell
Multigruppenvergleiche gemäß Sidak bei signifikanten Ergebnissen der globalen Prüfung
Sechsstufiges Antwortformat (von 1 = „trifft gar nicht zu" bis 6 = „trifft sehr zu")

Ferner schwankt die subjektive Belastungsintensität *mangelnder externer Unterstützungsleistungen* systematisch in Abhängigkeit der Clusterzugehörigkeit (mittlere Effektstärke). In weitaus geringerem Umfang lassen sich hingegen variierende Einschätzungen dieses Belastungsfaktors auf *schulartbedingte* (F = 21.921**; η^2 = .03) oder *schulgrößenspezifische* (F = 4.829**; η^2 = .01) Einflüsse zurückführen. Demzufolge wird ein *Unterstützungsmangel* an großen Schulen generell weniger beklagt als an kleinen Schulen (r = -.19**). Leitungskräfte an Realschulen, Beruflichen Schulen und Gymnasien sehen hierin einen unbedeutenderen Stressor (Werte zwischen M = 2.93 und M = 3.02) als Leitungskräfte an Grund- und Hauptschulen (M = 3.53). Losgelöst von den genannten organisationalen Bestimmungsgrößen stufen aber die

7.6 Stellenwert von Identitätskonstruktionen bei Anforderungswahrnehmung und -bewältigung

Generalisten und *Vorgesetzten* die Belastung durch unzureichende Unterstützungsmaßnahmen seitens Schulaufsicht, Schulträger und weiteren potenziellen Kooperationspartnern deutlich schwerwiegender ein als die *Lehrkräfte mit Verwaltungsaufgaben* sowie die *Teamleiter* und *Pädagogischen Führungskräfte*.

Eher geringfügig differieren die typenspezifischen Problemwahrnehmungen hinsichtlich sozialer Konfliktherde. Vor allem die *Vorgesetzten* erkennen in konflikthaltigen Auseinandersetzungen innerhalb des *Kollegiums* und mit einzelnen Mitgliedern desselben gewichtigere Belastungsursachen als die übrigen Leitungstypen. Daneben lassen sich leichte *Schularteffekte* derart nachweisen, dass die interne Zusammenarbeit an Volksschulen generell als reibungsloser eingestuft wird als an anderen Schulen (F = 18.156**; η^2 = .02 mit M = 3.00 an Volksschulen und M = 3.35 bis zu M = 3.42 an den anderen Schularten). Kontraproduktives oder gar strafrechtlich relevantes *Schülerverhalten* – angefangen von motivationalen Defiziten bis hin zu gewalttätigen Übergriffen – sowie problematisches, etwa unkooperatives *Elternverhalten* wird von den *Teamleitern* signifikant weniger moniert als von anderen Leitungstypen. Darüber hinaus sind für das Ausmaß dieses Belastungsfaktors erneut die *Schulart* (F = 11.369**; η^2 = .01) und die *Organisationsgröße* (F = 16.425** η^2 = .02) ausschlaggebend. Demnach sehen sich Leitungskräfte an Grund- und Hauptschulen (M = 3.33) überzufällig häufiger mit *problematischem Schüler- und Elternverhalten* konfrontiert als an anderen Schulen (zwischen M = 2.73 an Beruflichen Schulen und Gymnasien und M = 2.98 an Realschulen). Die subjektive Stressträchtigkeit dieser Problemkategorie verringert sich aus Sicht der Schulleiter aber mit steigender Anzahl der Schulmitglieder (r = -.17**).

Des Weiteren können übereinstimmend mit H 5d solide empirische Hinweise auf systematische Typenunterschiede bei der *individuellen Organisation des Arbeitsalltags* angeführt werden. Wie aus Tabelle 7.45 hervorgeht, lassen sich mit den Clusterzuordnungen auch nach Bereinigung des Einflusses objektivierbarer Handlungsbedingungen und Personencharakteristika beachtliche Teile der Gesamtvarianz in den drei abhängigen Variablen erklären.

Dabei wird aus den konservativen Post-hoc-Tests ersichtlich, dass der Umgang mit äußeren Störquellen wie etwa Besucherströmen sowie die konsequente Umsetzung eigener Zeitpläne den *Lehrkräften mit Verwaltungsaufgaben* und den *Generalisten* weitaus weniger gelingt als den *Vorgesetzten,* die sich wiederum ein schlechteres Zeugnis ausstellen als die *Teamleiter* und die *Pädagogischen Führungskräfte*. Im globalen Vergleich der Cluster zeichnen sich im Bereich *Störungsmanagement & Zeitdisziplin* entsprechend große Effekte ab. Interessanterweise überschreiten aber selbst die höchsten Durchschnittswerte nur knapp das theoretische Skalenmittel. Der *arbeitsökonomisch* relevante Aspekt *Störungsmanagement & Zeitdisziplin* scheint damit innerhalb aller Teilkulturen des Schulleitungsberufs unterentwickelt zu sein. Hierfür zeichnen wohl in gewissem Umfang schulspezifische Rahmendaten verantwortlich, von denen zumindest kleine Effekte auf die Kriteriumsvariable ausgehen (F = 8.518**; η^2 = .01 für die *Schulart* sowie F = 9.289**; η^2 = .01 für die *Schulgröße*).

Tabelle 7.45: Varianz- und kovarianzanalytische Mittelwertvergleiche der Leitungstypen hinsichtlich ihrer Arbeitsorganisation (Kovariaten: Schulart, Schulgröße, Dienstalter, Geschlecht)

Merkmale der Arbeitsorganisation	deskriptive Kennwerte der Cluster: M (SD)					ANOVA		ANCOVA	
	I: Vorgesetzter (n=169)	II: Teamleiter (n=183)	III: Lehrkraft m. Verwalt.auf. (n=178)	IV: Generalist (n=163)	V: Päd. Führ.-kraft (n=128)	χ^2	η^2	F	η^2
Störungsmanagement & Zeitdisziplin	3.26 (.94)	3.81 (.94)	2.94 (.81)	2.84 (.86)	3.58 (.95)	127.637** III,IV< I< II,V	.15	31.877** III,IV<I<II,V	.14
Selbstregulation, Delegation & Priorisierung	4.34 (.77)	4.64 (.64)	4.11 (.78)	4.27 (.79)	4.58 (.65)	61.937** III,IV< I< II,V	.07	12.378** III,IV,I< II,V	.06
systematische Aufgabenbearbeitung	3.79 (.92)	4.08 (.93)	3.42 (.98)	3.89 (.97)	4.22 (.93)	65.241** III< I,IV<II,V	.08	14.772** III<I,IV<V	.07

χ^2 - Werte basierend auf dem Kruskal-Wallis-Test; F-Werte basierend auf dem ALM-Modell
Multigruppenvergleiche gemäß Sidak bei signifikanten Ergebnissen der globalen Prüfung
Sechsstufiges Antwortformat (von 1 = „trifft gar nicht zu" bis 6 = „trifft sehr zu")

Auf dem Gebiet der *inhaltlichen* Schwerpunktsetzungen, der inneren Fokussierung auf eine zielgerichtete und sachdienliche Aufgabenerfüllung sowie der selektiven Übertragung von Aufgaben an das Team *(Selbstregulation, Delegation & Priorisierung)* zeichnet sich dasselbe Gefälle zwischen den Clustern auf mittlerem Effektstärkeniveau ab. Erneut finden sich aber zusätzlich schwache Einflüsse der *Schulart* (F = 11.900**; η^2 = .01) und der *Schulgröße* (F = 28.947** η^2 = .03).

7.6 Stellenwert von Identitätskonstruktionen bei Anforderungswahrnehmung und -bewältigung

Eine Inspektion der zugehörigen Mittelwerte bzw. Korrelationskoeffizienten lässt erkennen, dass sich Grund- und Hauptschulleiter sowohl hinsichtlich der *Selbstregulation, Delegation & Priorisierung* (M = 2.93) als auch hinsichtlich des *Störungsmanagements und der Zeitdisziplin* (M = 4.11) eine schlechtere Arbeitsmethodik attestieren als ihre Amtskollegen an den übrigen Schularten. Dort liegen die Ausprägungen im ersten Merkmalsbereich zwischen M = 3.37 an Realschulen und M = 3.56 an Beruflichen Schulen; im zweiten Merkmalsbereich zwischen M = 4.34 an Realschulen und M = 4.62 an Gymnasien. Grundsätzlich verbessern sich aber beide Elemente der individuellen Arbeitsorganisation mit zunehmender Größe der geleiteten Organisation (r = .18** für den ersten, r = .24** für den zweiten Merkmalsbereich).

Durchaus überraschend erweist sich die *berufliche Erfahrung*, gemessen in Dienstjahren als Leitungskraft, als irrelevant für sämtliche erfassten Elemente der individuellen Arbeitsweise. Im Bereich der *systematischen Abwicklung* einzelner Aufgaben lassen sich sogar *ausschließlich* clusterabhängige Unterschiede substanziellen Ausmaßes belegen. Weder (berufs-)biografische Daten noch Organisationsparameter können die Restvarianz in der abhängigen Variablen überzufällig reduzieren. Demnach registrieren *Lehrkräfte mit Verwaltungsaufgaben* die stärksten, *Pädagogische Führungskräfte* die geringsten Defizite hinsichtlich eines strukturierten Vorgehens bei der Aufgabenbearbeitung.

Erwartungskonform differieren die fünf Leitungstypen auch im Erleben einer psychischen *Gratifikationskrise* im übernommenen Amt (H 5e), wobei die Clustereffekte praktisch bedeutsam ausfallen. Die in Tabelle 7.46 zusammengefassten Ergebnisse der Gruppenvergleiche lassen erkennen, dass die *Generalisten* markant stärker als alle anderen Leitungstypen den Eindruck haben, dass ihr berufliches Engagement nicht adäquat mit Unterstützungsleistungen möglicher Kooperationspartner der Schulleitung „vergolten" wird. Innerhalb der *Teamleiter*-Gruppierung herrscht demgegenüber die Meinung vor, dass die erhaltene Unterstützung den erbrachten Einsatz leicht übersteigt.

Tabelle 7.46: Varianz- und kovarianzanalytische Mittelwertvergleiche der Leitungstypen hinsichtlich der erlebten Gratifikationskrise (Kovariaten: Schulart, Schulgröße, Dienstalter, Geschlecht)

	deskriptive Kennwerte der Cluster: M *(SD)*					ANOVA		ANCOVA	
	I: Vorgesetzter (n=169)	II: Teamleiter (n=183)	III: Lehrkraft mit Verwaltungsaufgaben (n=178)	IV: Generalist (n=163)	V: Päd. Führ.-kraft (n=128)	χ^2	η^2	F	η^2
Verhältnis von Engagement / Unterstützung	1.26 *(.68)*	.89 *(.41)*	1.16 *(.54)*	1.45 *(.93)*	1.13 *(.49)*	88.163** II< I, III,V< IV	.08	17.988** II< I,III,V<IV	.08

χ^2 - Werte basierend auf dem Kruskal-Wallis-Test; F-Werte basierend auf dem ALM-Modell
Multigruppenvergleiche gemäß Sidak bei signifikanten Ergebnissen der globalen Prüfung
Die Mittelwerte entsprechen dem Quotienten der Skalen *berufliches Engagement* und erhaltene *externe Unterstützung*. Werte > 1 indizieren, dass das eingesetzte Engagement die erhaltene Unterstützung übertrifft; Werte < 1 weisen darauf hin, dass in stärkerem Umfang Unterstützungen erhalten als persönliche Investments in den Beruf getätigt werden.

Auch diese substanziellen Unterschiede bleiben unter Berücksichtigung von objektivierbaren Person- und Kontextmerkmalen erhalten. Eine eher marginale Varianzaufklärung für Gratifikationskrisen im Beruf leisten zudem *Schularteinflüsse* (F = 21.340; η^2 = .03) sowie *Gendereffekte* (F = 10.920; η^2 = .01). Es zeigt sich, dass Leitungskräfte an Volksschulen das Missverhältnis zwischen Engagement und Support gravierender einschätzen (M = 1.35) als die Leitungskräfte an anderen Schulen. An Gymnasien registrieren die meisten Leitungspersonen bspw. eine nahezu ausgewogene Relation beider Aspekte (M = 1.02). Des Weiteren ist das weibliche Führungspersonal generell etwas stärker als das männliche von psychischen Gratifikationskrisen betroffen (M = 1.36 versus M = 1.13).

7.6.3 Resümee zu Beanspruchungsprofilen, Problemsichten und Copingstrategien in verschiedenen Schulleitungskulturen

Im letzten Untersuchungsabschnitt wurde der Beanspruchungsrelevanz beruflicher Identitätskonstruktionen nachgespürt, welche als *subjektive Sichtweisen auf berufliche Anforderungen und deren Bewältigung* theoretisch begründet und operationalisiert wurden (s. Teilkapitel 3.3). Dabei wurden innerhalb der beruflichen Subkulturen der *Pädagogischen Führungskräfte* und vor allem der *Teamleiter* konsistent über unterschiedliche Kriteriumsvariablen hinweg günstigere psychische Beanspruchungsprofile, gemäßigtere Problemwahrnehmungen sowie effektivere und effizientere Arbeitsmethoden nachgewiesen als in allen anderen Gruppierungen. Nahezu ausnahmslos bestehen diese clusterabhängigen Variationen auch *nach statistischer Bereinigung des Einflusses organisationaler Rahmendaten und personaler Voraussetzungen der Leitungstätigkeit* (Schulart, Schulgröße, Geschlecht und Dienstalter) in einem Ausmaß, dessen praktische Relevanz als erhöht oder gar erheblich klassifiziert werden kann.

Obwohl bei keinem der fünf Leitungstypen *akute* gesundheitliche Gefährdungen erkennbar sind, fühlen sich dennoch *Lehrkräfte mit Verwaltungsaufgaben, Generalisten* und auch *Vorgesetzte* während der Amtsausübung wesentlich stärker belastet und beurteilen zudem die Qualität ihres Arbeitslebens deutlich abschlägiger als *Teamleiter* und *Pädagogische Führungskräfte* (s. für eine ausführliche Charakterisierung der Leitungstypen Abschnitt 7.3.1). Ferner offenbart eine detaillierte Betrachtung diverser *Facetten des Belastungserlebens,* dass *Vorgesetzte, Lehrkräfte mit Verwaltungsaufgaben* und *Generalisten* über intensivere *Symptome eingeschränkten Wohlbefindens und verminderten Leistungsabrufs,* die als Frühwarnsignale chronischer Krankheitsverläufe gelten können, berichten. Verglichen mit den *Teamleitern* und *Pädagogischen Führungskräften* ist die Erfüllung beruflicher Pflichten zudem aus ihrer Sicht markant stärker vom Eindruck begleitet, unablässig *zu Hast und Eile getrieben* zu sein.

Mehr noch als die hierarchisch distanzierten *Vorgesetzten* leiden die *Lehrkräfte mit Verwaltungsaufgaben* (welche Führungs- und Steuerungsaufgaben ablehnen und sich als gleichberechtigte Kollegiumsmitglieder mit administrativen Zusatzfunktionen verstehen) sowie die *Generalisten* (welche sich mit sämtlichen, inhaltlich kollidierenden Rollensegmenten der Leitungsposition identifizieren) unter der *Verantwortungsfülle ihrer Position und den an sie gerichteten sozialen Erwartungen.* Allen voran die *Generalisten* beklagen außerdem ein *Fehlen spürbarer Erfolgserlebnisse und bestärkender Rückmeldungen* für die geleistete Arbeit.

Darüber hinaus lässt sich aus den erhobenen Zufriedenheitsqualitäten schlussfolgern, dass *Vorgesetzte, Lehrkräfte mit Verwaltungsaufgaben* und *Generalisten* systematisch *weniger befriedigungsbedingte* Zufriedenheitsurteile fällen als *Teamleiter* und *Pädagogische Führungskräfte*. Stattdessen geben sie bedeutend häufiger an, *eigene Ansprüche* an das Berufsbild im Laufe ihres Erwerbslebens *resigniert abgesenkt* zu haben und sich auf diese Weise verschiedenen Gegebenheiten des Arbeitsplatzes gefügt zu haben, die ihnen eine faktische Verwirklichung subjektiver Idealvorstellungen verwehren.

Handelt es sich hierbei um unmittelbare Auswirkungen unterschiedlicher subjektiver Rollenkonfigurationen, die der Clusterbildung zugrunde liegen? Zumindest im Falle der *Generalisten* und *Lehrkräfte mit Verwaltungsaufgaben* wurde eine enge Verbindung zwischen der spezifischen Form der Selbstbehauptung gegenüber sozialen Zuweisungen einerseits und negativen Beanspruchungsreaktionen bzw. -folgen der Berufsausübung anderseits erwartet. Korrespondierend mit den theoretischen Argumentationslinien in Teilkapitel 4.3 und übereinstimmend mit den aufgestellten Hypothesen (Abschnitt 6.2) deuten sich bei denjenigen Clustern, deren Identitätskonstruktionen auf ungelöste Rollenkonflikte bzw. fehlende Rollendistanz schließen lassen, Tendenzen der Selbstüberforderung und Selbstaufgabe an. Offensichtlich birgt eine Verhaftung in der Selbst-, Arbeits- und Beziehungsdefinition des Ursprungsberufs einer Lehrkraft unter Zurückweisung von steuernden und koordinierenden Funktionsgebieten zwangsläufig Enttäuschungen, weil eigene Erwartungen und Bedürfnisse sich nur bedingt mit zentralen Bereichen des präskriptiven Berufsprofils einer Führungskraft decken (s. auch die Befunde bei Languth 2006). Dagegen scheint eine distanzlose Internalisierung antinomischer Handlungsanforderungen einer beruflichen Position, die im Schnittpunkt konkurrierender Interessen verschiedener Bezugsgruppen liegt, Gefühle der eigenen Tat- und Gestaltungskraft durchaus einschneidend zu blockieren (s. hierzu auch Kretschmann & Lange-Schmidt 2000, 96; Schmieta 2001, 104 i.V.m. 189f.; Roggenbuck-Jagau 2005, 260ff.).

Weiterhin dürfte das berufliche Selbstverständnis der Schulleiter vermittelt über die *wahrgenommene Anforderungsstruktur* des Betätigungsfeldes (im Sinne subjektiv diagnostizierter Herausforderungen oder Schwierigkeiten) sowie die Aktivierung *aufgabenbezogener Leistungs- und Belastungspotenziale* inklusive der *emittierten Bewältigungsstrategien* beanspruchungswirksam werden, wie im Rahmenmodell schulischen Leitungshandelns argumentiert wurde (s. hierzu die Teilkapitel 2.4 und 2.5). Anschlussfähig an diese Überlegungen unterscheiden sich die clusteranalytisch ermittelten Leitungstypen nicht nur hinsichtlich der jeweiligen Relationierung widerstreitender Rollensegmente des übernommenen Amtes (kognitive Modalität beruflicher Identitätskonstruktionen), sondern auch hinsichtlich

7.6 Stellenwert von Identitätskonstruktionen bei Anforderungswahrnehmung und -bewältigung 323

- ihrer *Selbstwirksamkeitserwartungen* (im Sinne von Core Self-Evaluations respektive affektiv-evaluativen Modalitäten beruflicher Identitätskonstruktionen) und der *präferierten Handlungsdimensionen* bei der Amtsführung (konative Modalitäten) (s. ausführlich Abschnitt 7.3.3),
- ihres Reservoirs internaler, gesundheitsrelevanter *Ressourcen* (s. ausführlich Abschnitt 7.4.2) sowie
- der in diesem Untersuchungsbereich betrachteten *Arbeitsmethoden*, perzipierten *Belastungsquellen* und psychischen *Gratifikationskrisen* bei der Leitungstätigkeit.

Mit Blick auf die zuletzt durchgeführten Analyseschritte ist festzuhalten, dass innerhalb der beruflichen Teilkulturen *Vorgesetzter, Lehrkraft mit Verwaltungsaufgaben* und *Generalist* die Belastungsintensität struktureller Regulationsbehinderungen der Amtsausübung und damit eines zielorientierten Handelns bedeutend höher eingeschätzt wird als in den Gruppierungen *Teamleiter* und *Pädagogische Führungskraft*. Konfliktbeladene Auseinandersetzungen zwischen und mit den Kollegiumsmitgliedern sowie eine mangelnde Unterstützung durch externe Kooperationspartner wie die Schulaufsicht stufen vor allem die *Vorgesetzten* und die *Generalisten* gravierender ein als andere Leitungstypen.

Darüber hinaus bescheinigen sich die subjektiv höher belasteten und unzufriedeneren Leitungstypen auch eine vergleichsweise schlechte arbeitsorganisatorische Bewältigung ihrer beruflichen Pflichten. Demnach fällt es den *Vorgesetzten*, den *Lehrkräften mit Verwaltungsaufgaben* und den *Generalisten* schwerer als den *Teamleitern* und den *Pädagogischen Führungskräften*, inhaltliche Prioritäten zu setzen, eigene Gedanken und Gefühle auch unter widrigen Handlungsbedingungen auf die Aufgabenerfüllung zu fokussieren und selektiv Aufgaben zu delegieren. Des Weiteren gelingt es ihnen deutlich schlechter, das für Leitungsaufgaben verfügbare Zeitbudget optimal auszunutzen, indem sie ein aktives Störungsmanagement betreiben sowie eigene Arbeitspläne aufstellen und konsequent umsetzen. Allen voran die *Lehrkräfte mit Verwaltungsaufgaben* nehmen zudem Defizite in der strukturierten Aufgabenbearbeitung wahr.

Schließlich registrieren Leitungspersonen aus der Gruppe der *Generalisten* bedeutsam stärkere Verletzungen des Reziprozitätsprinzips im Arbeitsverhältnis als andere Leitungstypen. Während das eingebrachte Engagement und die erhaltene Unterstützung aus Sicht der *Vorgesetzten*, der *Lehrkräfte mit Verwaltungsaufgaben* und der *Pädagogischen Führungskräfte* zumindest in einem weniger ausgeprägten Missverhältnis stehen, schätzen die *Teamleiter* empfangene Unterstützungsleistungen von Kooperationspartnern der Schule tendenziell höher ein als die getätigten eigenen Investments. Auch diese clusterbedingten Unterschiede bleiben bestehen, *nachdem* der Einfluss von Schulart, Schulgröße, Geschlecht und Dienstalter rechnerisch bereinigt wurde. Nennenswerte zusätzliche Effekte gehen dabei vom *lokalen Handlungskontext* aus. Es zeigt sich, dass Leitungspersonen an Grund- und Hauptschulen sowie an kleinen Schulen systematisch stärker belastet und weniger zufrieden sind sowie potenzielle Stressoren im Leitungsamt gravierender einstufen als Leitungspersonen an anderen Schularten und an großen Schulen. Sie verfügen aber auch über eine etwas schlechtere individuelle Arbeitsorganisation sind stärker von psychischen Gratifikationskrisen betroffen. Zur Erklärung dieser Befunde wurde bereits an mehreren Stellen dieser Arbeit darauf verwiesen, dass an großen Schulen erweiterte Leitungsgremien, eine bessere personelle Ausstattung des Sekretariats sowie reduzierte Unterrichtsverpflichtungen den Arbeitsalltag der Schulleitung spürbar erleichtern. In der einschlägigen Literatur werden außerdem die Häufung struktureller Mängel und eine Massierung sozio-ökonomischer Probleme im Einzugsgebiet der Hauptschulen diskutiert (s. hierzu Leschinsky 2005c). Diese bilden einen scharfen Kontrast zu den Rahmen- und Arbeitsbedingungen an den Realschulen und Gymnasien (s. hierzu Baumert et al. 2005; Leschinsky 2005). Angesichts solcher Ergebnisse scheint es dringend geboten, bei empirischen Annäherungen an die Beanspruchungssituation schulischer Leitungskräfte sowohl kontextspezifische als auch personenimmanente Einflussfaktoren simultan zu berücksichtigen.

8 Zusammenfassung und Diskussion zentraler Befunde

Im Anschluss an eine Synopse wesentlicher Befunde der Studie (8.1) werden deren praktische Implikationen bei der Konzeption gesundheitsfördernder Maßnahmen für schulische Leitungskräfte erwogen (8.2). Darüber hinaus können anhand der spezifischen Vorzüge und Schwächen des hier gewählten theoretischen wie auch methodischen Zugangs Desiderate für künftige Forschungsvorhaben formuliert werden.

8.1 Erkenntnisgewinne für die Schulleitungsforschung

Vor dem Hintergrund verschiedener Problemfelder der deutschsprachigen Schulleitungsforschung (s. hierzu Kapitel 1 und 5) wurden in der vorliegenden Studie auf Basis eines integrativen Rahmenmodells des Schulleitungshandelns (Kapitel 2) zentrale Konzepte der Identitäts- und Bewältigungsforschung diskutiert und miteinander verknüpft (Kapitel 3 und 4). Unter der Prämisse einer transaktionalen Beziehung zwischen dem einzelnen Stelleninhaber und dessen Arbeitsumwelt wurden dabei vielfältige Wechselwirkungen zwischen dem normativ strukturierten Aufgabenkatalog, den Ausführungsbedingungen des einzelnen Arbeitsplatzes sowie dem aufgabenbezogenen Leistungs- und Belastungspotenzial der Leitungsperson herausgearbeitet. Mithilfe der Konzepte der *Auftrags-Auseinandersetzung* sensu Richter und Hacker (1998) und der *Interpretationsbedürftigkeit der sozialen Rolle* (z.B. Joas 1998; Krappmann 1969/2005) wurde dabei argumentiert, dass das präskriptive Berufsprofil kein exogenes Fixum darstellt, sondern erst im Zuge seiner reflexiven Durchdringung und Bewertung durch den Positionsinhaber zum konkreten Gegenstand individueller Bewältigungsversuche wird und auf diesem Wege in spezifische psychische Beanspruchungsreaktionen und -folgen mündet. Demnach beeinflusst das *berufliche Selbstverständnis als individuelle Sichtweise auf das Anforderungsprofil des Berufsfeldes und dessen Bewältigung*, mit welchen Problemwahrnehmungen, Zielgrößen und Bewertungsmaßstäben, mit welchem Ressourceneinsatz und welchen Bewältigungsstrategien die Auseinandersetzung mit den überantworteten Handlungsaufgaben im Einzelfall erfolgt. Als Kriteriumsvariablen fungierten in der vorliegenden Studie zum einen arbeitsprozessgebundene Belastungsempfindungen, zum anderen Zufriedenheitsurteile als bilanzierende Aussagen zur subjektiven Qualität des Arbeitslebens. Dabei wurden in fünf Analysebereichen folgende Ziele verfolgt (s. hierzu auch Kapitel 6):

1. Innerhalb des gesamten Berufsstandes sollten *kollektiv geteilte* Sichtweisen auf die Anforderungen des Leitungsamtes, mehrheitlich bevorzugte Handlungsdimensionen sowie *das generelle Niveau* der Belastung und Arbeitszufriedenheit ermittelt werden (Teilkapitel 7.2);
2. Um Einblicke in Binnenvariationen der Schulleitungskultur zu gewinnen, sollten mittels clusteranalytischer Verfahren homogene Untergruppen *(berufliche Subkulturen* respektive *Leitungstypen)* identifiziert werden, die sich entsprechend der theoretischen Modellierung kognitiver, affektiv-evaluativer und konativer Modalitäten des beruflichen Selbstverständnisses nicht nur in der subjektiven Konstellierung widerstreitender Rolleninhalte, sondern auch in ihren beruflichen Wertorientierungen und Selbstwirksamkeitsüberzeugungen sowie in den bei der Amtsausübung präferierten Handlungsdimensionen unterscheiden (Teilkapitel 7.3);
3. Angesichts der vermuteten *personalen und organisationalen Kontingenzen* der Leitungstätigkeit sollte überprüft werden, ob und in welchem Umfang divergente Interpretations- und Gestaltungsvarianten des beruflichen Auftrags in Abhängigkeit individueller Leistungsvoraussetzungen und/oder schulspezifischer Gegebenheiten auftreten (Teilkapitel 7.4);
4. Mit vor allem regressionsbasierten Analysetechniken sollten – wiederum in der gesamten Schulleiterpopulation – diverse *stress- und arbeitspsychologische Erklärungsmodelle* reversibler Beanspruchungsreaktionen (Belastungsempfindungen) sowie längerfristiger Beanspruchungsfolgen (Niveau und Formen der Arbeits(un)zufriedenheit) abgeprüft werden (Teilkapitel 7.5);
5. Um den Stellenwert der *Identitätsarbeit als Bewältigungsstrategie* im Gefüge belastungs- und zufriedenheitsgenerierender Faktoren verorten zu können, sollte der Einfluss beruflicher Identitätskonstruktionen auf die Intensität und Qualität psychischer Beanspruchungen sowie auf variierende Problemwahrnehmungen und Copingmaßnahmen unter Kontrolle objektivierbarer Bedingungen der Berufsausübung bestimmt werden (Teilkapitel 7.6).

Ad 1: Berufstypische Belastungsfaktoren, konative Kernelemente der Berufskultur und allgemeine Beanspruchungssituation in der Schulleitung

Belastungseinschätzungen wie auch dominante Handlungsstrategien in der Leitungsposition wurden bis dato zumeist in spezifischen organisationalen Settings (z.B. einer bestimmten Schulart), für besondere Teilbereiche des Funktionsspektrums (z.b. die Implementierung innovativer Projekte) und/oder bei ausgewählten Personengruppen (z.B. Frauen oder Amtsneulingen) erhoben. In der vorliegenden Studie können auf der Grundlage einer schulart-, schulgrößen-, dienstalters- und geschlechtsübergreifenden Stichprobe sowohl generalisierbare, *berufstypische* Belastungsfaktoren als auch die konativen Kernelemente einer kollektiv geteilten, schulleitenden *Berufskultur* identifiziert werden: Schulische Führungskräfte benennen mehrheitlich *strukturelle Regulationsbehinderungen* der Amtsausübung (darunter Ziel- und Rollenkonflikte, Aufgabenvielfalt, eine Fragmentierung des Arbeitsalltags und aufwändige bürokratische Prozeduren) als die wesentlichen Stressoren im Amt. Deutlich nachrangig stufen sie hingegen Probleme im und mit dem Lehrerkollegium, eine mangelnde Unterstützung von potenziellen Kooperationspartnern wie der Schulaufsicht, dem Schulträger oder Unternehmen sowie problematisches Schüler- und Elternverhalten ein. Diesen Anforderungsstrukturen begegnet das Leitungspersonal vorrangig mit Aktivitäten zur *Förderung des Schulklimas*. Hierbei leistet die Schulleitung im Wesentlichen sozio-emotionale *Beziehungsarbeit* (s. auch Wirth 2009), indem sie sich um eine vertrauensbasierte Zusammenarbeit mit dem Kollegium und eine kontinuierliche Verbesserung der sozialen Interaktionsqualität innerhalb der ganzen Schulgemeinschaft bemüht und hierbei auf die symbolische Strahlkraft des eigenen vorbildlichen Auftretens setzt (s. hierzu auch Rosenbusch 2005, 159ff.). Übereinstimmend mit vorgängigen Untersuchungen weisen die Amtsinhaber in der Durchschnittsbetrachtung ein *moderates Belastungsempfinden* bei *hohen globalen Zufriedenheitswerten* auf.

Ad 2: Unterscheidungsmerkmale beruflicher Subkulturen als divergente Interpretations- und Gestaltungsmuster beruflichen Rollenhandelns

Die Frage, ob schulische Leitungskräfte eine einheitlich sozialisierte Lehrerelite mit weitgehend homogenen Auffassungen über ihr Betätigungsfeld darstellen (z.B. Kischkel 1989; Neulinger 1990) oder aber ihr Berufsmandat mit höchst unterschiedlichen Aufmerksamkeitsschwerpunkten erfüllen (z.B. Bonsen 2003; Languth

2006) ist ein Dauerthema der Schulleitungsforschung. In dieser Untersuchung ließen sich unter Einsatz clusteranalytischer Verfahren und abgesichert durch vielfältige Reliabilitätsprüfungen und Validierungsschritte *fünf Leitungstypen* ermitteln, die in ihren verbalisierten Sichtweisen auf die Inhalte der beruflichen Handlungsaufgaben wie auch auf deren Bewältigung in praktisch bedeutsamem, zum Teil *erheblichem* Ausmaß voneinander abweichen:

- Leitungspersonen des Typs *Pädagogische Führungskraft* beanspruchen Richtlinienkompetenz bei der Schulentwicklung. Sie definieren sich primär über das Rollensegment einer transformationalen Leadership, welches strategische, organisations- und mitarbeiterbezogene Steuerungsaufgaben zur Verbesserung der Schülerleistungen fokussiert und sich vermittels einer Motivierung und Potenzialentwicklung der Lehrkräfte entfaltet (s. hierzu Dubs 2006, 126ff.; Wissinger 2011, 103f.; zsf. Abschnitt 2.2.2.2). Im Clustervergleich schätzen sie zudem ihre eigene Wirksamkeit, d.h. ihre prospektiven Bewältigungskapazitäten auch unter widrigen Umgebungsbedingungen am höchsten ein. Maßnahmen der Unterrichtsentwicklung benennen sie als zentrales Handlungsfeld. Weitaus häufiger als alle anderen Gruppierungen initiieren und moderieren sie demzufolge kollegiumsinterne Diskurse über „guten Unterricht", installieren pädagogische Arbeitsgruppen und überprüfen die Qualität der stattfindenden Lehr-Lern-Prozesse. Derartige Maßnahmen flankieren sie unter anderem durch ein ausgeprägtes mikropolitisches Agieren, wonach sie intensiver als ihre Amtskollegen das Kollegium nach Verbündeten, Opponenten und Mitläufern sondieren, innerhalb und außerhalb der Schule produktive Netzwerke zur Erreichung schulischer Ziele knüpfen, zwischen Interessenparteien vermitteln und bei der Durchsetzung subjektiv wichtiger Entwicklungsprojekte planvoll und taktisch geschickt vorgehen. Diese berufliche Subkultur weist Parallelen zu der bei Languth (2006) beschriebenen professionellen Berufsauffassung auf, welche sich durch eine hohe Identifikation mit der Führungsposition, ein ausgeprägtes Gespür für die vielfältigen Antinomien des Handlungsfeldes und ein strategisches, flexibles Agieren auszeichnet.
- Leitungspersonen des Typs *Lehrkraft mit Verwaltungsaufgaben* distanzieren sich weitgehend von Führungs- und Steuerungsaufgaben und sehen sich weitaus stärker in einer administrativen Zuständigkeit, d.h. als verlängerter Arm der Schulbürokratie mit minimalen Handlungsfreiräumen. In ihrer

8.1 Erkenntnisgewinne für die Schulleitungsforschung

subjektiven Rollenkonfiguration besitzt das Segment des Primus inter Pares eine zentrale Stellung. Demnach identifizieren sich Angehörige dieser Teilkultur stark mit dem Leitbild des unterrichtenden Kollegiumsmitgliedes, welches eine partnerschaftlich-kongruente Kommunikation pflegt, unaufdringlich im Hintergrund agiert und die professionelle Handlungsautonomie der Lehrkräfte respektiert. Konsistent mit der Ablehnung des Leadership-Segments gehen von diesem Leitungstyp im Clustervergleich die geringsten Impulse für eine schulweite, systematische Unterrichtsentwicklung aus. Stattdessen konzentriert er sich stärker auf unterrichtsverwaltende Aktivitäten im Sinne einer soliden Unterrichtsorganisation und Klassenverteilung und versucht, die Lehrkräfte von all jenen Aufgaben zu entlasten, die keinen unmittelbaren Bezug zum Lehr-Lern-Geschehen aufweisen. Mikropolitische Manöver wenden Leitungspersonen dieses Typs vergleichsweise selten an. Diese Zurückhaltung mag allerdings auch dem Umstand geschuldet sein, dass sie im Clustervergleich die geringsten Selbstwirksamkeitserwartungen besitzen.

- Die im *Vorgesetzten*-Cluster zusammengefassten Leitungspersonen rücken am weitesten vom Leitbild des Primus inter Pares ab. In ihrem Selbstverständnis tritt vielmehr ein vergleichsweise starkes hierarchisches Gefälle zutage, während sich führungsbezogene und administrative Rolleninhalte auf je durchschnittlichem Niveau die Waage halten. Dementsprechend erbringt dieser Typus weniger als alle anderen Kommunikations- und Koordinationsleistungen, die im interpersonellen Austausch stattfinden. Auch Maßnahmen einer distributiven Führung im Sinne einer bewussten Teilung der schulleitenden Gesamtverantwortung sind in dieser Subkultur unterdurchschnittlich ausgeprägt.
- Ähnlich wie bei der Lehrkraft mit Verwaltungsaufgaben kennzeichnet auch die Rollenkonfiguration des *Teamleiters* eine hohe Harmonie- und Konsensorientierung unter Respektierung der professionellen Autonomie der Kollegiumsmitglieder. Allerdings identifiziert sich dieser Typus stärker mit den Führungsaufgaben der Zielbildung, Förderung und Motivation. Zugleich weist er dezidiert und noch vehementer als die Pädagogische Führungskraft das Rollensegment des weisungsgebundenen, exekutierenden Behördenvorstandes von sich. Die Vermutung liegt nahe, dass der Teamleiter wahrgenommene Gestaltungsfreiräume in einer integrierenden und ausgleichenden Funktion ausfüllen möchte. Zu diesem Eindruck passt der Befund, dass das

mikropolitische Aktivitätsniveau in dieser beruflichen Subkultur relativ niedrig ist und distributive Führungspraktiken signifikant stärker zum Einsatz kommen als bei der Lehrkraft mit Verwaltungsaufgaben und dem Vorgesetzten. Demnach holen Leitungspersonen dieses Typs vor der Entscheidungsfindung häufiger Expertenmeinungen aus dem Kollegium ein, beteiligen Lehrkräfte, Schüler und Eltern stärker an innerschulischen Gestaltungsprozessen und betrauen fähige Lehrkräfte systematischer mit Steuerungsaufgaben. Insgesamt betrachtet nehmen die Teamleiter allerdings in vielen der erfassten Handlungsdimensionen eine mittlere Position zwischen den Ausprägungen der restlichen Leitungstypen ein, was darauf schließen lässt, dass sie den in Abschnitt 2.5 beschriebenen Balanceakt der Schulleitungstätigkeit mit einer wohldosierten Sowohl-als-auch-Strategie meistern.

- Die als *Generalisten* bezeichneten Personen sind um eine maximale Erfüllung sämtlicher Zuständigkeitsbereiche und Aktionsfelder der Schulleitung bemüht. Dies manifestiert sich in aussagenlogisch inkonsistenten Selbstbehauptungen auf durchweg überdurchschnittlichem Ausprägungsniveau: Der Generalist orientiert sich einerseits maximal am Autonomie-Paritäts-Muster im Umgang mit dem pädagogischen Personal und vertritt andererseits einen klaren Führungsanspruch als mitreißender Visionär und Stratege. Zugleich gibt er aber an, nahezu ausschließlich mit dem Vollzug behördlicher Anordnungen befasst und in seinen Gestaltungsspielräumen massiv beschnitten zu sein. Seinem Handlungsprofil ist ferner zu entnehmen, dass er sich im Clustervergleich am intensivsten als Sammel- und Verteilungsstelle von Informationen betätigt, als direkter Ansprechpartner in Krisensituationen fungiert und in höchstem Maße dienstleistende Aktivitäten auf einer operativ-technischen Vollzugsebene erbringt, wobei sich seine Entscheidungen primär an Aufwands-Nutzen-Relationen ausrichten. Die Angehörigen dieser Teilkultur erinnern deshalb an den von Wissinger (1996) beschriebenen Leitungstyp des treu sorgenden Vaters, welcher den Schulbetrieb um seine Person herum organisiert, zu individualisierten Problemdiagnosen und -bearbeitungen neigt und im Bedarfsfall persönlich interveniert.

Diese Ergebnisse stützen die Annahme, dass innerhalb eines einheitlichen, normativ strukturierten institutionellen Rahmens verschiedene Definitions- und Realisierungsformen von Schulleitung koexistieren (s. Kapitel 2). Erwartungswidrig fällt allerdings der Befund aus, dass sich die Leitungstypen in ihren *beruflichen Wertorientie-*

rungen nur marginal unterscheiden. Entsprechende Gruppenvergleiche lassen erkennen, dass die Mitglieder der fünf Teilkulturen nicht etwa qualitativ andersartige Prioritäten oder inhaltlich gegensätzliche Ansprüche an das Berufsleben artikulieren, sondern vielmehr nur Niveauunterschiede in den einzelnen erfassten Wertkategorien bei einem ansonsten kongruenten Wertekanon aufweisen. Clusterübergreifend rangiert dabei die Dimension *Entfaltung in einem anerkannten Berufsfeld* an der Spitze der Werthierachie und konstituiert angesichts eines homogenen Antwortverhaltens auch innerhalb der einzelnen Gruppierungen ein weiteres Kernelement der schulleitenden Berufskultur mit affektiv-evaluativer Prägung. Demgegenüber legen die clusterinternen Streuungen bei den beiden Dimensionen *soziale Verantwortung und Interaktion* sowie *Einkommens- und Karriereambitionen*, aber ebenso bei der clusterübergreifend auf den letzten Platz verwiesenen Kategorie *Sicherheits- und Freizeitorientierung* nahe, dass subjektive Ansprüche bzw. wünschenswerte Selbsterfahrungen im Beruf in hohem Maße interindividuell differieren.

Ad 3: Kontingenzen beruflicher Identitätskonstruktionen von schulischen Leitungskräften

Eine Überprüfung verschiedener Annahmen über schulart- und schulgrößenbedingte, geschlechtsspezifische, erfahrungsabhängige sowie ressourcengeprägte Schulleitungsvarianten offenbart, dass vor allem *organisationale Bedingungen* die subjektive Sichtweise auf die Anforderungen des übernommenen Amtes und deren Bewältigung prägen. Pointiert lässt sich festhalten, dass die Typen *Lehrkraft mit Verwaltungsaufgaben* und *Generalist* vor allem an Grund- und Hauptschulen angesiedelt sind, das *Teamleiter*-Cluster im allgemeinbildenden Sektor häufiger vertreten ist als im berufsbildenden Sektor und die Teilkulturen *Pädagogische Führungskraft* und *Vorgesetzter* an sehr großen Schulen weiter verbreitet sind als an kleinen Schulen.

Demgegenüber sind der Einsatz distributiver Führungselemente und mikropolitischer Taktiken sowie effizienzoptimierende und auf eine routinierte Abwicklung des Schulbetriebs ausgerichtete Leitungsaktivitäten von der Art und Größe der geleiteten Schule entkoppelt. Nach Maßgabe der praktischen Bedeutsamkeit üben aber die charakteristischen Rollenkonfigurationen der einzelnen Leitungstypen einen nachhaltigeren Einfluss auf die jeweils präferierten Handlungsdimensionen aus als die hier berücksichtigten Kontextfaktoren des Leitungshandelns (s. auch Riedel 1998).

Mit Blick auf die betrachteten *personalen Voraussetzungen* der Amtsführung erweisen sich primär Einschätzungen von *internalen Ressourcen* als ein systematisches

Unterscheidungskriterium zwischen den Teilkulturen. Dabei besitzen die *Teamleiter* die unter leistungsbezogenen und gesundheitspsychologischen Gesichtspunkten günstigste Ressourcenkombination, namentlich ausgeprägte *Widerstandskräfte* gegenüber Belastungseinwirkungen in Verbindung mit einer überaus *positiven affektiven Grundtönung* des beruflichen Erlebens und Verhaltens sowie einem erhöhten, nicht aber exzessiven beruflichen *Engagement*.

Wie im Rahmenmodell des Leitungshandelns postuliert, bilden sich somit differente „Definitionsgemeinschaften" des beruflichen Auftrags verstärkt innerhalb solcher Personengruppen heraus, die unter ähnlichen Bedingungen und mit vergleichbaren Leistungsvoraussetzungen operieren. Allerdings fallen die gemessenen Zusammenhänge keinesfalls so stark aus, dass Determinierungen beruflicher Identitätskonstruktionen durch die Geschlechtszugehörigkeit, das Dienstalter oder schulspezifische Rahmendaten erkennbar wären.

Ad 4: Interindividuelle und interorganisationale Varianzen der beruflichen Beanspruchung im Spiegel arbeitspsychologischer Erklärungsmodelle

Im vierten Untersuchungsabschnitt wurden zwei Ziele verfolgt: Zum einen sollten in Anlehnung an transaktionale Stressmodelle die direkten und indirekten Auswirkungen subjektiver Bewertungen potenzieller Belastungsfaktoren, internaler Ressourcen und eingesetzter Arbeitsmethoden auf das Belastungserleben eruiert werden. Zum anderen war im Rückgriff auf konkurrierende Ansätze der Arbeitszufriedenheitsforschung auszuloten, in welchem Umfang abweichende Zufriedenheitsurteile auf personen- oder kontextspezifische Einflüsse respektive auf mediierende Effekte von prozessbegleitenden Belastungsempfindungen zurückzuführen sind.

In hierarchischen Regressionen des *generellen Gefühls von Belastetheit* dokumentiert die sequentielle Aufnahme von Situations- und Ressourcenabschätzungen der Leitungskräfte, dass

- *außerhalb* des engeren Aktionsradius der Leitung angesiedelte Problemfelder (mangelnde externe Unterstützung sowie problematisches Schüler- und Elternverhalten) *robuste* Determinanten empfundener Belastungen während der Amtsausübung darstellen, wohingegen die negativen psychischen Auswirkungen solcher Problemfelder, die *in der Funktion und Stellung* der Schulleitung angelegt sind oder Konflikten *innerhalb und mit der Lehrerschaft* ent-

8.1 Erkenntnisgewinne für die Schulleitungsforschung

springen, durch Ressourcenabwägungen der Führungspersonen systematisch *verändert* werden;
* wahrgenommene *Regulationsbehinderungen* der Betätigung zwar als stärkste Einzelprädiktoren des Belastungserlebens fungieren, jedoch eine hohe *Widerstandskraft* in Verbindung mit einer *positiven affektiven Grundtönung* der Berufsausübung geeignet ist, sowohl die belastungserhöhenden Effekte struktureller Hemmnisse spürbar abzuschwächen als auch die psychischen Auswirkungen konfliktärer Auseinandersetzungen mit dem Kollegium ein Stück weit zu kompensieren;
* vom Ausmaß des individuellen *beruflichen Engagements* eigenständige, belastungsintensivierende Effekte ausgehen.

Diese Befunde untermauern die im transaktionalen Stressparadigma vertretene Annahme, dass viele der *potenziell* belastenden Aspekte eines Berufsprofils ihre *subjektive Belastungsintensität* vollständig oder teilweise verlieren, wenn das Individuum seine Bewältigungskapazitäten als ausreichend hoch einschätzt, um eben diesen stressträchtigen Anforderungsmerkmalen erfolgreich zu begegnen (Lazarus & Launier 1981, 214ff.; Sembill 2010, 82f.). Folglich kann eine *übermäßige Verausgabungsbereitschaft* der Führungskräfte als *Vulnerabilitätsindikator* eingestuft werden, während vor allem hohe *Widerstandskräfte* in Form von Distanzierungs- und Regenerationsfähigkeit, Durchhaltevermögen sowie innerer Ruhe und Ausgeglichenheit als *Schutzfaktoren* der Amtsinhaber bei ihrer Auseinandersetzung mit der Arbeitsumwelt gelten können (s. auch Schaarschmidt & Fischer 2001). Die prognostische Güte eines Schätzmodells, das entsprechend der theoretischen Annahmen aufeinander bezogene Situations- und Ressourcenbewertungen der Leitungskräfte integriert, kann angesichts einer Varianzbindung von über 60 % als sehr hoch eingestuft werden.

Ergänzende Mediatoranalysen gewähren zudem wichtige Einblicke in die *vermittelnden Wirkungen angewandter Copingmaßnahmen* und damit in die Belastungsverarbeitung der Schulleiter: Anhand der Modellspezifikationen lässt sich nachvollziehen, wie nicht nur die Effekte problembehafteter Handlungssituationen bzw. Akteurkonstellationen, sondern auch die Auswirkungen subjektiver Ressourcenbewertungen auf das generelle Niveau des Belastungserlebens *partiell* durch den Einsatz *problemzugewandter Arbeitsmethoden* kanalisiert werden. Übertragen auf die in dieser Studie erfassten Parameter bedeutet dies konkret, dass hohe Widerstandskräfte, positive Grundstimmungen sowie eine hohe Aufopferungsbereitschaft im Beruf nicht ausschließlich direkt, sondern auch indirekt beanspruchungsreduzierend respektive

-induzierend wirken, indem sie die erfolgreiche Realisierung einer *entlastenden* individuellen Arbeitsorganisation entweder systematisch *befördern* oder aber *blockieren*. Demgegenüber schlagen die wahrgenommenen Stressoren des Betätigungsfeldes nicht nur unmittelbar auf das Belastungserleben durch, sondern intensivieren auch mittelbar ein generelles Gefühl von Belastetheit, indem sie den Einsatz substanziell *entlastender* Strategien der Kontrolle externer Störquellen und der konsequenten Verfolgung eigener Arbeitspläne eindämmen sowie *belastungsverringernde* Prioritätensetzungen, selbstregulatorische Fähigkeiten und eine gezielte Delegationspraxis *beschneiden*.

Überdies können psychosomatische *Befindensbeeinträchtigungen* (etwa Übermüdungserscheinungen und andere Frühwarnsignale chronischer Krankheitsverläufe) in substanziellem Umfang mithilfe der subjektiven *Relation* aus erbrachtem Engagement und erhaltener Unterstützung aufgeklärt werden. Registrierte Verletzungen des *Reziprozitätsprinzips* im Berufsleben in Form von persönlichen Investments, die aus Sicht der einzelnen Führungskraft das Ausmaß empfangener Gegenleistungen übersteigen, verringern entsprechend des Konzepts der *Gratifikationskrise* (Siegrist 1996) bedeutsam das körperliche und seelische Wohlbefinden während der beruflichen Betätigung. Zur empirischen Erhellung des deprimierenden Gefühls vieler Schulleiter, sich als isolierter und gering geschätzter Einzelkämpfer bei der Erfüllung beruflicher Pflichten aufzureiben (Kretschmann & Lange-Schmidt 2000; Schumacher et al. 2008), kann das Konzept der Gratifikationskrise folglich wertvolle Beiträge leisten (s. hierzu auch Sembill & Zilch 2010, 251).

Die Durchführung hierarchischer Regressionen zur Beantwortung der arbeitspsychologischen „Kardinalfrage" nach der *Person- oder Situationsabhängigkeit* variierender Zufriedenheitsniveaus offenbarte hingegen, dass

- objektivierbare Rahmenbedingungen des Leitungshandelns – namentlich das zu absolvierende *Unterrichtsdeputat* und der Umfang des *Leitungsteams* – kaum eigenständige Erklärungsbeiträge für das individuelle Zufriedenheitsurteil leisten;
- schulische Führungskräfte generell umso positivere Zufriedenheitsurteile fällen, je mehr sie den Eindruck haben, einer *sinnvollen Betätigung* mit *interessantem Aufgabenspektrum* in weitgehender *Eigenverantwortung* unter *sicheren und gesunden Arbeitsbedingungen* nachzugehen, und je stärker sie sich dabei eine *positive Grundstimmung* und die Fähigkeit zur *Selbstregulation, Delegation und Priorisierung* attestieren;

- im Gesamtgefüge aller berücksichtigten Variablen die Strategie, inhaltliche Schwerpunkte zu setzen, eigene Gedanken und Gefühle auf eine zielgerichtete, sachdienliche Aufgabenerfüllung zu konzentrieren und selektiv Aufgaben an das Team zu übertragen, den *stärksten Einzelprädiktor* der globalen Zufriedenheit darstellt;
- systematische *Interaktionseffekte* nachweisbar sind, wonach erstens das *Geschlecht* der Leitungskräfte den Einfluss interessanter Tätigkeitsinhalte und kooperativer Leitungsstrukturen, zweitens das Ausmaß *positiver Gestimmtheit* die Auswirkungen der Deputatshöhe sowie der sicheren und gesunden Arbeitsbedingungen, drittens das *Alter* die Effekte der Leitungsteamstärke auf das Zufriedenheitsniveau moderiert.

In der Berufsgruppe der Schulleiter finden sich demzufolge sowohl *Bottom-up-* als auch *Top-down-Determinanten* der bilanzierten Qualität des Arbeitslebens, deren gemeinsame Erklärungsleistungen für das Kriterium als praktisch sehr bedeutsam eingestuft werden können. Allerdings lassen sich Variationen im generellen Zufriedenheitsniveau nur in geringem Umfang auf *überadditive* Wirkungen spezifischer Kombinationen von Anforderungsmerkmalen der Stelle und Eigenschaften bzw. Leistungspotenzialen des Inhabers zurückführen (s. für ähnliche Befunde in anderen Berufssparten Abele et al. 2006).

Übereinstimmend mit *diskrepanzorientierten Erklärungsansätzen* der Arbeitszufriedenheit (z.B. Bruggemann et al. 1975; Borg 2006) erwiesen sich bei der Untersuchung verschiedener *Zufriedenheitsformen* zum einen subjektive *Bewertungsmaßstäbe* der beruflichen Betätigung, zum anderen *Selbstwirksamkeitsüberzeugungen* als aufschlussreich:

- Hochgradig *stabil zufriedene* Schulleiter, in deren Urteil der explizite Wunsch nach Konservierung der gegenwärtigen, als befriedigend und harmonisch erlebten Arbeitssituation mitschwingt, berichten höhere *Erfüllungsgrade* subjektiver Ansprüche an das Berufsleben (im Sinne einer Kongruenz oder positiven Diskrepanz von SOLL-Vorstellungen und IST-Lagen) als solche mit geringer bis mäßiger stabilisierter Zufriedenheit. Lediglich Erwartungen an die *Verantwortungsfülle* und den *Interaktionsreichtum* im Beruf nehmen beide Gruppierungen als im schulischen Leitungsamt deutlich übertroffen wahr. Zwischen der Ausprägungshöhe dieser Arbeitsplatzmerkmale (IST) und der

allgemeinen Zufriedenheit bestehen dementsprechend nur schwache Zusammenhänge.
- Schulleiter, die *negative Abweichungen* zwischen ihrem Anspruchsniveau und den wahrgenommenen Charakteristika ihres Betätigungsfeldes diagnostizieren, aber ihre Fähigkeiten zur aktiven Überwindung bestehender Schwierigkeiten als hoch einstufen, bekunden eine überzufällig geringere *resignative Zufriedenheit* als solche Amtsinhaber, die ebenfalls negative SOLL-IST-Diskrepanzen feststellen, jedoch ihre Bewältigungskapazitäten als gering einschätzen. Erstere verharren außerdem weniger als die Vergleichsgruppe in einer *fixierten Unzufriedenheit,* bei der registrierte Lücken zwischen beruflichen Idealvorstellungen und vorgefundenen Arbeitsplatzmerkmalen passiv als unzulänglich, ausweglos und deprimierend erlitten werden. Auffällig sind derartige selbstwirksamkeitsbedingte Unterschiede vor allem dort, wo Schulleiter ihre Erwartungen an eine *für die Gesellschaft nützliche Tätigkeit* sowie eine *sichere Berufsstellung* nicht erfüllt sehen.

Diese Befunde fügen sich nahtlos in die Ausführungen zu den generischen Regulationsmodi der Identitätsarbeit (Brandtstädter 2007; zsf. Abschnitt 4.2.2.3), denn offenbar tendieren gering selbstwirksame Leitungskräfte angesichts *unerfüllter* subjektiver Standards zu *akkomodativen* Bewältigungsformen – hier in der Variante einer Anspruchsniveausenkung –, während *assimilative Anstrengungen* zur Veränderung der unbefriedigenden Arbeitssituation eher unterbleiben. Hierdurch relativieren sich auch die hohen Durchschnittswerte der globalen Zufriedenheit im Berufsstand der Schulleiter ein Stück weit: Zumindest diejenigen Amtsinhaber, die ihre aktiven Bewältigungspotenziale als gering taxieren, gelangen unter der Bedingung, dass ihnen das übernommene Amt wünschenswerte Selbsterfahrungen verwehrt, durch eine reaktive Anpassung eigener Anspruchshaltungen zu einem Zufriedenheitsurteil, das eben diesen Missstand durch die Feststellung „Mehr ist nicht zu erwarten" aufwertet (s. Baumgartner & Udris 2006, 112ff.; Büssing et al. 2006, 137ff.).

Weiterhin zeigt sich in korrelativen Analysen, dass sowohl das Gefühl, überhöhten externen Erwartungen ausgesetzt und der personellen Verantwortung nicht gewachsen zu sein *(normativer Druck)* als auch ein erlebter Mangel an greifbaren Erfolgen und positiven Rückmeldungen *(Feedbackdefizit)* eng an *resignative* Zufriedenheitsaussagen gekoppelt sind. Vertiefende Mediatoranalysen mit der *globalen* Zufriedenheit als abhängiger Variable erhellen schließlich die *Filterfunktion* verschiedener Facetten des Belastungserlebens während der Arbeit entsprechend des Modells be-

anspruchungsvermittelter Zufriedenheitsbilanzen (Wieland et al. 2006; zsf. Abschnitt 4.2.2.4):

1. Die positiven Auswirkungen einer als *sinnvoll* wahrgenommenen Betätigung, zugestandener *Entscheidungs- und Handlungsfreiräume* sowie der individuellen Fähigkeiten zur *Selbstregulation, Delegation & Priorisierung* lassen sich in hohem Maße damit erklären, dass diese Faktoren Befindensbeeinträchtigungen, Zeitstress, normativen Druck und Feedbackdefizite bei der Erfüllung beruflicher Pflichten substanziell verringern und hierdurch die subjektive Qualität des Arbeitslebens mittelbar aufwerten.
2. *Kooperative Leitungsstrukturen* wirken in der Gruppe der *weiblichen* Führungskräfte zu großen Teilen unmittelbar zufriedenheitserhöhend, während sie das Zufriedenheitsurteil in der Gruppe der *männlichen* Führungskräfte ausschließlich auf dem indirekten Wege einer Reduktion stressbedingter Beanspruchungen im Arbeitsvollzug beeinflussen. Die wahrgenommene *Interessantheit* der Aufgabeninhalte hebt dagegen bei den Männern das Zufriedenheitsniveau nicht nur stärker unmittelbar an als bei den Frauen, sondern auch über differenziertere und in der Summe stärkere indirekte Wirkungsketten.
3. Sowohl *Überzeugungen von der eigenen Wirksamkeit* als auch die erfahrene *Anerkennung und Achtung* im Beruf schlagen sich in der Zufriedenheitsbilanz *überwiegend kanalisiert* durch eine Linderung von Belastungsempfindungen während der Amtsausübung nieder. Ohne eine analytische Integration der intervenierenden Einflüsse prozessbegleitender Erlebensqualitäten werden die langfristig positiven Beanspruchungsfolgen dieser beiden Person- bzw. Arbeitsplatzmerkmale in der Schulleiterpopulation daher systematisch unterschätzt.

Ad 5: Beanspruchungsprofile, Problemwahrnehmungen und Copingstrategien in den beruflichen Subkulturen

Eine abschließende Gegenüberstellung der fünf Leitungstypen untermauert die Annahme einer direkten wie auch indirekten Beanspruchungsrelevanz beruflicher Identitätskonstruktionen. Obwohl sich bei keinem Leitungstyp dramatische gesundheitliche Gefährdungen andeuten, weisen *Teamleiter* und *Pädagogische Führungskräfte* auch nach einer statistischen Bereinigung des Einflusses organisationaler Rahmendaten und objektivierbarer personaler Leistungsvoraussetzungen (Schulart,

Schulgröße, Dienstalter und Geschlecht) erheblich geringere Belastungseinschätzungen und substanziell höhere Zufriedenheitsniveaus auf als die anderen Leitungstypen. Einer detaillierten Betrachtung einzelner Facetten des Belastungserlebens sowie verschiedener Zufriedenheitsformen ist zu entnehmen, dass *Vorgesetzte*, *Lehrkräfte mit Verwaltungsaufgaben* und *Generalisten* intensivere psychosomatische Beeinträchtigungen sowie höheren Zeitstress empfinden, weniger befriedigungsbedingte Zufriedenheitsurteile fällen und stattdessen bedeutend häufiger angeben, eigene Erwartungshaltungen an das Berufsbild resigniert abgesenkt zu haben. Mehr noch als die *Vorgesetzten* leiden zudem die *Lehrkräfte mit Verwaltungsaufgaben* und die *Generalisten* unter der Verantwortungsfülle ihres Amtes und den an sie gerichteten Forderungen. Das Gefühl fehlender Erfolgserlebnisse und sozialer Würdigungen für die geleistete Arbeit ist unter den *Generalisten* signifikant weiter verbreitet als in allen anderen Teilkulturen.

Korrespondierend mit den Ausführungen zur Identitätsarbeit und dem skizzierten Rahmenmodell der Leitungstätigkeit (s. Abschnitte 4.3 und 2.5) lassen sich damit einzelne Varianten beruflicher Identitätskonstruktionen ausmachen, in denen die erforderliche Balancierung fremddefinierter und eigener Ansprüche nur begrenzt gelingt und mit gewissen Einbußen für Gesundheit und Wohlbefinden verbunden ist. Offensichtlich geht eine Verhaftung in der Selbst-, Arbeits- und Beziehungsdefinition eines Kollegiumsmitgliedes mit administrativen Zusatzaufgaben unter Zurückweisung von steuernden und koordinierenden Funktionsgebieten mit Enttäuschungen einher, weil eigene Erwartungen und Bedürfnisse sich nur bedingt mit zentralen Bereichen des präskriptiven Berufsprofils einer Leitungskraft decken. Dagegen scheint die distanzlose Internalisierung antinomischer Handlungsanforderungen einer beruflichen Position, die im Schnittpunkt konkurrierender Interessen verschiedener Bezugsgruppen liegt, Gefühle der eigenen Tat- und Gestaltungskraft durchaus einschneidend zu blockieren und in eine Selbstüberforderung zu münden. Zusätzlich gestützt werden diese Schlussfolgerungen durch den Befund, dass insbesondere die *Generalisten* stärker von psychischen Gratifikationskrisen im Sinne eines wahrgenommenen Missverhältnisses aus eigenem Engagement und erhaltener Unterstützung betroffen sind.

Ferner unterscheiden sich die Leitungstypen – erneut unter Kontrolle von Schulart-, Schulgrößen-, Berufserfahrungs- und Geschlechtseinflüssen – in ihren Problemwahrnehmungen und Arbeitsmethoden. Demnach stufen die *Vorgesetzten*, *Generalisten* und *Lehrkräfte mit Verwaltungsaufgaben* nicht nur die Stressträchtigkeit verschiedener Anforderungsmerkmale der Position höher ein als die *Teamleiter* und

Pädagogischen Führungskräfte, sondern bescheinigen sich auch ein schlechteres Störungsmanagement und geringere Zeitdisziplin. Es fällt ihnen zudem bedeutsam schwerer, inhaltliche Prioritäten zu setzen, eigene Gedanken und Gefühle auf eine zielgerichtetes und sachdienliches Vorgehen zu konzentrieren und selektiv Aufgaben zu delegieren. Da die fünf Teilkulturen weiterhin in ihren Selbstwirksamkeitsüberzeugungen und internalen Ressourcen systematisch voneinander abweichen, scheint der Schluss gerechtfertigt, dass das berufliche Selbstverständnis auch mittelbar beanspruchungsrelevant ist, indem es entsprechend seiner theoretischen Modellierung die wahrgenommene Anforderungsstruktur des Betätigungsfeldes und die Art der Auseinandersetzung hiermit nachhaltig prägt. Nennenswerte zusätzliche Effekte gehen allerdings vom *lokalen Handlungskontext* aus. Demnach fühlen sich Leitungspersonen an *Grund- und Hauptschulen* sowie an *kleinen Schulen* grundsätzlich stärker belastet und weniger zufrieden und sehen sich mit gravierenderen Problemen im Schul(leiter)alltag konfrontiert als Leitungspersonen in anderen organisationalen Settings.

8.2 Implikationen für die Gesundheitsförderung schulischer Leitungskräfte

Obwohl sich das schulische Leitungspersonal im Zuge globaler Befindensabfragen mehrheitlich als zufrieden und moderat belastet beschreibt, zeichnen sich unter Anwendung eines differenzierten Erhebungsinstrumentariums innerhalb einiger beruflicher Teilkulturen suboptimale Arbeitsstrategien sowie Resignations- oder Verausgabungstendenzen ab, die *langfristig* in schleichende Prozesse der inneren Emigration oder der Ressourcenerschöpfung münden können (s. auch die Befunde von Schmitz & Voreck 2006; Laux et al. 2007). Zum Zwecke einer systematischen Gesundheitsförderung scheinen daher weniger Interventionen zur Schadensbegrenzung und Rehabilitation im eingetretenen Krankheitsfall als vielmehr *präventive* Maßnahmen angebracht, die sowohl an den Rahmenbedingungen des Schulsystems und den organisationalen Arbeitsumgebungen *(Verhältnisprävention)* als auch an den Einstellungen und Bewältigungsmustern der Amtsinhaber *(Verhaltensprävention)* ansetzen können (s. zu dieser Systematisierung auch Heyse 2007, 325ff.; Lehr et al. 2007, 271ff.; im betrieblichen Bereich Nerdinger et al. 2008, 526ff.). Für nachhaltige Erfolge sollten dabei individuelle, interaktive und institutionelle Maßnahmen ineinandergreifen (Sembill & Zilch 2010, 249ff.). Anknüpfend an das skizzierte Rahmenmodell der Schulleitungstätigkeit (Abschnitt 2.5) gilt es damit, auf der institutionellen, organisationalen und individuellen Ebene solche komplementären Voraussetzungen zu schaffen, die Prozesse des *Role makings* und der konstruktiven *Belastungsverarbeitung* der Akteure anregen und befördern.

Präventive Maßnahmen auf der institutionellen Ebene:

- *Ermöglichung struktureller Entlastungen:* Angesichts der Aufgabenpluralisierung der Leitungsposition in der (teil-)autonomen Schule und der in dieser Studie belegten belastungsreduzierenden und zufriedenheitserhöhenden Wirkungen kooperativer Leitungsformen sollten bestehende Ansätze zur Erweiterung des *Schulleitungsteams,* das Einziehen mittlerer Führungsebenen und die Einrichtung von Steuergruppen weiter vorangetrieben werden (z.b. Mier 2002; Dubs 2005, 84ff.; Rolff 2007, 79ff.). Hierdurch würden zumindest in *großen* Schulen die erforderlichen Strukturbedingungen geschaffen, um alle Regelzuständigkeiten der Schulleitung (z.b. bei der Öffentlichkeitsarbeit) sowie die bei der Personalentwicklung und Budgetverwaltung anfallenden Tätigkeiten *arbeitsteilig* bewerkstelligen zu können (Bott 2007, 425ff.). *Kleinen Schulen,* in denen neben der Position des Stellvertreters keine besonderen Funktionsstellen wie Fachbereichsleiter, Oberstufenleiter, Abteilungsleiter etc. existieren, bleiben derartige Optionen naturgemäß verwehrt. Hier sollten deshalb durch substanzielle Verringerungen des Unterrichtsdeputats sowie ausreichende Sekretariatsstellen größere Arbeitszeitkontingente für die Ausübung organisations- und mitarbeiterbezogener *Führungsaufgaben* sowie Entlastungen bei der Abwicklung der vielfältigen *administrativen* Prozeduren angestrebt werden (Rosenbusch 2005, 212).
- *Eröffnung inhaltlicher Gestaltungsfreiräume, Vornahme differenzierter Effektivitätsprüfungen und Intensivierung des Dialogs zwischen Bildungspolitik und schulischen Akteuren:* Diese Forderungen betreffen zum einen die systematische Ausweitung der formalen Entscheidungsbefugnisse der Schulleitung in personellen, finanziellen, organisatorischen und pädagogischen Gestaltungsbereichen der Schule (z.B. Seitz & Capaul 2005, 70ff.), zum anderen die Berücksichtigung der mannigfaltigen und zum Teil widersprüchlichen Zielstellungen von Schule (z.B. Klafki 2002, 63ff.) bei der Beurteilung der Wirksamkeit des Leitungshandelns. Als *alleiniges* Erfolgskriterium würde daher eine ausschließlich auf spezifische Teilkompetenzen fokussierende und hochgradig standardisierte Messung von Schülerleistungen sicher zu kurz greifen (s. auch

8.2 Implikationen für die Gesundheitsförderung schulischer Leitungskräfte

Harvey & Green 2000; Wissinger 2003; Leithwood et al. 2006; Heid 2007). Aus einer soziologischen Perspektive setzen ferner das Ausloten individueller, kontextsensitiver Interpretations- und Gestaltungsoptionen grundsätzlich eine schwindende *Rigidität* von Normvorgaben sowie eine Aufweichung sozialer *Repressivität* bzw. die Einführung flexibler und vielfältiger Formen der Verhaltenskontrolle voraus, unter denen nicht *jedwede* Normabweichung ungeachtet ihrer positiven Auswirkungen für die Zusammenarbeit der beteiligten Rollenträger abgestraft wird (Habermas 1973, 132; Krappmann 1969/2005, 133). Nur unter diesen Bedingungen können *innovative* Problemlösungsansätze erprobt, wissenschaftlich begleitet und evaluiert werden (s. hierzu Sembill 2007). Verschiedene Autoren warnen deshalb explizit davor, *Berufsstandards* schlichtweg qua bildungspolitischer Entscheide als allgemeinverbindlich zu deklarieren (z.B. Esslinger 2002, 25ff.; Seitz & Capaul 2005, 77). Stattdessen müsse eine kommunikative Validierung von Anforderungsprofilen mit den jeweiligen Adressaten angestrebt werden, wenn nicht die von offizieller Seite *proklamierten* Funktionen einer Berufsgruppe und die von ihren Mitgliedern *gelebten* Berufsauffassungen unverbindlich nebeneinander oder gar unversöhnlich gegeneinander stehen sollen (s. auch Frey et al. 2000, 345; Languth 2006, 180ff.).

- *vorausschauende und systematische Rekrutierungspraxis:* Identitätsarbeit stellt einen langfristigen und kontinuierlichen Prozess dar, der entsprechende Erfahrungs- und Reflexionsanlässe benötigt. Erst hierdurch kann eine *authentische* Führungsidentität im Leitungsamt erworben werden (s. hierzu auch Lührmann 2006, 283ff.; vertiefend Abschnitt 3.2.3.2). Eine nach organisationspädagogischen Prinzipien ausgerichtete Auswahl und Qualifizierung von schulischen Führungskräften (Rosenbusch 2005, 195ff.; Rosenbusch & Warwas 2007, 22f.) sieht deshalb im Anschluss an eine *Phase der unauffälligen Sichtung* potenzieller Kandidaten eine *Phase der vielfältigen Bewährung* vor, während der positiv auffällige Lehrpersonen über einen langen Zeitraum im Schuldienst beobachtet, gefordert und bewertet werden können. Den Nachwuchskräften werden dabei sukzessive Steuerungs- und Koordinierungsaufgaben überantwortet, etwa die Konzeption und Durchführung schulinterner Fortbildungsmaßnahmen oder Verhandlungen mit Elternbeiräten. Die gesammelten Erfahrungswerte werden in der nachfolgenden *Phase des vergleichenden Kennenlernens* mit den Beurteilungsmaßstäben und -ergebnissen von Vertretern der Schulbehörden abgeglichen und mit den Kandidaten erörtert. Derartige Rückmeldungen sind mit der Ausarbeitung individueller Karrierepläne und damit auch mit einer Festlegung weiterer Qualifizierungsschritte verbunden. Gelegenheiten für eine vertiefte Eignungsbeurteilung bietet die Absolvierung *bedarfsgerechter Trainingsseminare*. Für als geeignet befundene Personen sollte sich jedoch eine *systematische und stringente Ausbildung für das Leitungsamt* an bzw. unter intensiver Beteiligung von universitären Einrichtungen anschließen.

Präventive Maßnahmen auf der Ebene der Einzelschule:

- *Teamentwicklung und Rollenverhandeln als geplante Einwirkung auf lokale Akteurkonstellationen:* Die bloße Installation erweiterter Leitungsgremien garantiert noch kein effektives und effizientes Zusammenspiel der beteiligten Personen. Vielmehr müssen sich die Leitungsmitglieder an jeder Schule einen *Geschäftsverteilungsplan* geben, auf dessen Basis sie unterschiedliche Aufgabenkomplexe selbstständig ausführen und untereinander abstimmen (Dubs 2005, 85ff.; Seitz & Capaul 2005, 321ff.; Bott 2007, 425ff.; Rolff 2007, 81ff.). Maßnahmen der Teamentwicklung sollten jedoch weit über die Kooperation innerhalb des Leitungsstabs hinausgehen und eine stete Verbesserung der Informationsflüsse, Koordinationsformen und Interaktionsregeln innerhalb der gesamten Schule beinhalten (s. hierzu auch Rosenbusch 2005, 159ff; Laux et al. 2007, 106ff.). Vor dem Hintergrund, dass Identitätsarbeit unausweichlich in der konflikthaften Auseinandersetzung mit den verschiedenen Ansprüchen komplementärer Rollenträger stattfindet (s. vertiefend die Abschnitte 3.1.3 und 3.2.1), sollten auch diese Prozesse im Kollegium regelbasiert und konstruktiv vollzogen sowie verstetigt werden. Der Austausch über und der Abgleich von individuellen Sichtweisen auf die beruflichen Aufgaben und deren Bewältigung sollte zu einem integralen Bestandteil der Zusammenarbeit werden, um den *psychologischen Arbeitsvertrag* zu klären und die produktiven Gestaltungsbeiträge aller Beteiligten zur Erfüllung gemeinsamer Zielstellungen auszuloten (Sembill 2006, 178ff.). Zu diesem Zwecke könnten bspw. nach dem Vorbild des betrieblichen Change Managements formalisierte Methoden des *Rollenverhandelns* auf lokaler Ebene institutionalisiert werden (z.B. Rauch 1996). Im Mindesten sollten jedoch alle Beteiligten einen kontinuierlichen informellen Dialog über subjektive Leitbilder und Handlungsbereitschaften führen (z.B. Sieland 2007, 217f.).

- *Etablierung einer Kultur der Anerkennung und des konstruktiven Umgangs mit Fehlern:* Weil die soziale Honorierung der geleisteten Arbeit sowohl identitätsstiftend als auch beanspruchungsrelevant ist (Frey et al. 2000, 346) und subjektive Feedbackdefizite die Belastungsempfindungen von Schulleitern dominieren (s. Abschnitt 7.5.1) gilt es, die „Wertschätzungswüsten" in vielen Schulen (Koch-Riotte 2000, 132f.) in solidarische Gemeinschaften zu überführen, die im Prinzip gegenseitiger Anerkennung gründen (Rosenbusch 2007) und in denen auch kleinere Tageserfolge explizit benannt und gewürdigt werden (s. auch Sieland 2007, 219). Darüber hinaus sollte dem traditionellen Einzelkämpfertum von Schulleitung und Lehrkräften (z.B. Schumacher et al. 2008; vertiefend Abschnitt 2.3.2) sowie der hiermit verbundenen Gefahr, Misserfolge ausschließlich internal zu attribuieren, eine gemeinsame Besprechung und Bearbeitung von Problemwahrnehmungen, bspw. im Zuge einer kollegialen Fallberatung, entgegengesetzt werden (z.B. Mosing 2006).

Präventive Maßnahmen auf der Ebene des Individuums:

- *Diagnose- und theoriegeleitete Regulation individueller Beanspruchungen:* Anstatt in blinden Aktionismus zu verfallen und vermeidliche Pauschallösungen im Sinne eines „one size fits all" zu akzeptieren, müssen im Zuge einer Analyse des jeweiligen Beanspruchungsprofils und seiner Ursachen individuelle Einstiegspunkte in die Belastungsregulation gefunden werden (Rauscher 2001, 27; Sieland 2007, 216f.). Hierbei kann eine Orientierung am skizzierten Rahmenmodell der Bestimmungsgrößen schulischen Leitungshandelns (s. Abschnitt 2.5) sowie an dem hiermit kompatiblen Spannungsdreieck aus *Sollen, Können und Wollen* von Heyse (2007, 323ff.) helfen. Es ist also zunächst individualdiagnostisch zu erhellen, ob bspw. Merkmale des normativ strukturierten Anforderungsprofils sowie äußere Belastungseinwirkungen die betreffende Leitungsperson infolge defizitärer Ressourcen oder dysfunktionaler Bewältigungsmuster *überfordern* (mangelnde Passung von Sollen und Können), ob sich die Führungskraft aufgrund unrealistischer Zielsetzungen, ineffektiver Führungs- und Arbeitsstile oder aber fehlender schulinterner Gelingensbedingungen dauerhaft und begleitet von beständigen Versagensängsten *selbst überfordert* (mangelnde Passung von Wollen und Können) oder ob *psychische Verwerfungen* durch ungelöste Friktionen zwischen subjektiven und fremddefinierten beruflichen Standards drohen (mangelnde Passung zwischen Wollen und Sollen; s. hierzu auch Kretschmann & Lange-Schmidt 2000, 95f.). Wie die Ergebnisse der vorliegenden Studie illustrieren, können im Falle einer mangelnden Passung von Wollen und Sollen einerseits Überehrgeiz und eine unreflektierte Übernahme von Rollenvorgaben eskalierende Zielbindungen und kräftezehrende Bewältigungsformen im Sinne unablässiger, einseitiger Anstrengungsintensivierungen bedingen (s. hierzu auch Brandtstädter 2007, 41f.). Andererseits kann eine mangelnde Identifikation mit dem präskriptiven Berufsmandat dazu führen, dass die zugewiesene Verantwortung als erdrückende Bürde und sinnentlehrte Gängelei empfunden wird (s. hierzu auch Antonovsky 1997, 34ff.). Erst auf Basis einer solchen Problemergründung können bedarfsgerechte Maßnahmen der Belastungsregulierungen ermittelt werden, etwa zum Erwerb fachspezifischer Kompetenzen, zur Stärkung der Regenerationsfähigkeit, zur Verbesserung der individuellen Arbeitsorganisation oder zur Aufarbeitung von Sinnkrisen im Beruf. In jedem Fall ist dabei eine Zugrundelegung theoretisch fundierter und empirisch abgesicherter Erklärungsmodelle der Beanspruchungsgenese vonnöten (s. hierzu auch Sembill & Zilch 2010).

- *Nutzung von Supervision zur intentionalen Veränderung subjektiver Sichtweisen und Bewältigungsstrategien:* Zu einem wesentlichen Kennzeichen *professionellen* Agierens gehört es, bewusstseinsfähige Sichtweisen immer wieder bewusstseinspflichtig zu machen und im kritischen Abgleich mit gegebenen oder veränderten Handlungsanforderungen zielgerichtet zu verändern (Sembill & Seifried 2009). Der gegenüber den vielfältigen sozialen Zuweisungen und antinomischen Handlungsanforderungen eingenommene Standpunkt muss somit zwingend ein reflexiver und entwicklungsbejahender sein (s. auch Helsper 2000; Wiese 2003, 128ff.; Languth 2006, 58ff.; Unger 2007a). Im Rahmen einer Supervision können derartige Reflexions- und Lernprozesse systematisch angestoßen und begleitet werden: „Dabei geht es zum einen um das Überprüfen und Entwickeln von persönlichen beruflichen Werten, Vorstellungen, Zielen und den damit verbundenen Handlungen, zum anderen um die Auseinandersetzung mit den an den Beruf gerichteten Erwartungen. Zu einer klaren Berufsidentität gehört weiter eine adäquate Selbsteinschätzung, die Reflexion des persönlichen beruflichen Entwicklungsstandes, die Auseinandersetzung mit den eigenen beruflichen Perspektiven, mit der Sinnhaftigkeit des eigenen Tuns sowie mit berufsethischen Fragen"

(Böckelmann 2002, 165). Generell sollen durch Supervisionsangebote drei grundlegende Fähigkeiten erworben und erweitert werden, namentlich die Fähigkeiten zur Bewusstwerdung und Veränderung subjektiver Sichtweisen, zur sicheren Umsetzung von Problemlösungsalternativen sowie zum konstruktiven Umgang mit gruppendynamischen Prozessen in der beruflichen Praxis (ebd., 161).

- *Prioritätensetzungen im täglichen Schulleitungshandeln:* Eng mit der (Re-)Definition des beruflichen Auftrags verbunden ist die individuelle Festlegung, konsequente Verfolgung und konsistente Kommunikation inhaltlicher Schwerpunkte des Leitungshandelns (z.b. Boettcher & Mosing 2006, 873ff.). Hierfür spricht auch der in dieser Untersuchung ermittelte Befund, dass das Variablenbündel *Selbstregulation, Delegation und Priorisierung* eine zentrale Stellung für die individuelle Zufriedenheitsbilanz im Amt besitzt. Die Verbesserung der individuellen Arbeitsorganisation von Schulleitern sollte demnach nicht nur auf ein optimiertes *Störungsmanagement* und eigene *Zeitdisziplin* (etwa zur Überwindung eines dysfunktionalen Handlungsaufschubs bei subjektiv wichtigen Vornahmen) abstellen, sondern zuvorderst auf ein umfassendes *Selbstmanagement* und einen *partizipativen Führungsstil* abzielen (z.b. Rauscher 2001; Dubs 2005, 127ff.). Bevor also – angesichts eines fragmentierten Führungsalltags durchaus erforderliche – effizienzoptimierende Methoden wie etwa günstige Sprechzeitenregelungen oder durchdachte Ablagesysteme angewandt werden, gilt es, die „verbreitete Zielschwäche in der Zeitverwendung" (Rauscher 2001, 31) zu überwinden (s. auch Sembill 2008a und 2008b). Ohne eine Klärung derartiger Grundsatzfragen der Amtsausübung ist nicht nur die eigene Handlungssouveränität, sondern auch die orientierende und vertrauensförderliche Berechenbarkeit des Leitungshandelns für inner- und außerschulische Bezugsgruppen gefährdet (Scheunpflug 2008, 62; s. auch die Abschnitte 3.1.3 und 3.2.1).

8.3 Forschungsdesiderate

Als zielführend und aufschlussreich im Sinne der verfolgten Erkenntnisinteressen haben sich insbesondere folgende Zugänge erwiesen:

1. Eine typologische Erfassung des beruflichen Selbstverständnisses, welche nicht nur einzelne Komponenten der Selbstbehauptung analysiert, sondern nach spezifischen Kombinationen von Merkmalsausprägungen fahndet.
2. Die differenzierte Erhebung verschiedener Modalitäten beruflicher Identitätskonstruktionen, diverser Facetten des Belastungserlebens wie auch qualitativ abgrenzbarer Zufriedenheitsformen.
3. Ein modellgestütztes Vorgehen sowohl bei der Berücksichtigung zentraler Bestimmungsgrößen der Leitungstätigkeit als auch bei der Überprüfung direkter und indirekter Einflüsse auf das Belastungserleben und die Zufriedenheitsbilanz in einem geschlechts-, dienstalters-, schulart- und schulgrößenvergleichenden Untersuchungsdesign.

Mit Blick auf das Rahmenmodell schulischen Leitungshandelns (Abschnitt 2.5) muss allerdings eingeräumt werden, dass in dieser Studie sicherlich nicht alle relevanten Aspekte des *normativ strukturierten Regel- und Rollengefüges,* der *schulspezifischen Adaptions- und Interaktionsformen* sowie des *individuellen Leistungs- und Belastungspotenzials* erfasst wurden. In künftigen Untersuchungen sind daher vielfältige Erweiterungen des Fragebogeninventars denkbar, etwa um Beratungs- und Kontrollaktivitäten der Schulaufsicht, Kennzeichen der Organisationskultur, sozio-ökonomische Merkmale des Einzugsgebietes der Schule sowie Persönlichkeitseigenschaften und fachspezifische Kompetenzen der Leitungskräfte. Ebenso wurde bei der Überprüfung arbeitspsychologischer Erklärungsmodelle der Zufriedenheit bei Weitem nicht das gesamte Spektrum *emotionaler Erlebensqualitäten* am Arbeitsplatz eingefangen. Auch in diesem Untersuchungsbereich ist deshalb eine konsequente Verfeinerung des Erhebungsinstrumentariums anzustreben. Diese Forderung betrifft nicht nur dessen inhaltliche Anreicherung um spezifische arbeitsbezogene Emotionen mit konkretem Gegenstands- bzw. Ereignisbezug wie etwa Stolz, Freude, Ärger oder Angst (zsf. Wegge 2007), sondern auch die Ergänzung querschnittlich erhobener Befragungsdaten um *prozessbegleitende Verfahren,* damit die Beanspruchungsgenese im Zeitverlauf besser nachvollzogen werden kann (s. ausführlich Rausch et al. 2010). Zu diesem Zweck bieten sich beobachtungsbasierte Aktivitätsstudien, die Auswertung zeitlich getakteter wie auch ereigniszentrierter Tagebucheinträge sowie vielfältige physiologische Messungen an (s. hierzu auch Tabelle 4.1). Mithilfe einer Verquickung querschnittlicher und prozessnaher Erhebungsverfahren könnte zudem eine Erfolgsabschätzung situativ oszillierender Copingstrategien im Sinne einer Bewältigungsflexibilität vorgenommen werden (s. hierzu Lester et al. 1994).

8.3 Forschungsdesiderate

Die *Effektivitätsbeurteilung* divergenter Interpretations- und Gestaltungsvarianten der Schulleitungsposition ist in der vorliegenden Studie auch insofern limitiert, als hier die Aufdeckung systematischer Zusammenhänge mit gesundheits- wie auch leistungsrelevanten *psychischen Beanspruchungsreaktionen und -folgen* im Mittelpunkt stand (z.B. Abschnitt 4.2.1). Ebenso ist festzuhalten, dass die clusteranalytisch ermittelten Muster des beruflichen Selbstverständnisses als artikulierte Sichtweise auf berufliche Aufgaben und deren Bewältigung zwar *Realitätsadäquanz* aufgrund auffälliger Konsistenzen in den typenspezifischen Selbstbehauptungsstrukturen nahe legen (s. hierzu auch Oevermann 2001, 20ff.), aber keine zweifelsfreie *Handlungsvalidierung* ermöglichen. Die Frage, ob und inwiefern sich unterschiedlich akzentuierte berufliche Identitäten faktisch in differenten Leitungspraktiken niederschlagen, kann derzeit nur mit Verweisen auf (a) die bei Lehrkräften empirisch erhärtete Handlungswirksamkeit unterrichtsbezogener Sichtweisen (zsf. Seifried 2009) sowie (b) vereinzelte Gegenüberstellungen von Selbst- und Fremdeinschätzungen von Führungspraktiken (z.B. Seeber 2003; Laux et al. 2007; Wagner & van Buer 2010) beantwortet werden. Notwendig sind daher Studien, welche die realisierten Formen des Leitungshandelns aus Sicht der Lehrkräfte beurteilen und die weiterhin den Erfolg der Leitungstätigkeit nicht nur an Aussagen zur subjektiven Qualität des Arbeitslebens, sondern auch an verschiedenen Zielmarken auf den *Wirkungsebenen der Lehrkräfte* (z.b. erfahrene Motivierung und Unterstützung, wahrgenommene Qualität von Entscheidungen und organisatorischen Abläufen, Konsens und Kooperation innerhalb des Kollegiums) *sowie des Unterrichts* (Lernkultur, -prozesse und -ergebnisse) festmachen. Mit dieser Forschungsabsicht wurden bereits Anschlusserhebungen bei den Lehrkräften und Schülern der hier untersuchten Schulen durchgeführt, die mehrebenenanalytisch ausgewertet werden sollen.

In dem erwartungswidrigen Befund minimaler Unterschiede in den *beruflichen Wertorientierungen* der fünf Leitungstypen deutet sich indes ein *Korrespondenzproblem* zwischen den theoretischen Konstrukten und den verwendeten Indikatoren an, welches nicht zu Modellrevisionen, sondern erneut zu operationalen und forschungsmethodischen Verbesserungen veranlassen sollte. Wenn berufliche Identitätskonstruktionen wie angenommenen stets in der Auseinandersetzung mit den Inhalten und Bedingungen des jeweiligen Betätigungsfeldes erworben, modifiziert und weiterentwickelt werden (s. ausführlich Abschnitt 3.3.2), dann müssen auch deren affektiv-evaluative Komponenten mithilfe aufgabenbezogener und kontextsensitiver Skalen abgebildet werden und nicht wie hier geschehen unter Einsatz globaler, berufsspartenunabhängig formulierter Itembatterien. Erprobte Befragungsinventare für die Zielgruppe der schulischen Führungskräfte liegen derzeit allerdings nicht vor. Ohnehin ist zu diskutieren, ob berufliche Werte als komplexe Leitideen der individuellen Berufspraxis allein mit standardisierten Befragungsformen hinlänglich verstehend rekonstruiert werden können. Man denke etwa an die beiden Wertedimensionen „Gerechtigkeit erfahrbar machen" oder „demokratisches Leitungshandeln", die von Lutzau (2008, 345f.) aus vertieften Experteninterviews mit Schulleiterinnen extrahieren konnte. Vor allem für die Aufdeckung individueller Wertehierarchien und Begründungsmuster für das eigene Handeln am Arbeitsplatz dürften somit *qualitative Verfahren* wie etwa Interviews und Strukturlegetechniken (s. hierzu die Beiträge in Scheele 1992) eine sinnvolle Ergänzung darstellen.

Interessant könnte auch eine stärkere Anbindung der beruflichen Identitätsforschung an die berufliche Kompetenzforschung sein (z.B. Weber 2005, 12ff.; Baethge et al. 2006; Achtenhagen 2007). Gerade die subjektive Redefinition des beruflichen Auftrags dürfte *eine* gewichtige Moderatorvariable bei der *Aktualisierung latenter Fach-, Methoden-, Selbst- und Sozialkompetenzen* sein und damit in nicht unerheblichem Umfang mitbestimmen, ob und welche Performanzen in spezifischen Handlungssituationen zu beobachten sind. Beispielsweise sollte das berufliche Selbstverständnis einer Leitungsperson, welcher aufgrund von kompetenzdiagnostischen Analysen sowohl Durchsetzungsstärke als auch Verhandlungsgeschick bescheinigt werden kann, darüber mitentscheiden, ob sie in einer hitzig geführten Schulkonferenz eher auf eine zügige und klare Entscheidungsfindung zuarbeitet oder eher als ausgleichender Moderator auftritt.

Quellenverzeichnis

Abele, A. E., Cohrs, C. & Dette, D. E. (2006): Arbeitszufriedenheit – Person und Situation? In: Fischer, L. (Hrsg.): Arbeitszufriedenheit. Konzepte und empirische Befunde. Göttingen u.a.: Hogrefe, 205-225.

Abels, H. (2001): Einführung in die Soziologie. Band 2: Die Individuen in ihrer Gesellschaft. Wiesbaden: Westdeutscher Verlag.

Achtenhagen, F. (1978): Beanspruchung von Schülern. Methodisch-didaktische Aspekte. Bonn: Bundesministerium für Bildung und Wissenschaft.

Achtenhagen, F. (2007): Wirtschaftspädagogische Forschung zur beruflichen Kompetenzentwicklung. In: van Buer, J. & Wagner, C. (Hrsg.): Qualität von Schule. Ein kritisches Handbuch. Frankfurt/Main: Peter Lang, 481-494.

Achtziger, A. & Gollwitzer, P. M. (2006): Motivation und Volition im Handlungsverlauf. In: Heckhausen, J. & Heckhausen, H. (Hrsg.): Motivation und Handeln. Heidelberg: Springer, 277-302.

Ackermann, H. & Wissinger, J. (1998): Probleme und Anforderungen der Schulentwicklung durch Dezentralisierung und Autonomie. In: Ackermann, H. & Wissinger, J. (Hrsg.): Schulqualität managen – von der Verwaltung der Schule zur Entwicklung von Schulqualität. Neuwied: Luchterhand, 1-20.

Ahbe, T. (1997): Ressourcen – Transformation – Identität. In: Keupp, H. & Höfer, R. (Hrsg.): Identitätsarbeit heute. Klassische und aktuelle Perspektiven der Identitätsforschung. Frankfurt/Main: Suhrkamp, 207-226.

Ajzen, I. (1985): From Intentions to Actions: A Theory of Planned Behavior. In: Kuhl, J. & Beckmann, J. (Hrsg.): Action Control. From Cognition to Behavior. Berlin u.a.: Springer, 11-60.

Alderfer, C. P. (1972): Existence, Relatedness, and Growth. Human Needs in Organizational Settings. New York: The Free Press.

Allmer, H. (1997): Intention und Volition. In: Schwarzer, R. (Hrsg.): Gesundheitspsychologie. Ein Lehrbuch. 2., überarbeitete und erweiterte Auflage. Göttingen u.a.: Hogrefe, 67-89.

Altrichter, H. (2004): Die mikropolitische Perspektive im Studium schulischer Organisationen. In: Böttcher, W. & Terhart, E. (Hrsg.): Organisationstheorie in pädagogischen Feldern. Wiesbaden: VS Verlag für Sozialwissenschaften/GWV Fachverlage, 85-102.

Altrichter, H. & Eder, F. (2004): Das "Autonomie-Paritätsmuster" als Innovationsbarriere? In: Holtappels, H. G. (Hrsg.): Schulprogramme – Instrumente der Schulentwicklung. Konzeptionen, Forschungsergebnisse, Praxisempfehlungen. Weinheim & München: Juventa, 195-221.

Altrichter, H. & Wiesinger, S. (2005): Implementation von Schulinnovationen – aktuelle Hoffnungen und Forschungswissen." In: Journal für Schulentwicklung, 9(4), 28-36.

Altrichter, H. & Heinrich, M. (2007): Kategorien der Governance-Analyse und Transformationen der Systemsteuerung in Österreich. In: Altrichter, H., Brüsemeister, T. & Wissinger, J. (Hrsg.): Educational Governance. Handlungskoordination und Steuerung im Bildungssystem. Wiesbaden: VS Verlag für Sozialwissenschaften.

Altrichter, H. & Rauscher, E. (2008): Schulleitung und neue Steuerungskultur. In: Warwas, J. & Sembill, D. (Hrsg.): Zeit-gemäße Führung – zeitgemäßer Unterricht. Baltmannsweiler: Schneider Verlag Hohengehren, 29-44.

Altrichter, H. & Salzgeber, S. (1996): Zur Mikropolitik schulischer Innovation. Wie Schulen durch das Handeln verschiedener Akteure mit unterschiedlichen Interessen Strukturen gewinnen und sich entwickeln. In: Altrichter, H. & Posch, P. (Hrsg.): Mikropolitik der Schulentwicklung. Förderliche und hemmende Bedingungen für Innovationen in der Schule. Innsbruck & Wien: Studien Verlag, 96-169.

Ang, K. B., Goh, C. T. & Koh, H. C. (1993): Research Notes. The Impact of Age on the Job Satisfaction of Accountants. In: Personnel Review, 22(1), 31-39.

Anselm, S. (1997): Identifizierung und Selbstbehauptung. Überlegungen zu einer aktuellen Dimension des Anerkennungskonflikts. In: Keupp, H. & Höfer, R. (Hrsg.): Identitätsarbeit heute. Klassische und aktuelle Perspektiven der Identitätsforschung. Frankfurt/Main: Suhrkamp, 135-173.

Antonovsky, A. (1997): Salutogenese. Zur Entmystifizierung der Gesundheit. Tübingen: Deutsche Gesellschaft für Verhaltenstherapie.

Arnold, K.-H. (1981): Der Situationsbegriff in den Sozialwissenschaften. Zur Definition eines erziehungswissenschaftlichen Situationsbegriffs unter der Berücksichtigung psychologischer und soziologischer Aspekte. Weinheim & Basel: Beltz.

Arnold, R. (1983): Deutungsmuster. Zu den Bedeutungselementen sowie den theoretischen und methodologischen Bezügen eines Begriffs. In: Zeitschrift für Pädagogik, 29(6), 893-912.

Arnold, R. & Griese, C. (2004): Editorial In: Arnold, R. & Griese, C. (Hrsg.): Schulleitung und Schulentwicklung. Voraussetzungen, Bedingungen, Erfahrungen. Baltmannsweiler: Schneider Verlag Hohengehren, 1-3.

Aronson, E., Wilson, T. D. & Akert, R. M. (2004): Sozialpsychologie. 4., aktualisierte Auflage. München u.a.: Pearson Studium.

Avenarius, H., Ditton, H., Döbert, H., Klemm, K., Klieme, E., Rürup, M., Tenorth, H.-E., Weishaupt, H. & Weiß, M. (2003): Bildungsbericht für Deutschland – erste Befunde. Opladen: Leske+Budrich.

Bacher, J. (2001): Teststatistiken zur Bestimmung der Clusterzahl für QUCIK CLUSTER. In: ZA-Information, 48, 71-97.

Backhaus, K., Erichson, B., Plinke, W. & Weiber, R. (2006): Multivariate Analysemethoden. Eine anwendungsorientierte Einführung. Berlin & Heidelberg: Springer.

Bäcker, G., Brussig, M., Jansen, A., Knuth, M. & Nordhause-Janz, J. (2009): Ältere Arbeitnehmer. Erwerbstätigkeit und soziale Sicherheit im Alter. Wiesbaden: VS Verlag für Sozialwissenschaften/GWV Fachverlage.

Baethge, M. (1994): Arbeit und Identität. In: Beck, U. & Beck-Gernsheim, E. (Hrsg.): Riskante Freiheiten. Individualisierung in modernen Gesellschaften. Frankfurt/Main: Suhrkamp, 245-261.

Baethge, M., Achtenhagen, F., Arends, L., Babic, E., Baethge-Kinsky, V. & Weber, S. (2006): Berufsbildungs-PISA. Machbarkeitsstudie. Stuttgart: Franz Steiner.

Baitsch, C. (1998): Lernen im Prozeß der Arbeit – zum Stand der internationalen Forschung. In: Arbeitsgemeinschaft Qualitäts-Entwicklungsmanagement (Hrsg.): Kompetenzentwicklung '98. Forschungsstand und Forschungsperspektiven. Münster: Waxmann, 269-337.

Baitsch, C. & Schilling, A. (1990): Zum Umgang mit identitätsbedrohender Arbeit. In: Psychosozial, 13 (43 III), 26-39.

Bandura, A. (1999): Self-Efficacy: Toward a Unifying Theory of Behavioral Change. In: Baumeister, R. F. (Hrsg.): The Self In Social Psychology. Philadelphia: Taylor & Francis, 285-298.

Bartz, A. (2006a): Controlling. In: Buchen, H. & Rolff, H.-G. (Hrsg.): Professionswissen Schulleitung. Weinheim & Basel: Beltz, 1271-1291.

Bartz, A. (2006b): Grundlagen organisatorischer Gestaltung. In: Buchen, H. & Rolff, H.-G. (Hrsg.): Professionswissen Schulleitung. Weinheim & Basel: Beltz, 365-417.

Bass, B. M. (1985): Leadership and Performance Beyond Expectations. New York: The Free Press.

Bass, B. M. (1999): Two Decades of Research and Development in Transformational Leadership. In: European Journal of Work and Organizational Psychology, 8(1), 9-32.

Bauer, K.-O. (2007): Unterrichtsentwicklung – eine Leitungsaufgabe? In: Pfundtner, R. (Hrsg.): Grundwissen Schulleitung. Handbuch für das Schulmanagement. Köln & Neuwied: Wolters Kluwer Luchterhand, 50-59.

Bauer, K.-O. & Kanders, M. (1999): Belastung und Beanspruchung von Schulleitungsmitgliedern. Wie ist die Situation und was kann man tun? In: Buchen, H., Horster, L. & Rolff, H.-G. (Hrsg.): Gesundheit und Schulentwicklung. Stuttgart u.a.: Raabe, 140-150.

Baumeister, R. F. (1996): Self-Regulation and Ego Threat. Motivated Cognition, Self- Deception, and Destructive Goal Setting. In: Gollwitzer, P. M. & Bargh, J. A. (Eds.): The Psychology of Action. Linking Cognition and Motivation to Behavior. New York: Guilford Press, 27-47.

Baumert, J. (1989): Schulleitung in der empirischen Forschung. In: Rosenbusch, H. S. & Wissinger, J. (Hrsg.): Schulleiter zwischen Administration und Innovation. Braunschweig: SL Verlag, 52-63.

Baumert, J. & Leschinsky, A. (1986): Berufliches Selbstverständnis und Einflußmöglichkeiten von Schulleitern. In: Zeitschrift für Pädagogik, 32(2), 247-266.

Baumert, J., Roeder, P. M. & Watermann, R. (2005): Das Gymnasium – Kontinuität im Wandel. In: Cortina, K. S., Baumert, J., Leschinsky, A., Mayer, K. U. & Trommer, L. (Hrsg.): Das Bildungswesen in der Bundesrepublik Deutschland. Strukturen und Entwicklungen im Überblick. 2. Auflage. Reinbek bei Hamburg: Rowohlt, 487-524.

Baumgartner, C. & Udris, I. (2006): Das "Zürcher Modell" der Arbeitszufriedenheit – 30 Jahre "still going strong". In: Fischer, L. (Hrsg.): Arbeitszufriedenheit. Konzepte und empirische Befunde. Göttingen u.a.: Hogrefe, 111-134.

Bayer, B. (2007): Rechtliche Grundlagen. In: Pfundtner, R. (Hrsg.): Grundwissen Schulleitung. Handbuch für das Schulmanagement. Köln & Neuwied: Wolters Kluwer Luchterhand, 401-407.

Bayer, U. & Gollwitzer, P. M. (2000): Selbst und Zielstreben. In: Greve, W. (Hrsg.): Psychologie des Selbst. Weinheim: Beltz, 208-225.

Beck, K. (1996): Die "Situation" als Bezugspunkt didaktischer Argumentationen – Ein Beitrag zur Begriffspräzisierung. In: Seyd, W. & Witt, R. (Hrsg.): Situation, Handlung, Persönlichkeit. Kategorien wirtschaftspädagogischen Denkens. Festschrift für Lothar Reetz. Hamburg: Feldhaus, 87-98.

Beck, U. (1994): Jenseits von Stand und Klasse. In: Beck, U. & Beck-Gernsheim, E. (Hrsg.): Riskante Freiheiten. Individualisierung in modernen Gesellschaften. Frankfurt/Main: Suhrkamp, 43-60.

Becker, A. & Thomas, L. (1997): Strategien gegen Burnout. In: Olbrich, H. (Hrsg.): Schulleitung – eine psychologische Herausforderung? Stuttgart u. a.: Raabe, 32-45.

Becker, F. G. & Buchen, H. (2001): Strukturelle Führung. Ein Konzept auch für die Schule? In: Buchen, H., Horster, L., Pantel, G. & Rolff, H.-G. (Hrsg.): Personalführung und Schulentwicklung. Stuttgart: Raabe, 26-41.

Becker, F. G. & Buchen, H. (2006): Personal- und Leistungsbeurteilung. In: Buchen, H. & Rolff, H.-G. (Hrsg.): Professionswissen Schulleitung. Weinheim & Basel: Beltz, 586-645.

Becker, P. (1991): Theoretische Grundlagen. In: Abele, A. E. & Becker, P. (Hrsg.): Wohlbefinden. Theorie – Empirie – Diagnostik. Weinheim & München: Juventa, 13-50.

Behr, M., Valentin, U. & Ramos-Weisser, C. (2003): Arbeitsbelastung von Schulleitungen. In: Pädagogische Führung. Zeitschrift für Schulleitung und Schulberatung, 14(4), 210-213.

Bem, D. J. (1978): Self-Perception Theory. In: Berkowitz, L. (Hrsg.): Cognitive Theories in Social Psychology. London: Academic Press, 221-282.

Berg, H. G. (2005): Schulmanagement im Prozess der Qualitätsentwicklung von Schule und Unterricht. In: Gibitz, R. & Roediger, H. (Hrsg.): Praxishandbuch Führungskräfteentwicklung in der Schule. Instrumente der Personalentwicklung. München & Neuwied: Luchterhand/Carl Link, 17-23.

Berger, P. A. & Sopp, P. (1995): Dynamische Sozialstrukturanalysen und Strukturerfahrungen. In: Berger, P. A. & Sopp, P. (Hrsg.): Sozialstruktur und Lebenslauf. Bd. 5. Opladen: Leske + Budrich, 9-24.

Bergmann, C. (1998): Bedingungen und Auswirkungen einer interessenentsprechenden Studienwahl. In: Abel, J. & Tarnai, C. (Hrsg.): Pädagogisch-psychologische Interessenforschung in Studium und Beruf. Münster u.a.: Waxmann, 29-43.
Bergmann, C. & Eder, F. (1992): Allgemeiner Interessen-Struktur-Test / Umwelt-Struktur-Test. Manual. Weinheim: Beltz Test GmbH.
Berzonsky, M. D. (1992): Identity Style and Coping Strategies. In: Journal of Personality, 60(4), 771-788.
Bieri, T. (2006): Lehrpersonen: Hoch belastet und trotzdem zufrieden? Bern, Stuttgart & Wien: Haupt.
Biewer, W. (1994): Steuerung und Kontrolle öffentlicher Schulen. Neuwied, Kriftel & Berlin: Luchterhand.
Biott, C. & Rauch, F. (1997): "Ich leite, indem ich umhergehe..." Eine Schulleitung im Spannungsfeld zwischen Kontrolle, Unsicherheit und Mitwirkung der LehrerInnen. In: Strittmatter, A. (Hrsg.): Thema: Schulleitung. Innsbruck & Wien: StudienVerlag, 45-56.
Blasi, A. (1988): Identity and the Development of the Self. In: Lapsley, D. K. & Power, F. C. (Hrsg.): Self, Ego and Identity. Integrative Approaches. New York, Berlin & Heidelberg: Springer, 226-242.
Blasi, A. (1993): Die Entwicklung der Identität und ihre Folgen für moralisches Handeln. In: Edelstein, W., Nunner-Winkler, G. & Noam, G. (Hrsg.): Moral und Person. Frankfurt/Main: Suhrkamp, 119-147.
Blossfeld, H.-P. (2008): Globalisierung, wachsende Unsicherheit und der Wandel der Arbeitsmarktsituation von Berufsanfängern in modernen Gesellschaften. In: Warwas, J. & Sembill, D. (Hrsg.): Zeitgemäße Führung – zeitgemäßer Unterricht. Baltmannsweiler: Schneider Verlag Hohengehren, 12-28.
Blumer, H. (1969): Symbolic Interactionism. Perspective and Method. Englewood Cliffs & New Jersey: Prentice-Hall.
Blutner, D. (2004): Führungskompetenz im Mitgliedschaftsdilemma. Grenzen strategischen Schulmanagements. In: Böttcher, W. & Terhart, E. (Hrsg.): Organisationstheorie in pädagogischen Feldern. Wiesbaden: VS Verlag für Sozialwissenschaften/GWV Fachverlage, 142-157.
Böckelmann, C. (2002): Beratung – Supervision – Supervision im Schulfeld. Eine theoretische Verankerung des Beratungshandelns. Innsbruck: Studienverlag.
Bodenmann, G. (1997): Streß und Coping als Prozeß. In: Tesch-Römer, C., Salewski, C. & Schwarz, G. (Hrsg.): Psychologie der Bewältigung. Weinheim: Psychologie Verlags Union, 74-92.
Böhm-Kasper, O. (2004): Schulische Belastung und Beanspruchung. Eine Untersuchung von Schülern und Lehrern am Gymnasium. Münster u.a.: Waxmann.
Bogumil, J. (2000): Binnenmodernisierung des Staates am Beispiel Deutschlands – Entwicklungsstand und Implementationsstrategien. In: Naschold, F. & Bogumil, J. (Hrsg.): Modernisierung des Staates. New Public Management in deutscher und internationaler Perspektive. 2., vollständig aktualisierte und stark erweiterte Auflage. Opladen: Leske + Budrich, 135-232.
Bolman, L. G. & Deal, T. E. (1997): Reframing Organizations. Artistry, Choice, and Leadership. 2nd Edition. San Francisco: Jossey-Bass.
Bonsen, M. (2003): Schule, Führung, Organisation – eine empirische Studie zum Organisations- und Führungsverständnis von Schulleiterinnen und Schulleitern. Münster u.a.: Waxmann.
Bonsen, M. (2006): Wirksame Schulleitung. In: Buchen, H. & Rolff, H.-G. (Hrsg.): Professionswissen Schulleitung. Weinheim & Basel: Beltz, 193-228.
Bonsen, M., Iglhaut, C., Pfeiffer, H. & von der Gathen, J. (2002): Die Wirksamkeit von Schulleitung – empirische Annäherungen an ein Gesamtmodell schulischen Leitungshandelns. Weinheim & München: Juventa.
Borg, I. (2006): Arbeitswerte, Arbeitszufriedenheit und ihre Beziehungen. In: Fischer, L. (Hrsg.): Arbeitszufriedenheit. Konzepte und empirische Befunde. Göttingen u.a.: Hogrefe, 61-79.

Born, A. (2002): Regulation persönlicher Identität im Rahmen gesellschaftlicher Transformationsbewältigung. Münster u.a.: Waxmann.

Bortz, J. (2005): Statistik für Human- und Sozialwissenschaftler. Heidelberg: Springer Medizin Verlag.

Bortz, J. & Döring, N. (2003): Forschungsmethoden und Evaluation. Berlin u.a.: Springer.

Bott, W. (2007): Beamte und Schulleiter. In: Pfundtner, R. (Hrsg.): Grundwissen Schulleitung. Handbuch für das Schulmanagement. Köln & Neuwied: Wolters Kluwer Luchterhand, 408-427.

Böttcher, W. (2006): Outputsteuerung durch Bildungsstandards. In: Buchen, H. & Rolff, H.-G. (Hrsg.): Professionswissen Schulleitung. Weinheim & Basel: Beltz, 673-710.

Böttcher, W. (2007): Zur Funktion staatlicher "Inputs" in der dezentralisierten und outputorientierten Steuerung. In: Altrichter, H. Brüsemeister,T. & Wissinger J. (Hrsg.): Educational Governance. Handlungskoordination und Steuerung im Bildungssystem. 1. Auflage. Wiesbaden: VS Verlag für Sozialwissenschaften, 185-206.

Böttcher, W. & Mosing, G. (2006): Leitungskommunikation. In: Buchen, H. & Rolff, H.-G. (Hrsg.): Professionswissen Schulleitung. Weinheim & Basel: Beltz, 870-991

Brandtstädter, J. (2007): Das flexible Selbst. Selbstentwicklung zwischen Zielbildung und Ablösung. München: Spektrum Akademischer Verlag.

Braun, M. & Borg, I. (2004): Berufswerte im zeitlichen und im Ost-West-Vergleich. In: Schmitt-Beck, R., Wasmer, M. & Koch, A. (Hrsg.): Sozialer und politischer Wandel in Deutschland – Analyse mit ALLBUS-Daten aus zwei Jahrzehnten. Wiesbaden: VS Verlag für Sozialwissenschaft/GWV Fachverlage, 179-199.

Bremer, R. (2004): Zur Konzeption von Untersuchungen beruflicher Identität und fachlicher Kompetenz – ein empirisch-methodologischer Beitrag zu einer berufspädagogischen Entwicklungstheorie. In: Jenewein, K., Knauth, P., Röben, P. & Zülch, G. (Hrsg.): Kompetenzentwicklung in Arbeitsprozessen. Beiträge zur Konferenz der Arbeitsgemeinschaft gewerblich-technische Wissenschaften und ihre Didaktiken in der Gesellschaft für Arbeitswissenschaft am 23./24. September 2002 in Karlsruhe. Baden-Baden: Nomos Verlagsgesellschaft, 107-121.

Bremer, R. & Haasler, B. (2004): Analyse der Entwicklung fachlicher Kompetenz und beruflicher Identität in der beruflichen Erstausbildung. In: Zeitschrift für Pädagogik, 50(2), 162-181.

Brockmeyer, R. (1998a): Länderbericht Deutschland. In: Bundesministerium für Unterricht und kulturelle Angelegenheiten Österreich (Hrsg.): Schulleitung und Schulaufsicht – Neue Rollen und Aufgaben im Schulwesen einer dynamischen und offenen Gesellschaft. Innsbruck: Studienverlag, 119-161.

Brockmeyer, R. (1998b): Was sollen wir für morgen lernen? Perspektiven für die Weiterentwicklung des Bildungswesens. In: Bundesministerium für Unterricht und kulturelle Angelegenheiten Österreich (Hrsg.): Schulleitung und Schulaufsicht – Neue Rollen und Aufgaben im Schulwesen einer dynamischen und offenen Gesellschaft. Innsbruck: Studienverlag 17-48.

Brosius, F. (2004): SPSS 12. Das mitp-Standardwerk. Bonn: mitp-Verlag.

Bruggemann, A., Groskurth, P. & Ulich, E. (1975): Arbeitszufriedenheit. Bern, Stuttgart & Wien: Verlag Hans Huber.

Bruner, J. S. (1999): Self-Making and World-Making. Wie das Selbst und seine Welt autobiographisch hergestellt werden. In: Journal für Psychologie, 1, 11-21.

Brunstein, J. (2006): Implizite und explizite Motive. In: Heckhausen, J. & Heckhausen, H. (Hrsg.): Motivation und Handeln. Heidelberg: Springer Medizin, 235-253.

Brüsemeister, T. (2003): Schulleitung – Kommentar. In: Brüsemeister, T. & Eubel, K.-D. (Hrsg.): Zur Modernisierung der Schule. Leitideen – Konzepte – Akteure. Ein Überblick. Bielefeld: transcript, 293-294.

Brüsemeister, T. & Eubel, K.-D. (Hrsg.) (2003): Zur Modernisierung der Schule. Leitideen – Konzepte – Akteure. Ein Überblick. Bielefeld: transcript.

Brush, D. H., Moch, M. K. & Pooyan, A. (1987): Individual demographic differences and job satisfaction. In: Journal of Occupational Behavior, 8, 139-156.
Buchen, H. (2004): Management von Schule statt Schulverwaltung. Bönen: Verlag für Schule und Weiterbildung.
Buchen, H. (2006): Schule managen – statt nur verwalten. In: Buchen, H. & Rolff, H.-G. (Hrsg.): Professionswissen Schulleitung. Weinheim & Basel: Beltz, 12-101.
Büchter, K. & Gramlinger, F. (2002): Berufsschulische Kooperation als Analysekategorie: Beziehungen, Strukturen, Mikropolitik – und CULIK. Online verfügbar unter http://www.bwpat.de/ausgabe3/buechter_gramlinger_bwpat3.pdf, Abrufdatum 02.02.2011.
Büchter, K. & Gramlinger, F. (2003): Meistens kommt es anders als man denkt – Oder: Zur Diskrepanz von Anspruch und Realität berufsschulischer Reformen aus mikropolitischer Sicht. Online verfügbar unter http://www.bwpat.de/profil1/buechter_gramlinger_profil1.pdf, Abrufdatum 24.06.2010.
Buhren, C. G. & Rolff, H.-G. (2006): Personalmanagement. In: Buchen, H. & Rolff, H.-G. (Hrsg.): Professionswissen Schulleitung. Weinheim & Basel: Beltz, 450-544.
Burkard, C. & Eikenbusch, G. (2006): Evaluation. In: Buchen, H. & Rolff, H.-G. (Hrsg.): Professionswissen Schulleitung. Weinheim & Basel: Beltz, 1292-1342.
Burk, K. (1994): Schulleiterinnen und Schulleiter im Spannungsfeld zwischen pädagogischem Gestalten und organisatorischem Verwalten. In: Marsolek, T. (Hrsg.): Schulleitung im Spannungsfeld zwischen pädagogischem Gestalten und organisatorischem Verwalten. Berlin: Pädagogisches Zentrum, 3-15.
Burke, P. J. (1991): Identity Processes and Social Stress. In: American Sociological Review, 56, 836-849.
Bush, T. (2003): Theories of Educational Leadership and Management. 3rd Edition. London, Thousand Oaks & New Delhi: Sage.
Bush, T. & Glover, D. (2003): School Leadership: Concepts and Evidence. Full Report Spring 2003. Online verfügbar unter http://www.mp.gov.rs/resursi/dokumenti/dok217-eng-School_Leadership_Concepts_and_Evidence.pdf, Abrufdatum 02.02.2011
Buske, C. & Schneider-Prengel, V. (2008): Zeitmanagement. In: Warwas, J. & Sembill, D. (Hrsg.): Zeitgemäße Führung – zeitgemäßer Unterricht. Baltmannsweiler: Schneider Verlag Hohengehren, 131-139.
Büssing, A., Herbig, B., Bissels, T. & Kräsken, J. (2006): Formen der Arbeitszufriedenheit und Handlungsqualität in Arbeits- und Nicht-Arbeitskontexten. In: Fischer, L. (Hrsg.): Arbeitszufriedenheit. Konzepte und empirische Befunde. Göttingen u.a.: Hogrefe, 135-159.
Büssow, R. (1999): Zeitmanagement für Schulleitungen. "Deine Zeit entsteht". In: Schulleitung und Schulentwicklung, (24), C 3.2/1- C 3.2/19.
Carver, C. S. & Scheier, M. F. (2000): Autonomy and Self-Regulation. In: Psychological Inquiry, 11(4), 284-291.
Clement, U. & Wissinger, J. (2004): Implementation von Eigenverantwortung an beruflichen Schulen in Baden-Württemberg: Auftrag und Realisierung. In: Böttcher, W. & Terhart, E. (Hrsg.): Organisationstheorie in pädagogischen Feldern. Wiesbaden: VS Verlag für Sozialwissenschaften/GWV Fachverlage, 221-234.
Clore, G. L. & Storbeck, J. (2006): Affect as Information about Liking, Efficacy, and Importance. In: Forgas, J. P. (Ed.): Affect in Social Thinking and Behavior. New York: Psychology Press, 123-141.
Connolly, J. J. & Viswesvaran, C. (2000): The role of affectivity in job satisfaction: a meta-analysis. In: Personality and Individual Differences, 29(2), 265-281.

Cortina, K. S., Baumert, J., Leschinsky, A., Mayer, K. U. & Trommer, L. (2005): Das Bildungswesen in der Bundesrepublik Deutschland. Strukturen und Entwicklungen im Überblick. 2. Auflage. Reinbek bei Hamburg: Rowohlt.
Dahrendorf, R. (1974): Homo Sociologicus. Ein Versuch zur Geschichte, Bedeutung und Kritik der Kategorie der sozialen Rolle. 14. Auflage. Opladen: Westdeutscher Verlag.
Damasio, A. R. (2000): Ich fühle, also bin ich – die Entschlüsselung des Bewusstseins. 2. Auflage. München: List.
Daniels, Z. (2008): Entwicklung schulischer Interessen im Jugendalter. Bd. 69. Münster: Waxmann.
Dann, H., Humpert, W., Krause, F., von Klügelgen, T., Rimele, W. & Tennstädt, K. (2007): Subjektive Aspekte des Lehrerberufs. In: Glöckner-Rist, A. (Hrsg.): ZUMA- Informationssystem. Elektronisches Handbuch zur Erhebung sozialwissenschaftlicher Erhebungsinstrumente. ZIS Version 10.00. Mannheim: ZUMA.
Dauenheimer, D., Stahlberg, D., Frey, D. & Petersen, L.-E. (2002): Die Theorie des Selbstwertschutzes und der Selbstwerterhöhung. In: Frey, D. & Irle, M. (Hrsg.): Theorien der Sozialpsychologie. Motivations-, Selbst- und Verarbeitungstheorien. 2. Auflage. Bern: Hans Huber.
De Charms, R. (1968): Personal Causation. The Internal Affective Determinants of Behavior. New York & London: Academic Press.
De Charms, R. (1981): Personal causation and locus of control: two different traditions and two uncorrelated measures. In: Lefcourt, H. M. (Ed.): Research with the locus of control construct. New York u.a.: Academic Press, 337-358.
Deci, E. L. & Ryan, R. M. (1991): A Motivational Approach to Self: Integration in Personality. In: Nebraska Symposium on Motivation 1990. Lincoln & London: University of Nebraska Press., 237-288.
Deci, E. L. & Ryan, R. M. (2000): The "What" and "Why" of Goal Pursuits: Human Needs and the Self-Determination of Behavior. In: Psychological Inquiry, 11(4), 227-268.
Deister, W. (2005): Der 48-Stunden-Tag. Zeitmanagement für Schulleitungen. München: Wolters Kluwer.
Deppermann, A. (2005): Glaubwürdigkeit im Konflikt. Rhetorische Techniken in Streitgesprächen, Prozessanalysen von Schlichtungsgesprächen. Online verfügbar unter: http://www.verlag-gespraechsforschung.de/2005/deppermann.htm, Abrufdatum 02.02.2011.
Dickhäuser, O. (2006): Fähigkeitsselbstkonzepte. Enstehung, Auswirkung, Förderung. In: Zeitschrift für Pädagogische Psychologie, 20(1/2), 5-8.
Diener, E. & Lucas, R. E. (2000): Subjective Emotional Well-Being. In: Lewis, M. & Haviland-Jones, J. M. (Eds.): Handbook of Emotions. 2nd Edition. New York & London: The Guilford Press, 325-337.
Dijksterhuis, A. (2004): I Like Myself but I Don't Know Why: Enhancing Implicit Self-Esteem by Subliminal Evaluative Conditioning. In: Journal of Personality and Social Psychology, 86(2), 345-355.
DiMaggio, P. J. & Powell, W. W. (1991): The Iron Cage Revisited: Institutional Isomorphism and Collective Rationality in Organizational Fields. In: DiMaggio, P. J. & Powell, W. W. (Eds.): The New Institutionalism in Organizational Analysis. Chicago & London: The University of Chicago Press, 63-82.
Doppke, M. (2002): "Du hast ja nur eine kleine Schule". In: Rolff, H.-G. & Schmidt, H.-J. (Hrsg.): Brennpunkt Schulleitung und Schulaufsicht – Konzepte und Anregungen für die Praxis. Neuwied & Kriftel: Luchterhand, 270-282.
Döring, P. A. (1978): Beruf: Schulleiter. Braunschweig: Westermann.
Dormann, C. & Zapf, D. (2001): Job satisfaction: a meta-analysis of stabilities. In: Journal of Organizational Behavior, 22(5), 483-504.

Dörner, D. (1985a): Verhalten und Handeln. In: Dörner, D. & Selg, H. (Hrsg.): Psychologie. Eine Einführung in ihre Grundlagen und Anwendungsfelder. Stuttgart u.a.: W. Kohlhammer, 73-86.
Dörner, D. (1985b): Verhalten, Denken und Emotionen. In: Eckensberger, L. H. & Lantermann, E.-D. (Hrsg.): Emotion und Reflexivität. München, Wien & Baltimore: Urban & Schwarzenberg, 157-181.
Dörner, D. (2008): Emotion und Handeln. In: Badke-Schaub, P. Hofinger, G. & Lauche, K. (Hrsg.): Human Factors. Psychologie sicheren Handelns in Risikobranchen. Heidelberg: Springer Medizin, 94-112.
Dubs, R. (1996a): Persönliche Arbeitstechnik. Wie Belastungen reduziert und die Effektivität der Arbeit gesteigert werden können. In: Schulleitung und Schulentwicklung, (6), C 3.3/1 - C 3.3/18.
Dubs, R. (1996b): Teilautonome Schulen, Schulentwicklung und Schulleitung. In: Seyd, W. & Witt, R. (Hrsg.): Situation, Handlung, Persönlichkeit. Kategorien wirtschaftspädagogischen Denkens. Festschrift für Lothar Reetz. Hamburg: Feldhaus, 15-23.
Dubs, R. (2003): Qualitätsmanagement für Schulen. St. Gallen: Institut für Wirtschaftspädagogik.
Dubs, R. (2004): Leadership von Schulleitungspersonal zwischen Ideal und Realität. In: Arnold, R. & Griese, C. (Hrsg.): Schulleitung und Schulentwicklung. Voraussetzungen, Bedingungen, Erfahrungen. Baltmannsweiler: Schneider Verlag Hohengehren, 13-24.
Dubs, R. (2005): Die Führung einer Schule. Leadership und Management. Zürich: Franz Steiner.
Dubs, R. (2006): Führung. In: Buchen, H. & Rolff, H.-G. (Hrsg.): Professionswissen Schulleitung. Weinheim & Basel: Beltz, 102-176.
Dubs, R. (2008): Die Führung von kleinen Schulen. Die Leadership macht den Unterschied. In: Schulleitung und Schulentwicklung, 66, 2-14.
Eberle, T. S. (1994): Zeitmanagement-Experten. In: Hitzler, R., Honer, A. & Maeder, C. (Hrsg.): Expertenwissen. Die institutionalisierte Kompetenz zur Konstruktion der Wirklichkeit. Opladen: Westdeutscher Verlag, 124-145.
Echterhoff, W., Poweleit, D., Schindler, U. & Krenz, A. (1997): Innere Kündigung. Überwindung von Motivationsblockaden in Wirtschaft und Verwaltung. In: Zeitschrift für Führung und Organisation, 66(1), 33-37.
Eckeberg, P. (2004): Zeit- und Selbstmanagement. Situationsanalyse, Zielfindung, Maßnahmen- und Zeitplanung. München: Oldenbourg.
Edelman, G. M. (1989): The Remembered Present. A Biological Theory of Consciousness. New York: Basic Books.
Edelmann, W. (1993): Lernpsychologie. 3., neu bearbeitete Auflage. Weinheim: Psychologie-Verlags-Union.
Eikel, A. (2007): Demokratische Partizipation in der Schule. In: Angelika, E. & de Haan, G. (Hrsg.): Demokratische Partizipation in der Schule ermöglichen, fördern, umsetzen. Schwalbach: Wochenschau Verlag, 7-39.
Ekholm, M. (1997): Steuerungsmodelle für Schulen in Europa. Schwedische Erfahrungen mit alternativen Ordnungsmodellen. In: Zeitschrift für Pädagogik, 43(4), 597-608.
Elkind, D. (1990): Total verwirrt. Teenager in der Krise. Hamburg: Ernst Kabel Verlag.
Ender, B. & Strittmatter, A. (2001): Personalentwicklung als Schulleiteraufgabe. Innsbruck u.a.: Studienverlag.
Erikson, E. H. (1998) (Hrsg.): Identität und Lebenszyklus. Frankfurt/Main: Suhrkamp.
Erpenbeck, J. & von Rosenstiel, L. (2003): Einführung. In: Erpenbeck, J. & von Rosenstiel, L. (Hrsg.): Handbuch Kompetenzmessung. Erkennen, verstehen und bewerten von Kompetenzen in der betrieblichen, pädagogischen und psychologischen Praxis. Stuttgart: Schäffer-Poeschel, 9-40.
Esser, H. (1999): Soziologie: allgemeine Grundlagen. 3. Auflage. Frankfurt/Main & New York: Campus.

Esslinger, I. (2002): Berufsverständnis und Schulentwicklung: Ein Passungsverhältnis? Eine empirische Untersuchung zu schulentwicklungsrelevanten Berufsauffassungen von Lehrerinnen und Lehrern. Bad Heilbrunn: Julius Klinkhardt.
Falkenhorst, M., Habeck, H., Wendtland, K. & Winkler, H. (2005): Schulleitung in Deutschland 2005. Ein Berufsbild in Weiterentwicklung. Stuttgart & Berlin: Raabe.
Feldhoff, T., Kanders, M. & Rolff, H.-G. (2008): Schulleitung und innere Schulorganisation. In: Holtappels, H. G., Klemm, K. & Rolff, H. G. (Hrsg.): Schulentwicklung durch Gestaltungsautonomie. Ergebnisse der Begleitforschung zum Modellvorhaben "Selbstständige Schule" in Nordrhein-Westfalen. Münster, New York, München, Berlin: Waxmann, 146-173.
Felfe, J. (2005): Charisma, transformationale Führung und Commitment. Köln: Kölner Studien Verlag.
Felfe, J., Tartler, K. & Liepmann, D. (2004): Advanced Research in the Field of Transformational Leadership. In: Zeitschrift für Personalforschung, 18(3), 262-288.
Felfe, J., Six, B. & Schmook, R. (2005): Die Bedeutung der Arbeitszufriedenheit für Organizational Citizenship Behavior (OCB). In: Wirtschaftspsychologie (1), 49-62.
Felfe, J. & Six, B. (2006): Die Relation von Arbeitszufriedenheit und Commitment. In: Fischer, L. (Hrsg.): Arbeitszufriedenheit. Konzepte und empirische Befunde. Göttingen u.a.: Hogrefe, 37-60.
Fend, H. (1991): Identitätsentwicklung in der Adoleszenz: Lebensentwürfe, Selbstfindung und Weltaneignung in beruflichen, familiären und politisch-weltanschaulichen Bereichen. Bern: Hans Huber.
Fend, H. (2001): Qualität im Bildungswesen. Schulforschung zu Systembedingungen, Schulprofilen und Lehrerleistung. 2. Auflage. Weinheim & München: Juventa.
Fend, H. (2006): Neue Theorie der Schule. Einführung in das Verstehen von Bildungssystemen. Wiesbaden: VS Verlag für Sozialwissenschaften/GWV Fachverlage.
Ferrara, A. (1998): Reflective Authenticity. Rethinking the Project of Modernity. London & New York: Routledge.
Ferreira, Y. (2009): FEAT – Fragebogen zur Erhebung von Arbeitszufriedenheitstypen. Zukunftsperspektive für das Züricher Modell. In: Zeitschrift für Arbeits- u. Organisationspsychologie, 53(4), 177-193.
Festinger, L. (1978): Theorie der kognitiven Dissonanz. Bern, Stuttgart & Wien: Hans Huber.
Filipp, S.-H. (1990): Kritische Lebensereignisse. München: Psychologie Verlags Union.
Filipp, S.-H. & Frey, D. (1988): Das Selbst. In: Immelmann, K., Scherer, K. R., Vogel, C. & Schmoock, P. (Hrsg.): Psychobiologie: Grundlagen des Verhaltens. Weinheim & München: Psychologie Verlags Union, 415-454.
Filipp, S.-H. & Klauer, T. (1988): Ein dreidimensionales Modell zur Klassifikation von Formen der Krankheitsbewältigung. In: Kächele, H. & Steffens, W. (Hrsg.): Bewältigung und Abwehr. Beiträge zur Psychologie und Psychotherapie schwerer körperlicher Krankheiten. Berlin u.a.: Springer, 51-68.
Filipp, S.-H. & Mayer, A.-K. (2005): Selbst und Selbstkonzept. In: Weber, H. & Rammsayer, T. (Hrsg.): Handbuch der Persönlichkeitspsychologie und Differentiellen Psychologie. Bd. 2. Göttingen, Bern, Wien u. a.: Hogrefe, 266-276.
Fischer, L. (2006): Arbeitszufriedenheit: Steuerungstechnik der Arbeitsmoral oder mess-sensibles Artefakt? Die Forschungsarbeit im Überblick. In: Fischer, L. (Hrsg.): Arbeitszufriedenheit. Konzepte und empirische Befunde. 2. vollständig überarbeitete und erweiterte Auflage. Göttingen u.a.: Hogrefe, 1-8.
Fischer, L. & Fischer, O. (2005): Arbeitszufriedenheit: Neue Stärken und alte Risiken eines zentralen Konzepts der Organisationspsychologie. In: Wirtschaftspsychologie, 7(1), 5-20.
Fischer, L. & Belschak, F. (2006): Objektive Arbeitszufriedenheit? Oder: Was messen wir, wenn wir nach der Zufriedenheit mit der Arbeit fragen? In: Fischer, L. (Hrsg.): Arbeitszufriedenheit. Konzepte und empirische Befunde. Göttingen u.a.: Hogrefe, 80-108.

Fisher, C. D. (2000): Mood and emotions while working: missing pieces of job satisfaction? In: Journal of Organizational Behavior, 21(2), 185-202.
Folkman, S. & Moskowitz, J. T. (2004): Coping: Pitfalls and Promise. In: Annual Revue of Psychology, 55, 745-774.
Fölsch, G. (1997): Eine Schule leiten – auf Kosten der eigenen Psyche? In: Olbrich, H. (Hrsg.): Schulleitung – eine psychologische Herausforderung? Stuttgart u.a.: Raabe, 24-31.
Forberg, A. (1997): Rollen- und Führungsverständnis von Schulleiterinnen beruflicher Schulen – Eine berufsbiographisch-orientierte Untersuchung. Weinheim: Deutscher Studien Verlag.
Franke, A. (1997): Zum Stand der konzeptionellen und empirischen Entwicklung des Salutogenesekonzepts. In: Antonovsky, A.: Salutogenese. Zur Entmystifizierung der Gesundheit. Deutsche erweiterte Herausgabe von Alexa Franke. Tübingen: dgvt-Verlag, 169-190.
Frankfurt, H. (1993): Die Notwendigkeit von Idealen. In: Edelstein, W., Nunner-Winkler G. & Noam, G. (Hrsg.): Moral und Person. Frankfurt/Main: Suhrkamp, 107-118.
Frey, D., Jonas, E., Frank, E. & Greve, W. (2000): Das Wissen über sich selbst und andere im eigenen Handeln nutzen. In: Greve, W. (Hrsg.): Psychologie des Selbst. Weinheim: Beltz Psychologie Verlags Union, 339-359.
Frey, H.-P. & Haußer, K. (1987): Identität. Entwicklungen psychologischer und soziologischer Forschung. Stuttgart: Ferdinand Enke.
Fuhrer, U. (1984): Mehrfachhandeln in dynamischen Umfeldern. Vorschläge zu einer systematischen Erweiterung psychologisch-handlungstheoretischer Modelle. Göttingen: Hogrefe.
Füssel, H.-P. (1998): Schulleitung zwischen staatlicher Steuerung und schulischer Handlungsautonomie. In: Ackermann, H. & Wissinger, J. (Hrsg.): Schulqualität managen – von der Verwaltung der Schule zur Entwicklung von Schulqualität. Neuwied: Luchterhand, 149-159.
Fydrich, T. & Sommer, G. (2003): Diagnostik sozialer Unterstützung. In: Jerusalem, M. & Weber, H. (Hrsg.): Psychologische Gesundheitsförderung. Diagnostik und Prävention. Göttingen u.a.: Hogrefe, 79-104.
Gärtner, H., Hüsemann, D. & Pant, H. A. (2009): Wirkungen von Schulinspektion aus Sicht betroffener Schulleitungen. Die Brandenburger Schulleiterbefragungen. In: Empirische Pädagogik, 23(1), 1-18.
Gebert, D. (1983): Arbeitszufriedenheit messen: So weiterwurschteln wie bisher? Ein Beitrag zur Diagnose und Veränderung? In: Organisationsentwicklung, 2(3), 35-46.
Gehrmann, A. (2007): Zufriedenheit trotz beruflicher Beanspruchung? Anmerkungen zu den Befunden der Lehrerbelastungsforschung. In: Rothland, M. (Hrsg.): Belastung und Beanspruchung im Lehrerberuf. Modelle, Befunde, Interventionen. Wiesbaden: VS Verlag für Sozialwissenschaften/GWV Fachverlage, 185-203.
George, J. M. & Jones, G. R. (1996): The Experience of Work and Turnover Intentions: Interactive Effects of Value Attainment, Job Satisfaction, and Positive Mood. In: Journal of Applied Psychology, 81(3), 318-325.
Gergen, K. J. & Gergen, M. M. (1988): Narrative and the Self as Relationship. In: Advances in Experimental Social Psychology, 21, 17-56.
Gerick, J., Gieske, M. & Harazd, B. (2009): Welches Leitungsverhalten wünschen sich Lehrkräfte an Grundschulen? In: Röhner, C., Henrichwark, C. & Hopf, M. (Hrsg.): Europäisierung der Bildung. Konsequenzen und Herausforderungen für die Grundschulpädagogik. Wiesbaden: VS Verlag für Sozialwissenschaften, 241-245.
Giddens, A. (1988): Die Konstitution der Gesellschaft. Grundzüge einer Theorie der Strukturierung. Frankfurt/Main & New York: Campus.
Goffman, E. (1972): Asyle. Über die soziale Situation psychiatrischer Patienten und anderer Insassen. Frankfurt/Main: Suhrkamp.

Goffman, E. (1973): Interaktion: Spaß am Spiel – Rollendistanz. München: R. Piper & Co.
Goihl, K. (2003): Transformationale Führung. Diss., Freie Universität Berlin.
Gollwitzer, P. M. & Wicklund, R. A. (1985): Self-Symbolizing and the Neglect of Others' Perspectives. In: Journal of Personality and Social Psychology, 48(3), 702-715.
Gollwitzer, P. M., Bayer, U. C. & Wicklund, R. A. (2002): Das handelnde Selbst: Symbolische Selbstergänzung als zielgerichtete Selbstentwicklung. In: Frey, D. & Irle, M. (Hrsg.): Theorien der Sozialpsychologie. Bd. 3. Motivations-, Selbst- und Verarbeitungstheorien. 2. Auflage. Bern: Hans Huber.
Gómez Tutor, C. (2004): Grundlegende Kompetenzen für Schulleitungshandeln. In: Arnold, R. & Griese, C. (Hrsg.): Schulleitung und Schulentwicklung. Voraussetzungen, Bedingungen, Erfahrungen. Baltmannsweiler: Schneider Verlag Hohengehren, 41-52.
Graen, G. (1976): Role-Making Processes Within Complex Organizations. In: Dunnette, M. D. (Hrsg.): Handbook of Industrial and Organizational Psychology. Chicago: Rand McNally College Publishing Company, 1201-1245.
Graf, A. (2006): Selbstmanagement. Kompetenz der Zukunft. In: Zaugg, R. J. (Hrsg.): Handbuch Kompetenzmanagement. Durch Kompetenz nachhaltig Werte schaffen. Bern, Stuttgart & Wien: Haupt, 247-254.
Gräsel, C. & Parchmann, I. (2004): Implementationsforschung – oder: der stimmige Weg, Unterricht zu verändern. In: Unterrichtswissenschaft, 32(3), 196-214.
Greif, S. (1991): Stress in der Arbeit. Einführung und Grundbegriffe. In: Greif, S., Bamberg, E. & Semmer, N. (Hrsg.): Psychischer Stress am Arbeitsplatz. Göttingen: Hogrefe, 1-28.
Greve, W. (1997): Sparsame Bewältigung – Perspektiven für eine ökonomische Taxonomie von Bewältigungsformen. In: Tesch-Römer, C., Salewski, C. & Schwarz, G. (Hrsg.): Psychologie der Bewältigung. Weinheim: Psychologie Verlags Union, 18-41.
Greve, W. (2000): Psychologie des Selbst – Konturen eines Forschungsthemas. In: Greve, W. (Hrsg.): Psychologie des Selbst. Weinheim: Psychologie Verlags Union, 15-36.
Groeben, N. (1986): Handeln, Tun, Verhalten als Einheiten einer verstehend-erklärenden Psychologie. Wissenschaftstheoretischer Überblick und Programmentwurf zur Integration von Hermeneutik und Empirismus. Tübingen: Francke.
Gross, P. (1985): Bastelmentalität: ein "postmoderner" Schwebezustand? In: Schmid, T. (Hrsg.): Das pfeifende Schwein. Über weitergehende Interessen der Linken. Berlin: Klaus Wagenbach, 63-84.
Grote, G. & Raeder, S. (2003). Schlussbericht zum Projekt 4043-58298. Berufliche Identität in Wechselwirkung mit den Anforderungen von Arbeitsflexibilisierung und kontinuierlicher Bildung im Rahmen des Nationalen Forschungsprogrammes NFP 43 "Bildung und Beschäftigung". Zürich: Eidgenössische Technische Hochschule.
Grote, S., Kauffeld, S., Denison, K. & Frieling, E. (2006): Kompetenzen und deren Management: ein Überblick. In: Grote, S., Kauffeld, S. & Frieling, E. (Hrsg.): Kompetenzmanagement. Grundlagen und Praxisbeispiele. Stuttgart: Schäffer-Poeschel, 15-32.
Haan, N., (1977) (Ed.): Coping and Defending. Processes of Self-Environment Organization. New York, San Francisco & London: Academic Press.
Habermas, J. (1973): Kultur und Kritik. Frankfurt/Main: Suhrkamp.
Habermas, J. (1988): Individuierung durch Vergesellschaftung. Zu G. H. Meads Theorie der Subjektivität. In: Habermas, J. (Hrsg.): Nachmetaphysisches Denken. Philosophische Ansätze. Frankfurt/Main: Suhrkamp, 187-241.
Habermas, T. (1996): Geliebte Objekte. Symbole und Instrumente der Identitätsbildung. Berlin & New York: Walter de Gruyter.
Hacker, W., Looks, P., Winkelmann, C., Krahl, G. & Krahl, C. (2008): Möglichkeiten zur gesundheits- und leistungsfördernden Gestaltung der Lehrarbeit: Primärprävention. In: Krause, A., Schüpbach,

H., Ulich, E. & Wülser, M. (Hrsg.): Arbeitsort Schule. Organisations- und arbeitspsychologische Perspektiven. Wiesbaden: Gabler, 263-288.

Hackman, R. J. & Oldham, G. R. (1980): Work Redesign. Reading u.a.: Addison Wesley Publishing Company.

Hahn, G. & Karl, E. (2007): Zur Situation der Schulleitungen an Volks- und Förderschulen. In: Schul-Verwaltung Bayern, 30(1), 2-4.

Hakanen, J. J., Bakker, A. B. & Schaufeli, W. B. (2006): Burnout and work engagement among teachers. In: Journal of School Psychology, 43, 495-513.

Hallinger, P. (2003): Leading Educational Change: reflections on the practice of instructional and transformational leadership. In: Cambridge Journal of Education, 33(3), 329-351.

Hallinger, P. & Heck, R. (1996): The Principal's Role in School Effectiveness: An Assessment of Methodological Progress, 1980-1995. In: Leithwood, K., Chapman, J., Corson, D., Hallinger, P. & Hart, A. (Eds.): International Handbook of Educational Leadership and Administration Part 2. 1. Dordrecht, Boston & London: Kluwer Academic Publishers, 723-783.

Hameyer, U. & Wissinger, J. (1998): Schulentwicklungsprozesse – Fragwürdigkeit und Sinn von Qualitätsstandards. In: Ackermann, H. & Wissinger, J. (Hrsg.): Schulqualität managen – von der Verwaltung der Schule zur Entwicklung von Schulqualität. Neuwied: Luchterhand, 107-119.

Hannover, B. (2000): Das kontextabhängige Selbst. In: Greve, W. (Hrsg.): Psychologie des Selbst. Weinheim: Psychologie Verlags Union, 227-238.

Hannover, B., Pöhlmann, C., Roeder, U., Springer, A. & Kühnen, U. (2005): Eine erweiterte Version des Semantisch-Prozeduralen Interface-Modells des Selbst: Funktion des Mentalen Interface und Implikationen des Modells für motivierte Prozesse. In: Psychologische Rundschau, 56(2), 99-112.

Harazd, B., Gieske, M. & Rolff, H.-G. (2008): Herausforderungen an Schulleitung: Verteilung von Verantwortung und Aufgaben. In: Bos, W., Holtappels, H. G., Pfeiffer, H., Rolff, H.-G. & Schulz-Zander, R. (Hrsg.): Jahrbuch der Schulentwicklung. Daten, Beispiele und Perspektiven. Bd. 15. Weinheim & München: Juventa Verlag, 225-255.

Harazd, B., Gieske, M. & Rolff, H.-G. (2009): Gesundheitsmanagement in der Schule. Lehrergesundheit als neue Aufgabe der Schulleitung. Köln: Wolters Kluwer/LinkLuchterhand.

Harböck, W. (2006): Stand, Individuum, Klasse – Identitätskonstruktionen deutscher Unterschichten des späten 19. und frühen 20. Jahrhunderts. Münster: Waxmann.

Harris, A. (2005): Leading from the Chalk-face: An Overview of School Leadership. In: SAGE Journals online, 73(1), 73-87.

Harter, J. K., Schmidt, F. L. & Hayes, T. L. (2002): Business-Unit-Level Relationship Between Employee Satisfaction, Employee Engagement, and Business Outcomes: A Meta-Analysis. In: Journal of Applied Psychology, 87(2), 268-279.

Harter, S. (1999) (Ed.): The Construction of the Self. A Development Perspective. Distinguished Contributions in Psychology. New York: Guilford Press.

Harvey, L. & Green, D. (2000): Qualität definieren – fünf unterschiedliche Ansätze. In: Zeitschrift für Pädagogik, 41. Beiheft, 17-39.

Hasenbank, T. (2001): Führung und Leitung einer Schule (FLEIS) als Dimension und Rahmenbedingung berufsschulischer Entwicklung. Eine Illustration am Beispiel bayerischer Berufsschulleiter vor dem Hintergrund der Einführung lernfeldstrukturierter Curricula. Paderborn: Eusl.

Hasse, R. & Krücken, G. (1999): Neo-Institutionalismus. Einsichten. Bielefeld: Transcript.

Haug, F. (1994): Kritik der Rollentheorie. Hamburg: Argument-Verlag.

Haußer, K. (1995): Identitätspsychologie. Berlin u.a.: Springer.

Heckhausen, H. (1987): Intentionsgeleitetes Handeln und seine Fehler. In: Heckhausen, H.; Gollwitzer, P. M. & Weinert, F. E. (Hrsg.): Jenseits des Rubikon. Der Wille in den Humanwissenschaften. Berlin u.a.: Springer, 143-175.

Heckhausen, J. & Heckhausen, H. (2006): Motivation und Handeln: Einführung und Überblick. In: Heckhausen, J. & Heckhausen, H. (Hrsg.): Motivation und Handeln. Heidelberg: Springer Medizin, 1-9.
Heid, H. (2007): Qualität von Schule. Zwischen Bildungstheorie und Bildungsökonomie. In: van Buer, J. & Wagner, C. (Hrsg.): Qualität von Schule – Ein kritisches Handbuch. Frankfurt/Main u.a.: Peter Lang, 55-66.
Heidenreich, M. (1998): Die Gesellschaft im Individuum. In: Schwaetzer, H. & Stahl-Schwaetzer, H. (Hrsg.): L'homme machine? Anthropologie im Umbruch. Ein interdisziplinäres Symposion. Hildesheim, Zürich & New York: Georg Olms, 229-248.
Heinemann, L. & Rauner, F. (2008). Identität und Engagement: Konstruktion eines Instruments zur Beschreibung der Entwicklung beruflichen Engagements und beruflicher Identität. Bremen, Karlsruhe & Heidelberg: Forschungsnetzwerk Arbeit und Bildung.
Heinloth, B. (2000): Schulleitung und Schulprofil. In: Schmirber, G. (Hrsg.): Qualitätssteigerung im Bildungswesen. Innere Schulreform – Auftrag für Schulleitungen und Kollegien. München: Hans-Seidel-Stiftung, 39-42.
Heinz, W. R. (1998): Berufliche und betriebliche Sozialisation. In: Hurrelmann, K. & Ulich, D. (Hrsg.): Handbuch der Sozialisationsforschung. 5., neu ausgestattete Auflage. Weinheim & Basel: Beltz, 397-415.
Heinz, W. R. (2002): Transition Discontinuities and the Biographical Shaping of Early Work Careers. In: Journal of Vocational Behavior, 60, 220-240.
Helfferich, C. (1994): Jugend, Körper und Geschlecht. Die Suche nach sexueller Identität. Opladen: Leske + Budrich.
Helsper, W. (2000): Anatomien des Lehrerhandelns und die Bedeutung der Fallrekonstruktion – Überlegungen zu einer Professionalisierung im Rahmen universitärer Lehrerausbildung. In: Cloer, E., Klika, D. & Kunert, H. (Hrsg.): Welche Lehrer braucht das Land? Notwendige und mögliche Reformen der Lehrerbildung. Weinheim & München: Juventa, 142-177.
Helsper, W. (2008): Schulkulturen als symbolische Sinnordnung und ihre Bedeutung für die pädagogische Professionalität. In: Helsper, W., Busse, S., Hummrich, M. & Kramer, R.-T. (Hrsg.): Pädagogische Professionalität in Organisationen. Neue Verhältnisbestimmungen am Beispiel der Schule. Wiesbaden: VS Verlag für Sozialwissenschaft/GWV Fachverlag GmbH, 115-145.
Hentze, J., Graf, A., Kammel, A. & Lindert, K. (2005): Personalführungslehre – Grundlagen, Funktionen und Modelle der Führung. 4. Auflage. Bern, Stuttgart & Wien: Haupt.
Herrmann, D. (2004): Kommunikationsgestaltung, Arbeitsorganisation und Zeitmanagement. Bönen: Verlag für Schule und Weiterbildung/Druck Verlag Kettler.
Herzberg, F., Mausner, B. & Snyderman, B. B. (1959): The Motivation to Work. 2nd Edition. New York, London & Sidney: John Wiley & Sons.
Herzog, S. (2007): Beanspruchung und Bewältigung im Lehrerberuf. Eine salutogenetische und biografische Untersuchung im Kontext unterschiedlicher Karriereverläufe. Münster u.a.: Waxmann.
Herzog, W. (1991): Der <<Coping Man>> – ein Menschenbild für die Entwicklungspsychologie. In: Schweizerische Zeitschrift für Psychologie, 50, 9-23.
Heyse, H. (2007): Lehrergesundheit – eine individuelle und kollegiale Aufgabe. In: Fleischner, T. (Hrsg.): Handbuch Schulpsychologie. Psychologie für die Schule. Suttgart: Kohlhammer, 320-329.
Higgins, E. T. (1987): Self-Discrepancy: A Theory Relating Self and Affect. In: Psychological Review, 94(3), 319-340.
Higgins, E. T. (1990): Personality, social psychology, and person-situation relations: Standards and knowledge activation as a common language. In: Pervin, L. A. (Ed.): Handbook of personality. Theory and research. New York: Guilford Press, 301-338.

Higgins, E. T. (1999): Self- Discrepancy: A Theory Relating Self and Affect. In: Baumeister, R. F. (Ed.): The Self in Social Psychology. Philadelphia: Taylor & Francis, 150-175.

Hilb, M. (1992): Ursachen – Folgen – Lösungsansätze. In: Hilb, M. (Hrsg.): Innere Kündigung: Ursachen und Lösungsansätze. Referate einer Tagung. Zürich: Verlag Industrielle Organisation, 3-26.

Hillert, A. (2007): Psychische und psychosomatische Erkrankungen von Lehrerinnen und Lehrern. Konzepte, Diagnosen, Präventions- und Behandlungsansätze. In: Rothland, M. (Hrsg.): Belastung und Beanspruchung im Lehrerberuf. Modelle, Befunde, Interventionen. Wiesbaden: VS Verlag für Sozialwissenschaften/GWV Fachverlage, 140-159.

Hillert, A. & Schmitz, E. (2004): Psychosomatische Erkrankungen bei Lehrerinnen und Lehrern. Stuttgart & New York: Schattauer.

Hinz, A. (2000): Psychologie der Zeit. Umgang mit Zeit, Zeiterleben und Wohlbefinden. Münster u.a.: Waxmann.

Hobeck, D. (2005): Die Unterrepräsentanz von Frauen in Schulleitungen. Mögliche Ursachen aus naturwissenschaftlich-anthropologischer Perspektive. Frankfurt/Main u.a.: Peter Lang.

Hobfoll, S. E. (1989): Conservation of Resources. A New Attempt at Conceptualizing Stress. In: American Psychologist, 44(3), 513-524.

Hochwarter, W. A., Ferris, G. R., Perrewé, P. L., Witt, A. L. & Kiewitz, C. (2001): A Note on the Nonlinearity of the Age-Job-Satisfaction Relationship. In: Journal of Applied Psychology, 31(6), 1223-1237.

Höfer, C. (2006): Unterrichtsentwicklung als Schulentwicklung. In: Buchen, H. & Rolff, H.-G. (Hrsg.): Professionswissen Schulleitung. Weinheim & Basel: Beltz, 752-788.

Höfer, R. & Straus, F. (2001): Arbeitsorientierung und Identität: die veränderte Bedeutung von Erwerbsarbeit für die Identitätsarbeit am Beispiel benachteiligter Jugendlicher/junger Erwachsener. In: Lutz, B. (Hrsg.): Entwicklungsperspektiven von Arbeit. Ergebnisse aus dem Sonderforschungsbereich 333 der Universität München. Berlin: Akademie Verlag, 83-105.

Hoff, E.-H. (1990): Identität und Arbeit. Zum Verständnis der Bezüge in Wissenschaft und Alltag. In: Psychosozial, 13(43 III), 7-25.

Hoff, W. (2005): Schulleiterinnen am Gymnasium im intergenerationalen Vergleich: Karriere, berufliches Selbstverständnis und Geschlecht. In: Hoffmann-Ocon, A., Koch, K. & Schmidtke, A. (Hrsg.): Dimensionen der Erziehung und Bildung. Festschrift zum 60. Geburtstag von Margret Kraul. Göttingen: Universitätsverlag, 115-132.

Holtappels, H. G. (2003): Schulqualität durch Schulentwicklung und Evaluation. Konzepte, Forschungsbefunde, Instrumente. München & Unterschleißheim: Luchterhand.

Honneth, A., (Hrsg.) (1994): Kampf um Anerkennung. Zur moralischen Grammatik sozialer Konflikte. Frankfurt/Main: Suhrkamp.

Hornung, R. & Gutscher, H. (1994): Gesundheitspsychologie: Die sozialpsychologische Perspektive. In: Schwenkmezger, P. & Schmidt, L. R. (Hrsg.): Lehrbuch der Gesundheitspsychologie. Stuttgart: Ferdinand Enke, 65-87.

Horster, L. (2006a): Unterricht analysieren, beurteilen, planen. In: Buchen, H. & Rolff, H.-G. (Hrsg.): Professionswissen Schulleitung. Weinheim & Basel: Beltz, 810-867.

Horster, L. (2006b): Schulleitung – ein Leitbild entwickeln. In: Buchen, H. & Rolff, H.-G. (Hrsg.): Professionswissen Schulleitung. Weinheim & Basel: Beltz, 177-192.

Horster, L. & Rolff, H.-G. (2006): Reflektorische Unterrichtsentwicklung. In: Buchen, H. & Rolff, H.-G. (Hrsg.): Professionswissen Schulleitung. Weinheim & Basel: Beltz, 789-809.

Huber, S. G. & Schneider, N. (2007): Anforderungen an Schulleitung: Was wird in den Ländern von den pädagogischen Führungskräften in der Schule erwartet? In: PraxisWissen Schulleitung, 10(24), 1-9.

Hüchtermann, M., Nowak, S. & Ramthun, G. (1995): Schulmanagement – Auf der Suche nach neuen Konzepten. Köln: Deutscher Instituts-Verlag.
Hurni, R. & Ritz, A. (2002): Wirkungsorientierte Führungsstrukturen zur Umsetzung von New Public Management an Schulen – Fallbeispiel Kantonschule Zürcher Unterland. In: Thom, N., Ritz, A. & Steiner, R. (Hrsg.): Effektive Schulführung: Chancen und Gefahren des Public Managements im Bildungswesen. Bern, Stuttgart & Wien: Paul Haupt Berne, 291-316.
Hurrelmann, K. (2001): Einführung in die Sozialisationstheorie. Über den Zusammenhang von Sozialstruktur und Persönlichkeit. 7., neu ausgestattete Auflage. Weinheim & Basel: Beltz.
Hurrelmann, K., Mürmann, M. & Wissinger, J. (1986): Persönlichkeitsentwicklung als produktive Realitätsverarbeitung. Die interaktions- und handlungstheoretische Perspektive in der Sozialisationsforschung. In: Zeitschrift für Sozialisationsforschung und Erziehungspsychologie, 6(1), 91-108.
Imdorf, C. (2005): Schulqualifikation und Berufsfindung. Wie Geschlecht und nationale Herkunft den Übergang in die Berufsbildung strukturieren. Wiesbaden: VS Verlag für Sozialwissenschaften.
Janke, W. & Erdmann, G. (Hrsg.) (1997): Streßverarbeitungsbogen (SVF120) nach W. Janke, G. Erdmann, K. W. Kallus und W. Boucsein. Kurzbeschreibung und Grundlegende Kennwerte. Göttingen, Bern, Toronto & Seattle: Hogrefe.
Jehle, P. & Schmitz, E. (2007): Innere Kündigung und vorzeitige Pensionierung von Lehrkräften. In: Rothland, M. (Hrsg.): Belastung und Beanspruchung im Lehrerberuf. Modelle, Befunde, Interventionen. Wiesbaden: VS Verlag für Sozialwissenschaften/GWV Fachverlage, 160-184.
Jerusalem, M. (1990): Persönliche Ressourcen, Vulnerabilität und Stresserleben. Göttingen, Toronto & Zürich: Verlag für Psychologie.
Joas, H. (1998): Rollen- und Interaktionstheorie in der Sozialisationsforschung. In: Hurrelmann, K. & Ulich, D. (Hrsg.): Handbuch der Sozialisationsforschung. 5., neu ausgestattete Auflage. Weinheim & Basel: Beltz, 137-152.
Judge, T. A., Locke, E. A. & Durham, C. C. (1997): The Dispositional Causes Of Job Satisfaction. In: Research in Organizational Behavior, 19, 151-188.
Judge, T. A. & Bono, J. E. (2001): "Relationship of Core Self-Evaluations Traits – Self-Esteem, Generalized Self-Efficacy, Locus of Control, and Emotional Stability – With Job Satisfaction and Job Performance: A Meta-Analysis. In: Journal of Applied Psychology, 86(1), 80-92.
Judge, T. A., Bono, J. E., Thoresen, C. J. & Patton, G. K. (2001): The Job Satisfaction - Job Performance Relationship: A Qualitative and Quantitative Review. In: Psychological Bulletin, 127(3), 376-407.
Judge, T. A., Heller, D. & Mount, M. K. (2002): Five-Factor Model of Personality and Job Satisfaction: A Meta-Analysis. In: Journal of Applied Psychology, 87(3), 530-541.
Kahn, R. L. (1978): Konflikt, Ambiguität und Überforderung: Drei Elemente des Stress am Arbeitsplatz. In: Frese, M., Greif, S. & Semmer, N. (Hrsg.): Industrielle Psychopathologie. Bern, Stuttgart & Wien: Hans Huber, 18-33.
Kalleberg, A. L. & Loscocco, K. (1983): Ageing, Values, And Rewards: Explaining Age Differences In Job Satisfaction. In: American Sociological Review, 48(1), 78-90.
Kaluza, G. & Vögele, C. (1999): Stress und Stressbewältigung. In: Flor, H., Birbaumer, N. & Hahlweg, K. (Hrsg.): Grundlagen der Verhaltensmedizin. Göttingen u.a.: Hogrefe, 331-388.
Kanders, M. & Rösner, E. (2006): Das Bild der Schule im Spiegel der Lehrermeinung – Ergebnisse der 3. IFS-Lehrerbefragung 2006. In: Bos, W., Holtappels, H. G., Pfeiffer, H., Rolff, H.-G. & Schulz-Zander, R. (Hrsg.): Jahrbuch der Schulentwicklung. Daten, Beispiele und Perspektiven. Weinheim & München: Juventa, 11-48.
Kanning, U. P. (2000): Selbstwertmanagement. Die Psychologie des selbstwertdienlichen Verhaltens. Göttingen u.a.: Hogrefe.

Kansteiner-Schänzlin, K. (2002): Personalführung in der Schule. Übereinstimmungen und Unterschiede zwischen Frauen und Männern in der Schulleitung. Bad Heilbrunn/Obb: Verlag Julius Klinkhardt.
Kaya, M. & Himme, A. (2007): Möglichkeiten der Stichprobenbildung. In: Albers, S., Klapper, D., Konradt, U., Walter, A. & Wolf, J. (Hrsg.): Methodik der empirischen Forschung. 2., überarbeitete und erweiterte Auflage. Wiesbaden: Gabler, 79-88.
Kempfert, G. (2006): Personalentwicklung in selbstständigen Schulen. In: Buchen, H. & Rolff, H.-G. (Hrsg.): Professionswissen Schulleitung. Weinheim & Basel: Beltz, 545-585.
Kessels, U. & Hannover, B. (2004): Entwicklung schulischer Interessen als Identitätsregulation. In: Doll, J. & Prenzel, M. (Hrsg.): Bildungsqualität von Schule. Lehrerprofessionalisierung, Unterrichtsentwicklung und Schülerförderung als Strategien der Qualitätsverbesserung. Münster u.a.: Waxmann, 398-412.
Keupp, H. (1997): Diskursarena Identität: Lernprozesse in der Identitätsforschung. In: Keupp, H. & Höfer, R. (Hrsg.): Identitätsarbeit heute – klassische und aktuelle Perspektiven der Identitätsforschung. Frankfurt/Main: Suhrkamp, 11-39.
Keupp, H., Ahbe, T., Gmür, W., Höfer, R., Mitzscherlich, B., Kraus, W. & Straus, F. (2006): Identitätskonstruktionen. Das Patchwork der Identitäten in der Spätmoderne. 3. Auflage. Reinbek bei Hamburg: Rowohlt.
Kickhöfer, B. (1981): Rolle und Handeln. Beispiel: Lehrer. Zum Erkenntnispotential rollentheoretischer Ansätze. Weinheim & Basel: Beltz.
Kischkel, K.-H. (1989): Berufsbezogene Einstellungen von Schulleitern/schulischen Funktionsträgern und Lehrern ohne Leitungs- und Verwaltungsaufgaben. In: Rosenbusch, H. S. & Wissinger, J. (Hrsg.): Schulleiter zwischen Administration und Innovation. Braunschweig: SL-Verlag, 63-71.
Klafki, W. (2002): Schultheorie, Schulforschung und Schulentwicklung im politisch-gesellschaftlichen Kontext. Ausgewählte Studien. Herausgegeben von Barbara Koch-Priewe, Heinz Stübig und Wilfried Hendricks. Weinheim & Basel: Beltz.
Kleinbeck, U. (2006): Handlungsziele. In: Heckhausen, J. & Heckhausen, H. (Hrsg.): Motivation und Handeln. 3., überarbeitete und aktualisierte Auflage. Heidelberg: Springer Medizin, 255-276
Klieber, S. & Sloane, P. F. E. (2010): Innovationen begleiten – Die Rolle der Schulleitung in schulischen Innovationsprozessen. Eine explorative Studie an vierzehn beruflichen Schulen. In: Zeitschrift für Berufs- und Wirtschaftspädagogik, 106(2), 180-198.
Kluge, S. (1999): Empirisch begründete Typenbildung. Zur Konstruktion von Typen und Typologien in der qualitativen Sozialforschung. Opladen: Leske + Budrich.
Kluge, S. (2000): Empirisch begründete Typenbildung in der qualitativen Sozialforschung. Forum: Qualitative Sozialforschung. Theorien, Methoden, Anwendungen 1(1). Online verfügbar unter http://217.160.35.246/fqs-texte/1-00/1-00kluge-d.htm, Abrufdatum 01.07.2010.
Klusmann, U., Kunter, M., Trautwein, U. & Baumert, J. (2006): Lehrerbelastung und Unterrichtsqualität aus der Perspektive von Lehrenden und Lernenden. In: Zeitschrift für Pädagogische Psychologie, 20(3), 161-173.
Klusmann, U., Kunter, M. & Trautwein, U. (2009): Die Entwicklung des Beanspruchungserlebens bei Lehrerinnen und Lehrern in Abhängigkeit beruflicher Verhaltensstile. In: Psychologie in Erziehung und Unterricht, (3), 172-206.
Koch-Riotte, B. (2000): Ängste wahrnehmen, bearbeiten – Führungskompetenz erweitern. Training für Schulleitungen muss Umgang mit Gefühlen einschließen. In: Buchen, H., Horster, L. & Rolff, H.-G. (Hrsg.): Angst und Schulleitung – ein Tabu. Stuttgart: Raabe, 109-124.
Kohlmann, C.-W. (1997): Streßbewältigung, Ressourcen und Persönlichkeit. In: Tesch-Römer, C., Salewski, C. & Schwarz, G. (Hrsg.): Psychologie der Bewältigung. Weinheim: Psychologie Verlags Union, 209-220.

Köller, O., Trautwein, U., Lüdtke, O. & Baumert, J. (2006): Zum Zusammenspiel von schulischer Leistung, Selbstkonzept und Interesse in der gymnasialen Oberstufe. In: Zeitschrift für Pädagogische Psychologie, 20(1/2), 27-39.
König, E. (2002): Qualitative Forschung im Bereich subjektiver Theorien. In: König, E. & Zedler, P. (Hrsg.): Qualitative Forschung. 2., völlig überarbeitete Auflage. Weinheim & Basel: Beltz, 55-69.
König, E. (2008): Schlussfolgerungen aus dem 8. Bamberger Schulleitungssymposium 2007 für die Arbeit und Qualifizierung schulischer Führungskräfte. In: Warwas, J. & Sembill, D. (Hrsg.): Zeit-gemäße Führung – zeitgemäßer Unterricht. Baltmannsweiler: Schneider Verlag Hohengehren, 265-270.
König, E. & Luchte, K. (2006): Projektmanagement. In: Buchen, H. & Rolff, H.-G. (Hrsg.): Professionswissen Schulleitung. Weinheim & Basel: Beltz, 418-448.
König, E. & Rosenbusch, H. S. (2006): Führungsverständnis in Schule: Wie wird die Funktion der Schulleitung innerhalb des Systems wahrgenommen? Unveröffentlichter Forschungsantrag an die Deutsche Forschungsgemeinschaft (DFG). Paderborn & Bamberg.
König, E. & Söll, F. (2006): Coaching. In: Buchen, H. & Rolff, H.-G. (Hrsg.): Professionswissen Schulleitung. Weinheim & Basel: Beltz, 1030-1047.
König, J. (1993): Brüche erleben lernen. Ansätze einer entwicklungspsychologischen Erwerbsbiographieforschung. Mit einem Geleitwort von Dieter Ulich. Weinheim: Deutscher Studien Verlag.
Krainz-Dürr, M. (2003): Die Rolle der Schulleitung für die Steuerung von Entwicklungsprozessen. In: Rauch, F. & Biott, C. (Hrsg.): Schulleitung – Rahmenbedingungen, Anforderungen und Qualifikation aus internationaler Perspektive. Innsbruck: Studienverlag, 65-100.
Kranz, T. (2007): Das Führungsverständnis angehender Schulleiterinnen und Schulleiter. Norderstedt: Books on Demand.
Krapp, A. (1992a): Konzepte und Forschungsansätze zur Analyse des Zusammenhangs von Interesse, Lernen und Leistung. In: Krapp, A. & Prenzel, M. (Hrsg.): Interesse, Lernen, Leistung. Neue Ansätze der pädagogisch-psychologischen Interessenforschung. Münster: Aschendorffsche Verlagsbuchhandlung, 9-52.
Krapp, A. (1992b): Das Interessenkonstrukt. Bestimmungsmerkmale der Interessenhandlung und des individuellen Interesses aus der Sicht einer Person-Gegenstands-Konzeption. In: Krapp, A. & Prenzel, M. (Hrsg.): Interesse, Lernen, Leistung. Neue Ansätze der pädagogisch-psychologischen Interessenforschung. Münster: Aschendorffsche Verlagsbuchhandlung, 297-329.
Krappmann, L. (1969): Soziologische Dimensionen der Identität – strukturelle Bedingungen für die Teilnahme an Interaktionsprozessen. Stuttgart: Klett-Cotta.
Krappmann, L. (2005): Soziologische Dimensionen der Identität – strukturelle Bedingungen für die Teilnahme an Interaktionsprozessen. 10. Auflage Stuttgart: Klett-Cotta.
Kraus, W. (2002): Falsche Freunde. Radikale Pluralisierung und der Ansatz einer narrativen Identität. In: Straub, J. & Renn, J. (Hrsg.): Transitorische Identität. Der Prozesscharakter des modernen Selbst. Frankfurt/Main & New York: Campus, 159-186.
Krause, A. & Dorsemagen, C. (2007): Ergebnisse der Lehrerbelastungsforschung: Orientierung im Forschungsdschungel. In: Rothland, M. (Hrsg.): Belastung und Beanspruchung im Lehrerberuf. Modelle, Befunde, Interventionen. Wiesbaden: VS Verlag für Sozialwissenschaften/GWV Fachverlage, 52-80.
Kretschmann, R. & Lange-Schmidt, I. (2000): Einsam und ungeliebt? Ängste von Schulleitern woher sie kommen und was man gegen sie unternehmen kann. In: Buchen, H., Horster, L. & Rolff, H.-G. (Hrsg.): Angst und Schulleitung – ein Tabu. Stuttgart: Dr. Josef Raabe, 82-107.
Kreutzahler, U. & Jänen, H. (2007): Führen und Verantworten: neue Rolle Schulleitung. In: Busemann ,B., Oelkers, J. & Rosenbusch, H. S. (Hrsg.): Eigenverantwortliche Schule – ein Leitfaden. Köln: LinkLuchterhand, 229-234.

Krobath, H. T. (2009): Werte. Ein Streifzug durch Philosophie und Wissenschaft. Würzburg: Königshausen & Neumann.
Krohne, H. W. (1997): Streß und Streßbewältigung. In: Schwarzer, R. (Hrsg.): Gesundheitspsychologie. Ein Lehrbuch. 2., überarbeitete und erweiterte Auflage. Göttingen u.a.: Hogrefe, 267-283.
Krüger, R. (1983): Zum Berufs- und Selbstverständnis des Schulleiters. Was tut der Rektor? In: Schulmanagement, 14(4), 32-36.
Kuhl, J. (1983): Emotion, Kognition und Motivation: I. Auf dem Wege zu einer systemtheoretischen Betrachtung der Emotionsgenese. In: Zeitschrift für Sprach- und Kognitionspsychologie und ihre Grenzgebiete, 2(1), 1-27.
Kuhl, J. (1985): Volitional Mediators of Cognition-Behavior Consistency: Self-Regulatory Processes and Action Versus State Orientation. In: Kuhl, J. & Beckmann, J. (Eds.): Action Control. From Cognition to Behavior. Berlin u.a.: Springer, 101-128.
Kuhl, J. (2001): Motivation und Persönlichkeit. Interaktionen psychischer Systeme. Göttingen u.a.: Hogrefe.
Kuhl, J. & Beckmann, J. (Eds.) (1985): Action Control. From Cognition to Behavior. Berlin u.a.: Springer.
Kuper, H. (2002): Entscheidungsstrukturen in Schulen. In: Zeitschrift für Pädagogik, 48(6), 856-878.
Kussau, J. & Brüsemeister, T. (2007): Educational Governance: Zur Analyse der Handlungskoordination im Mehrebenensystem Schule. In: Altrichter, H., Brüsemeister, T. & Wissinger, J. (Hrsg.): Educational Governance. Handlungskoordination und Steuerung im Bildungssystem. Wiesbaden: VS Verlag für Sozialwissenschaften, 15-54.
Laireiter, A. (1993): Soziales Netzwerk und soziale Unterstützung. Konzepte, Methoden und Befunde. Bern u.a.: Hans Huber.
Languth, M. (2006): Schulleiterinnen und Schulleiter im Spannungsverhältnis zwischen programmatischen Zielvorgaben und alltäglicher Praxis. Eine empirische Untersuchung zur Berufsauffassung von Schulleiterinnen und Schulleitern. Diss., Universität Göttingen. Online verfügbar unter http://webdoc.sub.gwdg.de/diss/2007/languth/, Abrufdatum 17.06.2010.
Lantermann, E.-D. (Hrsg.) (1980): Interaktionen – Person, Situation und Handlung. München: Urban & Schwarzenberg.
Laske, S., Meister-Scheytt, C. & Küpers, W. (2006): Organisation und Führung. Münster u.a.: Waxmann.
Laux, A., Ksienzyk-Kreuziger, B. & Kieschke, U. (2007): Unterstützung von Führungsarbeit und Teamentwicklung an der Schule. In: Schaarschmidt, U. & Kieschke, U. (Hrsg.): Gerüstet für den Schulalltag. Psychologische Unterstützungsangebote für Lehrerinnen und Lehrer. Weinheim & Basel: Beltz, 93-115.
Laux, L. (2008): Persönlichkeitspsychologie. 2. Auflage. Stuttgart: W. Kohlhammer.
Laux, L. & Weber, H. (1990): Bewältigung von Emotionen. In: Scherer, K. R. (Hrsg.): Psychologie der Emotionen. Göttingen, Toronto & Zürich: Hogrefe, 560-629.
Laux, L. & Renner, K.-H. (2004): Persönlichkeit in der Inszenierungskultur. In: Jüttemann, G. (Hrsg.): Psychologie als Humanwissenschaft. Ein Handbuch. Göttingen: Vandenhoeck & Ruprecht, 181-197.
Lazarus, R. S. (1990): Streß und Streßbewältigung – Ein Paradigma. In: Filipp, S.-H. (Hrsg.): Kritische Lebensereignisse. München: Psychologie Verlags Union, 198-232.
Lazarus, R. S. (1991): Emotion and Adaptation. Oxford u.a.: Oxford University Press.
Lazarus, R. S. & Launier, R. (1981): Streßbezogene Transaktionen zwischen Person und Umwelt. In: Nitsch, J. R. (Hrsg.): Streß – Theorien, Untersuchungen, Maßnahmen. Bern, Stuttgart & Wien: Hans Huber, 213-259.
Lazarus, R. S. & Folkman, S. (1984): Stress, Appraisal, and Coping. New York: Springer Publishing Company.

Leary, M. R. (2006): A Functional, Evolutionary Analysis of the Impact of Interpersonal Events on Intrapersonal Self-Processes. In: Vohs, K. D. & Finkel, E. J. (Eds.): Self and Relationships. Connecting Intrapersonal and Interpersonal Processes. New York: Guilford Press, 219-236.

Leary, M. R., Tambor, E. S., Terdal, S. K. & Downs, D. L. (1999): Self-Esteem as an Interpersonal Monitor: The Sociometer Hypothesis. In: Baumeister, R. F. (Ed.): The Self In Social Psychology. Philadelphia: Taylor & Francis, 87-104.

Lehr, D., Sosnowsky, N. & Hillert, A. (2007): Stressbezogene Interventionen zur Prävention von psychischen Störungen im Lehrerberuf. AGIL „Arbeit und Gesundheit im Lehrerberuf" als Beispiel einer Intervention zur Verhaltensprävention. In: Rothland, M. ()

Lehr, D., Schmitz, E. & Hillert, A. (2008): Bewältigungsmuster und psychische Gesundheit. Eine clusteranalytische Untersuchung zu Bewältigungsmustern im Lehrerberuf. In: Zeitschrift für Arbeits- u. Organisationspsychologie, 52(1), 3-16.

Leipold, B. & Greve, W. (2008): Sozialisation, Selbstbild und Identität. In: Hurrelmann, K., Grundmann, M. & Walper, S. (Hrsg.): Handbuch Sozialisationsforschung. 7. Auflage. Weinheim & Basel: Beltz, 398-409.

Leithwood, K., Jantzi, D. & Steinbach, R. (2003): Changing Leadership for Changing Times. 5th Edition. Maidenhead & Philadelphia: Open University Press.

Leithwood, K. A. & Riehl, C. (2003): What We Know About Successful School Leadership. Laboratory for Student Success. Philadelphia: Temple University.

Leithwood, K., Louis, K. S., Anderson, S. & Walstrom, K. (2006): Review of research: How leadership influences student learning. In: Research Roundup, 22(3), 15-88.

Leppin, A. & Schwarzer, R. (1997): Sozialer Rückhalt, Krankheit und Gesundheitsverhalten. In: Schwarzer, R. (Hrsg.): Gesundheitspsychologie. Ein Lehrbuch. 2., überarbeitete und erweiterte Auflage. Göttingen u.a.: Hogrefe, 349-373.

Lerner, R. M. & Walls, T. (1999): Revisiting. Individuals as Producers of Their Development. From Dynamic Interactionism to Developmental Systems. In: Brandtstädter, J. & Lerner, R. M. (Hrsg.): Action & Self-Development. Theory and Research Through the Life Span. Thousand Oaks, London & New Dehli: Sage, 3-36.

Leschinsky, A. (2005): Die Realschule – Ein zweischneidiger Erfolg. In: Cortina, K. S., Baumert, J., Leschinsky, A., Mayer, K. U. & Trommer, L. (Hrsg.): Das Bildungswesen in der Bundesrepublik Deutschland. Strukturen und Entwicklungen im Überblick. 2. Auflage. Reinbek bei Hamburg: Rowohlt, 429-457.

Leschinsky, A. (2005c): Die Hauptschule – Sorgenkind im Schulwesen. In: Cortina, K. S., Baumert, J., Leschinsky, A., Mayer, K. U. & Trommer, L. (Hrsg.): Das Bildungswesen in der Bundesrepublik Deutschland. Strukturen und Entwicklungen im Überblick. 2. Auflage. Reinbek bei Hamburg: Rowohlt, 392-428.

Leschinsky, A. & Cortina, K. S. (2005): Zur sozialen Einbettung bildungspolitischer Trends in der Bundesrepublik. In: Cortina, K. S., Baumert, J., Leschinsky, A., Mayer, K. U. &. Trommer, L. (Hrsg.): Das Bildungswesen in der Bundesrepublik Deutschland. Strukturen und Entwicklungen im Überblick. 2. Auflage. Reinbek bei Hamburg: Rowohlt, 20-51.

Lester, N., Smart, L. & Baum, A. (1994): Measuring Coping Flexibility. In: Psychology and Health, 9(6): 409-424.

Linville, P. W. (1987): Self-Complexity as a Cognitive Buffer Against Stress-Related Illness and Depression. In: Journal of Personality and Social Psychology, 52(4), 663-676.

Linville, P. W. & Carlston, D. (1994): Social Cognition of the Self. In: Devine, P. G., Hamilton, D. L. & Ostrom, T. M. (Hrsg.): Social Cognition: Impact on Social Psychology. San Diego u.a.: Academic Press, 143-193.

Locke, E. A. & Henne, D. (1986): Work motivation theories. In: Cooper, C. L. & Robertson, I. T. (Eds.): International Review of Industrial and Organizational Psychology 1986. Chichester u. a.: John Wiley & Sons, 1-35.

Lohaus, A. (1992): Kontrollüberzeugungen zu Gesundheit und Krankheit. In: Zeitschrift für Klinische Psychologie, 21(1), 76-87.

Loher, B. T., Noe, R. A., Moeller, N.L. & Fitzgerald, M.P. (1985): A Meta-Analysis of the Relation of Job Characteristics to Job Satisfaction. In: Journal of Applied Psychology, 70(2), 280-289.

Lohmann, A. (2005): Netzwerken – als Aufgabe von Schulleitern. In: SchulVerwaltung, Spezial (2), 39-41.

Lohmann, A. (2007): Die neue Qualitätsverantwortung für Schulleiterinnen und Schulleiter. In: Pfundtner, R. (Hrsg.): Grundwissen Schulleitung. Handbuch für das Schulmanagement. Köln-Neuwied: Wolters Kluwer Luchterhand, 37-49.

Lohmann, A. & Minderop, D. (2004): Führungsverantwortung der Schulleitung. Handlungsstrategien für Schulentwicklung im Reißverschlussverfahren. 2., fortgeschriebene und vollständig überarbeitete Auflage. München & Unterschleißheim: Wolters Kluwer.

Loos, B. (2002): Kommunikation ist alles! In: Rolff, H.-G. & Schmidt, H.-J. (Hrsg.): Brennpunkt Schulleitung und Schulaufsicht. Konzepte und Anregungen für die Praxis. Neuwied: Luchterhand, 299-306.

Loos, B. (2010): Rituale der Schulleitung – Setzen Sie Zeichen im Schulalltag! In: Warwas, J. & Sembill, D. (Hrsg.): Schule zwischen Effizienzkriterien und Sinnfragen. Baltmannsweiler: Schneider Verlag Hohengehren, 29-42.

Lorenz, R. (2005) (Hrsg.): Salutogenese. Grundwissen für Psychologen, Mediziner, Gesundheits- und Pflegewissenschaftler. München & Basel: Ernst Reinhardt.

Lortie, D. C. (1972): Team Teaching, Versuch der Beschreibung einer zukünftigen Schule. In: Dechert, H.-W. (Hrsg.): Team Teaching in der Schule. München: R. Piper & Co., 37-76.

Lortie, D. C. (1975): Schoolteacher. A Sociological Study. Chicago & London: The University of Chicago Press.

Luhmann, N. (1994): Copierte Existenz und Karriere. Zur Herstellung von Individualität. In: Beck, U. & Beck-Gernsheim, E. (Hrsg.): Riskante Freiheiten. Individualisierung in modernen Gesellschaften. Frankfurt/Main: Suhrkamp, 191-200.

Luhmann, N. (1995): Soziologische Aufklärung 6. Die Soziologie und der Mensch. Opladen: Westdeutscher Verlag.

Lührmann, T. (2006): Führung, Interaktion und Identität. Die neuere Identitätstheorie als Beitrag zur Fundierung einer Interaktionstheorie der Führung. Wiesbaden: Deutscher Universitätsverlag/GWV Fachverlage.

Maeck, H. (1999): Managementvergleich zwischen öffentlichem Schulwesen und privater Wirtschaft. Konsequenzen für eine schulische Systemevolution. Neuwied: Luchterhand.

Mahlmann, F. (2002): Zeus oder Zampano? In: Daschner, P. (Hrsg.): Thema: Schulleitung – Schulaufsicht. 6. Jahrgang. Innsbruck u.a.: StudienVerlag, 20-22.

March, A. (2004): Sport in der Suchtgesellschaft – Suchttendenzen im Sport. Prävention und Identität im Fluchtpunkt zweier Moderne-Konzeptionen. Göttingen: Cuvillier.

Marcia, J. E. (1993a): The Ego Identity Status Approach to Ego Identity. In: Marcia, J. E., Waterman, A. S., Matteson, D. R., Archer, S. L. & Orlofsky, J. L. (Eds.): Ego Identity. A Handbook for Psychosocial Research. New York u.a.: Springer, 3-21.

Marcia, J. E. (1993b): The Status of the Statuses: Research Review. In: Marcia, J. E., Waterman, A. S., Matteson, D. R., Archer, S. L. & Orlofsky, J. L. (Eds.): Ego Identity. A Handbook for Psychosocial Research. New York u.a.: Springer, 22-41.

Margies, D. (2002): Die künftige Rolle des Schulrats und des Schulleiters aus der Sicht des Schulrechts. In: Verband Bildung und Erziehung (Hrsg.): Schulaufsicht – Garant für Schulqualität? Dokumentation der 8. Fachtagung Schule – Schulaufsicht, 26./27. April 2001 in Würzburg. Berlin: Verband Bildung und Erziehung, 83-92.

Maritzen, N. (1998): Schulprogramm und Rechenschaft – eine schwierige Beziehung. In: Ackermann, H. & Wissinger, J. (Hrsg.): Schulqualität managen – von der Verwaltung der Schule zur Entwicklung von Schulqualität. Neuwied: Luchterhand, 135-145.

Markus, H. (1999): Self-Schemata and Processing Information about the Self. In: Baumeister, R. F. (Ed.): The Self in Social Psychology. Philadelphia: Taylor & Francis, 123-138.

Markus, H. & Kunda, Z. (1986): Stability and Malleability of the Self-Concept. In: Journal of Personality and Social Psychology, 51(4), 858-866.

Markus, H. & Nurius, P. (1986): Possible Selves. In: American Psychologist, 41(9), 954-969.

Markus, H. & Cross, S. (1990): The Interpersonal Self. In: Pervin, L. A. (Ed.): Handbook of Personality. Theory and Research. New York & London: The Guilford Press, 576-608.

Marotzki, W. (2006): Bildungstheorie und Allgemeine Biographieforschung. In: Krüger, H.-H. & Marotzki, W. (Hrsg.): Handbuch erziehungswissenschaftliche Biographieforschung. 2., überarbeitete und aktualisierte Auflage. Wiesbaden: VS Verlag für Sozialwissenschaften, 59-70.

Marzano, R., Waters, T. & McNulty, B. (2005): School Leadership that works. From Research to Results. Alexandria: Association for Supervision and Curriculum Development.

Mayer, A.-K., Filipp, S.-H. & Aymanns, P. (2004): Formen der Lebensbewältigung älterer Menschen aus Sicht ihrer erwachsenen Kinder und die Qualität der Eltern-Kind-Beziehung: Eine clusteranalytische Untersuchung. In: Zeitschrift für Entwicklungspsychologie und Pädagogische Psychologie, 36(2), 95-104.

McCall, G. J. & Simmons, J. L. (1974): Identität und Interaktion. Untersuchungen über zwischenmenschliche Beziehungen im Alltagsleben. Düsseldorf: Pädagogischer Verlag Schwann.

Mead, G. H. (1975): Geist, Identität und Gesellschaft aus der Sicht des Sozialbehaviorismus. 2. Auflage. Frankfurt/Main: Suhrkamp.

Meeus, W., Iedema, J., Helsen, M. & Vollebergh, W. (1999): Patterns of Adolescent Identity Development: Review of Literature and Longitudinal Analysis. In: Developmental Review, 19(4), 419-461.

Merton, R. K. (1973): Der Rollen-Set: Probleme der soziologischen Theorie. In: H. Hartmann (Hrsg.): Moderne amerikanische Soziologie. Neuere Beiträge zur soziologischen Theorie. 2., umgearbeitete Auflage. Stuttgart: Ferdinand Ecke, 316-334.

Merz, J. & Weid, A. (1981): Berufliche Wertorientierungen und Allgemeine Berufszufriedenheit von Lehrern. In: Psychologie in Erziehung und Unterricht, 28(1), 214-221.

Meuter, N. (2002): Müssen Individuen individuell sein? In: Straub, J. & Renn, J. (Hrsg.): Transitorische Identität. Der Prozesscharakter des modernen Selbst. Frankfurt/Main & New York: Campus, 159-186.

Miebach, B. (2006): Soziologische Handlungstheorie. Eine Einführung. 2., grundlegend überarbeitete und aktualisierte Auflage. Wiesbaden: VS Verlag für Sozialwissenschaften/GWV Fachverlage.

Mieg, H. A. & Woschnack, U. (2002): Die berufliche Identität von Umweltdienstleistern: Altes, neues oder ohne Berufsbild? In: Zeitschrift für Arbeitsforschung, Arbeitsgestaltung und Arbeitspolitik,11(3), 185-198.

Mielke, R. (2000): Soziale Kategorisierung und Selbstkonzept. In: Greve, W. (Hrsg.): Psychologie des Selbst. Weinheim: Psychologie Verlags Union, 167-185.

Mier, H. (2002): Schulleitung in großen Schulen – Formen und Aufgaben von Erweiterten Schulleitungen. In: Rolff, H.-G. & Schmidt, H.-J. (Hrsg.): Brennpunkt Schulleitung und Schulaufsicht – Konzepte und Anregungen für die Praxis. Neuwied & Kriftel: Luchterhand, 283-298.

Miller, R. (1996): Entlastungen im Schulalltag. Wege für Schulleiter, berufliche Belastungen zu reduzieren. In: Schulleitung und Schulentwicklung, 9, C 3.4/1- C 3.4/17.
Miller, S. (2001): Schulleiterinnen und Schulleiter. Eine empirische Untersuchung an Grundschulen Nordrhein-Westfalens. Baltmannsweiler: Schneider Verlag Hohengehren.
Millonig, K. (2002): Wettbewerbsvorteile durch das Management des institutionalen Kontextes. Diss., Freie Universität Berlin.
Mintzberg, H. (1991): Mintzberg über Management: Führung und Organisation, Mythos und Realität. Wiesbaden: Gabler.
Mittelstädt, H. (2002): Schulische Öffentlichkeitsarbeit. Methoden und Instrumente der Kommunikation. München: Oldenbourg Schulbuchverlag.
Molicki, M. & Morgenroth, O. (2008): Merkmale, Funktionen und Förderung schulischer Zeitkultur am Beispiel der Haslachschule. In: Warwas, J. & Sembill, D. (Hrsg.): Zeit-gemäße Führung – zeitgemäßer Unterricht. Baltmannsweiler: Schneider Verlag Hohengehren, 112-130.
Morgenroth, O. (2008): Zeit und Handeln. Psychologie der Zeitbewältigung. Stuttgart: W. Kohlhammer.
Morgenroth, O. & Losleben, K. (2005): Kontrollieren oder gelassen bleiben? Zur Bedeutung temporaler Orientierungen bei der Entstehung und Bewältigung von Zeitdruck und Stress. In: Wirtschaftspsychologie aktuell, (3), 63-72.
Moschner, B. (1998): Selbstkonzept. In: Rost, D. H. (Hrsg.): Handwörterbuch Pädagogische Psychologie. Weinheim: Psychologie Verlags Union, 460-464.
Mosing, G. (2006): Kollegiale Fallberatung. In: Buchen, H. & Rolff, H.-G. (Hrsg.): Professionswissen Schulleitung. Weinheim & Basel: Beltz, 992-1029.
Müller, D. (2007): Moderatoren und Mediatoren in Regressionen. In: Albers, S., Klapper, D., Konradt, U., Walter, A. & Wolf, J. (Hrsg.): Methodik der empirischen Forschung. 2., überarbeitete und erweiterte Auflage. Wiesbaden: Betriebswirtschaftlicher Verlag Dr. Th. Gabler/GWV Fachverlage, 245-260.
Müller, M. (2008): Schulleiter und Personalauswahl. Eine Untersuchung über Entscheidungen von Schulleitern zum Eingehen eines langfristigen Personalverhältnisses in der zweiten Phase der Lehrerbildung für berufliche Schulen. Frankfurt/Main u.a.: Peter Lang.
Mummendey, H. D. (2002): Selbstdarstellungstheorie. In: Frey, D. & Irle, M. (Hrsg.): Theorien der Sozialpsychologie. Bd. 3. Motivations-, Selbst- und Verarbeitungstheorien. 2. Auflage. Bern: Hans Huber.
Mummendey, H. D. (2006): Psychologie des 'Selbst'. Theorien, Methoden und Ergebnisse der Selbstkonzepterforschung. Göttingen u.a.: Hogrefe.
Münch, E. (1999): Neue Führungsperspektiven in der Schulleitung – Kooperation zwischen Schulleiter und Stellvertreter. Neuwied & Kriftel: Luchterhand.
Münch, R. (2002a): Soziologische Theorie Bd. 2: Handlungstheorie. Frankfurt/Main & New York: Campus.
Münch, R. (2002b): Soziologische Theorie Bd. 3: Gesellschaftstheorie. Frankfurt/Main & New York: Campus.
Naschold, F. (2000): Zur Binnenmodernisierung des Staates am Beispiel Deutschland – Hintergründe, Leitbild und Maßnahmen. In: Naschold, F. & Bogumil, J. (Hrsg.): Modernisierung des Staates. New Public Management in deutscher und internationaler Perspektive. 2, vollständig aktualisierte und stark erweiterte Auflage. Opladen: Leske + Budrich, 79-134.
Nerdinger, F. W., Blickle, G. & Schaper, N. (Hrsg.) (2008): Arbeits- und Organisationspsychologie. Heidelberg: Springer Medizin.
Neuberger, O. (2002): Führen und führen lassen. Ansätze, Ergebnisse und Kritik der Führungsforschung. 6., völlig neu bearbeitete und erweiterte Auflage. Stuttgart: Lucius & Lucius.

Neuenschwander, M. P. (1996): Entwicklung und Identität im Jugendalter. Bern, Stuttgart & Wien: Paul Haupt.
Neuenschwander, M. P. (2006): Überprüfung einer Typologie der Klassenführung. In: Schweizerische Zeitschrift für Bildungswissenschaften, 28(2), 243-258.
Neulinger, K. U. (1990): Schulleiter – Lehrerelite zwischen Job und Profession. Herkunft, Motive und Einstellungen. Frankfurt/Main: Haag + Herchen.
Nevermann, K. (1984a): Schule und Schulverfassung in der Bundesrepublik Deutschland. In: Baethge, M. & Nevermann, K. (Hrsg.): Enzyklopädie Erziehungswissenschaft. Bd. 5. Organisation, Recht und Ökonomie des Bildungswesens. Stuttgart: Klett-Cotta, 392-404.
Nevermann, K. (1984b): Schulleitung. In: Baethge, M. & Nevermann, K. (Hrsg.): Enzyklopädie Erziehungswissenschaft. Bd 5. Organisation, Recht und Ökonomie des Bildungswesens. Stuttgart: Klett-Cotta, 588-591.
Nieskens, B. (2006): Ergebnisse der Gesundheitsforschung für Lehrkräfte und Schulen. In: Schumacher, L., Sieland, B., Nieskens, B. & Bräuer, H. (Hrsg.): Lehrergesundheit – Baustein einer guten gesunden Schule. Impulse für eine gesundheitsfördernde Organisationsentwicklung. Hamburg: DAK, 19-50.
Nunner-Winkler, G. (2000): Identität aus soziologischer Sicht. In: Greve, W. (Hrsg.): Psychologie des Selbst. Weinheim: Psychologie Verlags Union, 302-316.
Nunner-Winkler, G. (2002): Identität und Moral. In: Straub, J. & Renn, J. (Hrsg.): Transitorische Identität. Der Prozesscharakter des modernen Selbst. Frankfurt/Main & New York: Campus, 56-83.
Nunner-Winkler, G. (2009): Identität und Weiterbildung. In: Vierteljahresschrift für wissenschaftliche Pädagogik, 85(1), 9-29.
Oerter, R. & Dreher, E. (1998): Kapitel 6: Jugendalter. In: Oerter, R. & Montada, L. (Hrsg.): Entwicklungspsychologie. Weinheim: Psychologie Verlags Union, 310-395.
Oesterreich, R. (1999): Konzepte zu Arbeitsbedingungen und Gesundheit – Fünf Erklärungsmodelle im Vergleich. In: Oesterreich, R. & Volpert, R. (Hrsg.): Psychologie gesundheitsgerechter Arbeitsbedingungen. Konzepte, Ergebnisse und Werkzeuge zur Arbeitsgestaltung. Bern u.a.: Hans Huber, 141-215.
Oesterreich, R. (2008): Konstrukte und Methoden in der Forschung zur Lehrerbelastung. In: Krause, A., Schüpbach, H., Ulich, E. & Wülser, M. (Hrsg.): Arbeitsort Schule. Organisations- und arbeitspsychologische Perspektiven. Wiesbaden: Betriebswirtschaftlicher Verlag Dr. Th. Gabler, 47-74.
Oettingen, G. (1999): Free Fantasies about the Future and the Emerge of Developmental Goals. In: Brandtstädter, J. & Lerner, R. M. (Eds.): Action & Self-Development. Theory and Research Through the Life Span. Thousand Oaks, London & New Dehli: Sage, 315-343.
Oevermann, U. (1995): Ein Modell der Struktur von Religiosität. Zugleich ein Strukturmodell von Lebenspraxis und von sozialer Zeit. In: Wohlrab-Sahr, M. (Hrsg.): Biographie und Religion. Zwischen Ritual und Selbstsuche. Frankfurt/Main & New York: Campus, 27-102.
Oevermann, U. (2001): Zur Analyse der Struktur von sozialen Deutungsmustern. In: Sozialer Sinn, (1), 3-33.
Organ, D. W. (1988): Organizational Citizenship Behavior. The Good Soldier Syndrom. Lexington/Mass. & Toronto: D.C. Heath and Company.
Otto, J. H., Euler, H. A. & Madl, H. (2000): Begriffsbestimmungen. In: Otto, J. H., Euler, H. A.& Madl, H. (Hrsg.): Emotionspsychologie. Ein Handbuch. Weinheim: Beltz, 11-18.
Ottomeyer, K. (1987): Lebensdrama und Gesellschaft. Szenisch-materialistische Psychologie für soziale Arbeit und politische Kultur. Wien: Franz Deuticke.
Parsons, T. (1951): The Social System. Glencow/IL: Free Press.
Parsons, T. (1968): Sozialstruktur und Persönlichkeit. New York: The Free Press of Glencoe.

Parsons, T. (1975): Konformität und Sozialisation. In: Lipp, W. (Hrsg.): Konformismus – Nonkonformismus. Kulturstile, soziale Mechanismen und Handlungsalternativen. Darmstadt & Neuwied: Luchterhand, 263-291.

Paulus, P. & Schumacher, L. (2008): Gute gesunde Schule – Lehrergesundheit als zentrale Ressource. In: Krause, A., Schüpbach, A. Ulich, E. & Wülser, M. (Hrsg.): Arbeitsort Schule. Organisations- und arbeitspsychologische Perspektive. Wiesbaden: Gabler, 135-158.

Petersen, L.-E., Stahlberg, D. & Dauenheimer, D. (2000): Selbstkonsistenz und Selbstwerterhöhung: Der Integrative Selbstschemaansatz. In: Greve, W. (Hrsg.): Psychologie des Selbst. Weinheim: Psychologie Verlags Union, 239-254.

Pfeiffer, H. (2002): Forschung zur Schulleitung – Schwerpunkte und Perspektiven. In: Wissinger, J. & Huber, S. G. (Hrsg.): Schulleitung Forschung und Qualifizierung. Opladen: Leske + Budrich, 21-32.

Philipp, E. (2006): Teamentwicklung. In: Buchen, H. & Rolff, H.-G. (Hrsg.): Professionswissen Schulleitung. Weinheim & Basel: Beltz, 728-750.

Pichler, F. & Wallace, C. (2009): What are the Reasons for Differences in Job Satisfaction across Europe? Individual, Compositional, and Institutional Explanations. In: European Sociological Review, 25(5), 535-549.

Pinquart, M. & Silbereisen, R. K. (2000): Das Selbst im Jugendalter. In: Greve, W. (Hrsg.): Psychologie des Selbst. Weinheim: Psychologie Verlags Union, 75-95.

Preuße, D. & Zlatkin-Troitschanskaia, O. (2008): Kollektiv geteilte mentale Modelle der Steuerungsakteure von Reformstrategien im öffentlichen Schulwesen. In: Lankes, E.-M. (Hrsg.): Pädagogische Professionalität als Gegenstand empirischer Forschung. Münster u.a.: Waxmann, 267-277.

Prünte, T. (1997): Zwölf Empfehlungen zum Umgang mit Belastungen. In: Olbrich, H. (Hrsg.): Schulleitung – eine psychologische Herausforderung? Stuttgart u.a.: Raabe, 7-23.

Pullig, K.-K. (2006): Konferenzen. In: Buchen, H. & Rolff, H.-G. (Hrsg.): Professionswissen Schulleitung. Weinheim & Basel: Beltz, 1088-1116.

Raeder, S. & Grote, G. (2005): Berufliche Identität. In: Rauner, F. (Hrsg.): Handbuch Berufsbildungsforschung. Bielefeld: W. Bertelsmann, 337-342.

Rager, G. (2002): Neuronale Korrelate von Bewusstsein und Selbst. In: Rager, G., Quitterer, J. & Runggaldier, E. (Hrsg.): Unser Selbst – Identität im Wandel der neuronalen Prozesse. Paderborn: Ferdinand Schöningh, 15-49.

Rathgeber, K. (2005): 270°-Beurteilung von Führungsverhalten: Interperspektivische Übereinstimmung und ihr Zusammenhang mit Erfolg – Eine Befragung in der Automobilindustrie. Diss., Technische Universität Chemnitz.

Rauch, F. (1996): Rollenverhandeln. In: Altrichter, H. & Posch, P. (Hrsg.): Mikropolitik der Schulentwicklung. Förderliche und hemmende Bedingungen für Innovationen in der Schule. Innsbruck & Wien: Studienverlag, 55-58.

Rauch, F. (2003): Schulleitung im Kontext aktueller Entwicklungen: Rollenbilder und Qualifikation. In: Rauch, F. & Biott, C. (Hrsg.): Schulleitung – Rahmenbedingungen, Anforderungen und Qualifikation aus internationaler Perspektive. Innsbruck: Studienverlag, 13-63.

Rausch, A. (2011) (im Druck): Erleben und Lernen am Arbeitsplatz in der betrieblichen Ausbildung. Münster u.a.: Waxmann.

Rausch, A., Scheja, S., Dreyer, K., Warwas, J. & Egloffstein, M. (2010): Emotionale Befindlichkeit in Lehr-Lern-Prozessen Konstruktverständnis und empirische Zusammenhänge. In: Seifried, J., Wuttke, E., Nickolaus, R. & Sloane, P. F. E. (Hrsg.): Lehr-Lern-Forschung in der kaufmännischen Berufsbildung – Ergebnisse und Gestaltungsaufgaben. Beiheft 23 der Zeitschrift für Berufs-und Wirtschaftspädagogik (ZBW). Stuttgart: Franz Steiner, 193-215.

Rauscher, H. (1996): Schulleiter-Handbuch. Der Umgang mit Belastung im Schulleiterberuf. München: SL Verlag.
Rauscher, H. (2001): Selbstmanagement und Belastungsverarbeitung. In: Schul-management, 32(2), 26-33.
Reheis, F. (2008): Kreativität der Langsamkeit. "Schneller, höher, weiter – aber wohin?" In: Warwas, J. & Sembill, D. (Hrsg.): Zeit-gemäße Führung – zeitgemäßer Unterricht. Hohengehren: Schneider Verlag, 45-51.
Reichenbach, R. (2010): Die Effizienz der Bildungssysteme und die Sinnkrise des schulischen Lernens. In: Warwas, J. & Sembill, D. (Hrsg.): Schule zwischen Effizienzkriterien und Sinnfragen. Baltmannsweiler: Schneider Verlag Hohengehren, 1-16.
Reicherts, M. & Perrez, M. (1992a): The impact of situation and process on stress and coping. In: Perrez, M. & Reicherts, M. (Eds.): Stress, Coping, and Health. A Situation-Behavior Approach. Theory, Methods, Applications. Seattle u.a.: Hogrefe & Huber, 57-68.
Reicherts, M. & Perrez, M. (1992b): Adequate coping behavior: The behavior rules approach. In: Perrez, M. & Reicherts, M. (Eds.): Stress, Coping, and Health. A Situation-Behavior Approach. Theory, Methods, Applications. Seattle u.a.: Hogrefe & Huber, 161-177.
Reichwein, K. (2007): Führung und Personalmanagement in Schulen. Eine empirische Studie zum Working Knowledge von Schulleitungen. Zürich & Chur: Rüegger Verlag.
Renn, J. (2002): Selbstbehauptung. Varianten der Identität von Personen im Zeichen funktionaler Differenzierung. In: Straub, J. & Renn, J. (Hrsg.): Transitorische Identität. Der Prozesscharakter des modernen Selbst. Frankfurt/Main & New York: Campus, 238-266.
Renn, J. & Straub, J. (2002): Transitorische Identität. Der Prozesscharakter moderner personaler Selbstverhältnisse. In: Straub, J. & Renn, J. (Hrsg.): Transitorische Identität. Der Prozesscharakter des modernen Selbst. Frankfurt/Main & New York: Campus, 10-31.
Rheinberg, F. (2004a): Motivation. 5., überarbeitete und erweiterte Auflage. Stuttgart: W. Kohlhammer.
Rheinberg, F. (2004b): Motivationsdiagnostik. Göttingen u.a.: Hogrefe.
Rhodes, S. R. (1983): Age-related differences in work attitudes and behavior: a review and conceptual analysis. In: Psychological Bulletin, 93(2), 328-367.
Richmon, M. J. & Allison, D. J. (2003): Towards a Conceptual Framework for Leadership Inquiry. In: Education Management & Administration, 31(1), 31-50.
Richter, G. & Richter, J. (1995) (Hrsg.): Komplexität von Depressivität: Explorative Analyse von Verlaufsdaten, erhoben an stationär behandelten psychiatrischen Patienten. Internationale Hochschulschriften. Münster & New York: Waxmann.
Richter, P. & Hacker, W. (1998): Belastung und Beanspruchung: Streß, Ermüdung und Burnout im Arbeitsleben. Heidelberg: Roland Asanger.
Riedel, K. (1998): Schulleiter urteilen über Schule in erweiterter Verantwortung. Ergebnisse einer empirischen Untersuchung. Neuwied & Kriftel: Luchterhand.
Rieger, G. (1994): Schulleiterhandbuch, Bd. 72. Verwaltungsaufgaben für Schulleitung und Schulsekretariat. Braunschweig: SL Verlag.
Roberts, B. W. & Caspi, A. (2003): The Cumulative Continuity Model of Personality Development: Striking a Balance Between Continuity and Change in Personality Traits Across the Life Course. In: Staudinger, U. M. & Lindenberger, U. (Eds.): Understanding Human Development. Dialogues with Lifespan Psychology. Boston u.a.: Kluwer Academic Publishers, 183-214.
Rödel, A., Siegrist, J., Hessel, A. & Brähler, E. (2004): Fragebogen zur Messung beruflicher Gratifikationskrisen. Psychometrische Testung an einer repräsentativen deutschen Stichprobe. In: Zeitschrift für Differentielle und Diagnostische Psychologie, 25(4), 227-238.
Roe, R. A. & Ester, P. (1999): Values and Work: Empirical Findings and Theoretical Perspective. In: Applied Psychology: An International Review, 48(1), 1-21.

Roedenbeck, M. R. H. (2008): Theoretische Grundlagen eines komplexen Modells der Arbeitszufriedenheit (KMA) – Eine theoretische Meta-Analyse. In: Journal für Psychologie, 16(1).
Roggenbuck-Jagau, I. (2005): Berufsverständnis und Professionalisierung von Schulleitern. Wiesbaden: VS Verlag für Sozialwissenschaften.
Rohmert, W. (1984): Das Belastungs-Beanspruchungs-Konzept. In: Zeitschrift für Arbeitswissenschaft, 38(4), 193-200.
Rolff, H.-G. (1992): Die Schule als besondere soziale Organisation. Eine komparative Analyse. In: Zeitschrift für Sozialisationsforschung und Erziehungspsychologie (ZSE), 12(1), 306-324.
Rolff, H.-G. (1994): Schulentwicklung durch Schulleitung. In: Marsolek, T. (Hrsg.): Schulleitung im Spannungsfeld zwischen pädagogischem Gestalten und organisatorischem Verwalten. Berlin: Pädagogisches Zentrum, 16-39.
Rolff, H.-G. (1998): Führung durch Schulleitung. In: Popp, S. (Hrsg.): Grundrisse einer humanen Schule. Festschrift für Rupert Vierlinger. Innsbruck & Wien: Studienverlag, 335-356.
Rolff, H.-G. (2006): Schulentwicklung, Schulprogramm und Steuergruppe. In: Buchen, H. & Rolff, H.-G. (Hrsg.): Professionswissen Schulleitung. Weinheim & Basel: Beltz, 296-364.
Rolff, H.-G. (2007): Studien zu einer Theorie der Schulentwicklung. Weinheim & Basel: Beltz.
Rosch, E. (1978): Principles of Categorization. In: Rosch, E. & Lloyd, B. B. (Eds.): Cognition and Categorization. Hillsdale & New Jersey: Lawrence Erlbaum Associates, 27-48.
Rosenbusch, H. S. (1989): Der Schulleiter – ein notwendiger Gegenstand organisationspädagogischer Reflexion. In: Rosenbusch, H. S. & Wissinger, J. (Hrsg.): Schulleiter-Handbuch. Schulleiter zwischen Administration und Innovation. Bd. 50. Braunschweig: SL Verlag, 8-16.
Rosenbusch, H. S. (1993): Kommunikative Aspekte moderner pädagogischer Führung. In: SchulVerwaltung, 5, 156-160.
Rosenbusch, H. S. (2002a): Schulleitung als Beruf – Hintergründe einer historischen Zäsur. In: Schulmanagement, 33(1), 20-22.
Rosenbusch, H. S. (2002b): Schulleitung und Schulaufsicht – Perspektiven künftiger Zusammenarbeit. In: Verband Bildung und Erziehung (Hrsg.): Schulaufsicht Garant für Schulqualität? Dokumentation der 8. Fachtagung Schule Schulaufsicht, 26./27. April 2001 in Würzburg. Berlin: Verband Bildung und Erziehung, 25-37.
Rosenbusch, H. S. (2005): Organisationspädagogik der Schule. Grundlagen pädagogischen Führungshandelns. München & Neuwied: Wolters Kluwer Luchterhand.
Rosenbusch, H. S. (2007): Beratung und Beurteilung. Eine organisationspädagogische Perspektive von Macht. In: Göhlich, M., König, E. & Schwarzer, C. (Hrsg.): Beratung, Macht und organisationales Lernen. Wiesbaden: VS Verlag für Sozialwissenschaft/GWV Fachverlage, 133-145.
Rosenbusch, H. S. & Huber, S. G. (2002): Organisation und Merkmale der Qualifizierung von Schulleiterinnen und Schulleitern in den deutschen Bundesländern. In: Wissinger, J. & Huber, S. G. (Hrsg.): Schulleitung Forschung und Qualifizierung. Opladen: Leske & Budrich, 111-129.
Rosenbusch, H. S., Braun-Bau, S. & Warwas, J. (2006): Schulleitungstätigkeit an bayerischen Grund-Haupt- und Realschulen. Bestandsaufnahme und Vorschläge für eine Neuorientierung. Bamberg: Universitätsdruck.
Rosenbusch, H. S. & Warwas, J. (2007): Schulleitung als Profession. In: Pfundtner, R. (Hrsg.): Grundwissen Schulleitung. Handbuch für das Schulmanagement. Köln & Neuwied: Wolters Kluwer Luchterhand, 15-26.
Rosenbusch, H. S. (2010): Fürsorge als Teil der Führungsverantwortung. In: Warwas, J. & Sembill, D. (Hrsg.): Schule zwischen Effizienzkriterien und Sinnfragen. Baltmannsweiler: Schneider Hohengehren, 43-58.
Rost, D. H. (2005): Interpretation und Bewertung pädagogisch-psychologischer Studien. Eine Einführung. Weinheim & Basel: Beltz UTB.

Rothermund, K. & Brandtstädter, J. (1997): Entwicklung und Bewältigung: Festhalten und Preisgeben von Zielen als Formen der Bewältigung von Entwicklungsproblemen. In: Tesch-Römer, C., Salewski, C. & Schwarz, G. (Hrsg.): Psychologie der Bewältigung. Weinheim: Psychologie Verlags Union, 120-133.

Rothland, M. (Hrsg.) (2007): Belastung und Beanspruchung im Lehrerberuf. Modelle, Befunde, Interventionen. Wiesbaden: VS Verlag für Sozialwissenschaften/GWV Fachverlage, 11-31.

Rothland, M. & Terhart, E. (2007): Beruf: Lehrer – Arbeitsplatz Schule. Charakteristika der Arbeitstätigkeit und Bedingungen der Berufssituation. In: Rothland, M. (Hrsg.): Belastung und Beanspruchung im Lehrerberuf. Modelle, Befunde, Interventionen. Wiesbaden: VS Verlag für Sozialwissenschaften/GWV Fachverlage, 11-31.

Rudow, B. (2000): Der Arbeits- und Gesundheitsschutz im Lehrerberuf. Gefährdungsbeurteilung der Arbeit von Lehrerinnen und Lehrern. Ludwigsburg: Süddeutscher Pädagogischer Verlag.

Rürup, M. & Heinrich, M. (2007): Schulen unter Zugzwang – Die Schulautonomiegesetzgebung der deutschen Länder als Rahmen der Schulentwicklung. In: Altrichter, H., Brüsemeister, T. & Wissinger, J. (Hrsg.): Educational Governance. Handlungskoordination und Steuerung im Bildungssystem. Wiesbaden: VS Verlag für Sozialwissenschaften, 157-183.

Saavedra, R. & Kwun, S. K. (2000): Affective States in job characteristics theory. In: Journal of Organizational Behavior, 21(2), 131-146.

Sarason, B. R., Pierce, G. R. & Sarason, I. G. (1990): Social support: The sense of acceptance and the role of relationships. In: Sarason, B. R., Sarason, I. G. & Pierce, G. R. (Eds.): Social support: An interactional view. New York u.a.: John Wiley & Sons, 97-128.

Sassenscheidt, H. (2006): Personalauswahl schulgenau. In: Buchen, H. & Rolff, H.-G. (Hrsg.): Professionswissen Schulleitung. Weinheim & Basel: Beltz, 646-672.

Schaarschmidt, U. (2005): Halbtagsjobber? Psychische Gesundheit im Lehrerberuf – Analyse eines veränderungsbedürftigen Zustands. Weinheim & Basel: Beltz.

Schaarschmidt, U. (2006): AVEM: Ein Instrument zur interventionsbezogenen Diagnostik beruflichen Bewältigungsverhaltens. In: Arbeitskreis Klinische Psychologie in der Rehabilitation – Fachgruppe der Sektion Klinische Psychologie im Berufsverband Deutscher Psychologinnen und Psychologen (BDP) e. V. (Hrsg.): Psychologische Diagnostik – Weichenstellung für den Reha-Verlauf. Beiträge zur 24. Jahrestagung des Arbeitskreises Klinische Psychologie in der Rehabilitation vom 18. bis 20. November 2005 im Bildungszentrum Erkner. Bonn: Deutscher Psychologen Verlag, 59-82.

Schaarschmidt, U. & Fischer, A. (1996): AVEM – Arbeitsbezogenes Verhaltens- und Erlebensmuster. Frankfurt/Main: Swets Test Services.

Schaarschmidt, U. & Fischer, A. (2001): Bewältigungsmuster im Beruf. Persönlichkeitsunterschiede in der Auseinandersetzung mit der Arbeitsbelastung. Göttingen: Vandenhoeck & Ruprecht.

Schaarschmidt, U. & Kieschke, U. (2007): Beanspruchungsmuster im Lehrerberuf. Ergebnisse und Schlussfolgerungen aus der Potsdamer Lehrerstudie. In: Rothland, M. (Hrsg.): Belastung und Beanspruchung im Lehrerberuf. Modelle, Befunde, Interventionen. Wiesbaden: VS Verlag für Sozialwissenschaften/GWV Fachverlage, 81-98.

Schaefers, C. (2002): Der soziologische Neo-Institutionalismus. In: Zeitschrift für Pädagogik, 48(6), 835-855.

Schauer, R. (2001): Aktuelle Trends im Public Management aus der Sicht der Wissenschaft. In: Thom, N. & Zaugg, R. J. (Hrsg.): Excellence durch Personal- und Organisationskompetenz. Bern, Stuttgart & Wien: Paul Haupt, 343-357.

Scheele, B. & Groeben, N. (1988): Die Binnenstruktur Subjektiver Theorien. In: Groeben, N., Wahl, D., Schlee, J. & Scheele, B. (Hrsg.): Das Forschungsprogramm Subjektive Theorien. Eine Einführung in die Psychologie des reflexiven Subjekts. Tübingen: A. Francke, 47-70.

Scheffer, D. & Heckhausen, H. (2006): Eigenschaftstheorien der Motivation. In: Heckhausen, J. & Heckhausen, H. (Hrsg.): Motivation und Handeln. Heidelberg: Springer Medizin Verlag, 45-72.

Scheier, M. F. & Carver, C. S. (1992): Effects of Optimism on Psychological and Physical Well-Being: Theoretical Overview and Empirical Update. In: Cognitive Therapy and Research, 16(2), 201-228.

Scheja, S. (2009): Motivation und Motivationsunterstützung. Eine Untersuchung in der gewerblich-technischen Ausbildung. Hamburg: Verlag Dr. Kovač.

Scheunpflug, A. (2008): Schulleitung und die Knappheit von Zeit – gesellschaftliche und anthropologische Perspektiven. In: Warwas, J. & Sembill, D. (Hrsg.): Zeit-gemäße Führung – zeitgemäßer Unterricht. Baltmannsweiler: Schneider Verlag Hohengehren, 52-66.

Schilling, J. (2001): Wovon sprechen Führungskräfte, wenn sie über Führung sprechen? Eine Analyse subjektiver Führungstheorien. Hamburg: Dr. Kovač.

Schiefele, H. & Prenzel, M. (1983): Interessengeleitetes Handeln – emotionale Präferenz und kognitive Unterscheidung. In: Mandl, H. & Huber, G. L. (Hrsg.): Emotion und Kognition. München, Wien & Baltimore: Urban & Schwarzenberg, 217-247.

Schimank, U. (2002): Handeln und Strukturen. Einführung in die akteurtheoretische Soziologie. 2. Auflage. Weinheim & München: Juventa.

Schlenker, B. R. (1980): Impression Management. The Self Concept, Social Identity, and Interpersonal Relations. Monterey/California: Brooks/Cole.

Schley, W. (1998): Konfliktmanagement – Zum Verhältnis von Schulleitung, Lehrern, Eltern und Schülern. In: Ackermann, H. & Wissinger, J. (Hrsg.): Schulqualität managen – von der Verwaltung der Schule zur Entwicklung von Schulqualität. Neuwied: Luchterhand, 179-198.

Schley, W. (2000): Schulleitung – Angst – Kollegium. Ängste im Spannungsfeld von Schulleitung und Kollegium produktiv machen. In: Buchen, H., Horster, L. & Rolff, H.-G. (Hrsg.): Angst und Schulleitung – ein Tabu. Stuttgart: Raabe, 109-124.

Schley, W. & Schratz, M. (2005): Leadership als Haltung. Soziale, emotionale, personale Kompetenz – wohin geht der Weg? In: Erziehung und Unterricht. Österreichische pädagogische Zeitschrift, 2005 (3-4), 250-260.

Schlöder, B. (1993): Soziale Werte und Werthaltungen. Eine sozialpsychologische Untersuchung des Konzepts sozialer Werte und des Wertwandels. Opladen: Leske + Budrich.

Schmidt, K.-H. (2006): Beziehung zwischen Arbeitszufriedenheit und Arbeitsleistung: Neue Entwicklungen und Perspektiven. In: Fischer, L. (Hrsg.): Arbeitszufriedenheit. Konzepte und empirische Befunde. Göttingen u.a.: Hogrefe, 189-204.

Schmied, G. (2007): Das Rätsel Mensch – Antwort der Soziologie. Opladen & Farmington Hill: Barbara Budrich.

Schmieta, M. (2001): Die Relevanz von Persönlichkeitsmerkmalen und beruflichen Einstellungen bei der Entwicklung von Burnout. Ein Vergleich zwischen Beratungslehrern und Lehrern ohne Zusatzausbildung. Hamburg: Dr. Kovač.

Schmitz, E. (2004): Idealismus bis nichts mehr geht?! Stressfolgen und Wege zur nachhaltigen Stressbewältigung im Lehrerberuf. 200 Entscheidungen pro Stunde – Lehrerarbeit im Spannungsfeld von Idealismus und Belastung (Deutscher Lehrertag 2004). Dortmund: Verband Bildung und Erziehung.

Schmitz, E., Jehle, P. & Gayler, B. (2004): Innere Kündigung im Lehrerberuf. In: Hillert, A. & Schmitz, E. (Hrsg.): Psychosomatische Erkrankungen bei Lehrerinnen und Lehrern. Stuttgart: Schattauer, 69-81.

Schmitz, E. & Voreck, P. (2006): Schulleiter – Lehrer – Relation. Berichte aus dem Lehrstuhl für Psychologie der TU München. Lehrstuhl für Psychologie. Technische Universität München.

Schmitz, G. S. (1999): Zur Struktur und Dynamik der Selbstwirksamkeitserwartung von Lehrern. Ein protektiver Faktor gegen Belastung und Burnout? Fachbereich für Erziehungswissenschaft und Psychologie. Berlin: Freie Universität Berlin.

Schmitz, G. S. (2001): Kann Selbstwirksamkeitserwartung Lehrer vor Burnout schützen? Eine Längsschnittstudie in zehn Bundesländern. In: Psychologie in Erziehung und Unterricht, (48), 49-67.

Schmitz, G. S. & Schwarzer, R. (2000): Selbstwirksamkeitserwartung von Lehrern: Längsschnittbefunde mit einem neuen Instrument. In: Zeitschrift für Pädagogische Psychologie, 14(1), 12-25.

Schmitz, G. S. & Schwarzer, R. (2002): Individuelle und kollektive Selbstwirksamkeitserwartung von Lehrern. In: Jerusalem, M. & Hopf, D. (Hrsg.): Selbstwirksamkeit und Motivationsprozesse in Bildungsinstitutionen. Weinheim & Basel: Beltz, 192-214.

Scholz, C. (2000): Personalmanagement – Informationsorientierte und verhaltenstheoretische Grundlagen. 5. Auflage. München: Franz Vahlen.

Schönig, W. (2002): Organisationskultur der Schule als Schlüsselkonzept der Schulentwicklung. In: Zeitschrift für Pädagogik, 48(6), 815-833.

Schönwälder, H.-G. (1997): Dimensionen der Belastung im Lehrerberuf. Versuch einer Orientierung. In: Buchen, S., Carle, U., Döbrich, P., Hoyer, H.-D. & Schönwälder, H.-G. (Hrsg.): Jahrbuch für Lehrerforschung. Bd. 1. Weinheim & München: Juventa, 179-202.

Schratz, M. (1998): Schulleitung als change agent: Vom Verwalten zum Gestalten von Schule. In: Altrichter, H., Schley, W. & Schratz, M. (Hrsg.): Handbuch zur Schulentwicklung. Innsbruck: Studienverlag, 160-189.

Schratz, M. (2005): Abschied vom primus inter pares – Schulleitung zwischen Beruf und Berufung. In: Büeler, X., Buholzer, A. & Roos, M. (Hrsg.): Schulen mit Profil. Forschungsergebnisse – Brennpunkte – Zukunftsperspektiven. Innsbruck: StudienVerlag, 181-192.

Schreyögg, A. (1997): Schulleiter als Konfliktmanager. Was kann die Schulleitung zur Prophylaxe und zur Bewältigung von Konflikten tun? In: Schulleitung und Schulentwicklung, (13), 3-16.

Schreyögg, G. & Lührmann, T. (2006): Führungsidentität: Zu neueren Entwicklungen in Führungskonstellationen und der Identitätsforschung. In: Zeitschrift Führung + Organisation, 75(1), 11-16.

Schröder, K. (1997): Persönlichkeit, Ressourcen und Bewältigung. In: Schwarzer, R. (Hrsg.): Gesundheitspsychologie. Ein Lehrbuch. 2., überarbeitete und erweiterte Auflage. Göttingen u.a.: Hogrefe, 319-347.

Schröder, K. E. E. & Schwarzer, R. (1997): Bewältigungsressourcen. In: Tesch-Römer, C., Salewski, C. & Schwarz, G. (Hrsg.): Psychologie der Bewältigung. Weinheim: Psychologie Verlags Union, 174-194.

Schuldt, A. (2007): Schulleitung zwischen Spontanität und Planung. In: Schulmanagement, 38(4), 18-19.

Schülein, J. A. (1989): Rollentheorie revisited. Wissenssoziologische Anmerkungen zu einem vergessenen Paradigma. In: Soziale Welt, 40, 481-496.

Schulte, K. (2006): Macht Alter zufrieden mit dem Beruf? Eine empirische Analyse über die hohe Arbeitszufriedenheit älterer Beschäftigter. In: Fischer, L. (Hrsg.): Arbeitszufriedenheit. Konzepte und empirische Befunde. Göttingen u.a.: Hogrefe, 273-290.

Schulz, R. & Heckhausen, J. (1996): A Life Span Model of Successful Aging. In: American Psychologist, 51(7), 702-714.

Schulze, T. (2006): Biographieforschung in der Erziehungswissenschaft – Gegenstandsbereich und Bedeutung. In: Krüger, H.-H. & Marotzki, W. (Hrsg.): Handbuch erziehungswissenschaftliche Biographieforschung. 2., überarbeitete und aktualisierte Auflage. Wiesbaden: VS Verlag für Sozialwissenschaften, 35-57.

Schumacher, J., Gunzelmann, T. & Brähler, E. (2000): Deutsche Normierung der Sense of Coherence Scale von Antonovsky. In: Diagnostica, 46(4), 208-213.

Schumacher, L. (2002): Emotionale Befindlichkeit und Motive in Lerngruppen. Hamburg: Verlag Dr. Kovač.
Schumacher, L., Martens, I. & Paulus, P. (2008): Einsam an der Spitze? Zur Beobachtung sozialer Unterstützung von Führungskräften. In: Wirtschaftspsychologie aktuell, 15(1), 9-12.
Schütt, C. E. A. (2006): Schulen gehen in die Öffentlichkeit. Kommunikation planen, Mittel effizient einsetzen, an Beispielen orientieren. Bremen: Viola Falkenberg.
Schütz, A. (2000): Das Selbstwertgefühl als soziales Konstrukt: Befunde und Wege der Erfassung. In: Greve, W. (Hrsg.): Psychologie des Selbst. Weinheim: Psychologie Verlags Union, 189-207.
Schütz, A. & Marcus, B. (2004): Selbstdarstellung in der Diagnostik – Die Testperson als aktives Subjekt. In: Jüttemann, G. (Hrsg.): Psychologie als Humanwissenschaft. Göttingen: Vandenhoeck & Ruprecht, 198-212.
Schwartz, S. H. (2007): Value orientations: Measurement, antecedents and consequences across nations. In: Jowell, R., Roberts, C., Fitzgerald, R. & Eva, G. (Hrsg.): Measuring Attitudes Cross-Nationally. Lessons from the European Social Survey. London: Sage, 169-203.
Schwarzer, R. (1993): Streß, Angst und Handlungsregulation. 3. Auflage. Stuttgart, Berlin & Köln: W. Kohlhammer.
Schwarzer, R. (2004): Psychologie des Gesundheitsverhaltens. Einführung in die Gesundheitspsychologie. 3., überarbeitete Auflage. Göttingen u.a.: Hogrefe.
Schwarzer, R. & Jerusalem, M. (1999, korrigierte Web Version 2001): Skalen zur Erfassung von Lehrer- und Schülermerkmalen. Dokumentation der psychometrischen Verfahren im Rahmen der Wissenschaftlichen Begleitung des Modellversuchs Selbstwirksame Schulen. Online verfügbar unter http://userpage.fu-berlin.de/~health/self/skalendoku_selbstwirksame_schulen.pdf (Version von 1999), Abrufdatum 03.02.2011.
Schwarzer, R. & Jerusalem, M. (2002): Das Konzept der Selbstwirksamkeit. In: Jerusalem, M. & Hopf, D. (Hrsg.): Selbstwirksamkeit und Motivationsprozesse in Bildungsinstitutionen. Weinheim & Basel: Beltz, 28-53.
Schyns, B. & Collani, G. V. (2002): A new occupational self-efficacy scale and its relation to personality constructs and organizational variables. In: European Journal of Work and Organizational Psychology, 11(2), 219-241.
Scott, R. W. (1991): Unpacking Institutional Arguments. In: DiMaggio, P. J. & Powell, W. W. (Eds.): The New Institutionalism in Organizational Analysis. Chicago & London: University of Chicago Press, 164-182.
Scott, R. W. (1995): Institutions and Organizations. Thousand Oaks, London & New Delhi: SAGE Publications.
Sedikides, C., Skowronski, J. J. & Dunbar, R. I. M. (2006): When and why did the human self evolve? In: Schaller, M., Simpson, J. A. & Kenrick, D. T. (Eds.): Evolution and social psychology. New York & Hove: Psychology Press, 55-80.
Seeber, S. (2000): Stand und Perspektiven von Bildungscontrolling. In: Seeber, S., Krekel, E. M. & van Buer, J. (Hrsg.): Bildungscontrolling. Ansätze und kritische Diskussionen zur Effizienzsteigerung von Bildungsarbeit. Frankfurt/Main u.a.: Peter Lang, 19-50.
Seeber, S. (2003): Schulmanagement zwischen strategischem Entscheiden und Routine. In: van Buer, J. & Zlatkin-Troitschanskaia, O. (Hrsg.): Berufliche Bildung auf dem Prüfstand. Entwicklung zwischen systemischer Steuerung, Transformation durch Modellversuche und unterrichtlicher Innovation. Frankfurt/Main u.a.: Peter Lang, 157-179.
Seifried, J. (2009): Unterricht aus der Sicht von Handelslehrern – Sichtweisen, unterrichtliches Handeln, Effekte. Frankfurt/Main: Peter Lang.

Seifried, J., Sembill, D., Nickolaus, R. & Schelten, A. (2005): Analysen systemischer Wechselwirkungen beruflicher Bildungsprozesse – Forschungsstand und Forschungsperspektiven beruflicher Bildung. In: Zeitschrift für Berufs- und Wirtschaftspädagogik, 101(4), 601-618.

Seitz, H. & Capaul, R. (2005): Schulführung und Schulentwicklung. Theoretische Grundlagen und Empfehlungen für die Praxis. Bern, Stuttgart & Wien: Haupt.

Seligman, M. E. P. (1975): Helplessness. On Depression, Development and Death. San Francisco: W. H. Freeman and Company.

Sell, S. (2005): Das Management von ganztägigen Bildungs- und Betreuungseinrichtungen – neue Anforderungen an das Leitungspersonal. In: Appel, S., Kudwig, H., Rother, U. & Rutz, G. (Hrsg.): Jahrbuch Ganztagsschule 2006. Schulkooperation. Schwalbach: Wochenschau Verlag, 108-119.

Sembill, D. (1984): Modellgeleitete Interaktionsanalysen im Rahmen einer forschungsorientierten Lehrerausbildung – am Beispiel von Untersuchungen zum "Kaufvertrag". Dissertation, Berichte des Seminars für Wirtschaftspädagogik der Georg-August-Universität Göttingen, Band 7, Göttingen.

Sembill, D. (1992): Problemlösefähigkeit, Handlungskompetenz und Emotionale Befindlichkeit. Zielgrößen Forschenden Lernens. Göttingen, Toronto & Zürich: Hogrefe.

Sembill, D. (1995): Der Wille zum Nicht-Müssen – Gestaltungskraft im Spannungsverhältnis von Innovation und Organisation. In: Bunk, G. P. & Lassahn, R. (Hrsg.): Pädagogische Varia Festschrift für Artur Fischer zum 75. Geburtstag. Steinbach bei Gießen: Ehgert & Albohn, 125-146.

Sembill, D. (1999): Selbstorganisation als Modellierungs-, Gestaltungs-, und Erforschungsidee beruflichen Lernens. In: Tramm, T., Sembill, D., Klauser, F. & John, E. G. (Hrsg.): Professionalisierung kaufmännischer Berufe. Beiträge zur Öffnung der Wirtschaftspädagogik für die Anforderungen des 21. Jahrhunderts. Festschrift zum 60. Geburtstag von Frank Achtenhagen. Frankfurt/Main u.a.: Peter Lang, 146-174.

Sembill, D. (2000): Selbstorganisiertes und Lebenslanges Lernen. In: Achtenhagen, F. & Lempert, W. (Hrsg.): Lebenslanges Lernen im Beruf seine Grundlegung im Kindes- und Jugendalter. Formen und Inhalte von Lernprozessen. Opladen: Leske + Budrich, 60-90.

Sembill, D. (2003): Emotionale Befindlichkeit als bestimmende und sinngebende Voraussetzung von Lern- und Lebenswirklichkeit. In: Van Buer, J. & Zlatkin-Troitschanskaia, O. (Hrsg.): Berufliche Bildung auf dem Prüfstand. Entwicklung zwischen systemischer Steuerung, Transformation durch Modellversuche und unterrichtlicher Innovation. Frankfurt/Main u.a.: Peter Lang, 181-205.

Sembill, D. (2006): Zeitlebens Lebenszeit. In: Minnameier, G. & Wuttke, E. (Hrsg.): Berufs- und wirtschaftspädagogische Grundlagenforschung. Lehr-Lern-Prozesse und Kompetenzdiagnostik. Festschrift für Klaus Beck. Frankfurt/Main: Peter Lang, 177-194.

Sembill, D. (2007): Grundlagenforschung in der Berufs- und Wirtschaftspädagogik und ihre Orientierungsleistung für die Praxis – Versuch einer persönlichen Bilanzierung und Perspektiven. In: Nickolaus, R. & Zöller, A. (Hrsg.): Perspektiven der Berufsbildungsforschung – Orientierungsleistungen für die Praxis. Bielefeld: Bertelsmann, 61-90.

Sembill, D. (2008a): Führung und Zeit – gesellschaftliche, institutionelle und unterrichtliche Perspektiven. In: Warwas, J. & Sembill, D. (Hrsg.): Zeit-gemäße Führung – zeitgemäßer Unterricht. Baltmannsweiler: Schneider Verlag Hohengehren, 81-98.

Sembill, D. (2008b): Zeitver(sch)wendung in Bildungsprozessen. In: Gläser-Zikuda, M. & Seifried, J. (Hrsg.): Lehrerexpertise. Analyse und Bedeutung unterrichtlichen Handelns. Münster u.a.: Waxmann, 109-136.

Sembill, D. (2010): Emotionen – Auslöser, Begleiter und Ziele individuellen und sozialen Handelns. In: Nickolaus, R., Pätzold, G., Reinisch, H. & Tramm, T. (Hrsg.): Handbuch Berufs- und Wirtschaftspädagogik. Bad Heilbrunn: Julius Klinkhardt, 80-84.

Sembill, D., Dreyer, K. & Rehm, A. (2008): Lob eines Scheiterns?! Kann ein systemischer Umgang mit Führungszeit in der Schule schon gelingen? In: Warwas, J. & Sembill, D. (Hrsg.): Zeit-gemäße Führung – zeitgemäßer Unterricht. Baltmannsweiler: Schneider Hohengehren, 140-148.

Sembill, D. & Seifried, J. (2009): Konzeptionen, Funktionen und intentionale Veränderungen von Sichtweisen. In: Zlatkin-Troitschanskaia, O., Beck, K., Sembill, D., Nickolaus R. & Mulder, R. (Hrsg.): Lehrprofessionalität. Bedingungen, Genese, Wirkungen und ihre Messung. Weinheim & Basel: Beltz, 345-354.

Sembill, D. & Zilch, C. (2010): Leistungsbereitschaft und Leistungseffekte unter dem Druck des Wandels. In: Warwas, J. & Sembill, D. (Hrsg.): Schule zwischen Effizienzkriterien und Sinnfragen. Baltmannsweiler: Schneider Verlag Hohengehren, 245-268.

Semmer, N., Zapf, D. & Dunckel, H. (1999): Instrument zur Stressbezogenen Tätigkeitsanalyse (ISTA). In: Dunckel, H. (Hrsg.): Handbuch psychologischer Arbeitsanalyseverfahren. Zürich: vdf Hochschulverlag an der ETH, 179-204.

Semmer, N. K. & Udris, I. (2004): Bedeutung und Wirkung von Arbeit. In: Schuler, H., Brandstätter, H.; Bungard, W. (Hrsg.): Lehrbuch Organisationspsychologie. Bern u.a.: Hans Huber, 157-195.

Sergiovanni, T. J. (1999): Rethinking Leadership: A Collection of Articles. Glenview/Illinois: LessonLab SkyLight.

Siegrist, J. (1996): Soziale Krisen und Gesundheit. Eine Theorie der Gesundheitsförderung am Beispiel von Herz-Kreislauf-Risiken im Erwerbsleben. Göttingen u.a.: Hogrefe.

Sieland, B. (2007): Wie gehen Lehrkräfte mit Belastungen um? Belastungsregulierung zwischen Entwicklungsbedarf und Änderungsresistenz. In: Rothland, M. (Hrsg.): Belastung und Beanspruchung im Lehrerberuf. Modelle, Befunde, Interventionen. Wiesbaden: VS Verlag für Sozialwissenschaften/GWV Fachverlage, 206-226.

Simon, B. & Mummendey, A. (1997): Selbst, Identität und Gruppe: Eine sozialpsychologische Analyse des Verhältnisses von Individuum und Gruppe. In: Simon, B. & Mummendey, A. (Hrsg.): Identität und Verschiedenheit. Zur Sozialpsychologie der Identität in komplexen Gesellschaften. Bern u.a.: Hans Huber, 11-37.

Six, B. & Felfe, J. (2004): Einstellungen und Werthaltungen im organisationalen Kontext. In: Schuler, H. (Hrsg.): Organisationspsychologie – Grundlagen und Personalpsychologie. Göttingen u.a.: Hogrefe, 597-672.

Snyder, R. A. & Mayo, F. (1991): Single versus multiple causes of the age/job satisfaction relationship. In: Psychological Reports, 68, 1255-1262.

Snyder, R. A. & Dietrich, F. H. (1992): Age/Job Satisfaction: Assessment of the Shape of the Relationship from a Systems Perspective. In: Personnel Review, 21(1), 39-45.

Sosnowsky, N. (2007): Burnout – Kritische Diskussion eines vielseitigen Phänomens. In: Rothland, M. (Hrsg.): Belastung und Beanspruchung im Lehrerberuf. Modelle, Befunde, Interventionen. Wiesbaden: VS Verlag für Sozialwissenschaften/GWV Fachverlage, 119-139.

Stahlberg, D. & Frey, D. (1996): Einstellungen: Struktur, Messung und Funktion. In: Stroebe, W., Hewstone, M. & Stephenson, G. (Hrsg.): Sozialpsychologie. Eine Einführung. 3. Auflage. Berlin: Springer, 219-252.

Staudinger, U. M. & Greve, W. (1997): Das Selbst im Lebenslauf: Brückenschläge und Perspektivenwechsel zwischen entwicklungs- und sozialpsychologischen Zugängen. In: Zeitschrift für Sozialpsychologie, 28, 3-18.

Staufenbiel, T. (2000): Antezedentien und Konsequenzen freiwilligen Arbeitsengagements. In: Gruppendynamik, 31(2), 169-183.

Staw, B. M., Bell, N. E. & Clausen, J. A. (1986): The Dispositional Approach To Job Attitudes: A Lifetime Longitudinal Test. In: Administrative Science Quarterly, 31(1), 56-77.

Steffens, U. (2007): Schulqualitätsdiskussion in Deutschland – Ihre Entwicklung im Überblick. In: van Buer, J. & Wagner, C. (Hrsg.): Qualität von Schule. Ein kritisches Handbuch. Frankfurt/Main u. a.: Peter Lang, 21-51.
Steinmann, H. & Schreyögg, G. (2005): Management. Grundlagen der Unternehmensführung. Konzepte – Funktionen – Fallstudien. 6., vollständig überarbeitete Auflage. Wiesbaden: Gabler.
Stengel, M. (1995): Wertewandel. In:von Rosenstiel, L.,Regnet, E. & Domsch, E. (Hrsg.): Führung von Mitarbeitern. Handbuch für erfolgreiches Personalmanagement. 3., überarbeitete und erweiterte Auflage. Stuttgart: Schäffer-Poeschel, 785-805.
Steyrer, J. (1995): Charisma in Organisationen. Sozial-kognitive und psychodynamisch-interaktive Aspekte von Führung. Frankfurt/Main & New York: Campus Verlag.
Stiepelmann, H. (2003): Neue Steuerungsmodelle: Chance zum Aufbau von Schulautonomie? Eine Analyse der Möglichkeiten und Grenzen der Budgetierung öffentlicher Schulen. Münster, Hamburg & London: LIT.
Storath, R. (1994): „Praxisschock" bei Schulleitern? Eine qualitativ ausgerichtete Befragung zur Rollenfindung neu ernannter Schulleiter an Volksschulen in Bayern. Diss., Universität Bamberg.
Straub, J. (2000a): Identität als psychologisches Deutungskonzept. In: Greve, W. (Hrsg.): Psychologie des Selbst. Weinheim: Psychologie Verlags Union, 279-301.
Straub, J. (2000b): Biographische Sozialisation und narrative Kompetenz. Implikationen und Voraussetzungen lebensgeschichtlichen Denkens in der Sicht einer narrativen Psychologie. In: Hoerning, E. M. (Hrsg.): Biographische Sozialisation. Bd. 17. Stuttgart: Lucius & Lucius, 137-163.
Straub, J. (2002): Personale Identität: anachronistisches Selbstverhältnis im Zeichen von Zwang und Gewalt. In: Straub, J. & Renn, J. (Hrsg.): Transitorische Identität. Der Prozesscharakter des modernen Selbst. Frankfurt/Main & New York: Campus, 85-113.
Straus, F. & Höfer, R. (1997): Entwicklungslinien alltäglicher Identitätsarbeit. In: Keupp, H. & Höfer, R. (Hrsg.): Identitätsarbeit heute – klassische und aktuelle Perspektiven der Identitätsforschung. Frankfurt/Main: Suhrkamp, 270-307.
Strittmatter, A. (1997): Wofür setze ich meine Zeit ein? Ein Diagnoseinstrument zur Überprüfung der Leistungs-Proportionalität in der Schulleitung. In: Strittmatter, A. (Hrsg.): Thema: Schulleitung. Innsbruck & Wien: StudienVerlag, 65-68.
Strittmatter, A. (2002): Wieviel Standardisierung braucht unsere Schule? Schulführung zwischen TQM-Korsett und JEKAMI-Verwaltung. In: Strittmatter, A. (Hrsg.): Thema: Mythen und Wirklichkeiten. 6. Jahrgang. Innsbruck, Wien, München & Bozen: StudienVerlag, 58-65.
Stumm, S., Thomas, E., Dormann, C. (2010): Selbstregulationsstärke und Leistung. Dualer Prädikator im dualen Hochschulstudium. In: Zeitschrift für Arbeits- und Organisationspsychologie, 54(4), 171-181.
Suls, J. & Fletcher, B. (1985): The Relative Efficacy of Avoidant and Nonavoidant Coping Strategies: A meta-analysis. In: Health Psychology, 4(3), 249-288.
Szewczyk, M. (2005): Management in berufsbildenden Schulen. Zur Funktion des Schulleiters. Frankfurt/Main: Peter Lang.
Tacke, V. (2004): Organisation im Kontext der Erziehung. Zur soziologischen Zugriffsweise auf Organisationen am Beispiel der Schule als "lernende Organisation". In: Böttcher, W. & Terhart, E. (Hrsg.): Organisationstheorie in pädagogischen Feldern. Wiesbaden: VS Verlag für Sozialwissenschaften/GWV Fachverlage, 19-41.
Tajfel, H. & Turner, J. C. (1986): The Social Identity Theory of Intergroup Behavior. In: Worchel, S. & Austin W. G. (Eds.): Psychology of Intergroup Relations. Chicago: Nelson Hall, 7-24.
Taylor, C. (Hrsg.) (1992): Multikulturalismus und die Politik der Anerkennung. Frankfurt/Main: Fischer.

Taylor, S. E. & Brown, J. D. (1999): Illusion and Well-Being: A Social Psychological Perspective on Mental Health. In: Baumeister, R. F. (Eds.): The Self In Social Psychology. Philadelphia: Taylor & Francis, 43-66.

Teddlie, C., Stringfield, S. & Reynolds, D. (2000): Context Issues within School Effectiveness Research. In: Teddlie, C. & Reynolds, D. (Hrsg.): The International Handbook of School Effectiveness Research. London & New York: Falmer Press, 160-185.

Temme, G. & Tränkle, U. (1996): Arbeitsemotionen. Ein vernachlässigter Aspekt in der Arbeitszufriedenheitsforschung. In: Arbeit. Zeitschrift für Arbeitsforschung, Arbeitsgestaltung und Arbeitspolitik, 5(3), 275-297.

Tenbruck, F. H. (1961): Zur deutschen Rezeption der Rollentheorie. In: Kölner Zeitschrift für Soziologie, 13(1), 1-40.

Tennen, H., Affleck, G., Armeli, S. & Carney, M. A. (2000): A Daily Process Approach to Coping. In: American Psychologist, 55(6), 626-636.

Terhart, E. (1994): Zur Berufskultur der Lehrerschaft: Fremd- und Selbstdeutung. In: Erziehungswissenschaft und Beruf, 42(2), 132-144.

Terhart, E. (1995): Lehrerprofessionalität. In: Rolff, H.-G. (Hrsg.): Zukunftsfelder von Schulforschung. Weinheim: Deutscher Studien Verlag, 225-266.

Terhart, E. (1996): Berufskultur und professionelles Handeln bei Lehrern. In: Combe, A. & Helsper, W. (Hrsg.): Pädagogische Professionalität – Untersuchungen zum Typus pädagogischen Handelns. Frankfurt/Main: Suhrkamp, 448-471.

Terhart, E. (1997): Schulleitungshandeln zwischen Organisation und Erziehung. In: Wissinger, J. (Hrsg.): Schulleitung als pädagogisches Handeln. München: Oldenbourg, 7-20.

Terhart, E. (2003): Qualität und Qualitätssicherung im Schulsystem: Hintergründe – Konzepte – Probleme. In: Brüsemeister, T. & Eubel, K.-D. (Hrsg.): Zur Modernisierung der Schule. Leitideen Konzepte Akteure. Ein Überblick. Bielefeld: transcript, 199-216.

Terwey, M. (2001): Informationen zum ALLBUS 2000. In: ZA-Information, 48, 98-103.

Tesser, A. (1988): Toward a Self-Evaluation Maintenance Model of Social Behavior. In: Advances in Experimental Social Psychology, 21, 181-227.

Tesser, A., Martin, L. & Mendolia, M. (1995): The Impact of Thought on Attitude Extremity and Attitude-Behavior Consistency. In: Petty, R. E. & Krosnick, J. A. (Eds.): Attitude Strength. Antecedents and Consequences. Mahwah/New Jersey: Lawrence Erlbaum Associates, 73-92.

Thomas, M. (1989): Zentralität und Selbstkonzept. Bern, Stuttgart & Toronto: Hans Huber.

Timmermann, D. (1998): Budgetierung – Profilbildung oder Mängelverwaltung. In: Ackermann, H. & Wissinger, J. (Hrsg.): Schulqualität managen – von der Verwaltung der Schule zur Entwicklung von Schulqualität. Neuwied: Luchterhand, 211-221.

Tobin, D., L., Holroyd, K. A., Reynolds, R. V. & Wigal, J. K. (1989): The Hierarchical Factor Structure of the Coping Strategies Inventory. In: Cognitive Therapy and Research. 13(4), 343-361.

Todt, E. (1995): Entwicklung des Interesses. In: Hetzer, H., Todt, E., Seiffge-Krenke, I. & Arbinger, R. (Hrsg.): Angewandte Entwicklungspsychologie des Kindes- und Jugendalters. 3. Auflage, unveränderter Nachdruck der 2., überarbeiteten Auflage. Heidelberg & Wiesbaden: Quelle & Meyer, 213-264.

Tolbert, P. S. & Zucker, L. G. (1996): The Institutionalization of Institutional Theory. In: Clegg, S. R., Hardy, C. & Nord, W. R. (Hrsg.): Handbook of Organization Studies. London, Thousand Oaks & New Dehli: Sage, 175-190.

Tugendhat, E. (1979): Selbstbewußtsein und Selbstbestimmung. Sprachanalytische Interpretationen. Frankfurt/Main: Suhrkamp.

Türk, K. (1997): Organisation als Institution der kapitalistischen Gesellschaftsform. In: Orthmann, G., Sydow, J. & Türk, K. (Hrsg.): Theorien der Organisation. Die Rückkehr der Gesellschaft. Opladen: Westdeutscher Verlag, 124-176.
Turner, J. C. & Oakes, P. J. (1989): Self-Categorization Theory and Social Influence. In: Paulus, P. B. (Ed.): Psychology of Group Influence. 2nd Edition. Hillsdale/New Jersey: Lawrence Erlbaum Associates, 233-275.
Turner, R. H. (1956): Role-Taking, Role Standpoint, and Reference-Group Behavior. In: The American Journal of Sociology, 61(4), 316-328.
Turner, R. H. (1962): Role Taking: Process versus Conformity. In: Rose, A. M. (Hrsg.): Human Behavior and Social Processes. Boston: Houghton Mifflin, 20-40.
Turner, R. H. (2005): Role Taking: Process versus Conformity. In: Brissett, D. & Edgley, C. (Hrsg.): Life as Theater. A Dramaturgical Sourcebook. Edison: Aldine Transaction, 85-100.
Udris, I. & Rimmann, M. (1999): SAA und SALSA: Zwei Fragebögen zur subjektiven Arbeitsanalyse. In: Dunckel, H. (Hrsg.): Handbuch psychologischer Arbeitsanalyseverfahren. Zürich: vdf Hochschulverlag, 397-419.
Uhlendorff, H. & Brehm, M. (2007): Schulleitung, Lehrer und Burn-out. Burn-out-Prozess und Symptome. In: Schulmanagement, (4), 14-17.
Ulich, E. (2007): Arbeitsgestaltung. In: Schuler, H. & Sonntag, K. (Hrsg.): Handbuch der Arbeits- und Organisationspsychologie. Göttingen u.a.: Hogrefe, 165-174.
Ullrich, C. G. (1999): Deutungsmusteranalyse und diskursives Interview. Leitfadenkonstruktion, Interviewführung und Typenbildung. Mannheim: Mannheimer Zentrum für Europäische Sozialforschung.
Unger, T. (2007a): Ich, dieser Mensch, denke mich selbst, also bin ich. Über den Zusammenhang von pädagogischer Identität und biographischen Lernprozessen bei Berufsschullehrenden. Online verfügbar unter: http://www.bwpat.de/ausgabe12/unger_bwpat12.shtml, Abrufdatum 03.02.2011.
Unger, T. (2007b): Bildungsidee und Bildungsverständnis. Eine grundlagentheoretische Analyse und empirische Fallstudie zum Bildungsverständnis von Lehrenden an Berufsschulen. Münster u.a.: Waxmann.
Urban, D. & Mayerl, J. (2008): Regressionsanalyse: Theorie, Technik und Anwendung. Wiesbaden: VS Verlag für Sozialwissenschaften/GWV Fachverlage.
van Buer, J. (2007): Outputsicherung von Schule zwischen Effektivität und Rechenschaftslegung. In: van Buer, J. & Wagner, C. (Hrsg.): Qualität von Schule. Ein kritisches Handbuch. Frankurt/Main u.a.: Peter Lang, 495-512.
van Buer, J. & Köller, M. (2007): Schulprogramm als zentrales Steuerungsinstrument für die Qualitätsentwicklung von Schule und Unterricht. In: van Buer, J. & Wagner, C. (Hrsg.): Qualität von Schule. Ein kritisches Handbuch. Frankfurt/Main u.a.: Peter Lang, 103-130.
van Dick, R. (2006): Stress und Arbeitszufriedenheit bei Lehrerinnen und Lehrern. Zwischen "Horrorjob" und Erfüllung. 2. Auflage. Marburg: Tectum.
van Dick, R. & Wagner, R. (2002): Social identification among school teachers: Dimensions, foci, and correlates. In: European Journal of Work and Organizational Psychology, 11(2), 129-149.
van Dick, R. & Stegmann, S. (2007): Belastung, Beanspruchung und Stress im Lehrerberuf – Theorien und Modelle. In: Rothland, M. (Hrsg.): Belastung und Beanspruchung im Lehrerberuf. Modelle, Befunde, Interventionen. Wiesbaden: VS Verlag für Sozialwissenschaften/GWV Fachverlag GmbH, 34-51.
van Katwyk, P. T., Fox, S., Spector, P. E. & Kelloway, E. K. (2000): Using the Job-Related Affective Well-Being Scale (JAWS) to Investigate Affective Responses to Work Stressors. In: Journal of Occupational Health Psychology, 5(2), 219-230.

Vedder, G. (2001): Zeitnutzung und Zeitknappheit im mittleren Management. München & Mering: Rainer Hampp.
Veith, H. (2004): Zum Wandel des theoretischen Selbstverständnisses vergesellschafteter Individuen. In: Geulen, D. & Veith, H. (Hrsg.): Sozialisationstheorie interdisziplinär. Stuttgart: Lucius & Lucius, 349-370.
Vitaliano, P. P., Maiuro, R. D., Russo, J., Katon, W., DeWolfe, D. & Hall, G. (1990): Coping Profiles Associated With Psychiatric, Physical Health, Work, and Family Problems. In: Health Psychology, 9(3), 348-376.
Vogelsang, H. (1989): Die pädagogische Freiheit des Schulleiters. In: Rosenbusch, H. S. & Wissinger, J. (Hrsg.): Schulleiter zwischen Administration und Innovation. Braunschweig: SL Verlag, 34-44.
von Blumenthal, V. & Buttlar, A. (1984): Alternative Schulverfassungen in ausgewählten Industrieländern. In: Baethge, M. & Nevermann, K. (Hrsg.): Enzyklopädie Erziehungswissenschaft. Bd. 5. Organisation, Recht und Ökonomie des Bildungswesens. Stuttgart: Klett-Cotta, 405-423.
von Eckardstein, D., Lueger, G., Niedl, K. & Schuster, B. (1995): Psychische Befindensbeeinträchtigungen und Gesundheit im Betrieb. Herausforderung für Personalmanager und Gesundheitsexperten. München & Mering: Rainer Hampp.
von Engelhardt, M. (1984): Arbeitsteilung (Schule). In: Baethge, M. & Nevermann, K. (Hrsg.): Enzyklopädie Erziehungswissenschaft. Bd. 5. Organisation, Recht und Ökonomie des Bildungswesens. Stuttgart: Klett-Cotta, 427-429.
von Hagen, C. V. & Röper, G. (2007): Resilienz und Ressourcenorientierung – Eine Bestandsaufnahme. In: Fooken, I. & Zinnecker, J. (Hrsg.): Trauma und Resilienz. Chancen und Risiken lebensgeschichtlicher Bewältigung von belasteten Kindern. Weinheim & München: Juventa, 15-28.
von Hentig, H. (1996): Bildung. Ein Essay. München & Wien: Hanser.
von Lutzau, M. (Hrsg.) (2008): Schulleiterinnen. Zusammenhänge von Biographie, Aufstiegsbereitschaft und Leitungshandeln. Frauen- und Genderforschung in der Erziehungswissenschaft. Opladen & Farmington Hills: Barbara Budrich.
Voss, R. (2005): Management des Schulsponsoring. In: Voss, R. (Hrsg.): Schulsponsoring und Fundraising an Schulen. Berlin: Wissenschaftlicher Verlag, 73-98.
Wagner, C. (2007): Einzelschulische Qualitätsentwicklung durch Führung und Management? In: van Buer, J. & Wagner, C. (Hrsg.): Qualität von Schule. Ein kritisches Handbuch. Frankfurt/Main: Peter Lang, 345-366.
Wagner, C. & van Buer, J. (2010): Führung und Pädagogische Qualitätsentwicklung. Schulleitungen zwischen neuen Aufgaben, Verantwortungen und Erwartungen. In: Buchen, H., Horster, L. & Rolff, H.-G. (Hrsg.): Handbuch Schulleitung und Schulentwicklung. C 1.18 (49. Ergänzungslieferung Juli 2010). Berlin: Raabe.
Wagner, P., Spiel, C. & Schober, B. (2006): Zeitmanagement. In: Mandl, H. & Friedrich, F. (Hrsg.): Handbuch Lernstrategien. Göttingen u.a.: Hogrefe, 297-306.
Walgenbach, P. (1995): Zeitmanagement. In: Kieser, A., Reber, G. & Wunderer, R. (Hrsg.): Handwörterbuch der Führung. 2. Auflage. Stuttgart: Schäffer-Poeschel, 2215-2222.
Warwas, J. (2008): Belastungserleben schulischer Führungskräfte – Welche Rolle spielt das individuelle Zeitmanagement? In: Warwas, J. & Sembill, D. (Hrsg.): Zeit-gemäße Führung – zeitgemäßer Unterricht. Baltmannsweiler: Schneider Hohengehren, 149-169.
Warwas, J. (2009): Berufliches Selbstverständnis und Beanspruchung in der Schulleitung. In: Zeitschrift für Erziehungswissenschaft, 12(3), 475-498.
Warwas, J., Seifried, J. & Meier, M. (2008): Change Management von Schulen – Erfolgsfaktoren und Handlungsstrategien aus Sicht der Schulleitung an beruflichen Schulen. In: Voss, R. (Hrsg.): Innovatives Schulmanagement. Ansätze für ein effizientes Management von Schulen. Gernsbach: Deutscher Betriebswirte Verlag, 102-124.

Warwas, J. & Sembill, D. (2008): Systematisches, systemisches und situationsbezogenes Verständnis von Führung und Zeit. In: Warwas, J. & Sembill, D. (Hrsg.): Zeit-gemäße Führung – zeitgemäßer Unterricht. Baltmannsweiler: Schneider Hohengehren, 1-11.

Warwas, J. & Sembill, D. (Hrsg.) (2010): Schule zwischen Effizienzkriterien und Sinnfragen. Baltmannsweiler: Schneider Verlag Hohengehren.

Waterman, A. S. (1985): Identity in the Context of Adolescent Psychology. In: Waterman, A. S. (Ed.): Identity in Adolescence: Processes and Contents. San Francisco & London: Jossey-Bass, 5-24.

Weber, A. (2004): Krankheitsbedingte Frühpensionierungen von Lehrkräften. In: Hillert, A. & Schmitz, E. (Hrsg.): Psychosomatische Erkrankungen bei Lehrerinnen und Lehrern. Stuttgart: Schattauer, 23-38.

Weber, H. (1997a): Emotionsbewältigung. In: Schwarzer, R. (Hrsg.): Gesundheitspsychologie. 2., überarbeitete und erweiterte Auflage. Ein Lehrbuch. Göttingen u.a.: Hogrefe, 285-297.

Weber, H. (1997b): Zur Nützlichkeit des Bewältigungskonzeptes. In: Tesch-Römer, C., Salewski, C. & Schwarz, G. (Hrsg.): Psychologie der Bewältigung. Weinheim: Psychologie Verlags Union, 7-16.

Weber, S. (2005): Kompetenz und Identität als Konzepte beruflichen Lernens über die Lebensspanne. In: Gonon, P., Klauser, F., Nickolaus R. & Huisinga, R. (Hrsg.): Kompetenz, Kognition und neue Konzepte der beruflichen Bildung. Wiesbaden: VS Verlag für Sozialwissenschaften, 9-23.

Wecking, C. & Wegge, J. (2005): Identifikation und stabilisierte Arbeitszufriedenheit als Ressourcen im Umgang mit Kunden im Call Center. In: Wirtschaftspsychologie, 7(1), 35-48.

Wegge, J. (2007): Emotionen und Arbeitszufriedenheit. In: Schuler, H. & Sonntag, K. (Hrsg.): Handbuch der Arbeits- und Organisationspsychologie. Göttingen u.a.: Hogrefe, 271-279.

Wegge, J. & Neuhaus, L. (2002): Emotionen bei der Büroarbeit am PC: Ein Test der "affective events"-Theorie. In: Zeitschrift für Arbeits- und Organisationspsychologie, 46(4), 173-184.

Wegge, J. & van Dick, R. (2006): Arbeitszufriedenheit, Emotionen bei der Arbeit und organisationale Identifikation. In: Fischer, L. (Hrsg.): Arbeitszufriedenheit. Konzepte und empirische Befunde. Göttingen u.a.: Hogrefe, 11-36.

Wegge, J., van Dick, R., Fisher, G., West, M. A. & Dawson, J. F. (2006): A Test of Basic Assumptions of Affective Events Theory (AET) in Call Centre Work. In: British Journal of Management, 17(3), 237-254.

Weick, K. E. (1976): Educational Organizations as Loosely Coupled Systems. In: Administrative Science Quarterly, 21(1), 1-19.

Weinert, A. B. (1998): Organisationspsychologie. Ein Lehrbuch. 4. Auflage. Weinheim: Psychologie Verlags Union.

Weishaupt, H. (1998): Die Situation des Schulwesens im Kontext der veränderten Wahrnehmung öffentlicher Aufgaben durch den Staat. In: Ackermann, H. & Wissinger, J. (Hrsg.): Schulqualität managen – von der Verwaltung der Schule zur Entwicklung von Schulqualität. Neuwied: Luchterhand, 23-33.

Weiss, H. M. & Cropanzano, R. (1996): Affective Events Theory: A Theoretical Discussion of The Structure, Causes and Consequences of Affective Experiences at Work. In: Research in Organizational Behavior, 18, 1-74.

Weiß, M. (2000): Mehr Effizienz im Schulbereich durch dezentrale Ressourcenverantwortung und Wettbewerbssteuerung? In: Krüger, H.-H. & Wenzel, H. (Hrsg.): Schule zwischen Effektivität und sozialer Verantwortung. Opladen: Leske & Budrich, 45-58.

Welsch, W. (1993): Ich ist ein anderer. Auf dem Weg zum pluralen Subjekt? In: Reigber, D. (Hrsg.): Frauen-Welten. Marketing in der postmodernen Gesellschaft – ein interdisziplinärer Forschungsansatz. Düsseldorf, Wien, New York u.a.: ECON, 282-318.

Wentura, D. (2000): Formen der Bewältigung. In: Kastner, M. & Vogt, J. (Hrsg.): Strukturwandel in der Arbeitswelt und individuelle Bewältigung. Lengerich: Pabst.

Wentura, D., Greve, W. & Klauer, T. (2002): Theorien der Bewältigung. In: Frey, D. & Irle, M. (Hrsg.): Theorien der Sozialpsychologie. Bd. 3. Motivations-, Selbst- und Verarbeitungstheorien. 2. Auflage. Bern: Hans Huber.

Werle, P. (2001): Zum beruflichen Selbstkonzept des Schulleiters. Eine Untersuchung zum beruflichen Selbstbild und Selbstverständnis von Schulleiterinnen und Schulleitern sowie deren Bedürfnisse und Erwartungen an die Schulleiterfortbildung. Saarbrücken: Conte.

Werth, L. & Mayer, J. (2008): Sozialpsychologie. Berlin & Heidelberg: Springer.

Weyer, J. (2000): Soziale Netzwerke als Mikro-Makro-Scharnier. In: Weyer, J. (Hrsg.): Soziale Netzwerke. München: Oldenbourg, 238-254.

Whitbourne, S. K. & Weinstock, C. S. (Hrsg.) (1982): Die mittlere Lebensspanne. Entwicklungspsychologie des Erwachsenenalters. München, Wien & Baltimore: Urban & Schwarzenberg.

Wieland, R. (1999): Analyse, Bewertung und Gestaltung psychischer Belastung und Beanspruchung. In: Badura, B., Litsch, M. & Vetter, C. (Hrsg.): Fehlzeiten-Report 1999. Psychische Belastung am Arbeitsplatz. Zahlen, Daten, Fakten aus allen Branchen der Wirtschaft. Berlin u.a.: Springer, 197-211.

Wieland, R. (2004): Arbeitsgestaltung, Selbstregulationskompetenz und berufliche Kompetenzentwicklung. In: Wiese, B. (Hrsg.): Individuelle Steuerung beruflicher Entwicklung. Kernkompetenzen in der modernen Arbeitswelt. Frankfurt/Main: Campus.

Wieland, R., Krajewski, J. & Memmou, M. (2006): Arbeitsgestaltung, Persönlichkeit und Arbeitszufriedenheit. In: Fischer, L. (Hrsg.): Arbeitszufriedenheit. Konzepte und empirische Befunde. Göttingen u.a.: Hogrefe, 226-242.

Wiendieck, G. & Pütz, B. (2000): Rollenflexibilität. In: Sarges, W. (Hrsg.): Management-Diagnostik. 2. Auflage. Göttingen u.a.: Hogrefe, 425-432.

Wiese, B. S. (2003): Berufliche Selbstklärung. In: Müller, G. F. (Hrsg.): Selbstverwirklichung im Arbeitsleben. Lengerich: Pabst Science, 125-150.

Winkel, R. (2000): Die Angst des Schulleiters vor seinen Aufgaben – Persönliches und Verallgemeinerungsfähiges, Tagebuchnotizen und Theoriebestände. In: Buchen, H., Horster, L. & Rolff, H.-G. (Hrsg.): Angst und Schulleitung – ein Tabu. Stuttgart: Raabe, 71-81.

Winterhager-Schmid, L. (1998): Zum Selbstverständnis künftiger Schulleiterinnen. In: Ackermann, H. & Wissinger, J. (Hrsg.): Schulqualität managen – von der Verwaltung der Schule zur Entwicklung von Schulqualität. Neuwied: Luchterhand, 160-177.

Wirries, I. (1983): Zum Selbstverständnis des Schulleiters. In: Schulmanagement, 14(3), 16-25.

Wirries, I. (1998): Die Verantwortung des Schulleiters für gute Schulqualität – Möglichkeiten und Grenzen im Rahmen der Schulverfassung(en). In: Ackermann, H. & Wissinger, J. (Hrsg.): Schulqualität managen – von der Verwaltung der Schule zur Entwicklung von Schulqualität. Neuwied: Luchterhand, 61-76.

Wirth, D. (2009): Beziehungsarbeit an einer deutschen Hauptschule. Bd. 7. Münster u.a.: Waxmann.

Wissinger, J. (1996): Perspektiven schulischen Führungshandelns. Eine Untersuchung über das Selbstverständnis von SchulleiterInnen. Weinheim & München: Juventa.

Wissinger, J. (2002): Schulleitung im internationalen Vergleich – Ergebnisse der TIMSS-Schulleiterbefragung. In: Wissinger, J. & Huber, S. G. (Hrsg.): Schulleitung – Forschung und Qualifizierung. Opladen: Leske + Budrich, 45-62.

Wissinger, J. (2003): Rolle und Aufgaben der Schulleitung bei der Qualitätssicherung und -entwicklung von Schulen. In: Brüsemeister, T. & Eubel, K.-D. (Hrsg.): Zur Modernisierung der Schule – Leitideen – Konzepte – Akteure. Ein Überblick. Bielefeld: transcript Verlag, 294-306.

Wissinger, J. (2007): Does School Governance matter? Herleitungen und Thesen aus dem Bereich "School Effectiveness and School Improvement". In: Altrichter, H., Brüsemeister, T. & Wissin-

ger, J. (Hrsg.): Educational Governance. Handlungskoordination und Steuerung im Bildungssystem. 1. Auflage. Wiesbaden: VS Verlag für Sozialwissenschaften, 105-129.
Wissinger, J. (2011): Schulleitung und Schulleitungshandeln. In: Terhart, E., Bennewitz, H. & Rothland, M. (Hrsg.): Handbuch der Forschung zum Lehrerberuf. Münster, New York, München & Berlin: Waxmann, 98-115.
Wissinger, J. & Höher, P. (1998): Personalführung – Von individueller Beratung und Kontrolle zum Entwicklungsmanagement. In: Ackermann, H. & Wissinger, J. (Hrsg.): Schulqualität managen – von der Verwaltung der Schule zur Entwicklung von Schulqualität. Neuwied: Luchterhand, 199-210.
Wissinger, J. & Huber, S. G. (2002): Schulleitung als Gegenstand von Forschung und Qualifizierung – Eine Einführung. In: Wissinger, J. & Huber, S. G. (Hrsg.): Schulleitung – Forschung und Qualifizierung. Opladen: Leske + Budrich, 9-20.
Wiswede, G. (1995): Führungsrollen. In: Kieser, A., Reber, G. & Wunderer, R. (Hrsg.): Handwörterbuch der Führung. 2., neu gestaltete und ergänzte Auflage. Stuttgart: Schäffer-Poeschel, 826-839.
Witowetz-Müller, W. (2004): Schulautonomie – Mängelverwaltung oder Chance? Autonomie aus der Sicht einer Schulleiterin. In: Schulkompetenzzentrum der Kinderfreunde (Hrsg.): Schule neu gedacht. Linz: Gutenberg Linz, 116-121.
Wittmann, E. (2003): Leiten von Schule als Balanceakt zwischen alternativen Administrativen Philosophien? Zur Bedeutung des "New Public Managements" für die Implementation von Kompetenzzentren und Regionalen Berufsbildungszentren. In: van Buer, J. & Zlatkin-Troitschanskaia, O. (Hrsg.): Berufliche Bildung auf dem Prüfstand. Entwicklung zwischen systemischer Steuerung, Transformation durch Modellversuche und unterrichtlicher Innovation. Frankfurt/Main u.a.: Peter Lang, 343-373.
Wittmann, E. (2007): New Public Management und Lehrprofessionalität in den beruflichen Schulen – Eine empirische Befragung von Leitungspersonal. Online verfügbar unter http://www.bwpat.de/ausgabe12/wittmann_bwpat12.pdf, Abrufdatum 03.02.2011.
Wittwer, W. (2006): Situationsorientierung. In: Kaiser, F.-J. & Pätzold, G. (Hrsg.): Wörterbuch der Berufs- und Wirtschaftspädagogik. 2., überarbeitete und erweiterte Auflage. Bad Heilbrunn: Julius Klinkhardt, 443-444.
Witzel, A. & Kühn, T. (2000): Orientierungs- und Handlungsmuster beim Übergang in das Erwerbsleben. In: Zeitschrift für Soziologie der Erziehung und Sozialisation, 3. Beiheft, 9-29.
Wolter, S. C. (2010): Effizienz im Bildungswesen – von welcher Effizienz sprechen wir denn überhaupt? In: Warwas, J. & Sembill, D. (Hrsg.): Schule zwischen Effizienzkriterien und Sinnfragen. Baltmannsweiler: Schneider Hohengehren, 17-25.
Wortman, C. B. & Brehm, J. W. (1975): Responses to uncontrollable outcomes: an integration of reactance theory and the learned helplessness model. In: Berkowitz, L. (Ed.): Advances in experimental social psychology. New York, San Francisco & London: Academic Press, 277-336.
Wright, J. D. & Hamilton, R. F. (1978): Work Satisfaction and Age: Some Evidence for the "Job Change" Hypothesis. In: Social Forces, 56(4), 1140-1158.
Wunderer, R. (2003): Führung und Zusammenarbeit. Eine unternehmerische Führungslehre. München & Neuwied: Luchterhand.
Zapf, D. (1999): Psychische Belastungen in der Arbeitswelt. In: Nickel, U. (Hrsg.): Psychische Belastungen in der Arbeitswelt. Theoretische und praktische Modelle. Bremerhaven: Wirtschaftsverlag NW, 13-51.
Zaugg, R. J. & Blum, A. (2002): Arbeitsbewertung und Beanspruchungsanalyse von Schulleitung. In: Thom, N., Ritz, A. & Steiner, R. (Hrsg.): Effektive Schulführung. Bern, Stuttgart & Wien: Paul Haupt, 263-289.

Zimmer, M. (2001): Wege rekursiver Regulation – Eine Aufgabe des strategischen Managements. In: Ortmann, G. & Sydow, J. (Hrsg.): Strategie und Strukturation. Strategisches Management von Unternehmen, Netzwerken und Konzernen. Wiesbaden: Gabler, 377-418.

Zinn, J. (2000): Junge Arbeitnehmer zwischen Gestaltungsanspruch und Strukturvorgaben. Berufsverläufe, Handlungskontexte und berufsbiographische Gestaltungsmodi. In: Zeitschrift für Soziologie der Erziehung und Sozialisation, 3. Beiheft, 30-49.

Zlatkin-Troitschanskaia, O. (2006): Steuerbarkeit von Bildungssystemen mittels politischer Reformstrategien. Interdisziplinäre theoretische Analyse und empirische Studie zur Erweiterung der Autonomie im öffentlichen Schulwesen. Frankfurt/Main: Peter Lang.

Grundlagen Erziehungswissenschaft

Isabell Ackeren | Klaus Klemm
Entstehung, Struktur und Steuerung des deutschen Schulsystems
Eine Einführung
2., überarbeitete und aktualisierte Aufl.
2011. 199 S. mit 10 Abb. u. 11 Tab. Br.
EUR 16,95
ISBN 978-3-531-17848-6

Thomas Brüsemeister
Soziologie in pädagogischen Kontexten
Handeln und Akteure
2012. 180 S. mit 10 Tab. Br. ca. EUR 19,95
ISBN 978-3-531-18441-8

Jutta Ecarius | Marcel Eulenbach | Thorsten Fuchs | Katharina Walgenbach
Jugend und Sozialisation
2010. 290 S. (Basiswissen Sozialisation) Br.
EUR 22,95
ISBN 978-3-531-16565-3

Werner Helsper
Sozialisation in der Schule
ca. EUR 19,95
ISBN 978-3-531-18454-8

Kai-Uwe Hugger | Ilona Andrea Cwielong | Verena Kratzer
Mediensozialisation
Eine Einführung
2012. ca. 150 S. mit 10 Abb. u. 10 Tab. Br.
ca. EUR 16,95
ISBN 978-3-531-16785-5

Heinz Moser
Einführung in die Medienpädagogik
Aufwachsen im Medienzeitalter
5., durchges. u. erw. Aufl. 2010. 332 S. Br.
EUR 29,95
ISBN 978-3-531-16164-8

Heinz Reinders | Hartmut Ditton | Cornelia Gräsel | Burkhard Gniewosz (Hrsg.)
Empirische Bildungsforschung
Strukturen und Methoden
2010. 195 S. Br. EUR 19,95
ISBN 978-3-531-16844-9

Heinz Reinders | Hartmut Ditton | Cornelia Gräsel | Burkhard Gniewosz
Empirische Bildungsforschung
Gegenstandsbereiche
2011. 238 S. mit 14 Abb. u. 1 Tab. Br.
EUR 19,95
ISBN 978-3-531-17847-9

Friedrich Rost
Lern- und Arbeitstechniken für das Studium
6. Aufl. 2010. 339 S. mit 58 Abb. Br.
EUR 22,95
ISBN 978-3-531-17293-4

Erhältlich im Buchhandel oder beim Verlag.
Änderungen vorbehalten. Stand: Januar 2012.

Einfach bestellen:
SpringerDE-service@springer.com
tel +49 (0)6221 / 345 – 4301
springer-vs.de

Handbücher Erziehungswissenschaft

Rudolf Tippelt | Bernhard Schmidt (Hrsg.)
Handbuch Bildungsforschung
3., durchges. Aufl. 2010. 1058 S. Geb.
EUR 79,95
ISBN 978-3-531-17138-8

Rudolf Tippelt | Aiga von Hippel (Hrsg.)
Handbuch Erwachsenenbildung/ Weiterbildung
5. Aufl. 2011. 1105 S. Geb.
EUR 79,95
ISBN 978-3-531-18428-9

Herbert Altrichter | Katharina Maag Merki (Hrsg.)
Handbuch Neue Steuerung im Schulsystem
2010. 467 S. (Educational Governance Bd. 7) Br. EUR 39,95
ISBN 978-3-531-16312-3

Robert Heyer | Sebastian Wachs | Christian Palentien
Handbuch Jugend - Musik - Sozialisation
2012. ca. 550 S. mit 40 Abb. u. 40 Tab. Br. ca. EUR 49,95
ISBN 978-3-531-17326-9

Margrit Stamm | Doris Edelmann
Handbuch Frühkindliche Bildungsforschung
2013. ca. 500 S. Br. ca. EUR 49,95
ISBN 978-3-531-18474-6

Marita Kampshoff | Claudia Wiepcke
Handbuch Geschlechterforschung und Fachdidaktik
2012. ca. 620 S. Geb. ca. EUR 59,95
ISBN 978-3-531-18222-3

Christoph Wulf | Jörg Zirfas
Handbuch pädagogische Anthropologie
2013. ca. 480 S. Br. ca. EUR 59,95
ISBN 978-3-531-18166-0

Angela Tillmann | Sandra Fleischer | Kai-Uwe Hugger
Handbuch Kinder und Medien
2013. ca. 480 S. Geb. ca. EUR 49,95
ISBN 978-3-531-18263-6

Erhältlich im Buchhandel oder beim Verlag.
Änderungen vorbehalten. Stand: Januar 2012.

Einfach bestellen:
SpringerDE-service@springer.com
tel +49 (0)6221 / 345 – 4301
springer-vs.de

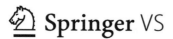